JN438802

자폐증

교육과 미래

여문환 지음

박학사

들어가는 글

❀ 치료교육의 본질

어느 동계학술대회에서 LPDAC 자폐아동 치료교육 사례 발표가 있은 후에 참석자들로부터 질문이 있었다. 그 중 하나는 매우 상식적이고 통상적인 질문이었을 법했지만, 발표자에게는 매우 깊은 의미로 받아들였다.

"LPDAC 치료교육이 특수교육과 어떤 차이가 있습니까?"*

질문자도 고민이 많았을지도 모른다. 왜냐하면, 지금까지의 자폐아동 치료교육이 특별난 것도 아니었고 그렇다고 자폐아동의 치료교육에 직접적인 효과를 주는 것은 아니었기 때문이다. 기존의 치료교육은 기존의 장애아동의 적응을 위해 인지, 언어, 사회영역의 학습과 기술을 익히거나 정규과정으로서의 장애아동이 습득해야 할 기본적인 지식과 능력을 배양하는 특수교육 범주에 속하였다.

반면에 LPDAC는 자폐아동의 장애 원인에 직접 접근하는 것이며 동시에 치료교육 가능성을 배경으로 하고 있다. 실제로 LPDAC는 기존의 치료교육과 접근 방식에서 상당히 차이가 있었고 치료교육 결과가 뛰어났다. 기존에 자폐아동 치료교육이 한계가 있음을 피력해 온 전문가들로서는 자폐아동의 치료교육 가능성을 언급한 LPDAC가 선뜻 내키지 않는 것인지도 모른다. 질문자의 질의에 자폐아동 치료교육 프로그램인 LPDAC는

---

* LPDAC(The Learning Program for The Development of Autistic Children)는 한국인지과학연구소에서 개발한 자폐아동 치료교육 프로그램으로 1988년에 시작하여 약 20년 동안의 연구과정을 통해 체계적으로 정리되었으며, 최종적으로 4차 개정판이 발간되었다. 또한 미국과 중국 그리고 일본의 여러 연구학회지와 컨퍼런스를 통해 소개되었다. 현재 미국과 중국에서 LPDAC를 적용하고 있으며, 점차 프로그램을 적용하는 기관이 늘어나고 있다.

특수교육과 다른 점을 다음과 같이 두 가지로 설명하였다.

첫째는 장애아동을 이해하는 방식이 다르다.

LPDAC는 장애아동을 장애의 대상으로 인식하는 것이 아니라, 아동의 본질로 이해하려고 하는 것이다. 지금까지 우리는 장애아동 교육과정에서 "장애"의 문제를 중요시하였을 뿐, 그 대상인 "아동"의 본질에 관한 문제를 깊이 다루지 못했다. 이것이 문제가 되는 이유는 장애아동의 치료교육 본질이 왜곡되기 때문이다. 치료교육에서 일차적인 과제는 아동이며 이차적인 과제는 장애이다. 만약에 교육 대상으로서 아동이 존재하지 않으면, 장애도 없는 것이다. 아동을 대상으로 하지 않는 특수교육은 아무런 의미가 없다. 따라서 우리는 장애를 이해하기 위해서는 반드시 아동의 본질을 이해하여야만 한다.

그런데 문제는 아동이란 무엇을 의미하는 것인가이다. 여기서의 아동은 장애를 갖고 있다는 편견이 제외된 순수 본질성으로서의 아동을 말한다. 그리고 일반아동이든 장애아동이든 간에 아동 본연의 능력을 가지고 있다. 그 능력은 아동의 본질성인 "본성"과 "본능"이다. 이것은 아동을 발달로 이끄는 원천적인 원동력이기도 하다. 아동은 장애 이전에 고유한 "본성"과 "본능"에 영향을 받는다. 환경이 아동의 발달에 영향을 주기도 하지만, 본성과 본능에 따라 아동은 스스로 자신의 환경을 선택한다. 만약에 아동의 본질을 이해하지 못한다면 장애를 이해하지 못할 것이다.

둘째는 LPDAC는 장애의 근본적 문제에 접근한다.

기존의 특수교육이나 치료교육은 장애로 인한 기능상의 결손을 향상시켜 환경에 적응하도록 한다. 이때 치료교육 과정은 외현적인 결손을 회복시키는 것이다. 그리고 제시된 방법들은 실생활에 필요한 기초지식과 기술을 습득하기 위한 것이다.

이에 비해 LPDAC는 각 발달의 장애를 초래하는 원인을 밝히고 근원적인 문제를 극복할 수 있도록 한다. 특히, LPDAC는 자폐아동의 발달 과정을 명확히 설명하고 있다. 즉, 자폐증 장애는 발달영역간의 상보성에 결함이 있으며, 이 경우에 인지, 언어, 사회발달 영역간의 유기적 관계가 이루어지지 않게 된다. 따라서 발달의 상호성은 자폐증 장애의 문제를 해결하는 단서가 된다.

동계학술대회를 마치고 동료들과 헤어진 후에 배웅을 마다하고 넓은 대학 교정을 혼자 걸었다. 다시 한 번 아동과 교육에 관한 물음을 던졌다. 지금까지의 장애아동 교육은 근본적인 아동으로서의 본질적 문제에 대해 소홀히 하고 있다는 생각을 했다. 장애아동 교육 과정에서 "장애"는 있어도 "아동"은 없었던 것이다. 장애아동 교육은 장애를 중요한 과제로 여긴 반면에 아동의 순수 본질 이해에 대해서는 소홀히 했다. 장애아동에게 나타나는 특별한 행동은 능력상의 결함이기보다는 아동으로서의 생활세계의 방식인 것이다. 장애아동의 하찮은 웃음과 어눌한 태도 그리고 무의미한 듯한 행동과 서툴고 미숙한 처신, 언어와 사물에 대한 인식의 부족은 일반아동과 분명히 차이가 있다. 겉으로 나타나는 특징뿐만 아니라, 학습에서의 능력도 일반아동과 구분될 수 있다. 그리고 모든 발달영역에서 능력이 뒤떨어진다. 그러한 점에서 장애아동에게 능력을 기대한다는 것은 애초에 무리였는지도 모른다. 왜냐하면, 지금까지 그들을 위해 노력한 것에 비해 얻은 결과는 대체로 미진했기 때문이다. 그러나 교육의 결과가 없는 것은 아니었다. 그래도 작은 변화가 있었고 때로 비약적인 변화도 있었다. 그래서 작은 도약이 큰 결과를 가져다줄 것을 믿고 교육을 실천해왔다. 그러나 문제는 여전히 장애아동의 치료교육의 미래는 불확실했고 대부분 교육의 결과는 아동이 가지고 있는 능력 이상의 것을 기대하기가 어렵다는 것이다.

대학 교정을 나설 때까지도 학술발표에서 있었던 질문과 응답은 머릿속에 계속 맴돌았다. 그리고 왜 장애아동 교육이 이렇게 아동으로부터 멀어져 있었는지에 관한 의문이 가득했다. 지금까지 우리의 의식 속에서 장애아동의 이해가 애초에 잘못되어 있었음을 알지 못했다.

❁ 장애아동 이해의 오류

장애아동 이해의 첫 번째 오류는 장애아동의 존재적 의미의 오해이다.

자폐아동의 존재의미가 "장애" 이전에 "아동"이라는 것이다. 따라서 치료교육 대상은 "장애아동"이 아니라, "순수아동" 그 본질 자체이다. 그러므로 장애아동의 교육은 다시 "아동의 본질"로 돌아가야 한다. 아동의 존재적 의미를 찾게 될 때 장애아동의 교육의 목적과 방향이 달라질 것이다.

장애아동은 일반아동과 마찬가지로 자신의 요구와 바람 그리고 관심과 도전하려는 욕구가 있다. 또한 그들은 감정을 느낄 수 있으며, 두려움에 대해서도 경계할 수 있다. 그것이 아동의 본질성이다. 그것은 학습된 것도 아니며, 환경에 의해 영향 받는 것도 아니다. 본질성은 아동이 이 세상을 도전하고 극복할 수 있게 하는 깊이 내재된 힘이다. 그것이 아동의 "본성"과 "본능"이다. 이것은 아동 본질의 고유한 속성이며 장애와 아무런 관련이 없다. 장애아동은 스스로 자신의 삶을 누리기 위해 "본성"과 "본능"에 충실하다. 그러나 "본성"과 "본능"의 원천적인 능력은 "장애"의 개념 속에 묻혀 버렸다. 장애아동들도 달리고 뛰고 싶어 한다. 그리고 보고 만지고 싶어 한다. 자신의 주변에 일어나는 일에 대해 관심을 가지고 직접 경험하려고 한다. 어른들이 관심 없는 것들에 대해 세세한 것까지 호기심을 갖는다. 장애아동들도 시냇물을 건너보고 싶고 무엇인가를 던져보고 싶다. 꽃에 관심을 갖기도 하고 땅에 놓여진 하잘 것 없는 나뭇가지를 주워보고 싶어 한다. 장애아동들은 모든 것들에 대해 관심을 가지고 있다. 그러나 우리는 그러한 아동의 원천적인 본성과 본능의 자유스러운 유희를 원하지 않는다. 왜냐하면, 그들의 행동과 태도는 비사회적이고 무규범적이며 그들을 위한 우리의 노력이 비생산적이기 때문이다. 우리에게는 장애아동이 함께 어울려서 생활하기에는 불편한 대상일 뿐이다. 그러한 이유들 때문에 기성세대의 의식 속에서는 장애아동은 함께 생활하는 데 "문제"이기도 했고, 때로 "무능력"한 존재가 되기도 했다. 이러한 의식은 체계화된 지식으로 그들을 "장애"의 개념 속에 분류하였다. 언제부터인가 우리의 의식 속에는 "장애"가 남았을 뿐, "아동"은 존재하지 않았다.

장애아동 이해의 두 번째 오류는 지금까지 치료교육의 한계를 아동의 능력 한계로 돌렸다는 것이다.

치료교육의 가능성 여부는 아동의 능력에 의해 결정되기 이전에 우리의 의식에 의해 결정되는지도 모른다. 우리의 인식 속에는 장애아동이 일반아동과 함께 교육하거나 생활하기에 불편한 아동들인 것이다. 왜냐하면, 가정과 학교 그리고 사회에서 일반아동은 장애아동과 함께 활동하고 생활하는 데 제약이 따르고 함께 과업을 수행하는 데 비효율적이고 비능률적이기 때문이다. 따라서 그들을 위해 일반아동과 분리하여 특별한 방법으로 교육할 필요가 있다고 보았다. 그리고 장애아동이 특별히 고안된 환경에서 장애로 인한 불편함을 덜어줄 수 있다고 보았다.

또한 우리는 장애아동의 더 나은 역량을 향상시키기 위해 특수한 방법의 교육이 필요했다. 그들은 잠재능력을 향상시키기 위해 특별한 방법으로 교육해야 하는 대상이었다. 그것이 장애아동 교육의 이념 중에 하나였으며, 그와 관련된 다양한 교육방법을 구상하고 학교현장에서 적용해 왔다. 그러한 우리의 노력은 헌신적이었다. 그러나 교육현장에서는 장애아동이 잠재력을 가지고 있다고 믿는 경우는 드물다. 치료교육 현실 앞에서 가능성이란 그저 피상적인 인식일 뿐이다. 오히려 장애아동의 교육 한계를 더 믿는 것 같다. 가능성을 위해 방법을 실천하기 이전에 우리의 의식 속에 "장애"라는 개념 속에 "능력의 한계"라는 인식이 깊게 자리 잡고 있다.

최선을 다해서 가장 적절한 방법으로 지도를 했음에도 불구하고 아동이 목적에 이르지 못했을 때 그들의 능력부족이라고 보았다. 장애아동이 일반아동에 비해 학습능력이 떨어지는 것은 사실이다. 그러나 오히려 장애아동의 능력을 일정 수준에 이르도록 이끌지 못하는 교육자의 교육능력이 문제가 아닌지 반성해야 할 필요가 있다. 교육자의 무능력을 아동의 무능력의 탓으로 돌리지 않았는지 깊이 성찰해야 할 것이다. 장애아동에게 가르쳐 주어도 모르는 것이 아니라, 교육자가 장애아동이 이해할 수 있도록 가르치는 방법을 모르는 것이다. 엄밀히 보자면, 아동의 능력 문제가 아니다. 전문가 개인의 능력한계이다.

❀ 기존의 치료교육의 문제

자폐아동에게서도 달라진 것은 없다. 자폐아동의 치료교육의 한계는 우리가 교육을 시도하기 이전에 이미 우리의 의식 속에서 결정되었다. 장애의 극복은 무모한 기대에 지나지 않는다. 왜냐하면, 자폐아동은 지금까지 장애아동을 인식해 왔던 것처럼 자폐아동 역시 장애를 벗어나기 어려운 것이라는 인식이 깊게 내재 되어 있기 때문이다.

어차피 자폐증 장애는 우리가 감당해야 할 과제이다. 자폐아동 치료교육 전문가들은 방법을 찾아가는 노력을 하며, 치료교육은 그 과제를 풀어가는 과정이다. 하지만, 지금까지 우리는 자폐아동의 치료교육 한계에 대해 일방적으로 자폐아동의 무능력에 탓을 돌리는 경향이 있었다. 학습수준은 곧 아동의 능력수준인 것이다. 그러한 판단과 평가는 당연한 것으로 받아들여졌다. 하지만, 엄밀히 말하자면 자폐아동의 무능력이기보다는 자폐아동의 치료교육 방법을 찾지 못하는 전문가의 능력문제인 것이다.

여전히 자폐아동 교육의 한계를 벗어나기가 어려웠던 이유는 자폐증 장애의 근본적 문제에 접근하기보다는 자폐증 장애로 인해 갖게 되는 여러 가지 발달상의 "기능의 결손"을 어떻게 극복할 수 있는지에 관한 방법과 기술에 관심을 두었기 때문이다. 따라서 대부분의 치료교육은 "말하기" "행동하기" "생활하기" "어울리기"와 같은 외현적인 문제에 접근하였다. 이와 더불어 기본적인 지식을 습득하는 데 치중하거나 다양한 체험의 기회와 환경 조성하는 데 관심을 가졌다.

자폐아동에게 말하는 기술을 가르쳐 주어서 다른 사람과 의미 있게 대화를 나누는 경우는 없다. 몇 가지의 말을 주고받을 수 있다고 하더라도 사회적 상호작용이 가능한 대화를 구사하는 경우가 없다. 뿐만 아니라, 문자를 알게 되고 책을 읽는다고 해서 책의 이야기의 맥락을 이해하지 못한다.

생활방법을 지도한다고 하더라도 자폐아동은 스스로 실천하는 경우는 드물다. 가정에서 혹은 학교에서 어떻게 생활을 해야 하는지에 관한 수많은 목록을 만들어 지도하지만, 자폐아동은 스스로 규범을 지켜가는 경우가 드물다. 일상생활에서 세수를 하고 손을 닦는 것, 혹은 배변을 하고 사후 처리하는 것, 의자에 앉아서 밥을 먹는 것, 바른 자세로 소파에 앉는 것, 방을 어지럽히지 않고 잘 정리하는 것과 같이 약간의 생활지도를 할 수 있겠지만, 능동적으로 자신의 일을 실천하기가 어렵다.

사회기술을 가르친다고 해도 마찬가지이다. 자폐아동은 사회적 규범을 능동적으로 지켜가지는 못한다. 다른 친구들과 어떻게 어울리는지를 섬세하게 절차를 구성하여 지도하더라도 생활이나 사회규범을 지키는 경우는 없다. 가게 혹은 백화점, 음식점에서 어떻게 처신을 해야 하는지에 관한 의식이 없다. 한편, 많은 시간을 일반아동과 함께 지내도록 하여도 자폐아동은 늘 혼자 외톨이가 된다. 또래 아동과 함께 놀이를 하도록 환경을 만들어 주고 여러 가지 방법으로 놀이에 참여하게 함으로써 사회성에 도움을 주려고 하지만, 또래 아동과 친하게 지내는 법은 없다.

그렇다고 많은 것을 알게 되어서 자연히 이해력이 높아지는 것도 아니다. 많은 지식을 습득한 것만으로 이해력이 높아지는 것은 아니다. 자폐아동이 가지고 있는 지식이란 단지 기억된 정보일 뿐이다. 문제는 습득한 정보를 다루지 못한다는 것이다. 대체로 자폐아동이 지식 활용 능력이 떨어지는 이유도 그 때문이다.

때로 아직까지 자폐증을 정서적 결함으로 이해하는 이들이 있다. 그래서 더 많은 애정을 부여함으로써 그들의 폐쇄적인 태도를 관계회복으로 이끌려고 노력한다. 안아 주는 것, 볼을 비비는 것 등의 신체 접촉을 통해 어머니의 감정을 전달하려고 시도한다. 물론, 좋은 결과를 가져오기도 했지만, 결과적으로 일반아동들처럼 정서적 관계가 회복되는 것은 아니었으며, 더구나 자폐증 장애가 회복되는 것과는 애초에 관련이 없었다.

되돌아보면, 지금까지의 교육이 대체로 외현적인 장애를 호전시키는 데 집중되어 왔을 뿐, 장애의 근본적인 문제를 해결하는 것은 아니었다. 처음부터 물이 나오지 않는 곳에서 땅을 파고 있었던 것이다.

❀ 가능성으로서의 아동과 교육

일반교육이든 장애아동 교육이든 간에 모든 교육은 가능성을 전제로 해야 한다. 교육의 한계를 규정하는 교육은 엄밀히 말하면 교육이 아니다. 그저 교육과 유사한 행위일 뿐이다. LPDAC 치료교육은 자폐아동의 치료교육 가능성에 대한 믿음으로 만들어졌다. 그리고 치료교육 가능성에 대한 믿음은 자폐아동의 능력을 찾아내는 것으로부터 시작한다.

대부분의 자폐아동의 치료교육 한계를 미리 단정한다. 그래서 최소의 가능성만을 목표로 치료교육 과정만을 설정한다. 예를 들어, 간단한 말을 주고받는 것만으로도 언어치료의 만족스러운 결과라고 보기도 하고 다른 사람의 지시에 잘 순응하고 따르는 것만으로도 행동치료의 결과로 만족할 수 있다. 다행히도 다른 또래 친구들과 문제를 일으키지 않고 집단행동을 할 수 있는 것만으로도 성공사례로 내세울 수 있을지 모른다.

교육의 가능성은 자폐아동의 내재적 능력에 대한 믿음이 주어졌을 때이다. 그러므로 자폐아동의 능력을 믿는다는 것은 그러한 사실을 발견하는 것이다. 믿음은 단순히 막연히 기대가 아니라, 구체적으로 자폐아동의 능력을 발견하는 것이다. 우리는 자폐아동의 결손과 장애에 대해 많은 것을 알지만, 그들이 지니고 있는 내재적 능력을 알지 못한다.

자폐아동의 내재적 능력은 일반아동의 학습능력을 의미하지 않는다. 오히려 자폐아동에게서의 능력이란 일반아동과 마찬가지로 그들의 생활세계가 있으며, 그 세계에서 나름의 삶을 영위할 수 있는 것을 말한다. 많은 사람들은 이러한 사실을 믿으려고 하지 않는다. 만약에 자폐아동의 생활세계를 발견하지 못한다면, 우리의 의식 속에는 그들은 무능력한 존재로 남게 될 뿐이다.

자폐아동에게 생활세계가 존재한다는 것만으로도 교육의 가능성이 예견된다. 자폐아동의 교육의 가능성은 발달상에서 나타나는 다양한 특징과 현상을 해석할 수 있을 때이다. 치료교육이 자폐아동 발달과정에서 나타나는 장애를 해석할 수 없다면, 당연히 장애의 문제를 해결하지 못할 것이다. 예를 들어, 자폐아동에게 나타나는 특징적인 행동과 태도 그리고 의식에 관한 것들에 대해 해석하지 못한다면, 원인을 모르고 치료교육한다는 의미와 같다. 물론, 어떤 원인인지를 알지 못하지만, 바라는 목적에 따라 치료교육할 수 있다고 반박할 수 있을지 모른다. 그러나 장애의 원인을 모르고 치료교육하는 것은 병인을 모르고 약을 처방하는 것이나 다름이 없다.

만약에 자폐아동이 왜 자기몰입을 하는지 그리고 왜 상동행동을 하는지에 관해 설명하지 못한다면, 자기몰입과 상동행동을 치료교육하지 못할 것이다. 자폐아동이 책을 읽어도 그 맥락과 내용을 이해하지 못하는 이유에 관해 설명하지 못하거나 다른 사람과 사회적 상호작용이 어려운지를 설명하지 못한다면, 어떤 방법으로도 그들의 생각과 사회적 태도를 변화시킬 수 없을 것이다. 치료교육 가능성은 자폐아동의 생활세계를 해석할 때 가능해진다.

치료교육 가능성의 또 하나의 전제는 현재학습의 결과가 예측될 때이다. 만약에 아동에게 주어진 학습이 점진적으로 어느 수준에 이를 수 있는지를 예측하지 못한다면, 현재 수행하고 있는 치료교육은 아동에게 앞으로 어떤 도움을 줄지를 설명할 수도 없다. 단지, 자폐아동이 모르고 못하기 때문에 가르치는 것일 뿐, 아동의 치료교육 가능성과 거리가 멀다. 치료교육의 결과를 예측하지 못한다면, 현재 수행하고 있는 모든 치료교육 행위는 의미가 없다. 그리고 예측하지 못하는 치료교육은 그저 막연한 기대와 추측에 지나지 않는다. 반면에 치료교육 과정에서 앞으로 나타날 수 있는 발달의 특징과 효과를 예측한다면, 치료교육 가능성은 높아질 수 있다.

❀ 이 책의 의미

이 책은 자폐아동의 치료교육의 목적과 방향을 올바로 제시하고자 했던 동기에 의해 집필되었다. 그 배경에는 지금까지의 자폐아동의 치료교육을 되돌아보고 무엇이 치료교육의 문제였는지, 그리고 무엇이 자폐아동의 치료교육을 가능하게 하는지를 깊게 다루고자 하였다. 자폐아동의 치료교육은 기적처럼 일어나는 것은 아니다. 노력과 관심 없이 성공적인 치료교육은 없다. 우리가 바라는 것은 그 어디엔가 작은 가능성이라도 발견하는 것이다. 그것으로 자폐아동 치료교육의 희망이 되는 것이다.

그래서 누구나 더 나은 상태로 이끌기 위해 많은 노력을 시도해왔다. 전문가들이 나름의 이론과 목적을 가지고 치료교육을 시도하거나 혹은 자폐아동의 연구에 심혈을 기울인 외국의 치료교육을 나름의 방식으로 재구조화하여 자폐아동 치료교육의 수단으로 삼는 경우도 있다. 하지만, 자폐증과 자폐아동에 관한 이해가 서로 다르며 그에 따라 치료교육의 방향과 방식이 달랐다. 그렇기 때문에 부모나 교사의 입장에서 수많은 치료교육 중에 그 어느 하나를 선택하기란 매우 어려우며, 또한 어느 것이 자폐아동에게 가장 적절한 치료교육이라고 단정할 수 없다.

자폐아동을 가진 부모로서는 나이가 들기 전에 일단 치료교육을 해야만 했고 교사는 현장에서 최선을 다해 치료교육에 임했다. 그러나 오랜 시간이 지난 후에야 어렴풋이 시행착오였다는 것을 알게 된다. 치료교육 선택이 아동의 장래에 결정적인 영향을 미치지만, 처음부터 올바른 교육을 선택하기란 어려웠다. 그 이유는 자폐증과 자폐아동에 대한 이해의 오류에 있었다. 그러므로 자폐아동의 올바른 이해는 아동의 미래를 걱정하는 부모나 교사들의 입장에서는 매우 중요한 사안이다. 그러한 점에서 이 책은 저자의 고민 끝에 집필되었고 그 목적과 의미는 다음과 같다.

첫째, 자폐아동의 올바른 이해를 통해 자폐아동에 관한 편견에서 벗어나는 데 도움을 주고자 했다.

자폐증과 자폐아동에 관한 잘못된 정보가 치료교육의 방향을 결정하는 데 영향을 미친다. 그 대표적인 것이 자폐증이 후천적인 것이며 주변 환경이나 부모의 양육에 영향을 받는다는 것이다. 그럴 경우, 어머니와 아동의 정서교류를 증진시키는 데 중점을 둘

것이다. 그렇게 함으로써 단절된 관계를 개선하고 적극적으로 대인관계를 형성하도록 이끌어 갈 수 있을 것이라고 믿는다. 그러나 자폐증은 후천적이거나 환경에 의한 것이 아니라, 생득적이다. 그러므로 자폐증의 병리적 문제를 해결하지 않으면 자폐증의 근본적 문제가 해결되지는 않는다. 또한 그만큼 시행착오를 겪게 될 것이다. 자폐증과 자폐아동을 어떻게 이해했는지의 여부에 따라 치료교육 방향은 크게 달라질 수 있다.

자폐아동을 이해한다는 것은 그들의 장애 문제를 설명할 수 있다는 것이다. 자폐증 장애는 설명될 수 있다. 종종 자폐아동의 특별한 행동과 태도에 대해 설명하지 못하고 치료교육을 시도하기도 했다. 예를 들어, 무엇이 문제행동이며 이상행동인지는 구분되어야 한다. 간혹 문제행동과 이상행동을 구분하지 못함으로써 잘못 지도하는 경우가 있다. 자폐아동의 행동양식을 이해하지 못하면, 치료교육의 오류를 범할 것이다.

둘째, 자폐아동을 위한 치료교육 프로그램에 관한 이해와 문제를 비교함으로써 치료교육을 선택하는 데 도움을 주고자 하였다.

대부분의 치료교육 프로그램은 자폐아동을 위해 만들어진 것이다. 기존의 장애아동을 위한 다양한 프로그램은 나름의 장점을 가지고 있으며, 그 목적에 부합된 좋은 효과를 얻고 있다. 그러나 자폐아동만을 위해 특별히 고안된 치료교육 프로그램이 드물다. 따라서 자폐증 장애를 극복하는 데 한계가 있다.

또한 기존의 치료교육 프로그램의 한계는 원인에 접근하기보다는 외현적인 문제에 초점을 두는 것이라는 점이다. 기존의 치료교육 프로그램은 자폐증의 원인에 접근하기보다는 자폐증 장애로 인한 다양한 문제를 호전시키는 데 초점을 두고 있다. 즉, 특정 장애로 인해 나타나는 정서, 언어, 사회, 행동의 문제를 개선하거나 호전시키는 데 집중되어 있다. 자폐아동의 발달에 직접적인 영향을 미치지 못한다. 그럼에도 불구하고 기존의 자폐아동 치료교육 프로그램은 기능의 향상과 더불어 적응 기술을 향상시키는 데 초점을 두고 있다.

셋째, 자폐아동 치료교육 가능성에 관한 핵심적인 이론과 배경을 통해 치료교육의 방향을 결정하는 데 도움을 주고자 하였다.

자폐증 치료의 핵심적인 이론은 자폐증과 자폐아동을 이해하는 데 중요한 길잡이가 된다. 뿐만 아니라, 자폐아동의 치료교육을 어떤 방향으로 이끌어야 하는지를 결정할 수 있다. 만약에 자폐증 발달이론이 불명확하다면, 결국 시행착오를 거칠 수밖에 없다.

자폐증 발달이론은 자폐증 장애가 극복될 수 있는지를 설명할 수 있다. 이론적 맥락을 통해서 장애가 나타나는 경로를 찾을 수 있기 때문이다. 자폐증이 인지장애임에도 불구하고 만약에 자폐증을 정서발달이론으로 이해한다면, 자폐아동 치료교육은 정서발달과 관련된 다양한 방법을 선택하게 될 것이다. 또한 언어발달이론에 적용된다면, 언어변화에 따른 방법들을 치료교육에 적용하게 될 것이다. 자폐아동 발달의 명확한 이론 정립은 성공적인 자폐증 치료교육에 영향을 미친다.

자폐증 발달이론은 자폐증 장애를 극복할 수 있는 치료교육의 과정과 절차를 제시한다. 기존의 대부분 치료교육은 치료과정의 매뉴얼이 존재하지 않는다. 물론, 몇몇 치료교육 프로그램은 나름의 이론적 배경이 있다. 그리고 그에 따른 치료교육 프로그램의 방식과 구성이 있지만 설득력이 떨어진다. 왜냐하면 자폐아동의 치료교육을 통해서 장애가 극복될 수 있는 절차를 제시하지 못하며, 각각의 치료교육 프로그램이 앞으로 아동이 어떻게 발달할 것인지에 대해 예측하지 못하기 때문이다.

넷째, 자폐아동 치료교육의 실제적인 사례를 제시하고 치료교육 과정에서 나타난 자폐아동의 생활세계를 해석하고자 했다.

LPDAC 치료교육의 특징 중에 하나는 오직 아동에 초점을 둔다는 것이다. 장애는 이차적인 문제이다. 아동의 본질성을 중요시 여기며 그에 따른 아동의 능력을 회복시키는데 주력하고 있다. 따라서 자폐증 장애의 문제보다도 아동의 본질성에 집중되어 있다. 그것은 아동에게 내재되어 있는 원천적인 능력과 의식이다.

LPDAC 치료교육 결과를 자폐아동의 본질성과 관련하여 그 효과가 어떻게 나타나는지에 관해 설명하고자 하였다. 이를 위해 치료교육 사례를 제시하고 아동의 생활세계와 의식을 설명하였다. 성공적인 치료교육을 통해 자폐아동은 일반아동과 마찬가지로 자신의 생활세계에 참여하고 의미를 부여할 수 있음을 기술하였다. 그 과정에서 자폐아동은 나이 수준에 따른 자신의 다양한 능력을 드러냈으며, 성숙한 사회의식을 보여 주었다는 것과 인지, 언어, 사회발달 영역에서 자폐아동은 높은 수준의 역량을 발휘하였음을 사례로 설명하였다. 여기에 제시된 치료교육 사례는 우리의 생각을 넘어 자폐아동은 다른 아동과 마찬가지로 자신의 세계를 탐구하고 주변의 세계에 적극적으로 참여한다는 것을 보여 준다.

다섯째, 치료교육 사례를 통해 자폐아동 치료교육의 가능성을 알리고자 하였다.

학습이 어떻게 그들을 도울 수 있는지가 상세하게 기술되어 있다. 그리고 LPDAC는 많은 임상적 과정을 통해서 자폐아동의 근본문제를 해결할 수 있는 가능성을 보여 주었다. 특히, 사례를 통해 자폐아동은 자신의 능력을 드러내 주었고 일반아동들처럼 건강하게 사회의 일원으로 성숙시킬 수 있음 보여 주었다.

그러나 완전한 치료교육 프로그램은 존재하지 않는다. 장애아동을 위한 치료교육은 언제나 부족한 점을 보완해야 할 과제를 안고 있다. LPDAC도 마찬가지이다. LPDAC가

앞으로 보완해야 할 과제로 개개의 학습이 어떻게 자폐아동의 "발달"에 영향을 미치는지에 관한 구체적인 과정을 밝히는 것과 각각의 이전 학습이 다음 단계의 학습에 어떻게 영향을 미치는지에 관한 구체적인 과정을 밝히는 것이다. 이것은 앞으로 LPDAC 프로그램이 완성도 높은 프로그램이 되기 위한 과제이다.

여섯째, 치료교육의 가능성의 조건에 관해 논하면서 부모가 가장 중요한 환경임을 설명하고자 하였다.

자폐아동을 가진 부모는 자녀가 보호하고 도움을 주어야 할 대상이라고 인식한다. 여기에는 자녀가 정서적으로 연약하고 무능력한 존재라는 인식이 내재되어 있다. 그래서 부모는 자녀에게 더 많은 관심과 애정을 줌으로써 자녀와 더 깊은 관계를 형성할 수 있다고 본다. 그러나 일방적인 애정은 오히려 자기중심적인 행동이나 무기력한 태도, 그리고 충동행동과 분노조절장애와 같은 부적절한 문제행동을 일으킬 수 있다.

그러므로 부모는 자녀에 대한 올바른 인식과 양육태도를 가져야만 한다. 그것은 자녀와의 의사소통방법으로서의 일관성 있는 양육태도이다. 특정 행동을 지도할 경우, 시간과 장소 그리고 대상에 제약 받아서는 안 된다. 자폐아동은 대상이 자신에게 어떻게 행동을 드러내는지의 여부에 따라 대상을 해석하고 행동한다. 그렇기 때문에 부모의 양육태도는 자폐아동이 이해하는 '언어'이다.

자녀에 대한 이해의 전환이 있어야 한다. 자녀가 도움의 대상이 아니라, 교육의 대상이라는 것이다. 못하기 때문에 도와 줄 것이 아니라, 못하기 때문에 가르쳐 주어야 한다. 부모는 종종 자녀가 해야 할 일에 대해 도움을 주는 경향이 있다. 그러나 자녀는 자신이 해야 할 일을 찾아 스스로 일을 수행할 줄 알아야 한다. 도움을 주는 경우, 대부분 자녀는 가정이나 학교에서 자신이 스스로 해야 할 일에 대해 거부하게 된다.

일곱째, 치료교육을 통해서 자폐아동이 우리에게 던져준 메시지를 전달하고자 하였다.

자폐아동은 나름의 생활세계를 가지고 있으며, 그들은 자신이 구축한 생활세계를 통해 끊임없이 우리와 교감을 시도하고 있다. 분명히 그들은 순수 아동으로서 우리들에게 무엇인가를 말하고 싶어 한다. 그들은 스스로 자신의 존재적 의미를 표현하지 않지만, 체험을 통해 자신이 누구인지를 드러내고 있었다. 그들의 생활세계에서 일어나는 다양한 활동 속에는 그들의 의식에 관한 메시지가 들어 있다. 자폐아동은 일반아동처럼 자신의 세계에 대해 끊임없는 체험을 시도하려고 한다. 그러나 많은 사람들은 그들의 의식과 의도를 느끼지 못한 채 지나친다. 그들은 우리와 마주하는 눈빛과 웃음 그리고 행동과 태도를 통해서 그들의 언어를 드러내려고 한다. 그리고 다른 또래 친구들처럼 자신의 생활세계를 탐험하고 그 세계를 체험하고 싶어 한다. 그러나 어른들은 그들의 모습에서 장애만을 토닥거릴 뿐, 아동의 존재를 의식하지 못한다. 자폐아동은 자신의 의도와 상관없이 다른 곳으로 이끌려 가고 있다.

따라서 저자는 이 책을 통해서 그들의 세계를 조금이나마 알려주고자 했다. 그리고 그들의 미래를 염려하고 그들의 가능성을 믿는 많은 사람들에게 조금이나마 도움이 되고 싶었다. 특히, 이 책은 부모들도 접하기 쉽도록 노력하였다. 부모는 가장 훌륭한 교사의 역할자라는 점에서 부모가 획득해야 할 기본적인 지식들을 정리하려고 하였다.

이 책이 나오기까지 많은 시간이 걸렸다. 저자의 부족한 지식과 편견을 추스르는 데 필요했던 시간이기도 했다. 원고를 정리하면서 도드라져 보이는 낱말과 문장들이 때로 저자 자신의 부족함을 낱낱이 드러내기도 하였다. 그 과정에서 지식의 오만함이 부끄럽기도 하고 때로 개인의 경험이 한갓 쓸모없는 조각임을 피부로 느꼈다. 그래서 공부하는 마음으로 글을 다듬어 나갔다. 일선에서 자폐아동 치료교육을 담당하고 있는 교사와 전문가들에게 조금이나마 도움이 된다면, 그것으로 이 저서의 작은 의미를 부여하고 싶다.

끝으로 이 책이 나올 때까지 많은 토론을 통해 부족한 점을 지적해 주신 미국 동미시건대학 특수교육학과 고명숙 교수와 미국 오클랜드대학교 특수교육학과 신선우 교수에게 감사드린다. 그리고 이 책이 집필되는 동안 끊임없이 학문적 이해를 돕고 지원해준 한국유아발달심리연구회의 회원들에게도 깊은 감사를 드린다. 또한 많은 시간을 할애하여 교정에 심혈을 기울인 한양대학교 김수현 학우에게도 감사드린다. 그리고 무엇보다도 오래전부터 부족한 원고를 아껴 주시고 책이 나오기까지 도움을 주신 박학사의 구본하 사장님께 감사드린다.

2014년 3월
논현동 연구소에서
여문환

차례

제1장

혼돈

❀ 만남과 갈등

판도라는 하늘에서 내려올 때, 신들로부터 상자 하나를 선물로 받았다. 그 상자에는 "재앙"과 "희망"이 들어 있었다. 절대 그 상자를 열어봐서는 안 된다는 경고에도 불구하고, 호기심에 못이긴 판도라는 그 상자를 열어보았다. 그 순간 그 안에서 온갖 불행과 재앙이 퍼져 나왔다. 놀란 판도라는 재빨리 뚜껑을 닫았다. 그러나 이미 "불행"은 모두 빠져나가고 "희망"만이 남게 되었다. 그때부터 인간은 온갖 불행과 어려움 속에 절망하면서도 희망을 간직하고 살게 된다.

부모는 처음 자녀가 자폐증이라는 것을 알게 되었을 때, 당혹감은 곧바로 충격이 된다. 자녀가 자폐증이라는 사실에 고통을 받지만, 그 원인 제공이 부모일 것이라는 자책감과 자괴감 또한 크다. 부모는 건강하게 낳지 못한 것을 미안하게 생각하며 아이를 가슴에 품는다. 부모는 운명의 판도라의 상자처럼 불행을 안게 되었지만, 언젠가 판도라 안에 남겨져 있는 희망을 꺼내줄 그 누군가를 기다리는지도 모른다.

그러나 자녀의 미래와 희망을 말하는 사람은 없는 것 같다. 전문가들은 치료교육을 권하면서도 정작, 치료교육의 가능성에 대해서는 언급하지 않는다. 자녀의 장래를 예견하는 전문가는 없다. 부모가 듣는 조언이라고는 고작, "우선, 치료교육을 시키라"는 것뿐이다. 치료교육에 대한 전문가들의 대답은 일관성이 없고 견해가 각자 다르다. 그렇다고 치료교육 결과에 대해 낙관적이지 않다. 전문가들의 조언은 "치료교육을 안 하는 것보다는 낫다"는 것이다.

오랜 시간이 지난 후에야 비로소 부모는 자녀의 평생 책임질 의사나 교사는 없다는 사실을 깨닫는다. 그리고 오직 부모 자신만이 자녀의 미래를 책임져야 할 대상이라는 것을 알게 된다. 부모는 자녀의 문제를 해결하기 위해서 치료교육이라는 고독한 여정을 시작한다. 막연히 그 어디엔가 희망적인 대안이 있을 것이라는 믿음을 갖고 정처 없이 나선다. 암담한 현실임에도 불구하고 믿음이 유일한 희망이 되기도 한다. 자녀의 치료교육 과정에서 "갈등"과 "선택"이라는 현실적 문제에 직면하게 된다. 그것은 "부정"과 "분노" "타협"과 "우울" 그리고 "수용"과 "적극적 대처" "사회적 의식과 공조"라는 굴곡을 넘어서는 먼 여정이기도 하다(Schuchardt, 1985).

처음 만난 아이, 낯선 아이

처음에는 아이가 보채지 않아 키우기 쉬운 아이로 생각했다. 어머니가 오랫동안 집안일을 할 때도 아이는 혼자 자신이 좋아하는 블록과 장난감을 가지고 노는 데 집중한다. 그리고 아동용 비디오를 틀어 주기라도 하면, 보채지도 않고 얌전하게 집중해서 잘 보기도 했다. 게다가 뭔가 아이가 특별한 지능을 가진 것 같다. 스스로 숫자카드를 나란히 배열하며 놀거나 혼자 낱말을 습득하는 것을 발견했을 때 아이의 영특함에 놀라기도 했다.

그러나 얼마 가지 않아 자녀가 다른 또래 아동과 달리 특별하다는 느낌을 갖는다. 그것은 딱히 무어라 표현할 수 없는 느낌이다. 처음에는 대수롭지 않게 지나쳤지만, 시간이 갈수록 처음과 달리 아이가 분명히 다르다는 것을 확신하게 된다.[1] 예를 들어, 반갑게 웃음을 지으며 다가오기도 하던 아이가 어느 날, 아빠가 퇴근해서 집으로 들어오는데도 아무런 반응이 없다. 아이는 아빠와 눈을 마주치지 않고 자신이 하고 있는 놀이에 집중한다. 그런 아이를 아빠가 안아주려고 하면 칭얼거리거나 거칠게 뿌리친다.

부모는 갑작스러운 자녀의 태도에 당황하게 된다. 부모 자신의 잘못된 양육 때문인지 아니면 환경에 의한 정서적으로 문제가 생긴 것이 아닌지를 진지하게 되돌아본다. 그 이후로 부모는 이전보다 더 많이 관심을 보여 준다. 함께 놀이터에 가기도 하고 더 많이 놀아주기도 한다. 그러한 관심에도 불구하고 점차 더 뚜렷한 특징을 보이기 시작한다. 아이는 부모와 눈을 마주치지 않고 오직 자신의 놀이에 집중한다. 불러도 반응을 보이지 않을뿐더러 부모가 함께 놀아주려고 하면, 뿌리치기도 하고 심하게 저항하며 울기도 한다.

1) 자폐증은 첫 18~20개월까지 정상발달을 보이지만 이 아동은 대부분 그 이전에 장애 특성을 나타낸다(Eisenberg & Kanner, 1956). 미국정신의학회에서 발간된 "정신진단 및 통계편람: DSM-IV"에서는 3살 이전에 자폐증이 나타난다고 기술하고 있다. 따라서 자폐증의 발달병리적 특징은 적어도 3살까지 정상으로 발달하다가 나타날 수 있음을 알 수 있다. 이것은 또한 출생 후부터 3살 이전 어느 특정 시기에 자폐증이 나타난다는 것을 의미한다. 이러한 이유 때문에 부모나 전문가들은 때로 과거에 정상적으로 반응했다는 점을 들어 "심리적 문제"로 판단하거나 "후천적 요인"으로 잘못 오인하는 경우가 있다.

시간이 지나면서 부모는 자녀의 행동을 관찰하고 발달에 심각한 문제가 발생하고 있다는 것을 직감한다. 자녀의 행동상의 특징은 일반아동에게 나타나는 것과 현저하게 차이가 있다. 아이는 자신이 무언가 필요할 때 부모의 손을 잡고 이끌어 요구할 뿐이다. 하지만 일단 자신이 원하는 것을 얻게 되면 더 이상 부모에게 무관심하다. 더욱 이상한 것은 손바닥을 들여다보거나 손가락을 맞추는 것 혹은 곁눈질하며 보는 듯한 행동이다. 이유 없이 혼자 울기도 하고 웃기도 한다. 아이는 더 고집이 세진 것 같다. 아무리 달래고 설명해도 막무가내이다. 자신이 하려고 하는 일에 대해서는 꼭 해야만 한다.

밖에서도 상황은 비슷하다. 알 수 없는 곳으로 무작정 뛰어가기도 한다. 뿐만 아니라, 같은 장소에 "왔다 갔다"를 반복거나 혼자 웃거나 이유 없이 울기도 한다. 자신이 놀이기구를 타는 방식이 정해져 있다는 것을 알게 된다. 뿐만 아니라, 놀이터에서 노는 동안 다른 또래 아동에게 한 번도 눈길을 돌리지도 않았고 관심을 두지 않는다. 부모와도 눈을 마주치는 일도 없어졌다.

부모는 시간이 지날수록 점차 자녀가 같은 나이의 또래 아동과 뚜렷하게 차이가 있다는 것을 알게 된다. 또래 아이들보다 말이 늦고 사회적 상호작용이 없다. 반복적인 행동은 강박적이며 때로 몰입 행동을 한다. 놀이하는 방식이 정해져 있으며, 같은 장소와 같은 물건에 강박적으로 집착한다. 자녀에게 나타난 모든 양상은 같은 또래 아동과 분명히 차이가 있다. 부모 앞에 낯선 아이가 나타난 것이다. 그리고 처음 만난 아이이다.

절망과 분노

어머니는 생전에 생각해보지도 않았던 "소아정신과"를 찾았다. 아주 짧은 상담 후에 자녀가 자폐증 진단을 받는 순간 가슴이 먹먹해진다. 어머니는 어떻게 병원 밖을 나왔는지 모른다. 발걸음을 움직이지 못하고 고개를 떨군 채 어머니는 어깨를 들먹이며 울음을 참아낸다. 도저히 고개를 들 수 없을 것 같다. 어느 정도 짐작은 하고 있었지만, 막상 자폐증 진단을 받고 난 후에 그토록 가슴이 아릴 줄 몰랐다. 병원을 나오기 전에 선생님의 여러 가지 부차적인 설명이 있었지만, 들을 수도 없고 들리지도 않았다.

처음, 그렇게 자녀가 자폐증이라고 진단을 받았을 때 부모는 충격을 받는다. 자폐증 진단은 도저히 받아들이기 어려운 것이었다. 그 누구도 자신의 자녀를 자폐증이라고 단정하는 것을 용납할 수가 없다. 그래서 어머니는 오진일 가능성에 대해 의구심이 든다. 그래서 매주마다 틈이 나면, 이곳저곳 병원 문턱을 넘나들었다. 정작 그것은 자녀가 자폐증이 아니라고 진단 내리는 병원을 찾고 싶었던 마음 때문인지도 모른다. 자녀가 자폐증이라는 사실을 마음으로 받아들이지 못한 채 많은 시간이 훌쩍 흘렀다. 그 해 무덥고 지루했던 여름이 끝나고 가을이 다가올 무렵 어머니는 결국 자녀의 자폐증 진단을 인정하고 받아들였다. 그 때문이었을까. 그 이후로 어머니는 마음의 병을 앓았다. 커튼으로 닫혀 있는 창문을 보면, 무엇인가 숨통을 막아 놓은 것 같은 고통을 느꼈다. 창문이 닫혀 있기라도 하면, 마음이 늘 불안한 것이다. 종종 창문을 열고 아무 생각 없이 먼 시선을 하고 있는 경우가 많아졌다. 어머니는 하루의 시작이 늘 두렵기만 하다.[2)]

절망감이 깊어지면, 시간이 지나면서 자녀가 자폐증이라는 사실이 속상하다 못해 분노가 된다. 그리고 분노는 자녀에게로 향하기도 한다. 시련이 닥쳐왔고 그 시련을 감당해야 하는 부모는 자녀가 자신에게 시련을 안겨준 대상이라고 생각한다. 그러나 이러한 심리적 분노는 은폐되어 있다. 하지만 자녀에 대한 분노는 시간이 지나면서 어느새 부모 자신에게로 향하고 자신이 처해진 현실을 원망한다.[3)] 그리고 부모로서 건강하게 낳고 키우지 못한 책임감 때문에 자책을 한다.

부모가 갖게 되는 분노는 애정과 미움이라는 이중적 의식으로 도출된다. 아이로 인해서 자신과 가족을 고달픈 상황에 몰아가고 가족 개인의 삶에 커다란 걸림돌이 되었다는

---

2) 많은 부모들은 자녀가 자폐증인 것을 부모 자신의 양육방식의 문제로 돌리는 경우가 종종 있다. 뿐만 아니라, 임신 기간 동안이나 출생 후 아이가 아직 어린 시기에 부부 혹은 고부간의 갈등과 스트레스 영향 때문으로 보는 경향이 있다. 과거에는 정신분석적 입장을 고수하는 이들에 의해 자폐증의 원인이 부모의 부적절한 양육방법이나 환경 때문으로 설명되었지만, 자폐증의 발병이 부모나 외부적 환경에 의한 것이 아님을 여러 연구에서 밝히고 있다(Cantwell, Baker, & Rutter, 1979; McAdoo & DeMyer, 1978).

3) 자녀가 장애인 경우, 부모의 분노는 자녀가 특별히 장애아동으로 "낙인"되는 것과 장애아동을 가졌다는 "오명"에 갈등하게 되는 과정에서 나타난다. 자녀에 대한 "낙인"과 "오명"은 부모 자신에 대한 사회적 인식을 동일시하는 경향이 있다. 실제로 "장애"라고 낙인찍힌 아동들에게는 기대를 별로 하지 않는 경향이 있으며, 그 이유는 모든 상황에서 그들은 항상 무능력하다고 판단하기 때문이다. 일단, 장애인 경우에는 자신의 장애가 어느 정도 심한지의 여부에 따라 장애라는 오명을 어떻게 받아들여야 하는지에 대해 고민을 하게 된다. 이러한 고민은 장애를 가진 당사자나 부모가 똑같이 갖게 된다. 이에 대해 Goffman은 "불명예스럽게 되었다(discredited)"는 말과 "불명예스러운(discreditable)"이라는 말로 구분하여 설명하였다. 예를 들어, 보기에 흉하도록 상처가 났거나 몸의 일부를 절단하는 등 현저한 장애를 가진 사람을 "불명예스럽게 된 사람들(the discredited)"이라고 했다. 이들이 가지는 중요한 문제는 그와 같이 파괴적이고 성가시게 따라다니는 특징을 어떻게 하면 최소한으로 줄일 수 있는지를 고민한다. 그와 반면에 "불명예스러운(discreditable)" 사람은 간질병이나 정신병같이 문제성이 잘 나타나지 않고 숨길 수 있는 사람을 말한다. 이러한 사람들의 관심은 언제, 어디서, 누구에게 그러한 내용을 감추어 두어야 하는지의 문제를 가진다. 이 두 종류의 사람들은 꼭 같이 정상적으로 보이려고 노력하기 마련인데, 그 이유는 정상인이라고 인정받을 때 사회적인 보상이 있다는 것을 알기 때문이다. 모든 유형의 신체적 혹은 정신적 장애가 공통적으로 가지는 문제는 그들이 접하는 다른 사람들을 불안하게 만든다는 점이다(Goffman, 1963). 자폐아동을 가진 부모들은 "낙인"과 "오명"에 따른 심리적 갈등을 겪게 되면서 동시에 미래의 부모 자신의 삶의 질에 영향을 미치는 것에 대해 갈등을 하게 된다. 그리고 점차적으로 모든 것을 포기하고 자녀의 장애를 삶의 짐으로 떠안겨진 부모 자신의 현실적 문제에 집중하기 시작한다. 자녀의 장애가 자신의 불운으로 돌리게 되면서 부모는 좌절감을 경험하게 된다.

점이다. 원하지도 않는 아이가 태어나서 개인의 삶이 무참하게 무너졌고 아이로 인해서 자신과 가족이 불행해졌다는 부모도 있다. 특히, 어머니의 분노는 극심한 불안을 가져오고 부부간에 마찰이 되기도 한다. 부정적인 상황이 지속되면서 모든 가족들이 심리적으로 위축되고 의욕이 없이 암울한 상태가 지속되는데 이 과정에서 한 번씩 우울증을 경험한다.

분노가 외부적으로 나타나기도 한다. 자폐증 진단을 내린 전문가에게 전달되는 분노이다. 자녀가 자폐증인 이유가 무엇인지를 되물으며 반격하는 것이다. 때로 검증할 만한 단서가 무엇인지에 대해서도 따지기도 한다. 전문가의 견해와 충돌과정에서 불신을 갖기도 한다.

방황과 수용

자녀가 자폐증이라는 사실이 아무리 속상하고 상처가 되더라도 시간이 지나면서 부모는 자신의 분노가 자녀의 문제를 해결하는 데 아무런 도움이 되지 않는다는 것을 깨닫게 된다. 이때부터 부모는 자녀의 양육을 책임진 당사자로서 할 수 있는 한 자녀에게 도움을 주기 위해 헌신한다. 그것이 오히려 미래를 위해 자녀와 부모 자신에게 유익한 것이다. 이렇게 해서 긴 방황 끝에 현실적 상황과 교섭하게 된다. 부모는 현실을 담담하게 받아들이고 모든 정성과 노력은 오직 자녀의 교육에 집중하게 된다.

자신의 심리적 갈등보다도 자녀의 문제를 해결하는 것이 더 중요하다고 여긴 이후에 자녀에게 도움이 될 수 있는 정보를 찾는 데 노력한다. 자폐증과 교육에 관한 정보를 살피게 되고 자녀에게 도움이 될 수 있는 여러 교육기관을 찾기도 한다. 이러한 부모의 새로운 행보는 자녀의 미래에 대한 희망을 잃지 않았기 때문이다. 부모는 스스로 여러 가지 경로를 통해서 치료교육 정보를 찾아 나서게 되는데 주로 접근이 수월한 인터넷을 이용하기도 한다. 그 과정에서 자폐증에 관한 정보가 그렇게도 많다는 사실에 대해서 무척 놀란다. 그리고 부모는 자신뿐만 아니라, 많은 사람들이 자폐증으로 인해 어려움과 고통을 받고 있다는 것을 알게 된다. 부모 자신이 같은 처지에 속해 있다는 점에서 친숙함을 느낀다. 여러 가지 정보들을 문의하면서 부모는 자폐증 자녀를 가진 부모 집단에 조금씩 들어서게 된다. 그것은 낯선 세계이기도 하며 동시에 동지애를 느끼는 새로운 세계이다. 하지만 아무도 자녀의 문제에 대해 명확한 해답을 주지 못한다. 자폐증에 관련된 교육정보를 가진 부모들 중에서 누구도 자녀에 대해 도움을 줄 수 있는 교육을 찾지 못했다.

소문을 듣고 치료교육 기관을 찾았지만, 그 결과에 대해서도 부모들의 견해는 각기

다르다. 처음 교육을 통해서 아이가 좋아졌다는 사례를 들었을 때, 부모는 희망을 갖게 된다. 하지만 시간이 지나고 나서야 그 사실들이 불명확하고 교육 결과가 지나치게 포장된 것들이라는 것을 알게 된다. 전문가들이 추천하는 치료교육이더라도 자녀의 미래에 좋은 결과를 보장하는 것도 아니다. 그들 역시, 자폐아동 치료교육의 미래에 대해 불분명한 태도를 보인다.

아무리 경험이 많은 전문가들이라고 하더라도 교육의 결과는 아동을 직접 교육을 해봐야 아는 것이다. 부모는 초조한 마음을 갖게 되면서 한 번 더 자녀에게 도움이 될 수 있는 치료교육을 찾아 나선다. 그러나 그것은 장애로부터 조금씩 벗어날 수 있다는 막연한 희망만이 있을 뿐이다.[4)]

❁ 현실과 미래

어쩌다 찾아온 감기몸살은 며칠을 앓으면 되지만, 부모에게 찾아온 아픔은 오랜 세월동안 남는다. 자녀만큼 어머니의 존재성을 갖게 하는 것은 없다. 자녀를 위해 "무엇을 도와줄 수 있는지"를 부모 스스로 깊이 되묻게 된다. 하지만 그것은 아무런 능력이 없는 부모로서는 꽤나 속상한 물음이다. 자녀는 마치 손에 닿지 않는 곳에 존재하는 것 같다. 손을 뻗어도 다가서지 않는 자녀 앞에 부모는 아무것도 할 수 없는 무력한 존재이다. 건강하게 이 세상에 내놓고 싶었고 건강하게 키워 보고 싶었다. 그러나 현실적으로 자녀에게 아무것도 도와줄 수 없는 무력한 어머니의 이름만 있을 뿐이다. 어머니는 애타게 사랑만 전해주는 전설처럼 떠도는 이름이다. 어머니의 존재는 아무런 힘이 없는 그림자 일뿐인 것이다. 단지, 거기에는 자녀에 대한 본능적인 애정과 사랑만 덩그러니 남아 있다.

하지만, 부모의 모성은 매우 강한 것이다. 어머니의 깊은 본성은 위기와 좌절 그리고 고통이 따를 때 더욱 강해진다. 생명에 대한 부모의 본성은 오히려 자녀가 장애를 가졌을 때에 확연히 드러난다. 그래서 어머니 의식 한켠에 자리 잡은 희망과 기대는 좀처럼

---

4) 캔슬러, 마틴과 발랜드(Cansler, Martin, & Valand, 1975)는 부모가 장애아동을 수용할 수 있도록 적응하게 되는 3단계의 방법에 대해 언급했다. 캔슬러는 부모가 처음에는 아동의 장애를 받아들이기를 거부하고 점차 그 사실을 직면하면서 분노, 죄의식, 우울감, 비탄감을 표현하다가 마침내 받아들이게 된다고 했다. 이 과정에서 부모가 자녀에 대해 비현실적인 기대감을 객관적으로 인식하게 하고 대신에 현실적인 상황을 인식하게 해야 한다고 하였다. 더 중요한 것은 자녀와의 활동이 의미 있는 일이며, 자녀가 요구하는 것이 무엇인지 그리고 부모가 무엇을 도와주어야 하는지에 관한 정확한 정보를 제공해 주어야 한다고 하였다.

식지 않는다. 좀 더 냉정하게 현실을 지각하려고 한다. 부모로서 지금까지 고독과 아픔을 벗고 나서야 비로소 냉정을 되찾게 된다. 그 순간부터 냉철한 현실이 어머니를 더욱 강하게 한다. 현실을 비탄하기보다는 자녀를 위해 어머니 자신이 필요하며 어머니만이 그 역할을 대신할 수 있다고 되뇌는 것이다.[5)]

자녀의 치료교육에 모든 심혈을 기울이고 집중하는 것도 그 때문이다. 자녀에 대한 어머니의 본능은 헌신적이다. 모든 열정을 쏟으며 교육을 시키는 데 집중한다. 그러나 한편으로 부모 자신의 자녀에 대한 교육의 결과가 미래에 어떤 결과를 가져올지는 아무도 모른다. 불확실한 것에 도전하는 탐험가처럼 부모는 그 이후의 문제가 어떻게 전개될지는 모르지만, 이전에 경험하지 못한 치료교육에 도전한다. 부모가 선택해야 할 치료교육이 많다. 그러나 어떤 것이 자녀를 위한 것인지를 판단하기가 어렵다. 가장 좋은 방법은 부모가 할 수 있는 교육을 모두 시켜보는 것이다. 좋은 교육을 찾아 유목민처럼 여러 곳을 전전하기도 한다.

열정과 불확실성

부모가 일단 자녀를 자폐아동으로 받아들인 후에 제일 먼저 찾는 곳이 전문치료기관이다. 어디엔가 자녀를 치료할 수 있는 교육이 있다는 믿음으로 아직 어린 자녀의 손목

---

5) 인간이 가지는 장애는 필연적으로 위협을 초래한다는 생각 때문에 그러한 상태의 결과는 오직 부정적일 수밖에 없게 되고 비참하고 불안하게 하며 적응을 하지 못하게 한다고 생각한다. 그러나 머슬로우(A. H. Maslow, 1970)의 영향을 받은 몇몇 학자들은 바람직한 적응이란 우울증을 극복하고 상실을 그대로 받아들이는 데서 그치는 것이 아니고 오히려 긍정적인 심리적 성장을 가져오게 한다고 보았다. 핑크(S. L. Fink, 1967)는 이러한 생각을 위기에 적응하는 이론의 맥락에서 발전시켰다. 그는 위기란 개인의 심리적인 상태를 재조직하도록 하는 삶의 전환기라고 하였다. 위기에 대한 적응은 단계적으로 나타난다. 첫째는, 충격 혹은 현실을 파악하게 되는 단계(shock or realization)이다. 이것은 위기가 초래한 분열의 정도를 처음으로 파악하게 될 때 생긴다. 둘째 단계는 방어적 후퇴 혹은 부정(defensive retreat or denial)이다. 이것은 주어진 상황을 극복하는 데 필요한 안정감을 제공해 준다. 셋째 단계는 승인(acknowledgment)인데, 현실을 알게 되면 방어적 후퇴를 가져오게 되고, 그 다음에는 방어적 후퇴가 조금씩 없어짐에 따라 변화된 진제적인 입장에 적응함으로써 심리적인 조직의 재정립이 차츰 생기게 되는 단계를 말한다. 처음 위기에 당면했을 때는 불안감이 심하고 격렬하지만 단계가 지남에 따라 주기적인 재적응의 횟수가 줄어들게 되고 안정 상태(equilibrium)를 유지하게 된다. 실제적인 위기에 직면했을 때 이 세 단계의 적응을 다 거쳐야 한다. 그러나 이 중의 한 단계도 본질적으로 병적이라고는 할 수 없고, 다만 그 사람이 이 단계를 통한 발전을 적당한 속도로 거쳐 나가지 못하게 될 때 비 적응성을 나타내게 된다. 핑크의 이론을 두 가지로 정리해 본다면, 첫째는 정상적인 적응을 발달 단계로 보고, 둘째는 성공적인 적응이 성장과 심리적인 성숙을 마련해 준다고 하겠다. 자폐아동을 가진 부모에게서의 위기 극복은 자녀에 대한 보다 합리적 이해를 할 수 있도록 돕는다. 따라서 현실을 냉정하게 그리고 객관적으로 받아들이기 위해서는 때로 위기를 극복해야 할 때가 있다. 위기를 극복하는 부모가 건강한 것이다. 그리고 자녀의 문제에 대해 올바르게 판단하고 선택할 수 있다.

을 이끌고 이곳저곳의 전문기관을 수소문하며 찾는다. 부모가 할 수 있는 한 자녀에게 조금이라도 도움을 줄 수 있는 방법을 찾으려고 애를 쓴다. 그러나 만나는 전문가들마다 치료교육 방법이 다르고 자폐증 치료의 가능성에 대해서도 대체로 회의적이다. 어머니 자신과 똑 같은 처지에 놓인 사폐아동을 가진 부모를 만나기도 한다. 치료교육에 대해 긍정적인 생각을 갖는 경우도 있지만, 대부분 부정적인 생각을 가지고 있다. 일찌감치 교육을 기대하지 말고 부모 자신의 생활과 삶에 더 많은 시간을 투자하는 것이 낫다는 충고를 한다. 그 말은 무척이나 서글픈 이야기이다. 하지만 때로 좌절 앞에서 더 강해지는 법이다.

위기에 처한 부모는 가능한 긍정적인 생각을 포기하지 않는다. 부모는 물에 빠진 사람이 지푸라기라도 잡고 싶은 심정으로 어디든지 찾아가 교육을 시킨다. 부모는 몸이 지칠 정도로 여러 가지 교육기관을 찾아 치료교육을 한다. 특별히 얻는 결과는 없다. 하지만 부모가 얻는 것은 자녀에게 최선을 다했다는 심리적 보상이다. 무엇인가 하나라도 더 많은 지식을 얻게 된다면, 자녀의 상태가 좋아질 것이라고 믿는다. 그러나 부모의 기대와 믿음은 많은 시간이 지나도 좀처럼 확인되지 않는다. 부모의 기대에 비해 별반 발전이 없다. 그리고 나이가 들수록 다른 또래 아동과 점점 더 많은 차이가 난다. 정신없이 자녀의 교육을 위해 분주했던 시간이 지나고 어느 새 계절이 바뀌고 아이는 나이를 먹는다. 아이는 어느 새 학교에 입학할 나이가 되었다. 나이를 먹고 몸도 커진 아이를 보면 어머니의 마음이 점차 조급해진다.

“내년이면… 학교에 가는데…”

잠을 자다가도 초등학교 취학 통지서를 받고 입학할 것을 생각하면 잠이 달아난다. 그리고 밤새도록 아이의 장래에 대해 걱정하며 밤을 지새우는 날이 점차 많아진다. 재잘거리며 길을 지나가는 아이들을 보면, 집에서 혼자 놀고 있는 아이가 생각난다. 어느 새 어머니의 가슴은 저리고 눈물이 난다. 동네 아이들이 서로 장난치고 웃으며 노는 것이 부럽기만 하다. 부모는 자녀의 치료교육 과정에서 좌절을 경험하기도 하고 희망을 갖기도 하지만, 결국은 “어느 정도 장애를 극복한다고 하더라도 결과가 없는 시련의 연속”임을 알게 되면서 상실감은 더 커지고 무력해진다.

언제인가부터 어머니의 성격이 많이 달라져 있다. 모든 집안 일이 손에 잡히지 않고 늘 혼자 생각에 잠기는 시간이 많아진다. 친구들을 만나지 않은 것은 벌써 오래전이다. 주변 사람들과 연락을 끊은 것도, 친척들과 왕래를 뜸한 것도 어머니의 속상한 마음 때문이다.

시간이 지나면서 어머니는 알 수 없는 불안감을 가지기도 하며 두통으로 고생하기도 한다. 때로 심한 우울증에 고생하기도 한다. 그리고 불면증으로 잠을 이루지 못한다. 위궤양으로 고생하는 경우도 있다. 어머니의 마음의 병은 신체를 통해 나타난다. 어머니는 초조한 마음에 또 다시 오랫동안 좋다는 치료기관을 찾아서 이곳저곳을 기웃거린다. 어머니는 그것이 정작 마음의 병인 줄 몰랐다.

어느 날, 부모는 자신과 자녀에게 닥친 상황을 냉정하게 현실로 받아들인다. 부모 자신의 성실한 삶과 상관없이 어떤 알 수 없는 힘과 우연에 의해 운명처럼 아이를 맞이한 것이다. 부모는 숱한 갈등 과정을 통해서 자신이 처해진 현실을 서서히 수용하게 되고 부모의 삶과 자녀의 삶을 함께 생각하게 된다. 그리고 각자가 가지고 있는 현실을 인정하고 수용하는 것이 갈등과 방황으로부터 벗어날 수 있다는 것과 현실을 거부하기보다는 유연하게 받아들이는 것이 더 지혜롭다고 생각한다. 머나 먼 방황은 이때서야 마치게 되는 것이다.[6]

혼돈과 갈등

부모는 이미 청소년이 된 자녀를 데리고 상담을 한다. 너무 늦었다고 생각했는지 부모의 얼굴에는 상실감이 가득했다. 두 부부, 중년을 넘어 노년으로 치닫는 삶의 흔적이 역력했다. 그래도 지금의 상태에서 조금이라도 좋아진다면, 마지막으로 자녀에게 도움을 주고 싶다고 했다. 그 동안 수많은 치료 방법을 시도해 왔다. 침을 맞으러 다녔고 한약을 먹이기도 했다. 뿐만 아니라 유명하다는 기 치료를 받아 보기도 했다. 물론, 일반 병원에서 약을 처방해서 먹는 것은 일상적인 것이다. 한편으로 부모는 교육에도 온 심혈을 기울였다. 기본적으로 필요한 모든 교육을 다 시켜 보았다. 그러나 오랜 시간이 지난 지금 부모에게 남은 것이라고는 자녀의 미래에 대한 불안과 좌절감뿐이다.

자폐아동을 가진 부모는 여러 치료교육을 찾는다. 그리고 각각의 치료교육에 대해 전

6) 타보미나와 그의 동료들(Tavormina, et al., 1977)은 장애아동을 가진 현실에 적응해 나가는 부모들의 네 가지 적응 형태를 제시하고 있다. 첫째의 경우는 아버지가 아동으로부터 감정적으로 분리해서 아동에 대한 보호를 모두 엄마에게 맡기고 자신은 아동과 관련이 없는 자신의 일이나 조직에 몰두하는 것이다. 두 번째 경우는 부모들이 모두 함께 아동을 거부해서 장애 정도에 관계없이 아동을 시설에 수용시키는 경우이다. 세 번째는 장애아동이 부모들의 모든 중심이 되고 열정과 노력을 다함으로써 장애아동에 대한 서비스를 통해 기쁨을 찾는 경우이다. 이 경우 아동은 빨리 교육적인 배치를 받게 되므로 부모들의 죄의식에 따른 이득을 얻게 된다. 네 번째는 부모들이 서로 지지하고, 자신들의 정체감에 대한 감각을 유지하여 정상적인 삶을 갖는 경우이다. 마지막 경우가 가장 좋은 적응상태인 것 같으나 타보미나는 모든 가정에 가장 좋은 유일한 유형은 없다고 단정한다. 모든 부모들이 가장 잘 적응된 상태에 있으리라는 것도 비현실적인 생각이고 사실 각 가정마다 이런 여러 혼합된 적응 형태가 시간을 달리해서 존재한다고 하였다.

문가들은 그들 나름의 교육과 방식을 권장한다. 말을 못하면, "언어치료"를 한다. 문제 행동 때문에 번번이 무규범적인 행동에 난처한 상황에 처할 때는 "행동치료"를 해야 한다. 아이가 정서적으로 특별한 반응을 보이면 정서를 안정시키고 좀 더 긍정적 변화를 위해서 "음악치료"와 "모아증진프로그램"과 "모래치료"를 권한다. 특별히 "놀이치료"는 자폐아동의 사회기술을 증진시킨다는 장점 때문에 더 강조되기도 한다. 둔감한 감각을 활성화하거나 감각정보를 통합함으로써 민감성을 가질 수 있다는 믿음으로 "감각-통합 프로그램"을 권장한다.

그렇게 전문가들의 권유로 부모는 자녀의 치료교육 가능성에 대해 희망을 갖고 많은 교육기관을 찾아다녔다. 그리고 힘이 닿는 데까지 부모로서 할 수 있는 것을 아이에게 모두 해 주고 싶었다. 밤에는 마음 앓이를 하면서 낮에는 오직 자녀의 교육을 위해서 뛰어 다녔다. 그리고 많은 시간이 흐른 만큼 자녀가 많은 교육을 받았다. 어머니의 정성과 노력 덕분이었을까. 과거에 비해 아이가 좋아진 것 같다. 왜냐하면, 못하던 것을 할 줄 알고, 모르던 것을 알게 되었기 때문이다. 분명히 교육의 성과가 있었다.

그런데 이상하다. 아이가 과거에 비해 많이 달라지고 좋아졌지만, 반면에 무언가 항상 만족하지 못하다. "좋아졌는데 좋아지지 않았다"거나 "달라졌는데 달라지지 않았다"와 같은 부모의 이러한 느낌을 설명할 도리가 없다. 알 수 없는 막연한 불안이 부모의 마음을 비집고 들어온다. 밤늦게까지 잡념 때문에 잠을 이루지 못하는 시간들이 점차 많아지고 부모는 자녀의 미래에 대해 불안감에 싸이게 된다.

모르던 것을 알게 되었을 때, 그리고 못하는 것을 할 수 있었을 때 우리는 흔히 "좋아졌다"고 말한다. 그러나 좋아졌다는 뜻은 과거에 비해 좀 더 나은 상태가 되었다는 것이다. 그러나 모르던 것을 알게 되거나 못하는 것을 할 수 있다고 해서 더 나은 교육 결과를 기대할 수는 없다. 예를 들어, 글을 모르던 아이가 글을 안다고 했을 때 그리고 글을 쓸 줄 모르던 아이가 글을 쓸 수 있었을 때 그것이 과연 앞으로 더 나은 결과를 주는 지적토대가 되지는 않는다. 만약에 글을 알고 글을 쓸 수 있는 아이가 나이가 들어서도 문장으로 표현하지 못하거나 문장이해를 하지 못한다면, 글을 알고 쓸 수 있는 것은 단지, "변화"일 뿐이다.

글을 모르고 글을 쓰지 못하는 자녀를 둔 부모 입장에서 글을 알고 글을 쓸 수 있는 것만으로 다행스러운 것인지 모르겠지만, 자녀가 앞으로 더 나은 변화를 기대할 수 없다. 대부분 책을 읽어도 책 내용을 이해하지 못하였다면, 단순히 지식을 습득하는 것만으로 더 나은 결과를 얻지 못한다는 것을 보여 주는 것이다. 설사 천재적 능력을 발휘하는 "서번트" 장애라고 하더라도 그들이 가지고 있는 능력과 지식은 극히 지엽적인 것으로 세계를 이해하고 자신의 존재성을 깨우치는 데는 도움이 되지 않는다.

이제 부모는 늘 물음을 던진다. 이제 무엇을 가르칠 것인가? 그리고 어떤 교육이 자녀에게 도움이 되는 것인가? 자폐증 장애의 문제가 해결될 수 있는가? 이 물음에 명확하게 대답할 수 있는 전문가들은 그렇게 많지 않다.

믿음과 좌절

지금까지 교육을 하면서 부모는 스스로 늘 물음을 던져왔다. "많은 것을 알고 있는데도 모르는 것" 그리고 "할 줄 아는데도 못한다는 것"에 대해 의문을 갖지만, 아무도 그 물음에 명확한 대답을 해 주는 이는 없었다. 결국 자녀가 할 수 있는 것이라고는 지시에 따르는 능력과 그 이외의 몇 가지 조악한 지식과 언어뿐이다.

자녀에게 도움을 주고자 했던 치료교육이 일반적인 생활 자조 능력과 기본적인 의사소통 능력을 위한 언어와 사회기술을 가르치는 것이 아닌지 되돌아보아야 할 것이다. 막연히 자폐아동에게도 도움이 된다는 기대만으로 다양하고 많은 교육을 시키더라도 그 결과는 시행착오일 수 있다. 자폐아동의 생활능력의 향상이나 적응능력의 변화를 이끌 수 있겠지만, 만족한 결과가 있는 예는 드물다.

자폐아동의 교육문제는 많은 치료교육이 자폐아동을 위해 개발된 치료교육이 아니라는 점이다. 그리고 자폐아동을 위한 교육이 아닐 수 있다는 것이다. 대부분 치료교육 프로그램은 기본 지식을 요구하는 것이거나 그 외에 대부분 "적응훈련"에 목적을 두고 있다. 따라서 자폐아동을 위한 교육이 "적응"과 관련 있으며 그 과정에서 "생활훈련" "사회훈련" "언어훈련"이나 "자기조절훈련" 등을 받게 된다. 이러한 방법들은 기술습득에 집중되어 있다. 기술을 통해 기본적인 일들을 수행할 수 있도록 하지만, 그것이 "교육"이거나 혹은 "발달"을 의미하지는 않는다.

한편으로 부모들은 자폐아동이 일반아동들과 같이 학습을 통해 "많은 것을 아는 것"이 좀 더 나은 발달을 촉진시킬 수 있다고 기대한다. 그러나 자폐아동에게 있어 "지식"은 무엇에 관해 아는 것 그 이상의 것은 아니다. 많은 지식을 습득했다고 해서 자폐아동이 과제를 더 잘 수행할 수 있는 것도 아니며, 자신이 처한 환경에 더 잘 적응하는 것도 아니다. 특이한 점은 자폐아동은 많은 것을 알고 있다 하더라도 지식정보를 다루는 데 실패한다는 것이다. 그렇기 때문에 "알고 있지만, 모르는 아이"라는 사실을 늦게 나이가 들어서야 비로소 확인하고 부모는 좌절감을 경험한다.

많은 체험이 자녀를 더 나은 상태로 이끌 수 있을 것을 기대한다. 그래서 부모는 새로운 방식으로 자녀를 도우려고 한다. 그것이 "경험"이다. 새로운 "경험"이 자녀에게 도움을 줄 수 있다고 생각한다. 자녀가 무엇인가 새로운 경험을 하게 되었을 때 비로소 세계를 조금씩 깨달아 가게 될 것을 기대한다. 자폐아동에게 "체험학습"은 그러한 목적으로 적용된다. 실제로 체험은 매우 유용한 결과를 얻게 하기도 한다. 예를 들어, 어느 곳에 무엇이 있는지 그리고 대상을 다루는 방법을 알고 간단한 생활과 사회 규칙을 습득하기도 한다. 그래서 교사나 부모는 자폐아동에게 더 많고 다양한 경험을 하도록 환경을 조성하려고 한다.

하지만, 여전히 그러한 노력에도 불구하고 행동이나 태도가 능동적이거나 더 새로운 것을 깨우치는 것은 아니다. 물론, 자폐아동에게 풍부한 경험을 할 수 있도록 환경을 조성하는 것은 새로운 변화를 이끌 수 있는 동기가 될 수 있다. 그러나 경험이나 체험 그 이상의 더 나은 변화가 일어나는 것은 아니며, 자신이 처해진 세계가 경험으로 의식될 수 없다. 그러므로 자폐아동에게 일반적인 경험은 특별한 의미를 가지는 것은 아니다. 체험할 만큼 의식을 갖지 못했기 때문이다.

우리는 "의식이 경험하게 한다."는 본질적인 문제를 소홀히 하는 경향이 있다. 아동의 "의식의 확장" 없이는 행동을 훈련시키거나 풍부한 사회경험을 제공함으로써 행동과 사회성이 좋아지는 법은 없다. 무엇에 관한 "의식"이 행동을 수행하게 하는 것이다. 그러한 점에서 치료교육에서 대부분의 변화는 행동적인 변화였을 뿐, "의식의 전환"은 없었다. 훈련을 통해서 행동상의 변화를 이끌 수 있었지만, 아동 스스로 그것이 무엇을 의미하는지에 관한 의식의 전환을 가져오지는 못했다. 지금까지 자폐아동이 어떤 방법을 통해서든지 간에 무엇인가를 배워왔고 그 과정에서 교사와 부모는 자폐아동이 "변화"되었다.

그리고 그러한 "변화"를 치료교육의 "효과"라고 판단하였다. 하지만 우리가 치료교육의 효과라고 판단하는 개념으로서 "변화"는 "발달"을 의미하지 않는다. 또한 변화는 발달상의 효과가 아니다. 따라서 아무리 많은 교육경험을 하여도 더 나은 결과를 얻는 것이 아니다. 물론, "많이 시켜서 나쁠 것이 없다."는 말로 당위성을 설명할 수 있겠지만, 그것은 합리적인 판단이 아니다. 합리적인 것이라 생각했던 것이 잘못된 믿음이 되기도 한다. 그것은 자폐아동에게 보다 많은 교육을 제공할 때 더 많은 "효과"를 기대할 수 있다는 믿음이다.[7)]

---

7) 실제로 Lovass는 자신의 이론적 근거로 접근하는 ABA 프로그램이 성공적으로 교육되기 위해서는 하루에 8시간의 교육이 필요하며 주 40시간이 주어져야 한다고 설명하고 있다. 이에 대해 많은 연구자들은 회의적으로 생각하고 있으며, 이러한 치료교육 과정에 대해 조목조목 비판하고 있다. 가능한 많은 시간을 할애하여 교육하는 것이 효과가 있는 것일까? 그들이 효과라고 설명하는 것은 자폐아동의 행동과 생활이 긍정적으로 변화했다는 것을 예를 들고 있다. 어떤 사실에 대해 명확하게 판단할 수 없을 때 우리는 상식을 통해 합리적 판단을 이끌 수 있다. 예를 들어, 하루에 8시간 그리고 주 40시간의 주어진 시간으로 한 달 동안 개를 훈련시키면, 유능한 조련사는 복잡한 지시에 "심부름"이 가능하게 하거나 혹은 음악에 맞

어린 시절부터 치료교육을 받아왔던 자녀가 중학생이나 고등학생의 나이가 될 때까지도 부모가 해 보고 싶은 것들은 모두 시도해 보았다. 부모가 늦게서야 깨닫는 것은 그러한 노력에도 불구하고 자녀는 실제로 별반 달라지는 것이 없다는 것이다. 그리고 기대와 현실적 상황의 차이가 너무 크다는 것을 경험하게 된다. 아직 나이가 어리기 때문에 또래 아이들의 능력들이 별반 차이가 나지 않는 것처럼 느껴지지만, 나이가 들면서 발달 수준에서 급격히 차이가 난다. 정상과 비정상이라는 개념적 차이가 명확하게 볼 수 있는 것은 나이가 들어서이다. 최선을 다해 노력해도 그 결과가 기대에 못 미친다는 점을 알게 된 이후에 부모는 또 다시 우울한 시기를 거치게 되고 그 고통은 혹독하다.

추어 "춤"을 추도록 할 수 있다. 자폐아동이 교육을 통해서 "~을 할 수 있다"는 것이 반드시 "발달"을 의미하지 않는다. 많은 전문가들은 교육하기 이전에 개념적 혼란을 경험하고 있다는 점을 유의해야 한다.

제 2 장

자폐증의 양상과 진단

❁ 자폐아동 발달의 특별한 방식

언제부터인가 많은 사람들이 이런 저런 경험을 통해 자폐증이라는 말을 많이 들어 왔다. 자폐증에 대한 관심이 많은 만큼 사람들에게 잘못 이해된 것도 있다. 주변 일상생활에 적응하지 못하고 고립되거나, 사회적 관계없이 기이한 행동이나 생활을 하는 경우에도 자폐증이라고 말하기도 했다. 때로 후천적으로 자폐증을 갖게 된다고 인식되기도 했다. 공공연히 스스로 자폐증이라고 의심하는 사람도 있다. 이러한 것은 자폐증에 대한 특별한 관심을 반영하는 것인지도 모른다.

자폐증이 공식적으로 제기된 것은 1943년에 카너(Kanner) 박사에 의해서였다. 소아정신병을 다루던 카너 박사는 그를 찾아왔던 아동들 중에 병리적으로 특별한 아이들을 구분하였다. 이들 아동들은 소아정신병으로 인해 나타나는 장애와는 다른 특징을 가지고 있었다. 또한 언어가 지연되고 다른 사람과 사회적 관계를 갖지 못했다. 특별히 관심을 갖는 것에 대해서는 매우 뛰어난 기억력을 보였다. 세 살 전까지 별다른 증상 없이 정상적이었다가 이후에 병리적으로 현저한 특징을 나타내었다. 대체로 이들 아동을 가진 부모들은 자녀를 단지 "늦된 아이"쯤으로 판단하였다.

카너는 이 특별한 아동에 관한 내용을 정신의학회에 발표하였고 학계에 커다란 반향을 일으켰다. 이들 아동을 "소아자폐증"이라고 명명하였다. 그 이후에 자폐증은 정신의학계에서 새로운 정신 병리 유형으로 분류되었다. 그의 소아자폐증에 관한 보고 이후에 그와 관련된 많은 연구가 계속 진행되어 왔다. 그러나 자폐아동의 병리적 특징의 설명에도 불구하고 다른 유사한 장애와 구분이 매우 까다로웠고 진단상 오류가 종종 있었다. 이러한 이유로 전문가들은 자폐증 진단의 혼란에 빠졌다. 그 이유는 자폐아동의 특징의 모호성 때문이라기보다는 전문가들의 임상적 해석의 차이 때문이었다. 그 중 하나가 "유사 자폐증"이다. 이 개념은 "자폐증과 비슷한 증상" 혹은 "자폐증을 어느 정도 포함한 증상" 등의 모호한 개념으로 이해되었다. 때로 "자폐증이 될 수 있는 상태의 증상"이나 "경미한 자폐증"으로 설명하는 이도 있었다. 그것은 자폐증의 병리적 특징을 잘못 오해하는 데 있었다. 여러 가지 이유 때문에 자폐증의 특징에 대해 많은 오해를 낳았지만, 분명한 것은 자폐증이 발달병리적으로 다른 장애와 뚜렷하게 구별된다는 점이다.

자폐증의 발병과 경과

발병률

이제는 자폐증이 그렇게 낯선 단어가 아니다. 과거에 비해 자폐증이란 말을 주변에서 쉽게 접할 수 있다. 자폐증이 많은 사람들에게 관심을 끄는 이유는 자폐증이 드문 장애가 아니기 때문이다. 자폐아동이 매스컴에서 주요 이슈가 되기도 하고 실제로 주변에서 종종 직접 자폐아동을 만나기도 한다. 자폐아동을 주변에서 만나는 일은 그렇게 어려운 일이 아니다. 과거에 비해 실제로 자폐증 장애아동이 많이 발견되는 것 같다. 자폐증이 점차 증가한다는 근거가 되는 여러 연구가 과거부터 있었다.

미국과 영국이 공동으로 실시한 초기 연구에서 자폐증이 1만 명당 4명에서 5명으로 나타났다(Lotter, 1967). 공식적으로 두 나라가 공동으로 조사한 이유는 자폐아동의 발병률에 관한 일반적인 조사가 아니었다. 병원에 찾아오는 자폐아동의 증가와 깊이 관련이 있었으며, 이에 정확한 현황을 파악하기 위한 것이었다. 그러나 이러한 조사가 학계에 발표된 이후 개인 연구의 필요성에 따라 조사되었지만, 그 이전까지 특별히 정식으로 학계에 발표될 만한 조사가 없었다.

공식적으로 자폐증 출현율을 조사한 이후에 오랜 공백을 지나 미국 질병통제 및 방지센터(Centers for Disease Control and Prevention; CDC)의 폼본(Fombonne)이 주도하는 자폐증 출현율에 관한 연구가 있었다. 실제로 자폐아동이 점차 증가하고 있는지의 여부를 광역적으로 실시한 연구였다. 이 연구에서는 자폐증의 출현율이 1만 명당 10명으로 증가 추세를 보였다(Fombonne, 2003). 이러한 자폐증의 현황은 학계에 중요한 이슈로 등장하였다. 특정 장애에서는 이토록 급속히 증가하는 것은 드물기 때문이다.

2년 후에 폼본이 실시한 연구에서는 더 나아가 미국자폐증연구센터의 차크라바르티(Chakrabarti)와 자폐증의 범주를 확장시켰다. 그리고 자폐증으로 단정할 수 없지만, 분명히 병리적으로 관련이 있는 증상을 포함한 아동을 대상으로 연구하였다. 그는 자폐아동의 표집 위한 진단을 엄밀히 실시했다. 그 이전에 연구에서 자폐증과 유사한 장애들을 배재했는데 그 이유는 진단상의 범주가 불분명했기 때문이다. 그러나 그는 병리적으로 연구에서 배재되었던 아동들이 자폐증과 관련이 있다고 믿었다. 그것이 진단상 자폐증의 범주를 확장한 이유이다.

그 결과 연구에서는 자폐증과 관련된 장애아동을 모두 포함할 때 1만 명당 60명에 이르는 것으로 나타났다(Chakrabarti & Fombonne, 2005). 이 조사연구는 많은 연구자와 학계에 논란을 불러 일으켰다. 그것은 연구 방법의 문제를 제기하였다. 그러나 실제로 연구 방법의 문제가 아니었다. 오히려 문제가 되었던 것은 자폐증과 관련된 장애의 범주에 관한 대상이었다. 이러한 논란을 확인하기 위해서 직접 미국 주정부가 나서게 되었다.

이듬해 미국 보건복지부 국립질병통제예방센터에서 대대적인 연구를 통해 발표한 통계에 의하면 자폐증 발병률이 150명당 1명으로 나타났다(U.S. Centers for Disease Control and Prevention; CDC, 2006). 발병률의 차이가 있었지만, 중요한 사실은 자폐증이 증가하고 있다는 사실이다. 그리고 최근 연구에서 Fombonne(2009)은 자폐아동의 유병률을 1만 명당 20.6명으로 보고 있다.

한편으로 지금까지의 연구 결과들을 연대기로 증가 추세를 분석하려는 시도가 있었다. 이 아이디어는 캠브리지대학의 정신발달 임상병원에 있는 취리브만(Schriibman)에 의해 진행되었다. 그는 각 연대별로 발병률을 조사한 연구에서도 점차 자폐증이 증가되는 것으로 보고하였다(Schriibman, 2005). 이에 의하면, 1960~1970년대 발표된 연구 보고에서 1만 명당 4~5명으로 나타났으며 1980년대에 들어서는 1만 명당 2.5~16명, 1990년대에는 5~31명으로 늘어났다.

그러나 연구에는 그에 따른 많은 반론이 뒤따랐다. 그리고 자폐증이 증가된다는 연구 결과들에 대한 재현 연구가 이전부터 줄곧 있어 왔다. 이 연구들에서는 자폐증이 증가되고 있다는 통계치 간의 유의성을 찾기가 어려웠다(Gillberg, 1984; Gillberg et al., 1991; Chakrabarti & Fombonne, 2001, 2005). 이들의 자폐아동 발병률에 관한 연구 방법은 출생 코호트 추적 연구였다(Cohort study). 이 연구는 전향성 추적조사를 의미한다. 이것은 특정 요인에 노출된 집단과 노출되지 않은 집단을 추적하고 연구 대상 질병의 발생률을 비교하여 요인과 질병 발생 관계를 조사하는 연구 방법으로 요인 대조 연구(factor-control study)라고 불리기도 한다. 코호트 추적 연구는 어떤 원인이 어떤 결과를 가져오는가를 연구하는 방법으로 시간적인 개념을 포함한다. 이 연구의 장점은 비교 위험도와 귀속 위험도가 직접 측정이 가능하고 객관적이라는 것과 부수적으로 다른 질환과의 관계도 파악할 수 있다는 것, 그리고 시간적인 선후관계를 알 수 있다는 점이다. 단점은, 진단 및 분류에 착오가 생길 가능성이 높으며 그에 따른 결과의 신뢰성이 떨어질 수 있다는 것이다.

자폐증이 증가되는 이유에 관한 반론으로 자폐증 진단방법과 연구 방법의 문제를 삼았다. 연구 방법에 있어서 어떤 방법으로 자폐증을 조사했는지 여부가 거론되었다. 즉, 조사도구 혹은 진단도구가 무엇인가이다. 진단도구에 따라 자폐증의 범주가 달라질 수 있기 때문이다. 이에 대해 브리즌은 검사도구의 판별방식을 문제 삼았다. 그는 자폐증의 발병률 증가의 요인이 병리적인 추세이기보다는 검사도구의 발달과 진단방법의 보급 그리고 그에 따른 판별방식에 있다고 하였다. 그의 연구에 의하면, 자폐증 발병률의 증가 원인이 검사도구의 판별방식이 자폐증의 범위를 스펙트럼 범주까지 포함했기 때문이라고 했다. 자폐증 판별방식은 자연스럽게 자폐증의 범주를 확장시키게 됨으로써 과거에 비해 자폐증에 대한 개념을 확대시켰다. 그 결과 자폐증의 발병률이 증가할 수 있다. 즉, 자폐증의 발병률이 높게 나타나는 이유가 자폐증 진단 기준의 변화에 의한 것으로 과거에 포함시키지 않았던 고-기능 자폐증과 같은 경미한 양상의 자폐증을 포함시켰기 때문인 것으로 보고 있다(Bryson, 1996).

한편으로 교육에 대한 사회의식의 변화가 자폐증 증가의 요인일 수 있다는 관점이 있었다. 그리고 교육적 수준이 높아짐에 따라 자녀에 대한 이해 수준이 높아졌기 때문에 조기에 진단이 쉽게 이루어질 수도 있다. 또한 전문가 상담이 늘어나고 이에 따라 치료교육 서비스가 증가됨으로써 자폐증이 증가할 수도 있다. 또한 상담 의뢰 방식과 치료교육 인식의 증가, 조기의 진단연령, 진단 개념과 진단방식의 변화 등의 요인에 의해 발병률이 달라질 수 있다.

우리는 아직 자폐증의 발생에 관해 많은 것을 알지 못한다. 자폐증이 점차 증가하고 있다고 하지만, 이에 대해 명확하게 제시된 자료는 아직 충분하지 않으며, 연구자들은 많은 의문을 가지고 있다. 자폐증의 유병률에 대한 질문에 명확하게 대답할 수 없으며 단지, 여러 가지 연구의 결과를 토대로 추측하고 가정할 뿐이다. 그러나 아이러니한 것은 연구자들의 연구가 어떻든 간에 과거에 비해 주변에 더 많은 자폐아동들을 직접 목격하게 된다는 것이다. 실제로 과거에 비해 가정과 어린이집, 유치원, 학교 등에서 자폐아동이 과거에 비해 월등히 많이 발견된다.

발병 시기

자녀에게 이상한 증상이 나타난 시점에 대해 많은 부모들의 견해는 각각 다르다. 처음부터 일찍이 자녀에게 특별한 행동이나 이상행동이 있었다는 경우와, 어느 날 잘 자라던 아이가 갑자기 이상한 증상을 보였다는 부모도 있다. 엄마를 보고 잘 웃고 반기며 잘 안기던 아이가 어느 날부터 갑자기 부모에게 관심이 없어지고 자신이 하고 싶은 것들에 대해 집중한다. 그리고 표정이 없어지면서 다른 사람에게도 관심을 갖지 않는다.

또한 외부 자극에 반응이 없거나 느려지기 시작했다고 한다. 이러한 현상은 자폐증의 발병 시기와 밀접한 관련이 있다.

일반적으로 자폐증은 생후 12개월부터 부모에 의해 발견된다. 이때 부모들은 자녀의 태도 중에 안아주기를 요구하는 것, 사회적 신호로서 눈 맞춤, 다른 사람에게 친근하게 다가서는 것, 다른 사람의 관심에 동조하는 것, 다른 사람의 행동을 모방하는 것 등이 지연되거나 결손이 있다는 것을 관찰하게 된다. 그리고 아동이 나이가 들어감에 따라 여러 가지 다양한 자폐증적 특징이 뚜렷하게 나타나기 시작한다(Osterling & Dawson, 1994).

자폐증은 일생 주기에서 고른 선상에서 분포되어 발병하는 것이 아니라, 특정 시기와 아주 이른 시기에 가장 많이 나타나는 경향이 있는 것으로 보고되었다. 어린 유아가 가정에서 자유롭게 생활하고 활동하는 상황을 오랫동안 관찰하고 기록하는 방법으로 자폐증이 나타나는 시기를 연구한 사례가 있다. 이 방법은 가정에서 유아가 어떻게 관심을 공유하는지, 그리고 가상놀이와 사회적 놀이가 어떻게 나타나는지에 관해 기록하는 것이다. 이 관찰은 특별한 기록방법인 CAT(Checklist for Autism in Toddlers)에 의해 연구되었다. 그 결과 자폐증은 전체 발병률 중 생후 18개월경에 83.3%가 발병되었다(Baron-Cohen, Cox, Baird, Swettenham, Nightingale, Morgan, Drew, & Charman, 1996).

조기에 자녀의 문제를 발견할 경우, 빠르면 첫돌 시기에 부모는 자녀의 발달에 문제가 있다고 느낀다. 자녀의 행동과 발달에 민감한 부모들은 대체로 자녀의 문제를 일찍 아는 편이다. 두 돌 혹은 세 돌 전후에 자녀를 데리고 전문기관을 찾지만, 대체적으로 전문가들은 단정하여 설명하기를 주저한다. 대부분의 전문가들은 세 살 이후에 다시 찾도록 권유하는데 그것은 임상적으로 조기에 자폐증을 구분할 수 있는 경험이 적었기 때문일 수 있다.

가정에서 자폐증 증상의 특징을 늦게 발견하는 경우가 있다. 이것은 부모나 가족들이 아동의 자폐적 특징들을 알지 못하거나 이를 문제로 보지 않았기 때문이다. 또는 양육자인 부모가 직장을 가지고 있거나 다른 사람에게 양육을 맡길 경우에는 자폐증의 발견이 더 늦어질 수 있다. 그러나 발병 시기에 관한 연구 결과 공통적으로 자폐증 발병은 늦어도 3세 이전에 나타나는 것으로 알려져 있다(DSM-IV, 2004).

여기서 자폐증의 발병 시기가 3세 이전이라는 정의는 발달병리학적 관점에서 매우 중요하다. 왜냐하면, 보다 일찍 생후 18개월에 나타나는 경우도 있지만, 때로 3세 가까이 되어서야 병리적 특징을 보여 주기 때문이다. 이러한 이유 때문에 자폐증이 후천적이라고 주장하는 부모나 전문가들이 있다. 어쨌든 건강하게 잘 자라던 아이가 어느 날,

자폐증으로 진단되었을 경우 많은 부모나 전문가들은 후천적 요인에 의해 자폐증이 발병된다는 추측을 떨칠 수 없게 된다. 그리고 양육환경과 부모의 양육태도에서 그 원인을 찾으려고 한다.

자폐아동의 발달 특징

세계를 해석하는 방식

각성과 주의 그리고 지향성

처음 장애아동을 대면했을 때, 사람들은 표정과 태도가 부자연스럽다는 것을 직감한다. 외관상 아무런 문제가 없는데도 장애아동임을 판단할 수 있는 이유는 그들에게 나타나는 어색하고 둔감한 이미지 때문이다. 그 이미지는 일반아동의 양상과 분명히 다르다. 일반적으로 장애아동은 시선이 명료하지 않고 어눌하다. 표정이 경직되어 있고 둔감하다. 때로 표정이 없는 것처럼 보이기도 하며 표정을 짓더라도 어색하다. 그리고 무엇을 향해 눈길을 두었을 때 목적적이지 않다. 민첩하지 못하고 대체로 움직임이 둔감하다.

초기 자폐아동에게는 그러한 부자연스러운 이미지가 덜 하지만, 나이가 들어가면 다른 장애아동과 별반 다르지 않다. 행동에서도 경직되거나 둔감하고 대체로 표정이 없으며, 산만하다. 특히, 자신 앞에 놓여진 생활세계에 대해 무관심하다. 무엇에 대해 집중하는 경우가 있지만, 일반아동들처럼 지적 호기심이 다양하지 못하다. 특히 다른 사람과 눈 맞춤이 적고 주위에서 일어나는 사건이나 일에 대해 관심을 덜 갖는다.

자폐아동에게 나타나는 둔감성은 감각-지각과 깊은 관련이 있다. 외부 감각을 지각한다는 것은 감각에 반응하고 인지한다는 의미이다. 일반적으로 아동은 감각정보에 다양하게 반응한다. 감각-지각은 나이가 들어감에 따라 세분화되고 그 만큼 반응 또한 무척 다양하다. 반면에 자폐아동은 외부에서 감지되는 정보들을 지각화하는 데 실패할 뿐만 아니라, 그로 인해서 자신의 생활세계를 의식하기가 어렵다.

감각-지각에 결함이 있을 경우, 여러 가지 특징들을 동반한다. 예를 들어, 자신의 이름을 부르면 더디게 반응을 보이거나 주변에서 일어나는 소리에도 관심을 두지 않는다. 혹은 자신 앞에 일어나는 사건이나 현상에 대해서도 반응을 보이지 않거나 관심을 두지 않는다. 또한 신체적 각성도 둔해서 신체적 긴장감이 떨어지고 움직임이 느리다. 심지어는 신체에 상처가 나더라도 둔감하다.

대신에 자폐아동은 특정한 소리와 물건 그리고 현상에 대해 집착하는 경향이 있다. 이때 집착은 우리가 흔히 말하는 지각으로서의 주의와 다르다. 소리, 물건, 현상에 대한 감각적 반응에 반복적으로 집착한다. 뿐만 아니라, 손뼉 치기, 두드리기, 흔들기, 제자리에서 돌기, 까치발 걷기 등과 같은 특정한 반복적인 감각 행동에 집중하기도 한다. 이러한 행동들은 각성과 깊은 관련이 있다. 각성은 감각이 지각화하는 데 관여한다. 그러한 점에서 자폐아동의 특정한 사물, 물건, 현상 그리고 특정한 행동에 집착하는 것은 감각정보가 각성 수준에서 지각화되지 못하기 때문이다. 즉, "자극-감각"이 "감각-지각"의 수준에 이르지 못하기 때문에 "체험(자극)"은 항상 그러한 "상태(감각)"에 머물러 있게 된다.

각성은 주시 시간과 관련 있다. 자폐아동은 일반아동과 지적장애아동보다 감각자극이 의식으로 이끌어지기 위한 시각 주시 시간(visual inspection time)이 짧고 자극 간을 비교하는 횟수도 적다(O'Connor & Hermelin, 1984). 주시 시간이 짧은 것과 자극 간의 비교 횟수가 적다는 것은 주의가 일어나지 않는 것이며 이것은 각성의 활성화가 떨어진다는 것을 의미한다.[8] 반대로 주시 시간이 긴 것과 자극 간의 비교 횟수가 많아지는 것은 그 만큼 각성의 활성화 수준이 높다는 것이며 그에 따라 주의가 지속성을 유지하는 것이다. 따라서 주의가 일어나기 위해서는 반드시 각성이 활성화되어야 한다. 각성이 활성화될 때 주의가 일어난다.

그러나 주의가 지속적으로 일어난다고 해서 모든 것에 대해 의식이 일어나는 것은 아니다. 예를 들어, 자폐아동은 자신이 좋아하는 특정한 사물에 지속적으로 관심을 둔다고 하더라도 사물의 전체보다는 특정한 부분에 더 많이 집중하는 경향이 있다(Rinehart, Bradshaw, Moss, Brereton, & Tonge, 2000). 일반아동은 자동차 장난감의 전체 형태를 탐색하고 주시하지만, 자폐아동은 자동차 바퀴와 같이 사물의 일부분에 집착한다. 또한

---

8) 각성은 정신적 노력의 배분에 영향을 미치는 생리적 상태를 말한다. 오래전부터 심리학자들의 관심의 대상이 되어 왔던 것은 각성 수준과 인지적 수행 간의 관계이다. 각성이 기억과 의식에 영향을 미치며 그 정도에 따라 긍정적 혹은 부정적인 결과가 나타난다. Yerkes와 Dodson(1968)은 각성 수준과 수행의 관계가 U모양의 함수라는 것을 발견했다. 즉, 각성 수준이 낮은 수준에서 중간 수준으로 변화함에 따라 인지수행은 향상되고, 중간 수준의 각성 상태에서 최적의 인지수행이 나타나며, 중간 수준의 각성에서 높은 수준의 각성으로 변화함에 따라 인지수행은 저하된다. 이 설명은 자폐아동의 각성과 그에 따른 장애를 잘 설명해 주고 있다. 예를 들어, 자폐아동은 전형적으로 각성 수준이 떨어져 과제를 수행하는 데 어려움이 있지만, ADHD는 각성 수준의 정도가 너무 높기 때문에 오히려 과제수행 능력이 떨어진다. 이러한 자폐아동은 주시 시간이 짧고 자극 간의 횟수가 적지만, ADHD는 주시 시간이 짧고 자극 간의 횟수가 지나치게 많다는 점이 특징이다. 신경생리학적으로 각성에는 두 가지 서로 다른 신경계가 각성에 관여하는 것으로 알려져 있다. 망상활성계(reticular activation system; RAS)는 감각정보를 대뇌로 전달하는 경로로 각성체계를 통합하고 조절하는 역할을 한다. 반면에 시상하부와 해마와 편도체로 구성된 변연계는 정서적 각성이나 정서 조절과 관련되어 있는 또 하나의 각성과 관련된 체계이다. Yerkes-Dodson의 법칙에서 낮은 각성 수준에서 높은 각성 수준으로의 변화는 망상활성계와 관련이 있으며, 중간 각성 수준에서 높은 각성 수준으로의 변화는 변연계가 관여한다.

일반아동이 그림책의 내용과 그림의 전반적인 것에 관심을 가지는 반면에 자폐아동은 자신이 좋아하는 그림책의 특정한 부분이나 혹은 그림책의 내용과 관련 없이 페이지 번호에 집착한다(Klin, Jones, Schultz, Volkmar, & Cohen, 2002). 이것은 자폐아동의 주의 범주가 제한적임을 보여 주는 것이다.

많은 사람들은 자폐아동이 어떻게 세계를 의식하는지에 대해 의문을 갖는다. 우리는 그들의 세계는 매우 특별하고 고립되어 있는 것으로만 이해하지만, 자폐아동이 사물과 현상을 어떻게 인식하는지에 관해서는 아는 것이 많지 않다. 주의는 무엇에 관한 의식에서 일어나는 인지양식이다. 나무와 산 그리고 구름과 하늘을 의식하기 위해서는 그 대상물에 대한 지향성이 있어야 한다. 무엇에 관해 심적으로 표상할 때 비로소 의식된다. 예를 들어, 자신의 눈으로 바라본 "나무"가 그저 그렇게 있다는 것만으로 나무를 아는 것이 아니라, "나무"를 심적으로 이리 저리 살핀 후에 나무의 의미를 부여하는 것이다. 그래서 일반아동에게 나무가 무엇인가를 묻게 될 때 자신의 방식으로 나무를 설명할 수 있다. 따라서 자폐아동이 많은 것을 기억하고 명명한다고 하더라도 축적된 정보를 안다고 볼 수 없다. 나무를 지향할 때 비로소 나무에 관한 의식이 일어난다. 그렇기 때문에 "지향성"은 무엇에 관한 "의식"이다. 그런데 지향성은 "각성"과 "주의" 그리고 "의도"와 같은 몇 가지의 인지요소들을 필요로 한다. 이때 각성의 활성화 수준은 자폐아동이 "무엇에 관한 의식" 즉, "지향성"에 영향을 미친다.[9)]

상징놀이와 추상능력: 동일시

자폐아동의 사회성을 높이거나 사회발달을 이끌기 위해 같은 집단의 또래 아동과 어울리도록 환경을 조성하면 가능해질 수 있을까? 결론적으로 말하자면, 전혀 그렇지 않

---

9) 지향성은 인간 의식에 관한 철학적 의미를 포함하고 있다. 그러나 점차적으로 지향성은 인지심리학에서 인간의 사고를 이해하는 데 매우 밀접한 관계가 있으며 이러한 이유 때문에 심리학자들은 종종 지향성을 인간을 이해하는 개념으로 사용하고 있다. 지향성을 "의식은 항상 무엇인가에 대한 의식"이라는 사실로 정의함으로써, 후설은 의식이 데카르트가 정의한 것과 같이 "사유하는 것이 아니라 하나의 지향"이라는 것을 지적한다(류의근, 2002). 나아가 의식은 순수한 초월성으로서 모든 대상에 대해 자유로운 것이며 스스로와 일치하지 않고 자기 동일적인 것으로 머물지 않는다. 그리고 경험했던 것이나 경험되어질 것에 대해 제약을 받지 않는 근본적 시간성이다. 동시에 지향성은 의미작용을 통해 단순히 주어진 것을 초월한다. 의미작용이라는 것은 그렇게 존재하는 것들에 대한 해석이다. 결국 의식은 지향성을 통해 대상들과 관계 맺으며 그 대상들에 의미를 부여한다고 할 수 있다. 자폐아동의 원초적인 결손의 문제 중에 하나가 "지향성"과 관련이 있을 가능성이 많다. 자폐아동의 의식에 관한 설명은 그렇게 많지 않다. 일반아동들은 "무엇에 관한 의식"에 집중하지만, 자폐아동은 "무엇을 의식"하는 데 집중한다. 따라서 일반아동은 자신의 생활 세계에 대한 생각을 하지만, 자폐아동은 생활 세계에 속해 있는 개별적이고 단편적인 부분들에 집중한다. 그리고 일반아동들은 물건을 가지고 있는 대상을 의식하지만, 자폐아동은 대상이 가지고 있는 물건을 의식한다.

다. 그 이유 중 하나는 "동일시"와 관련이 있다. 동일시와 모방은 비슷한 개념이지만, 인지모듈은 전혀 다르다. 모방은 "행동을 모사하는 것"이지만, 동일시는 "인격을 모사하는 것"이다.

동일시는 세 가지의 기능이 있다. 첫째는 다른 사람의 입장에서 이해하는 것이다. "다른 사람을 때리면 자신이 맞을 때처럼 아프다."는 것을 안다. 둘째는 다른 사람의 역할을 알고 수행할 수 있다. "아빠처럼 행동과 목소리를 흉내 내며 노는 것"을 할 수 있는 것이다. 셋째는 관심을 공유하게 하는 것이다. "같은 편이 되어 조력하거나 동참하는 것"을 할 수 있는 것이다. 그러므로 동일시는 추상과 상징놀이를 할 수 있게 하는 인지체계이다. 다른 사람의 인격으로 "~처럼" 행동하기 위해서는 다른 사람에 관한 상징성과 추상능력을 갖추어야 한다. 따라서 동일시는 추상능력과 관련이 있다.

사고과정으로서의 상징과 추상능력(capacities to abstract and symbolize)은 타인이나 사물을 이해하기 위하여 심상과 일치시키려고 하는 것이다. "~처럼" 행동하는 것은 대상을 자신으로 상징화함으로써 비로소 다른 사람의 입장에서 생각하고 행동하는 것이다. 예를 들어, "엄마처럼" 행동할 때 단순히 태도를 모사하는 것이 아니라, "엄마"가 상징하는 모든 인격적 태도를 동일시하는 것이다. 그러한 점에서 상징놀이(symbolic play)를 할 때 아동은 몸짓이나 단어를 사용하는 것과 동시에 논리적 표현이 가능해진다. 또한 아동은 일반적으로 사고과정에서 논리와 비논리 그리고 환상과 현실을 구분할 수 있으며 어떤 일이 일어난 사건에 관해 상상할 수도 있다(Greenspan & Stanley, 2006).

동일시는 상징적 의미를 부여하는 기능이 있다. 만약에 상징적 의미를 부여하지 못하게 될 경우, 자폐아동은 사물을 가지고 노는 방법을 모르게 되고 결국 다른 또래 아동과 사회적 교류가 어렵게 된다. 그렇기 때문에 사물에 의미를 부여하는 상징적 놀이의 실패는 곧 사회발달의 결손과 직접적인 관계가 있다. 상징적 놀이를 위해서 아동은 대상 혹은 사물에 의미를 부여해야 한다. 그러나 자폐아동은 사물에 의미를 부여하고 놀이하는 데 어려움이 있다(Riguet, Taylor, Bemaroya, & Klein, 1981).

이 연구에 의하면, 자유놀이를 통해서 자폐아동과 일반아동이 어떻게 사물을 다루고 또래 아동과 상호작용을 하는지에 대해 관찰한 결과 정상 그룹은 사물을 다루는 관계놀이에서 또래와 사물을 능란하게 조작했다. 반면에 자폐아동 그룹은 사물을 함께 다루는 관계놀이가 자연스럽게 일어나지 않았다. 그 이유는 자폐아동이 다른 또래 아동들처럼 의미를 부여하고 상징적으로 다루지 못하기 때문이다.

자폐아동이 의미를 부여하거나 상징적으로 다루지 못하는 것이 사물에 국한되어 있는 것만은 아니다. 자폐아동은 자신과 관련이 있는 사람에게도 의미와 상징을 부여하지 못한다. 그렇기 때문에 자폐아동은 마치 다른 사람을 별개의 사물처럼 대하는 듯한 행동을 하는 것이다. 이와 같이 상징놀이의 결함은 자폐증의 사회적 태도에 관한 연구에서도 자폐아동과 지적장애아동, 그리고 일반아동의 그룹을 대상으로 한 또 다른 인형 놀이 연구에서 자폐아동은 다른 아동들과 비교하여 상징놀이에서도 차이를 보였다(Mundy, Sigman, Ungerer, & Sherman, 1987). 이 연구에 따르면, 일반아동과 지적장애아동은 인형에게 인격을 불어넣을 수 있었으나, 자폐아동에게는 이러한 행동이 나타나지 않았을 뿐만 아니라, 상징적인 몸짓이나 행동을 이해할 수 있는 능력에 결함이 있었다. 즉, 대부분의 일반아동은 사물에 의미를 부여하고 다양한 형식으로 놀이를 할 수 있으며 한 가지의 사물에 의미를 부여할 때마다 다른 방식으로 놀이가 전환될 수 있다. 그러나 자폐아동의 경우, 자신이 소유하고 있는 사물에 의미를 부여하거나 상징적으로 다루는 데 실패하며 사물을 놀이로 전환하는 것이 어렵다(Siegel, 2003).

사회감정 이해하기: 마음읽기

때로 사람들은 자폐아동의 폐쇄적인 태도에 대해 빠져 나올 수 없는 단단한 호두껍질 안의 세계에 갇혀 있다고 비유하기도 한다. 그래서 다른 사람을 거부하고 오직 자신만의 방식으로 행동을 한다는 것이다. 그러한 특별한 행동을 보고 사람은 자폐아동을 자신만의 세계에서 살아가는 아이라고 설명한다. 실제로 그들은 우리와 다른 세계에 살고 있는 것일까?

많은 사람들은 자폐아동의 행동에 대해 의문을 가져왔다. 왜 자폐아동은 자신이 관심을 갖는 것 이외에 다른 것에 관심이 없는 것일까? 그리고 그들의 행동과 생활은 특정되어 있는 것일까? 이것은 일반적으로 아동이 자신이 처해 있는 세계를 의식하게 되는데 그 범주가 제한되어 있기 때문이다. 즉, 이것은 "조망"의 결손을 의미한다. 조망이 제한되어 있을 경우 자폐아동 자신이 자신에게 처해 있는 세계를 인식하지 못하게 된다.

그러므로 자폐아동이 깨어 나올 수 없는 세계에 갇혀있거나 스스로 자신의 생활세계를 거부하고 의도적으로 회피하는 것이 아니다. 조망의 결손에 의해 세계를 총체적으로 인식하지 못하기 때문에 주위에서 일어나는 사건과 일에 대해 무관심한 것처럼 보이는 것이다. 한편, 세계를 총체적으로 인식한다는 것은 각각의 시각적 정보들을 해석하는 것을 말한다. 일반적으로 아동은 외부세계로부터 들어오는 자극 정보들을 받아들이고 해석한다. 그리고 자신이 처해져 있는 세계에 의미를 부여한다.

따라서 자폐아동은 세계를 해석하는 방식 즉, 세계를 해석하는 인지능력에 결손이 있다. 자폐아동은 특별한 것에 관심을 두기는 하지만, 다른 또래 아동들처럼 다양한 주위 환경에 관심을 두지 않는다. 그뿐 아니라, 다른 사람에 대한 관심을 두는 정도와 방식에서도 일반아동과 다르다. 또한 오직 자신만 의식할 뿐 다른 사람을 의식하지 않는 것 같다. 오히려 자신에게 관심을 갖는 다른 사람을 귀찮아하거나 무관심할 뿐이다. 유일하게 다른 사람에게 관심을 갖는 것은 자신이 필요한 경우에만 제한되어 있다. 예를 들어, 자신이 필요할 경우, 손을 잡아 이끌어 요구하거나 간단하게 요구하는 말을 표현할 뿐이다. 말을 어느 정도 할 줄 아는 아동들도 자신이 필요하고 요구될 때만 말을 할 뿐 다른 사람에게 관심을 갖지 않는다.

자폐아동이 다른 사람에게도 관심을 두지 않는 이유는 다른 사람에 대한 정보들을 해석하지 못하기 때문이다. 예를 들어, 얼굴이 어떻게 생겼는지, 어떤 옷을 입었고 어떤 머리의 형태를 했는지, 그리고 어떤 습관을 가졌고 어떻게 행동하는지 등의 정보들을 받아들이거나 해석하지 못한다. 일반적으로 아동들은 다른 사람에 대한 다양한 정보를 통해 대상에 대한 이해를 갖지만, 자폐아동에게는 그러한 능력이 떨어진다. 특히, 아동은 다른 사람의 비언어적 행동을 해석함으로써 상대방의 의도와 생각을 파악하지만, 자폐아동에게는 그러한 능력이 없다.

따라서 감정의 교감이 이루어지지 않는 이유는 자폐아동은 근본적으로 다른 사람의 의도와 생각을 탐색하는 데 실패했기 때문이다. 일반아동은 사회적 상호작용을 통해 비언어적 의미를 해석하고 다른 사람의 의도를 파악할 수 있지만, 자폐아동은 다른 사람의 몸짓이나 행동과 같은 비언어의 상징적 의미를 인지하지 못한다.

지금까지 폐쇄적인 자폐아동의 태도의 근본적 원인을 설명해 주는 것은 '마음 이론(theory of mind)'이다. 이에 따르면, 자폐아동이 다른 사람과 사회적 상호작용이 실패하게 되는 근본적인 원인은 마음을 읽지 못하기 때문이다(Wimmer & Perner, 1983). 마음 이론은 다른 사람의 관점을 이해하는 능력이다. 이 능력은 보통 생후 18~24개월 아동에게서 나타나기 시작한다. 이 시기에 아동은 다른 사람과 자신이 가지고 있는 느낌이나 생각이 다르다는 것을 알 수 있다.

다른 사람의 마음을 읽는 데 결함이 있을 경우, 다른 사람의 요구나 의도를 모르거나 다른 사람이 자신과 서로 다른 지식, 믿음, 감정, 의도를 가지고 있다는 것을 잘 이해하지 못하게 된다(Baron-Cohen, 1995). 예를 들어, 또래 친구가 왜 울고 있는지 그리고 왜 화가 났는지를 알지 못하며 자신에게 보여 주는 행동들이 어떤 의미가 있는지를 이해하지 못한다. 마음읽기의 실패는 자폐아동이 다른 사람의 행동의 동기를 알거나 행동을 예측하기 어렵게 하고 결국 자폐아동이 또래 아동과의 사회적 관계를 지속하지 못하게 되는 원인이 된다.

자폐아동이 어떻게 사고하는지에 관해 명확하게 밝혀지지는 않았지만, 여러 가지 연구에서 그들이 어떻게 세계를 인식하고 사고하는지에 대해 추측할 수 있다. 일반적으로 사고는 표상을 동반한다. 예를 들어, "엄마"를 생각할 때 반드시 "엄마의 모습"을 떠올리게 되어 있다. 그리고 가족과 "바닷가"에 다녀온 경험이 있는 경우, "바다여행"을 생각할 때 반드시 그에 따른 다양한 상징적 표상인 "바다" "파도" "모래사장" "갈매기" "수평선" 등을 떠올리게 된다. 이러한 과정은 "심상화" "추상능력" "상징" 등의 용어로 설명되기도 한다. 그러나 자폐아동에게는 그러한 능력이 없다.

표현하는 방식

기능언어

왜 그토록 많은 언어치료를 했음에도 불구하고 말을 잘하는 자폐아동이나 성인은 없는 것일까. 자폐아동에게 말을 가르치는 것은 가장 어려운 과제 중에 하나이다. 자폐아동이 말한다고 하더라도 자신이 필요할 때만 말을 하거나 의사 표현 또한 간단한 단어만을 사용한다. 또한 많은 언어치료교육에도 불구하고 언어가 더디거나 만족스럽게 의사소통을 하지 못한다. 대체로 자폐아동은 성인이 되더라도 언어발달이 만족스럽지 못하다. 이것은 언어가 자폐증의 전형적인 장애 중에 하나임을 의미한다. 자폐증의 병리적 특징 중의 하나는 언어발달이 지연되고 언어 사용이 가능하더라도 일상적인 언어를 사용하는 데 현저한 결함이다(Osterling & Dawson, 1994).

부모들은 초기에 자폐아동이 말이라도 할 수 있게 되면, 언어와 관련된 여러 가지 발달 지연과 장애가 회복될 수 있는 계기가 될 것으로 가정한다. 예를 들어, 말을 할 수 있게 되면, 다른 사람과 사회적 교류뿐만 아니라, 그 과정에서 더 다양한 지적 정서적 체험을 할 것이며 이전보다 발달이 촉진될 수 있을 것으로 믿는다. 그래서 부모의 주된 관심은 조금이라도 더 많은 "언어기술"을 가르치는 것이다. 그러나 교육현장에서 오랫동안 자폐아동의 언어학습을 지도해 온 교사들은 자폐아동의 언어능력에 관해 회의적이다. 치료교육 현장에서 교사들은 자폐아동이 말을 할 줄 안다고 해서 언어문제가 해결되는 것도 아니고, 그렇다고 다른 발달에 영향을 미치는 것이 아니라는 것을 잘 알고 있다.

일반아동과 자폐아동의 언어발달은 현저한 차이가 있다. 정상적으로 발달하는 유아들은 2세부터 단어를 연결하여 간단한 문장을 만들어내기 시작하여 점차적으로 복잡한 의미를 가진 긴 문장을 표현할 수 있게 되는데 이때 유아의 정서적 특성이 발음과 억양에서 잘 표현된다. 반면에 자폐아동은 명확한 발음을 구사하는 것, 음절을 연결하는 것, 말을 하더라도 높낮이가 단조롭고 억양이 없으며, 문장 끝이 올라가거나 높은 어조의 가성으로 목소리를 내는 것과 같은 독특한 어조와 억양을 나타낸다. 그리고 언어 발성의 특징들은 반복적으로 조절 훈련을 시키더라도 정상적인 발성으로 유도하기가 매우 어렵다(Young, Diehl, Morris, Hyman, & Bennetto, 2005).

많은 시간을 할애하여 집중적으로 언어훈련을 하면 기본적인 언어를 습득할 수 있다고 하더라도 만족할 만한 수준에 이르지 못한다. 그것은 여전히 "말을 할 줄 아는데 대화를 못하는 아이"라고 여기기 때문이다. 시간이 지나면서 부모는 자녀가 나이만큼 언어를 구사하는 것도 아니고 여러 가지 방법으로 언어교육을 시켜도 더 나은 언어를 구사할 수 없다는 것을 알게 된다.

지금까지 자폐아동의 언어치료는 대부분 생활에 필요한 "기능언어"의 사용 능력 향상에 집중되었다. 즉, 자폐아동의 사회적 교류와 생활에 필요한 언어를 구사할 수 있도록 하는 데 있다. 기존의 자폐아동 언어치료교육은 언어사용 기술을 습득하고 많은 언어를 구사할 수 있도록 반복하여 교육을 하면 보다 높은 수준의 사회언어를 구사할 수 있다고 보았다. 그러나 자폐아동의 언어치료에 참여한 부모나 전문가들이라면, 꾸준히 언어사용 기술을 가르치고 언어 사용량을 늘린다고 해서 사회적 교류를 위한 언어사용이 확장되는 것은 아니라는 것을 안다. 실제로 기능언어를 습득한 자폐아동이 나중에 성장해서 말을 잘하는 경우는 없다. 자폐아동이 성인이 되어서도 취학 이전의 아동기의 언어 수준 정도에 지나지 않는다. 기능언어는 언어 의미를 확장시킬 수 없기 때문이다. 의미를 확장하게 될 때 아동은 다양한 언어를 구사할 수 있다. 한편으로 의미를 확장할 수 있다는 것은 인지능력과 관련이 있다는 점에서 자폐아동의 언어장애는 단순히 기능언어가 아니라, 인지언어 결손이기 때문이다.

인지언어

다른 사람의 말을 이해하지 못하면, 상대적으로 다른 사람과 대화를 나누지 못한다. 이해 없이 다른 사람과 의미를 교환할 수 있는 의사소통이라는 것은 있을 수 없다. 인지언어는 기능언어에 비해 언어사용에서 다양한 개념들을 구사하고 의미를 논리적으로 전개한다. 또한 언어에 담겨져 있는 의미를 이해한다. 따라서 자폐아동 언어의 문제는 언어를 사용하는 기술적인 방법이 아니라, 다른 사람의 말을 이해하고 적절한 상황에 적용하는 능력에서 결함이 있다. 인지언어 능력을 가진 아동만이 다른 사람과 의사소통이 가능한 이유는 인지언어의 행위는 결국, "생각하면서 말하는 것"이기 때문이다.

자폐아동의 인지언어의 결함에 관한 내용은 이미 초기 연구에서도 보고되었다. 자폐아동의 인지언어에 관한 연구가 처음 시도된 것은 루터(Rutter, 1978)에 의해서였다. 그는 자폐아동의 언어의 특성에 관한 연구에서 자폐증과 수용언어 실어증(developmental receptive aphasia; DRA) 간의 비교연구에서 그는 우연히 인지언어의 결함을 발견하였다. 이 연구에 의하면 첫째, 자폐아동들은 언어이해에 심각한 결함을 보이며 동시에 몸짓을 이해하는데도 많은 어려움을 보인다. 둘째, 자폐아동들의 언어결함은 쓰기, 이야기 순서, 추상적 사고하기 등과 같이 여러 포괄적인 영역에서 나타난다. 셋째, 자폐아동들의 언어는 지체와 더불어 일탈된 특성으로 나타난다. 넷째, 자폐아동들은 언어기술을 습득하는 것에 비해 언어를 상황에 맞게 적용하는 데 어려움이 있다.

이 연구에서 자폐아동이 언어이해와 그에 따른 몸짓의 의미 그리고 언어개념의 맥락, 언어개념에 대한 추상적 의미를 파악하는 데 어려움이 있는 것은 자폐아동의 언어가 단지, 기술적 방법에 제한받는 것이 아니라 근본적으로 인지언어에 영향을 받고 있음을 의미한다.[10)]

자폐아동의 언어 결함은 성장하면서 지속된다. 나이가 들면서 생활과 언어에 익숙해서 어느 정도 간단한 자신의 의사를 표현할 수 있다고 하더라도 대체적으로 다른 사람의 말의 의미를 이해하거나 자신의 생각을 문장으로 표현하기가 어렵다. 그리고 일상적 생활에 필요한 간단한 문장을 사용하더라도 대체적으로 언어 활용이 극히 제한적이다. 그리고 '다른 사람과 대화를 하도록 이끌기'와 같은 언어적 교류를 위한 말을 사용하기란 더욱 어렵다. 결국 많은 노력에도 불구하고 자폐아동의 언어발달에서의 가장 특징적인 것 중에 하나는 자신이 경험한 일과 사건에 관하여 구문 형태의 문장으로서 갖추어진 언어로 표현을 하지 못한다는 것이다(Bloom, 1980).[11)]

---

10) 언어는 일종의 기호체계이다. 언어의 기호는 음성이며 동시에 문자이다. 언어 기호와 대상의 관계는 임의적이며 불연속적이지만, 언어 기호의 궁극적 목표는 의미 전달에 있다. 그리고 언어 기호는 그 수가 제한되어 있지만, 무한한 언어 표현을 만들어 내는 연결규칙의 반복 작용이 일어난다. 언어 규칙 작용은 엄청난 언어 생산력을 지니고 있다. 그리고 이런 언어 표현을 통해서 인간은 시간적 · 공간적 · 한계를 초월하여 생각하고 소통할 수 있다(Hockett, 1966). 그러나 언어의 연구에서 직면하게 되는 문제 중의 하나는 언어라는 형식과 언어가 담는 내용 간의 복잡한 혹은 복합적인 관계에 있다. 연구자들은 지각과정 혹은 기억 과정을 설명할 때 거의 언어에 대해 언급하는 경우가 드물다. 그렇다면 인지과정과 언어과정은 서로 독립적인 것일까? 언어발달의 측면에서 보면 분명히 사고는 언어보다 먼저 나타난다. Piaget와 Vygotsky에 의하면, 사고가 언어보다 먼저 발달한다. 즉, 언어의 특수성보다는 인지의 보편성이 앞서는 것이다. 하지만 인지과정은 언어를 통해 더 정교해진다. Barsalou(1992)에 의하면, 언어는 사고의 내용이 아니라, 사고의 방식에 영향을 미친다. 즉, 효율적으로 사고하게 만든다.

11) 언어(language)란 무한히 다양한 메시지를 만들어내는 데 이용되는 기호와 이들 기호를 조합하는 규칙의 집합이다. 언어에는 세 가지의 특징이 있다. 첫째, 언어는 기호적이다. 우리는 말소리와 표기된 단어를 이용하여 이 세계를 표상하고, 이 세계에 관한 이야기를 주고받는다. 이 기호는 임의적인 것이다. 둘째, 언어는 생성적이다. 한정된 개수의 단어가 끝없이 다양한 방식으로 조합되어 무한정 많은 문장을 생성한다. 셋째, 언어는 구조적이다. 문법 규칙을 따르면 문법에 맞는 문장이 생성된다. 따라서 언어는 기능이 제한되어 있는 것이 아니라, 역동적으로 계속해서 확장되는 특징이 있다. 언어가 확장하는 것은 점차적으로 의미가 분화되어 간다는 것이다. 이 과정은 다른 사람과 의사소통을 함으로써 이루어진다. 일반적으로 우리는 의사소통을 위해 의미를 소리로 표현해야 하고 그 소리에서 의미를 찾아내야 한다. 이러한 언어는 일련의 모듈(처리단위)을 거쳐 이루어진다. 이때 말하는 사람은 언어를 통해 표현하고 싶은 신념과 욕구를 가지고 있다. 그리고 듣는 사람의 신념과 욕구를 이해해야 한다(Pinker, 1999).

자폐아동 언어의 결함으로 인해 상대방과의 언어소통의 방식을 이해하지 못하거나 대화를 할 때 주고받는 정보를 제공하거나 공유하는 것 혹은 정보를 통제하는 것에 어렵다. 따라서 자폐아동의 언어는 언어기술의 부족이 아니라, 언어를 교류하는 과정에서의 언어정보와 기술을 습득하는 데 필요한 인지언어의 결함일 수 있다. 인지언어의 결손이 있을 때 상호간에 의사 교류가 매우 제한적이다. 그래서 자폐아동은 일반아동에 비해 의사소통과 대화 기능에서 현저히 뒤떨어지며 의사소통이 가능하더라도 의사소통의 기본적인 규칙을 잘 이해하지 못하는 경향이 있다(Baltaxe, 1977).

일반아동은 대화 과정에서 자신이 언제 말을 시작해야 하고 언제 말을 마쳐야 할지에 대해서 알고 있으며 말의 내용이 대화 주제에 맞는 것인지를 인식한다. 그러나 자폐아동은 말하는 사람과 듣는 사람이 자신의 의견을 서로 주고받으며 소통한다는 사실을 이해하지 못하며, 어떻게 문장을 끝내야 할지, 언제 주제를 바꾸어야 하는지에 대하여 인식하지 못한다. 자폐아동은 또래 집단과 대화를 나눌 때, 적절히 개입을 하면서 대화를 지속적으로 이끌어 가지 못한다. 그리고 구체적인 표현을 하기 위해 추가되는 말을 부가적으로 설명하여 돕는 것과 같이 대화에 필요한 정보를 제공하지 못하며, 대화에 필요한 부가적인 설명을 하더라도 적절하지 못하다. 그리고 대화 과정 중에 주제에 맞지 않는 내용에서 적절하게 대화를 중단시키지 못한다. 이와 같이 자폐아동이 대화를 하거나 지속할 수 없는 원인은 자폐아동이 대화에 필요한 정보를 제공(informing)하거나 정보를 통제(regulating)하는 데 실패하기 때문이다(Ball, 1987).

의사소통: 감정인지와 대상인지

왜 자폐아동은 다른 또래 아동과 교감하면서 의사소통을 하지 못하는 것일까? 일반아동은 몇 마디를 주고받더라도 언어가 주는 의미를 자연스럽게 파악하지만, 자폐아동에게는 그런 의사소통이 되지 않는다. 지금까지 오랜 시간 동안 자폐아동들이 교육을 받아 왔고 한편으로 어느 정도 자신의 생각을 전달하는 언어능력을 향상시켰다고 하더라도 다른 사람과 제대로 의사소통을 하는 경우는 없다. 물론, 가정에서 기본적인 언어사용이나 대화에서 별 다른 불편한 점을 느끼지 못한다고 하더라도 근본적으로 다른 사람과 의사소통을 하는 데 많은 제약이 따르게 된다. 이들의 의사소통의 어려움은 말하는 기술을 획득하지 못하였기 때문은 아니다. 그것은 다른 사람에 대해 감정을 인지하지 못하거나 혹은 다른 사람과 사회적 관계를 인지하지 못하기 때문이다.

특히 자폐아동은 대화 과정에서 다른 사람에게 자신의 생각과 느낌을 전달하는 것, 그리고 대화 과정에서 자신이 해야 할 말과 하지 말아야 할 말을 선택하는 것, 대화내용을 선택하고 대화맥락을 이어가는 것, 상대방이 자신이 하는 말에 주의를 두도록 집중시키는 것 등에서 능력에 문제가 있다(McTear & Conti Ramsden, 1992).

다른 사람과 말하는 방법만으로 대화를 지속적으로 이끌 수 없다. 말할 수 있는 능력이 있다고 하더라도 대화를 하기 위해서 다른 사람의 주의를 이끄는 능력이 없거나 대화하려는 의도와 동기의 결함은 자폐아동의 언어가 사회적 인지능력과 관련이 있다(Baron-Cohen, 1995; Richard, 2000). 사회 인지의 결함이 있을 경우 자폐아동은 다른 사람이 왜 자신에게 특정한 말을 했는지, 그리고 자신에게 어떤 감정을 가지고 말을 하는지를 의식하지 못한다. 일반아동의 경우, 자신의 태도와 언어의 내용에 따라서 다른 사람이 어떤 감정을 갖게 되는지를 파악하고 상대방의 감정을 고려하여 자신의 태도와 언어를 적절히 구사할 수 있는 반면에 자폐아동은 다른 사람의 감정을 파악하거나 사회적 상호관계를 인식하지 못하고 대화와 의사소통이 일방적이며 다른 사람의 감정을 고려하지 않는다. 그리고 대화를 하기 위한 사회적 관계에서도 다른 사람의 입장이나 감정을 고려하지 않고 자기 주도적이고 일방적인 태도를 나타낸다.

지금까지 수많은 언어치료 방법을 시도해 왔던 교육전문가들의 신념은 무참하게 무너졌다. 자폐아동 자신이 주고받을 수 있는 말을 많이 하면 할수록 언어문제를 어느 정도 극복할 수 있다는 것이 당연한 상식으로 받아들였지만, 근본적으로 언어문제를 해결할 수 없었다. 때로 전문가들은 그러한 언어적 한계를 잘못된 자폐아동의 언어발달 이해와 언어치료교육에서 비롯되었다는 것보다는 자폐증으로 인한 장애의 원인으로 전가하였다. 오히려 전문가들은 자폐아동이 언어치료를 받고 성인이 되어서도 다른 사람과 의사소통 하는 데 실패하는 이유가 인지결손과 관련되어 있다는 사실에 덜 집중하였다. 자폐아동의 의사소통 문제는 기능언어가 아니라, 인지언어의 결함에서 시작된다.

관계 짓는 방식

초기에 자녀가 문제를 지녔다는 사실을 알지 못하는 이유는 다양하다. 첫째 아이일 경우, 비교 대상이 없기 때문에 원래 아이들이 그렇게 성장하는 것으로 알고 있는 것이다. 혹은 자녀가 어린 시기에 부모가 직장을 다니게 됨으로써 자녀의 일상적인 생활과 행동의 문제점을 발견하기가 어렵기 때문이다. 설사 자녀가 발달상 다른 또래와 차이가 있다는 것을 알았다고 하더라도 부모는 자녀가 아직 어리고 "늦된 아이"로 보기 때문이다. 그래서 대부분 부모들은 자녀에게 사회적 결손이 있다는 점을 의식하지 못하고 지나치게 된다.

자폐아동의 사회발달의 특징 중에 하나가 자녀가 다른 사람에게 무관심하거나 관계를 갖지 않는 것이다. 그리고 시간이 지나도 좀처럼 부모에게 반응을 보이지 않으며 또래 유아처럼 재롱을 부리는 것과 같은 느낌을 받지 못한다. 이것은 단순히 부모의 무관심 때문이거나 혹은 부모가 자녀와 상호작용을 할 수 있는 환경이 없었기 때문만도 아니다. 오히려 대부분 자폐아동을 가진 부모들은 각별히 자녀에 대해 더 많이 관심을 갖거나 애정을 표현하는 경우가 많다.

엄밀히 말하자면, 자폐아동은 다른 사람과 상호 관계를 갖지 않으려고 하는 것이 아니라, 상호 관계를 갖지 못하는 것이다. 사회성 결손은 초기에 자폐아동에게 나타나는 대표적인 특징 중에 하나가 된다. 자폐아동은 다른 사람이 그들과 서로 관심을 나눌 수 있는 대상이라는 것을 모르며, 다른 사람과 아동이 사회적 관계를 위해 상호작용을 할 수 있다는 것을 이해하지 못한다(Mundy, Sigman, Ungerer, & Sherman, 1987).

따라서 자폐아동의 다른 사람에 대한 사회적 태도는 관심을 두지 "않는 것"이기보다는 관심을 두지 "못하는 것"이다. 자폐아동이 다른 사람에게 관심을 두지 못한다는 의미는 무엇일까? 많은 사람들은 자폐아동의 행동에 대해 의도적인 것으로 이해하려고 하는 경향이 있다. 하지만 자폐아동은 의도를 가지기보다는 본래 그러한 능력이 없다. 자폐아동은 사회적 상호관계에서 다른 사람을 "의식하지 않는 것"이 아니라, "의식하지 못하는 것"이다. 자폐증은 사회발달에서 '대인관계 결손'이 주요 증상이다.

사회발달이 대인관계 형성에 영향을 미친다는 점을 고려해 볼 때, 자폐아동의 대인관계의 실패가 또 다시 사회발달의 결손으로 이어질 수 있다(Aarons & Gittens, 1992). 자폐아동의 사회발달의 결손은 자폐아동은 사람들로부터 혼자 떨어져 있거나 사람에게 무관심한 것, 수동적으로 사회접촉을 하는 것, 대상과의 사회접촉이 일방적으로 한 사람에게 치우치는 것 등이다. 그리고 전반적으로 사회접촉을 하더라도 사회행동의 규율과 규범에 대한 이해가 부족하다(Waterhouse, Fein, & Modahl, 1996).

한편, 자폐아동의 사회발달의 주요 특징 중 하나는 사람들의 관심을 이끄는 결함이다. 일반아동은 다른 사람의 주의를 자신이 좋아하는 것으로 이끌려고 시도한다. 예를 들어, 일반아동은 하늘로 날아가는 비행기로 주변 사람의 시선을 이끌려고 손가락으로 하늘을 가리킨다. 그리고 다른 사람이 자신이 가리키는 비행기를 쳐다보고 있는지를 확인하기 위해 다른 사람을 쳐다본다. 그러나 자폐아동은 다른 사람이 무엇에 관심을 갖는지를 알기 위해 얼굴을 쳐다보는 것과 같은 행동을 하지 않는다(Cox, A., Klein, K., Chaman, T., Baird, G., & Baron-Cohen, S, 1999).

실제로 자폐아동은 다른 사람의 동기와 행동에 대해서 아무런 반응을 보이지 않으며 관심을 갖지 않는다. 우리는 때로 이것을 자폐아동의 "무관심"으로 특징짓기도 한다. 자폐아동에게 사회적 상호작용이 이루어지지 않는 것은 이러한 무관심 때문으로 이해되기 때문에 부모나 교사들은 다른 또래 아동과 함께 사회적 접촉을 시도함으로써 무관심으로부터 벗어나도록 도움을 주려고 한다. 때로 유치원에서 다른 또래 아동과 함께 어울리도록 돕거나 가정에서 같은 또래 아동들과 함께 어울릴 수 있도록 하지만, 여전히 다른 아동들과 어울리지 않으며 특별히 다른 아동에 대한 "무관심"으로부터 벗어나지는 않는다. 왜냐하면, 자폐아동이 사물과 현상 그리고 다른 사람에 대해 "무관심"한 것이 아니라, "의식"하지 못하기 때문이다.

사회적 관심사에 관련하여 자폐아동이 다른 사람에 대해 관심을 갖지 않는 원인 중에 하나는 공동주의의 결손이다. 자폐아동은 사회적 공동 관심사에 결함이 있는 것이 특징이다. 그리고 공동 관심을 갖는지의 여부가 자폐아동과 일반아동을 구별하는 자폐적 특징이다(Leekam, Lopez, & Moore, 2000). 만약에 자폐아동이 어떤 일에 관심을 갖도록 인위적으로 환경을 조성해 주게 되면, 또래 아동들과 같이 공동 관심에 집중할 수 있을까?

이에 관해 Leekam은 자폐아동의 공동 관심에 반응하는 정도를 분석하는 연구에서 자폐아동이 통제집단의 아동보다 관심을 유도하는 의도 따르기와 고개를 돌리기에 어려움을 보인다는 사실을 관찰하였다. 예를 들어, 자폐아동은 교실에서 교사가 관심을 유도하더라도 교사의 요구와 태도에 대해 아무런 반응을 보이지 않는다. 뿐만 아니라, 또래 아동들이 특별히 관심을 갖는 것에 대해서도 공동으로 주의를 두지 않는다. 이와 같이 공동 관심의 결함이 자폐아동의 사회발달에 부정적인 영향을 미치게 된다. 자폐아동의 사회적 무관심은 바로 공동주의와 공동 관심의 결함에 의한 것이다.

많은 부모와 교사들은 자폐아동의 사회발달이 다른 아동과 교류할 수 있는 환경과 상황을 제공함으로써 사회성 발달에 영향을 미칠 수 있다고 보았다. 그래서 자폐아동을 같은 일반아동 또래 집단에 함께 어울릴 수 있도록 방법을 선택하기도 한다. 그런데 문제는 기대했던 것과는 달리 시간이 지나도 여전히 사회성 발달이 되지 않는다는 점이다. 물론, 초기에 또래 아동과 적응을 하지 못하다가 점차적으로 적응하고 집단의 규칙과 규범에 따르기는 하지만, 그것은 적응과정에서 습득한 생활경험일 뿐, 사회성이 발달했다는 의미는 아니다.

자폐아동의 대인관계와 공동 관심사 그리고 정서적 결함이 자폐아동의 사회성 발달에 직접적인 영향을 미칠 수 있다(Hobson, 1983a). 이 중에 정서는 사회성 발달에서 영향을 미치는 중요한 요인이 된다. 정서 없이는 사회적 관계가 형성되지 않는다. 정서 교류는 단지 아동과 교류할 수 있는 환경을 만들어 준다고 해서 일어나는 것은 아니다. 왜냐하면, 다른 사람의 정서적 상태를 감지하는 인지능력과 관련이 있기 때문이다(Hobson, 1983a). 다른 사람의 정서를 감지하지 못하게 됨으로써 다른 사람과의 사회적 교류가 어렵게 된다. 자폐아동은 다른 사람들의 정서적 표현이 어떤 의미가 있는지를 발견하지 못한다. 다른 사람과 특정 사건에 대해 함께 웃거나 함께 즐거워하는 것, 그리고 함께 슬퍼하는 것을 하지 못한다. 모든 대상은 자신과 별개의 존재로 인식하며, 어떤 감정이나 사회적 관계를 공유하지 않는다(Rutter, 1983).

여하튼 자폐아동은 일반아동에 비해 정서 상태를 감지하는 능력에서 현저한 차이가 있으며, 아동의 정서표현과 다른 사람과의 정서적 교류의 실패가 자폐아동의 사회발달의 결손의 원인이 될 수 있다(Yirmy et al., 1987). 자폐아동은 일반아동들에게 나타나는 부끄러워하거나 난처해하거나 수줍어하는 것 그리고 또래 집단에서 함께 느끼고 웃는 것과 같은 다른 사람과의 사회적 관계에서 공유된 정서가 없으며, 소외되는 감정과 친밀감과 같은 다른 사람의 상태를 인식할 때 느끼는 개인적인 정서를 표현하지 못한다(Ungerer, Mundy, Sigman, & Sherman, 1988). 그리고 자폐아동의 정서는 나이가 들어도 일반아동들처럼 정서표현이 다양해지지는 않는다. 또한 다른 사람의 정서를 감지하지 못할 뿐만 아니라, 성장하여 성인이 된 이후에도 사회적 환경 속에서 상대적 정서를 인지하지 못하는 정서적 결손이 지속된다.

고립 그리고 자기중심적 태도

자폐아동은 자신이 필요한 특정 대상 이외의 다른 사람에게 관심을 두거나 의식하지 못한다. 또한 대상에게 관심을 갖거나 의식을 한다고 하더라도 마치 "사물"을 대하는 듯한 느낌을 준다. 실제로 초기에 자폐아동은 사람과 사물을 구분하지 못한다. 주변의 사물과 대상은 자신이 필요할 때 요구되는 것들일 뿐, 자신과 아무런 관련을 느끼지 못한다. 그래서 자폐아동은 자신 이외에 다른 사물과 대상 그리고 현상에 대해서 무감각하게 반응한다. 그래서 다른 사람들의 눈에는 자폐아동이 항상 혼자 고립된 것처럼 보인다. 오직 "자기-감각" "자기-의식"만을 가지고 있기 때문에 자폐아동은 자신만의 독특한 행동을 나타낸다. 이러한 반응을 볼 때 자폐아동은 마치 자신만을 의식하는 것 같다.

카너는 자폐아동의 고립 행동을 자폐증의 가장 기본적인 증상으로 보았고 그로 인해서 주변 사람들과 관계 형성을 하지 못한다고 했다(Kaner, 1943). 그의 설명에 따르면 자폐아동은 자신의 주변에 있는 사물이 특정 위치에서 바뀌는 것에 대해 강한 반발을 하며 사물이 항상 그 자리에 있게 하려는 강박적인 욕구가 있다. 자폐아동의 행동은 제한적이고 반복적이며 전형적인 행태로 나타난다.

일반아동의 경우 점차 인지가 발달하면서 다른 사람의 얼굴을 쳐다보거나 얼굴을 만져 보는 것, 얼굴의 코와 입, 귀 등을 만져 보는 것 등의 탐색을 하지만, 자폐아동은 다른 사람을 탐색하기 위하여 주위를 둘러보거나 대상에게 관심을 두지 않는다. 6~8개월 시기에 영아는 낯선 사람에게 거부반응을 보이거나 친숙한 사람에게 웃음을 지어 보이는 것 등의 행동반응을 나타내지만, 자폐아동에게는 그러한 반응을 보이지 않는다.

자폐아동의 고립적이고 독단적인 행동은 나이가 들어감에 따라 점차 특별하게 진행되는 것 같다. 그것은 자신만의 방식을 고수하려는 자폐아동의 병리적 특징이다. 따라서 일상생활을 정해진 대로만 하려고 하며, 특정 방식에서 벗어나면 흥분하거나 격노하게 된다. 무엇인가 만족스럽지 못할 때, 또는 자신의 요구조건을 들어 주지 않을 때 자폐아동은 손가락 물어뜯기나 머리를 부딪치는 행동 등과 같은 자해(self-injury)를 하며 특정 대상과 사물에 대해 고집스럽게 집착을 하는 행동을 나타내기도 한다. 이러한 행동들은 자신의 방식대로 주변 환경의 특정한 양상을 찾으려고 하거나 다른 사람과의 의사소통의 규칙과 구조를 찾으려는 시도이다(Baron-Cohen, 2003).

한편 자폐아동의 행동이 고립적이고 자기중심적인 것은 환경의 영향 때문이 아니라, 자폐증의 병리적 원인에 기인한다. 초기에 자폐아동의 고립행동과 자기중심적 행동이 마치 다른 사람과의 정서교류의 실패에서 오는 것으로 잘못 이해했지만, 자폐아동은 병리적으로 자신의 주위에 있는 사물과 대상 그리고 현상에 관한 자극에 둔감하다. 이것은 자폐아동이 감각-지각이 떨어지기 때문이다.

대부분의 자폐아동은 감각을 지각화하는 데 실패하며 감각이 지각화되지 못할 경우 모든 자극이 감각 범주에 벗어나지 못하게 된다. 따라서 자폐아동의 행동은 반복적이고 강박적으로 집착하는 행동이 나타난다. 예를 들어, 선풍기가 돌아가는 것에 집착하는 것, 자동차 바퀴를 오랫동안 굴리며 노는 것, 손가락을 구부리거나 손뼉을 치며 반복적으로 자신의 신체를 다루는 것 등이다. 연구자들은 자폐아동이 목적 없이 반복적으로 두 손을 흔들거나 손뼉을 치는 것 등의 자기 자극 행동(self-stimulatory behavior)은 인지적 손상이나 신경학적 억제의 부족 때문이라는 것을 발견했다. 또한 이 경우, 대체적으로 감각조절 기능이 떨어진다(Quill, 2000).

신경생물학적 관점에서 욕구를 충족시키기 위한 항상성의 결함이 원인이 되기도 한다. 항상성은 중추신경계의 요소이기도 하다. 그러나 항상성은 "감각"이 "지각"화하는 것과 관련이 있다. 그러한 점에서 자폐아동은 신경학적으로 감각을 지각화하는 데 결함이 있다고 할 수 있다. "감각"을 "지각" 수준으로 이끄는 데 실패하게 됨으로써 "감각"은 계속해서 "감각 범주"에 머물게 되면서 자기 자극 행동이 반복해서 일어난다. 결국 자폐아동의 감각 조절기능의 상실은 "감각-지각화"의 실패를 의미한다. 따라서 감각적 수용기만 존재한다고 할 때, 어떤 감각을 유발한 행동은 계속해서 감각적 자극의 연속일 뿐이다. 외부로부터 유입된 감각이 감각수용기에 머물러 있을 수 없는 이유는 감각이 지각화하기 위한 "각성 수준"에 이르지 못했기 때문이다.[12)]

---

12) 왜 자폐아동은 다른 사람이 관심을 갖지 않는 것들에 대해 집착을 하는 것일까. 대부분 사람들은 자폐아동이 하찮은 것들에 대해서 그리고 특별한 것에 관심을 갖거나 혹은 그것들에 대한 반응과 행동을 이해하기 어려워한다. 이때 중요한 역할을 하는 것은 각성이다. 각성은 지각을 조직화(perceptual

정서적 감지능력의 손상으로 인해 자폐아동의 행동이 고립될 수 있다. 다른 사람에 대해 관심을 보이지 않고 상호교류를 시도하지 않으려는 행동은 곧 자폐아동의 사회적 결함으로 이어지기도 한다. 그러나 이와 같이 다른 사람에 대한 무관심과 다르게 자폐아동은 부모나 특정 대상에게 지나친 집착을 나타내기도 한다. 때로는 어머니의 옷깃을 잡고 놓지 않으려고 밀착하며 따라다니기도 한다. 이러한 태도는 안정애착과 관련이 있다. 안정애착은 다른 사람보다 어머니와의 사회적 상호작용을 선호하는 것으로 어머니를 세계를 탐색할 때 안정 기반으로 사용하고 자신이 바라는 일이나 특정한 일에 대한 불만족과 위기와 불안감으로부터 심리적 위안을 받기 위해 사용하는 방식이다. 그리고 자폐아동의 50%가 어머니에게 애착을 보이는 것으로 나타났다(Roger, Ozonoff, & Maslin-Cole, 1993).

이와 같이 자폐아동이 애착을 형성하는 것은 일반적인 능력의 손상에 기인하는 것이 아니라, 사회적 정보를 이해하고 사회적 정보에 반응하는 능력의 손상에 기인하는 것으로 본다(Rogers et al., 1993). 이미 자폐아동의 사회 및 정서 발달의 특징에 대해 언급했던 것과 같이 자폐아동의 행동에서 다른 사람에게 애착을 보이지 않는다는 점을 유의할 필요가 있다. 자폐아동이 다른 사람에 대한 정서 상태를 감지하는 능력이 떨어지고 정서적 교류의 실패가 다른 사람과의 사회적 관계 실패로 가져온다. 그러므로 자폐아동에게 보이는 다른 사람에 대한 애착은 정서 문제가 아니라, 오히려 사회적 정보 즉, 다른 사람이 자신에게 관한 이해와 태도에 관한 사회적 정보를 이해하거나 반응하는 능력의 손상에 기인될 수 있다.

---

organization)하고 지각을 통합(perceptual integration)하도록 주요한 역할을 한다. "지각적 조직화"는 어떤 자극의 요소들(elements) 사이의 관계들에 의존하며 그 요소들을 조직화한다. 반면에 "지각적 통합"은 어떤 자극의 특징(features) 사이의 관계들에 의존하며 그 특징들을 통합한다. 자폐아동들의 특별한 반응들은 이와 깊이 관련이 있다. 즉, 자폐아동이 특정한 자극의 요소와 특징들에 대해 민감하게 반응을 하지만, 자극요소들을 조직화하는 데 실패한다. 또한 자폐아동은 자극의 특징들, 예를 들어, 특정한 소리와 모양 그리고 빛깔과 현상 등에 대해 민감한 반응을 보이는 반면에 그 특징들을 통합하는 데 실패한다. 이것은 자폐아동이 감각-자극수준에 머물고 있다는 의미이다. 만약에 자폐아동이 자극 요소들을 조직하거나 자극 특징들을 통합한다면, 강박적으로 특정한 사물이나 현상에 대해 집착하는 것 혹은 반복적으로 나타나는 상동증적인 이상행동이 소거될 것이다. 이것은 자폐아동이 감각-자극에서 감각-지각 수준으로 이끌어졌다는 의미이다. 각성은 감각을 지각화하는 데 결정적인 역할을 한다.

여기서 "감각-지각"은 "감각-통합"의 의미와 전혀 다르다. "감각-지각"은 "각성"이라는 중간과정의 인지체계를 통해서 감각이 지각화되고 지각은 또 다시 "지각체계" 과정을 통해서 사고를 유발시킨다. 그러므로 외부감각에 반응하고 통합하는 "감각체계"와는 전혀 다르다. 따라서 만약에 자폐아동이 감각을 지각 수준 혹은 지각 범주로 이끌게 된다면, 손뼉을 반복적으로 치거나, 물건을 계속 두드리는 것과 같은 행동이 소거될 것이다. 그리고 만약에 감각이 지각화되면 계속해서 손으로 물건을 두드리는 행동은 소거되고 물건을 다루는 행동으로 전환될 것이다.

자신의 느낌을 익히는 방식

자폐아동은 세계를 어떻게 지각하는 것일까? 또한 세계의 현상을 어떻게 의식하는 것일까? 자폐아동은 우리와 다른 방식으로 의식하기보다는 그 이전에 "무엇에 대한 의식"이 일어나지 않는다. 엄밀히 말하지만, 우리가 알고 있는 자폐아동의 특별한 행동은 "무엇에 대한 의식이 일어나지 않는 상태"에서 일어나는 행동들이다. 즉, 세계를 의식하기 이전에 나타나는 행동인 것이다. 사람은 무엇을 지각하고 의식하는 것으로 행동하게 한다. 자폐아동의 행동은 그들의 지각과 의식의 산물이라고 할 수 있다. 그러한 점에서 자폐아동의 행동은 현재 일어나고 있는 지각과 의식의 상태를 이해하는 데 단서가 된다.[13)]

자폐아동의 행동은 다른 장애아동들에게서 나타나는 행동과는 사뭇 다르다. 반복적으로 손뼉을 치는 것, 곁눈질, 눈을 지그시 감거나 한 곳에 시선을 두고 몰입하는 것, 특정한 사물이나 장소에 집착하는 것, 물건을 던지거나 깨트려서 소리를 듣는 것, 갑자기 아무런 이유 없이 울거나 웃는 행동 등은 다른 장애아동에게 좀처럼 볼 수 없다. 대체로 자폐아동의 행동은 매우 단순하고 집중적이며 반복적이다. 때로 즉흥적이고 돌발적이기도 하다. 이러한 행동들은 다른 사람과의 관계나 다른 외부 세계와 상관없이 일어난다.

대부분 자폐아동은 "자기-감각" "자기-의식"에 몰입하기 때문에 특별한 감각과 의식에 집중하는 경향이 있다. 그리고 특별한 것에 민감하게 반응하는데 실제로 자폐아동은 일반아동에 비해 자극에 대한 민감도가 지나치게 높거나 낮은 경향이 있다(Klinger & Dawson, 1996). 민감도가 높을 경우 자폐아동은 일상적인 소음과 같은 보통 정도의 자극에도 비정상적으로 반응을 한다. 그 때문에 자폐아동은 특정 소음에 민감도가 높을 때 회피하거나 두려워한다. 그러나 대체적으로 민감도가 낮은 경우가 더 많으며 다양한 방식으로 반응을 나타난다. 예를 들어, 다른 사람의 말이나 소리에 대해 반응을 하지 않는 것, 아는 사람을 보고도 아무 반응이 없는 것, 앞에 위험한 장애물이 있어도 의식하지 못하는 것, 손에 들고 있는 물건을 무의식적으로 놓치는 것 등이다. 이러한 감각 발달의

13) 여기서 의식이란 인지와 동일한 개념이다. 이 개념들을 이해하기 위해서는 감각과 지각에 대한 이해가 필요하다. 감각(sensation)이란 감각계의 기능 작용을 말한다. 지각(perception)이란 감각들의 의미와 체제를 부여하는 해석 과정을 수반한다. 인지(cognition)는 정보의 획득, 저장, 변환, 사용 과정을 수반한다. 만약에 의미화된 정보를 획득하고 저장, 변환, 사용 과정이 없다면, 다양한 정보를 받아들이고 분류만 할 것이다. 더 나아가 정보를 의미화하지 못하거나 분류하지 못하면, 감각계의 기능 작용만 존재할 것이다. 자폐아동은 최초의 감각에 반응하는 기능 작용만을 하는 것일 수 있다. 예를 들어, 반복하여 손뼉을 치거나 물건을 두드리는 것, 특정한 사물이나 환경에 집착하는 것 등이다.

결손은 감각처리를 담당하는 신경체계와 관련이 있다고 본다.

감각과 지각에 관한 지식은 자폐아동의 이상행동을 이해하는 데 도움이 된다. 자폐아동의 행동의 특성을 상기해 보자. 예를 들어, 자폐아동이 반복적으로 손뼉을 치는 것, 물건을 두드리는 것, 곁눈질하는 듯한 행동, 벽을 가까이 대고 스치듯이 걷거나 땅을 주시하면서 걷는 것 등의 특별한 행동들이다. 처음 자폐아동을 마주하는 사람들에게는 이들 행동이 기괴한 행동일 수 있다. 이러한 행동들은 강압적으로 통제한다고 해서 좀처럼 사그라지지 않는다. 이들 행동들은 감각이 지각 수준에 이르지 못했기 때문이다. 감각이 지각 수준으로 이끌어져야만 정보의 의미를 파악하고 해석하게 되는 것이다.

감각이 지각화되지 못하게 되면 감각정보를 해석할 수없다. 따라서 신경체계가 감각을 받아들이고 감각 정보의 의미를 해석하는 과정으로서 감각처리를 주관하는 신경체계에 이상이 있을 경우, 외부의 정보들을 받아들이고 의미를 해석할 수 없다(Kandel, Schwartz, & Jessell, 2000). 즉, 자폐아동은 감각을 지각화하는 데 실패하며 감각은 지속해서 감각 범주에서 벗어나지 못하게 된다.[14] 그러한 점에서 자폐아동의 감각 발달은 자폐아동의 행동을 이해하는 데 도움을 줄 수 있다. 따라서 던(Dunn)은 자폐아동의 행동 욕구를 이해하기 위해서 자폐아동의 감각 간의 통합과 조절, 중추신경계 동기 및 항상성, 행동 역치 등과 같은 감각 체계 자체의 기본적인 작동에 작용하는 중추신경계(central nervous system; CNS)의 기본적인 원리를 이해해야 한다고 했다. 중추신경계의 기본적인 원리에 따른 자폐아동의 감각 체계 특징은 다음과 같다(Dunn, 2008).

첫째, 인지 기능의 중요한 측면은 감각 간의 통합 또는 다양한 정보를 조직하는 능력이지만, 자폐아동은 감각 간의 통합이 지연되거나 혹은 결핍되어 있다. 감각 간의 통합은 감각 교류에 의해 가능하다. 즉, 감각에 반응하기 전에 다른 감각과 교류하게 된다. 예를 들어, 일반아동의 경우 자신의 신체를 만진 사람에게 반응하기 전에 그 사람을 쳐다보는데, 이것은 촉각 자극과 시각 자극을 통합하여 총체적인 정황을 알기 위한 반응이다(Dunn, 1991). 자폐아동은 때로는 특정 상황에 너무 빨리 반응하거나 혹은 반응이 느리기도 하는데 이것은 감각 간의 통합이 없이 반응하기 때문이다. 따라서 자극을 잘 감지하지 못할 경우, 감각 정보에 대한 왜곡된 반응을 한다.

14) 지금까지 줄곧 설명했던 것처럼 감각 수준에 벗어나지 못하는 가장 큰 요인은 감각이 지각 수준으로 이끌어지지 않기 때문이며 감각이 지각화되는 데 각성이 주요한 역할을 한다. 그러나 각성이 어떤 메커니즘으로 일어나는지는 명확하지 않다. 단지, 신경신호가 처리(processed)된다는 의미는 정보가 처리될 때, 정보는 분석되고(analyzed) 변형된다(transformed)는 것이다. 각성은 신경섬유를 따라 전달되는 신경충격 즉, 신경신호가 분석되고 변형되면, 지각 체계는 그 신호를 쉽게 이해할 수 있게 되고 결과적으로 지각 경험은 창출하는 일에 이 신호를 이용하기가 쉽게 한다. 그리고 각성 수준이 높아질 때, 더 많은 정보를 분석하고 변형시키게 되는데 이것은 지각을 확장하는 데 기여하게 된다.

둘째, 자폐아동은 자극을 억제하거나 혹은 균형을 위한 조절 기능이 떨어진다. 신경 체계는 외부 자극에 대해 반응하거나 억제함으로써 상호 보완적 기능을 한다(Kandel, et al., 2000). 그리고 수많은 감각자극에 즉각적으로 반응을 하지 않고 자극과 억제의 균형을 통하여 어떤 자극이 관심과 반응의 대상인지 그리고 어떤 자극을 완전하게 무시해도 되는지를 결정하기 위해서 '조절(modulation)'을 한다. 그러나 자폐아동은 자극에 반응하거나 억제시키는 능력을 조절하는 데 어려움이 있다. 자폐아동의 행동 중 많은 부분들이 중추신경계의 불균형과 조절기능이 떨어지기 때문이다. 예를 들어, 모든 자극에 끊임없이 주의를 기울이기 때문에 행동이 산만해진다. 이러한 이유 때문에 목적 있는 행동에 참여하기 어려워지거나 반면에 많은 자극에 반응함으로써 필요 이상의 활동을 할 수 있다.

셋째, 자폐아동은 일차적인 욕구를 충족하기 위한 항상성이 없다. 항상성이란 생물학적으로 최적화 상태를 지속적으로 유지하려는 특성을 말한다. 일반아동은 강화 전략을 통해서 항상성을 유발시킬 수 있을 뿐만 아니라, 중추신경계의 기능 요소에 의해서도 항상성이 형성될 수 있다. 주어진 과제를 수행하기 위하여 1) 내적으로 배고픔, 추위, 갈망, 사회적 관심과 같은 특정 요구를 인식하며, 2) 외적으로는 환경에 적응할 수 있도록 적절한 단서와 지원을 제공 한다. 중추신경계는 이와 같은 내적인 일차적 욕구에 의하여 동기화되며, 신경 체계는 욕구를 충족시키기 위해 작동한다. 이와 같이 욕구를 충족시킴으로써 긴장이 완화되게 하는 '항상성(homeostasis)'이 생긴다.

그러나 만약에 항상성이 방해를 받게 되면, 항상성으로부터 벗어나는 것과 되돌아가고자 하는 것 사이의 지속적인 협상을 경험하게 된다. 예를 들어, "손 흔들기"는 욕구이며 신경 체계는 욕구를 충족시키기 위해서 "손 흔들기"를 실행한다. 이때 욕구는 완화될 것이다. 그러나 "완화"되지 못하면 다시 "욕구"가 생기며 그에 따라 다시 "손 흔들기"를 반복할 것이다. 자폐아동이 흔들기, 부딪치기, 불빛에 흔들기 등의 고착적인 행동들은 항상성을 재형성하려는 중추신경계의 동기이다.[15]

넷째, 자극을 인식하고 반응하는 역치 수준이 떨어지거나 높다. 던은 중추신경계에서의 역치는 자극을 인식하거나 반응하는 데 필요한 자극의 양을 의미한다고 하였다

15) 항상성과 역치 수준에 관한 문제는 근본적으로 각성과 관련이 있다. 일차적인 욕구를 충족시킴으로써 긴장이 완화되는 항상성에 결함이 있을 때 자폐아동의 행동이 욕구 충족으로 인해 긴장이 완화되지 않고 지속해서 일차적 욕구에 머물게 된다. 즉, 감각 수준에서 머물게 되는 것이다. 어떤 자극을 반응하고 인식하게 하는 최소의 자극인 역치 수준이 있다. 각성은 역치 수준으로 이끌게 하는 원동력이다. 중요한 사실은 각성이 운동을 통해서 일어나지 않는다는 것이다. 왜냐하면 각성은 운동 작용이기보다는 지각 작용의 일종이기 때문이다.

(Dunn, 1997). 역치는 행동이 발생할 수 있는 최소의 시점을 말한다. 그의 설명에 따르면 역치보다 높은 자극은 반응이나 행동을 일으키는 반면에 역치보다 낮은 자극은 반응이나 행동을 일으키지 않는다. 그러나 역치가 너무 낮을 때 아동은 자극에 너무 빠르게 반응하는 경향이 있으며 모든 새로운 자극에 반응하게 됨으로써 산만해질 수 있다. 역치가 너무 높으면 아동은 자신의 주변에 무슨 일이 벌어지고 있는지에 대한 중요한 단서를 놓치는 경향이 있으며 무관심해지거나 자기몰두의 행동을 보이게 된다.

던에 의해 제기된 자폐아동의 행동 욕구를 이해하기 위한 감각 체계의 기본적인 작동들은 지금까지 이해가 부족했던 자폐아동의 행동 특징을 잘 설명해 주고 있다. 자폐아동의 감각 간의 통합 또는 다양한 정보를 조직하는 능력 그리고 관심과 대상에 대한 인지와 관련된 자극과 억제의 균형, 요구인식과 욕구충족에 의한 동기와 항상성, 자극을 인식하고 반응이 일어나기 위해 일정한 시점과 자극의 양 등은 감각이 지각의 수준으로 이끌어지는지의 여부에 따라 달라진다. 만약에 감각이 지각 수준에 이르지 못했을 때 자폐아동의 행동은 감각 수준에서 반응을 할 뿐, 감각이 지각 수준에서 감각이 통제되거나 다루어지지 못하게 될 것이다.

❁ 무엇으로 자폐증을 구분하는가

부모는 느낌으로 자녀가 문제가 있다는 것을 안다. 전문가들은 진단을 주저하는 사이에 시간이 지나면, 부모는 자녀가 어떤 특징을 가지고 있는지 그것이 일반아동과 어떻게 다르고 구별되는지도 잘 알게 된다. 그런데 그 느낌은 이상한 것이며 동시에 매우 혼란스럽다. 지금까지 특별하다고 여겨왔던 행동 모두가 문제가 되는 것이 아니며 어떤 경우에는 문제가 있는 듯 하면서도 정상적인 것 같기도 하다. 반면에 정상적인 것 같은데 무언가 문제가 있는 듯하다. 자폐증적 행동이라고 생각되었던 특징들이 일반아동 누구에게나 조금씩 나타나기도 하며 특정상황에서 일반아동처럼 매우 정상적인 행동과 반응을 보이는 경우도 있다.

그래서 더 정확한 진단을 받기 위해서 부모는 또 다시 병원을 찾게 된다. 하지만 병원이나 전문기관마다 서로 다른 견해와 진단을 내린다. 모호한 개념과 설명을 들을 뿐이다. 더욱이 전반적 발달장애의 범주에 있는 서로 비슷한 증상의 아동의 경우에는 전문가라도 명확하게 구분하기가 어렵다. 게다가 자폐아동과 아스퍼거 증후군을 구분하지 못하고 혼동하는 경우도 종종 있다. 심지어는 아스퍼거장애를 주의력결핍 과잉행동장애(ADHD)로 진단하기도 한다. 또한 "발달장애"와 같이 모호한 진단명을 말하는 전문가

들도 있다.[16)]

부모는 자녀의 증상의 원인에 대해 더 정확한 진단을 원하고 자녀의 문제에 대해 정확히 알기를 원하지만, 상담 결과 만족감을 주는 전문가는 그렇게 많지 않다. 경험을 통해 부모는 전문가의 진단에 대한 의구심과 불안감을 가지게 되는데 부모들이 자녀의 진단에 대해 불만을 갖게 되는 이유는 다음과 같다.

첫째, 전문가는 진단을 보류한다는 점이다. 이들 전문가는 “좀 더 두고 보자” “아직도 확실하지 않다” 혹은 “당장 진단을 내릴 수 없다” 등의 설명으로 진단을 보류한다. 뿐만 아니라, 직접 아동을 관찰하고서도 문제를 찾지 못한다.

둘째, 전문가마다 진단 결과가 다르다는 것이다. 부모는 자녀가 발달상 문제가 있다는 것을 의식하고 초기에 여러 전문기관을 찾지만, 제대로 명확한 진단을 받는 경우는 드물다. 자폐증으로 결과가 나오기 전까지 “언어장애” “정서장애” “행동장애” “사회결손” “지적장애” 등의 진단을 받는 경우가 종종 있다. 게다가 더욱 혼란스러운 경우는 병리적으로 자폐증을 “반응성 애착장애” 혹은 지적장애로 진단하는 경우도 있다.

자폐증 진단과 기준

자폐증 자가진단

부모 스스로 판단하고 자녀를 진단할 때가 있다. 장애아동에 관한 여러 가지 정보와 자료를 모아 분석한 후에 자녀가 어떤 장애를 가졌는지에 대해 추측하고 판단하지만, 대부분 매우 주관적이며 때로 어떤 근거도 존재하지 않는 추측과 판단이다. 전문가의 견해 없이 부모 개인의 독단적인 판단이 자녀를 더 어려운 상황에 빠트릴 수 있다.

첫 번째의 오해는 자녀를 “경미한 자폐아동”으로 판단한다는 점이다. 부모는 시간이 지나면서 지금 상태보다 더 좋아질 것이라는 기대를 하지만, 실제로 자폐증 장애의 전형적인 특징이 두드러지게 나타난다. “경미한 자폐아동”이라고 느낌을 받더라도 병리적으로 “자폐증을 가진 아이”임을 받아들여야 한다. 병리적으로 자폐증은 경미한 상태로 보일지라도 그 결과는 병리적 문제를 극복하지 못한다는 점이다.

두 번째의 오해는 “늦된 아이”로 판단한다는 점이다. 자폐증이라고 진단을 받았음에

---

16) 보건복지부의 시행에 따라 2010년부터 모든 병원에서 “발달장애”로 진단을 내릴 수 없게 되었다. 발달장애는 통속적인 개념으로 장애아동을 이해하는 용어로 사용해 왔을 뿐이다. 일반적으로 발달장애 개념은 취학 이전의 아동으로서 발달상에 장애를 가진 모든 아동을 지칭한다. 발달장애아동이나 장애아동이나 그 개념의 사용이 불분명하고 구분되지 않는다. 장애진단의 오류에서 벗어나려고 하는 전문가나 자폐증으로 진단되기를 꺼려하는 부모들이 위안삼아 적용되고 사용된 용어이다. 보건복지부의 시행에 따라 발달장애아동을 자폐아동으로 진단하도록 되었다.

도 불구하고 부모는 자녀가 늦된 아이일 뿐이며, 오히려 특별한 능력을 가진 아동으로 판단하기 쉽다. 자녀가 어려서부터 문자를 일찍 획득하고 문장을 읽을 수 있는 경우도 있다. 가정에서는 특별히 문제를 일으키지도 않는다. 그래서 가정에서 함께 생활을 한다고 해도 아무런 불편함이 없고 가정에서의 상호작용도 자연스럽기까지 한다. 자신이 원하는 것에 대해서는 자신의 의사를 정확히 말로서 요구한다. 따라서 늘 생활을 함께 해온 부모로서는 특별히 문제가 있는 아이라고 느끼지 않는다. 단지, 다른 일반아동들보다 약간 발달이 늦다고 본다. 대체로 이들의 부모들은 시간이 지나면, 자녀의 더 나은 미래와 교육 가능성을 기대한다.[17)]

자폐아동이라고 하더라도 유달리 기억력이 좋고 학습능력이 뛰어난 아동은 마치 교육 가능성을 보이는 것 같다. 이들의 아동들은 흔히 경미한 증상의 자폐증이라고 불리기도 한다. 이들 부모들은 자녀에 대해 "문제가 있지만, 어떤 경우에는 정상적이다" "다른 아동에 비해 뒤떨어지기는 하지만, 잘 할 때가 있다." 혹은 "이전에는 문제가 있었지만, 지금은 과거에 비해 많이 나아졌다." 등으로 말한다.

때로 영재라고 착각할 정도로 좋은 기억력을 가지고 있는 경우 미숙한 사회적 태도는 그렇게 문제가 되지 않았다. 암기를 요구하는 과목에서는 다른 아동들과 차이 없이 좋은 점수를 얻었기 때문에 말을 잘 못하는 것도 문제가 되지 않았다. 왜냐하면 점차 시간이 지나면 부족한 점들을 채워 갈 수 있을 것이라고 믿었기 때문이다. 그러나 시간이 지날수록 자녀의 문제가 두드러지게 두각되기 시작한다.

학령이 올라갈수록 다른 또래 아동에 비해 학습능력에 심한 차이를 보이기 시작한다. 특히, 수학 과목은 어느 정도 일정 수준에 이르지만, 판단과 이해를 요구하는 국어 및 사회과목에서 점수가 떨어진다. 그리고 부모의 노력에도 불구하고 고학년이 되면서부터 점차적으로 모든 과목에서 점수가 떨어지기 시작한다.

사회능력에서도 두드러진 차이를 보인다. 시간이 지날수록 다른 또래 아동에 비해 점

17) 초기에 자폐증적 특징을 보이는 아동이라도 매우 경미하게 관찰되는 경우가 있다. 이들 아동은 전형적인 자폐증이 가지는 자폐적 성향이 미약하게 나타나거나 관찰된다. 아주 말을 못하는 것도 아니다. 자신의 요구가 있을 경우, 말로 요구할 수 있다. 그리고 자폐성향의 폐쇄적인 행동을 나타내지 않으며 다른 또래 아동과 사회적 상호작용이 떨어지지만, 가족들과는 아무런 불편을 느끼지 못한다. 이 점에서 아스퍼거 증후군과 유사하지만, 자폐증으로 진단되는 아동이다. 종종 이러한 특징을 가진 아동은 성장해서 일반아동과 발달상에 차이 없는 것 같아 보인다. 그러나 이들 아동들의 두드러진 특징은 결국 또래 아동들과 사회적 상호작용이나 대화를 하는데 질적으로 떨어진다. 그리고 질적 발달의 차이는 청소년을 거쳐 성인기까지 지속된다. 따라서 이들 자녀를 가진 부모는 자녀가 학령기에 들어가서 비로소 문제의 심각성을 인식하는 경우가 많다. 발달상의 부족한 부분을 채우려고 많은 학습과 다양한 경험을 하도록 돕지만, 결국은 대부분 사회적으로 고립되고 나이가 들어도 주로 가족과 생활하게 된다.

차 차이가 있음을 감지하기 시작한다. 그리고 그 차이는 시간이 지날수록 더 깊어진다. 더욱 이상한 것은 자녀에게는 그러한 성숙된 사회태도가 형성되지 않는다는 점이다. 그리고 나이만큼 사회적으로 적절한 말을 사용하는 데 어려워한다. 자신의 생각과 감정을 교환하기보다는 자신이 원하는 말만을 사용한다. 대화를 한다는 것은 생각할 수 없다. 물어보면 대답하고 자신이 원하는 것만 말로 요구할 뿐이다.

많은 시간이 지나고 그 동안 훌쩍 자란 아이를 보며, 부모는 적극적으로 전문가에게 상담하고 조언을 구하지 못한 것을 후회한다. 그러나 더욱 문제가 되는 것은 자녀에게 적절한 치료교육의 기회를 잃어버렸다는 것이다. 자녀에게 조금이라도 장애문제를 발견했다면, 하루 빨리 전문가를 찾아 대처하는 것이 지혜로운 것이다. 많은 아동들이 단지, 다른 또래 자폐아동에 비해 경미하다고 판단하고 교육을 지연시키는 것은 아동에게 기회를 잃게 하는 것이다.

자폐증 진단기준

전문가들이 치료교육만큼이나 어려움을 겪는 것은 자폐증 진단이다. 전문가라 하더라도 웬만한 임상적 경험이 없이 자폐증 진단을 내리기가 어렵다는 점이다. 자폐증이라고 하더라도 그 양상이 무척 다르기 때문에 임상적 경험이 없이는 자폐증으로 판단하기가 매우 까다롭기 마련이다. 그러한 이유 때문에 진단을 내린다고 하더라도 전문가마다 견해가 각각 다르다. 그러한 이유 때문에 피해를 입기도 한다.[18] 초기에 병원을 찾는 부모는 진단결과 병원마다 진단명이 각각 다르다는 사실에 당황한다. "유사 자폐증" "발달장애" "언어장애" "반응성 애착장애" "행동장애" "정서장애" 중에 두 가지 이상 겹치지 않는 진단이 없다.

18) 정신의학은 사람들이 겪는 정신건강을 위해 많은 역할을 해 왔다. 대부분 그들에 의해 정신적 장애를 극복하는 데 더 나은 발전 이룩했다. 하지만 적어도 자폐증에 관해서는 그렇지 않는 것 같다. 미국국립정신건강연구소(National Institute of Mental Health)는 연구를 통해 정신질환을 퇴치하는 것을 사명으로 삼는다. 국민의 건강을 책임지는 그들의 임무를 통해 우리는 정신질환을 보다 잘 이해하기 위해서 그리고 보다 나은 치료법을 개발하여 궁극적으로는 정신질환을 퇴치해 줄 강력한 과학적인 도구를 이용해야 할 필요가 있다고 했다(미국국립정신건강연구소의 사명 보고서, 2001). 그럼에도 불구하고, 미국소아과학회, 미국의사협회, 국립정신건강연구소, 미국정신과학협회 및 이와 유사한 주류의 의료기관들은 처음부터 자폐아동들과 그 가족들을 돕기보다는 잘못될 방향으로 인도해 왔다(Rermard Rimland, 미국자폐증학회 기조연설, 2001). 뒤늦게 출발한 한국의 경우는 어떠한가? 전문가들에 의해 전혀 다른 방법으로 잘못된 치료교육을 이끌지 않았는가? 책을 읽고 수술을 할 수 없는 것처럼, 자폐아동에 관한 지식만을 가지고 자폐증 치료교육을 할 수 없다. 설사, 자폐증을 지식적으로 알고 있다고 해서 자폐아동의 생활세계를 이해하는 것도 아니다. 자폐아동의 치료교육의 시행착오는 부모가 하는 것이 아니라, 전문가라고 하는 그들에 의해 시행착오를 거치는 것이다.

자폐증인 것 같기도 하고 아닌 것 같기도 해서 "유사 자폐증", 주의가 산만하다고 "주의결핍증", 이것저것 모두가 늦다고 "발달장애", 직장생활하는 맞벌이 어머니가 애정을 덜 주었다고 해서 "반응성 애착장애", 혼자 놀면서 이유 없이 혼자 웃거나 울었다고 "정서장애"로 진단한다. 여기에 그치지 않는다. "좀 더 기다려 봐야 안다"거나 혹은 "부모가 멀쩡한 아이를 장애로 만든다"라고 부모는 점잖은 충고를 받기도 한다.

아무튼 진단상에 오류가 많다. 그래서 자구책으로 언제부터인가 진단상 "자폐증"으로 단정하지 않고 "발달장애"로 진단하기 시작했다. 발달장애 진단은 대단한 발상이다. 발달장애는 전문가 입장에서는 진단상 오류가 없는 진단이기 때문이다. 뿐만 아니라, 부모 입장에서도 자폐증으로 진단 받는 부담감을 덜 수 있기 때문에 부모가 마음에 상처를 덜 받는 진단이다. 애초에 발달장애는 임상에 의해 내리는 진단은 아니다.

카너가 최초로 서술한 11명의 자폐아동에 대한 내용을 통해 증후의 포괄적인 양상이 소개되었다. 사실 그가 서술한 결정적인 증후들은 그 이후 의미 있게 변화되지 않고 있다. 카너가 지적한 주요한 점들은 다음과 같다(Kanner, 1943).

1. 사람들과 상호 연관을 맺지 못하고, 극단적인 자폐적 단절상태에 있다.
2. 안기기 위한 예비동작을 취하지 못한다.
3. 언어문제가 있다. 몇몇은 함묵증을, 또는 지연된 반향어를 사용하고 인칭대명사는 들은 그대로 반복하고 글을 글자 그대로 이해한다.
4. 모든 것에 대해 동일성이 유지되기를 바라는 불안하고 강박적인 욕구를 가지고 있다.
5. 자발적인 활동의 다양성에 제한이 있다.
6. 음식이나 큰 소리, 움직이는 물체 등의 외부자극에 대해 반응한다.
7. 사물에 관심을 갖고 사람에게는 그 사물의 일부분으로서 반응한다. 즉 아동이 핀에 찔리면 찌른 사람이 아니라 찔린 편에 공포의 반응을 보인다.
8. 기계적 암기 능력이 뛰어나다.
9. 신체적으로는 정상적이며, 인지적 잠재 능력이 있으며, 진지한 것처럼 보인다.
10. 모든 자폐아동은 높은 지적 수준을 가진 가정 출신이다.

카너가 사용한 기준은 처음으로 자폐증을 임상적으로 설명할 수 있는 근거가 되었다. 그러나 오늘날, 그대로 받아들여지지 않는다. 그 이후에 좀 더 체계적으로 분류할 수 있는 정신장애의 새로운 진단과 통계적 편람이 개발되었다. DSM은 여러 과정을 거쳐 수정되고 보완되었다. 그리고 미국정신의학회에서 DSM-IV와 DSM-V가 출판되었다. DSM-IV에서의 자폐성 장애 진단 기준은 발달병리적 특징을 잘 설명해 주고 있으며, 이

DSM-IV 진단 기준에 따른 행동 항목

1. 사회적 상호작용

(a) 사회적 상호작용을 위해 비언어적 행동을 사용하는 데 현저한 장애가 있다.

- □ 다른 사람의 행동이나 표정을 탐색하지 못한다.
- □ 모방을 하지 못한다.
- □ 사람을 반기지 못한다.
- □ 표정이 없다.

(b) 발달 수준에 적합한 친구 관계를 형성할 수 없다.

- □ 또래 친구에게 관심을 두지 않는다.
- □ 친구를 사귀지 못한다.
- □ 또래 친구가 다가오면 슬그머니 피한다.
- □ 자신보다 어린 아이에게 관심을 둔다.

(c) 다른 사람들과 기쁨, 관심, 성공을 나누지 못한다.

- □ 자랑하지 못한다.
- □ 다른 사람의 기쁨이나 슬픔에 느낌을 공감하지 못한다.
- □ 친구와 공동 관심을 갖지 못한다.
- □ 성취하거나 실패했을 때의 감정을 다른 사람에게 전달하지 못한다.

(d) 사회적으로나 감정적으로 서로 반응을 주고받는 상호 교류가 결여되어 있다.

- □ "빠이빠이" "싫어 싫어" 등의 간단한 몸짓을 하지 못한다.
- □ 자신이 꼭 필요할 때만 몸짓으로 의사표현을 한다.
- □ 경쟁심이나 시기하는 마음이 없다.
- □ 공격심이 없다.

2. 질적인 의사소통

(a) 구두 언어 및 비언어 발달이 지연된다.

- □ 손가락질을 하지 않는다.
- □ 말로서 요구하지 못한다.
- □ 말을 하더라도 단어로 말을 한다.
- □ "싫다" "좋다" 등의 의도를 손짓, 고갯짓이나 표정으로 전달하지 못한다.

(b) 다른 사람과 대화의 시작과 지속하는 능력의 현저한 장애가 있다.

- □ 말을 하더라도 꼭 자신이 필요한 말만을 한다.
- □ 문장으로 말을 하지만, 또래 아동과 대화를 나누지 못한다.

□ 스스로 말을 걸려고 하지 않고 말을 걸어도 무시한다.
□ 무엇을 들어도 전혀 대답하지 않는다.

(c) 상동증적이고 반복적인 언어나 괴상한 언어를 사용한다.

□ 앵무새와 같이 반복적으로 말을 따라 한다.
□ 유창하게 발음을 못하고 말할 때 억양이 없거나 억양이 이상하다.
□ 외국인이 말하듯이 토씨, 관형어 등을 잘 사용하지 못한다.
□ 자기 혼자 이해할 수 없는 말을 계속 중얼거리거나 전에 들었던 말을 한참 있다가 무의식적으로 되풀이 한다.

(d) 발달 수준에 적합한 가상적 놀이와 사회적 모방 놀이에 결여되어 있다.

□ 흉내를 내어 놀지 않는다.
□ 소꿉놀이나 인형놀이 등을 하지 않는다.
□ 가위, 바위, 보 등의 게임을 하지 않는다.
□ 장난감을 가지고 놀지 못한다.

3. 제한적이고 반복적, 상동증적 행동이나 관심 · 활동

(a) 비정상적인 상동증적이고 제한적인 관심에 집착한다.

□ 어두운 방에서도 장난감을 굴리며 뚫어지게 주시한다.
□ 몸을 앞뒤로 흔들거나 좌우로 흔든다.
□ 같은 책을 반복해서 본다.
□ 특별한 물건을 쥐고 다니는 것을 고집한다.

(b) 특이하고 비효율적인, 틀에 박힌 일이나 의식에 고집스럽게 매달린다.

□ 계단을 반복하여 오르거나 가던 길을 고집하는 것과 같이 행동이 같은 방식과 순서에 구애된다.
□ 자기가 익숙한 물건에 대해서만 계속 관심을 갖거나 항상 같은 것에 흥미를 가진다.
□ 환기통, 맨홀, 하수구, 환풍기나 선풍기, 컴퓨터 등에 지속해서 흥미를 가진다.
□ 자동차 바퀴를 좋아하거나 굴리기를 좋아하거나 자동차 번호판 보기를 좋아한다.

(c) 무의미한 동작이 오랫동안 반복되고 버릇처럼 되풀이된다.

□ 어지러운 줄 모르고 빙빙 돌기를 좋아한다.
□ 얼굴을 이상하게 찌푸리기를 잘한다.
□ 양쪽 손가락을 서로 맞추거나 두 손가락을 펼쳐 유심히 보거나 자기 손가락이나 물건을 눈앞에 대고 비비 꼬아서 보는 행동 등의 기묘한 몸짓을 반복으로 행동한다.
□ 손뼉을 치거나 손을 흔들며 논다.

(d) 대상의 부분에 지속적으로 몰두한다.

- □ 다른 사람의 신체를 만지려 한다.
- □ 어머니와 극히 밀착하면서도 감정의 교류를 찾을 수 없다.
- □ 여간해서 어머니와 떨어지지 않으려고 한다.
- □ 특정한 대상에게 집착한다.

4. 기능이 지연되거나 비정상적인 특징이 3세 이전에 시작된다.

(a) 사회적 상호작용에 장애가 있다.

- □ 아이들이 가까이 오면 피한다.
- □ 친구관계를 갖지 못하거나 주로 혼자 논다.
- □ 아는 일도 일일이 지시하지 않으면 하지 못한다.
- □ 오라고 해도 손을 내밀거나 안기려 하지 않거나 요구하는 일이 없고 얌전히 있기만을 좋아한다.

(b) 사회적인 의사소통에서 사용되는 언어를 사용하지 못한다.

- □ 질문을 하지 못한다.
- □ 질문을 하더라도 똑같은 방식으로 질문한다.
- □ 질문에 엉뚱한 대답을 한다.
- □ 자신이 필요한 말을 어머니가 하는 것처럼 말한다(예: 과자 줄까? 물 줄까?).

(c) 상징적 또는 상상적 놀이를 하지 못한다.

- □ 추상적인 그림을 그리지 못한다.
- □ 틀에 박힌 똑 같은 그림을 그린다.
- □ 상징적인 공작을 하지 못한다.
- □ 역할 놀이를 하지 못한다.

출처: 한국인지과학연구소

자폐증 진단의 문제

나이가 어리기 때문에 자폐증을 진단하지 못할 만큼 병리적 특징들이 불분명한 것은 아니다. 자폐증은 임상적으로 명확하게 설명될 수 있다. 설사 전문기관에서 진단을 받는다고 하더라도 서로 다르게 진단하는 경우가 종종 있다. 거기에는 정확한 진단이 있을 수 있으며, 반면에 불명확한 진단이 있을 수 있다. 림랜드는 그의 저서 『*Infantile Autism*』에서 임상적으로 자폐증을 보는 관점에서는 다른 이견을 가질 수 없으며, 자폐증 진단에서도 혼돈될 수 없다고 하였다(Rimland, 1964). 이것은 자폐증이 병리적으로 불분명하게 설명되는 것이 아니라, 다른 장애아동과 구분될 수 있는 명확한 병리적 특징을 가지고 있음을 의미한다. 그렇기 때문에 어린 나이라고 진단을 내리기 어려운 것은 아니다. 책에서 얻은 지식으로 진단을 내리는 것과 임상적 경험을 통해서 진단을 내리는 것은 엄연히 진단 결과가 다르다.

그럼에도 연구자들의 자폐증의 분류에 관한 논쟁이 있다. 이것은 자폐증을 분류하는 데 있어 발달병리적 관점에서 차이에 대한 학문적 논쟁일 뿐이다. 미국정신의학회(American Psychiatric Association)의 『정신장애의 진단 및 통계 편람 제4판(DSM-IV-TR)』(2000)에서 자폐장애(autistic disorder)는 전반적 발달장애(pervasive developmental disorder)에 속하며 그 유형은 아스퍼거장애, 소아기 붕괴성 장애, 레트장애, 달리 분류되지 않은 전반적 발달장애가 있다. 여기에서 주목할 것은 "달리 분류되지 않는 장애"이다. 이것은 누구에게도 좀처럼 이해되지 않는 개념이다. 좀 더 적극적으로 해석하자면 "자폐증의 특징을 가졌지만, 분류할 수 없는 장애"이다. 이쯤되면, 웬만한 임상 전문가라도 자폐증과 그 범주에 속하는 그리고 병리적 특징을 가진 아동들을 구분하는 데 자신감을 갖기란 어렵다.

그뿐 아니다. 『국제질병분류 제10판(ICD-10)』(1992)에서는 소아기 자폐증(childhood autism)이라는 진단명으로 전반적 발달장애의 하위분류로 포함되어 있으며 다음과 같이 9개의 하위분류가 있다.

- 전반적 발달장애(pervasive developmental disorders)
- 소아기 자폐증(childhood autism)
- 비전형 자폐증(atypical autism)
- 레트 증후군(Rett's syndrome)
- 기타 소아기 붕괴성 장애(other childhood disintegrative disorder)
- 정신지연 및 상동운동과 연관된 과다활동성장애(overactive disorder associated with mental retardation and stereotyped movements)
- 아스퍼거 증후군(Asperger's syndrome)
- 기타 전반적 발달장애(other pervasive developmental disorders)
- 달리 분류되지 않은 전반적 발달장애(pervasive developmental disorder, unspecified)

이 분류를 기준으로 한다면, 자폐증을 가진 아동을 진단하는 것은 애초에 불가능한 것처럼 보인다. 왜냐하면, 공통적으로 자폐증적 특징을 일부분 가지고 있기 때문이다. 물론, 많은 연구자들에 의해 분명히 발달적 차원에서 병리적 특징을 분류하고 기준을 삼았지만, 임상적인 경험이 부족한 경우 장애 유형을 구분하고 이해하기란 쉽지 않다.

예를 들어, "자폐증을 가지고 있지만, 다른 유형으로 분류되지 않는 임상적 특징"을 설명하지 못한다면, "달리 분류되지 않은 전반적 발달장애"에 관한 아무것도 알지 못하는 것이나 다름이 없다.

그래도 진단은 매우 중요하며 반드시 필요하다. 왜냐하면, 진단에 따라 치료교육이 선택되기 때문이다. 자폐증 진단에 따라 교육방향을 결정하기 때문에 잘못 진단된 경우, 부모는 전혀 다른 교육을 시킬 수 있다. 불분명한 진단은 곧 치료교육의 시행착오를 겪게 하고 그 결과 교육의 기회를 놓치게 될 수 있다. 엄밀히 말하자면, 자폐아동 치료교육의 시행착오가 부모가 아니라, 전문가들의 시행착오일 수 있다는 점이다.

DSM-IV 준거에 따른 자폐증과 관련된 장애

전반적 발달장애 분류 항목

부모의 입장에서 전문가들이 자녀에 대해 딱히, "자폐증으로 진단할 수 없다." "혹은 자폐증과 유사하다." 등으로 설명하는 것만큼 답답한 것은 없다. 자폐증을 가지고 있다고 하더라도 발달병리적으로 다른 유형으로 구분되는 아동들이 있다. 그래서 많은 전문가와 부모들은 자폐증 유무에 대해 혼란을 겪기도 한다. 하지만 이러한 병리적 유형은 자폐증 스펙트럼과 다르다. 자폐증적 특징을 포함하면서 동시에 뚜렷하게 구별되며 각각의 병명을 가지고 있다. 이들 분류된 증상들은 병리적으로 특징상 엄격히 자폐증과는 차이가 있다. 이들 자폐증과 관련한 질환은 "전반적 발달장애(pervasive developmental disorder)"라고 하며 DSM-IV(1994)에서 자폐증(autism), 소아기 붕괴성 장애(childhood disintegrative disorder), 아스퍼거 증후군(asperger syndrome), 레트 증후군(Rett syndrome) 등으로 분류된다. 이들 장애의 발달상의 주요 특징들은 사회적 상호작용과 의사소통 기술의 결함과 상동증적인 행동 및 관심, 활동 등이다.

자폐증에는 여러 가지 형태가 있기 때문에 한 가지로 모든 경우를 다 설명할 수는 없다. 예를 들어, 자폐증을 가진 아동이라고 하더라도 개인에 따라 사회적일 수도 반사회적일 수도 있으며, 자기 자신에 대해 공격적일 수도 있고 다른 사람에 대해 공격적이 될 수도 있다. 말도 전혀 하지 못하거나 몇 단어만 반복적으로 흉내 낼 수도 있고, 아주 살하기도 한다.

자폐증 진단의 어려운 점은 어떤 요인에 의해서 증상적 특징을 나타내는가를 밝히기가 어렵다는 사실이다. 왜냐하면, 자폐증과 다른 관련 장애가 동반되는 경우 나타나는 병리적 양상이 달라지기 때문이다. 이 경우, 자폐증적 특징들임에도 불구하고 자폐아동이 갖지 않는 또 다른 양상을 나타내기 때문에 전문가들과 부모들은 자폐증 진단에 많은 혼란을 겪는다.

이와 같이 자폐아동 중에 많은 아동들이 또 다른 증상과 질환을 가지는 경우가 있는데 이것을 비전형적 자폐증(atypical autism)으로 명명하고 있다. 이들 비전형적 자폐증은 자폐증의 원인에 의해 자폐적 특징을 보이는 것이 아니라 대부분 생리학적으로 뚜렷한 특징이 있다. 비전형적 자폐증으로는 프라길 X 증후군(fragile X syndrome), 랜다우-크레프너 증후군(Landau-Kleffner syndrome), 윌리엄스 증후군(Williams syndrome) 등이 있다. 이와 같이 광범위한 분류와 각각의 모호한 특징과 범주에 접하게 되면, 아무리 자폐증에 관해 임상적 경험을 가진 전문가라도 혼돈되기 마련이다. 예를 들어, 무엇이 광범위성 발달장애인지 아니면, 비전형 자폐증인지를 판단하기가 어렵게 된다.

엄격히 전반적 발달장애가 자폐증에 속하는지 또는 자폐증이 전반적 발달장애에 속하는가에 대해 명확하게 제시된 경우가 없다. 하지만 여기에 제시된 유형들이 보편적으로 자폐증을 지니고 있으면서 이와 관련된 부속 질환을 갖는다는 점에서 자폐유형으로 분류하는 것이 바람직하다. 전반적 발달장애(pervasive developmental disorders)와 관련 있는 자폐증후군을 동반하는 여러 가지 유형들을 CSA(center for the study of autism)에서는 더 포괄적으로 분류하고 있다(CSA, 1998). 이들 기준에 의해 자폐증에 따른 관련 질환을 구분하면 다음과 같이 분류된다.

자폐성 장애

이미 자세히 언급한 것과 같이 자폐성 장애의 병리적 증상은 인지, 사회, 언어 발달영역에서 다양한 특징을 나타낸다. 사회적 상호작용과 의사소통이 현저하게 비정상적이며 활동과 관심의 종류가 현저하게 제한되어 있다. 발달병리적 특징으로는 3세 이전에 사회적 상호작용, 사회적 의사소통에서 사용되는 언어, 상징적 놀이 중에서 적어도 한 가지 영역에서 기능이 지연되거나 또는 비정상적이다. 때로 1세 또는 2세에서는 비교적 정상적인 발달을 보이기는 하지만, 이 기간에 언어발달이 퇴행하거나 단어를 배운 후에 말이 중단되기도 한다. 정상적인 발달 기간이 있었다면, 3세 이후에 자폐증적 특징이 나타나지 않는다.

자폐성 장애에는 대부분 지능지수가 35~50으로 75%가 지적장애를 가지고 있다. 기능 수준이 높은 자폐성 장애아동이라고 하더라도 언어이해와 같은 수용성 언어와 어휘표현과 같은 표현성 언어가 평균 수준보다 낮다.

자폐성 장애아동은 부수적인 특징으로 과잉행동, 짧은 집중 시간, 충동성, 공격성, 자해 행동과 같은 다양한 행동을 보인다. 또한 통증에 둔감함, 소리, 또는 촉감, 냄새, 빛에 대한 과민감성, 특정 자극에 과도하게 집중하는 것과 같은 이상 반응을 보이기도 한다.

생활 습관에서도 특징적인 행동이 있을 수 있다. 예를 들어, 일부 음식만 먹는 제한적

에 대한 호기심의 발달에 있어서 임상적으로 심각한 발달 지연은 없다. 그러나 전반적 발달장애아동이 공통적으로 지니고 있는 자폐증적 특징을 나타내며, 나이와 상관없이 장애가 지속적이다. 행동범위가 제한적이고 행동이 반복적이다. 또한 성장하여도 사회적, 직업적, 또는 다른 중요한 기능 영역에서 임상적으로 심각한 장애를 갖는다.

아스퍼거장애의 부수적인 특징과 장애는 대부분 행동양식과 특징이 자폐성 장애에서 나타나는 것과 유사하다는 것이다. 이러한 이유로 많은 연구자들에 의해 자폐증과 아스퍼거를 진단상 분류하는 것이 부적절하다는 논쟁이 끊임없이 제기되었다. 어쨌든 지금까지 아스퍼거의 고유한 병리적 특징이 설명되어 왔다. 아스퍼거는 여러 가지의 비특이적인 신경학적 증상과 장애들이 나타날 수 있다. 운동 발달이 지연되며 동작이 매우 서투르다. 자폐성 장애보다 많은 아동이 늦게 발병하거나, 적어도 늦게 발견된다. 그러나 자폐성 장애아동에게 나타나는 특징을 가진다. 특정한 사물이나 대상 혹은 현상에 대해 집착하는 행동이 있다. 성장한 후에도 다른 사람과 공감하거나 사회적 상호작용을 하는 데 여전히 장애를 갖는다. 이러한 장애는 나이가 들어도 연속적인 경과를 보이며, 대부분의 경우 평생 동안 지속된다.

아스퍼거장애는 온갖 다양한 오해를 낳은 유형이다. 초기에는 유난히 산만하고 주의력이 없는 아동으로 ADHD로 잘못 알려지기도 하고 때로 경미한 자폐증으로 설명되기도 하였고, 특별히 유능한 재능을 가진 자폐증으로 이해되기도 하였다. 이들 아동들은 대부분 초기에는 문제가 있는 것 같기도 하고 때로 아무런 문제가 없는 듯 인식되었다.

달리 분류되지 않는 장애

자폐증 특징을 가진 아동이지만, 그렇다고 다른 장애를 가졌다고 볼 수 없는 독특한 분위기를 가진 아동이 있다. 이들 아동은 자폐증 양상을 보이지만, 어떤 유형으로 분류할 수 없는 장애이다. 이 범주는 전반적 발달장애로 분류되며, "달리 분류되지 않는 장애"로 명명한다. 이에 포함된 아동은 사회적 상호작용과 의사소통 기술상에 심각하고 광범위한 장애가 있거나 또는 상동증적인 행동이나 관심 및 활동을 보이지만, 특정한 전반적 발달장애의 기준에 맞지 않는 경우이다. 또는 늦게 유발하거나 비전형적인 증상이나 뚜렷하지 않는 증상, 또는 이 모든 점들이 자폐증의 진단 기준에 맞지 않는 비전형적인 자폐증도 이 범주에 포함되어 있다.[19]

19) 비전형 자폐증이라는 개념은 "자폐증상을 보이지만, 전형적인 자폐증상을 나타내지 않는 아동"이다. 자폐증 진단이 어려운 이유는 바로 개념과 분류상의 경계가 모호하기 때문이다. 만약에 정확한 진단을 내리기 위해서는 우리는 세 가지의 조건이 필요하다. 첫째는 전형적인 자폐증을 나타내는 아동을 경험해야 한다. 둘째는 자폐증상을 보이지만, 전형적인 자폐증상을 나타내지 않는 아동을 직접 경험해야 한다. 셋째는 자폐증과 비전형 자폐증을 가진 아동들의 발달정신병리 과정을 모두 알아야 한다. "자폐증"과 "비

전반적 발달장애 중에 "달리 분류되지 않는 장애"라는 모호한 진단명은 공통적인 속성을 가지고 있지만, 딱히 명명하기에는 어려운 장애의 의미를 가진다. 전반적 발달장애 범주에는 여러 진단명이 있으며, 이들 진단의 병리적 차이를 구분하기란 매우 어려운 것은 마찬가지이다. 전반적 발달장애는 "자폐증" "아스퍼거 증후군" "레트 증후군" "소아기 붕괴성 장애"와 같이 병리적으로 뚜렷한 특징을 가진다. 하지만 "달리 분류할 수 없는 유형"까지 포함되는데 이쯤되면, 아무리 경험이 많은 전문가라고 하더라도 전반적 발달장애를 진단하기란 쉽지 않다.

자폐증 진단의 일반적 오류

자폐증과 반응성 애착장애

맞벌이하는 부부가 있다. 가정의 경제에 도움이 되고자 어머니는 직장을 다니고 있었다. 바쁘게 직장생활을 하면서 자연히 아이에 대한 보살핌이 적어졌다. 아직 나이가 어리기 때문에 아줌마에게 아이의 양육을 맡겨야 했다. 오랫동안 떨어져 있어도 울지도 않았다. 그저 아이는 착하고 얌전하게 자라고 있었다. 그러던 어느 날 아이가 어머니를 잘 반기지 않는 듯하고 때로 모르는 척 하는 듯했다. 아이가 엄마에 대한 정서적 감정교류가 없어 낯설게 느껴서인가? 아니면, 워낙 직장생활에 바쁘다 보니 엄마와 마주치는 일이 없어 엄마의 얼굴을 잊은 것이 아닌가? 등의 물음을 던지며 어머니는 애절한 마음으로 아이를 안아본다.

어머니는 자녀에게 더 많은 애정을 주면 아이가 엄마와 더 깊은 정서적 교감을 갖게 되리라 생각한다. 이러한 걱정도 잠시뿐, 별 대수롭지 않게 생각했고 또 시간이 지나갔다. 하지만 어머니는 시간이 지나갈수록 자녀에게 여러 가지 문제가 있다는 것을 알게 된다. 어머니에게 관심이 없을 뿐만 아니라, 눈을 마주치지 않는다. 그리고 주로 다른 사람에게 관심을 갖지 않고 혼자서 놀기도 한다. 이러한 행동뿐만 아니라, 말을 하지 않는 것이다. 더욱 놀란 것은 혼자 중얼거린다는 점이다. 어머니는 황급히 병원을 찾게 되

전형 자폐증" 그리고 각각의 "발달정신병리 과정"을 알아야만 정확한 진단이 가능하다. 그러나 이것을 모두 갖춘 전문가는 그렇게 많지 않다. 대신 "일반아동의 발달과정"과 "자폐아동의 발달과정"을 이해하는 것만으로도 "늦된 아이" 혹은 "유사 자폐증" "반응성 애착장애" 등과 같은 진단을 내리지는 않을 것이다. 자폐증과 더불어 비전형 자폐증은 자폐증과 관련된 다양한 유형의 발달장애가 있다는 것을 보여 준다. 그런데 더 포괄적인 자폐증 분류가 생겼다. 그것이 "자폐스펙트럼"이다. 하지만 전반적 발달장애에 "달리 분류되지 않는 장애"가 포함되어 있다는 것과 그것이 비전형 자폐증을 의미한다는 점에서 자폐스펙트럼은 또 하나의 개념의 교집합이다. 비전형 자폐증과 자폐스펙트럼의 차이는 무엇인가? 누가 이 질문에 명확하게 설명할 수 있는가? 자폐스펙트럼은 진단의 분류체계가 아니라, 단지 자폐증을 이해하는 방식일 뿐이다.

었다.

오랜 상담 끝에 여러 가지 질문 문항을 기록하던 의사선생님이 "반응성 애착장애"로 진단을 내렸고 그 원인이 부모와의 충분한 애정적인 교류가 없었다는 데 있다는 것이다. 어머니의 오랜 직장생활이 아이와 충분한 사회적 관계를 갖도록 기회를 갖지 못하게 했다고 하였다. 진단을 받은 후로 어머니는 행여 자신의 이기적인 생활로 인해 아이를 비정상적인 아동으로 만들었다는 자책감을 갖게 된다. 그래서 어머니는 다니던 직장을 그만두게 되었고 가정에서 아이와 더불어 많은 생활을 하면서 더욱 아이에게 애정을 주게 되는데 아이에 대한 지극한 사랑은 아이에게 적절한 사랑을 주지 못한 데에 대한 보상이다.

처음 자녀를 데리고 전문기관을 찾았을 때, 적지 않은 아동이 반응성 애착장애로 진단을 받게 된다. 오히려 자폐증의 특징이 뚜렷하다. 그리고 진단 준거상에 반응성 애착장애와 혼돈될 만한 근거가 없다. 병리적으로 자폐증적 특징이 분명한데도 불구하고 이런 일이 왜 일어나는 것일까? 어떤 근거에 따라 진단을 내리는지에 대해 명확하지 않지만, 이 경우 전문가가 자폐증의 임상적 경험이나 지식을 가지고 있지 않을 가능성이 높다.

몇몇 전문가들이 자폐증을 반응성 애착장애로 잘못 진단하는 이유는 장애의 원인을 아동 양육의 환경과 구조 그리고 양육자와의 관계에서 찾으려고 했기 때문일 것이다. 일반적으로 반응성 애착장애는 아동이 부모와의 관계에서 실패했을 경우에 나타난다고 본다. 이때 대체적으로 정서적으로 불안하게 되고 특정 대상에게 집착한다. 반면에 대상을 외면하거나 접촉하지 않기도 한다. 자폐증을 반응성 애착장애로 진단하게 되는 근거 중에 하나가 부모와 자녀가 정서적 교감을 해야 할 결정적 시기에 정서적 교감을 경험하지 못하였기 때문으로 보기도 한다.[20] 그러나 반응성 애착장애와 자폐아동은 발달

---

20) 일반적으로 반응성 애착장애를 설명하는 내용은 다음과 같다. 반응성 애착장애는 부모의 학대나 유기 혹은 방치와 같은 부적절한 양육에 대한 반응으로서 발병한다. 어머니의 산후우울증이나, 출산 후 산모의 장기 입원, 그리고 부모가 정신지체이거나 부모로서의 양육 기술이 부족한 경우에 발생 가능성이 높다. 이외에 미숙아와 저체중아로 태어났을 경우에도 발생하며 타고난 기질로 인해 다른 사람과의 유대관계 형성의 결함에 의해서일 수도 있다. 이들 아동의 증상은 기본 생활을 수행하는 데 어려움이 있다. 신체 발달에서 체중과 키가 평균에 미달한다. 행동상의 반응으로는 다른 사람의 눈치를 보거나 기가 죽어 있는 경우가 종종 있으며, 작은 소리에도 깜짝 놀라며 불안과 긴장을 나타내기도 한다. 대체로 사회성이 결여되어 대인관계를 맺지 못하고 다른 사람에게 무관심하고 눈을 맞추지 않으며, 불러도 돌아보지 않는다. 때로 산만하며 인지와 언어발달이 뒤떨어진다.

여기서 자폐아동의 증상과 유사하게 교집합되는 공통된 특징들이 있다. 예를 들어, 다른 사람의 눈치를 보는 것, 사회성이 결여되어 있고 다른 또래 아동과 사회적 관계를 형성하지 못하는 것, 다른 사람과 눈을 맞추지 않는 것, 불러도 돌아보지 않는 것, 대체로 행동이 산만한 것, 대화할 수 있는 능력이 떨어지

병리적 특징에서 차이가 있다. 설사 유사한 특징을 보인다고 하더라도 자폐증과 반응성 애착장애의 차이를 병리적으로 구분할 수 있다. 그럼에도 자폐증과 반응성 애착장애의 진단에 혼선을 갖는 이유는 임상적 경험 때문이다. 개념적 특징만으로 진단내리는 것은 무리이다. 정확한 진단을 위해서는 반드시 발달병리학적 관점에서 다양한 아동을 경험하고 이들의 임상적 특징과 차이를 발견해야만 한다.

실제로 자폐증을 가진 부모들 중에 부부가 맞벌이 하는 경우 일반아동에 비해 정서적 교감의 기회가 적을 수 있다. 그러한 환경이 지속될 경우 아동은 정서적으로 결함을 초래하게 되고 결국에는 반응성 애착장애를 초래한다고 추측할 수 있을지는 모른다. 하지만 자폐아동은 환경으로 인해 발병된다는 어떠한 근거도 없다. 그럼에도 불구하고 종종 전문가들에 의해 지금까지 많은 자폐아동들이 반응성 애착장애로 진단된다. 그 이유가 진단의 준거에서 유사한 관찰 항목 때문일 수 있다. DSM-IV에서 제시된 반응성 애착장애의 특징은 다음과 같다.

- 대부분 사회적 관계를 시작하지 못하고, 발달적으로 적절하지 못한 방식으로 반응한다. 지나치게 억제적이고, 경계적이며, 심하게 양가적이고 상반된 반응을 나타낸다. 예를 들어, 양육자에 대해 접근, 회피가 혼합된 태도로 반응하고 안락감에 저항하고, 냉정하게 경계한다.
- 확산적인 애착이 무분별한 사교성, 적절한 선택적인 애착 능력의 결여로 드러난다. 그리고 낯선 사람에 대한 지나친 친근감을 나타내거나 반대로 사람에게 애착을 보이지 않는다.

이러한 점이 자폐증과 반응성 애착장애의 유사한 특징일 수 있지만, 병리적 특징의 차이가 확연히 다르다. 발달병리적인 측면에서 보면, 자폐아동은 정서 및 사회적 태도가 혼합된 방식으로 반응을 하지 않기 때문이다. 즉, 정서는 아무런 문제가 없는데 사회적 상호작용에 문제가 있다거나 혹은 그와 반대로 나타나지 않는다는 것이다. 또한 이것은 부모의 사회적 태도가 자폐아동의 정서에 직접적으로 영향이 미치지는 않는다는 점을 임상적으로 보여 주는 병리적 준거이다.

그렇다면 자폐증과 반응성 애착장애에서 나타나는 정서적 회피반응의 차이를 어떻게 발달병리적으로 구분할 수 있는가? 이쯤되면, 웬만한 임상적 경험이 없이는 진단상 반응성 애착장애와 자폐증을 구분하는 것이 불가능해 보인다. 반응성 애착장애아동의 경

거나 인지능력이 떨어지는 것이다. 여기에 덧붙여 어머니와 장기적으로 접촉할 수 있는 기회가 부족했다는 것이다.

우에는 선택적 애착에 결손이 있지만, 자폐아동은 강박적 애착을 보인다. 선택적 애착은 아동이 성장과정에서 겪는 경험과 관련이 있으며, 이것은 부적응으로 나타난다. 이와 달리 강박적 애착은 성장과정에서 겪는 어떠한 부적응 행동과 관련이 없이 일어나는 병리적 특징이다.

이점에 대해 DSM-IV에서는 반응성 애착장애는 전반적 발달장애아동에 부합되지 말아야 한다고 분명히 제시하고 있다. 즉, 반응성 애착장애는 "자폐성 장애"와 "기타 전반적 발달장애"와 분명히 감별 진단되어야 한다고 강조하고 있다. 만약 반응성 애착장애가 전반적 발달장애의 진단 기준에 부합되는 경우에는 "반응성 애착장애의 진단이 내려져서는 안 된다"고 진단기준을 두고 있다. 다시 말해 자폐증의 특징과 이와 비슷한 특성을 포함한다면 "반응성 애착장애로 진단할 수 없다"는 것이다.

이와 같이 반응성 애착장애아동은 자폐증과 관련된 어떠한 항목에도 관련되어 있지 말아야 함에도 불구하고 상당히 많은 수의 자폐아동들이 반응성 애착장애로 진단받는다는 것은 전문가들의 임상적 지식과 경험이 부족할 수 있다는 의미이다. 문제는 초기 유아기에 어머니와 적절한 상호작용이 없었다는 한 가지의 이유로 반응성 애착장애로 진단한다는 것이다. 이러한 오류는 임상적 진단이 아닌 개인의 추측에 불과한 것이며 전적으로 잘못된 진단이다. DSM-5에서는 "외사 및 스트레스 사건-관련장애" 범주에서 하위범주로 "반응성 애착장애"로 분류되어 있다. 즉, "반응성 애착장애"는 병리적으로 "신경발달장애"의 하위범주인 "자폐증"과 전혀 상관이 없는 "스트레스성 장애"와 관련이 있는 장애이다.

지적장애와 자폐증의 차이점

때로 전문가들 중에는 "자폐증은 지적장애를 동반한다" "지적장애가 자폐증을 규정할 수 있는 특징 중에 하나이다"라고 말한다. 이들은 대체로 지적장애를 자폐증의 발달상 고유의 특징으로 설명한다. 전문가들 중에는 병리적 판단이 상식적 견해에 미치지 못하는 경우도 종종 있다. 이들 전문가들은 외국 자료를 들먹이지만, 정작 본인의 진단적 판단은 없다. 엄밀히 되돌아 보면, 비전문적인 사람이라도 장애아동 중에 발달상 지적으로 장애를 갖지 않는 경우가 없다는 것을 잘 안다. 병리적 판단이 모호한 전문가들 때문일까? 종종 자폐증을 지적장애로 진단하는 것도 그 때문인지도 모른다.

다시 언급하자면, 대부분의 발달상에 장애를 겪는 아동들이 지적장애를 갖는다는 것은 일반적이다. 대부분의 장애아동은 당연히 지적장애를 동반한다. 그러므로 지적장애가 특정 장애로 분류되는 병리적 특징의 단서가 되는 것은 아니다. 더구나 모든 장애아동들은 지적으로 떨어질 뿐 아니라, 병리상 지적장애아동과 자폐아동이 갖는 지적문제는 차이가 없다. 그렇기 때문에 지적장애가 자폐아동의 고유한 병리적 특징이 되지 않는다. 이 문제에 대해 APA(2013)에서 DSM-5에서 자폐증과 지적장애의 병리적 특징을 명확히 구분하였다.

자폐증 장애와 지적장애의 병리적 특징은 다르다. 자폐아동과 지적장애아동 간의 인지, 언어, 사회, 행동 및 정서발달의 병리적 특징에서 현저한 차이가 있다. 자폐아동은 대부분의 발달영역에서 심각한 결함을 가지고 있는 반면에 지적장애아동은 심각한 결함을 동반하지 않는다. 예를 들어, 자폐아동은 인지, 언어, 사회발달영역에서 결함을 가지고 있기 때문에 다른 사람과 의사소통을 할 수 없거나 상호작용을 할 수 없다. 뿐만 아니라, 특별한 행동상의 결함으로 인해 자기-조절이 되지 않는다. 이에 비해 지적장애는 지능의 정도에 따라 차이가 있다고 하더라도 인지, 언어, 사회발달에 심각한 결함을 나타나지 않는다. 예를 들어, 지적장애아동은 수준이 떨어지기는 하지만, 대체적으로 말을 할 줄 알며 다른 사람들과 사회적 관계를 갖는다. 뿐만 아니라, 자신의 정서적 표현도 가능하다. 굳이 전문가가 아니더라도 그 차이를 쉽게 알 수 있다. 자폐아동과 지적장애아동은 외현상의 병리적으로 명확한 차이가 있다.

만약에 자폐아동은 지적장애를 동반한다고 가정할 경우, 병리적으로 지적장애아동과 유사한 발달적 특징을 나타내야만 한다. 예를 들어, 우리가 말하는 지적장애의 경우, 지능지수에 따라 달라지겠지만, 같은 지능지수의 두 표본 집단을 보더라도 어느 정도 말을 하거나 다른 사람과 의사소통이 가능하다. 또한 지적장애아동은 다른 사람에게 관심을 갖고 적극적으로 집단에 참여하려고 한다. 따라서 발달병리상 자폐증아동이 지적장애를 동반했다면, 자폐증적 특징을 나타내기보다는 적어도 지적장애아동처럼 언어와 사회적 태도에서 유연성을 가져야 할 것이다.

자폐증으로 인한 지적장애와 고유한 지적장애의 차이를 정확히 설명하기 위해 지적장애에 대한 정확한 개념을 확인해야 할 필요가 있다. 미국연방법률이 제시한 지적장애(mental retardation)의 개념적 정의는 다음과 같다.

> "지적장애는 아동의 교육적 수행에 부정적으로 영향을 주는 일반적 지적 기능이 의미 있게 평균 이하인 동시에 적응행동에 결함을 갖지만, 발달 기간 동안에 야기된 것이다(34 Code of Federal Regution 300.5(a))."

이 정의가 주는 의미가 무엇인가? 지적장애아동들은 일반아동과 지적 수준이 떨어지기는 하지만, 지능의 발달 수준에 따라 자신의 능력을 발현하는 정도가 다르다는 것이다. 예를 들어, 지능이 아주 낮은 아동은 그 만큼 자신의 수행 능력이 떨어질 것이고 지능이 높은 아동은 보다 나은 수행 능력을 보이며 또한 지적장애아동은 지능의 수준에 따라 사회적응 능력이나 학습 수행 능력에 차이가 나타난다. 지적장애는 Wechsler 아동용 지능검사(WISC-R)로 다음과 같은 범위에서 측정된 지능점수와 적응행동의 측정에서 평균 이하의 수행으로 조작적으로 정의되었다(Gage & Berliner, 1991).

- 교육 가능 지적장애 IQ 55~69
- 훈련 가능 지적장애 IQ 40~54
- 중증에서 최중증 지적장애 IQ 39 이하

그렇다면 자폐아동에게 지적장애가 있다는 것은 무엇을 의미하는 것일까? 그리고 지적장애아동의 지능과 자폐아동의 지능의 병리적 차이는 무엇인가? 또한 지능이 발달상 자폐증을 결정하는 특징적인 요소가 될 수 있을까? 몇몇 연구자들은 자폐아동이 지적장애를 동반한다고 설명하고 있지만, 중요한 사실은 지적장애가 병리적으로 자폐증적 특징과 어떻게 구분되는지의 여부이다.

대부분의 발달상에 나타나는 장애에는 공통적으로 지능이 뒤떨어진다고 볼 때 지능이 자폐증 특징을 구분하는 요소가 아니다. 그러한 점에서 본래 지적장애아동과 자폐아동의 지능은 병리적으로 다른 것이다. 발달상에 장애아동 중에 지적장애를 동반하지 않는 아동은 없다. 자폐아동만이 지능적으로 떨어지는 것은 아니다.

자폐증은 지적장애를 동반하는 근거가 "지능검사"에 따른 것이지만, IQ가 뒤떨어진 지적장애아동에게 고유의 자폐증적 특징이 발견될 수 없다. 설사, 지능검사에서 특징적인 차이가 있다면, 지적장애아동들은 지능검사의 동작 및 언어 영역에서 평균적으로 점수가 낮지만, 자폐아동은 동작성 검사에서 평균 이상의 뛰어난 점수를 나타내는 반면에 언어성 검사에서는 월등히 떨어진다. 즉, 지적장애아동은 개인내 차가 크게 나타나지 않지만, 자폐아동은 개인내 차가 크다는 것이다.

결론적으로 "자폐아동에게 지적장애를 동반한다."와 "자폐아동이 지적장애아동이다."[21]는 의미는 전혀 다르다. 그리고 자폐아동이 지적장애를 동반한다는 것이 새로운

21) 미국지적발달장애학회(American Association on Intellectual and Developmental Disabilities; AAIDD)에서 지적장애를 명명하였다. 하지만 본래 지적장애아동과 자폐아동의 발달병리적 특성은 전혀 다르다. 그럼에도 불구하고 자폐증을 지적장애로 진단하게 되는데 그 이유는 지능검사에 따른 IQ 점수를 기준으로 분류하기 때문이다. 그러나 발달병리적 관점에서 볼 때 자폐증과 지적장애의 특성은 뚜렷하게 구분되기 때문에 자폐증을 지적장애로 진단내릴 수 없다. 이렇게 진단상의 오류를 범하게 되는 원인은 몇몇 연구자들에 의해 자폐아동이 지적장애를 가지고 있다고 단정했기 때문이다(Gillberg, 1984). 낮은 지능은 발달장애아동에게 보편적으로 존재하다. 그렇기 때문에 지적장애는 일반적으로 발달상의 장애가 있는 아동에게 모두 해당되기 때문에 굳이 자폐아동에게 지적장애가 있는 것을 특별히 분류하는 데 준거가 될 수 없다. 지적장애의 특징적인 관점에서 이해하기보다는 IQ 점수가 자폐아동의 발달에 미치는

사실이나 발견도 아니며 더구나 지능이 자폐증의 병리적 요인도 아니다. DSM-5에서는 지적장애와 자폐증을 교집합처럼 상호관련이 있다는 것을 배재하고 신경발달장애의 하위분류에서 "지적장애"와 "자폐증"을 분류하였다.

정신병과 자폐증

먼저 결론을 말하자면 자폐증은 정신병이 아니다. 이미 많은 연구를 통해 자폐증이 분명히 정신병과 다르다는 것이 밝혀졌다. 과거에는 몇몇 사람들은 자폐증을 정신병의 일종으로 생각했다. 그러나 지금은 병리적으로 자폐증과 정신병이 다르다는 사실이 검증되면서 자폐증의 치료교육의 방향이 달라졌다. 오늘날, 자폐증은 하나의 인지장애로 보는 경향이 지배적이다.

초기 연구에서 아동기에도 정신분열증이 발병한다는 것을 발견한 것은 Kraepelin과 Bleuler(1919)이다. 그들은 초기에 아동 정신분열증의 성질을 규정지으려고 시도하였다. 그러나 아동 정신분열증으로 분류되는 아동들이 각각의 임상적 특징이 달랐다. 그래서 정신분열증의 하위집단과 증후군으로 분류하였다. 이들 아동들은 성인에게서 나타나는 정신분열증상과 같은 특성을 보였다. 아동기와 성인기에 나타나는 정신분열증상의 특성의 차이가 있지만, 이것은 성장과정에서 획득한 다양한 문화적 특성에 따라 나타나는 차이였다.

아동기의 정신분열증과 관련지어 초기에 자폐증을 아동기 정신병으로 보려고 했던 이유는 몇 가지의 정신분열증에서 나타나는 특징과 유사하기 때문이었다. 즉, 혼자 알 수 없는 말로 중얼거리는 것, 혹은 혼자 웃다가 우는 것, 무엇엔가 몰입하는 것, 다른 사람을 의식하지 않고 행동하는 것 등이다. 이러한 행동이 초기에 정신병의 유형으로 인식되었다. 그러나 자폐증과 정신병의 병리적 특징은 확연히 차이가 있다. 정신병의 병리적 특징은 다음과 같다.

- 환각 및 환청: 현실적으로 대상이 없지만, 실제로 특정 대상을 보는 것으로 인식하는 환각과 들리지 않는 소리를 실제로 들리는 것으로 인식되는 환청이 있다.
- 망상: 현실과 전혀 부합되지 않는 일들에 대해서 생각하는 망상은 정신분열의 주요 증상이다.
- 언어와해: 사실적이고 논리적이지 못한 말을 하는데 이것은 사고의 불일치를 보여

영향에 관해 설명하는 것이 바람직하다. 왜냐하면, IQ 점수가 높은 아동이 그렇지 않는 아동에 비해 교육 가능성과 예후가 더 낫기 때문이다. 그러나 IQ 점수가 자폐증의 장애를 극복하는 데 영향을 미치는 것도 아니며, 더구나 더 나은 일상적 능력을 가능하게 하는 것도 아니라는 점이다. 자폐증으로 인한 장애를 극복하는 데 특별히 인지발달의 결함의 회복이 요구된다.

준다.

- 행동와해 및 긴장형 행동: 충동적인 행동과 현재 상황과 부합되지 않는 행동을 나타내는 행동와해와 과도하게 활동을 하거나 행동이 감소되면서 마치 신체가 뻣뻣하게 굳어 있는 듯한 자세를 나타내는 긴장형 행동이 있다.
- 음성 증상: 특정한 목적 없이 비정상적인 정서를 보이거나 말을 한다.

그러나 Kanner가 아동 정신병과 자폐증을 별도로 구분해야 한다고 주장하고 그 이유에 대한 근거로 자폐증이 정신병과 다른 점에 대해 다음과 같은 주요 특성을 설명하였다(Eisenberg & Kanner, 1956).

첫째, 자폐증은 18~20개월까지 정상발달을 보이기도 하지만, 이 아동들은 대부분 그 이전에 장애 특성을 나타낸다. 이에 반해 정신병은 정신과적인 문제가 나타나기 전까지는 정상적인 발달 과정을 나타낸다.

둘째, 자폐증으로 진단된 아동들을 대상으로 한 추적 연구에 의하면 자폐아동들은 정신병에서 일반적으로 나타나는 환각을 보이지 않는다.

셋째, 정신병을 가진 아동의 가계와 달리 자폐아동의 가계에는 정신병의 병력이 거의 없었다.

넷째, 소아기 정신병은 대부분 성장하여 성인이 되었어도 정신분열 증상이 계속 이어지며 증상이 호전되다가도 다시 재발되지만, 자폐아동의 경우에는 증상이 호전되다가 성인기에서 재발되는 경우는 없다.

다섯째, 소아기의 정신병은 언어장애가 동반되지 않으며 말은 잘 하지만, 자폐아동의 경우 언어장애가 동반된다.

여섯째, 상황과 부합되지 않지만, 정신병은 정서적 표현에 있어서도 대체적으로 자연스러운 성향을 나타낸다. 반면에 자폐증에서는 정서발달에 심각한 결함이 있다.

자폐증으로 인한 여러 가지 특징적인 행동들은 정신병의 증상에서 오는 것보다는 인지 결손에 의한 것으로 보고 있다. 많은 심리학자들도 이 점에 대해 연구를 진행해 왔다. 자폐아동이 정신병에서 나타나는 유사한 병리적 특징으로서 "혼자 웃거나 우는 것" 같은 비정상적인 음성 증상, "충동적인 행동이나 기이한 행동"과 같은 와해행동, "이상한 말로 중얼거리는 것 혹은 무엇을 생각하듯 몰입하는 것"과 같은 환청과 환상이 일어나는 이유에 대해 설명하려고 하였다. 실제로 이러한 행동상의 특징은 정신병과 다른 자폐증의 병리적 특징으로 설명되었다.

자기 몰입의 원인에 대해 심리학자들은 인지영역에서 "선택적 주의"라는 용어에 초점을 맞추었다. 선택적 주의는 인지활동의 한 요소로 사고활동에 중요한 부분을 차지하고 있다.[22] 세계에는 많은 정보들로 가득 찼다. 소리, 빛, 냄새, 운동, 변화, 기호, 현상 등과 같은 수많은 정보가 동시에 우리들에게 몰려온다. 우리는 감각지각이라는 정보 감지인식이 있기 때문에 이들 정보들을 지각할 수 있다.

그런데 만약 수많은 감각 정보를 한꺼번에 받아들이고 지각한다면 우리의 인식체계는 정리가 되지 않는 정보들로 혼잡되어 있을 것이고 동시에 우리의 정신체계는 대 혼란이 올 것이다. 이러한 혼란을 자폐아동이 겪는다. 자폐아동은 이전에 경험했던 것들에 대한 정보가 혼재되어 자극하게 되고 그 중에 가장 강한 자극정보에 반응한다.

그래서 자폐아동은 어떤 일에 집중하다가도 다양한 감각정보 중에 자극 정도가 높은 정보에 반응하기도 한다. 예를 들어, 자폐아동이 갑자기 웃거나 혹은 갑자기 우는 행동, 이유 없이 행동이 충동적이거나 허공에 무엇인가를 손으로 휘젓는 행동 등이 있다. 현재 일어나는 감각정보에 주의를 두지 못하는 것은 선택적 주의 결손에 의한 것이다.

자폐증과 아스퍼거 증후군

자폐증 양상을 보이는데도 불구하고 자폐증으로 단정할 수 없는 경우가 또 하나 있다. 이들 아동을 아스퍼거 증후군이라 한다. 자녀가 가정에서는 가족들과 유대관계에 아무런 문제가 없는 아이가 유치원에서 또래 친구들과 잘 어울리지 못하고 주로 혼자서 잘 논다. 가정에서 가족들과 말로써 자신의 의사 표현은 잘 하는 데 비해, 또래 아동과 대화로 상호작용이 잘 형성되지 않는다. 집에서는 가족들과 유대관계에 별 문제가 없지만, 유치원에서 사회적 관계가 형성되지 못한다. 그리고 일반아동과 비교해 볼 때 전반적으로 발달이 지체되어 있다. 이에 대해 어머니는 자녀에 대해 모호한 결론을 내린다.

---

22) 여기서 자폐아동의 행동을 이해하는 데 복잡해지기 시작한다. 자폐아동이 "무의미하게 지속해서 웃거나 혹은 중얼거리는 것" 등은 어떤 욕구가 지속되는 것을 의미한다. 무엇에 관한 생각이나 연상되는 것들에 대한 집착이 오래가는 것이다. 이 전에 감각적 자극에 대해 지속적으로 반복하여 반응이 자극에 대한 지각화에 결함으로 설명되었다. 감각이 지각화되지 않았다는 점에서는 지속해서 웃거나 중얼거리는 등의 행동상 특징은 각성과 관련이 있다. 그러나 각성은 순수한 감각적인 반응에 대한 지각화인 반면에 주의는 의식에 대한 지각의 활성화이다. 웃거나 중얼거리는 것 등은 무엇에 관한 의식이 반복적이고 지속해서 일어나는 것으로 주의에 관련이 있다. 주의는 의식에 관여하기 때문이다. 자폐아동은 동시에 의식하는 경향이 있다. 예를 들어, 현재 자신이 어떤 상황에 처해 있다는 것을 의식하지만, 한편으로 자신의 내면에서 지각되는 것들을 의식한다. 이때 자폐아동은 무엇을 선택하여 의식하는지에 따라 행동양식이 달라진다. 즉, 상황을 의식하기보다는 내면에서 일어나는 지각에 대해 더 많은 주의를 두게 되면, 아동은 지속해서 중얼거리거나, 웃는 등의 행동이 일어날 것이다. 반면에 현재 상황에 대해 주의를 두게 될 때 아동은 중얼거림과 웃는 행동을 중단할 것이다. 자폐아동의 이상행동들 중에 많은 것들이 "선택적 주의"와 깊은 관련이 있다.

"못하면서도 어떤 경우는 잘한다."
"잘하면서도 어떤 경우에는 못한다."
"아주 못하는 것은 아니다."

부모의 입장에서 아이는 말을 잘 하는 것은 아니지만, 가정에서는 대체로 의사소통에 큰 불편이 없었던 것이었다. 또한 대체로 가족과 잘 어울리고 부모의 요구와 지시에 따라 가정 내에서 심부름을 한다든가 특별한 지시에 잘 따른다. 그래서 부모의 입장에서 본다면, 또래 아동에 비해 부족한 점이 있지만, 그것은 단지, "늦된 아이"일 뿐이다. 시간이 지나면, 우려는 없어질 것으로 생각한다. 하지만 결국 자녀가 나이가 들어서야 무엇인가 이상한 점을 느낀 부모는 급히 병원을 찾게 되고 그리고 상담 결과 "아스퍼거"로 진단이 내려졌다.

자폐증과 아스퍼거 증후군을 구별하는 데 어려움을 겪는 것은 부모뿐만 아니라 전문가들도 진단상 많은 어려움을 겪는다. 그 이유는 자폐증과 아스퍼거의 특징이 상호 교접하는 부분들이 많기 때문이다. 따라서 직접 자폐증과 아스퍼거 증후군에 관한 임상적 경험이 없을 경우, 전문가라도 혼돈하거나 잘못 진단하는 경우가 있다.

아스퍼거 증후군은 1943년 카너 박사에 의해 "자폐증후군"이라는 정식 정신의학 개념을 사용하던 다음 해인 1944년에 같은 증후를 가지고 연구하던 동일의 정신과 의사인 한스 아스퍼거에 의해 발표되었던 정신의학 명칭이다. 그동안 자폐증과 아스퍼거의 차이에 대해 많은 논란이 있었고 얼마 전까지만 해도 "자폐증"과 "아스퍼거 증후군"은 별개의 개념으로 사용하여 왔다. 그러다가 1994년 미국정신의학회에서 발간한 정신장애의 진단 및 통계편람인 DSM-IV에서 "아스퍼거 증후군"을 자폐증과 함께 정식으로 전반적 발달장애의 한 분류로 결정하였다.

당시 정신의학자인 아스퍼거는 자폐증적 증상을 가진 아동들 가운데 특별한 차이를 보이는 아동들을 발견하였다. 그것은 일반 자폐아동에 비해 대체적으로 말을 잘 사용한다는 것이다. 그리고 어느 정도 사회적 상호작용이 가능하였다. 물론 서툴기는 하지만, 자신의 요구에 따라 말을 적절히 사용한다. 기억에 특별한 능력을 보이기도 하였다. 아스퍼거 증후군을 구별하는 특징은 다음과 같다.

- 전반적으로 자폐적 특징을 가지고 있으나, 지능 점수가 전체적으로 분산되어 있고, 언어 능력이 보통 점수 이상을 나타난다. 즉, 임상적으로 심각한 전반적인 언어발달의 지연이 없다.
- 전반적으로 자폐적 특징을 가지고 있으나, 소아기에 인지발달이나 나이에 맞는 자기 보호기술 및 적응행동의 발달을 보이고 환경에 대한 호기심의 발달에서 임상적

으로 심각한 지연은 없다.

이러한 특징 때문에 아스퍼거 증후군은 발달병리적으로 자폐증과 함께 전반적 발달장애에 포함되지만, 몇몇 전문가들이나 많은 부모들이 "반응성 애착장애" 또는 "발달장애" "행동장애" "지적장애"로 오진하기도 한다. 심지어는 "늦된 아이"로 보는 경우도 종종 있는데 이 모두는 결과적으로 임상적 이해와 경험이 부족하기 때문이다.

아스퍼거장애아동은 가족 또는 또래 아동과의 의미 있는 대화를 하는 데는 실패하며 대체로 사고 능력이 떨어지고 다른 사람의 마음을 탐색하거나 타인의 입장에서 생각하는 것 또는 유치원에서 교사가 들려주는 이야기를 듣고 이해하기가 어렵다. 반복되는 학습을 통해 학습지의 질문내용을 파악할 수 있겠지만, 이해를 요구하는 문제에서는 답을 찾는 데 실패한다. 따라서 수학에서 더하기, 빼기, 나누기, 곱하기를 잘 하지만, 간단한 문장으로 구성된 응용문제를 풀지 못한다. 뿐만 아니라, 국어에서 읽고 쓰는 것은 문제가 되지 않지만, 이해하는 데 어려움을 겪는다. 또한 부분적으로 문장을 읽고도 질문에 답을 잘 찾아내지만, 실제로 이해를 하고 답을 쓰는 것이 아니다. 이들 아동의 발달상의 핵심은 자폐증적 특징을 가지고 있다는 점이다. 많은 학자들은 아스퍼거장애를 자폐증의 한 유형으로 보거나 아예 자폐증으로 단정하고 있는 것은 그 이유 때문이다.

많은 연구자들은 아스퍼거 증후군을 특별히 구별하려고 하지 않는다. 과거에 "경미한 자폐증"쯤으로 취급받았던 아스퍼거 증후군은 병리적으로 분명히 자폐증에 속해 있었기 때문이다. 그래서 자폐증보다는 아스퍼거 증후군이 더 좋은 교육의 결과를 얻을 수 있다고 믿었고 예후에 대해서도 낙관적이었지만, 결국은 자폐증의 발달적 특징에서 크게 벗어나지 못했다. DSM-5에서는 신경발달차원에서 아스퍼거 증후군은 자폐증의 한 분류에 속한다고 단정하였고 진단명에서 제외시켰다. 즉, 병리학상 아스퍼거 증후군은 존재하지 않는 것이다.[23)]

---

23) DSM-5에서는 자폐증, 아스퍼거 증후군, 비전형적 자폐증이라고 개별 분류하지 않고 자폐스펙트럼(ASD)이라는 하나의 진단명으로 통합시켰다. 아스퍼거 증후군 아동들은 독특한 정보를 포함한 지식 수준이 높은 반면 사회성은 떨어지기 때문이다. 그러나 아스퍼거 증후군은 발달병리적으로 전형적인 자폐증과 같은 분류에 속한다.

더불어 "사회적 소통장애"를 가진 비전형 전반적 발달장애아동은 대인관계가 서툴고 남의 얼굴 표정 및 몸 동작의 의미를 읽지 못한다. 이러한 특징 또한 발달병리적으로 자폐증과 같은 분류에 속하게 된다. 병리적 특징상 아스퍼거 증후군과 비전형 전반적 발달장애는 비슷한 특징적 증상이 보이기 때문에 오랫동안 진단상 혼란을 초래하기도 했다. DSM-5에서는 이와 같이 지금까지 진단법이 부정확했고 자폐증은 공통된 행동 이상으로 정의되기 때문에 중증도로 구별해야 한다는 점을 피력했다. 특히 "환자 한 명을 두고 의사들이 다른 진단명을 내릴 뿐만 아니라 같은 증상을 보여도 진단명이 바뀌는 경우가 많다"고 지적했다. 이것이 DSM-5에서 진단명을 하나로 통일한 이유이다.

진단의 오류를 비껴가기

발달장애: 책임지지 않는 진단

"우리 아이가 왜 이렇게 장애가 많아요?"

대부분 부모들은 자녀를 진단 받으면서 던지는 물음이다. 초기에 자폐증으로 진단내리기 이전에 수없이 다른 장애로 진단을 받기 때문이다. 가는 곳마다 진단이 다르다. 부모는 자녀에게 왜 이렇게 여러 가지 장애를 가지는지 의아해 한다. 장애 앞에 수식어로 붙는 모든 것은 장애의 종류가 된다. 대부분 자폐증을 "언어장애" "행동장애" "정서장애" "사회성장애" "운동장애" "감각장애" 등으로 명명하거나 분류되는 것이 그 때문이다. 이러한 문제들을 빨리 감지한 전문가들은 그럴 듯한 진단을 선택하였다. "발달상에 장애가 있는 아동"으로 간주하고 이들 아동들을 "발달장애"라고 명명하기 시작했다.

발달장애(developmental disability)는 통념상 정신과 신체발달이 적정 나이 수준에 이르지 못한 장애를 말한다. 자폐아동 중에 많은 아동들이 발달장애로 진단 받는 경우가 있으며, 근래에는 통념상 자폐아동을 발달장애 범주로 인식하는 경향이 있다. 이 개념들은 언제부터인가 통념상 발달장애는 취학 이전에 나타나는 장애로 여겨졌고 이것은 부모와 교사 그리고 전문가들에게도 자연스럽게 아동의 장애를 이해하는 용어가 되었다. 그런데 발달장애와 자폐증의 개념에 갈등이 생겼다. 자폐증과 발달장애의 이해에 관한 문제이다.

종종 자폐증 진단을 내린 후에 전문가가 부모와 심하게 언쟁을 한 사례도 있다. 이전까지 자녀가 발달장애였는데 갑자기 자폐증이 된 것이다. 전혀 뜻밖의 진단을 받은 부모는 충격적이고 당혹스러웠을 것이다. 흥분한 나머지 부모 중에 자폐증으로 진단을 내린 이유에 대해 근거를 트집 잡는 경우도 종종 있다. 마치 부당하게 정신적 피해를 입었다고 생각하고 오랫동안 전문가에 대해 적개심을 갖는 경우도 있다. 들려오는 이런 저런 사례를 들을 때마다 자폐증의 진단이 부모에게 심리적으로 받아들이기가 얼마나 힘든 것임을 알 수 있다. 전문가가 내리는 자폐증 진단은 부모에게 심리적으로 거북하고 부담스러운 것이며, 가족에게는 혹독한 것이다. 자폐증으로 단정짓고 싶지 않은 부모는 때로 진단 여부의 명확성 때문에 전문가와 갈등을 겪는 경우가 종종 있다. 전문가들 중에서도 임상적 경험이 부족할 경우 자폐증 진단에 혼란이 생길 수밖에 없다. 어쨌든 자폐증은 전문가들도 꺼려하는 진단이라는 점이다.

DSM-5 개정판에서는 ASD에 충족되는 기준도 엄격해졌다. 기존에는 아동이 12개 행동 중 6개 이상 해당되면 자폐증으로 진단했다면, DSM-5에서는 항목별 일정 기준을 충족시켜야 하는 것으로 다소 까다로워졌다.

전문가라고 하더라도 여러 저서를 통해 얻은 지식만으로 발달병리상 “자폐증”인 이유에 대해 설명하기가 어렵다. 오히려 자폐증은 여러 가지 장애를 동반하는 것 같다. 그래서 전문가들 중에 “자폐증은 열 명이면 열 명 모두 다르다.”라고 말하기도 한다. 많은 연구자들의 결과에서도 별반 생각이 다르지 않는 것 같다. 그래서 병리학적으로 근거가 없을 뿐만 아니라 출처가 불분명한 진단으로 “유사 자폐증”이라고 불리기도 한다.

진단이 무엇이든 간에 부모의 입장에서 부담스러운 것이며, 더구나 자폐증 진단에 대한 부모의 불만도 만만치 않다. 쉽게 자녀의 문제를 받아들이지 못하는 부모는 전문가에게 저항을 한다. 그러한 이유 때문에 전문가들은 자폐증이 사실이라고 하더라도 심리적으로 부모에게 직접적으로 자폐증의 진단 결과를 설명하는 것을 주저하고 꺼려한다. 물론 전문가가 부모의 심리적 불안과 감정을 고려하기 때문이기도 하지만, 자폐증이라는 진단이 전문가들의 처지를 여간 어렵게 만드는 것이 아니다. 전문가들에게 주어진 심리적 부담감 때문에 진단을 유보하는 경향이 많다. 전문가들이 자폐증이라고 진단을 내리기보다는 “발달장애”라고 진단을 내리는 이유가 그 때문인지도 모른다.

부모들도 “자폐증”으로 단정하기보다는 발달이 지연되는 아동으로 보려는 경향이 있다. 일반적으로 발달장애란 취학 전에 나타난 모든 장애증상을 포함하고 있다. “발달장애”는 진단상에 오류가 없는 진단이다. 그래서 언제부터인가 “자폐증” 대신에 “발달장애”로 진단되기 시작했다. 하지만 “발달장애”는 진단상 오류를 범할 수 없는 진단이라는 점에서 아무도 책임지지 않는 진단이다.

그 때문에 발달장애는 진단명에서 퇴출되었다. 우리나라 보건복지부에서 2010년도 장애등급심사제도 지침에서 “발달장애”로 진단하지 않는다(보건복지부가족부 고시 제 2009-227호). 대신에 “발달장애”를 “자폐성 장애”로 진단하도록 규정한다. 따라서 진단등급을 규정할 때 반드시 “자폐성 장애”로 명명해야 한다. 이러한 결정의 배경에는 여러 가지 이유가 있겠지만, 이 결정이 다행스러운 것은 모호한 진단보다도 명확한 진단이 치료교육의 방향을 결정하기 때문이다.

발달병리적 입장에서도 임상적으로 “발달장애”라고 딱히 진단할 수 있는 규준과 검사도구는 없다. 발달장애와 명칭이 비슷하지만, 병리적 진단이 전혀 다른 기순이 있다. 이것이 “전반적 발달장애”이다. 미국정신의학회의 DSM-IV와 국제보건기구의 ICD-10이 있다. DSM-IV에서는 전반적 발달장애로 분류하고 구체적인 진단을 “자폐성 장애” “아스퍼거 증후군” “레트 증후군” “소아기 붕괴성 장애” “비정형장애”로 구분하고 있다. 그러나 ICD-10에서는 소아기 자폐증, 레트 증후군, 소아기 붕괴성 장애, 아스퍼거 증후군, 전반적 발달장애 및 특정 불능으로 분류하고 있다.

그런데 문제는 ICD-10에서 “전반적 발달장애 및 특정불능”이라고 하는 진단명이다.

이것이 문제가 되는 이유는 "무어라고 단정할 수 없는 전반적 발달장애아동"이라는 의미를 부각시키기 때문이다. 그리고 이 진단은 전반적 발달장애의 일반적 기술에는 맞지만, 장애에 대한 정보가 충분하지 않거나, 또는 서로 상반되는 임상적인 소견을 보여서 어떤 다른 진단기준을 충족시킬 수 없는 장애에 적용하는 산류성의 진단기준이다.

발달병리학적 입장에서 발달지연의 발달영속성과 불영속성과 발달경로에 관한 특징들을 설명할 수 없다면, 발달지연은 정확한 진단이 아니다. 발달지연은 발달영속성에 속해 있으며 발달경로상 외부적 환경에 영향을 받지 않는다. 그리고 발달지연의 특징들이 성인기까지 지속되지 않는다. 그렇기 때문에 시간이 지나면 자연히 아동의 발달상의 문제가 해결될 수 있다. 그럼에도 불구하고 개념화되어 있지 않는 발달장애가 진단명으로 통용되었다. DSM-5에서는 그러한 모호한 진단개념들을 전혀 고려하지 않는다. 또한 "전반적 발달장애"를 발달상의 신경학적 장애로 구분하고 "신경발달장애"로 규정하였다. 이것은 성장과정으로 발달상의 장애로 이해하는 것이 아니라 병리적으로 신경발달상의 장애로 이해하려는 것이다.

경계선 장애: 경계가 모호한 진단

병리적으로 자폐증적 특징이 분명한데도 불구하고 임상적인 경험이 적은 지식전문가들이 장애의 특징을 무엇으로도 설명할 수 없었다. 그래서 병리학적으로 근거가 없고 출처가 불분명한 개념을 인용해 자구책으로 내리는 진단이 있다. 그 진단은 몇 가지 불분명한 진단명과 뒤섞여 혼용된 경우가 있다. 그것이 "경계선 장애"와 "유사 자폐증"이다.

어느 날, 어머니는 자녀가 "유사 자폐증"이라는 말을 듣는다. 어떤 이는 "경계선 장애"라고 한다. "유사 자폐증"이라는 진단명은 불분명한 개념이다. 유사 자폐증은 병리적으로 진단명이 명확하지 않다. 그래도 부모들이 종종 전문기관에서 진단을 받거나 상담을 받을 때 듣는 진단이다. 유사 자폐증의 진단은 아무래도 수상하다. 자폐증인 것 같기도 하고 아닌 것 같기도 한 진단이다. 그것은 또 다른 의미에서 "자폐증인지를 잘 모르겠다."는 뜻이다. 더 엄밀히 말하자면, 자폐증적 증상이 약간이라도 나타날 경우에 유사 자폐증으로 명명할 수 있다는 것이다. 자폐증과 유사 자폐증의 차이를 설명하는 이가 없다. 만약에 자폐증을 유사 자폐증이라고 진단한 경우, 전문가는 자폐증에 관한 깊은 지식이나 임상적 경험을 갖고 있지 못할 가능성이 있다. "경계선 장애"는 유사 자폐증과 조금도 달라지지 않는 용어이다.

"자폐증"과 "유사 자폐증" 그리고 "경계선 장애"라는 진단과 용어에 부모는 머리가 먹먹해질 뿐이다. 자폐증이라고 단정짓지 말자는 의도가 숨겨져 있기도 하고 자폐증이라고 단정할 만한 핵심적인 요인을 모르는 것 같기도 하다. 어쨌든 자폐증을 두고서도 왜 이렇게 다양한 개념으로 통용되는지에 관한 의문을 가질 수밖에 없다. 굳이 "유사 자폐증" "경계선 장애"와 같이 자폐증을 보다 포괄적으로 범주화시킬 경우, 오히려 자폐증의 진단에서도 많은 오류를 범할 가능성이 높다.

"유사 자폐증"의 임상적 견해는 자폐증과 유사한 양상을 나타낸다는 것이다. 굳이 설명하자면, "무엇으로 딱히 설명할 수 없지만, 자폐증인 것 같은 아동"이다. 그만큼 자폐증은 진단상 구분하기란 불분명하다. 이에 대안으로 자폐아동 혹은 자폐증으로 단정하기보다는 발달상 자폐증 범주에 속하는 증상이나 아동으로 보고자 하는 노력이다. 유사 자폐증을 굳이 자의적인 해석을 한다면, "자폐증 양상을 나타내는 여러 가지 장애" 혹은 "자폐증에 속하는 여러 장애"일 것이다.

이러한 진단상 개념의 혼란은 "특정 장애" 혹은 "진단에 속함"과 같이 범주적 진단을 내리는 데에서 시작한 것이다. 이러한 점에서 DSM-5에서는 차원적 진단을 선택함으로써 "관련이 있는 장애" 혹은 "유형을 가진 장애"로 진단의 개념을 재정비하였다. 따라서 모호한 진단으로 통용되었던 "유사 자폐" "경계선 장애"는 범주적 진단의 개념으로 만들어진 통념상의 명명이다. 그러나 자폐증을 APA에서 차원적 진단으로 설명하게 됨으로써 자폐스펙트럼(ASD)으로 진단개념을 명확히 함으로써 사라졌다.

자폐증 진단의 변화

진단의 재정립

다시 되돌아보면, 진단으로 인해 자폐아동을 이해하는 데 혼란이 있었다. 예를 들어, 자폐증은 지적장애를 동반한다는 것은 임상적 이해의 혼란이 아니라, 상식의 부재이다. 왜냐하면, 발달상에 장애를 갖는 아동 대부분이 지적으로 평균 이하 수준에 머문다는 것은 누구나 알고 있는 상식이기 때문이다. 따라서 굳이 자폐아동이 지적장애를 동반한다고 특징적 정의를 내릴 이유는 없는 것이다.

뿐만 아니라, 더욱 혼란을 가져온 진단은 "유사 자폐증"과 같이 추측만으로 내리거나 혹은 출처가 불분명한 "경계선 장애"와 같은 방식의 진단이다. 더 나아가 병리적 경계를 넘어 자폐증을 "반응성 애착장애"로 진단을 내리기도 했다. 이들 대부분의 진단은 자폐증에 관한 임상적 지식과 경험이 없는 전문가들에 의해 내려졌다. 심지어는 여러 장애를 가진 자폐증을 "중복장애"라고 하기도 하였다. 더구나 전문가들 사이에 아직 정의되지 않는 개념으로 자폐증을 통념상 "발달장애"에 포함시키기도 하였다.

자폐증에 관한 진단의 모호성과 혼란은 자폐아동이 여러 장애적 특징 때문이다. 대부분 자폐아동은 진단상 딱히 특정한 증상이 특정한 장애아동에게만 나타나는 것이 아니다. 자폐아동의 장애적 특징은 마치 교집합처럼 여러 장애적 특징을 공유하고 있다. 따라서 특정한 특징적 증상이 자폐증이라고 단정하기가 어려우며 설사 완전히 다른 특징을 가진다는 것을 밝히기란 어려운 것이었다. 그러한 점에서 기존의 DSM-IV에 관해 오랫동안 다음과 같이 문제가 제기되어 왔다.

첫째, 정신장애를 사회적 상호관계 형성이나 환경에 영향을 받는 문제로 간주하는 것이 아니라, 환자가 갖는 한 개인의 병인으로 간주한다. 그러나 한 개인의 발달은 성장과정에서 다양한 영향을 받을 수 있다는 점에서 그 질병의 연원, 역학, 동반 질환 및 감별진단, 경고 및 예후, 치료에 대해서도 언급하고 있다. 문제점으로는 지나치게 구체화시킴으로 인하여 진단의 수가 너무나 많아지고 병합 질병이 급격하게 증가하는 결과를 초래하였다.

둘째, 진단 역치의 문제로 인하여 발생 빈도는 낮지만 상태가 심각하거나, 흔하지만 상태가 경한 증상에 대한 진단기준에서의 구별이 부족하다. 또한 진단기준들 사이에 임상적인 고통을 야기하는 가능성이 다르며 증상만으로 환자가 경험하는 괴로움과 생활에서의 지장 정도를 결정할 수 없다.

셋째, 진단상 관찰을 통해 장애 여부를 확인하는 데 최소한의 반응을 보이는 감도를 찾아내는 과정에서 역치하 진단(subthreshold disorder)이 지나치게 세밀하고 불필요하게 늘어나는 경우가 자주 생긴다.

넷째, 진단의 변화가 달라질 수 있고 증상의 수와 유형이 성별과 나이에 따라 다양하게 나타난다.

진단에서 DSM-5의 세 가지 변화

현재 사용하는 진단체계가 갖는 문제점을 개선하고 보다 임상현장에 적합한 체계를 개발하기 위한 노력이 전개되어 DSM-5(APA, 2013) 체계가 개발되었다.

첫째, 개정된 판의 숫자가 로마자에서 아라비아 숫자로 변경되었다. 이것은 앞으로 5.1, 5.2와 같이 개정된 것을 전제한 변화이다.

둘째, 다축체계는 폐기되었다. 축을 구분하는 의미가 없다고 판단했다.

셋째, 차원적 개념이 도입되었다. 이전까지는 범주적 개념으로 진단을 내렸지만, 차원적 접근이 진단을 내리는 데 합리적이라고 판단하였다. 이러한 점을 개선하기 위해 진단 명칭이 "-spectrum" "-related"으로 재정비되었다. 그 한 예로 Autism Spectrum Disorder(ASD)와 Obsessive-Compulsive and Related Disorders(OCRD)와 같은 명칭이다.

DSM-5의 아동기 정신장애 분류

DSM-5의 아동정신장do 영역에서 크게 달라진 점은 DSM-5의 “유아기, 아동기, 청소년기에 처음으로 진단되는 장애”라는 별도의 장을 삭제하고 “신경발달장애” 속에 지적장애, 의사소통장애, 자폐스펙트럼장애, 주의력결핍 과잉행동장애, 특정학습장애, 운동장애를 제시하였다. 즉, 이들 장애들은 신경발달장애에 속하는 관련 장애들이다. 다르게 설명하자면, 아스퍼거장애아는 자폐증의 같은 가지에 속한 장애라는 것이다. 그래서 DSM-5의 전반적 발달장애 범주의 자폐성장애와 아스퍼거장애가 통합되어 자폐스펙트럼장애의 한 분류로 통합되었다. 그리고 장애를 단정할 수 있는 특징으로 지능 손상과 구조적 언어 손상, 동반된 의학적 상태, 습득한 기술의 상실과 같은 구체화(specifier)가 추가되었다.

한편, 주의력결핍 과잉행동장애가 뇌발달과 뇌기능의 신경발달장애 범주에 포함되었다. 발병 나이가 12세 이전으로 변경되었고 전 생애에 걸친 적용을 촉진하기 위해 진단기준에 성인의 예가 추가되고 성인진단에 대한 진단기준 역치가 변경되었다.

의사소통장애에 사회적(pragmatic) 의사소통장애가 새로 포함된 이유는 지속적으로 언어적, 비언어적 의사소통에서 사회적 신호(social cue) 인지와 표현에 결함이 있기 때문이다.

DSM-5의 장애 분류

신경발달장애
- 지적장애
- 의사소통장애
- 자폐스펙트럼장애
- 주의력결핍 과잉행동장애
- 학습장애
- 운동장애

외상과 스트레스 관련장애
파괴적, 충동조절, 품행장애
급식 및 식사장애
배설장애
기타장애

출처: APA, 2013

진단을 완전히 표준화하기는 쉽지 않다. 연구가 지속되고 그에 따른 다른 연구 결과들에 의해 진단의 표준이 변화하기 때문이다. 이것은 자연스러운 현상이며, 진단도구의 발전이기도 하다. 자폐증이 장애의 선상에서 어디에 위치해 있는지는 과거부터 많은 논란을 가져왔다. 자폐아동을 진단하고 교육하기 위해서는 어느 정도 전문가들의 견해가 일치되어야만 한다. 그러한 점에서 DSM-5의 진단과 분류는 지금까지 많은 논란이 되어 왔던 부분들을 어느 정도 보완하였다. DSM-5가 기존의 분류에서 달라진 특징은 다음과 같다.

첫째, 전반적 발달장애에서 "레트 증후군"과 "달리 분리되지 않는 장애"가 삭제되었다. "레트 증후군"과 "달리 분리되지 않는 장애"는 유전학적으로 뚜렷한 장애를 가지기 때문에 발달상의 장애에서 제외되었다.

둘째, 아스퍼거장애를 자폐스펙트럼 장애로 포함시켰다. 진단상 말이 많던 "아스퍼거장애"는 결국 발달장애에서 제외되었다. 지금까지 "경미한 자폐증" "경계성 자폐증" "유사 자폐증" 등으로 불명확한 진단을 만들어낸 아스퍼거장애는 분명히 자폐증의 한 양상으로 보았다. 따라서 아스퍼거장애는 자폐스펙트럼 장애에 포함되었다.

셋째, 전반적 발달장애를 신경발달장애로 개정하였다. 신경발달장애인 경우에는 뇌발달장애와 관련짓는 것이다. 지금까지 대부분 전반적 발달장애의 개념이 발달상에서 일어나는 여러 가지 환경적 영향을 포함시켰다. 예를 들어, 태아에서 출생까지 그리고 출생에서 성장기에 이르기까지 아동은 특별한 환경적 영향에 의해 장애를 동반할 수 있다는 배경이 전제되어 있었다. 그러나 전반적 발달장애는 결국 뇌의 발달과 관련이 있으며, 이것은 성장과정에서 뇌신경발달장애에 기인하는 것으로 보았다. 따라서 기존의 전반적 발달장애를 신경발달장애로 개정하였다.

제 3 장

자폐증의 원인과 장애

❁ 탄생의 비밀

"아이가 없어졌다!" 그리스의 데메테르 신화에 올림포스의 이야기가 있다. 대지의 여신인 데메테르는 어느 날 갑자기 사라진 딸을 찾아 지상으로 내려온다. 그리고 횃불을 들고 여러 날을 밤낮 없이 물 한 방울도 마시지 않고 딸을 찾아다녔다. 결국 잃어버린 딸을 다시 찾을 수 없었던 그녀는 광란 상태에 빠졌다. 딸을 잃은 그녀는 삶을 빼앗아간 시칠리아의 땅에 한발과 기근의 재앙을 내렸다.

부모의 당혹스러움은 어느 날, 갑자기 이전의 느낌과 모습이 아닌 다른 아이를 발견했을 때이다. 혼자 노는 아이를 유심히 바라본다. 눈앞에 아이가 있는데 그 이전의 아이가 없어진 것이다. 분명히 부모 곁에 아이가 있지만, 이전에 모습이 아니다. 자녀가 달라져 있다는 것을 깨닫는 순간 부모에게 당혹감과 함께 알 수 없는 불안감을 갖게 된다. 아이를 잃어버린 것이다. 이러한 현실이 가능한 것일까? 왜 그 이전 모습의 아이가 사라진 것일까?

자녀가 자폐증이라는 진단을 받았을 때 부모가 가장 의구심을 갖는 것은 자폐증이 왜 나타나는지에 관한 것이다. 어머니는 자폐증의 원인에 대해서 곰곰이 생각해 본다. "무엇 때문일까?" 이러한 부모 자신의 물음은 오랫동안 지속된다. 분명히 건강해 보였던 아이였다. 아이가 아직 어리기는 했지만, 가족을 알아보고 반갑게 다가왔다. 눈을 마주치고 부모의 마음을 아는 듯한 미소도 지었다. 그런데 지금은 전혀 다른 모습으로 어머니 곁에 있는 것이다.

많은 사람들 특히, 전문가들은 자폐증 원인에 대해 대체로 침묵한다. 부모의 물음에 응답하는 전문가들은 그렇게 많지 않다. 자폐증의 원인에 관한 다양한 가설과 주장들이 제기되었지만, 결국 자폐증이 선천적인 것이며, 뇌장애에 기인하는 것으로 결론을

내리고 있다. 하지만 아직도 몇몇 전문가와 부모들은 자폐증을 후천적인 것으로 의심한다.[24)]

아무도 대답하지 않는 질문

부모가 오랜 기간 동안 병원과 전문기관을 전전하는 이유가 있다. 정확한 진단을 원하기도 하지만, 전문가들마다 다르게 진단을 내리기 때문이다. 때로 진단을 보류하는 전문가는 어느 정도 나이가 들어서 다시 진단 받기를 권한다.

하지만, 부모는 자녀가 벌써 일찍부터 문제가 있다는 것을 직감한다. 문제는 부모는 발달상 자녀에게 문제가 있다는 것을 느끼지만, 전문가는 의식을 하지 못한다는 것이다. 전문가의 견해에 수긍하고 인내심을 가지고 기다리지만, 세 돌이 지나서 찾아가 상담을 하면 또 다시 모호한 답변을 얻을 뿐이다. 아무도 명확하게 자녀의 문제에 대해서 대답하지 않는다.

부모의 질문이 매우 구체적일수록 전문가들은 자녀 행동의 특징에 대해 설명하거나 그 이유에 대해서 대답하기를 주저하거나 꺼려한다. 부모의 질문은 "왜 특정한 소리에 민감하게 반응을 하는가?" "왜 반복적인 행동을 고집하는가?" "왜 아이가 다른 친구들을 사귀지 못하는가?" "왜 자신이 필요한 말을 하지만, 대화를 나누지 못하는가?" "왜 혼자 웃거나 우는 것 혹은 자기 몰입을 하는가?" "왜 자해행동을 하는가?" 등이다. 그렇지만, 행동상의 원인에 대해 물음에 명쾌하게 답을 주는 전문가가 드물다.

전문가는 석연치 않는 용어를 인용하면서 설명을 대신하려고 하지만, 부모를 이해시키기에는 부족하다. 오히려 부모는 상담을 마친 후에도 왜 전문가들이 자녀의 문제에 대해 설명을 못하는지에 관해 의문을 갖게 된다. 그리고 그러한 의문은 점차적으로 전문가에 대한 부모의 신뢰감의 상실로 이어진다.

---

24) 전문가들 중에는 자폐증의 원인이 약물과 중금속의 오염 때문이라고 하기도 하고 때로는 가정환경이나 양육방법에 그 원인이 있다고 말하기도 한다. 심지어는 예방접종이나 텔레비전과 같은 미디어의 노출이 그 원인이 된다고 믿는 경우도 있다. 이러한 견해들은 심리적 혹은 환경적 영향으로 인해서 영향을 받거나 후천적으로 우리가 알 수 없는 영향에 의해서 자폐증이 발병한다고 믿지만, 자폐증의 병인이 유전의 영향이라고 보는 것이 대체적인 견해이다(Rutter, 1977). 그럼에도 그들은 끊임없이 선천적 혹은 후천적 영향에 의해서 자폐증이 발병된다고 믿는 이유는 무엇일까? 그것은 세 가지의 문제에서 찾을 수 있다. 그들은 대부분 자폐증의 발달병리적 특징에 관한 올바른 지식과 정보를 갖지 못했거나, 아니면 자폐증과 관련된 임상적 경험이 부족했을 가능성이 있다. 만약에 부적절하게 진단을 받게 되면 어떤 결과를 초래할 수 있는지를 추측하는 데 어렵지 않다. 치료교육의 방향과 과정에 시행착오를 거치게 될 것이다. 시행착오는 부모가 하는 것이 아니라 전문가들이 시행착오를 하는 것이다. 그런데 문제는 그들 전문가들은 아무런 책임을 지지 않는다는 것이다.

때로 부모가 자폐증의 원인을 후천적으로 이해하는 경우가 종종 있다. 어머니 자신이 느끼는 자책감과 자괴감은 이루 말할 수 없다. 부모의 양육태도와 양육환경의 문제에 의해 자폐증을 갖게 되지 않았는지에 관한 의구심을 떨치기가 어렵다. 더욱이 자녀를 다른 양육자에게 맡기고 직장을 다닌 부모는 아이가 성장할 때 충분히 뒷바라지를 못해 주었기 때문이라고 생각하고 부모 자신이 깊은 자괴감에 빠지기도 한다.

아무도 모르는 자폐증 원인에 대해 밤마다 골똘히 생각하는 것은 괴롭다. 잠을 이루지 못하고 이불을 뒤적이며 자폐증의 원인에 대해 하나씩 추적하기 시작한다. 근래의 일부터 시작해서 점차적으로 과거로 거슬러 올라가며 원인을 찾게 된다. 자녀에게 충분히 애정을 주지 못했는지 아니면, 관심을 갖지 못하고 양육한 것이 아닌지를 생각한다. 그리고 부부가 맞벌이 생활 때문에 애정을 주지 못한 결과가 아닌지에 대해서도 의심한다. 실제로 부부는 자녀와 함께 지낼 수 있는 충분한 시간이 없었다. 부부를 대신하여 다른 사람에게 자녀의 양육을 맡겼기 때문에 부모는 자녀에게 애정을 제대로 나누지 못했다는 점에 집중하게 된다.

이런 저런 생각이 깊어지면 출산 상황까지 추적하기도 한다. 의사와 간호사가 어머니 자신이 모르는 특별한 문제를 일으키지 않았는지를 생각해 보기도 한다. 제왕절개 수술과정에서 문제가 없었는지 혹은 자궁 문이 좁아서 기계로 유도 분만을 했던 과정에서 아이의 머리에 손상을 입히지 않았는지에 대해 보지도 듣지도 못한 근거를 상상해 보기도 한다. 이러한 생각에 집착하면서 임신 중에 어머니가 몸 관리를 잘못했는지에 대해 거슬러 올라가 생각한다. 산모가 지켜야 할 내용들을 조목 조목 생각해 보면서 어떤 점에서 소홀히 했는지를 찾기 시작한다. 임신 때 건강회복제 한 병을 마신 것, 콜라를 마신 것, 감기약을 먹은 것 등의 가능성을 의심해 본다. 심지어는 남편과 시어머니와의 갈등을 겪은 심리적 원인이 태아에 영향을 미쳤다고 추측하기도 한다.

하지만 자녀에 대한 수많은 의문에 대해 전문가는 대답하기를 주저한다. 지금까지 아무도 자녀의 자폐적 특징이 왜 나타나는지에 대해 명확하게 설명하는 이는 없다. 그리고 시간이 지나면서 자폐증의 원인에 관한 물음은 서서히 잊혀간다. 대신에 부모는 자녀를 위한 치료교육을 찾는 데 더 많은 노력을 하게 된다.

자폐증 출현의 시나리오

과거에 비해 현재는 자폐증과 관련된 많은 책들이 발간되고 있다. 그리고 자폐아동에 관련된 프로그램을 다루는 매스컴을 통해 간접적으로 지식을 얻는다. 때로 자폐아동의 치료교육에 관련된 많은 세미나와 워크숍을 갖는다. 이렇게 관심을 가지고 자폐증에 관련된 많은 지식들을 얻지만, 실제로 우리가 믿고 있는 것들이 정확한 지식이 아닐 가능성이 높다.

예를 들어 비디오나 텔레비전에 과잉 노출되면 자폐증에 걸린다는 것이다. 그 이유를 자폐아동이 지나치게 비디오에 집착하면서부터 자폐증적 특징을 근거로 설명한다. 하지만 그것은 자폐증으로 인한 강박적 집착이다. 이것은 마치 자폐아동이 물건을 반복해서 돌리는 것, 자동차 장난감이나 바퀴를 굴리는 것, 숫자와 문자 혹은 텔레비전 광고에 집착하는 것 등과 같이 자폐증으로 인한 강박적 집착 행위의 요소일 뿐, 자폐증을 초래하는 원인이 아니다. 그들의 문제는 자폐증의 발달병리를 분명하게 알지 못한다는 것이다.

자폐증의 원인을 부모의 부적절한 애정과 관계에서 찾는 전문가도 있다. 이들은 어린 시기에 부모가 적절한 애정을 가지고 돌보지 않거나, 혹은 부모와의 정서적 교류에 실패했을 때 자폐증이 나타난다고 주장하기도 한다. 하지만 이미 수많은 연구에서 자폐증이 후천적으로 부모의 양육환경과 관련이 있다는 아무런 증거를 찾지 못했다.

자폐증 유발의 원인에 관한 더 황당한 사건도 있었다. 그것은 유아기 예방접종의 부작용이 자폐증을 초래한다는 주장에서 시작했다. 영국의 한 의사가 예방접종이 자폐증을 유발한다는 연구 결과를 발표한 후에 자폐증 부모 단체로부터 미국정부를 대상으로 소송하는 사건이 일어났다. 여기에는 반드시 그와 관련된 전문가들이 있으며, 연구 결과에 대한 근거를 제시한다. 그러나 미국과 영국 정부차원에서 예방접종의 자폐증 유발에 관한 검증을 실시한 결과 예방접종이 자폐증을 유발하지 않는다는 결과를 발표하기에 이르렀다. 그 이후에 소송사건은 일어나지 않았다. 심지어 예방접종이 자폐증을 유발한다는 연구 결과를 내놓은 의사가 영국 정부로부터 의사자격까지 박탈당했다.

이제는 자폐증 원인 중에 하나로 환경에 의한 중금속 오염을 거론하기 시작했다. 환경에 예민해진 현대인의 의식 때문이기도 하지만, 어쨌든 환경에서 원인을 찾으려고 하는 것은 생소한 일은 아니다. 그 한 예로 자폐아동의 모발 검사에서 수은과 아연과 같은 인체에 해로운 독성이 일반아동들에 비해 많이 포함되어 있고 이러한 이유가 자폐증을 유래할 수 있다는 것이다. 실제로 자폐아동이 일반아동들에 비해 구리와 아연 혈중농도의 화학적 불균형이 발견되었는데 이 두 가지 금속의 대사를 조절하는 단백질인 메탈로티오네인(MT)이 제 기능을 발휘하지 못하고 있기 때문이라는 것이다.

이것을 이해하기 위해 우리가 알아야 할 기본 지식이 있다. 그것은 음식을 통해 섭취되어야 할 필수아미노산에 관한 것이다. 일반적으로 자녀에게 편식하지 않고 골고루 음식을 먹어야 하는 이유를 알려 줄 때, 영양분을 골고루 섭취해야 고른 성장을 할 수 있다고 말해 준다. 칼슘과 철 그리고 각종 비타민들이 균형 있는 성장을 돕기 때문이다.

만약에 편식을 하게 되면 자연히 우리 몸에 필요한 필수아미노산과 비타민들이 부족하게 된다. 밥을 잘 먹지 않고 간식만을 선호하는 아동들에게는 칼슘이 부족하여 빈혈이 발생되고 성장과정에도 건강에 많은 지장을 받게 된다. 더욱이 비타민이 부족하게 될 경우 성장과정에서 발육에 더욱 심각한 문제를 일으킨다. 그 이유는 비타민이 신체대사와 촉진을 돕는 데 필요한 기본 요소이기 때문이다.

일반아동들이 편식을 하게 되면 어떻게 될까? 이 연구에서 비타민이 부족할 경우 모발성분 검사에서 수은과 구리, 아연과 같은 유해성분이 증가한다는 결과를 보여 주었다. 비타민은 환경으로부터 노출된 독성의 유입을 막고 신체균형을 유지한다. 일반아동들 중에도 비타민이 부족할 경우 환경으로부터 수은과 알루미늄과 같은 중금속의 독성을 지니게 된다는 사실이 최근 연구에서 밝혀졌다. 이 만큼 우리 몸에 필요한 아미노산과 비타민들은 신체 발달에 매우 중요한 요소들이다. 즉, 일반아동들이라고 하더라도 우리 신체에 필요한 필수 비타민을 갖지 않는다면 금속의 대사를 조절하는 단백질인 메탈로티오네인(MT)의 부족으로 수은과 구리, 아연과 같은 독성이 증가한다.

다시 자폐아동의 예를 들어보자. 일반아동들도 편식을 하게 될 경우, 모발에 중금속 수치가 높아지게 된다는 점을 고려해 볼 때 자폐아동의 편식이 중금속 수치를 높여 준다는 것은 당연한 사실이다. 왜냐하면, 자폐아동들 대부분 심각한 편식 습관을 가지고 있기 때문이다. 따라서 자폐아동의 편식은 각종 비타민의 부족 현상을 초래한다. 결국, 자폐아동들이 비타민을 섭취하는 데 균형을 잃게 됨으로써 자연히 금속의 대사를 조절하는 단백질인 메탈로티오네인(MT)이 부족하게 되고 환경으로부터 유입되는 각종의 독성물질들을 막지 못하게 된다. 이러한 이유 때문에 자폐아동에게 당연히 모발 검사에서 수은과 아연의 수치가 높아지는 것이다.

인체의 중금속 수치의 변화는 자폐아동의 식생활의 습관과 깊은 관련이 있다. 중금속 수치가 자폐증을 유발하는 것은 아니다. 중금속 오염이 자폐증을 유발한다는 발상은 잘못되었다. 그것은 자폐아동의 발달병리적 특징을 전혀 고려하지 않는 에피소드에 지나지 않는다. 불분명한 정보에 기웃거리는 전문가와 부모들이 많은 반면에 명확한 원인을 제시하는 연구 결과들에 대해 설명하는 전문가들이 그렇게 많지 않다.

자폐증의 원인에 대한 연구자들의 입장

초기에 많은 연구자들은 양육환경과 부모 양육태도가 자폐증 유발의 원인으로 보았지만, 그러나 오랜 시기 동안 연구가 진행되면서 유전과 뇌기능 장애 원인이라는 것에 공통적으로 관심을 갖기 시작했다. 그럼에도 불구하고 많은 연구자들은 후천적인 요소를 떨쳐 버리지 못하고 있다는 것이다. 그것은 과거의 자폐증에 관한 생각이 깊이 내재되어 있기 때문이다. 과거에 자폐증의 원인을 환경적 요인에서 찾으려고 했던 이유는 자폐아동의 비전형적인 행동이 심인성과 학습에 의한 것이라고 보았기 때문이다. 자폐아동의 문제행동은 일반아동의 행동과 비교할 때 매우 특이하고 비전형적인 행동양식이며 이러한 행동양식이 부모의 양육태도에 어느 정도 영향을 받는다고 가정하였다. 그래서 초기에 카너는 자폐증 원인이 자폐증의 유전학적 영향과 부모가 만들어 놓은 부적절한 사회적 환경이 서로 상호작용을 한 결과로 보았으며, 퍼스터는 자폐증적 특징들이 양육과정에서 부적절한 강화의 결과에 의해 형성된다고 판단하였다(Ferster, 1961).

일반아동과 자폐아동에게 나타나는 문제행동은 그 양식이 조금씩 달라도 근본적인 요인은 같다. 즉, 이들의 문제행동은 부모들의 양육태도와 비교육적인 환경에 영향을 받을 수 있다. 그리고 공통적으로 "자해행동" "과잉울음" "자기조절과 통제의 결여" 등과 같은 공통적인 문제들이 나타날 수 있다. 즉, 일반아동들도 부모의 양육태도와 성격에 따라 극단적으로 행동양식이 달라질 수 있다.

문제는 이것이 병리적인 문제로 발달하는 것인지 아니면, 일상적인 행동문제인지에 관해 설명하기 어려웠다는 것이다. 자폐아동들에게 나타나는 극단적인 자기조절과 통제의 결함 그리고 다양한 방식의 문제행동들이 시간이 지남에 따라 얼마든지 병리적 문제로 발전할 수 있다. 이러한 관점에서 베텔하임도 자폐증의 원인에 관한 초기 연구에서 부적절한 부모의 양육태도에서 비롯된다고 보았다(Bettelheim, 1967).

그러나 자폐증 연구의 주된 관심은 점차적으로 환경적 요인에서 생물학적 요인으로 전환되었다. 현재 많은 연구에서 자폐증 원인이 자폐증이 양육환경과 부모의 양육태도에 영향을 받지 않는다는 것이 공통적인 견해이다. 생물학적 원인에서는 자폐아동이 유전과 뇌기능 장애가 있다고 보았다. 유전적인 원인에 관해 연구된 결과에 따르면, 염색체에 결함이 있음을 설명하는 여러 연구들이 있다(Rimland, 1964). 유전적 원인이 어떻게 자폐아동의 뇌기능에 작용하는지에 관한 구체적인 연구는 없지만, 연구자들은 자폐아동의 뇌기능 장애로 인해서 자폐증적 장애와 특징을 설명하려고 한다(Floom, Beal, & Kupfer, 2006).

지금은 자폐증이 단순히 한 가지의 원인에 의해서 발병하는 것이 아니라, 그 원인의 다양성에 두기도 한다. 즉, 유전과 신경학적 구조 요인뿐만 아니라, 환경과 행동 간의 상호작용에 의해서도 자폐증이 유발될 수 있다고 가정한다(Gottleb & Halpern, 2002). 이 견해에 의하면, 자폐증은 다수의 원인들이 있으며 발달의 상호작용 과정에서 절차와 구조에 변화를 가져오는 데 밀접한 관계가 있다고 설명한다. 이와 같이 자폐증 원인에 관한 가정은 다양하다. 주요 연구를 살펴보면 크게 환경적 원인과 생물학적 원인으로 나눌 수 있다.

❁ 자폐증 원인의 가정들

환경적 원인

심인성

몇몇 전문가들이 가장 많이 의심하는 부분은 심인성이다. 부모가 자녀에 대해 죄책감을 갖는 것도 자폐증의 원인이 부모의 양육태도와 환경에 의한 것이라는 심인성의 원인에 두고 있기 때문이다. 이 주장은 아동이 초기에 정서적으로 부정적인 영향을 받음으로써 자폐증이 유발되었다고 가정한다. 특히, 아이를 잘 돌보지 못한 부모의 영향 혹은 출산 시에 일어난 부작용이나 임신 중에 심한 스트레스, 혹은 유아기에 부모의 관심 부족으로 의심한다. 그 이외에 부적절한 환경이나 부모의 성격 그리고 부적절한 양육방법에 의해 자폐증이 유발되는 것으로 보았다(Bettelheim, 1967).[25] 이처럼 자폐증의 원인으로 환경 및 심인성의 요인이 강력하게 주장되었던 이유는 자폐증의 발생시기가 유아기이며, 이 시기에 유아는 자신이 처해 있는 세계에 민감하게 반응하고 적응하기 때문이다. 그래서 이 시기에 적절한 환경을 제공받지 못하거나 적응하는 데 실패했을 경우

---

25) 지금까지도 여전히 몇몇 연구자들에 의해 자폐증을 후천적 요인으로 가정하는 연구가 진행되고 있다. 현재에 이르기까지 수많은 연구에서 자폐증의 원인이 후천적이 아님을 지지하는 연구에도 불구하고 지금까지도 자폐증을 후천적 요인으로 보려고 하는 이유는 무엇일까? 여기에는 특별한 이유가 있다. 자폐아동의 행동상의 특징 때문이다. 부모의 양육태도에 따라 자폐아동의 행동양상이 달라진다. 이러한 이유로 자폐증이 더욱 심각한 상태가 될 수 있다. 따라서 몇몇 연구자들의 신념은 그럴 만한 이유가 있는 것 같다. 그들의 주장은 아동이 태어난 후에 일어나는 다양한 환경과 양육과정에서 자폐증이 유발될 수 있다고 한다. 이러한 증거를 지지하는 이론적 근거는 심인성과 학습이다. 즉, 심리적 영향을 받는다는 것과 성장과정에서 부적절한 행동양식을 학습한다는 것이다(Ferster, 1961).

이러한 논리와 근거는 아주 부정되는 것은 아니다. 후천적으로 아동이 성장하면서 나타나는 특별한 행동들 즉, 자폐아동의 문제행동은 부모의 양육태도에 영향을 받는 경우가 있다는 것이다. 아동이 더 심각한 문제행동을 야기하기 때문에 한 때 "퇴행성 자폐증"이라고 불리웠던 것도 그 때문이다. 즉, 부모의 양육태도가 자녀로 하여금 부적절한 학습을 하도록 하는 원인이 되기 때문이다. 예를 들어, 지나친 고집과 울음 그리고 산만한 행동과 자기조절 및 통제의 부재는 대부분 부모의 양육태도에 기인하는 것이다. 이러한 예는 일반아동들에게도 종종 나타난다. 이 경우에 해당하는 대부분의 부모의 양육태도는 "배려"와 "대행" 그리고 일방적인 "애정"을 가지고 있다. 이와 같이 부모의 양육태도가 아동이 자신의 생활세계를 해석하는 데 잘못 인식하고 왜곡시키는 조건이 된다. 이러한 이유가 건강한 사회행동 양식을 갖지 못하는 원인이 될 수 있지만, 자폐증 유발의 원인이 되지는 않는다.

에 자폐증이 나타날 수 있다는 가정이 매우 설득력 있게 받아들여졌다.

그러나 루터는 어머니의 성격과 자폐증 유발이 관련이 없음을 주장하였다. 그의 설명에 의하면, 심리적인 요인들이 이차적인 장애에 영향을 미치거나 심리적 요인들이 취약한 생물학적인 특성들과 상호작용을 하여 자폐증을 유발하였는지의 여부가 불분명하다고 한다. 그리고 정신분석적 원인을 주장하는 연구들은 대부분 일화적인 것으로 통제집단과 실험집단의 비교연구가 없었기 때문에 타당성의 입증 없이 관찰에만 근거하였다고 비판을 받았다(Rutter, 1967). 따라서 초기부터 주장되어 왔던 환경 및 심인성 요인에 의해 자폐증이 유발된다는 주장을 입증하는 데 있어 체계적이고 과학적인 연구가 아직 부족하다. 그리고 오늘날은 부모의 성격이나 양육방법, 출생 전후의 환경적인 요소들은 자폐증의 원인으로서의 가능성이 낮다고 본다(홍강의, 1993).

그럼에도 불구하고 지금까지도 지속적으로 자폐증의 원인이 후천적인 것이라고 의심하는 이유는 자폐아동의 문제행동 때문이다. "자해행동" "과잉울음" "지나친 고집" 등은 자폐증의 증상과 함께 어울려져 나타난다. 그러나 양육의 문제로 인해 나타나는 문제행동과 자폐증으로 인해 나타나는 병리적 특징이 교접되어 있기 때문에 두 가지의 행동양상을 반드시 구분해야만 한다(여문환, 2008).

문제행동은 학습된 것이다. 자폐아동은 일반아동과의 똑같은 상황이라고 하더라도 나타나는 행동양식이 특별하다. 문제행동의 양상은 "과잉울음" "지나친 고집" "자해행동" 그리고 감정을 조절하지 못했을 때 나타나는 "상동 행동" "기괴한 중얼거림", 일상적이지 않는 "왜곡된 정서표현" 등이다.

이상행동은 아무런 목적이나 기능적 의미, 환경적 자극 없이 반복적으로 발생하는 자발적 특성을 갖는다. 또한 이상행동은 시간이 지나더라도 변화의 차이가 적다. 따라서 이상행동은 특정한 경험이나 환경으로부터 영향을 받지 않기 때문에 자폐증적 행동에 해당한다(Lewis & Baumeister, 1982). 또한 이상행동은 사회 · 문화적 규준과 발달규준을 비교할 때 장소, 환경, 시간과 관련 없이 행동이 지나치게 나타나고 빈번히 일어나며 줄어들지 않고 지속적으로 나타난다(Wicks-Nelson & Israel, 1984). 예를 들어, 자폐아동의 행동 중에 이상행동은 몸을 앞뒤로 흔들거나 자신의 손을 계속 흔드는 것 등이 오랜 기간 동안 반복 지속되는 행동이다.

문제행동은 나름대로 목적을 지닌 행동으로 간주한다(Umbreit & Blair, 1996). 문제행동은 특정 목적과 의도를 가지고 있으며 아동이 목적과 의도를 성취했을 때, 문제행동은 소거된다. 그리고 문제행동은 아동 자신의 경험과 환경에 영향을 받는다. 결국 문제행동은 자신의 감정을 바람직하지 못한 방법이나 행동으로 표현하는 것이다. 예를 들어, 자폐아동의 공격 행동 중에 다른 사람에게 상처를 입히는 것, 발로 차기, 물기, 할퀴기 등의 신체적 공격 그리고 사물 던지기, 부수기 또는 언어적 공격으로 모욕적인 표현, 위협하기 등은 자폐아동이 목적을 지니고 있는 행동이다(Michelle et al., 2004). 그러므로 자폐아동의 문제행동은 자신의 표현 방식 수단이며, 경험과 환경에 영향을 받는다. 따라서 양육과정에서 부모의 양육태도에 의해 부적절한 방식으로 발전해 왔을 가능성이 있으며 자폐아동의 부적절한 행동은 학습에 의해 조절될 수 있다.

학습

"아이는 부모에게 배운다." 그리고 "부모에게 배운 것을 행동한다." 일반적이고 상식적인 말이다. 자폐아동들도 부모로부터 무엇인가를 배우는 것일까? 부모로부터 학습된다면, 자폐아동이 부모로부터 그 무엇을 어떻게 배우는 것일까? 자폐아동은 애초에 그러한 능력이 없다고 판단하는 부모가 적지 않다. 그래서 "자폐아동이 무엇인가를 배우고 자란다."는 점을 소홀히 한다. 만약에 자폐아동의 문제행동이 부모의 양육으로부터 학습되었다면, 문제의 책임은 아동이 아니라 양육자가 된다.

자폐아동의 문제행동은 성장과정에서 혹은 경험을 통해 학습될 가능성이 있다. 문제행동은 이상행동과 교접되어 있기 때문에 중첩된 행동에서 문제행동과 이상행동을 구분하기가 어렵다. 문제행동은 양육과정에서 학습되기 때문에 자폐아동들에게 나타나는 문제행동을 자폐증적 특징으로 볼 수 있는 것은 아니다. 결과적으로 볼 때 초기 양육방법이 자폐증을 유발시키는 것은 아니지만, 자폐아동의 잘못된 행동양식을 갖게 하는 원인이 될 수 있다.

퍼스터는 영아의 초기 사회적 환경이 영아로 하여금 어떻게 자폐증적 행동이 반복행동을 하게 하는지에 대해 설명했다. 그는 생애 초기의 학습환경이라는 기준을 가지고 자폐증에서 나타나는 구체적인 여러 가지 행동상의 결함과 과다행동에 대해 설명하였다. 그리고 자폐증을 특수하게 만드는 것은 특정 행동의 존재가 아니라 이러한 행동의 상대적 빈도라는 점을 지적하였다. 예를 들어, 모든 아동은 울면서 떼를 쓰고, 허공을 바라보거나 가만히 서 있거나, 어른을 자기 마음대로 조정하려고 한다(Ferster, 1961).

그렇다면 왜 자폐아동의 행동이 또래 아동의 행동양식과 다른가? 경험을 통해서 물론 배워가는 기간이나 질의 차이가 있을 수 있겠지만, 임상적인 관찰을 통해 자폐아동의 행동양식을 분석해 보면 전혀 다른 방식으로 행동이 발전한다는 것을 알 수 있다. 일반아동들과 비교하였을 때 자폐아동은 상대적으로 자기 자극과 같은 역기능적인 행동에 집중하는 반면에 정상적인 의사소통에는 집중하지 않는다. 이러한 행동 양식은 특정 행동이 강화됨으로써 부적절한 행동을 계속하게 하며 긍정적인 행동에 대한 강화의 부족은 바람직한 행동을 약화시킨다. 이러한 점에서 자폐아동의 특징적인 행동은 특수한 학습환경의 결과이다.

따라서 퍼스터가 주장하는 것은 자폐아동들의 특정 행동이 상대적으로 얼마나 자주 나타나는지는 각 행동에 대한 강화의 수준에 의해 결정된다는 것이다. 예를 들어, 갖고 싶은 물건, 하고 싶은 활동에 대한 접근 또는 혐오스러운 상황의 회피에 의해 강화된 행동들은 자주 반복되지만, 무시되거나 벌을 받는 행동과 같은 강화되지 않는 행동들은 나타나지 않는다는 것이다. 그러므로 자폐아동들의 행동 양식을 이해하려면, 아동의 행동방식을 형성시킨 학습환경을 살펴보는 것이 중요한다. 주로 부모가 아이의 초기 환경을 조성하기 때문에 퍼스터는 부모가 아이의 행동에 대해 어떻게 반응하는지에 따라 그 행동이 강화되기도 하고 약화되기도 한다고 한다.

퍼스터는 자녀 행동의 빈도와 강화에 영향을 끼칠 만한 부모의 행동 양식을 관찰한 결과에 따르면, 자폐아동 부모들은 자녀가 떼를 쓰면서 고집을 부리거나 자신의 요구를 관철하기 위해서 심하게 우는 행동을 할 때 더 많은 관심을 가졌다. 이러한 부모의 양육태도는 부적절한 강화를 초래하고 궁극적으로 자폐증적 행동을 점차 증가시킨다 (Ferster & DeMyer, 1961).

반면에 자폐아동의 자기 자극 행동에 대해 부모가 아동에게 즉각적으로 감각적 자극을 주게 될 때 어느 정도 조절되지만, 이러한 자기 자극 행동을 하지 못하게 하려고 고의적으로 간섭을 하지 않거나 무관심할 때 더욱 강화될 수 있다. 이와 같이 퍼스터의 견해에 따르면, 자폐증에서 나타나는 극단적인 행동상의 결함은 잘못된 조건화 과정 때문이며 부모가 초기 강화물 제공자이므로, 곧 부모가 자폐증의 병인에서 중요한 요인이 될 수 있다고 한다.[26)]

출생 전 스트레스

많은 부모들이 상담을 통해 아이를 임신한 시기에 부부간에 혹은 고부간에 심한 갈등을 겪으며 스트레스를 받았다는 과거력을 말한다. 그리고 그때의 스트레스 경험이 자폐증의 요인이 아닌지의 여부에 대해 묻는 경우가 종종 있다. 이에 관해 아동은 출생 전에

---

26) 자폐아동은 부모의 태도에 의해 부적절한 행동 양식을 갖게 된다. 부모의 비일관성의 태도는 자녀가 자신이 처해진 상황을 올바로 판단하는 데 어려움을 준다. 자폐아동은 부모가 자신에게 어떠한 행동을 하는지에 따라 생활세계를 해석하려고 한다. 만약 부모가 불분명한 태도를 보이게 될 경우 아동은 부모의 입장에서 행동하지 않고 자기중심적으로 행동하게 된다. 이때 아동은 산만하고 고집스러운 행동, 과격한 행동뿐만 아니라, 자해행동을 하게 된다. 부모의 부적절한 양육태도와 환경이 자폐아동을 부적절한 행동을 유발하고 결국은 비정상적인 행동 양식과 부적응 행동을 갖게 하는 원인이 된다. 이러한 이유 때문에 자폐증이 후천적 요인이라고 끊임없이 제기되고 있다.

어머니가 받는 스트레스가 자폐증의 위험을 증가시킨다는 연구가 있다. 이 연구는 자폐아동을 가진 산모들이 임신 기간에 더 많은 가정불화를 경험했다는 것과 자폐아동 부모가 임신 기간 동안 더 많은 스트레스를 경험했다(Beversdorg et al., 2005; Ward, 1990)는 것을 보여 주었다.

실제로 스트레스가 자폐증 위험을 증가시키는지의 여부가 불확실하다. 이를 위해 키네이는 자연 재해에 의한 스트레스와의 관련성을 연구하였다. 이 연구에 의하면, 산모가 폭풍의 경험 정도에 따라 자폐증 발생률이 증가하였다(Kinney et al., 2008). 그렇다면, 어떻게 스트레스가 자폐증을 유발하는지에 관한 과정이 설명되어야 한다. 이에 대해 스트레스가 어떻게 태아의 뇌 발달에 영향을 미치는지에 대해 다음과 같이 설명할 수 있다.

첫째, 자궁과 태반으로 가는 혈류가 감소하여 저산소증을 일으킬 수 있다. 이것은 저산소에 따른 뇌 발달의 결손을 가져올 수 있다는 설명이다.[27] 그러면 저산소증 경험을 한 태아나 영아 중에 자폐아동의 발병률이 증가하는지의 여부가 확인되어야 한다.

둘째, 산모에서 나온 스트레스 호르몬이 태반을 통해 태아의 뇌하수체-시상하부의 발달에 영향을 줄 수 있다. 스트레스가 왜 하필이면, 다른 장애를 유발하지 않고 자폐증 장애들 일으키는지의 여부가 설명되어야 한다.

셋째, 임신과 출산의 합병증을 만들 수 있다는 것이다. 이것 또한 스트레스가 임신과 출산에 어떻게 영향을 미치는지에 관해 명확히 설명되어야 한다.

넷째, 스트레스 반응과 관계된 유전자에 후성적 효과(epigenetic dffect)가 생길 수 있다. 그렇다면, 사람들이 겪는 다양한 스트레스가 유전자에 미치는 영향과 그것이 자폐증을 유발하는 과정이 설명되어야 한다.

다섯째, 성 호르몬의 분포와 그에 따른 영향이 테스토스테론을 더 많이 노출시킬 가능성이 있다. 과다한 테스토스테론이 특히, 남자아이에게 영향을 많이 미치고 그로 인해 자폐증이 남자아이에게 더 많은 발병률을 나타낸다고 한다면, 기존의 장애아동들이 대부분 남자아동에 많이 분포된 사실과 어떻게 다른지에 관해 설명되어야 한다.

---

27) 자폐증을 치료한다고 아이들을 산소탱크에 넣는 경우가 있다. 즉, 자폐아동의 "산소치료"이다. 이 과정에서 뇌 발달이 지연되거나 손상된 뇌기능을 회복시킬 수 있다고 본다. 자폐증의 유발 원인이 산소결핍 때문이라는 연구는 검증되지도 않았고 학술적으로도 알려진 것도 없다. 그렇다고 주변에 "산소치료"를 시도한 아동들이 회복되었다는 어떤 근거도 없다. 물론, 치료를 목적으로 사업하는 전문가들은 개인적으로 효과가 있다고 할지 모르지만, 그것은 어디까지나 개인적인 견해이며, 자폐증의 치료와 관련이 없다. 지푸라기라도 잡고 싶은 부모들에게 "산소치료"는 항상 그럴듯한 이론적 근거를 내놓는다. 대체로 학력이 높은 부모들이 이론에 넘어간다. 명석한 지식인이 사이비 종교에 빠지는 이유가 있는 법이다.

중금속 노출 및 산화 스트레스에 의한 신경학적 손상

사람들은 오늘날, 오염된 환경에 의해 여러 가지 화학물에 노출이 자폐증의 원인이 된다고 추측한다. 실제로 대기와 음식에 이르기까지 화학적 오염이 심각하며 이러한 불안감을 가진 현대인들은 자신에게 어떻게 부작용이 초래될지에 대해 걱정하기도 한다.

그 중에 많은 사람들이 자폐증 유발의 환경적 요소를 의심하는 것 중에 하나는 중금속 노출이다. 이것은 현대사회가 안고 있는 환경적 문제이다 생태학적 환경에 관련된 여러 연구들은 중금속에 노출되어 있을 가능성에 관한 다양한 연구를 진행하고 있다. 이러한 연구들은 중금속이 인간의 신체에 미치는 영향에 관한 구체적인 내용들을 제시하고 있다. 때로 현대인이 지니고 있는 다양한 성인병이 가공식품에 의한 화학적 영향 때문으로 보고 있다.

실제로 자폐아동이 일반아동에 비해 중금속에 더 많이 노출되었을까? 만약에 자폐아동이 더 높은 수준의 중금속에 노출되었다면, 이전의 연구 결과를 지지할 수 있는 근거가 될 것이다. 이러한 직접적이고 실제적인 연구 결과를 근거하여 자폐증 유발의 원인을 중금속 노출 때문으로 가정한 연구들이 있었다. 그 연구들 중에 많은 자폐아동이 비정상적인 중금속 농도를 가지고 있는 보고가 있었다. 필리펙에 따르면 자폐아동의 44%가 혈중 납 농도가 일반아동에 비해 기준치 이상의 비정상적인 수치를 보였다. 이러한 연구의 결과는 환경오염이 자폐증의 유발과 관련성이 높다는 점을 암시해 주었다(Filipek et al., 2000). 이와 관련된 연구가 론스달에 의해서도 진행되었다. 이 연구에서 자폐아동의 신체에 수은, 카드뮴, 납, 비소가 자폐아동에서 더 높은 농도로 존재한다고 보고하였다(Lonsdale et al., 2002).

이전에 비슷한 시기에 중금속이 자폐아동의 신체에 어떻게 영향을 미치는지에 관한 연구가 진행되었다. 이에 따르면 자폐아동에서 글루타티온은 감소하고 산화 스트레스는 증가되어 있었다. 또한 그들은 출생 후의 손상으로 인해 신경세포의 죽음과 뇌 손상으로 자폐성향을 보이기도 했다(Rice & Barone, 2000). 특히, 중금속과 같은 독성이 뇌에 어떻게 미치는지에 관한 연구였다. 이 연구에서는 독성과 산화 스트레스(oxidative stress)가 자폐장애아동에서 신경학적 손상의 원인이 된다고 하였다(James et al., 2004). 이 연구를 지지하는 동물 실험이 재현되었는데 비슷한 결과를 얻었다. 쥐의 경우에도 출생 후 수은에 노출된 후에 뇌가 커지고 자폐아동과 비슷한 증상을 보였다고 한다(Hornig et al., 2004). 환경에 의한 중금속의 노출과 자폐증 원인에 관한 연구들이 다른 연구자들에 의해서 지속되었다. 이들 대부분은 자폐아동의 뇌에 중금속이 어떻게 영향을 미치는지에 관한 것이었다. 그 결과 중금속이 자폐아동의 뇌의 투과성, 성장인지,

생화학적 반응들을 변화시킨다고 주장하였다(Hornig et al., 2004; Hossain et al., 2004; Waly et al., 2004).

중금속 오염이 뇌기능에 막대한 영향을 미칠 것으로 가정한 많은 연구들은 실제로 중금속이 뇌기능에 어떻게 작용하는지에 관해 더 많은 관심을 가지게 되었다. 만약에 중금속이 뇌세포의 기능과 발달에 영향을 미친다면, 구체적으로 어떤 과정을 거쳐 영향을 미치는지에 관해 관심을 갖기 시작했다. 이러한 관심과 연구는 중금속 오염이 뇌의 세포를 괴사시키거나 감소를 초래한다는 결과를 보고하였다. 이 연구에 따르면, 중금속 노출과 글루타티온 수준과 과산화와 역의 상관관계가 있다고 한다. 글루타티온은 신체의 거의 모든 세포에서 발견되고 중금속 제거의 역할을 한다. 과산화는 조롱박 세포의 괴사와 감소를 일으킨다. 항산화제가 과산화로부터 조롱박 세포를 보호할 수가 있다. 자폐아동에서 글루타민 부족과 과산화에 대한 증거가 많다. 최근 연구들에서 과산화가 자폐아동의 경우 증가해 있다고 한다(Chauhan et al., 2004; James et al., 2004; Zoroglu et al., 2004).

이들 수많은 연구들에 의하면 분명히 환경적으로 중금속에 노출된 결과가 자폐증 유발에 원인이 될 수 있다는 점을 보여 주는 것 같다. 특히, 파머와 그의 동료들은 실제 환경에 화학적으로 중금속이 방출되는 정도에 따라 자폐증의 유발 수치가 어떻게 달라지는지에 관한 연구를 하였다. 이 연구에서 자폐증 유발이 환경적 요인이 있음을 보여 주었다. 이 연구에 관한 그들의 설명에 의하면, 수은 1,000파운드가 환경으로 방출될 때마다 자폐증 발병률이 61%씩 증가한다고 보고하였다(Palmer et al., 2006).

이쯤되면, 나쁜 환경에 의해 자폐증이 유발된다는 것을 받아들이지 않는 사람은 없을 것이다. 이전에 자폐증 원인이 선천적이며, 유전적이라는 근거는 뒷전으로 배재된 채 많은 부모나 전문가들은 우리가 섭취하고 있는 음식의 오염에 대해 지대한 관심을 갖기 시작했다. 하지만 지금까지의 자폐증 유발이 중금속 노출의 원인이라는 연구는 왜 그 많은 아동들 중에 자폐아동에게서만, 중금속 수치가 높은 것인지 설명하지 못하고 있다. 자폐아동에게 중금속 수치가 높아진 이유가 단지, 중금속에 노출된 환경 때문일까? 만약에 자폐아동에게 나타난 중금속이 직접적으로 자폐증 유발과 관련이 없다는 것을 설명한다면, 그리고 그 메커니즘에 관련된 원인을 설명할 수 있다면, 또 다시 환경적 문제는 새로운 난관에 부딪치게 될 것이다.

여기에 자폐증의 유발이 중금속으로 오염된 환경 때문이 아니라는 연구가 있다. 이 설명에 의하면, 이미 우리는 환경적으로 많은 화학적 오염에 노출되어 있다. 하지만 우리의 신체 메커니즘은 환경으로부터 유입된 독성을 체외로 배출하도록 되어 있다. 이러한 기능을 하도록 하는 것이 성장요소에 필요한 다양한 비타민들이다. 그런데 자폐아동은 신체발달에 필요한 요소가 불균형하다. 이것은 자폐아동의 섭식습관과 깊은 관련이 있다. 예를 들어, 일반아동들은 다양한 음식을 통해서 체내에 쌓인 중금속을 배출할 수 있는 요소들을 섭취하는 반면에 자폐아동은 극단적으로 편식하는 습성이 있기 때문에 중금속 배출 능력이 떨어진다.

문제는 일반아동들 중에서도 중금속 수치가 월등히 많은 아동들이 있다는 점이다. 그리고 의문은 왜 그들은 자폐증을 유발하지 않느냐는 것이다. 일반아동들 중에 편식을 하는 아동들에게 대부분 중금속 수치가 높게 나타났다. 편식하는 일반아동의 중금속 수치와 자폐아동의 중금속 수치가 같은데도 불구하고 중금속 수치가 높은 일반아동들에게는 자폐증이 유발되지 않는다. 신체의 중금속과 같은 독소를 제거함으로써 자폐증이 치료된다는 이들이다. 이 치료의 가정은 몸속에 독소를 빼면 자폐증이 낫는다는 것을 주장하지만, 이 방법으로 치료되거나 호전된다는 그 어떤 증거도 발견하지 못했다.

생물학적 원인

유전

처음 자녀가 자폐증으로 진단을 받은 후에 한 번쯤 부부가 서로 가족 간의 병인에 관해 확인하지 않은 적은 없다. 혹시 친척 중에 장애를 가지거나 혹은 말이 늦는 사람이 있었는지에 관해 확인한다. 그 과정에서 종종 친척 중에 장애를 가진 분이나 혹은 먼 친척 중에 자녀가 자폐증이 있다는 것, 그리고 심지어는 현재 자폐증 아동을 가진 아버지가 어린 시절 말이 늦었다는 경험을 떠올리기도 한다. 이러한 것들이 자녀의 자폐증 원인이 되는 것일까? 부모는 유전상에 숨겨진 파일을 의심한다.

지금까지 많은 연구자들에 의해 자폐증 원인이 후천적으로 심리사회적 원인이나 환경 원인에 대한 연구와 더불어 유전 및 생물학적 원인에 관한 연구가 지속되었다. 그 중에 초기 연구에서 자폐증 원인 중에 주요 쟁점 중의 하나는 유전적 원인에 관한 것이었다. Rimland(1964)는 처음으로 자폐증의 유전적 가능성을 제기하였는데 일란성 쌍생아와 이란성 쌍생아의 자폐증의 발병률을 비교한 연구에서 일란성 쌍생아에서 더 높게 나타난다는 것을 발견하였다.

자폐아동의 일란성 쌍생아를 대상으로 한 유전학적 원인에 관한 연구가 지속되면서 점차적으로 자폐증이 유전적인 원인임이 밝혀졌다. 특히, 쌍생아의 형제에게 나타나는 자폐증의 비교 연구에서는 형제 중에서 일란성 쌍생아와 이란성 쌍생아의 차이가 매우 크게 나타났다. 즉, 일란성 쌍생아의 경우 형제가 자폐증일 확률이 40%에서 90%에 이르지만, 이란성 쌍생아의 경우에는 형제가 자폐증일 확률이 거의 없었다(Bailey,

Phillips, & Rutter, 1996).

이외에 형제간의 출생 순위의 성별에 따라 자폐증 유병률에 관한 연구에서도 유전적 원인의 가능성을 보여 주고 있다. 유전학적 측면에서 일반아동의 형제에 비해 자폐 형제가 있는 경우 형제가 자폐일 가능성이 매우 높다(Ritvo, Freeman, Pingree, Mason-Brothers, Jorde, Jenson, McMahon, Petersen, Mo, & Ritvo, 1989). 이 연구에 의하면, 첫 아동이 자폐증일 경우 이후에 태어나는 다른 형제가 자폐일 가능성은 8.6%가 된다. 그리고 첫 아동이 자폐 남아인 경우 둘째 아동이 자폐일 가능성은 7%이며, 첫 아동이 자폐 여아인 경우 둘째 아이의 자폐증을 가질 가능성이 14.5%로 높아진다고 한다.

유전자의 이상은 특정 원인에 대한 강력한 근거가 되기도 한다. 가족사에 관한 여러 연구를 통해 자폐증의 유전학적 측면의 가능성이 줄곧 제기되어 왔었다. 자폐증의 유전적 원인으로서 자폐아동에게 염색체가 비정상적으로 조합되어 있다는 연구가 보고되었다(Gillberg, 1988). 이러한 유전학적 원인에 관한 연구가 지속되면서 속속히 유전자와 관련이 있다는 증거가 제시되었다. 자폐증이 유전과 관련이 있다는 연구에서 16번 염색체의 유전자가 자폐증과 관련된 것으로 추정하였으며(Philippi et al., 2005), 또 다른 연구에서 자폐증이 17번 염색체가 유전적으로 연계가 있음을 발견하였다(Cantor et al., 2005).

염색체의 이상은 여아보다 남아에게 더 많이 보였으며, 특히 지적으로 지연된 자폐아동에게 많이 나타났으며 이들 아동에게 염색체의 이상이 더 높게 나타났다. 그리고 일반 장애아동의 형제 중에 지적장애를 동반하는 경우보다도 자폐증을 가진 형제 중에 지적장애가 나타나는 비율이 높았다. 이 결과의 의미는 무엇을 의미하는 것일까? 결국, 자폐증이 지적 결함을 동반한 광범위한 유전자 장애(polygeini cisorder)라는 것을 보여 주는 것이라 하겠다(Bailey, Le Couteur, Gottesman, Bolton, Simonoff, Yuzda, & Rutter, 1995).[28)]

---

28) 본래 지적장애아동이 지니는 지적장애와 자폐아동의 지적장애는 그 양상이 근본적으로 다를 수 있다. 예를 들어, 지적장애이지만, 사회성과 일상적인 언어를 구사하는 데 어려움이 없다. 자폐아동에 비해 대체로 지적장애아동들은 말을 잘하고 사회성이 좋다. 물론, 자신의 정서표현 양식도 다르지 않다. 단지, 그 모든 수준이 전반적으로 일반아동에 비해 떨어질 뿐이다. 만약에 지적장애아동이라면, 자폐증을 가진 아동들에게도 그러한 병리적 특징이 있어야 할 것이다. 이해 비해 자폐아동의 증상적 양상은 지적아동과 전혀 다르다. 그러므로 자폐증으로 인한 지적장애와 일반적인 지적장애가 병리적 특징으로 구분되어야 한다. 자폐아동의 지적능력을 설명할 때 우선 우리는 장애아동이 지적장애를 동반하는 것과 자폐증이 지적장애를 동반하는 차이가 무엇인지를 밝혀야 할 필요가 있다.

자폐아동의 지능검사에서 대부분 동작성 검사가 매우 뛰어난 반면에 언어성 검사가 현저히 떨어진다. 그러나 평균점수는 일반아동과 같거나 혹은 높다. 그렇다면, 이들 자폐아동은 지능이 뒤떨어지지 않는다고 할 수 있을까? 지능점수 만으로 여전히 지능이 뒤떨어지지 않는다고 평가될 것이다. 지능이 정상인

지금까지 자폐증의 유전적 원인과 관련하여 자폐아동과 가족에 대한 연구의 결과는 다음과 같았다(Pericak-Vence, 2003). (a) 이란성에 비하여 일란성 쌍생아에게서 더 높은 비율의 자폐증이 나타났으며, (b) 자폐증과 관련된 범주성 장애를 가진 가족 구성원은 자폐성 장애를 가질 가능성이 높고, (c) 자폐증은 유전적으로 취약한 X증후군이나 결절성 경화증과 같은 유전적인 조건과 직접적으로 관련될 수 있다.

자폐증의 원인에 관한 유력한 단서를 찾기란 쉽지만은 않다. 자폐증이 유전적 원인일 가능성이 높지만, 단지 "가능성"이라는 단서만을 가지고 자폐증의 원인이 유전에 의한 것이라고 단정하는 것은 바람직하지 못하다. 왜냐하면, 유전적 소양을 가지고 있다는 것만으로 병리적 양상을 띠는 것이 아니라는 것을 다른 영역의 연구에서도 경험했기 때문이다.[29] 자폐증은 다양한 유전자들의 이상과 연관되어 있으며 이러한 유전적 다양성은 임상양상의 다양성과도 밀접하게 관련이 있다. 자폐증은 약 3~15개의 대립유전자(allele)들이 관여하는 복잡하고 다원적인(polygenic)유전 형태를 나타낸다. 또한 유전-유전상호작용 및 유전-환경 상호작용을 거쳐 증상 및 질환이 되는 것으로 알려져 있다. 자폐증과 관련된 유전자는 최소한 100개 이상이지만, 자폐증과의 연관성이 일관되게 보고되는 유전자는 그렇게 많지 않다. 직접적인 것으로 알려진 것은 세로토닌 운반체 유전자(serotonin transporter gene), GABRB3 유전자가 있다.

어쨌든 자폐증이 유전적 요인과 깊은 관련이 되어 있는 것은 사실이다. 일란성 및 이란성 쌍생아에서의 진단 일치율을 통하여 측정하게 되는 유전율(genetic heritability)은 자폐증의 경우 90% 이상인 것으로 보고되고 있다. 가족 내에 자폐증을 가진 아동이 있는 경우 다음 형제에서 자폐증을 가질 위험성은 일반 인구 집단에 비해 50배에서 많게

자폐증으로 평가되지만, 여전히 자폐증적 증상을 벗어날 수 없다. 평균 점수를 갖더라도 일반아동의 행동양상과 자폐아동의 행동양상은 일상적으로 크게 다르다.

상기하자면, 지적장애를 동반하지 않는 장애는 없다는 점이다. 그러므로 자폐증이 지적장애를 동반한다는 설명은 자폐증의 병리적 특징을 의미하는 것도 아니다. 즉, 유달리 자폐증만 지적장애를 동반한다는 것은 장애아동들의 병리적 특성을 고려하지 않았기 때문이다. 자폐증이 지적장애를 동반한다는 사실을 근거로 하여 빈번히 "자폐증"을 "지적장애"로 진단 내리기도 한다. 임상적 측면에서 보자면, 발달병리적으로 "자폐증"과 "지적장애" 아동의 특징은 뚜렷하게 구분된다는 점이다.

29) 자폐증이 특수한 유전자들에 기인되고, 얼마만큼이 양육되는 환경에 기인되는지 그리고 발달과정에서 개인에게 미치는 영향이 무엇인지에 대해 명확하게 설명되지 않는 이상 원인이라고 단정하는 것은 매우 어렵다. 예를 들어, 생리학적으로 암의 발생이 부모로부터 유전적 양상을 전달받았다고 해서 반드시 자녀가 암에 걸리는 것은 아니다. 뿐만 아니라, 지능에 관한 연구에서도 지능이 반드시 유전적 양상의 영향을 받지 않는다는 것을 보여 준다. 따라서 유전적 소양을 지녔어도 반드시 병인의 요인이 되지 않는다(Scarr & Weinberg, 1976).

는 200배까지 높아지는 것으로 보고되고 있다.[30)]

뇌기능 장애

자폐증 원인에 대해서 뇌기능의 문제를 한번쯤 의심하지 않는 부모나 전문가들은 없을 것이다. 일찍부터 자폐증이 뇌기능 장애라는 것을 간파한 몇몇 전문가들은 손 빠르게 뇌기능 훈련을 통해 뇌기능을 향상시킴으로써 자폐증을 치료할 수 있다고 주장하였다. 그들은 특별히 뇌발달을 위해 관한 명상이나 요가를 제시하기도 한다. 뿐만 아니라, 한방에서는 특별히 조제한 약으로 뇌기능을 활성화시킬 수 있다고 한다. 드물게 의학적으로 뇌발달을 위한 의학 시술을 시도하는 경우도 있다. 그러나 대부분의 주장들은 뇌가 어떻게 발달하고 뇌기능이 어떻게 작용하는지에 관해 설명하지 못하고 있다.

뇌의 어느 부분이 문제가 있는가? 전문가이든 혹은 비전문가이든 고민 끝에 던져보는 물음이다. 이 경우 분명히 뇌에 문제가 있다고 확신하다. 이미 자폐증 장애를 뇌의 국지적 특징으로 설명하는 연구가 있다. 뇌의 특정한 부위에 문제가 있을 경우 발달상의 문제에 이상이 생길 수 있다는 것이다. 예를 들어 뇌출혈이 생겨 뇌신경의 일부가 문제가 생겼을 경우, 언어를 상실하거나 혹은 특정 부위의 운동-감각기능을 잃을 수 있다. 실제로 자폐증은 감각 · 지각 · 언어 등의 통합에 필요한 뇌의 신경생리학적 이상이 있는 것으로 나타난다(Ornitz & Ritvpo, 1968b). 이러한 신경생리학적 결함이 어떻게 자폐아동의 장애를 가져오는 것일까?

복잡한 뇌의 신경생리학적 이해가 난해함에도 불구하고, 전문가들은 자폐아동의 독특한 능력과 장애의 특성으로 보아 자폐증이 뇌와 관련되었다고 추측한다. 실제로 인간의 사회 및 행동, 정서 발달은 인간의 뇌기능에 영향을 받는다. 인간의 뇌기능은 인간의 모든 행동과 사고양식과 관련이 있다. 그러한 점에서 자폐아동의 발달상에서 일어나

30) 사이먼 배런코언(Simon Baron-Cohen)은 자폐증의 원인에 관해 동류교배 이론을 주장하였다. 동류교배 이론은 아버지와 어머니가 둘 다 체계화하는 사람이라면, 아이가 자폐증에 걸릴 위험이 증가한다는 것이다. 체계화하는 사람이란 규칙이나 법칙에 따라 만사를 이해하려는 성향이 강하거나 그런 사고방식을 가진 사람이다. 예를 들어 취미가 컴퓨터를 하고 노는 것이라면 그것은 눈에 보이는 행동이지만, 그런 행동은 분명 그 사람의 관심사를 반영하고, 그 관심은 그의 행동이 아니라 그의 마음에서 일어나는 일이다. 체계화하는 사람의 마음은 체계를 이해하는 쪽으로 끌린다. 즉, 거미가 그저 거미줄을 짓도록 프로그램되어 있는 것처럼 전형적으로 아이는 발달과정에서 언어를 학습하도록 프로그램되어 있다는 유추로 연결된다.

그의 이론은 다섯 단계를 거쳐 그 가능성을 검증한다. 첫째, 체계화하기가 집안 내력인지 아닌지 판단한다. 둘째, 체계화하기와 연관된 유전자가 있는지 알아낸다. 셋째, 자폐아동의 부모는 스스로 판단할 때 체계화하는 사람인지 파악한다. 다섯째, 이 유전자들이 결합될 때 아이가 자폐증에 걸릴 위험이 커지는지 알아낸다.

는 다양한 특징을 뇌의 발달과 관련시키는 것은 자연스러운 일이다. 그렇다고 뇌의 특정 영역에서 결함이 자폐증과 관련이 있는 것은 아니다. 자폐증의 원인으로서 뇌 장애와 관련된 연구에서 뇌의 특정 부분에 문제가 생겨 자폐증이 유발되는 것이 아니라, 복합적인 신경체계의 비정상 때문에 생긴다(Akshoomoff, Pierce, & Courchesne, 2002).

어린 유아의 뇌가 어떻게 복잡한 체계로 신경세포가 발달하는지에 관해 설명하기란 무척이나 어렵다. 뇌의 기능은 우리가 상상했던 것보다 훨씬 더 복잡하고 체계적인 구조를 가지고 있기 때문이다. 아직까지 뇌의 구조와 기능에 대해서 우리가 아는 것이라고는 일부분에 지나지 않는다. 분명히 연구자들은 뇌의 작용에 의해 생각하고 말하는 것, 그리고 사회적 관계와 행동, 정서기능이 달라진다는 것은 알지만, 그러한 뇌의 기능들이 어떤 작용에 의해 일어나는지에 대해 구체적으로 설명하지만 궁극적으로 자폐증의 원인에 대해 많은 연구자들은 자폐증을 뇌의 기능과 관련짓고 있다.

이러한 견해는 초기 연구에서도 설명되었다. 즉, 신경조직이 지나치게 발달하거나 혹은 발달이 지연되는 것과 같은 뇌 발달의 불균형으로 인해서 인지발달의 결함을 초래하며 인지발달의 결함은 또 다시 정서발달과 사회적 상호작용에도 영향을 끼치는 것이다(Minshew et al., 1997). 이와 관련하여 자폐증은 이와 같이 발달과정에서 특정한 시기에 특정한 기능이 적절하게 균형 있게 발달하는 과정에서 뇌기능의 안정화의 결함에 의한 것이라는 것이다. 그리고 이러한 뇌기능의 안정화의 결함은 뇌의 신경조직 발달의 불균형은 뇌 용적과 뉴런의 수와 같은 몇 가지 조직에서 나타난다. 그리고 이러한 불균형은 변연계와 작은 뇌에서 뉴런의 과잉성장과 저하 혹은 급작스럽고 과도한 세포소멸이 있다고 가정하고 있다(Akshoomoff, 2000; Rodier, 2000).[31)]

한편, 자폐증은 신경 생물학적인 뇌기능 장애이며 뇌의 여러 영역들의 상호관계 혹은 상호작용의 결손에 의한 것으로 보고 있다. 즉, 뇌기능의 장애는 뇌의 신경연결망에 문제가 있어서 생기는 것이라고 한다. 이 설명에 따르면, 영유아 시기에 뇌가 발달하는 과정에서 뉴런의 신경망 연결이 활성화되는 것과 동시에 불필요한 뉴런은 제거되고 필요

31) 자폐아동의 뇌가 전형적인 또래의 발달과 비교할 때 다른 속도로 자란다는 증거가 있으며 이것은 초기 연령에서의 신경 가지치기 부족을 의미한다(Courchesne et al., 2001). 신경 가지치기란, 영아가 성장하면서 일정 기간 동안 뉴런이 성인의 뉴런의 양으로 급속히 증가하다가 점차적으로 뉴런이 소멸되고 안정화되는 것을 말한다. 걸음마 시기의 아기는 어른에 비해 세 배 이상의 많은 시냅스를 가진다. 이후에 활동하지 않는 시냅스는 "신경 가지치기(neuronal pruning)"를 통해 사라져 버리고 새로운 뉴런들이 해마에서 자란다. 이러한 "신경발생(neurogenesis)"이 새로운 학습에 대한 기억망의 개방을 증가시켜 준다. 만약에 가지치기에 결함이 있을 경우, 뇌의 기능은 안정화가 되기가 어렵게 되고 그로 인해서 정보 처리에 어려움이 발생할 수 있다. 이러한 점에서 자폐증이 뉴런의 성장 조절장애의 일종일지도 모른다는 연구가 있다(Akshoomoff et al., 2002).

한 뉴런이 생성되면서 새로운 뇌기능의 변화가 일어난다. 그러나 자폐증일 경우 신경망의 뇌세포의 가지치기와 같은 재활성화 없이 관계가 없는 연결들이 일어나거나 혹은 발달 기간 동안 너무 많은 연결들이 일어난다고 한다(Coleman, 2005).

뇌기능의 작용이 신경망의 활성화가 불규칙적으로 일어나거나 혹은 활성화의 과정이 신경망과 연결 없이 일어날 수는 없다. 즉, 모든 뇌기능은 복잡하게 얽혀진 체계적인 신경망과 기능의 활성화에 의해 작용한다. 그러한 점에서 우리는 뇌기능의 문제로 인해서 자폐증의 장애를 초래할 수 있다는 것을 의심할 만한 것들이 있다. 예를 들어, 자폐아동은 자폐증적 증상뿐만 아니라, 감각기능에서 여러 가지 신경생리학적 증상을 나타내는데, 그 특징으로 신체적으로 걷기가 불안정한 것, 전반적으로 몸 움직임이 어색하고 통증에 대해 둔감한 것 등이 있다. 또한 언어에서 발음이 불완전하고 불규칙하며, 각각의 음절을 이어 말을 하는 것이 어색하다. 문장으로 말하기보다는 단어로 말을 하며, 말을 할 때 억양과 음의 높낮음 조절이 불안전하다.

일반적으로 자폐증의 신경생물학적 원인과 관련하여 측두엽과 전두엽의 신경계에 이르기까지 뇌 발달의 전반적 손상이 있음을 가정한다(Schultz & Robins, 2005). 전두엽에 손상이 있을 경우에는 계획, 조직, 자기 감독, 억제, 융통성, 기억, 실행 기능의 인지적 조직에 어려움이 있으며, 측두엽에 손상이 있을 경우에는 정보처리의 결손과 같은 인지 결함을 초래하고 뇌체계의 역기능으로 인해 생활 및 사회행동에서 여러 가지 어려움을 겪는 것으로 알려졌다(Dawson, 1996).

이 설명에 의하면, 특히 중앙 측두엽과 변연계는 신경회로를 통해 서로 밀접하게 연결되어 있으며 자폐증성 아동의 감정조절, 학습 그리고 기억과 연관되어 있다. 편도핵은 정서를 느끼고 사회적 행동과 보상의 관계를 이해하고 신체 움직임과 눈의 응시 방향을 지각하게 한다. 해마(hippocampus)는 장기기억에 중요한 역할을 할 뿐만 아니라, 특히, 사회성 퇴행, 강박행동, 위험상황 학습 실패, 기억에서의 정보인출 장애, 새로운 사건이나 상황에서 적응장애와 같은 행동을 일으킨다.

그런데 이와 관련하여 작은 뇌발달과 자폐증이 밀접한 관련이 있을 가능성에 대해 제기되었다. 여러 연구에서도 자폐증의 뇌생물학적 이상이 있다는 것에 십숭되었다. 실제로 생물학적 원인으로 뇌의 결손에 관한 연구에서 뇌의 비정상적인 형태를 연구한 결과 자폐아동의 작은 뇌는 일반아동의 작은 뇌와 해부학상 현저한 차이를 보이고 있다는 것을 설명하였다(Floom, Beal, & Kupfer, 2006). 자폐아동의 작은 뇌는 일반아동에 비해 크기가 작으며, 발육 단계에서 나타나는 분화의 속도가 일반아동들에 비해 저하되어 있다. 그리고 분화의 과정에서도 비정상적인 형태를 보이고 있다는 것이다.

특히 자폐아동의 작은 뇌에 있는 푸르키니에 세포(Purkinje cell)의 밀도가 일반아동보다 심각하게 감소되어 있다. 이러한 푸르키니에 세포의 감소는 자폐증과 관련된 행동 특징을 유발한다(Courchesne et al., 1995). 뇌 영상자료와 사후 부검을 통해서 조사된 결과에서도 작은 뇌와 변연계의 미세한 구조에서 이상이 있었으며 신경세포의 숫자와 세포 밀도가 감소한 것으로 나타났다(Minshew et al., 1997). 이러한 현상은 이미 설명되었던 것처럼 초기 어린 연령에서 뇌 세포 증가와 더불어 가지치기(neuronal pruning; 뇌발달 과정에서 어린 영유아기에 뉴런이 성인의 3~4배 이상으로 놀라운 양으로 증가하다가 어느 순간 불필요한 뉴런이 소멸되기 시작하고 일정 수준의 뉴런만이 존재한다. 만약에 뉴런이 덜 소멸하거나 혹은 더 많이 소멸됨으로써 안정화를 이루지 못하면 뇌기능에 이상이 생길 수 있는데 뇌세포의 안정화에 실패와 더불어 새로운 해마의 세포를 만들어 내지 못하기 때문으로 본다)를 통해 안정화하는 데 실패하는 것과 관련이 있지 않을까? 이러한 가정과 의문은 자폐증이 뉴런의 성장의 조절장애일 수 있다는 연구와 일치할 가능성이 높다(Akshoomoff et al., 2002).

일반적으로 작은 뇌는 자폐아동의 언어, 학습, 감정, 사고, 관심 집중 같은 기능에도 부분적으로 관계한다(Courchesne, Townsend, & Chase, 1995). 이와 같이 일반적으로 신경생물학적 발견은 자폐증에서 작은 뇌와 중간 뇌, 측두엽 이상과 같은 국부적 손상을 가진 대뇌 발달의 전반적 손상이 있음을 가정하고 있으며 실제로 신경생리학적 측면에서 뇌기능의 장애는 다양한 기능에 결손을 가져올 수 있다(Schumann et al., 2004). 그렇다면 뇌기능에 손상을 가져왔다는 것은 무엇을 의미하는가? 단순히 뇌기능에 손상을 가져왔다는 것은 국부적으로 물리적 손상이나 기능상의 손상이 아니라, 뇌기능 체계에 손상을 의미한다. 즉, 뇌의 신경세포들 간의 연결체계에 이상이 있다는 것이다.

하지만 뇌 장애에 따른 뇌 세포의 손상이 자폐아동의 발달에 어떻게 영향을 끼치는지 그리고 장애를 동반하는 과정을 명확히 밝히지는 못했다. 그러나 그 중에 뇌 장애에 따른 근본적인 장애 원인에 대해 단서를 제시하는 연구가 있었다. 그것은 신경세포 연결에 있어서 문제가 되며 이것의 손상은 곧 자폐증의 원인이 될 수 있다는 것을 의미한다(Just, Cherkassky, Keller, & Minshew, 2004). 이와 관련된 다른 연구에서도 비슷한 결과를 얻었다. 이 연구는 자기공명화상법(MRI)을 이용한 연구로서 자폐아동이 과제를 수행하도록 하였을 때 신경세포 연결에 있어서 문제가 있다는 것을 발견하였다. 이것은 신경세포 연결의 결함은 곧 자폐증의 원인이 될 수 있다는 것을 의미한다(Just, Cherkassky, Keller, & Minshew, 2004). 이 후에 이와 관련된 연구가 진행되었다. 이 연구는 신경세포의 연결 분포에 관한 것으로 일반아동과 자폐아동의 신경세포의 연결구조 빈도와 분포의 차이를 분석하는 것이었다. 그 결과 신경세포 연결의 결함은 자폐아동의 뇌 영역 간 신경활동을 감소시킨다는 것을 발견하였다(Koshino et al., 2005).

지금까지의 자폐아동의 뇌에 관한 연구들은 자폐증의 원인이 뇌기능의 장애라는 것에 대해 어느 정도 일치했고 구체적으로 자폐아동의 뇌의 역기능에 관한 몇 가지 원인에 있음을 밝혔다. 그러나 실제로 뇌기능의 장애가 어떻게 자폐증을 유발하는지에 대해서는 아직도 그 과정을 명확하게 설명하지 못하고 있다. 그리고 자폐증과 뇌기능 장애를 결부시키는 것만으로도 생각이 복잡해진다. 그러나 자폐증의 원인의 뇌기능 장애 설명은 지금까지 이해하지 못했던 많은 문제들을 설명해 주었다. 뿐만 아니라, 자폐증 치료의 방향을 결정하는 중요한 근거가 되었다.

신경생화학 및 생리학 원인

한번쯤 자폐증 치료를 위해 약물 복용을 생각하지 않는 부모는 없다. 만약에 자폐증 치료약이 있다면, 자폐증을 가진 모든 부모의 희망이 될 것이다.

전문가들의 연구는 뇌기능의 장애가 신경전달물질의 생리학적 요인에 집중하기도 했다. 만약에 신경생화학적 요인이라고 한다면, 조절기능의 회복이 자폐증 장애의 문제를 해결하는 데 더 많은 도움이 될 것이다. 이러한 가정하에 신경생화학의 생리학 원인을 규명하여 약으로 자폐증을 치료하려는 시도가 오래전부터 계속 이어졌다.

자폐증 장애를 치료하기 위해 시작된 연구는 우연히 시작되었다. Kahn은 자신에게 진료를 받기 위해 찾아온 갑상선 기능에 문제가 있는 자폐아동을 진료하게 되었다. 진료하는 과정에서 자폐증 장애를 알고 있었던 그는 갑상선 치료가 자폐증상에 영향을 미친다는 것을 우연히 알게 되었고 이에 착안하여 자폐아동의 갑상선 기능 이상과 T3(trilodothyronine)의 치료 효과에 관한 연구가 있었다. 이 연구의 발단은 갑상선 기능에 문제를 가진 아동들을 대상으로 치료하는 과정에서 트릴로도티로닌의 섭취가 자폐증상을 감소시켰다고 보고하고 있다(Kahn, 1970). 그러나 여러 연구에서 갑상선 기능저하증이 자폐증을 유발하게 되는 요인이었는지는 불분명하였고 오히려 자폐증에 취약한 개인에게 위험 요인으로 작용할 가능성을 제기하였다. 여러 연구에서 T3의 치료가 자폐증 치료에 효과가 있다는 명확하게 확인된 연구는 없다.

그 이후에 연구자들은 약물치료의 방법을 찾아 연구에 몰두하였다. 그리고 이와 관련하여 연구자들은 자폐증을 치료하기 위한 약물을 만들어 내기 위해 몇 가지 신경생화학과 신경생리학에 관한 핵심적인 가설에 집중하였다. 그 중 하나가 호르몬의 생물학적 상태가 자폐증의 유발과 관련이 있을 것으로 추측하는 연구들이 있다. 부신피질에서 생성되는 호르몬인 코르티솔(cortisol)은 스트레스에 반응해 생성되며, 일반적으로 이른 아침에 많은 양이 분비되는 데 비해 자폐아동에게서 인슐린에 반응한 코르티솔의 분비가 높게 증가한다(Maher et al., 1975). 특히, 자폐아동에게서 낮 시간 동안 코르티솔이 과다분비되는 경향이 관찰되었는데 이것은 환경적인 스트레스에 대한 반응으로 나타난 변화라고 추측하고 있다(Richdale & Prior, 1992). 자폐아동에게 덱사메타손 억제 검사(dexamethasone suppression test; DST)를 시행했을 때에도 마찬가지였다. 지능지수가 낮은 자폐아동 그룹에서 코르티솔 분비가 더 많이 증가하였다. 이는 또 다른 연구에서도 비교적 일관되게 나타났다(Hoshino et al., 1984).

하지만, 호르몬 작용이 자폐증상에 영향을 미친다는 더 이상의 연구가 진행되지 않았다. 그리고 호르몬의 작용에 관한 연구는 점차 그 설득력을 잃어가기 시작하면서 신경생화학 및 신경생리학의 원인에 관한 연구가 활발하게 진행되었다. 특히, 세로토닌과 도파민에 관한 연구는 자폐증상에 관한 문제들을 해결해 주는 듯했다. 자폐증과 관련된 신경전달물질로서 세로토닌의 하나인 하이드록실 트립타민(5-hydroxytryptamine; 5-HT)과 도파민(dopamine), 노르에피네프린(norepinephrine), 아편양 펩타이드(opioid peptide)가 있다. 그리고 호르몬 중에는 코르티솔과 갑상선 호르몬, 성 호르몬이 있다. 연구자들은 이들 신경전달물질과 호르몬은 자폐증과 깊은 관련이 있다고 보고 있다.

그 중에 신경전달물질인 세로토닌에 관한 연구에 관심을 갖게 되는 원인은 세로토닌은 기본적으로 수면과 식욕 등을 조절하는 것에 관여할 뿐만 아니라, 지각과 중추신경계의 발달에 중요한 역할을 하기 때문이다. 연구자들은 자폐아동이 수면장애와 심한 편식 그리고 상동증적 행동이 신경전달물질의 불균형 때문이라고 보았다. 따라서 세로토닌을 조절함으로써 자폐증상의 관찰을 시도했던 연구자들은 우선, 세로토닌을 조절하기 위해 펜플루라민(fenfluramine)과 플로미프라민(flomipramine), 플루옥세틴(fluoxetine)의 약물을 자폐아동에게 투여하였다. 그 결과 자폐증상을 호전시키는 데 효과가 있다는 것을 발견하였다(Waage-Baudet et al., 2003).

그 이전에도 세로토닌의 가족 유의성에 관한 흥미 있는 연구가 있었다. 이 연구는 자폐아동 뿐만 아니라, 그 가족들의 세로토닌의 수치를 측정해 보면 어떤 결과가 있는지 이 여부이다. 연구 결과 실제로 자폐아동의 가족들에서 혈중 세로토닌 수치가 높으며, 자폐아동의 혈중 세로토닌 수치가 높을수록 자폐증 유발의 확률이 더 높았다(Leventhal et al., 1990). 혈중 세로토닌 수치가 높은 자폐아동의 부모에서 우울이나 강박증상이 더 많이 나타나며 정신과적 증상의 심각도와 세로토닌 농도는 상관이 있다(Cook et al., 1994). 또한 세로토닌은 어휘력과 인지기능에 영향을 미치는 것으로 보고되어 있다(Cuccaro, 1993).

또한 도파민이 자폐증의 원인에 관여한다고 보고 있다. 도파민은 활동성이나 동기의 조절 및 보상, 인지 기능, 운동 기능, 호르몬 분비 등의 역할과 관련이 있는 신경전달물질로서 만약에 도파민의 생성이 억제되면 여러 가지 문제가 된다. 도파민이 자폐증상에 영향을 미치는지에 관한 연구가 있다. 도파민을 억제하는 것이 멜라토닌이다. 그런데 비교적 낮에 수치가 낮게 나타나는 도파민의 수치가 자폐아동에게서는 낮에도 계속 상승한다(Ritvo et al., 1993). 이것은 도파민의 이상이 있을 경우 자폐증을 나타낼 수 있다는 것을 설명해 준다. 또한 도파민의 대사물질인 HVA가 소변에서 나타나는 수치가 일반아동에 비해 자폐아동에게 더 높게 나타난다.

그 이후에 이루어진 약물에 관한 연구에서는 신경화학물질인 후뇌(hindbrain)에 위치한 청반핵(locus coeruleus)에서 생성되는 노르에피네프린(norepinephrine)은 각성과 불안, 스트레스 반응, 기억 등에 작용하며, 노르에피네프린 혈중 수치가 자폐아동에서 증가되었다고 보고하였다(Barthelemy et al., 1997). 하지만 이에 관한 연구는 지속되지 않았다.

한편, 뇌의 활성체에 작용하는 물질에 관해 많은 논란을 불러일으킨 연구가 있었다. 그것은 뇌세포의 수용체에 작용하는 물질인 펩타이드에 관한 연구였다. 엔케팔린(enkephalin)이나 엔도르핀(endorphin)과 같은 아편양 펩타이드(opioid peptide)는 모르핀(morphine)과 동일한 수용체에 작용하는 리간드(ligand)이다.

아편양 펩타이드를 동물에게 주사했을 때 통증 지각의 감소, 같은 행동의 지속, 자해 행동, 사회적 관계의 감소 등이 감소하였다. 이것으로 아편양 펩타이드가 자폐증상과 연관 있는 것으로 가설이 제시되었다. 그러나 아편양 펩타이드를 조절하는 아편 수용체의 길항제인 날트렉손(naltrexone)을 자해 행동을 나타내는 자폐아동 치료에 시도해 보았지만, 뚜렷한 효과가 검증되지 않았다(Sandman et al., 1983). 그러나 약물로 자폐증상을 호전시키려는 많은 노력은 사그라지지 않았다. 지속된 연구에서 여전히 펩타이드가 자폐증상을 해결하는 중요한 원인으로 보았다. 그러나 이후의 연구에서도 아편양 펩타이드를 적용한 자폐아동 치료를 시도했으나, 실제로 효과가 있는지에 대해 많은 의문을 제기하였다(Poustka, 2009).

또 다른 연구 과정에 자폐아동에서 글루타메이트와 GABA가 증가한다는 것을 제기하였다(Aldred et al., 2003). 글루타메이트(glutamate)와 GABA는 신경전달물질의 역할을 하는 아미노산(amino acid)으로 글루타메이트는 주로 신경세포의 활성을 자극하고, 반대로 GABA는 신경세포를 억제하는 작용을 한다. 이 연구에 의하면, 글루타메이트가 과다분비되면 흥분세포 독성(excitotoxicity)에 의해서 신경이 기능적으로 퇴행한다고 알려져 있는데 자폐아동의 신경발달상의 문제가 이와 관련이 있을 것이라고 추측하고 있다.

신경생화학 및 신경생리학의 원인에 관한 명확한 연구와 검증이 되지 않는 이상 그에 따른 치료약을 개발하기란 어려운 것이다. 아쉽게도 신경생화학과 신경생리학적 원인에 관해 완전하게 설명하기란 어렵다. 지금까지의 연구는 다양한 신경생화학과 신경생리학적 원인이 자폐증 유발에 영향을 미칠 것이라는 가설을 두고 있지만, 반대로 자폐증이 있었기 때문에 신경생화학 혹은 신경생리학적 결함이 있는 것이 아닌지를 깊이 있게 숙고해야 할 것이다. 예를 들어 스트레스를 받기 때문에 생리학적 반응이 일어나는 것이지 생리학적 반응이 있었기 때문에 스트레스가 일어나는 것은 아니다. 그리고 생리학적 원인에 의해서 우울증이 생기는 것이 아니라, 우울증이 있기 때문에 그에 따른 생리학적인 반응이 일어날 수 있는 것이다.

❁ 불안한 존재

자폐증이 왜 유발되는지에 관한 원인이 어떻든 간에 자폐아동의 특별한 행동이나 특징이 나타나는 원인은 무엇인가? 그리고 발달상의 장애가 여전히 해결이 되지 않는 이유가 무엇인가? 자폐증의 그 원인이 무엇이든 간에 현실이 여전히 불확실한 이유는 자녀에게 나타난 문제들이 무엇인지를 알 수 없을 때이다. 발달상 무엇이 문제인지에 관한 물음에 명확하게 답변하는 전문가는 없었다. 겉으로 나타나는 문제들이야 모두 알고 있지만, 그것의 근원이 무엇인지 알 수 없다. 그러나 자폐아동의 증상과 장애를 설명하는 몇 가지 단서가 있다. 무엇이 자폐아동을 불안한 존재로 있게 하는지에 관한 설명이다.

자폐증에 관심을 갖는 부모나 교사들이라면 자폐아동에게 어떤 장애가 있는지 쉽게 발견할 수 있다. 부모가 치료교육에 대해 수없이 많은 의문을 갖는 이유 중에 하나는 왜 그토록 많은 학습을 시도했음에도 불구하고 자폐증적 특징이 개선이 되지 않는지의 여부이다. 더욱이 일상적이고 보편적인 문제들이 개선되지 않는 것에 대해서는 더욱 더 의문을 갖지 않을 수 없다.

실제로 자폐증의 장애 특징을 설명하는 전문가는 있어도 그러한 특징적인 증상이나 행동이 어떤 원인 때문인지에 관해 설명하는 전문가를 만나기란 그렇게 쉽지 않다. 더구나 해결방법을 구한다는 것은 더더욱 어렵다. 도대체 우리 아이가 왜 그런 특별한 행동이나 습관을 가지고 있는지, 그리고 왜 그러한 비정상적인 특징을 보이는지 궁금하지만, 그에 대해 전문가도 답답하기는 마찬가지이다.

부모는 자녀가 일반아동과 다른 점이 무엇인지에 대해 잘 알고 있다. 예를 들어, 자녀가 곁눈질을 하며 이상한 행동을 했을 때, 혹은 물건을 나란히 배열하거나 쌓기를 똑같이 반복하거나 혼자 아무 이유 없이 울거나 웃는 것을 멈추지 못하는 것, 그리고 다른 사람의 눈을 마주치지 않거나, 반복해서 손뼉을 치거나 특정한 물건에 집착하는 것, 말을 하더라도 대화를 하지 못하는 것, 가족과 상호작용이 가능하지만, 또래 아동과 사회적 상호작용이 되지 않는 것 등이다. 이것은 자녀와 다른 또래 아동과 구별되는 특징이기도 하다.

어쨌든, 분명한 사실은 자폐아동은 일반아동과 발달상 다른 점이 많으며 불안한 존재라는 것이다. 그러나 자폐아동의 불안성은 의도적인 것도 아니며, 환경적인 것도 아니다. 그것은 어디까지나 본래 그러한 성향을 가지고 있는 것이다. 자폐아동이 불안한 존재라는 사실에 대해 늘 염려하지만, 왜 발달상 불안정한지에 관한 이해가 없다. 올바른 치료교육 방법을 통해 도움을 주기 위해서는 발달상 장애에 관한 이해해야만 한다. 그럼에도 불구하고 대부분의 부모와 전문가들은 자폐아동의 발달적 결함의 이유를 모른 채 설명하지 못하고 처방을 시도하려고 한다. 원인을 모르고 자폐아동을 돕는다는 것은 애초에 불가능한 것이다.

공동주의: 마음 모으기

자폐아동과 일반아동이 함께 집단 학습이나 놀이를 할 때 자폐아동은 집단을 의식하지 않는다. 또래 집단에서 어떤 일이 일어나는지 그리고 어떤 활동을 하고 있는지에 관해 주의를 두지 않는다. 교실에서 모든 아동들이 교사를 바라보고 있는 데 반해 자폐아동은 자신이 관심을 갖는 것에만 집중한다. 그래서 사람들이 자폐아동은 자신만의 세계가 있다고 하기도 한다.

하지만, 자폐아동이 단단한 호두 알에 갇힌 것처럼 자신만의 세계에 빠져 있다는 것은 자폐아동을 이해하지 못한 사람들의 낭만적인 해석이다. 자폐아동만이 가지고 있는 독자적인 세계가 없다. 그것은 단지, 의식의 결함에 의한 반응일 뿐이다. 많은 사람들은 자폐아동이 마치 자신만의 세계에 빠져 있다고 말하지만, 그 원인은 인지능력 중에 공동주의 결함 때문이다. 공동주의란 아동이 자신의 주변세계에 대해 반응을 하는 것이다.

유치원이나 학교에서 자폐아동이 공동적 관심을 갖는 경우가 없다. 다른 또래 아동이 무엇을 하든지, 무엇에 관심을 갖는지에 대해 관여하지 않는다. 교사가 아동들에게 요구할 경우 모두가 교사에게 집중하게 된다. 그러나 자폐아동은 그러한 경우가 드물다. 부모와 교사들은 자폐아동에게 왜 이러한 행동적 특징을 보이는가에 대해 늘 의문을 갖는다.

자폐아동은 교사와 관계가 형성되는 반면에 교실에서의 또래 친구를 의식하지 못한다. 이외에 공동으로 하는 일이나 과제를 수행할 때도 함께 있는 또래 친구들에게는 전혀 관심을 갖지 않는다. 자폐아동은 다른 또래 아동과 동일한 공간과 시간에 함께 처해 있는 상황을 인식하지 못한다. 그것은 사람이나 환경 때문이 아니며 더욱이 개인의 태도의 문제가 아니다. 그것은 공동의식에 관한 문제이다.

이상한 것은 자폐아동을 또래 집단에서 아무리 다양한 경험을 하도록 도와주어도 집단의식은 쉽게 일어나지 않는다는 점이다. 집단에 관한 주의를 강요하더라도 실제로 집단에 대해 주의가 일어나지 않는다. 왜냐하면, 그것은 "무엇에 관한 의식"과 관련되어 있기 때문이다. 따라서 다른 사람에 대한 의식이나 집단에 관한 의식이 일어나야만 사회적 관계가 가능하다. 따라서 자폐아동이 왜 제한된 상황에서만 반응을 하는지 그리고 왜 다른 사람이나 현상에 대해 관심을 두지 않는지에 관한 물음은 자연스럽게 자폐아동의 공동주의의 설명을 이끌어 낸다.

마음 이론은 공동주의(joint attention)의 결손을 설명한다. 공동주의는 아동에게 최초의 의사소통 수단이다. 공동주의는 아동이 다른 사람의 주의를 끌기 위해 자신의 시선을 이용할 수 있을 때 발생한다. 예를 들어, 엄마가 아기와 시선을 맞추고 있다가 잠시 주변 물체로 시선을 돌릴 수 있다. 이때 생후 8~9개월이 된 정상적인 아기는 엄마가 시선을 돌린 곳으로 자기 시선을 돌린다. 그리고 시간이 지나면서 아기는 어른의 주의를 이끌 수 있게 된다.

예를 들어, 아기는 엄마를 한번 바라보고 그 다음에 과자를 바라본 다음 다시 엄마를 바라보는 것과 같은 행동이다. 이러한 방식으로 아기는 엄마에게 과자를 먹고 싶다는 의도를 말하게 될 때까지 이러한 태도를 보인다. 이러한 방식의 의사소통에 있어 시선을 이용하는 능력은 아동이 다른 사람의 시선의 존재를 알고 있으며 다른 사람이 다른 관점에서 마음을 읽을 수 있다는 것을 학습하였다고 볼 수 있다.

그러나 자폐아동들에게는 공동주의 행동이 전혀 나타나지 않거나, 제한적으로만 나타난다. 연구자들은 공동주의에 대한 연구에서 자폐아동의 영유아기의 활동을 비디오를 통해 분석하였다(Osterling & Dawson, 1994; Osterling, Dawson & Munson, 2002). 이 연구에서 자폐아동은 지적장애아동, 일반아동의 주의를 분석하는 과정에서 아동이 부모나 다른 아동들과 얼굴을 마주하고 상호작용하는 모습이나 자신의 이름을 불렀을 때의 반응, 다른 사람의 손가락이 지적하는 곳을 바라보는 행동들에 대해 각각 점수를 매겼다. 그 결과, 자폐아동은 지적장애아동과 일반아동들보다 이러한 행동들에 대해 덜 반응하였다. 이 연구 결과에서 나타난 자폐아동의 의사소통 장애는 공동주의 결여 때문이다. 즉, 자폐아동들은 주변에서 자신이 원하는 것을 얻고 싶을 때에는 주의를 보이지만, 단순히 다른 사람과 사회적으로 어울리거나 다른 사람과 자신의 경험을 공유하기 위한 공동주의(protodeclarative joint attention)는 거의 하지 않는다. 자폐아동은 또한 무엇을 알아내기 위해 다른 사람들의 얼굴을 바라보는 일도 드물다.

공동주의는 모방을 형성시키는 데 영향을 미친다. 모방은 다른 사람의 의식으로부터 시작하기 때문에 반드시 다른 사람의 의도와 요구를 파악할 수 있어야만 한다. 기능적으로 행동을 모방하는 것은 특별히 의미를 갖지 못한다. 모방은 자신과 대상에 대한 심리적 동기로부터 시작해야 한다. 다른 사람처럼 행동하기 위해서는 자폐아동 자신이 다른 사람과의 일치된 행동을 해야 한다. 그러므로 신체 및 행동 모방은 훈련 가능하지만, 그것은 정작 모방이 아니라 훈련된 행동일 뿐이다.

더 나아가 공동주의는 다른 사람처럼 인격적 태도를 모사할 수 있는 "동일시"를 가능하게 하는 단초가 된다. 동일시는 "다른 사람처럼 인격화" 하는 것이다. 이것은 공동주의에 의한 모방 과정을 통해서 가능해진다. 물론, 단순히 공동주의를 형성하는 것만으로 쉽게 형성되지는 않는다. 거기에는 다양한 또 다른 과정의 지지가 필요하다. 그러나 적어도 공동주의는 높은 수준의 동일시 형성에 지대한 영향을 미치게 된다.

한편으로 마음 이론 가설을 지지하는 일부 학자들은 공동주의의 결핍과 마음 이론의 결함 간에 직접적인 관련이 있다고 믿는다. 그리고 자폐아동들이 공동주의 행동을 거의 하지 않는 원인을 다른 사람의 시선을 감지하여 그들이 자신만의 느낌과 관점이 있는 목적의식을 가진 존재라는 것을 깨닫게 해 주는 신경학적 기제의 결함에 근거한다.

중심적 응집성: 지식을 다루지 못하는 아이

"많이 알고 있는데 많이 모르는 것 같다." 이것은 자폐아동을 가진 부모들이 느끼는 공통점이다. 모든 자폐아동이 그렇지 않지만, 때로 아동에 따라서 좋은 기억력은 일찍부터 관찰된다. 특별히 가르쳐 주지 않았어도 문자와 숫자를 스스로 안다. 특히, 자신이 관심을 갖는 것에 대해서는 무엇인가 많이 안다는 것이다. 또래 아동에 비해 빨리 문자와 숫자를 알게 되기도 하고 매우 어려운 퍼즐도 쉽게 맞추는 능력도 있다. 그러한 이유 때문에 초기에 부모들은 자녀가 무언가 특별한 능력을 지녔다고 생각하기도 한다. 특별히 또래 아동이나 어른들도 비교되지 않을 만큼 뛰어난 기억력과 조작능력을 가진 자폐아동이 있기도 하다.

그런데 문제는 많은 것을 알고 있지만, 많은 것을 모르고 있다는 느낌을 받는다는 것이다. 다르게 표현하자면, 할 줄 알지만 못하는 것이다. 그 이유에 대해 브리드는 자폐

과 같은 유연성 부족을 가져온다. 이 가설은 자폐증에서 나타나는 몇몇 제한적인 특수 능력의 원인에 대해 설명하는데 그 이유는 부분적 특수 능력은 대개의 경우 한쪽으로 과도하게 집중되고 편향적인 태도를 수반하기 때문이다. 그러나 실행 기능의 결함은 자폐증에 있어서 특유한 것이 아니다. 왜냐하면, 실행 기능의 결함은 주의력결핍장애, 뚜렛증후군, 강박장애, 정신분열증과 같은 다른 장애에서도 나타나기 때문이다.

어쨌든 실행 기능은 자폐아동의 주요 장애를 설명하는 개념이며 이것은 인지발달과 깊은 관련이 있다. 실행 기능이 인지발달과 관련이 있다는 점은 인지발달을 통해서 실행 기능의 수준을 더 높이 이끌어 줄 수 있다는 것이다. 따라서 자폐아동에게 반복해서 생활지도를 하더라도 실행 기능이 떨어진다.

예를 들면, 우편 화물을 분류하는 방법을 배웠다고 하더라도 물류창고에서 우편 화물에서 실행했던 방식을 새로운 방식으로 적용하거나 전략을 세우지 못한다. 이것은 자폐아동이 특정한 전략과 방식을 익혔다고 하더라도 상황과 일이 달라졌을 때 적절히 전략을 개선하거나 적용하기가 어렵다는 것이다. 그러므로 한 가지의 일과 직종에서 다른 일과 과업을 수행하기가 어려우며, 그러기 위해서는 많은 시간과 경험이 요구된다. 뿐만 아니라, 일에 대한 전문성을 축적하기란 더욱 어렵게 된다.

특히, 실행 기능은 아동으로 하여금 자신하려고 하는 일에 대해 미리 준비하거나 계획하는 능력이다. 어떤 일을 계획하고 준비하는 일은 일반아동들에게 일상적인 것이지만, 자폐아동에게는 그에 관한 의식이 존재하지 않는다. 어떤 일에 관한 방법은 알지만, 자신이 하려고 하는 일에 관한 계획과 준비가 없을 뿐만 아니라, 새로운 문제와 과제가 발생할 경우를 대처하는 능력은 더구나 존재하지 않는다.

주의와 각성의 결함: 외부세계를 지각하지 못하는 아이

이미 앞서 자폐아동의 감각발달에서 설명했던 것들을 다시 상기해 보자. 자폐아동의 반복 행동을 유심히 관찰해 보면, 똑 같은 방식으로 반복된다는 점을 관찰할 수 있다. 자폐아동이 손을 계속해서 펄럭거리거나 손뼉을 치는 것, 혹은 곁눈질하는 듯한 행동을 하는 것, 같은 장소를 반복적으로 왔다갔다하는 것, 웃음을 참지 못하는 것 등의 행동을 관찰할 때 자폐아동이 특정 자극에 대해 지속해서 반응한다는 것을 알 수 있다. 즉, 마치 자신이 경험한 자극을 계속 유지하고 경험하려는 듯한 느낌을 받게 되는데 이것은 감각에 대한 각성의 문제이다.[32] 만약에 감각에 대한 각성이 일어나지 않을 경우,

32) 던(Dunn, 2008)은 자폐아동의 반복적인 자극행동은 감각체계에 관여하는 중추신경계(central nervous system; CNS)에 작동하는 신경체계의 항상성(homeostasis) 영향을 받는다고 했다. 그러나 항상성은

감각이 지각화되지 못하고 지속해서 감각 범주에 머물러 있게 되며 이로 인해서 비전형화된 행동과 태도가 나타나게 된다. 이러한 감각 발달의 결함은 다른 자극에 대한 주의 결함에서도 찾아 볼 수 있다. 그렇기 때문에 일부 연구자들은 자폐증의 핵심 결함이 지각 및 해석 과정보다 신경학적 각성과 주의 과정에 있다고 주장한다. 카너는 자폐아동이 종종 주변에 있는 사람들을 알아차리지 못한다는 사실을 발견하였다. 아동은 사람들이 오고 가는 것에 무관심하고 이름을 불러도 반응을 잘 하지 않는 반면, 벽지 무늬를 관찰하거나 사탕 껍질의 부스럭거리는 소리를 듣는 것에는 집중적으로 흥미를 나타냈다(Kanner, 1943). 이와 같은 감각적 결함은 자폐아동이 감각자극을 지각하는 능력은 손상되지 않았으나, 이들이 감각자극에 대해 갖는 주의력이 비정상적이라는 사실을 보여준다.

왜 이러한 특별한 행동을 하게 되는 것일까? 자폐아동이 특정한 감각자극에 지나치게 반응할 수 있다. 대수롭지 않는 감각자극에 대해서도 지나치게 반응함으로써 자폐아동이 특별한 사물이나 소리에 지나치게 집착하는 행동이 나타날 수 있다. 슈레이브만은 이러한 가능성을 제기하였다. 자폐아동이 외부로부터 경험하는 감각자극에 대해 반응할 때 활성화가 있어나지 않게 됨으로써 감각 범주 안에서만 지속해서 감각자극에 반응하게 되는데 이것은 과선택성과 관련이 있다. 자폐아동이 특정 사물과 내용에 집중적으로 흥미를 갖는 원인에 관한 연구에서 자폐아동이 주의를 기울이는 데 있어 '과선택성(overselective)', 즉 동시에 여러 대상에 반응해야 하는 상황에서는 그중 한 대상에만 주의를 기울이기 때문이라고 보았다(Schreibman, 1998). 예를 들어, 실험과정에서 시각적 자극(붉은 빛), 청각적 자극(소리), 촉각적 자극(다리를 가볍게 누름)이라는 세 가지 요소로 구성된 복합 자극을 제시할 때마다 자폐아동, 지적장애아동, 일반아동에게 손잡이를 누르라고 지시했다. 그리고 아동은 모두 이 과제를 어떻게 하는 것인지에 대해 방법을 익힌 후에 아동이 세 가지 감각 요소 중 어느 것에 주의를 기울였는지를 확인하기 위해 검사를 실시하였다. 이 세 가지 자극 요소 중 하나만을 제시하여 아동이 이에 반응하는가를 알아보는 검사를 하였다(예를 들어, 붉은 빛만 제시하였다). 그 결과, 일반아동은 자극들의 모든 단서들을 학습하고 각각의 단서에 대해 손잡이를 눌렀지만, 자폐아동은 대부분 오직 한 가지 단서만을 학습하였다. 따라서 이들 아동은 빨간 빛만 제시되었을 때는 반응을 나타내지만, 소리나 접촉만을 제시했을 때는 반응을 하지 않았다. 이후 실시된 몇몇 연구들에서는 자폐아동이 다수의 단서에 반응하는 데 겪는 어려움이 단 두 개의 단서가 동일한 감각 양상으로 제시되는 상황에서도 나타난다

감각이 지각되지 않으면 소멸한다.

는 것을 입증하였다.

감각자극과 정보의 과선택성에 관한 또 다른 연구가 있다. 슈레이브만과 로바스는 자폐아동과 일반아동에게 여자 인형(Barbie)과 남자 인형(Ken)을 구별하는 실험을 통해 '과선택성(overselective)'의 가설을 검증하였다(Schreibman & Lovaas, 1973). 예를 들어, 이 실험에서 여자 인형은 뾰족한 구두, 양말, 치마, 블라우스, 재킷을 입고, 금발머리, 흰 피부, 파란색 눈을 가지고 있었다. 남자 인형은 구두, 양말, 바지, 셔츠, 재킷을 입고, 갈색머리, 구릿빛 피부, 갈색 눈을 가지고 있었다. 즉, 이 인형들을 구별할 수 있는 여러 단서가 있다. 이 두 인형은 닮은 데가 전혀 없었다. 아동들은 남자 인형과 여자 인형을 어느 정도 상세하게 관찰하고 나서 바지와 치마를 서로 바꿔 입혔다. 아동들이 두 인형을 구별하는 데 어떤 기준을 적용하는지를 관찰했다. 또한 두 인형의 머리를 바꾸고 옷 부분은 바꾸지 않은 채로 아동에게 제시했다.

이 실험에서 자폐아동이 신발, 양말, 재킷, 셔츠와 같은 특별한 항목을 기준으로 대답했다. 따라서 자폐아동이 '지나치게 선택적으로' 주의를 기울이기 때문에 사회적으로 반응하고 인지하는 데 어려움을 겪는다는 가설이 확인되었다. 예를 들어, 자폐아동의 다른 특징들은 모두 남자인 인형이 치마를 입고 있어도 '여자' 인형이라고 했다. 반대로 일반아동은 머리 스타일에 따라 남자, 여자를 구분했다.

이 연구 결과는 비정상적인 주의력에 대한 다른 연구 결과와도 같다. 아크슈모프와 그의 동료들은 자폐증 환자들이 감각 양상 간에 주의를 빠르게 전환시키는 데 어려움을 겪는다는 사실을 입증했다(Akshoomoff, Courchesne, & Townsend, 1997). 주의를 전환시키는 데 겪는 어려움은 실제로 지나치게 한정적인 대상에 주의를 기울이는 행동의 근본 원인일 가능성이 있으며, 공동주의를 잘 하지 못하는 것도 설명해 줄 수 있다.

이러한 연구 결과들이 주는 교훈은 자폐아동이 특정 자극에 집중되어 있다는 것과 경험하고 있는 자극의 범주에서 벗어나지 못하고 있다는 것이다. 외부로부터 유입되는 자극 즉, 감각 정보가 특정 범주에서 벗어나지 못하고 있다는 것은 감각-반응이 반복해서 지속될 뿐 감각-지각의 수준으로 일어나지 않는다는 것을 말한다. 자극이 지각화된다는 것은 자극의 범주를 벗어나는 것을 의미하는데 이때 반드시 각성이 일어나야 한다. 각성이 일어나지 않을 경우, 자극이 지각화되지 못하게 됨으로써 마치 자폐아동 자신이 경험하고 있는 특정 자극에 속에 빠져드는 듯한 행동을 하게 되는 것이다.

이 경우 자폐아동은 새로운 자극이나 환경 혹은 현상에 대해 반응하기 어렵고 항상 낯선 세계를 경험한다. 따라서 과선택성은 자폐아동이 새로운 과제를 학습하는 것을 어려워하는 이유에 대해 설명할 수 있다. 이러한 자폐아동의 행동상의 특징이 사회적 상황에서 나타났다. 예를 들어, 한 아동의 아버지가 안경을 벗었을 때 아동이 자기를 처음

보는 사람처럼 태도를 보이거나 엄마가 새 신발을 신었을 때 극도로 흥분하는 것 그리고 엄마가 새 옷을 입으려고 하자 못 입게 말리는 것 등이다.

결국 자극의 과선택성은 특정 감각범주에서 벗어나지 못하는 것이며 자폐아동이 특정 자극에 몰입하거나 반복적으로 반응하는 원인이 된다. 자극의 과선택성은 자극이 지속해서 자극 수준에 머물러 있다는 것이다. 예를 들어, 외부로부터 혹은 어떤 동기로부터 자극을 체험했을 때 체험이 자극 수준에서 벗어나지 못하는 것이다. 즉, 특정 자극이 지각 수준에 이르지 못하는 것이다. 반면에 감각이 지각화되었을 때 비로소 특정 감각 자극이 소멸되고 보다 다양한 자극에 반응하게 된다. 감각-지각화는 자폐아동으로 하여금 다양한 자극에 반응하도록 분산시킨다. 따라서 자폐아동의 과선택성은 감각-지각화에 실패한 결과이다.

그렇다면 감각은 어떻게 지각화되는 것일까? 만약에 감각이 지각화된다면, 자폐아동들에게 나타나는 다양하고 특별한 집착행동들이 소거될 것이다. 감각이 어떻게 지각화되는지에 대해 설명하기 이전에 자극의 과선택성의 원인을 알아보는 것이 훨씬 이해가 쉽다. 자극의 과선택성의 원인은 각성에 결함이 원인이라는 것을 암시해 주는 연구가 있었다. 허트, 리와 오운스테드는 초기 연구에서 주의는 각성 수준과 밀접한 관련이 있으며, 모든 형태의 각성 수준이 자폐증 유발에 영향을 미치는 것으로 보았고 자폐아동이 '덜 각성되어' 있기 때문에 주변 환경에 반응하지 않는 것이라고 추측했다(Hutt, Lee & Ounsted, 1964). 이 견해는 자폐아동이 주변 환경에 내재하는 많은 단서들에 주의를 기울이지 못하는 현상과 그 결과 자기 주변의 물리적이고 사회적 환경을 학습하지 못한다는 것이다. 또한 이 이론은 흔들기, 홍얼거리기, 불빛 바라보기 등 자폐아동들의 정형화되고 자기 자극적인 행동이 스스로에게 적절한 각성 수준에 이르려는 목적을 가진 것이라고 설명한다. 그러므로 각성이 지각화될 경우 흔들기, 홍얼거리기, 불빛 바라보기 등의 반복적이고 고정적인 행동들이 소거될 것이다. 그리고 그러한 특이한 자극-반응들이 의식적 행동으로서 다른 행동과 연합되고 일반적인 행동양식으로 발전될 것이라는 것을 추측할 수 있다.

그렇다고 해서 각성 수준이 높으면 높을수록 더 높은 지각 수준에 이르거나 지각이 질적으로 일어난다고 볼 수 없다. 오히려 각성이 과다하게 활성화될 경우, 외부로부터 유입되는 자극에 더 많이 반응을 하게 되고 그에 따른 에너지가 더 많이 소요된다. 다른 연구에서는 자폐아동이 만성적으로 '과도하게 각성되어' 있으며, 이로 인해 주변 환경에 무수한 자극에 선별적으로 주의를 기울이지 못하고, 결과적으로 매우 복잡한 사회적 환경으로부터 회피함으로써 환경적 자극을 줄이는 것이라고 주장했다(Belmonte & Yurgelun-Todd, 2003; Dawson & Lewy, 1989; Kinsbourne, 1987). 사회적 환경은 자폐아동에게 너무 많은 각성을 제공하기 때문에, 자폐아동은 사회적 환경을 피하려 하고 자신만의 친숙한 세계로 후퇴한다는 것이다. 또한 자폐아동에게 있어 자기 자극은 외부 세계에서 유입되는 추가적 자극을 막아주는 역할을 한다고 한다.

이와 더불어 자폐아동은 '덜 각성'되었다가 '과다하게 각성'되기도 하고 이러한 반응을 조절하지 못한다는 주장이 있다(Ornitz & Ritvo, 1968; Raymeker, van der Meere, & Roeyers, 2004). 각성의 변화는 자폐아동이 왜 사람, 물체, 상황에 대해 매번 그토록 다르게 반응하는지를 설명해 줄 수 있다. 즉, 이 아동이 환경에 대해 나타내는 반응의 정도는 그 당시 각성 수준에 따라 달라지는 것이다. 이러한 각각의 각성 이론들은 어느 정도 자료에 의해 뒷받침되면서 다양한 학자들에 의해 주장되고 있지만, 어느 이론도 아직까지 절대적으로 입증되지는 못했다. 그러나 이들 연구 중에 어느 것도 자폐증의 핵심 결함 요건을 충족시키고 있다고 보기는 어렵지만, 각성이 자폐증의 핵심 결함으로서 지속해서 설명되고 있는 사실은 각성이 자폐아동의 증상을 설명하는 데 중요한 것임을 시사한다.

모방의 결함: 다른 사람을 의식하지 못하는 아이

자폐아동의 모방이라는 것이 대체로 형식적이고 기계적이다. 다른 사람을 의식하기 보다는 다른 사람의 움직임에 관심을 가질 뿐이다. 예를 들어, 일반아동의 경우 다른 사람의 행동을 모방하는 과정에서 "웃는 것" "흥미를 갖는 것" "즐거움을 느끼는 것" 등의 정서적 표현과 변화를 관찰할 수 있지만, 자폐아동에게는 그러한 반응을 찾기 어렵다. 모방을 하지만 다른 사람을 의식하지 못한다는 것은 일반아동과 자폐아동의 모방 양상은 근본적으로 다르다는 것을 의미한다.

한편 타인을 모방하는 능력의 결함 역시 자폐증의 핵심 결함으로 주장되어 왔다. 어른을 모방하는 것은 영아들에게서 관찰되는 최초의 행동 중 하나이고 모든 발달 과정을 통해 행동 모방은 중요하고 광범위한 학습 경로가 된다. 이러한 점에서 아동 발달과 관련된 연구들은 모방은 사회적 행동, 의사소통, 감정, 놀이 등에 직접적인 영향을 미치며 자폐아동에게 나타나는 심각한 결함이라고 설명한다. 또한 의사소통에 있어서의 어려움이 모방 행동의 결함이 원인이라는 연구에서는 모방 행동이 의사소통에 필요한 언어의 기초를 제공한다. 이 설명에 의하면 자폐증 환자들에게 있어서는 초기 모방 행동이 제대로 이루어지지 않음으로써 의사소통 능력의 발달에 부정적 영향을 끼치게 된다고 한다. 실제로도 자폐증에 있어 모방 행동과 의사소통 능력의 관계를 입증하는 한 연구는 음성을 흉내 내는 과제에서 자폐아동이 보여 준 성취도가 자발적인 의사소통 능력과 상관관계가 있음을 발견하였다(Abrahamsen & Mitchell, 1990).

몸짓을 흉내 내는 과제를 이용한 또 다른 연구에서는 상대적으로 흉내를 잘 내는 피험자들이 어른에게 말도 더 잘 한다고 한다. 이 연구에서 자폐아동이 신체 운동을 흉내 내는 몸짓 모방의 과제에서의 성취도가 언어 표현 능력의 발달에 영향을 미치고 있다는 것을 입증했다(Dawson & Adams, 1984). 또 다른 연구에서는 모방 행동을 잘 하는 실험 참가자들의 수용 언어 능력이 높다는 것이 관찰되었다(Sigman & Ungerer, 1994). 이 연구의 결과는 모방 능력과 의사소통 능력 간에 관계가 있음을 입증하는 것이다. 모방이 없이 언어를 지도할 수 없다는 것을 의미하는 것이다. 언어 능력을 가진 많은 자폐아동이 반향어를 한다는 것은 모방과 관련이 있다. 그 이유는 반향어와 몸짓 모방에는 뇌기능이 각각 다르게 작동하기 때문에, 몸짓 모방은 잘하지 못하더라도 언어 모방은 잘 하는 것이라고 추측한다(Rogers & Penington, 1991).

그렇다면 모방이 사회인지발달에는 어떻게 영향을 미칠 수 있는가? 이 물음은 모방이 단순히 시각적 인식이 아니라, 다른 사람에 관한 이해능력과 관련이 있기 때문이다. 다른 사람의 내적 감정을 어떻게 동일시하는지의 여부는 감정발달에 결정적인 영향을 미친다. 이러한 관점에서 모방 능력과 사회적 이해력 간에 관계가 있다는 연구에서 모방 행동이 마음의 이론 발달에 중요한 기초를 제공한다고 한다(Miltzoff & Gopnik, 1993). 모방 능력과 사회적 이해력 간에 관계가 있다고 보는 연구자들의 견해에 따르면, 자녀가 아주 어릴 때 부모와 나누는 모방 경험은 그 자녀가 부모의 행동과 자신의 행동이 똑같다는 점을 인식하게 해 준다는 점에서 매우 중요하다. 그리고 자녀는 자신의 움직임이 의도적이라는 사실을 알고 있기 때문에 부모의 움직임에도 의도가 있다는 사실을 알게 된다.

따라서 아동은 타인의 의도를 가지고 있다는 사실을 이해할 수 있게 되고, 그 결과 타인을 자신과는 별개 존재로 인식할 수 있게 된다. 이러한 설명은 사회적 이해력과 마음의 이론에 있어서도 중요한 기초가 된다. 연구자들은 자폐증에 있어 모방과 감정 표현의 결함 간의 관계에 대한 연구에서 자폐아동은 얼굴 표정을 잘 읽지 못하고, 의사소통을 하는 데 있어 적절한 얼굴 표정을 짓거나 그에 맞게 시선을 바꾸지도 못한다는 것을 관찰했다. 이것은 공감 능력과 관련이 있는 것으로 마음읽기의 어려움 때문일 가능성이 있다. 마음읽기는 감정을 이해하는 것과도 관련이 있다.

자폐아동은 감정 모방이 어렵다. 예를 들어, 한 실험에서는 자폐아동, 지적장애아동, 일반아동에게 얼굴 표정의 모방(감정 표현), 그리고 어떤 활동을 그대로 따라하는 판토마임적 모방(비감정 표현)을 각각 수행하도록 과제를 제시하였다. 자폐아동은 지적장애아동이나 일반아동보다 과제 수행 능력이 떨어졌다. 이 사실은 자폐아동에게 감정을 표현하는 능력이 특히 더 결핍되어 있다는 사실을 보여 주는 것이었다(Hertzing, Snow, & Sherman, 1989). 그러나 자폐아동이 감정 정보를 요구하는 모방 과제를 잘못하지만, 이러한 문제가 모방 그 자체를 잘못하기 때문인지, 아니면 감정 표현을 잘못하기 때문인지를 명확하게 설명하지 못하고 있다. 그 이유를 두 가지로 추측할 수 있다.

첫 번째 이유는 모방의 시각적 모사 능력이다. 이것은 자폐아동이 시각적 지각을 활용하는 것으로 시각적 사태와 상황 그리고 현상을 그대로 모방하는 것이다. 이것은 어디까지나 이차적인 것으로 시각적 사태와 상황, 현상의 원인을 의식하지 못한다. 두 번째 이유는 모방의 인격적 모사 능력이다. 이것은 시각적 지각을 활용하는 시각적 모사 능력과 질적으로 차이가 있다. 모사 능력으로서 인격을 똑같이 모사하는 능력은 동일시이다.

동일시는 다른 사람의 역할을 모사할 수 있다. 따라서 자폐아동의 감정 정보를 요구하는 모방 과제를 수행하지 못하는 것은 "시각적 모사 능력"과 "인격적 모사 능력" 차이 때문이다. 따라서 시각적 모방 자체를 할 수 있지만, 감정과 태도가 요구되는 "인격적 모방"에 결함이 있다. 즉, 자폐아동의 핵심 결함 중 하나는 동일시의 결함이라 할 수 있다. 이러한 근본적인 문제를 제시해 주는 연구들이 있다. 이 연구 과정에서 모방 능력의 결함이 핵심 결함의 기준이 되는 이유는 다음과 같다.

첫째, 모방 능력의 결함이 자폐증에 특유한 것이라는 점이다. 자폐증 아동들의 모방 능력에 결함이 있다는 사실은 신체 운동, 상징적인 가장 놀이, 음성 표현, 얼굴 표정을 비롯한 다양한 측면의 과제에서 발견되었다. 자폐증을 가진 아동은 일반아동, 지적장애아동, 기타 장애를 가진 아동에 비해 특별히 이 영역에서 결함을 나타낸다(Rogers, Hepburn, Stackhouse, & Wehner, 2003). 이러한 점에서 연구 결과가 저마다 조금씩 차이가 있기는 하지만, 모방 능력의 결함이 자폐증에 특유하다는 결론을 내릴 수 있다.

둘째, 모방 능력의 결함은 자폐아동에게 보편적이고 계속적으로 나타난다. 자폐증상의 정도가 경미하든 혹은 심각하든 간에 모든 자폐아동이 모방 행동을 잘하지 못한다는 증거가 있는 반면, 모방 능력의 결함은 나이가 들수록 사라진다는 연구도 있다(Garfin, McCallin, & Cox, 1988). 따라서 모방 능력의 결함은 나이든 자폐아동보다는 영아와 유아들에게서 보다 많이 나타난다. 이러한 결과는 보편성과 계속성 측면에서 모방 능력의 결함이 본질적 결함이 아닐 수 있다.

셋째, 모방 행동은 우선성이 있는지의 여부이다. 연구자들은 모방 행동이 의사소통, 사회적, 인지적 행동의 발달에 결정적 역할을 하는데, 바로 이러한 측면의 발달이 자폐아동들에게서는 이루어지지 않으므로 모방 행동에 우선성이 있다고 주장한다. 그러나 2~3세가 되기 전에는 자폐증 진단이 거의 내려지지 않기 때문에, 이 아이들이 생의 아주 초기에 어떠한 모방 행동을 하는지는 거의 알 수가 없다. 따라서 모방 능력의 결함이 의사소통, 사회적, 인지적 행동 발달의 손상보다 먼저 나타나서 이러한 발달을 저해하는 요인이라고 단정지을 수는 없다.

하지만, 이 가설에 대한 연구들은 상반된 결과들을 내놓고 있고 학자들은 이를 토대로 상충되는 주장을 하고 있기 때문에 확정적인 결론을 내리기에는 아직 미흡하다. 많은 연구들이 자폐아동들의 모방 능력이 부족하다는 사실을 뒷받침하고 있지만, 자폐아동이 모방 능력을 가지고 있다는 결과를 내놓는 연구들도 있다. 단지, 자폐아동에게는 말하기나 얼굴 표정 또는 감정을 모방하는 것이 사물에 대한 행동이나 몸짓을 모방하는 것보다 더 어렵다는 것이다. 이러한 다양한 연구 결과들로 인해 일부 연구가들은 모방 행동이 자폐증에서만 나타나는 증상은 아니며, 모방 과제의 종류와 연구 대상이 되는 움직임이 무엇인가에 따라 다른 결과가 나타날 수 있다는 결론을 내리기도 한다.

어쨌든 지금까지의 모방이 자폐증의 핵심 결함이라는 연구는 자폐증 장애의 근본적 문제를 설명하는 데 확실히 부족한 것 같다. 모방이 핵심 결함 중에 하나이지만, 모방과 인지능력과 깊이 관련된 타인을 표상할 수 있는 동일시의 결함에 초점을 맞추어야 할 것 같다. 왜냐하면, 모방은 단순히 다른 사람의 행동이나 활동을 모사하는 것이지만, 동일시는 다른 사람의 인격을 모사하는 것이기 때문이다. 그러므로 애초에 모방과 동일시는 전혀 다른 개념이다. 모방은 기술과 방법을 가르쳐 줌으로써 가능하지만, 동일시는 기술과 방법을 동원해도 가능하지 않다. 왜냐하면, 동일시는 인지능력과 깊이 관련이 있기 때문이다. 따라서 모방이 기초적 과제라고 한다면, 동일시는 핵심과제이다.

정서과정의 결함: 다른 사람을 사물처럼 인식하는 아이

자폐아동이 "아빠" "엄마"라고 부르지만, 실제로 "아빠"와 "엄마"를 아는 것일까? 대부분 자폐아동을 가진 부모는 자녀의 자폐증 장애로 인한 여러 가지 결함을 가지고 있지만, 적어도 부모를 인식한다고 믿고 있다. 예를 들어 자녀가 "아빠" "엄마"라고 명명하고 필요에 따라 도움을 요청하기도 하고 부모가 곁에 있는 것을 좋아하고 그에 따른 정서적 표현을 한다면, 당연히 부모는 자녀가 "아빠"와 "엄마"를 인식한다고 믿을 것이다. 하지만 실제로 그러한 가족적인 유대관계를 갖는 것 같지만, 부모를 인식 못할 수 있다. 유념해서 자녀를 관찰해 보면 그러한 사실을 발견하는 것은 어렵지 않다.

자폐아동에게 있어 부모는 자신에게 필요한 대상일 뿐이다. 즉, 자신의 생존에 반드시 존재해야 하는 대상인 것이다. 배가 고플 때, 위험에 처해 있을 때, 그리고 자신이 무엇인가 원할 때 자신을 조력하는 대상일 뿐이다. 물론, 가족과 부모에 대한 비슷한 정서적 행동을 나타낸다고 하더라도 조력해 주는 대상에게 자신의 만족한 표정을 짓는 것이다.

지금까지 자폐아동의 정서에 관한 문제는 초기 연구에서부터 발견되었다. 자폐아동이 사람을 사물처럼 인식하는 경향이 있다는 것은 애초에 사람과 정서적 교류를 기대하기가 어렵다는 것을 의미한다. 카너는 1943년에 처음으로 자폐증에 대해 언급하면서 자폐아동이 다른 사람과 정상적인 정서적 접촉을 형성할 수 있는 능력을 갖추지 못한다고 하였다. 그리고 이 결함이 자폐증의 가장 중요한 결함이라고 하였다(autistic disturbances of affective contact). 즉, 자폐아동은 다른 사람을 감정을 가진 살아 있는 존재라기보다는 마치 가만히 놓여진 사물을 대하듯 한다는 것이다. 또한 자폐아동은 다른 사람과 시선을 잘 마주치지도 않고 주변 상황에 부적절한 감정을 나타내고 있으며 정서적으로 동떨어져 있고 애착 관계도 잘 형성시키기 않는다. 이것은 자폐아동이 주변 세계에 정서적으로 관여하지 않으며 실제로 다른 사람들로부터 분리되어 있다는 것을 보여 준다. 따라서 이러한 감정접촉의 결함이 자폐증의 핵심 결함이 될 수 있다.

실제로 자폐아동들은 각 상황에서의 감정뿐만 아니라 다른 사람이 표현하는 감정을 지각하고 이해하는 데에도 근본적이고 심각한 결손이 있다. 예를 들어, 한 연구에서는 자폐아동들과 일반아동들에게 여러 사람들의 사진을 보여 주고 나이, 성별, 얼굴에 나타난 감정, 이들이 쓰고 있는 모자의 모양들을 기준으로 분류하는 과제를 제시했다. 일반아동들은 사람들의 얼굴에 나타난 감정을 기준으로 사진들을 분류한 반면, 자폐아동들은 모자 모양을 기준으로 사진들을 분류했다. 또한 얼굴 표정을 기준으로 사진을 분류해 보라고 특정하여 과제를 제시하자, 거의 절반에 이르는 자폐아동들은 이 과제를 풀지 못했다. 이 연구 결과는 자폐아동이 다른 사람의 감정을 인식하는 데 결손이 있다는 것을 보여 준다(Weeks & Hobson, 1987).

이와 관련된 연구에서는 자폐아동, 지적장애아동, 보통의 아동에게 슬픔, 행복, 두려움, 분노를 표현하고 있는 얼굴 사진들을 보여 주고, 이 감정들을 어휘로 적은 종이와 짝을 맞추어 보라고 한 후에 이 감정들을 몸짓으로 직접 표현해 보라고 요구했다. 각 사진을 손쉽게 어휘와 짝을 맞춘 지적장애아동과 일반아동들과는 달리, 자폐아동들은 이 과제를 수행하는 데 실패하였다(Hobson, 1986).

지적장애아동과 일반아동이 정서적 표현이 가능한 반면에 자폐아동이 정서적 표현이 어려운 근본적 원인은 다른 사람의 감정을 인식하지 못하기 때문이다. 이러한 점에서 볼 때 정서는 별개의 과정으로 유발하는 것이 아니라, 다른 사람을 인식하는 능력과 관련이 있는 것으로 추측할 수 있다. 즉, 일반아동은 다른 사람의 행동과 태도를 통해서 현재 정서적 상태를 인식할 수 있는 데 비해 자폐아동의 정서 문제는 다른 사람의 행동과 태도를 통해서 정서적 상태를 인식하는 데 어려움이 있다.

어린 유아들도 다른 사람의 표정을 읽을 수 있다. 어린 유아들이 다른 사람의 표정을 읽고 대상이 나에게 호의적인 대상인지 아니면 비호의적인 대상인지를 알 수 있다. 그래서 다른 사람이 웃어 보이면 자신도 웃어 보이고 다른 사람이 화를 내거나 못마땅하게 여기면 울게 된다. 그리고 다른 사람의 행동을 보고 자신에게 어떤 감정을 표현하고 있는지를 알고 있을 뿐만 아니라, 그에 따라 자신의 감정도 표현한다. 이러한 타인의 정서를 파악하는 능력은 나이가 들어감에 따라 더 섬세해지고 사회적 관계를 형성하는 데 많은 영향을 미친다. 일반아동들에게 나타나는 정서 인식이 자폐아동들에게 나타나지 않는다. 예를 들어, 또래 친구가 울고 있을 때, 자폐아동이 그 모습을 보고 웃는 경우가 있다. 친구의 감정을 읽지 못하는 것이다.

다른 사람의 감정을 인식하지 못한다는 것은 결국, 다른 사람의 마음을 읽지 못한다는 것을 말한다. 즉, 자폐아동의 정서발달과 특징은 마음읽기와 깊은 관련이 있으며, 더 나아가 자폐아동의 정서가 인지발달에 영향을 받을 수 있다는 것을 말한다. 지금까지 많은 사람들은 자폐아동의 정서발달과 인지발달이 별개의 것으로 인식해 왔다. 그러나 자폐아동의 정서발달이 다른 여러 발달영역과 깊은 관련이 있으며, 상호작용을 통해 영향을 미친다는 것이 휘트먼의 설명이다(Whitman, 2005).

정서적 유대관계를 결정하는 것 중의 하나는 "동일시"이다. 동일시는 다른 사람의 태도나 정서를 내재화하는 것이다. 그렇기 때문에 자폐아동에게 동일시의 결손은 정서적 유대관계에 장애를 초래한다. 그렇다면, 자폐아동은 단지 다른 사람을 감정이 교류되는 인격적인 대상이 아니라 일종의 사물과 같은 대상이라고 인식하는 것이 아닐까? 자폐아동은 사람들에게 감정이 있다는 사실에 대해 인식하지 못한다. 그러므로 아동 자신의 쾌감과 불쾌감을 드러낼 수 있으나, 다른 사람과 상호관계를 통해서 교감할 수 없다. 즐거움이나 쾌감은 이러한 의문은 초기 자폐증 연구에서부터 지속되어 온 것들이다. 따라서 자폐아동의 정서결함이 동일시와 관련이 있으며, 동일시는 초기 자폐아동의 태도에서도 가족을 자신이 필요할 때만 찾거나 도움을 요청하는 이유를 설명할 수 있는 단서가 된다.[33)]

---

33) 자폐아동의 정서에 관해 잘못 이해하는 경우가 있다. 때로 많은 사람들은 자폐아동의 "집착" 행동을 "애정" 행동으로 잘못 이해하는 경향이 있다. 아동이 특정한 물건에 대해 유난히 관심을 갖는 행동과 태도에 대해 "애정을 가지고 아낀다"고 하지만, 실제로 "강박적 집착"에 지나지 않는다. 이와 같이 특정 대상에 대해 유난히 집착하고 떨어지지 않으려고 할 때, "엄마를 너무 좋아한다" 혹은 "엄마에게 지나치게 애정을 갖는다"라고 하지만, 그것 또한 "강박적 집착"이다. 초기의 자폐아동이 사람과 사물에 대해 정서적 관계와 애착을 갖지 못한다는 것을 감안해 볼 때 일반적인 자폐아동의 정서를 잘못 이해하는 경우가 많다.

자폐아동의 정서를 구체적으로 이해하지 못할 경우, 자폐아동이 다른 사람과 떨어질 때 나타나는 불안 일반아동은 타인의 감정을 동일시한다. 그래서 함께 슬퍼하고 함께 기뻐하기도 한다. 뿐만 아니라, 자신의 감정을 타인에게 전달하고 자신의 의도를 알리고 동조를 구하기도 한다. 예를 들어, 어느 날, 엄마가 슬픈 표정을 지으면, 아동 자신도 슬퍼진다. 함께 염려하며 함께 즐거워하기도 하는 것이다. 이와 같이 자신과 타인을 동일시하는 능력은 타인과의 유대관계를 긴밀하게 할 뿐만 아니라, 아동 자신의 생활세계를 확장하는 단초가 된다. 그러나 자폐아동이 일반아동이 가지고 있는 그러한 정서적 유대감을 갖지 못하며, 아동 자신의 생활세계는 단절되고 폐쇄적이게 된다.

자폐아동은 다른 사람을 사물처럼 인식할 뿐만 아니라, 실제로 자신의 주변 사물을 환경과 관련시켜 총체적으로 인식하지 못한다. 오직 자신이 관심을 두고 바라보는 사물만이 존재하는 것이다. 만약에 어떤 관심이 없이 사물을 바라본다면, 그 사물은 의식되지 않을 것이다. 보고도 보지 못하는 상황이 일어날 수 있다. 따라서 꽃을 보고도 그것의 형태와 색상에 관한 정보를 의식하지 못하게 된다. “있어도 없는 것” 혹은 “보아도 보지 못한 것”의 상황이 벌어질 수 있다. 자폐아동이 자신의 생활세계에서 일어나는 다양한 상황과 현상 그리고 사물에 관하여 어떻게 인식하고 있는가? 이 질문은 곧 자폐아동은 자신의 생활세계를 어떻게 인식하는 것인지에 관한 물음과 같다. 이런 질문에 대해 두 가지로 설명할 수 있다.

첫째는 자폐아동이 자신이 관심을 갖는 것 이외의 세계는 의식하지 못한다. 자폐아동을 설명할 때 제기되는 “주의 집중화”와 “감각 범주화”의 결함이나 “과선택적 주의” 등

을 설명하지 못한다. 임상적 경험이 없거나 지식전문가들은 이것은 “애착불안” 혹은 “애착장애”라고 설명하지만, 그 원인과 거리가 멀다. 예를 들어, 자폐아동이 자신이 강박적으로 집착하는 장난감을 손에 쥐고 생활하는 것이 습관화되었을 때 쥐고 있던 장난감을 빼앗았다고 가정할 때, 자폐아동은 극단적으로 반발하고 괴성을 지르거나 자해를 한다. 이 경우, 자폐아동은 강박적 집착의 상실에 대해 심리적으로 반발하는 것일 뿐, 정서적 요인과는 아무런 관련이 없다. 처음 설명한 내용을 다시 상기해 보자. 자폐아동을 가진 부모는 자녀가 부모임을 인식한다고 믿지만, 자녀가 부모를 모를 수 있다는 점이다. 그렇다면, 자녀가 부모를 인식하지 못한다면 부모를 무엇으로 인식하는 것일까?

이와 같이 사람을 사물처럼 취급하는 자폐아동은 사람과 사물을 구별하지 않는다. 단지 특징적인 그 무엇의 대상일 뿐이다. 특정한 사물에 집착하는 것처럼 자폐아동이 사람을 집착할 수 있다. 그것도 자신과 생활에 항상 경험이 있는 가족 구성원 중에 특정 대상에게 집착할 수 있다. 만약에 그 대상이 자신의 곁에서 떠나거나 사라졌을 때 나타내는 과잉울음이나 괴성 혹은 자해행동이 자폐아동의 정서적 요인과 상관이 없을 수 있다는 것이다. 그것은 마치 자신이 강박적으로 집착했던 사물이 사라질 때 생소한 불안에 대한 반발일 뿐이다.

예를 들어, 일반아동의 경우 어머니가 잠시 자신으로부터 떠나 있을 경우, 항상 같은 공간과 시간에 유기적 관계로 엮어져 있다는 것을 알기 때문에 어머니가 어디에 있든 간에 불안감은 없다. 그러나 자폐아동의 불안은 어머니가 자신으로부터 보이지 않을 때 완전히 사라진 존재로 인식된다. 이때의 불안은 어머니가 사라졌다는 생소한 경험으로 오는 것이며 자폐아동의 행동은 마치 강박적이다.

의 특징적인 개념들에서 자폐아동이 자신의 생활세계에 대한 인식이 제한적임을 알려주는 지표이다. 즉, 자폐아동은 자신이 관심을 두는 것 이외의 사물에 대해서 의식을 하지 못하며 이것은 텅 빈 공간에 오직 자신이 관심을 갖는 대상만이 인식되는 현상을 경험하는 것이나 다름이 없다. 따라서 자폐아동의 의식세계는 비어 있는 세계이며 자신이 관심을 갖는 것에 대해 형태로 인식된다. 자폐아동의 감각자극들은 의식되기에는 강도가 떨어진다. 자폐아동이 경험하는 감각들은 마치 차창으로 지나가는 사물들을 흐릿한 그림자일 뿐이다.

둘째는 자폐아동은 자신이 관심을 갖는 것에 정서적 교감을 갖지 못한다. 일반적으로 아동은 꽃을 보았을 때, "꽃이 예쁘다"라고 느끼고 바라보는 꽃에 대한 정서적 교감을 갖게 된다. 그렇기 때문에 일반아동은 꽃에 대해 "감정"을 가지고 있다. 그러나 자폐아동은 자신이 관심을 갖는 대상 혹은 사물에 대해 정서적 교감을 갖기 어렵다. 따라서 꽃을 보아도 그것은 대상의 형태와 모양의 특징적인 것에 관심을 가질 뿐, 꽃에서 느끼는 감성을 갖지 못한다. 그렇기 때문에 자폐아동은 꽃을 하나의 사물로 인식할 뿐이다. 그것은 "동일시" 이외에 "마음읽기"라는 또 다른 보다 복잡한 인지체계와 깊은 관련이 있다.

❀ 자폐아동의 세계를 설명할 수 있는 것들

자폐아동에게 무엇이 일어나는가? 자폐아동의 행동을 관찰하면, 모든 것이 도대체 모를 일들이다. 그래서 그들이 무엇을 생각하고 느끼는지에 관해 물음을 던져 보지 않는 부모나 교사는 없을 것이다. 이 물음에 대해 몇 가지의 이해를 돕는 설명이 있었지만, 더 근원적인 문제에 의문을 가졌다. 부모나 교사는 자녀를 양육하면서 혹은 아동을 치료교육하면서 무엇이 문제인지에 대해 고민하지만, 뚜렷한 답을 얻기가 어려웠다. 우리의 물음은 장애의 근원적인 문제이자 자폐아동의 핵심 결함이 무엇인지에 관한 물음이었다.

지금까지 우리가 알고 있는 자폐증으로 인해서 나타나는 생활에서 관찰될 수 있는 일반적인 기초 결함들이다. 그러나 그것으로 자폐아동의 근본적인 문제들을 설명할 수 없다. 행동과 생활에서 드러나는 문제들의 결함만으로 자폐아동을 이해하기란 한계가 있다. 장애특징보다는 장애의 원인에 관한 이해를 통해서만 그들을 도울 수 있는 것이다. 따라서 생활에서 관찰될 수 있는 일상적인 결함보다는 더 근본적인 결함이 무엇인지를 밝혀야만 한다. 자폐아동 장애의 근본적 원인을 알기 위해서는 자폐아동이 자신이 처해 있는 세상을 어떻게 이해하는지에 대한 더 근본적인 문제를 이해할 필요가 있다. 그것은 "자폐증의 핵심 결함"에 관한 이해이다. 또한 이것은 자폐아동의 세계에 관한 이해이다.

자폐아동에게 생활세계에서 일어나는 특정 현상을 지각하고 해석하는 데 필요한 인지적 체계에 결손이 있다. 학자들은 그것을 표상체계라고 한다. 다양한 정보들을 비교분석하기 위해서는 정보가 반드시 표상되어야 한다. 그 한 예가 문장이해이다. 어떤 이야기의 내용들을 이미지화하는 것이다. 그러한 이유 때문에 자폐아동은 문장으로 이야기를 들려주면 그 맥락을 이해하지 못한다. 표상지각의 결함을 단순히 "이해가 부족한 아이" 혹은 "이해능력이 떨어지는 아이" 쯤으로 이해하려는 경향이 있다.

자폐아동의 생활세계는 몇 가지의 근본적인 문제로 인해 제한되어 있다. 그 중 하나는 모든 대상과 현상을 지엽적으로 인식하는 것이다. 일반아동은 세계를 총체적으로 인식하지만, 자폐아동은 세계에 대한 인식이 매우 제한적이다. 다른 사람과의 관계에 있어서도 제한되어 있다. 자폐아동이 다른 사람에게 관심 없는 이유가 다른 사람의 마음을 인식하지 못하기 때문이라는 것이다. 학자들은 이것을 "마음읽기"의 결함이라고 한다. 그러나 모방과 동일시가 설명되지 않으면, 마음읽기는 자폐아동의 결함을 설명하는데 한계가 있다. 언어발달 지연은 자폐아동 생활세계의 제한성의 대표적이다. 세상은 언어로 존재한다고 해도 과언이 아니다. 자폐아동은 기능언어를 사용할 수 있지만, 인지언어의 활용이 어렵다. 그만큼 언어로 자신의 생각들을 표현하는 데 실패한다.

지금까지의 학자들에 의해 자폐증의 다양한 핵심 결함들이 설명되었지만, 그것으로 자폐증의 문제와 자폐아동의 생활세계를 모두 이해할 수 있는 것은 아니다. 그러한 점에서 자폐아동의 발달적 특징과 원인을 설명하는데 표상지각, 조망지각, 심상화, 동일시, 인지언어를 언급하지 않을 수 없다. 왜냐하면 이 개념들은 지금까지 설명될 수 없었던 자폐아동의 장애를 설명하고 이해하는 데 중요한 단서가 되기 때문이다(여문환, 2008).

표상지각: 이야기를 이해하지 못하는 아이와 그림을 그리지 못하는 아이

꽤 오래전부터 글을 터득하고 책을 읽을 수 있는 아이였다. 하지만 책을 읽고서도 책 내용을 이해하지 못한다. 그 이유가 무엇일까? 다른 또래 친구들은 선생님이 들려주는 옛 이야기를 초롱초롱한 눈빛으로 선생님을 바라보며 듣고 있는데 아무런 관심을 보이지 않을 뿐만 아니라, 이야기 내용을 이해하지 못하는 이유가 무엇일까? 한 가지 지시를 알아듣고 지시에 따라 수행하지만, 여러 가지 일을 지시하면 왜 수행하지 못하는 것일까? 이러한 물음의 답은 표상지각의 결함 때문이다.

일반아동은 동화책을 읽으면서 전반적인 상황을 마치 그림을 그리듯 회상할 수 있다. 아동이 동화책을 읽을 때 그림은 없지만, 문장 속에서 어떤 상황인지를 그림으로 회상할 수 있다. 이것을 표상지각이라고 하며 문장의 맥락을 이해하는 데 영향을 미친다. 자폐아동에게는 이러한 표상지각(perceptual representation)이 떨어진다.[34)]

표상지각은 단어의 의미와 물체의 용도나 이름 등을 알기 이전에 단어와 사물의 형태나 구조를 인식하는 것을 말한다. 그러므로 표상지각이 되지 않으면, 그 이후에 의미와 용도 등의 정보를 인식하지 못하게 될 것이다. 만약에 표상지각에 결함이 있을 경우, 정보와 관련된 지식이나 의미를 알 수 없다. 즉, 형태와 의미를 연합하는 데 실패한다. 종종 자폐아동이 문자와 사물을 별개의 것으로 인식하는 경우가 그 예이다. 뿐만 아니라, 자폐아동이 문장을 읽고 책을 읽을 수 있음에도 불구하고 문장이나 문장 속에 포함되어 있는 내용의 맥락을 이해하지 못하거나 다른 사람의 이야기를 이해하지 못하는데 그것은 표상지각과 관련이 있다.

그렇기 때문에 설사 반복적으로 문장읽기 능력을 향상시키거나 문장이해와 관련된 학습을 한다고 하더라도 표상지각 없이는 문장을 이해하기가 어렵다. 이것은 성인이 되어서도 별 다른 변화가 없다. 그만큼 표상지각은 개념간의 맥락을 파악하고 이해하는 데 많은 영향을 미친다. 이것은 자폐아동의 학습능력과도 밀접한 관계가 있다.

표상지각은 그림 그리기에서도 나타난다. 대체로 자폐아동은 일반아동들처럼 그림

34) 표상지각을 심적 표상이라고도 한다. 그 이유는 시각적으로 세계를 보는 것이 아니라, 마음으로 세계를 보기 때문이다. 그런데 문제는 인지심리학에서 표상의 본질과 역할을 설명하는 데 가장 곤혹스러운 논제가 된다는 점이다. 그 이유는 인간이 마음으로 세계를 바라보는 방식을 추적하고 이해하기가 그만큼 어렵기 때문이다. 그러나 표상은 인간의 의식을 이해하는 데 매우 중요하며 인지 이론을 이해하기 위해서는 표상의 이해가 필수적이다. 표상(representation)이란 어원적 의미는 “다시 표현한다”는 의미이다. 인간은 세계를 있는 그대로 보는 것이 아니라, “재조명”해서 본다는 의미와 같다. 우리가 생각하는 것도 “일정한 관점에서 다시 바라보는 것”의 과정이다. 예를 들어, 어제 본 꽃을 다시 생각해서 꽃을 그린다고 가정할 때 우리는 본래의 그대로 그리는 것이 아니라, 다시 의식된 꽃을 그리는 것이다. 즉, 꽃이 실제 존재하지 않지만, 마음으로 이미지(mental imagery)를 형성하게 된다. 따라서 표상은 심상화 과정이다. 그래서 사람들은 심상을 만들고 들여다 볼 수 있으며 심상을 마음속에서 변형시킬 수도 있다(Cooper & Shepard, 1973). 그러나 자폐아동들은 자신의 세계를 표상하는 데 어려움을 겪는다. 예를 들어, 꽃을 보여 준 후에 꽃을 그리게 하면 그리지 못하거나 전혀 다른 내용의 낙서를 하게 된다. 자폐아동이 그림을 그리지 못하는 이유도 바로 표상지각과 관련이 있다. 물론, 여러 번의 반복학습을 통해서 그림을 그린다고 하더라도 심상화시키지 못한다. 자폐아동이 특정 정보와 지식을 기억할 수 있지만, 개념을 표상하지 못하는 것은 지식 표상이 되지 않는다. 책을 읽고 내용을 이해하는 것이 아니라, 내용을 암기하는 것도 그 때문이다. 자폐아동은 세계지식에 관한 두 개의 표상부호 즉, 언어부호(verbal code)와 심상부호(imagery code)를 표상하지 못한다.

묘사 능력이 떨어진다. "그림 그리기"는 표상지각과 깊은 관련이 있다. 일반적으로 사물을 인식할 때 사물의 일부분들을 지엽적으로 인식한 후에 각각의 정보들을 총체적으로 통합하여 사물의 형태를 인식한다. 그러나 자폐아동은 시각적으로 인식된 각각의 형태를 총체적으로 통합하는 데 실패한다. 예를 들어, 자전거를 바라볼 때 한 곳만을 유심히 주시하며 보는 것이 아니라, 핸들, 페달, 앞바퀴, 뒷바퀴, 안장, 체인 등을 하나하나씩 확인한 후에 이를 다시 전체의 형태로 조합을 한 후에 자전거라는 것을 인식한다. 그러나 자폐아동의 경우는 각각의 부분형태들을 파악하지만, 하나의 형태로 조합을 하는 데 실패한다. 즉, 핸들, 페달, 앞바퀴, 뒷바퀴, 안장, 체인 등을 인식하지만, 그것은 지엽적 지각으로 자전거라는 형태를 총체적으로 그려내지 못한다. 이것은 자폐아동들이 각각의 시각정보를 조합하는 데 실패한다는 것을 보여 주는 것이다.

표상지각은 사물의 형태를 배경과 전경으로 구분하고 연합하는 데에 영향을 미친다. 대부분의 그림에는 배경과 전경이 있다. 즉, 앞서 보이는 부분을 전경이라고 하고 전체적인 내용을 보여 주는 것을 배경이라고 한다. 전경과 배경은 사물의 형태 특히 형태가 서로 겹쳐 있는 도형을 구분할 수 있게 한다. 일반아동들은 그림에서 전경과 배경의 구분이 뚜렷하다. 하지만 자폐아동의 경우 전경과 배경을 분류하고 조합하는 데 실패함으로써 공간에서의 사물을 인식하기가 어렵다.

또한 표상지각의 결함으로 인해 자폐아동은 시각적으로 받아들인 사물을 다시 개념화하는 것이 어렵다. 예를 들어, "사과"를 떠올릴 때 사과의 다양한 속성과 이를 유목화하는 데 어려움이 있다. 표상은 개념형성에도 많은 영향을 미친다. 자폐아동은 바지를 그리기를 요구하면 이미 "옷 종류" "입는 것" "천으로 만들어진 것" 등과 같은 것으로 형태를 상으로 떠올리며 "바지"를 그리지 못한다. 더 나아가 생활 경험에서 자신이 겪는 사건의 상황을 파악하고 이해하는 데 실패하는 것과도 관련이 있다.

물론, 자폐아동 중에 드물게 그림을 무척이나 잘 그리는 아이가 있다. 일반아동에 비해 월등히 잘 그리기도 한다. 그러한 이유 때문에 천재적인 소질이 있다고 생각을 하기도 한다. 이렇게 그림을 잘 그리는 자폐아동들은 몇 가지 그림상의 특징을 보인다.

첫째, 그림의 정밀묘사는 대부분 포토메모리에 의존한다. 이 경우 자신이 보고 기억한 것은 정확하게 표현한다. 때로 자폐아동은 마치 정밀묘사하듯이 그림을 그린다. 정확한 형태와 정확한 색상 그리고 크기의 비율도 잘 맞는다.

둘째, 그림을 그릴 줄 알지만, 그림의 의미를 연계하지 못한다. 자폐아동은 각각의 그림을 잘 묘사하는 반면에, 전체 의미를 부여하지 못한다. 길을 가다가 보았던 것, 그리고 자신이 즐겨 가지고 노는 물건들 또는 누군가가 가르쳐 준 그림은 잘 묘사할 수 있어도, 일반아동들처럼 그림상에 테마가 없다. 예를 들어 "놀이터 그려 봐!"라고 지시하면 놀이터에 있는 사물들과 환경들을 그려내지만, 왜 그곳에 그러한 것들이 있는지 그리고 각각의 놀이 기구들과 주변에서 놀고 있는 아이들이 서로 어떤 관계가 있는지를 모른다.

셋째, 자폐아동들은 특정 그림만을 고집한다. 일반아동들은 그림을 다양하게 표현하고 그리는 반면에 자폐아동은 한 가지 좋아하는 그림이 있다면, 같은 그림을 반복해서 그린다. 하루에도 도화지 한 묶음을 똑 같은 그림으로 채울 때가 있다. 자폐아동의 그림 그리기 특징은 있는 그대로의 사실만이 표현될 뿐, 그림에 의미를 부여하지 못한다.

표상지각은 언어를 이해하는 데에도 영향을 미친다. 부모는 자녀가 자신의 생활을 잘 표현하고 이야기도 잘 한다고 하는 경우가 있다. 물론, 어느 정도 표현가능한 자폐아동이 있을 수 있다. 그러나 엄격히 평가하면 오랫동안 되풀이 되었던 학습에 의해 표현할 수 있는 것일 뿐, 일반아동에 비해 의미를 부여하는 데 현저한 차이가 있으며, 성인이 되어서도 이야기가 있는 그림을 그리지 못한다. 성인이 되어도 유아기 수준의 그림을 표현할 뿐이다.

일반아동들은 그림을 그리면서 이야기를 생각한다. 예를 들어 "소풍"이라는 제목 하에 그림을 그리면, 과거에 소풍을 갔었던 기억을 상기하고 내용을 그림으로 표현한다. 그때의 일과 사건 그리고 느낌을 그림으로 표현한다. 일반아동들은 그림을 그리며 총체적인 관계를 지각한다. 뿐만 아니라, 그림을 그릴 경우 이야기의 맥락을 함께 표현할 수 있다. 그래서 그림을 그리고 나서 질문을 하면, 그림에 나타난 내용들을 서로 관련지어 설명할 수 있다. 또한 표상지각의 그림 표현에서 배경과 전경으로 분류하고 조합하는 데 영향을 미친다.

지금까지 설명한 표상은 매우 기초적인 표상에 지나지 않는다. 표상에는 명제적 지식 표상과 도식적 표상 그리고 절차적 지식 표상이 있다. 명제적 지식 표상은 어떤 사실에 관해 참인지 아닌지를 가늠할 수 있는 의미의 최소 단위를 표상하는 것이다(Bransford & Franks, 1971). 예를 들어, "크다"는 "말로 의사를 분명히 나타내는 것"이 없기 때문에 참인지 거짓인지 알 수 없다. 하지만 "코끼리는 크다"는 명제로서 지위 여부를 말할 수 있다. 따라서 명제는 사실을 약호화한 것이라고 볼 수 있다. 또한 명제는 추상적이다. 명제는 문장이나 심상을 나타내는 것이 아니라 생각을 나타낸다. 하나의 문장이 여러 개의 명제를 가질 수 있다. 예를 들어 "그 코끼리는 크고 회색이다"는 두 개의 명제, 즉 코끼리가 크다는 명제와 코끼리가 회색이라는 명제를 내포한다. 명제적 지식 표상은 아동의 의미기억뿐만 아니라 일화기억 그리고 절차기억을 설명하고 그에 따른 기억, 추론, 언어이해와 획득의 기저에 있는 인지구조와 처리과정을 설명한다.

표상지각에는 특정 사건이나 현상을 검증하고 상황과 사건뿐만 아니라, 문장과 그

속에 내재되어 있는 덩이글을 이해하거나 추론하는 도식적 표상이 있다(Rumelhart, 1980). 자폐아동이 상황을 추론하는 경우는 없다. 그것이 가능하더라도 몇 가지의 지식과 경험에 따른 정형화된 설명이 지나지 않는다. 도식적 표상은 문장을 이해하기 위해 주어진 외적 정보뿐만 아니라 기존의 내적 지식을 함께 이용할 수 있게 하거나 문장 속에 단어의 의미, 그리고 관련된 지식 양자에 의해 파악할 수 있게 한다. 문장의 의미를 수동적으로 받아들이는 과정이 아니라 관련된 지식을 바탕으로 능동적으로 해석하는 과정을 가능하게 함으로써 문장을 이해하게 하는 것도 도식적 표상이다. 즉, "만약 ~ 그렇다면" 형태의 산출 규칙들로 표상되어 있다고 가정한다(Newell & Simon, 1972).

도식적 표상은 어떤 사실을 검증할 뿐만 아니라 문장, 덩이글, 상황, 사건 등의 이해나 추론에도 영향을 미친다(Rumelhart, 1980). 예를 들어 다음과 같은 문장이 있다고 가정하자.

> "창수가 거리를 걷다가 아이스크림 가게에 멈추었다. 창수는 주머니에서 돈을 꺼냈다."

이 글을 읽는 동안 많은 추론을 하게 된다. 창수가 몇 살일까? 창수는 왜 돈을 꺼냈을까? 꺼낸 돈이 얼마일까? 이러한 정보는 전혀 주어지지 않았지만, 우리는 세계사에 대해 가지고 있는 지식을 바탕으로 추론할 수 있다.

따라서 문장을 이해하기 위해 주어진 외적 정보뿐만 아니라 기존의 내적 지식을 함께 이용한다는 것이다. 문장의 의미는 문장 속에 단어의 의미, 그리고 관련된 지식 양자에 의해 파악된다. 또한 정보와 활성화된 지식, 양자로부터 의미를 구성하는 능동적 과정이라는 것이다. 이해는 주어진 문장의 의미를 수동적으로 받아들이는 과정이 아니라 관련된 지식을 바탕으로 능동적으로 해석하는 과정인 것이다.

마음표상: 마음을 읽지 못하는 아이

성공적으로 치료교육을 받은 자폐아동이 간혹 있다. 아동은 꽤 학습을 잘 하고 학교에서도 좋은 학습성적을 나타낸다. 다른 사람과 말을 하는데도 별 다른 문제도 없고 자신의 요구도 적절하게 잘 표현한다. 물론, 가정생활에서 불편한 점이 없으며, 가족과의 상호관계에 어려움이 없다. 이웃 사람들에게도 인사를 잘하고 매우 모범적인 아동이다.

그런데 이상한 것은 무엇인가 단절되어 있고 교감이 없다. 특히, 다른 사람과 나눌 수 있는 정서반응이 없다. 일반아동의 경우에는 다른 사람과 정서적 반응과 교감이 자연스럽다. 눈빛과 표정 그리고 태도에서 내면의 마음을 표현할 줄 안다. 그런데 자폐아동은 치료교육 과정에서 아무리 좋은 결과를 얻었다고 하더라도 자신의 감정과 생각을 교감하는 경우는 드물다.

그래서 부모는 자녀의 문제에 대해 고민하게 된다. 왜 아이는 엄마의 마음을 모르는 것일까? 그리고 왜 친구들과 상호작용을 하는 데 결손을 보이는 것일까? 어머니는 사회성의 변화를 기대하며 자녀를 놀이방이나 유치원에 보내 보지만, 이렇다 할 발전이 없다. 일반아동은 또래 친구와 놀면서 싸우고 경쟁심이 생기고 서로의 마음을 나누며 우정을 쌓아간다. 자폐아동의 경우는 그러한 경우를 관찰하기 어렵다. 자녀는 항상 혼자서 노는 것을 좋아하거나 자신이 고집하는 행동을 할뿐, 친구가 어떤 생각을 하고 있는지 그리고 어떤 마음일 것인지를 전혀 알지도 못하며 알려고 하지도 않는다.

마음읽기는 아주 오래전 인간의 기원이 시작될 무렵부터 시작했다. 인간은 사물을 있는 대로 그려내는 것으로부터 사물에 속한 내면의 실체를 그려내려고 하였다. 그 과정에서 인간은 다른 사람의 마음을 그려보는 능력이 형성되기 시작했다. 마음의 진화는 자연의 선택이다.[35] 종종 표상이 사물에 관한 의식이라면 심상은 사람에 관한 의식이다. 그리고 표상지각은 사물의 이미지를 파악하는 능력이다. 반면에 심상은 사람의 의도와 계획 그리고 믿음을 파악하는 능력이다. 하지만 대부분의 자폐아동은 타인의 마음을 읽는 데 실패한다.

또래 아동과의 상호작용이 가능하기 위해서는 대상의 마음을 읽을 수 있어야 한다. 친구가 어떤 생각을 하는지 그리고 어떤 마음을 가지고 있는지, 어떤 상황에서 어떤 태도를 취할 것인지 등과 같은 타인의 마음읽기가 가능해야 한다. 자폐아동에게서 가장 어려운 일은 이와 같은 타인의 마음을 읽기이다. 바론-코헨(Baron-Cohen)이 자폐아동의 발달적 특징을 연구하면서 마음 이론이라는 유명한 이론을 제시하였는데, 여기에 셀리(Sally)와 앤(Ann)이라는 아동이 참여하였다. 셀리는 일반아동이며 앤은 자폐아동이

35) 진화하는 동안에 마음읽기는 분명히 자연의 선택 일부분으로서 인간이 세계를 인식하는 데 결정적인 역할을 했다. 진화과정에서 적의 내적 활동과 생활을 추측할 수 있어야 하는 것 그리고 다른 동물의 경로를 미리 예측할 수 있는 것 등을 탐색하는 능력은 분명히 인간이 생존 가능한 존재로 부각시켰다. 뿐만 아니라, 자신의 마음을 읽음으로써 다른 사람의 마음을 읽을 수 있다는 것은 상상할 수 없는 인간 존재에 관한 새로운 의식의 탄생인 것이다(Humphrey, 1984). 마음읽기 능력이 유리한 이유는 인간과 같이 복잡한 체계에 마음상태를 부여하는 것은 그 체계를 이해하는 가장 쉬운 방법이기 때문이다. 여기서 체계를 이해한다는 것은 복잡한 체계의 행동을 설명하고 다음에 어떤 행동을 할 것인지를 예측한다는 것이다. 이러한 능력을 "지향적 자세(Intentional Stance)"라고 하며 지향적 자세는 의도(intention)와 더불어 믿음, 바람, 생각, 의도, 희망, 기억, 공포, 약속 등 모든 종류의 지향적 상태를 부여하는 마음의 능력이다(Dennett, 1978).

다. 이 실험을 거짓된 신념에 관한 과제실험이라고도 한다.[36]

이 실험에서 나타난 것과 같이 마음읽기는 다른 사람이 자신과는 다른 믿음, 바람, 의도를 가지고 있다는 것을 이해하는 능력이다. 이러한 능력은 영아기부터 점차 발달하기 시작하여 3~4세경에 확실하게 형성된다. 거짓된 신념에 관한 과제실험에서 바론-코헨은 자폐아동이 마음 이론의 발달에 특정한 손상을 보인다고 주장하였다. 상위표상에 대한 이러한 손상은 자폐아동의 사회적 이해와 의사소통에 대한 어려움을 설명할 수 있다.

따라서 자폐아동이 다른 사람의 관점에서 생각하는 능력의 결여가 자폐증의 주요 결함이라고 보고 있다(Schreibman, 2005). 즉, 자폐아동은 다른 사람이 자신과는 개별적인 존재이고 자신과 다른 지식, 믿음, 감정, 의도를 가지고 있다는 점을 잘 이해하지 못한다는 것이다. 다른 사람의 관점에서 생각을 이해하는 능력을 일반적으로 '마음 이론(mind theory)'이라 하며, 이러한 능력은 보통 생후 18~24개월이 된 아동에게서 나타나기 시작한다. 마음 이론과 관련하여 윔머와 퍼너는 현실에 대한 자신의 생각과 다른 사람의 '잘못된 믿음(false-belief)'을 구별하는 능력을 측정하였다. 그 결과 자폐아동들은 자기중심적인 관점에서 생각하려고 하며, 다른 사람의 지식이 자신의 것과 다르다는 것을 알지 못한다는 것을 발견했다(Wimmer & Perner, 1983).

'마음 이론'에 의하면, 자폐아동은 사람들이 자신과 다른 믿음, 소망, 의도, 지식을 가지고 살아간다는 생각을 하지 못한다. 그리고 자신이 생활하는 것과 다른 사람들의 행동이 우발적인 것으로 인식되고 모든 현상이 예측할 수 없는 것처럼 보일 수 있다. 볼크마와 그의 동료들은 이러한 특징이 자폐아동이 다른 사람을 '물체'처럼 다루는 행동에 대해 설명해 줄 수 있다고 주장한다. 예를 들어, 어머니가 마치 의자인 것처럼 엄마의 무릎 위에서 과자를 집는 아동은 어머니가 애정과 생각이 있고 느낌이 있는 존재라는 개념을 갖지 못한다(Volkmar et al., 1997).

일반아동처럼 자폐아동이 존재의 이미지를 변환시킬 수 있을까? 일반아동의 경우, 특정한 사물에 다양한 의미를 부여하고 마치 그것이 그러한 것처럼 다룰 수 있다. 이에 관해 마음 이론 가설을 주장하는 학자들은 자폐아동에게서 마음 이론의 취약성은 상징놀이에서도 나타난다고 설명한다(Leslie & Roth, 1993). 일반적으로 아동이 나무토막을 자

36) 코헨은 이 실험에서 셀리와 앤이라는 아동을 놀이 상황에 참여시킨다. 인형 놀이 상황을 제시하고 주인공 셀리가 장난감을 바구니 속에 놓고 방을 나간다. 이때 교사(실험자)가 그 인형을 다른 상자 속에 옮겨 놓는다. 그리고 나서 셀리가 돌아왔을 때 셀리가 어디서 장난감을 찾을 것인지를 자폐아동인 앤에게 질문을 하였다. 앤은 바꿔 놓은 상자 속에서 찾을 것이라고 말한다. 일반아동의 경우 셀리가 인형을 옮겨 놓았는지를 모르기 때문에 원래 있던 바구니에서 인형을 찾을 것이라고 대답을 한다.

동차라고 여기고 가지고 노는 것과 같이 다른 사람의 관점에서 생각할 수 있는 능력은 현실을 다른 방식으로 표상할 수 있는 능력과 관련이 있다고 한다. 따라서 아동은 현실과 가정이라는 두 개의 상황을 인식할 수 있다. 아동 자신이 나무토막과 같은 물리적인 현실을 표상하는 것과 동시에, 자동차라는 가정에 대한 자신의 상상적 현실도 함께 표상한다. 마음 이론에 관한 과제를 풀려면, 아동은 두 개의 현실을 가지고 있어야 한다. 즉, 아동은 돌멩이가 어디에 있는지, 그리고 셀리는 그 돌멩이가 어디에 있다고 생각하는지를 분리시킬 수 있어야 한다.

그러나 다른 사람의 마음읽기 실패가 자폐증의 주요 결함인지에 관한 논란의 여지는 남아 있다. 휘트먼은 마음 이론이 자폐증의 주요결함의 조건인 특유성, 보편성, 지속성, 우선성 중에 지속성 이외의 나머지 조건에 부합되지 않는다고 하였다. 그러나 마음 이론의 가설이 자폐증으로 인한 장애를 모두 설명할 수 없다고 하더라도 자폐아동의 다른 사람에 대한 마음읽기의 실패는 자폐증의 장애를 지속적으로 이끌어간다는 점에서 자폐증의 주요 결손으로 보고 있다.

마음읽기는 언어를 촉발시킨다

마음읽기는 언어발달을 촉발시킨다. 일반아동의 경우, 가르쳐 주지 않았음에도 불구하고 언어는 특정시기에 폭발적으로 증가하게 되는데 아동 개인이 지니고 있는 뜻과 생각을 표현하는 시기부터이다. 다른 사람과의 상호관계가 어느 때보다 확장되는 것도 이 시기이다. 그래서 과거에 비해 더 많은 친구들과 어울리며 놀이를 하려고 한다. 이 과정에서 많은 활동만큼이나 더 많은 말을 하게 된다. 또래 집단의 사회적 관계 요구가 많아지면서 사회적 상호작용을 위해 필요한 다양한 언어를 구사한다.

아동은 자신이 처해진 환경과 생활에 관심을 가질 뿐만 아니라, 그 범위의 세계에 함께 동반하는 또래 친구들에게도 많은 관심을 가지고 있다. 아동의 사회성은 다른 사람에 대한 관심으로부터 시작되는 것이다. 그리고 자연히 그에 따른 상호관계를 위해 언어가 필수적인 것이다. 이때 아동은 대상에게 자신의 뜻과 생각을 교환하게 되면서 자신의 생각을 관철시키려고 하고 자신의 뜻에 따라 유도하려고 한다. 정교한 언어를 사용하는 것이다. 이때 아동은 대상이 무엇을 생각을 하고 있는지 그리고 어떤 감정을 가지고 있는지에 관해 집중한다.

마음읽기는 대인관계를 형성시킨다

다른 사람의 마음을 이해하는 것은 다른 사람과의 대화를 촉진시킬 뿐만 아니라, 다른 사람과의 사회적 관계를 형성시킨다. 실제로 릴라드가 설명했듯이 아동들은 나이가 들수록 놀이에 집중하는 시간은 더 적은 반면에, 계획된 가장놀이의 과정에서 다른 또래와 놀이를 위해 각자의 역할이 무엇이어야 하는지를 협상하는 데 더 많은 시간을 들인다. 이러한 협상은 반드시 정교한 언어능력을 필요로 하며, 더 높은 수준의 상위표상적인 통찰을 하게 만든다(Lillard, 2002).

일반아동은 서로의 마음을 전달하고 교환함으로써 또래 친구가 생긴다. 서로 같은 마음을 교감할 때 또래 아동과의 사회적 관계는 더욱 친밀해지고 그에 따른 사회적 태도가 성숙해진다. 이와 같이 마음읽기는 사회적 관계를 성숙시킬 뿐만 아니라, 같은 또래 집단을 형성하는 데에도 영향을 미친다.

조망지각: 세계를 보는 방식

자폐아동은 자신의 주변 환경을 의미 있게 관찰하는 것 같지 않다. 마치 스치듯 사물을 바라보는 듯하며 대체로 주변세계에 관심을 갖지 않는다. 유일하게 관심의 대상이 되는 것은 몇몇 특정한 사물이나 장소에 제한되어 있다. 다른 사람들을 바라보는 것도 마찬가지이다. 일반아동의 경우는 유심히 다른 사람을 관찰하거나 의미 있게 바라보는 반면에 자폐아동의 경우는 드물다. 대체로 혼자 노는 것일 뿐 주변 환경에 관심을 두지 않는다. 마치 자폐아동에게 주변의 세계는 특별한 의미가 없어 보인다. 주변에서 일어나는 일과 사건들은 자신과 관련이 없는 것이다. 자폐아동이 세계를 바라보는 방식은 조망지각과 관련이 있다.

조망지각은 아동 자신이 처해 있는 세계를 인식하는 것과 동시에 그 세계에 안에 존재하는 것들 간의 관계를 관련짓는 것이다. 따라서 조망이 확장되면, 더 많은 것들을 관련지어 의식하게 된다. 따라서 조망지각은 자신의 세계에서 일어나는 현상을 의식하는 능력이다. 아동은 조망지각을 통해서 자신 앞에 놓여진 세계뿐만 아니라, 새로운 세계를 의식하게 되고 그 세계를 탐험하고 체험하려고 한다.

사람들은 "자폐아동은 마치 자신의 세계에 빠져 있는 듯하다"라고 종종 설명하는 경우가 있다. 또한 많은 사람들은 그렇게 받아들이고 있다. 그러나 이것은 엄격히 말하자면 사실이 아니다. 자폐아동은 세계를 마치 제한된 범위 안에서 인식하는 것 같다. 자폐아동이 자신이 직면한 세계의 일부분을 의식한다는 것은 곧 그것이 가시적이든 혹은 감각적이든 간에 자신의 세계를 지각하는 범위가 일반아동에 비해 제한되어 있다는 것을 의미한다.

일반적으로 아동은 세계를 총체적으로 지각한다. 그래서 일반아동들에게 나타나는 행동상의 특징은 다양한 사물과 현상에 대해서 관심과 호기심을 갖게 되며 또한 그러한 사물과 현상에 대해 직접 경험하려고 한다. 그리고 여러 가지 감각자극 즉, 청각적으로 들려오는 소리, 시각적으로 보이는 다양한 현상, 촉각적으로 느껴지는 감각들, 후각적으로 느껴지는 다양한 냄새들 등의 감각적 정보에 대해서 민감하게 반응하고 주의를 두게 된다.

일반적으로 볼 때 세계로부터 유입되는 다양한 감각자극에 대해 지각할 수 있을 때 그리고 지각 수준 만큼 비로소 세계는 더 많이 인식되고 넓어지게 되는 것이다. 그러나 자폐아동은 그러한 다양한 감각자극에 반응을 하지 않으며 또한 자신 앞에 놓여진 세계로부터 자극을 받아들이지 않는다. 그리고 외부의 자극에 반응한다고 하더라도 일부 자극에 대해 반응한다. 이때 자폐아동은 세계를 바라보는 지각 즉, 조망지각이 매우 제한적으로 축소되어 있다. 자폐아동이 제한된 주의 범위에서 반응하는 것도 그 때문이다. 그리고 제한된 주의 범위 이외의 범주에 대해 지각하지 않게 된다.

만약에 조망이 축소되어 제한된 범위에서 의식하게 된다면, 자폐아동에게 있어 세계라는 것은 의식되지 않는 채 어렴풋이 지나간 흔적으로 남게 될 것이다. 그것은 감각적으로 남아있을 뿐, 감각이 지각화되지 않는다. 그러므로 자폐아동은 자신이 보았지만 보지 못하며, 들었지만 듣지 못하는 감각적으로만 남고 사라져 가는 세계를 경험하고 있는 것이다. 이러한 세계는 의식되지 않는 세계이며 존재하지도 않는 세계일뿐이다. 그러한 세계는 의식되지 않기 때문에 지적 동기가 없으며 동시에 자폐아동 자신으로부터 별개의 세계인 것이다.

조망지각은 세계를 바라보는 방식 중에 하나이다. 조망지각이 점차 축소되면서 완전히 사라지게 될 때, 아동은 현재의 자신이 처해 있는 세계로부터 유입되는 자극을 인식하지 못하게 된다. 그리고 동시에 과거 기억에 남아있는 세계의 자극에 반응하게 되는데 이것이 몰입의 행동상의 특징으로 나타난다. 그래서 자폐아동이 혼자 놀다가도 이유 없이 울거나 웃기도 하며, 혹은 눈을 한 곳에 집중하고 반응 없이 몰입하거나 눈을 감고 무엇을 생각하듯 몰입을 하게 된다.

인지언어: 말을 해도 대화를 하지 못하는 아이

부모는 자녀가 말을 할 줄 알게 된다면, 어느 정도 장애로부터 벗어날 수 있는 돌파구가 되리라 기대한다. 그래서 자폐아동을 가진 부모는 자녀에게 말을 가르치는 데 집중하게 된다. 그런데 문제는 말을 많이 가르쳐 주거나 혹은 말을 할 수 있는 문장을 많이 알았다고 해서 다른 사람과 대화를 잘 하는 자폐아동이나 자폐성인은 없다는 것이다. 어린 시절부터 언어를 이끌어내기 위한 수많은 방법을 시도해 왔던 만큼 적절하게 문장으로 자신의 의사를 표현 가능하지만, 더 이상의 질적 수준으로 언어를 이끌어내기가 어렵다. "말을 할 줄 아는데 대화를 나누지 못하는 아이" 혹은 "자신이 필요한 말을 하지만, 다른 사람의 말을 이해하지 못하는 아이"라는 느낌을 받게 되는데 결국, 언어가 말할 수 있는 문장의 획득이나 언어기술을 획득하는 것만으로 의사소통이 가능하지 않다는 의미이다.

아이가 많은 "낱말"을 알고 있고 거의 모든 "사물"을 지칭할 수도 있을 때 마치 많은 "지식"을 획득하고 있는 것처럼 보인다. 그러나 시간이 지나도 "말"을 잘 하지 못한다. 어머니는 아이가 스스로 문자와 낱말을 깨우쳤기 때문에 결코 기억력이 부족하다고 생각하지 않는다. 그렇다고 해서 말을 하는 데 필요한 기본적인 사물지식이 부족한 것은 아니었다. 때로 간단한 문장으로 요구를 하기도 하지만, "말하기"의 수준은 분명 실망스러운 일이다.

오랜 시간 동안 언어치료를 받아왔다고 하더라도 문장사용이 극히 제한되어 있으며 나이가 들어서도 발전이 거의 없다. 그 이유는 지금까지 아이가 "기능언어"를 획득하였을 뿐, 언어를 통해 상호작용하지 못하는 것은 "인지언어" 획득에 실패하기 때문이다. 만약 "성인"이 되어서도 초기 "아동기 수준의 언어"를 사용한다면 기존의 언어치료 방법은 자폐아동의 언어를 이끌어 내는 데 별반 큰 의미가 없다고 보아도 될 것이다.

그토록 많은 언어교육을 했음에도 불구하고 만족스럽지 못한 결과를 얻게 되는 이유는 말하는 기술을 습득하는 것만으로 자폐아동이 말을 할 수 있다는 잘못된 생각 때문이다. 언어는 말하는 기술을 획득하는 것으로 확장되는 것은 아니다. 매번 상황과 때에 따라 의미가 다른 말을 사용하도록 언어 기술을 가르쳐 주는 것은 한계가 있다. 언어는 인지에 의해 활성화되며 분화되어 가기 때문이다.

그러므로 언어발달과 인지발달을 별개의 영역으로 보아서는 안 된다. 왜냐하면 언어는 인지발달에 전적으로 영향을 받기 때문이다. 인지 회복 없이 언어 회복은 불가능하다. 말이 트인다고 해서 말을 잘하는 것은 아니며 더군다나 언어 상호작용을 할 수 있는 것은 아니다. 언어치료를 해서 "말하기"가 되더라도 자폐증이 "회복"되는 것도 아니며 자폐증이 어느 정도 "개선"이 되는 것도 아니다. 이러한 문제가 어떤 원인 때문인지를 알기 위해서는 우선 자폐아동의 언어발달에 관한 제반 사항에 대해 알아볼 필요가 있다.

언어발달 특징 중에 하나는 어느 시기에 갑자기 말이 지연되거나 전혀 하지 못하는 것이다. 언어 사용이 가능하더라도 일상적인 말을 사용하는 데 현저한 결함이 있으며 언어발달의 지연을 들 수 있다(Osterling & Dawson, 1994). 이러한 자폐아동의 언어 결함은 성장하면서 지속되며, 간단한 단어만을 사용해서 자신의 의사를 표현할 수 있지만 문장으로는 표현하기 어렵다. 그리고 일상적 생활에 필요한 간단한 문장을 사용하더라도 대체적으로 언어 활용이 극히 제한적이다. 따라서 '다른 사람과 대화를 하도록 이끌기'와 같은 언어적 교류를 위한 말을 사용하기 더욱 어렵다.

또한 자폐아동은 자신이 경험한 분명한 일과 사건에 관하여 구문 형태의 문장으로서 갖추어진 표현을 하지 못한다(Bloom, 1980). 정상적으로 발달하는 유아들은 2세부터 단어를 연결하여 간단한 문장을 만들어내기 시작하여 점차적으로 복잡한 의미를 가진 긴 문장을 표현할 수 있게 된다. 반면에 자폐아동들은 명확한 발음을 구사하는 것, 음절을 연결하는 것, 음의 높고 낮음을 조절하는 것과 같은 언어기능이 매우 느리고 제한되어 있으며, 동시에 인지 기능의 습득도 지연된다.

또 다른 언어적 특징 중에 하나는 말을 하더라도 높낮이가 단조롭고 억양이 없으며, 문장 끝이 올라가거나 높은 어조의 가성으로 목소리를 내는 것과 같은 독특한 어조와 억양을 나타낸다. 그리고 언어 발성의 특징들은 반복적으로 조절 훈련을 시키더라도 정상적인 발성으로 유도하기가 매우 어렵다(Young, Diehl, Morris, Hyman, & Bennetto, 2005). 발성과 억양조절이 단순히 언어기능의 통합의 결함 때문이 아니다. 이것은 언어의 뇌기능 작동과 관련이 있다. 언어는 두 가지의 메커니즘으로 작동된다. 첫째는 문법적 논리를 담당하는 뇌 영역과, 둘째는 정서를 담당하는 뇌 영역의 상호작용에 의해 언어가 작동한다. 만약에 언어적 "논리"만 작동되고 "정서"와 교류되지 않는다면 어떤 상황이 일어날까? 자폐아동은 마치 감정이 없는 문법적 의사전달만 할 것이다. 이것은 언어의 뇌기능 작동과 관련이 높다는 것을 의미한다. 단조로운 억양과 높고 낮은 음의 조절 혹은 독특한 어조와 목소리 등의 원인도 이러한 이유 때문이다. 안타깝게도 자폐아동의 특별한 발성은 반복적인 훈련을 통해서 조절되지 않는 것은 인지언어의 능력과 관련이 있기 때문이다.

자폐아동은 일반아동에 비해 의사소통과 대화 기능에서 현저히 뒤떨어지며 의사소통이 가능하더라도 의사소통의 기본적인 규칙을 잘 이해하지 못하는 경향이 있다(Baltaxe, 1977). 일반아동은 대화 과정에서 자신이 언제 말을 시작해야 하고 언제 말을 마쳐야 할지에 대해서 알고 있으며 말의 내용이 대화 주제에 맞는 것인지를 인식한다. 그러나 자폐아동들의 대화는 말하는 사람과 듣는 사람이 자신의 의견을 상호 주고받으며 말을 하는 것이라는 것을 이해하지 못하며, 어떻게 문장을 끝내야 할지, 언제 주제를 바꾸어야 하는지에 대하여 인식하지 못한다.

이와 같이 자폐아동이 대화를 하거나 지속할 수 없는 원인은 자폐아동이 대화에 필요한 정보를 제공(informing)하거나 정보를 통제(regulating)하는 데 실패하기 때문이다(Ball, 1987). 즉, 자폐아동은 또래 집단과 대화를 나눌 때, 적절히 개입을 하면서 대화를 지속적으로 이끌어 가지 못한다. 그리고 구체적인 표현을 하기 위해 추가되는 말을 부가적으로 설명하여 돕는 것과 같이 대화에 필요한 정보를 제공하지 못하며, 부적절하거나 내용에 맞지 않는 내용에서 적절하게 대화를 중단시키는 것과 같은 통제를 시도하지 못한다. 대화를 전개시키지 못하는 아동에게 언어 상황을 설정하고 반복적으로 훈련을 한다고 해서 자연스러운 대화를 이끌 수는 없다. 그것은 다른 사람의 생각과 의도를 읽지 못하는 것, 즉 다른 사람의 마음을 읽지 못하는 것과 깊이 관련되어 있다(Baron-Cohen, 1995).

따라서 자폐아동이 다른 사람과 대화를 하거나 의사소통을 하는 데 장애를 갖는 원인 중에 하나는 다른 사람의 감정을 인지하지 못하기 때문이다. 예를 들어, 다른 사람이 왜 자신에게 특정한 말을 했는지, 그리고 자신에게 어떤 감정을 가지고 말을 하는지를 인식하지 못한다. 다른 사람과의 대화는 대화기술과 대화의 경험이 부족한 것과는 별개의 문제이다. 많은 사람들이 자폐아동의 의사소통에 관한 문제를 기능과 경험의 부족으로 보고 "언어학습" 혹은 "언어치료"를 통해서 자폐아동의 언어장애를 호전시키려고 하지만, 대부분 실패하게 되는데 그 이유는 자폐아동의 언어발달이 기능의 저하이거나 기술의 부족이 아니라, 대화에서의 다른 사람의 의도와 감정을 알지 못하는 것과 관련되어 있기 때문이다. 즉, 자폐아동의 언어의 상호작용은 다른 사람이 어떻게 생각하고 느끼고 있는지를 이해하는 능력에 결손이 있는 것과 관련이 있다(Richard, 2000).

따라서 일반아동의 경우, 자신의 태도와 언어의 내용에 따라서 다른 사람이 어떤 감정을 갖게 되는지를 파악하고 상대방의 감정을 고려하여 자신의 태도와 언어를 적절히 구사할 수 있는 반면에 자폐아동은 다른 사람의 감정을 파악하거나 사회적 상호관계를 인식하지 못하고 대화와 의사소통이 일방적이며 다른 사람의 감정을 고려하지 않기 때문에 대화 과정과 의사소통 과정에서 대화에 필요한 기술이 요구되기 때문에 일반적으로 아동은 자신의 말에 귀를 기울이도록 다른 사람을 자신에게로 집중시키지만 자폐아동은 대화 과정에서 다른 사람의 주의 끌기에 실패한다(McTear & Conti Ramsden, 1992). 결과적으로 다시 한 번 자폐아동의 언어가 언어기능의 결손 때문이 아니라 인지언어와 밀접한 관계가 있다.

인지언어는 개념맥락을 파악하고 이해할 뿐만 아니라 상대방의 마음과 생각을 읽도록 한다. 그렇기 때문에 인지언어 학습과정에서 "사물표상" "개념표상" "맥락상"과 같은 사고인자가 획득되어야 한다. 이와 같은 사고인자가 획득될 때 상대방의 말을 이해하게 된다. 다시 말하자면 상대방의 뜻을 알게 된다는 것이다. 상대방의 마음과 생각을 읽는 능력은 인지언어라는 새로운 차원에서 치료되고 학습된 결과이다.

자폐아동의 언어발달을 위한 여러 가지 교육이 별반 효과를 거두지 못하는 이유에 대해 분명히 밝혀야 할 필요가 있다. 단순히 말을 하지 못하기 때문에 어떤 방법으로든 간에 말을 언어 모방을 유도하고 기능적으로 언어구조적인 문제를 회복시키려고 노력해 왔지만, 그 결과는 그렇게 만족스러운 것이 아니며, 어느 정도 언어 활용에서 여전히 문제를 남기고 있다. 그것은 자폐아동의 언어가 단순히 모방이나 기능적인 문제가 아니라 인지언어의 결손의 문제이기 때문이다.

동일시: 스스로 친구들과 사귀지 못하는 아이

나이가 들어도 자폐아동이 성숙해지고 있다는 느낌을 받았다는 경우는 드물다. 일반 아동의 경우에는 나이가 들어감에 따라 나이만큼 자란다는 것을 관찰할 수 있다. 유치원생에서 초등학교에 입학할 무렵에는 어느 정도 어린 아동기를 벗어난 느낌이 든다. 그리고 초등학교를 졸업하고 중등학교에 입학할 때쯤이면 매우 의젓하다는 것을 누구나 안다. 그런데 자폐아동의 경우에는 아무리 학업성적이 좋다고 하더라도 그러한 성숙되어 가는 과정을 관찰할 수 없다.

성숙은 발달과정에서 어떤 학습의 영향 없이도 일어난다. 그런데 성숙은 동일시라는 인지체계 없이는 일어나지 않는다. 동일시는 무엇을 닮아가는 과정이다. 어린 아동은 가족 구성원을 닮아가기도 하고 때로 또래 친구들을 닮아가려고 한다. 동일시는 단순히 행동이나 태도를 닮는 것이 아니라, 대상의 인격을 닮아가는 것을 말한다. 그러한 점에서 자폐아동이 다른 또래 친구들과 사회적 관계를 형성하지 못하는 것은 동일시와 깊은 관련이 있다.

왜 자폐아동이 친구들과 어울리지 않는지에 대해 명확하게 설명하는 교육전문가는 드물다. 언어만큼이나 부모는 자녀의 사회성에 대해 민감하다. 사회화에 관해 깊이 생각하지 않는 자폐아동 부모는 없다. 다른 또래 아동과 어울리지 못하고 혼자서 놀고 있는 자녀를 보면서 부모는 자녀의 사회성을 위해 여러 가지 방법을 생각하고 시도해 보지만, 그러나 자녀의 사회발달을 돕는 이렇다 할 만한 방법이나 해결책이 없다.

자폐아동이 유치원 생활에 "적응"했다고 해서 그것이 곧 "나아진 상태"를 의미하지는 않는다. 아무리 유치원 생활을 잘 한다 하더라도 자폐아동은 다른 또래 아동과 어울리지 못하며 오직 자신의 욕구를 충족시키기 위한 반복적인 행동패턴을 고수하려고 할 뿐이다. 어느 정도 교사의 지시에 따르거나 학습에 참여한다고 하더라도 여전히 행동과 태도에서 여러 가지 문제는 해결되지 않는다. "적응"된 아이를 보고 다른 아이들과 이제 잘 어울리는 것으로 잘못 평가하는 경우가 종종 있지만, "적응"은 "사회성" 혹은 "사회화"와는 다른 개념이다.

자폐아동이 일반아동과 오랫동안 함께 생활하도록 했음에도 만족스럽게 사회화가 이루어지지 않는 이유 중에 하나는 "동일시"의 결손에 의한 것이다. 동일시는 인격적으로 다른 사람과 똑같이 모사하는 것을 말한다. 아이가 자신이 아니라 형의 역할을 했다면, 그것은 동일시이다. 이때 동일시는 사회화에 결정적인 역할을 한다. 왜냐하면, 자신의 인격을 벗어나 다른 사람의 인격으로 전환시키고 그 입장에서 역할을 할뿐만 아니라, 본래의 자신을 의식해 보기 때문이다. "다른 사람의 입장에서 자신을 바라본다는 것"은 매우 놀라운 일이다. 만약에 이것이 가능하다면, 아동은 객관적으로 자신을 조망하는 능력이 형성되고 그로 인해서 자신과 자신 앞에 놓여 있는 세계를 새롭게 체험하게 될 것이다. 또한 동일시는 다른 사람의 인격으로 역할을 할 수 있게 한다. 동일시의 대표적인 연구는 "가장놀이"이다.

토마셀로는 아동이 또래 친구의 의도를 해석하는 것과 실제와 가장을 구분할 필요성에 대해 설명하였다. 18, 26, 35개월 된 아동들이 성인의 가장 몸짓이 어떤 의미를 갖는지에 관해 해석할 수 있는지 연구하였다(Tomasello, Striano, & Rochat, 1999). 예를 들어, 그 성인은 주먹으로 망치질을 하는 동작을 함으로써 망치를 원하는 몸짓을 하거나, 또는 손을 책처럼 펼쳐서 책을 원한다는 몸짓을 한다. 토마셀로는 이 연구에서 세 연령 집단의 아동들이 모두 이 게임에서 성인에게 그가 원하는 물건을 건네 줄 수 있음을 확인한다. 그 다음에는 대체할 물건들을 포함함으로써 가장을 좀 더 추상적인 것으로 만들었다. 예를 들어, 컵으로 모자를 대체하고 성인이 자기 머리 위에 컵을 올려놓은 것을 보여 주었다. 공으로 사과를 대체하였고, 성인이 공을 깨무는 동작을 하고 씹는 시늉을 하였다. 아동에게 다시 상대방에게 물건을 주는 게임을 하게 하였다. 이번에는 성인이 컵을 원할 때 모자를 머리 위에 올려놓는 몸짓을 하였고 공을 원할 때 사과를 깨무는 시늉을 하였다. 이때에 26개월과 35개월 아동들만이 우연 수준 이상으로 몸짓의 의도를 해석할 수 있었다.

토마셀로의 가장놀이에 관한 연구 결과는 맥쿤 미코리치의 연구와 일치한다. 그는 가장놀이를 하는 동안 하나의 대상으로 다른 세상을 대체하는 능력이 평균 2세경에 출현한다는 것을 보여 주었다(McCune-Micolich, 1981). 모방은 단순히 본능적으로 수행하는 것이 아니라, 다른 사람이 자신에게 무엇을 원하는지에 관한 해석이다. 다른 사람을 안다는 것은 무엇인지에 관한 물음과 그것이 어떻게 언어와 사회발달에 영향을 미치는지에 관한 물음은 무엇인가 근본적인 문제를 찾는 데 단초가 될 것이다. 즉, 모방하는 아동은 다른 사람의 의도를 파악할 수 있다. 언어와 사회 그리고 마음읽기는 상호 깊은 관련이 있다. 우리는 무엇이 각각의 발달에 영향을 미치는지 그리고 어떻게 상호 영향을 미치는지에 관한 물음을 던지게 된다.

리라드의 연구에 의하면, 아동들은 나이가 들수록 놀이에 집중하는 시간은 더 적은 반면에, 계획된 가장놀이의 과정에서 다른 또래와 놀이를 위해 각자의 역할이 무엇이어야 하는지를 협상하는 데 더 많은 시간을 들인다(Lillard, 2002). 이것은 또래 집단에서의 가장놀이는 상호간의 대인관계에 관한 역할에 관해 잘 인식하고 있음을 의미한다. 그리고 가장놀이를 통해서 더 복잡한 과제를 해결할 수 있다는 것을 설명하고 있다. 동일시에 관한 연구로서 가장놀이가 아동이 어떻게 사회성이 형성되는지를 잘 보여 주고 있다.

제4장

자폐증의 치료와 중재 방법들

❀ 자폐증 치료 방법의 도전과 역사

과거부터 인간의 질병은 개인과 사회 그리고 알 수 없는 존재에 의해 발생된다고 믿었다. 이러한 의식은 과거 인간의 역사가 시작될 때부터 시작되었으며, 여러 가지 종교적 의식으로 발전되기도 했다. 원시시대의 질병은 곧 주술사에 의해 치료되었으며 개인이 가지고 있는 영혼의 문제 그리고 삶의 문제에 기인하는 것으로 보았다. 따라서 모든 질병은 우리 인간의 정신적 문제에 기인하는 것으로 보았다.

치료(therapy)라는 말은 의학적으로 "아픈 것을 낫게 하는 것", 혹은 "건강한 변화로 유도하는 것"이라고 정의하였으며, 치유(healing) 의미의 그리스어로부터 파생되었다. 이에 따르면 psychotherapy라는 단어는 psycho(영혼, 정신)와 therapy의 결합물이므로 인간 정신의 치료이다. 지금도 그러한 의식이 우리의 내면에 깊이 자리 잡고 있는 것 같다. 이와 관련하여 많은 자폐아동 치료교육이 심리적 문제가 원인이라는 인식에서 시작한다.

오랫동안 자폐증 치료의 다양한 방법이 시도되었고 또한 그 역사도 길어졌다. 또한 그 역사만큼이나 자폐증 이해에 더 많이 접근했으며 다양한 치료 방법이 개선되었다. 그 과정에서 치료교육의 시도가 이루어졌으며, 수많은 치료교육 방법이 제시되었다. 자폐증 치료의 역사는 크게 세 가지로 구분될 수 있다. 정신분석 중재와 행동주의 중재 그리고 인지발달 중재이다.

자폐증이란 단어가 내면세계로의 도피와 같은 은유적인 의미를 지니고 있는 까닭일까? 정신의 내면적 문제를 다루려는 역동적 접근 방식에서는 초기에는 자폐증을 부모의 영향으로 설명하려고 하였다.[37] 이후의 행동주의 접근 방식에서는 자폐아동 치료교육

---

37) 여전히 많은 사람들이 자폐증의 원인에 대해 환경과 양육과정을 의심하고 있다. 더욱이 자폐증이 선

은 대체적으로 아동 자신의 부적절한 행동을 조절하고 수정하거나 생활할 수 있는 기초적인 방법을 습득하게 하는 데 집중되었다. 근래에 이르러서는 자폐아동의 인지발달의 중요성이 부각되었고 인지발달 중재는 그 대안으로 태동되었다. 인지발달 중재는 보다 사고적이고 능동적인 행동을 수행하도록 하거나 혹은 그에 따른 높은 수준의 학습능력을 이끌었다.[38]

천적이라는 사실이 밝혀졌음에도 불구하고 후천적으로 다른 여러 가지 요인에 의해서 자폐증이 유발된다고 주장하는 연구자들도 있다. 이러한 주장들은 자폐아동이 갖는 "문제행동"의 특징 때문이다. 부모의 양육태도에 의해 극단적이고 기괴한 문제행동이 더 심각하게 발전되기 때문이다. 그러나 부모의 양육이나 환경에 의해 "문제행동"이 나타날 수 있지만, "자폐증"이 유발되는 것은 아니다. 단지, 자폐아동을 가진 부모의 부적절한 양육태도에 의해 문제행동이 점차 심각한 상태에 이르게 되는 것이다. 문제행동은 자폐증뿐만 아니라 일반아동에게도 심각하며 부모의 양육태도에 영향을 받는다는 사실을 상기해야 한다.

38) "치료"와 "교육" 그리고 "중재"에 대한 개념의 정리가 명확하지 않다. 의학자들은 치료를 그들의 고유한 영역으로 간주하였지만, 심리학의 발달은 치료의 개념을 개인의 발달과 환경에 의한 병리적 변화로 봄으로써 보다 포괄적인 개념으로 적용하였다. 그 과정에서 심리적 치료는 의학적 치료에서 벗어나 교육의 방법과 접목하기 시작했다. 특히 중재는 문제행동을 바람직한 행동으로 이끄는 가교적인 의미로 이해되었다. 이 개념들의 설명은 다음과 같다.

중재(intervention)는 과제의 목표 달성을 위하여 학생이나 피험자를 돕는 일련의 도움 활동이다. 주로 행동수정에서 사용하는 용어이다(『특수교육학 용어사전』, 국립특수교육원, 2009). 이 개념에 따르면, 교과와 관련한 학교에서의 도움(수업)은 주로 교수라는 용어를 사용한다. 중재는 주로 교과 지식 이외의 부분에서 문제행동의 수정 또는 긍정적 행동의 조성과 같이 외현적인 행동의 변화를 도모할 때 사용하는 경향이 있다. 다른 한편 실험 연구에서는 독립변인에 영향을 미치고 결과적으로 종속변인의 변화를 가져다주는 처치(treatment)를 의미한다. 즉, 중재는 독립변인의 효과를 알아보기 위해서 훈련된 실험자에 의해 특정 상황에서 특정 기간 동안 독립변인을 체계적으로 적용하는 것을 말한다. 그러나 실험자가 연구자가 계획했던 대로 정확한 절차를 따르지 않는다거나 일관성 있게 충실히 중재를 하지 않는다면 편견으로 작용할 수 있다. 따라서 도움 과정에서 특정 목적을 위해 행동수정을 위한 과정이며 동시에 연구에서는 효과를 알아 보기 위해 독립변인과 종속변인을 체계적으로 적용하는 연구과정을 의미한다.

치료(therapy)는 어떤 질병, 장애, 또는 문제를 치료, 치유, 완화하기 위해 계획된 체계적 과정과 활동을 의미한다. 사회사업가들은 종종 이 용어를 심리치료(psychotherapy), 심리사회 치료(psychosocial therapy), 집단치료(group therapy)와 동의어로 사용한다. 사회사업가들은 작업치료, 물리치료, 오락치료, 약물치료, 화학치료(chemotherapy)와 같은 다른 치료형태를 논할 때 이것들을 더욱 특정한 용어로 사용한다(『사회복지학사전』, 이철수 외 공저, 2009). 치료가 의학적 처치가 아니라, 개인을 대상으로 하는 방법이라고 할 때, 보편적으로 심리치료로서 동의적인 용어를 사용한다. 따라서 심리치료(psycho-theraphy)는 정신질환이나 심리적 적응 문제를 해결하기 위하여 내담자에게 사용하는 심리학적 치료기법이다. 인간의 심리를 어떻게 이해하느냐에 따라 정신분석적 접근법, 행동주의적 접근법, 인본주의 접근법 등의 이론적 배경을 지닌 심리치료가 활용될 수 있다(『특수교육학 용어사전』, 국립특수교육원, 2009). 치료 대상자에 따라 개인 심리치료, 가족 심리치료, 집단 심리치료 등으로 분류할 수 있으며, 도구나 방법에 따라 놀이치료, 미술치료, 음악치료 등의 다양한 방법이 적용될 수 있다. 그러나 발달정신병리적 관점에서 본다면, 정상적 발달경로로부터 벗어난 병리적 상황과 문제가 궁극적으로 정상적 발달이 되도록 이끄는 것이다. 이때 바람직한 적응을 "회복"이라고 한다. 따라서 치료의 결과는 정상적 회복이다. 치료는 특정 장애를 회복시키는 것이지만, 중재는 회복을 목적으로 하는 것보다는 적응을 위한 전반적인

하지만, 치료교육의 긴 역사에도 불구하고 정착된 치료교육이 없다. 아직도 여러 치료교육이 산재되어 있으며, 치료교육의 혼란을 겪고 있다. 스코트는 오늘날, 자폐증 치료에 적용되고 있는 대표적인 방법들을 설명하면서 동시에 자폐증 치료교육 프로그램이 얼마나 큰 과오를 범하고 있는지를 경고하고 있다(Scott, 2000).

무의식과 정서의 단절로부터 회기

정신분석 중재는 정신역동적 중재라고도 한다. 마음을 무의식의 세계와 관련지어 이해하려는 시도이다. 특히 정신분석의 관점에서 자폐증적 특징은 때로 많은 사람들에게 신비로운 감흥을 갖게 하기도 하였고 알 수 없는 무의식의 세계에 몰입한 것으로 이해되기도 했다. 그래서 "자신만의 세계에 빠진 아동" 혹은 "호두와 같이 단단한 껍질로 싸인 세계에 있는 아동"으로 설명되었다. 이러한 이해는 자폐증 치료를 위해 정신역동적 중재라는 방법을 적용하게 했다. 이 방법은 우리가 흔히 알고 있는 정신분석치료(psychoanalysis)와 같은 의미이다. 자폐아동을 관찰하게 되면, 마치 다른 세계에서 느끼고 행동하는 것처럼 보인다. 이러한 자폐증적 특징이 무의식의 세계에서 일어나는 현상으로 보았다.

그리고 그러한 결과들은 그 이전에 즉, 자폐아동이 아주 어린 시절에 겪은 다양한 일

과정이라고 할 수 있다. 이러한 관점에서 자폐아동을 위한 프로그램들은 "중재"를 위한 것과 "치료"를 위한 것들로 구분될 수 있다. 임상적 경험을 가진 전문가라면 적어도 치료는 회복을 위한 구체적인 목적과 목표가 있지만, 치료활동 이외에 교육이라는 과정이 반드시 필요하다는 것을 경험하게 된다.

치료교육(therapeutic education)의 발생은 유럽이며 의학적인 진단을 말한다. 치료와 병행해서 교육적 지도를 행했던 것이다. 특히 학습장애와 정신발달장애의 쌍방에 의해 시도되었다. 지체부자유자에 대해서는 치육이라는 말이 쓰이고 있으나 오늘날에는 중복된 사용도 보이고 있다. 또 교육적 방법에 의한 아이들의 정신, 신경적 장애를 치료한다는 새로운 생각이 오스트리아 소아과의사인 아스퍼거(Asperger. H)에 의해 제창되어 넓게 퍼졌다(『사회복지학사전』, 이철수 외 공저, 2009). 한편 슈타이너(Rudolf Steiner)는 일반아동과 장애아동의 구분 없이 모든 아동을 "교육은 치료이다"라는 관점에서 설명하려고 하였다. 그는 정신세계와 영혼세계의 중요성을 강조한 '인지학'을 창시하였고 그가 주창한 발도르프 교육학 역시 인지학 정신에 기초를 둔 장본인이기도 하다. 슈타이너는 또한 니체, 헤겔 등 철학자들과 교류하는 한편, 수차례의 강연을 통해 화가 칸딘스키, 클레, 작가 에드가 엔데, 프란츠 카프카, 슈테판 츠바이크 등 당시 예술인들에게 큰 영향을 주었다. "교육"은 "치료"인 것을 그는 처절하게 인간의 본성에 관한 입장에서 경험했기 때문이다. LPDAC는 인간이 단지, 생물적이기 때문에 정신의 문제를 의학적 치료로서 가능하다고 판단하지 않는다. 인간의 정신활동은 다양하고 특별한 방식의 체계적 과정을 거친다고 판단한다. 또한 이러한 정신활동은 의학이 아닌, 다른 방식으로 "회복"될 수 있다고 본다. 자폐아동을 회복하는 과정에서 "치료" 대상이며 동시에 실존적 존재로서의 자신의 생활세계를 탐험하고 확장한다는 점에서 "교육" 대상임을 주장한다. 결론적으로 LPDAC는 앞으로 자폐아동에게 처치하는 기본적인 개념으로 "치료교육"이라는 개념을 사용한다.

과 사건과 관련이 있을 것으로 추측하였다. 아동이 자신이 의식조차 하지 못할 어린 나이에 겪은 경험들이 무의식적으로 잔존하게 되고 그것이 어떤 특수한 상황에서 드러난다고 믿었다. 그리고 이러한 결과들은 다양한 이론적 배경을 근거로 제시되었다.

특히, 자폐아동은 부모와의 정서적 교감의 실패이거나 혹은 부족으로 인해서 나타날 수 있다는 이론적 배경이다. 아동이 어린 시절 부모의 애정을 받아야 할 시기에 애정이 결핍되거나 혹은 부모의 부적절한 양육으로 인해 깊은 유대감을 갖는 데 실패했을 때 자폐증을 초래한다는 것이다. 이러한 원인에 의해 자폐아동은 정서적으로 정상적인 관계를 형성하는 데 결함이 생기고 자신만의 세계를 구축해 간다는 것이다. 따라서 다양한 방법을 통해서 부모와 자녀간의 유대감을 증진시켜야만 하고 그에 따른 다양한 중재 프로그램이 등장하였다.

부모와의 분리 방법

자폐아동 치료교육으로 부모와의 분리를 제기한 사람은 베텔하임(Bettelheim, 1967)이다. 부모의 양육태도가 오히려 자녀의 발달에 저해 요인이 될 수 있다. 이러한 생각들은 일반아동이나 장애아동에게 똑같이 적용된다. 문제아동 뒤에는 항상 문제부모가 따른다는 말은 부모의 양육태도가 자녀의 성장에 얼마나 많은 영향을 미치는지를 암시적으로 보여 주는 것이다. 부모의 양육태도가 자녀의 장애 요인은 되지 않지만, 자녀를 건강하게 성장시키는 데 영향을 미치는 것은 분명하다.

자폐아동을 교육하다 보면, 특별한 경험을 하게 된다. 그것은 행동의 본질이다. 문제행동이라고 하더라도 일반아동과 별반 차이가 없다는 것이다. 자폐증의 특징은 분명히 일반아동에게서 찾아 볼 수 없는 병리적인 특징이며 어떤 상황과 여건에서도 그 특징적 행동이 두드러지게 잘 드러난다. 하지만 자폐증의 특징적인 행동임에도 불구하고 일반아동에게 관찰되는 문제행동이 있다. 즉, 일반아동들에게도 나타나는 문제행동이 자폐증적 특징과 결합되어 나타나는 경우가 있는 것이다.

일상에서 부모와 자녀와의 관계에서 일어나는 특징적인 행동으로 인해 어려움을 겪는 경우가 있다. 예를 들어, 자폐아동이 자신이 원하는 것을 획득하지 못했을 때, "심한 중얼거림과 기괴한 손동작을 하면서 소리를 지르는 행동"을 자폐증적 행동특징으로 단정했다. 그러나 요구가 좌절되었을 때 나타나는 "중얼거림"과 "기괴한 손동작" 그리고 "소리를 지르는 것"은 등의 행동양식은 자폐증적 특징 혹은 태도가 아니라, 무엇에 관한 "요구행동"이거나 "정서표현"이다. 또한 자폐아동의 특별한 행동은 자폐증으로 인해서 나타는 행동특징이 아닐 수 있다.

이것은 자신의 요구가 "좌절"되었을 때, 드러나는 표현 방식이며 일반아동의 행동과 비교하면 매우 낯설다. 그러나 아동의 표현은 자신의 감정과 의도를 드러내는 "요구행동"이다. 또한 자폐아동의 "의사소통 방식"의 한 형태이다. 돌발적이고 충동적이며 비전형적인 행동특징들은 부모와의 의사소통의 실패 때문이다. 우리가 생각하는 자폐아동의 부적절한 행동양식은 자폐증으로 인해 나타나기보다는 경험에 의해 스스로 의사소통 방식을 획득한 양상이라고 보아야 한다.

자폐아동의 의사소통 방식은 비정형인 방식으로 발전하며 부모의 양육태도에 영향을 받는다. 일반아동들처럼 정상적인 의사소통을 할 수 없는 자녀에게 부모가 할 수 있는 방법이란 "타협"과 "설득"을 통해서 행동을 조절하는 것이다. 이 경우, 아동이 자기중심적 태도를 갖는다. 따라서 "부모와 분리 방법"은 초기에 상당히 설득력을 지닌 방법이었다. 왜냐하면, 부모와의 상호작용의 문제와 부모의 부적절한 양육방식으로부터 벗어나게 함으로써 새로운 환경에 적응시킬 수 있었기 때문이다. 따라서 "부모와 분리 방법"은 아동을 자율적인 개인으로 만들기 위해서 부모로부터 떨어져 새로운 환경을 만들어 치료가 되도록 한다. 부모가 아동에게 접근하지 못하게 하는 "부모와의 분리(parent-ectomies)"가 결정적이고 중요한 중재 방법이었다. 이 방법은 아동을 부모와 분리시켜서 "정신병적 방어"를 감소시킨 후 아동이 생활하는 환경에서 가장 밀접하게 관계에 있는 사람과 새롭게 신뢰를 형성하는 것을 주요 중재 내용으로 하였다.

"부모와의 분리"는 어느 정도 상당히 의미 있는 충고를 하고 있다. "부모와의 분리"는 적어도 자폐아동의 문제행동의 유발을 예방할 수 있다는 점이다. 대부분 부모는 자녀교육에 대해 객관적이고 냉정한 태도를 갖지 못한다. 자폐아동을 가진 부모는 자녀에 대해 비정상적인 가정교육과 양육태도를 가질 수 있다는 것이다. 예를 들어, 자녀가 교육대상이 아니라, 보호대상이라고 여겼다는 것이다. 물론, 교육기관에서는 치료교육 대상이지만, 가정에서는 보호대상으로 간주하였다. 그렇기 때문에 자녀가 어려움을 겪을 경우 부모가 적극적으로 나서서 도와주기는 하지만, 정작 어려움을 이겨 나가는 방법을 가르쳐 주지 않는다는 것이다. 부모의 부적절한 양육태도가 자폐증을 유발하는 것은 아니지만, 적어도 자폐아동의 문제행동을 증가시키는 것은 사실이다. 그러한 점에서 "부모와 분리"는 자폐아동의 건강한 행동양식을 형성하는 데 도움이 될 수 있다.

베텔하임은 그의 치료법을 통하여 많은 자폐아들이 극적으로 치유되었고 회복되었다고 주장하였으나 부모와의 분리나 전통적인 놀이치료의 가치를 입증할 만한 실증적인 증거가 매우 부족하다. 실제로, 몇몇 연구들에서는 전혀 진전이 없으며 심지어는 퇴보하였다는 결과들이 제시되기도 하였다. 이와 같은 접근 방법들이 거의 지지를 받지 못하고 있음에도 이후의 여러 사람들이 베텔하임의 이론을 변화시켜 적용하고 있다.

개별화 치료모델

정신역동적 접근으로서의 이해와 방법은 자폐증의 원인을 본래의 병리적 문제에 기인하는 것이지만, 부모의 부적절한 심리적 상태와 양육태도에 의해 자폐증적 문제가 심화된다고 보고 있다. 그러므로 자폐아동에게 전적으로 치료교육을 하는 것은 일부분의 문제를 해결하는 데 도움이 되지 않는다고 본다. 따라서 원인을 제공한 부모가 함께 치료를 받음으로써 실제로 자녀와 오랜 시간과 경험을 하는 부모로부터 부적절한 영향을 덜 받게 되고 부모의 적절하고 긍정적 태도가 자녀의 자폐증적 문제를 해결하는 데 도움을 준다는 것이다. 따라서 정신분석 방법 중 또 다른 한 가지는 부모들로부터 아동을 분리시키기보다는 개별화된 치료모델(individual therapy model)을 강조하는 것이다. 이 중재 방법은 두 가지로 구분된다.

첫째는 부모를 치료하는 것이다. 자폐증의 유발 원인이 부모와의 부적절한 정서적 관계에 의한 것임으로 원인을 제공하는 부모가 먼저 치료를 받음으로써 자녀에게 긍정적인 정서적 관계를 형성할 수 있다고 본다. 그런데 부모의 불안정한 심리적 태도는 자녀의 정서에 부정적인 영향을 미친다는 점에서 부모는 안정된 심리적 상태가 되도록 치료를 받아야 한다.

"부모의 불안정한 심리적 상태"가 "부적절한 양육태도"를 가져올 수 있지만, 그러한 원인이 자폐증을 유발시키는 것은 아니다. 그러나 부모의 부적절한 양육태도가 적어도 자폐아동의 문제행동을 촉진시킬 수 있다. 부모의 불안정한 심리적 상태가 때로 자녀에게 부적절한 양육태도를 나타낼 수 있다. 예를 들어, 부모의 자녀에 대한 깊은 죄책감과 책임감으로 인해 자녀에게 애정을 쏟게 된다. 그리고 이러한 조절되지 않는 불안전한 정서적 교감은 아동이 올바른 사회 및 행동양식을 형성하는 데 저해가 될 수 있다. 그러한 점에서 부모는 자신의 심리적 불안감 혹은 우울증과 같은 근본적인 심리상태를 회복함으로써 보다 건강하고 올바르게 자녀 교육에 적극적으로 나설 수 있다.

둘째는 아동을 개별적으로 처치하는 것이다. 아동이 상실된 정서적 상태를 면밀히 관찰하고 그에 따른 욕구를 충족시키는 것이다. 이 과정에서 아동과 치료자와의 긍정적 결속을 위해서 놀이를 통해 관계를 형성하며 이후에 개별면담법이 주로 사용된다. 그리고 아동의 행동과 태도에 관한 상징적 의미를 해석하고 갈등 해소를 돕는다.

이 과정에서 발달 단계의 초기 상태로 되돌아가서 새롭게 경험을 시작할 수 있도록 한다. 아동이 경험하는 초기 경험으로 돌아가기 위해서 심장박동 소리를 들려주거나 그와 유사한 연주를 통해 초기 경험들을 재구성한다. 하지만 개별화된 치료모델은 실제로 잠재되어 있는 심리적 결손을 회복하기 위한 것만은 아니다. 그 이전에 부모의 양육태도로부터 경험했던 부적절한 초기의 경험들을 재구성하는 것이다. 즉, 아동이 새로운 경험을 통해서 부적절하게 발전된 문제행동을 스스로 조절하고 통제할 수 있는 능력을 향상시키고 자신의 생활을 올바로 인식함으로써 다른 사람과 적절하고 긍정적인 상호작용을 이끌어 가는 것이다.

반응하는 행동

행동주의 치료는 자폐아동이 행동을 수정하는 데 매우 긴요한 방법이다. 행동치료는 자폐아동의 행동을 변화시키기 위해 행동주의 학습이론을 적용시킨 심리치료의 일종이다. 행동주의에 의하면, 모든 인간의 행동은 학습된 것으로 보고 이상행동 역시 행동주의 이론에 따라 학습시킴으로써 바람직한 행동으로 이끌 수 있다고 본다. 행동주의 배경으로 한 행동치료 방법은 고전적 조건화 이론과 상호제지 이론, 작동적 조건화 이론, 사회 모방이론 등과 같은 실험적 학습 이론에 근거한 행동 변화의 이론과 기법을 모두 가리킨다.

바람직한 행동을 증가시키는 방법으로 가장 많이 사용되는 것은 정적 강화의 제시, 토큰 경제(token economy), 촉구, 형성, 부정강화의 제거 등이 있다. 이 방법들은 아동이 바람직한 행동으로 이끌도록 동기화시키는 것으로 아동은 더 좋은 조건을 위해 자신의 행동을 변화시키는 것이다. 행동의 변화를 점진적으로 강화시키는 방법으로 정적 강화를 적용하는 것이 특징이다.

부적절한 행동 감소를 위한 방법에는 소멸, 정적 강화의 철회, 타임아웃(time out), 과잉 교육, 부적 강화의 표시, 둔감화 등이 있다. 이 방법들은 아동이 부적절한 행동을 소거하도록 동기화시키는 것으로 아동은 불쾌감을 회피함으로써 부적절한 행동을 감소시킨다. 부적절한 행동을 점진적으로 강화시키는 방법으로 부적강화를 적용하는 것이 특징이다.

행동주의의 치료교육 방법은 어떤 자극에 반응하고 행동하게 한다. 이 과정에서 학습이 일어나며, 학습은 새로운 행동모델이 된다. 자극이라는 학습을 통해서 반응하기 위해서 보다 체계적으로 계획된다. 이 방법의 대표적인 자폐아동 치료교육 방법이 응용행동 분석 중재 방법이다.

기초관계 개선 중재

기초관계 개선 중재에는 안아 주기 치료, 플로타임, 관계발달 중재, 온화한 지도, 긍정적 행동변화를 위한 지원 등이 있다. 이 중에 플로타임과 관계발달 중재가 가장 널리

적용되고 있다. 플로타임(floo time; FT)은 자신의 느낌과 생각을 논리적으로 표현하도록 이끌어 내고자 하는 목적으로 그린스판과 뷔에더에 의해 개발되었으며 다른 사람과의 대화를 이끌기 위해 인지발달을 돕는 데 초점을 둔다는 점이 특징이다(Greenspan & Wieder, 1998).

FT는 발달이 지연된 아동이 다른 사람과의 사회적 상호작용을 이끌도록 한다. 이 프로그램은 정서발달 단계를 기초로 하여 논리적 사고, 느낌과 생각을 표현하는 것, 다른 사람과의 의사소통, 친밀감 그리고 다른 사람과 상호작용을 하도록 한다. FT는 주로 발달이 지연된 장애아동과 자폐아동의 사고와 의사소통 그리고 대인과의 관계를 형성할 수 있도록 돕는 데 초점을 둔다. FT는 6단계로 구성되어 있으며 각 단계를 수행했을 때 다음 단계로 진행된다. 자폐아동이 각 단계를 거치는 동안 부모와 교육자는 아동이 더 많은 상호작용을 이끌어 냄으로써 문제를 해결하는 데 필요한 사회적 경험을 충족시킬 수 있도록 지원한다.

관계발달 중재(relationship development intervention; RDI)는 Rachelle Sheely의 공동체험 이론을 바탕으로 하여 구츠테인에 의해 개발되었다. RDI 중재 프로그램은 다른 사람과의 정서적 관계를 습득하는 과정을 중요하게 여기고 중재 과정에서 아동이 다른 사람의 경험을 나누거나 요구하는 것 등과 같이 상호간에 교류할 수 있도록 지도한다(Gutstein, 2005). 따라서 RDI 중재의 주요 핵심은 다른 사람과 체험 나누기를 시도한다는 점이다. 즉, 부모가 자폐아동에게 체험을 나누는 기술과 동기를 체계적으로 지도하고 친구를 사귀는 방법을 배우기 위해 생활에서 다른 사람과 애정과 감정을 나누기를 직접 실천하게 한다. 이 과정에서 자폐아동은 다른 사람과의 관계에서 요구하는 방식과 특정 상황에서 자신이 해야 할 행동을 배우게 된다. 관계발달 중재 방법에서는 효과적인 교육을 위해 수시로 부모와 자녀의 지도에 관해 의견을 조정하면서 아동에게 가장 효율적으로 도움을 주는 방법을 구상한다.

긍정적 행동변화를 위한 지원 중재(evolution to positive behavioral support; PBS)는 Hobbs와 그의 동료(Hobbs, Westling, & Hatoum, 1996)들에 의해 개발된 중재 방법으로 특정 행동문제를 긍정적으로 변화시키는 데 초점을 두는 중재 방법으로 잘 알려져 있다. PBS는 문제행동을 직접적으로 소거하기보다는 긍정적 행동을 유도하도록 하는 중재 방법으로써 사회적 상호작용 과정뿐만 아니라, 개인이 경험하는 교육과 여가 그리고 생활환경에서 요구되는 긍정적인 행동을 하도록 함으로써 문제행동을 소거한다. 이러한 PBS의 방법은 아동 개인의 삶의 질을 고려한 것으로 생활의 변화를 이끌어 간다는 점이 특징이다.

기초 기술 개입 중재

기초 기술 개입 중재는 자폐아동의 다른 사람과의 상호작용을 위한 기초적인 언어와 행동 기술을 익히는 것으로 응용행동 분석, 핵심반응 훈련, 사회스토리, 그림 교환 의사소통체계 등의 중재가 있다.

응용행동 분석(applied behavior analysis; ABA) 중재 방법은 로바스에 의해 개발된 프로그램으로 로바스(Lovaas) 방법이라고 불리기도 한다(Lovaas, 1987). ABA 방법은 행동수정 이론의 적용에서 부적절한 행동을 무시하는 것보다는 바람직한 행동에 대한 보상을 더 많이 준다. ABA 방법에서는 훈련계획에 따라 잠을 자는 것 그리고 옷을 입는 것과 같은 기초적인 생활기술을 배우게 된다. 자폐아동에게 개별적으로 매주 30시간에서 40시간의 강화된 훈련을 집중적으로 실시한다.

ABA 방법이 자폐아동의 행동과 사회적 태도의 변화뿐만 아니라, 생활을 적응할 수 있게 하는 데 많은 영향을 미쳤으며 이후에 개발된 다양한 중재 프로그램들이 로바스 프로그램에서 적용되었던 응용행동 분석 방식을 기초로 재구성되어 개발되었다.

핵심반응 훈련(pivotal response training; PRT) 중재는 코에지에 의해 개발된 중재 방법으로서 Lovaas의 응용행동 분석(ABA)을 기초로 하고 있으며, 이 행동수정 중재 목적은 다른 사람과의 사회적 상호작용과 언어기술, 놀이기술을 통해 사회적 행동을 이끄는 데 있다(Koege et al., 1989). 핵심반응 훈련의 중재 방법 특징은 아동의 생활기술을 획득하는 것과 생활에 스스로 적응하도록 동기를 주는 데 역점을 두고 있다.

핵심반응 훈련의 중재 과정의 특징은 프로그램을 적용하기 이전에 아동의 다양한 동기와 반응을 가진 행동을 관찰하고 기록하고 이렇게 분석된 행동 중에서 아동이 스스로 원하는 놀이 혹은 자신이 해야 할 행동을 선택하게 한다. 그리고 자신이 하고 있는 일에 대해 지속적으로 흥미를 이끌어 내고, 강화를 시도하면서 동기를 증진시키는 것이다. 또한 행동을 지도하는 동안 아동의 동기를 이끌어 주면서 관련된 기술을 광범위하게 적용하도록 유도된다.

PRT 중재의 중요한 동기부여 책략은 지도가 필요한 상황과 그리고 지도가 필요할 때마다 문제행동을 즉시 지적하고 바람직한 행동으로 유도하기 위해 수시로 상황에 따라 가장 적합한 행동수정 중재 방법을 조정한다. 중재 과정에서 아동이 스스로 선택하고, 수시로 수행해야 할 과제를 제시하고, 과제를 성공적으로 수행할 때마다 강화제로 보상한다. 핵심반응 훈련은 자기-자극 행동과 충동적이고 도발적인 행동을 할 때 언어로 표현하도록 하며, 사회성과 의사소통 그리고 학습기술을 증진시킨다.

그림 교환 의사소통체계(picture exchange communication system; PECS)는 Bondy

와 프로스트(Frost)에 의해 1992년에 개발된 의사소통 중재 방법으로 언어 대신에 그림의 의미를 전달함으로써 의사소통 기술을 익히는 방법에 관한 프로그램이 개발되었다(Frost, 1992). 이 프로그램에서는 자폐아동이 언어로 자신의 의사를 표현하는 대신에 그림으로 의사소통을 한다. PECS의 중재 과정의 특징은 그림 교환 방식을 체계적으로 적용시켜 의사소통을 가능하게 하는 것이다. PECS 프로그램은 초기 자폐아동의 기능상의 의사소통 기술을 획득하도록 하는 것을 목적으로 하고 있다. 훈련받은 교육자들은 공립학교에 투입되어 프로그램을 적용하고 있으며, PECS에 참여하는 이들은 언어병리학자, 심리학자, 특수교육 교육자와 행동분석가 등의 전문가들로 구성되어 있다.

점진적 통합 프로그램

점진적 통합 프로그램으로 알려진 TECCH(treatment & education of autistic and related communication of handicapped children) 중재 프로그램은 구체적으로 자폐아동이 의사소통 기술을 익히도록 돕는 목적으로 1970년에 북캐롤리나 대학교에서 연구 프로젝트의 하나로 개발되었으며, 자폐증을 가진 사람들의 치료와 서비스를 위한 전반적인 프로그램이다(Schopler, Mesibov, & Baker, 1982; Schopler, 1994).

또한 TECCH는 아동의 기초 기능 수준을 향상시키는 프로그램으로서 구체적인 행동과 기술을 가르칠 뿐만 아니라, 다른 사람의 행동과 생활을 이해하는 기술을 획득하는데 목적을 둔다. 예를 들어, 자폐아동이 아플 때 소리 지르도록 하게 함으로써 아픔의 신호를 어떻게 전달하는지를 가르친다. 프로그램을 적용하기 이전에 중재 효과를 높이기 위해 부모가 자녀를 지도하는 방법을 배운다. 그리고 직접 아동을 지도하면서 어머니와 아동 간의 상호작용 평점을 기록하고 비교 평가한다. 측정 내용은 교육 장면, 언어 사용, 행동 조정, 호의적인 분위기를 유도하는 것 등이다(Schopler, 1987).

생각하는 행동

인지치료 혹은 인지발달 치료는 행동주의 접근 방식을 문제 삼았다. 행동주의 접근 방식은 지나치게 엄격한 자극-반응 이론을 내세워 인간 의식에서 일어나는 심리적 현상과 과정을 무시하는 경향이 있었다. 행동주의 접근 방식은 인간 행동의 원인을 중요하게 여기지 않았다. 오직 행동 그 자체만을 중요시 여기고 엄격한 절차에 따라 행동을 수정할 수 있다고 믿었다. 인간이 무엇을 생각하고 있는지에 관한 이해보다는 행동이 주는 의미를 더 중요하게 여겼다. 이에 비해 인지심리학에서는 인간을 문제해결자로 간주하였다. 따라서 문제를 해결하는 주체자로서 행동을 이해였다. 따라서 행동을 하게 하는 인간의 사고과정이 매우 중요했으며, 그에 따라 지각, 주의, 기억, 추론 등 정보처리 과정에 대해 연구들이 수행되었다. 1970년대에 이르러서 이러한 인지적 입장이 지지받으면서 학습이론 및 행동치료 기법을 흡수하고 통합하였다. 이러한 방법을 인지행동이론이라고 한다.

여기에는 두 가지의 흐름이 있다. 인지치료와 인지발달 치료이다. 인지치료는 인간의 의식을 바꿈으로써 목적행동을 이끌 수 있다고 믿는다. 인간의 행동은 대상이나 현상을 어떻게 해석하는지에 따라 달라진다는 것이다. 그러므로 인지치료는 개인이 현재 자신이 처해 있는 상황을 재구조화함으로써 문제를 스스로 인식하고 해결하려는 것이다. 또한 인지치료는 발달상에서 일어나는 장애 문제를 해결하기보다는 인생 주기의 특정한 시기에서 일어나는 장애에 관심을 가지고 있다. 그러한 점에서 인지치료는 인간의 사고를 체계적으로 변화시키는 데 목적을 둔다는 점에서 인지발달 치료와 비슷하지만, 근본적으로 다른 개념이다.

인지발달 치료는 아동기의 발달과정에서 나타나는 장애를 다룬다. 그리고 인지발달을 회복시킴으로써 장애 문제를 해결할 수 있도록 이끈다. 따라서 인지발달 치료는 발달을 중요한 병리적 요인으로 두고 있으며, 발달과정에서 관련된 장애를 회복시키는 방법이다. 이때 인지발달 치료는 인지구조화의 안정화를 중요시 여기며 발달의 안정화는 건강한 성장으로 이끈다고 믿는다. 인지발달 치료 방법들은 아동 스스로 문제를 해결하도록 한다. 인지발달 치료 과정에서의 행동은 생각하는 행동이다.

인지행동수정

자폐아동의 문제행동이 어떤 동기에서 출발하는지에 관한 깊이 생각을 한 연구자라면, 자폐아동의 문제행동이 생활세계를 왜곡 해석하는 결과를 초래한다는 것을 알 수 있다. 자폐아동의 현실 왜곡은 자폐증에 의해서라기보다는 자신이 경험하는 생활세계에서부터 시작되며 그 주도적 역할은 가정에서부터 시작된다. 대부분의 자폐아동은 부모가 자신을 보호하고 적절한 애정으로 위안을 주는 대상으로 해석하는 반면에 부모가 자신의 행동을 지도하는 교육자의 대상이라고 해석하지 않는다. 그 결과 자폐아동은 자신의 애정과 보호에 침해를 받을 경우 격렬한 저항을 하게 된다. 따라서 자폐아동의 행동은 목적행동이 왜곡된 해석에 의해서이기 때문에 반드시 올바른 인식의 변화를 이끌어 주어야 한다. 자폐아동의 문제행동을 이끌 수 있는 것은 인지행동수정(cognitive behavior modification; CBM)이다.

자폐아동의 인지행동수정은 긍정적 강화와 자기 언어화 같은 것들을 통해 독립적 행동을 증가시키고 촉진되도록 고안된 심리학적 방법들 중에 하나로 퀸에 의해 고안된 중재 방법이다(Quinn et al., 1994). 그에 의하면, 행동은 잘못된 인식에 의한 것으로 개인의 부정적인 인식을 긍정적 인식으로 전환함으로써 자신의 문제를 수정할 수 있다는 것이다. 예를 들어, 자폐아동이 부모와 부적절한 상호작용을 했을 경우, 본래 다른 사람에게도 지금까지 부모와 상호작용을 했던 것처럼 잘못된 인식을 갖게 된다. 그러므로 다른 사람과 상호작용을 하는 방식에 관한 올바른 이해를 갖게 되면, 자폐아동의 문제행동은 소거될 수 있다.

따라서 인지행동수정은 자폐아동이 스스로 자신의 행동을 관찰하고 바람직한 행동으로 전환하게 되는데 이때 자기조절(self-regulation)과 자기표현(self-verbalization)이 가능해진다(Heflin & Simpson, 1998). 특히, 자기조절은 자폐아동 자신의 욕구와 충동성을 자제하게 함으로써 또래 아동들이 호의적인 관계를 유도할 수 있게 한다. 이 과정에서 자폐아동은 또래 아동과의 더 많은 관계를 지속할 수 있기 때문에 자기조절은 다른 사람과의 관계에서 사회적 상호작용에 영향을 미친다(Shearer, Kohler, Buchan, & McCullough, 1996).

인지행동수정의 목적은 그들 개인의 행동과 목적을 관찰하여 자신이 어떤 행동을 해야 할지에 관한 계획을 세울 수 있도록 긍정적으로 강화시키는 것이다. 이 과정에서 아동에게 정적강화와 부적강화가 적용된다. 아동은 강화요법에 따라 자신의 행동을 스스로 수정해 갈 수 있다. 또한 이러한 방법은 아동 자신의 행동을 조절할 수 있는 능력을 향상시킨다. 인지행동수정은 학교와 직장에서 자신의 행동을 스스로 수정하도록 돕는데 용이하다. 특히, 일정한 시간에 자신이 수행해야 할 행동을 결정하고 수행하도록 한다.

이러한 자폐아동의 이해의 전환은 이전의 자폐아동 행동을 설명하는 것과 매우 다르다. 자폐아동의 인지행동수정은 어디까지나 자폐아동이 자신이 처해 있는 상황을 정확히 인식하고 해석함으로써 스스로 행동을 수정할 수 있다는 긍정적이고 혁신적인 전환이다. 그리고 적어도 "문제행동" 혹은 "바람직하지 않는 행동"들을 수정할 수 있는 방법을 제시해 주었다는 점에서도 의의가 있다.

인지학습전략

행동수정은 부적절한 행동을 소거하고 긍정적인 행동을 이끄는 것이지만, 현장에서 자폐아동을 지도해 본 경험이 있는 교사나 전문가들은 행동수정의 한계를 실감한다. 왜냐하면, 자폐아동이 스스로 자신의 문제를 인식하거나 목적행동을 수행하기 위해 책략을 세우기가 어렵기 때문이다. 그러한 점에서 인지학습전략은 환경에서 자신의 역할을 학습할 수 있다는 점에서 보다 나은 장점을 가지고 있다.

인지학습전략(cognitive learning strategies)은 경도 혹은 보통 이상의 지능을 가진 자폐아동을 대상으로 초등학생부터 성인까지 적용될 수 있다. 인지학습전략은 자폐아동 자신이 원하고 바라는 것들에 대해 어떻게 획득하고 달성할 수 있는지를 지도하고 수행할 수 있도록 하는 것이다. 거기에는 규칙과 원리를 반드시 인식하고 수행해야 한다는 전제가 있다. 엄밀히 말하자면, 인지학습전략은 이해와 전략을 통해서 생활방법을 익혀가는 것이다.

슈마커와 그의 동료에 의하면, 인지학습전략은 문제를 성공적으로 해결하기 위해서 기술과 규율 혹은 원리를 체계적으로 적용하는 것이라고 한다. 그러한 책략은 문제를 성공적으로 달성하기 위해서 세부적이고 친밀하게 조직된다(Schumaker, Deshler, & Denton, 1984). 예를 들어, 상점에서 물건을 살 때, 심부름을 할 때, 자전거가 고장이 났을 때, 친구에게 전화를 해야 할 때 등의 자폐아동이 경험할 수 있는 일반적인 문제들을 해결하기 위해서 세부적인 방법과 규칙 등을 익히게 된다. 따라서 인지학습전략의 목적은 여러 환경에서 적용하는 기술을 배움으로써 스스로 자신의 문제를 해결하도록 돕는 것이다. 즉, 일반화는 학습책략에 중요한 요소이다.

인지 스크립트

언어는 자폐아동의 치료교육 중에 가장 어려운 영역 중 하나이다. 자폐아동은 자신이 필요한 일이나 상황에서는 말을 하더라도 좀처럼 다른 사람과 대화를 나누지 못한다. 또한 자폐아동의 언어는 매우 더디게 확장된다. 어느 정도 말을 한다고 하더라도 구사할 수 있는 언어 범위는 극히 제한적이고 상황에 맞게 적절하게 언어를 구사하기란 어렵다. 그러한 점에서 인지 스크립트는 대화기술을 체계적으로 지도할 수 있는 장점이 있다.

아브두토와 쇼트-메이어슨에 따르면 인지 스크립트(cognitive scripts)는 상호작용을 하는 방식을 모형화하여 대화를 이끌도록 하는 것으로, 대본을 이용하여 다른 사람과의 의사소통을 할 수 있도록 하기 위한 것으로 일상생활의 상황을 문장을 통한 의미를 전달할 수 있게 만들어진 것이다. 따라서 특정한 사회적 상황에서 질문에 대답하기 위해 하는 말을 그대로 전달하는 능력을 향상시킨다(Abbeduto & Short-Meyerson, 2002).

인지 스크립트 중재 방법은 마치 외국어를 교육하는 것처럼 환경과 상황에 따라서 적절하게 맞는 말을 사용할 수 있도록 하는 것이다. 아동이 다양한 언어를 구사하기 위해서는 어느 정도 일정한 수준의 문장을 습득하여야 한다. 상황을 설정하고 학습이 매번 반복되며 상황과 환경에 따라 말을 할 수 있을 때까지 반복해서 교육한다. 이 과정에서 자폐아동은 기본적인 대화 문장을 익힐 뿐만 아니라, 스스로 적절한 말을 구사할 수 있게 된다.

인지 스크립트 중재 방법은 두 가지의 목적을 가지고 있다. 첫째는 사회적 상호작용을 위한 것이다. 즉, 질문에 대답하는 방법과 자신이 요구할 때 어떻게 질문을 해야 하는지에 관한 방법들을 주어진 문장에 따라 의사소통할 수 있도록 한다. 둘째는 자신이 처해진 환경에 대해 질문을 하고 답을 얻도록 하는 것이다. 따라서 특정 상황에서 질문을 하는 방법과 답을 얻기 위해 어떻게 질문을 하는지에 관한 것들을 정해진 도식에 따라 말을 하도록 한다.

인지 스크립트 중재 방법은 상황에 맞는 말을 구사할 수 있도록 도울 수 있지만, 다양한 환경에 접하고 경험해야 하는 상황에 맞는 말을 지도하는 데 한계가 있다. 그 이유는 다양한 말을 사용하도록 기술을 가르친다고 해서 더 많은 언어를 구사하거나 섬세한 표현을 하는 것은 아니다. 더구나 인지 스크립트 중재 방법은 어느 정도 말을 구사할 수 있거나 인지능력이 있는 아동 이외에 적용하기 어렵다는 제한점이 있다.

사회 이야기

다른 또래 아동과 상호작용을 하지 못하는 것은 자폐아동이 가지는 장애 특징이다. 자폐아동이 사회적 상호작용이 어려운 것은 현재 자신 앞에 벌어지는 일과 사건 그리고 대상에 대한 정보를 인식하지 못하기 때문이다. 즉, 다른 사람의 행동에는 어떤 의미가 있는지 그것이 자신에 관해 어떤 의미가 있는지에 관한 구체적인 정보 의미를 알지 못한다. 또한 자폐아동은 다른 사람의 입장에서 생각하거나 행동을 하지 못한다. 만약에 환경, 사물, 행동에 대한 정확한 정보의 의미를 알게 된다면, 아동은 자신이 스스로 어떻게 행동할지를 결정하고 수행할 수 있을 것이다. 이러한 사실을 배경으로 만들어진 중재 방법이 사회 이야기 꾸미기(social story) 프로그램이다.

그레이에 의해 개발된 사회 이야기 꾸미기 중재 방법의 기본 배경은 사회적 상호작용을 위해서는 아동이 스스로 자신을 다른 사람의 입장에서 역할할 수 있도록 할 때 가능하게 되며, 이때 아동은 자신이 다른 사람의 행동이나 역할을 모방할 수 있다고 가정한다(Gray, 1990). 사회 이야기 꾸미기 중재는 높은 수준의 사회적 인식을 획득하고 사회적 역할을 수행하기 위해 만들어진 프로그램으로 다른 사람들과의 상호작용뿐만 아니라, 자신의 사회적 역할을 분명하게 인식하고 행동으로 실천하게 한다. 또한 자신이 구체적으로 어떻게 행동하고 역할을 해야 하는지에 관한 지식뿐만 아니라, 왜 그러한 행동과 역할을 해야 하는지에 관한 이해를 돕고 사회적 상호작용을 이끌도록 만들어졌다. 중재 방법으로서 "환경, 사물, 행동에 대해 제공된 정보를 문장으로 설명하기" "적절한 행동 반응에 대한 상태를 문장으로 지시하기" "특정한 상황에 대한 타인의 느낌과 반응을 설명하기"의 세 가지 요소로 구성되어 있다(Gray, 1994).

사회 이야기는 어느 정도 인지능력이 있는 아동으로서 언어를 통해 의사소통이 가능한 아동들에게 적용된다는 점에서 매우 제한적이다. 또한 일반적인 환경과 사물 그리고 다른 사람의 행동에 관한 지식을 습득할 수 있지만, 그렇다고 그에 대한 정확한 정보를 인지하는 것은 아니라는 점에서도 높은 수준의 능력으로 이끌기가 어렵다. 지식을 아는 것과 이해한다는 것은 근본적으로 다르기 때문이다. 설사 중재 과정을 통해 어떤 상황을 설명한다고 하더라도 상황을 이해했다고 볼 수 없다. 그 이유는 자폐아동이 다양한 언어구사를 할 수 있도록 학습되고 훈련 가능하지만, 아동 자신이 변화하고 직면하는 환경과 상황을 표현하는 데 한계가 있다.

파워 카드

그림과 대사가 있는 카드로 순차적으로 자신이 해야 할 행동기술을 익히고 역할을 증진시킨다면, 스스로 사회역할을 할 수 있도록 이끌 수 있지 않을까? 문제는 자폐아동에게 상황과 환경을 이해시키고 바람직한 활동이나 생활을 이끈다는 것은 어느 정도 인지능력이 요구되기 때문에 대상 아동이 제한되어 있다는 것이다. 뿐만 아니라, 중재가 가능하더라도 전적으로 높은 수준의 언어 및 사회영역에 도달하는 것도 아니다. 따라서 오히려 실제적이고 많은 자폐아동에게 적용이 가능한 중재 방법이 더 낫다. 대본을 통해 자신의 역할을 익히는 것은 상황에 처해 있는 조건에서 더 효과적일 수 있다. 이러한 동기에서 만들어진 중재 방법이 "파워 카드(power card)" 중재 방법이다(Gagnon, 2001).

파워 카드 중재는 점진적으로 행동과 생활 그리고 사회역할 수준으로 이끌며 그 과정에서 아동 개인은 각각의 행동, 생활, 사회기술을 익혀야 한다. 그리고 이러한 기술들은 적절한 상황에서 발휘할 수 있다고 본다. 그러한 관점에서 개발된 중재 방법이 "파워 카드" 중재 방법이다.

가그논에 의해 만들어진 파워 카드 중재는 아동이 흥미로워하는 행동이나 생활을 사회기술로 연결하는 방법으로 중재 전략은 스토리가 있는 카드에 대본과 내용이 상황에 맞게 구성되어 있는 것이 특징이다. 적용하는 파워 카드의 내용은 짧은 시나리오는 아동이 가지고 있는 특별한 흥미와 행동, 문제 등의 상황들로 작성되어 있다. 또한 자폐아동이 흥미를 이끌 수 있는 관련된 그림이나 그래프, 잡지 사진, 컴퓨터 합성 사진, 선생님과 학생의 그림들을 사용한다.

특정 행동과 내용이 사진으로 제시된 대본은 아동이 필요한 일과 상황을 이끌 수 있는 내용으로 한다. 그리고 자폐아동이 자신에게 주어진 과제를 어떻게 해결해야 할지에 대한 전략이 순차적으로 제시되어 있다. 동시에 대본은 아동이 문제해결을 위한 방식을 수행했을 때 어떤 결과를 얻을 수 있는지에 대해 설명되어 있다. 이것은 아동이 새로운 행동을 이끌기 위해 동기를 부여하는 데 도움이 된다.

만화

자폐아동 치료교육에서 무엇이 중요한지에 관해 많은 전문가들은 조금씩 알기 시작한 것 같다. 그리고 실제로 치료교육 적용을 시도하려고 한다. 자폐아동은 상징을 해석하는 능력이 뒤떨어진다. 다른 사람의 행동이 어떤 의미가 있는지에 관한 해석이 어렵다. 따라서 자폐아동의 행동은 다른 사람의 행동을 이해하는 데 결함이 있기 때문으로 보고 있다.

만화는 그림기법으로 사람들의 행동과 감정 그리고 사건과 상황을 해석하도록 한다. 그림이 주는 상징을 해석함으로써 내용의 전개를 이해할 수 있다. 그러한 점에서 만화 중재는 추상적이고 상징적인 내용을 해석하도록 이끌 수 있다고 가정한다. 따라서 만화 중재는 자폐아동이 추상적이고 규정하기 힘든 사건들을 설명하기 쉽게 되어 있고 사회적 상황의 이해를 향상시킬 수 있는 시각적인 상징들로 사용된다(Hagiwara & Myles, 1999; Kuttler, Myles, & Carlson, 1998). 따라서 만화는 어디까지나 아동이 시각적으로 상징화된 그림을 해석할 수 있다는 것을 전제로 하는 것이다. 상징적 그림이 의미하는 내용을 이해해야만 한다. 만화는 실제로 언어치료교육에 적용되어 왔다. 만화 중재는 언어병리학자들이 언어장애를 가진 아동이 특정 내용들의 이해를 향상시키기 위하여 과거부터 오랫동안 사용했던 방법이다. 만화 중재는 사건의 내용을 전달하고 이해시키기 위한 전략으로 사용될 뿐만 아니라, 대화를 증진시키고 다른 사람의 마음을 읽는 방법을 향상시키는 데도 적용되었다.

마음읽기와 사건의 관계를 인식하도록 하고 대화를 촉진시키기 위한 책략을 가지고 있다. 하지만 기발한 아이디어로 시작한 만화 중재는 자폐아동의 치료교육 중재로서의 효과가 있는지의 여부는 확실하지 않다. 왜냐하면, 대부분의 자폐아동은 상징적이고 추상적인 인지능력의 기초적 수준에도 미치지 못하기 때문이다. 따라서 만화 중재가 적용된다고 하더라도 적용 대상과 범위가 한정적일 수밖에 없고 또한 중재가 가능한 자폐아동이라고 하더라도 체계적으로 이끄는 방법이 제시되지 않기 때문에 중재의 결과를 단언할 수 없다. 만화는 일반아동들이 상징적 의미를 나타낼 뿐, 자폐아동은 애초에 그러한 능력이 없다.

사회계획 전략 세우기

자폐아동은 자신이 해야 할 일과 과제에 대해 계획을 세우지 못한다는 점은 자폐아동의 핵심문제 중의 하나이다. 대부분의 자폐아동은 현재 자신에게 필요한 요구에 대해서만 행동을 한다. 이러한 이유 때문에 자폐아동이 자신이 원하는 것을 현재 얻지 않았을 경우, 심하게 울거나 떼를 쓰는 것 혹은 자해행동을 하기도 한다. 이러한 아동의 행동은 자신이 원하는 것을 획득하는 방법의 책략 중의 한 가지 방법이다. 자폐아동에게는 앞으로 일어날 일을 생각하지 못하며 또한 자신이 해야 할 일에 관해 준비하거나 계획하지 못한다.

그러한 점에서 사회계획 전략 세우기 중재 방법은 자폐아동의 행동과 생활에 긍정적인 영향을 미친다고 가정한다. 본래 라보이에의 사회계획 전략 세우기(social decision-making strategies)는 일반 학생들의 사회문제를 바르게 이해하는 데 도움을 주기 위해 제시된 방법이다(Lavoie, 1994). 이러한 그들의 사건이 일어난 후 사회문제 분석의 수단으로의 언쟁은 4가지의 단계를 가진다. (1) 오류를 확인하는 것, (2) 오류에 의해 피해를 입는 누군가를 결정하는 것, (3) 어떻게 오류를 바로 잡을 것인지 결정하는 것, (4) 오류가 또 다시 발생되지 않도록 계획을 계발하는 것.

성인은 이러한 단계를 통해 학생들이 사회적 행동들과 타인들의 반응들의 관계에서 원인과 결과를 이해하는 데 도움을 준다고 한다. 또한 사회계획 세우기 중재는 자폐아동의 사회적 태도의 오류를 바로잡고 사회적 상황을 이해하는 것을 돕는다. 사회계획 세우기 과정을 통해서 각 단계마다 사회적 상황을 추리하고 그에 따라 아동이 어떤 행동을 해야 하며 자신의 행동에 대해 다른 사람의 반응이 어떠한지에 대해 이해를 돕는다.

라보이에에 따르면, 전략의 성공은 책략(연습), 즉각적인 피드백 그리고 긍정적인 강화와 같은 구조 안에 있다. 따라서 실제로 자폐아동의 일상생활에 관한 세세한 경험적 조사들 없이는 이러한 기술들은 실시될 수 없다. 따라서 이 방법의 중재는 자폐아동의 생활에 직접적으로 참여하고 그들의 행동과 요구에 대한 구체적인 이해가 필요하다.

사회계획 세우기 중재가 자폐아동이 가지고 있는 핵심적인 장애를 어느 정도 해결할 수 있다고 가정하고 적용되고 있다. 중재 과정에서 자폐아동은 자신의 행동과 타인의 반응들 사이의 원인과 결과를 이해하는 것을 돕고 아동 스스로 어떻게 다른 사람과 관계를 가질지에 관해 계획을 세울 수 있다고 보고 있다. 그러나 자폐아동이 애초에 다른 사람에 대한 의도나 관심을 인식하지 못하고 시간에 대한 개념을 인식하지 못한다면, 사회계획 세우기 중재가 적용될 수 있는지 여부는 불확실해진다. 실제로 사회계획 세우기 중재가 자폐아동에게 적용시키기 위해서는 자폐아동의 발달특징과 그에 따른 장애 정도에 따른 체계적인 과정과 방법이 제시되지 않았다.

학습체험 프로그램

행동 및 사회 기술 방법을 교과서적으로 설명해서 가르친다고 해서 자폐아동이 이해하거나 실천되는 것은 아니다. 오히려 실제로 생활을 체험하면서 배우도록 집중한다면, 더 좋은 효과를 얻지 않을까? 실제로 풍부한 체험이 지식적으로 가르치는 것보다 나은 생활능력을 향상시킬 수 있다. 그리고 새로운 의식을 불러일으키고 창조적인 사유를 도울 수 있다. 이것은 일반적으로 체험학습 혹은 학습체험이 아동에게 미치는 교육적 효과이다. 특히 장애아동에게 주어지는 학습체험은 그 여부에 따라 발달에 영향을 미칠 것이라는 것은 누구나 추측할 수 있는 것이다. 발달시기에 적합한 학습체험은 발달에 많은 영향을 미친다는 것은 여러 연구에서도 드러났다.

자폐아동에게 학습체험은 어떤 영향을 미치는지의 여부를 설명하기 이전에 자폐아동에게 학습체험이 가지는 의미는 자폐아동에게 학습체험이라는 것은 아동 자신이 생활과 환경에 대처할 수 있는 기술을 익히는 것이다. 학습체험에는 행동, 언어, 사회 등의 발달영역을 포함한다. 그리고 부모와 전문가는 아동의 요구와 필요에 적극적으로 개입함으로써 학습체험의 효과를 높이는 것이다.

학습체험(learning experiences: an alternative program for preschoolers and parents)은 미취학 아동들과 부모들을 위한 대안 프로그램으로 자폐증을 가진 유아들의 사회적 발달에 중점을 둔 유아기 개입 방법론이다. LEAP 프로그램은 포괄적 환경(setting)에서 자폐성 유아를 돕도록 설계되었다. 이것을 위해서 먼저 부모가 자녀의 중재를 돕기 위해 기본적인 훈련을 받도록 프로그램에 참여해야 한다.

스트레인과 코디스코에 따르면, LEAP 프로그램은 자폐증을 가진 모든 유아는 통합된 단계적인 유아기 프로그램에 과정을 거쳐야 효과를 얻을 수 있다고 한다. 이 과정에서 유아는 개개인의 발달적 특성을 고려하며 그에 따른 세밀한 과정을 재조직함으로써 더 나은 효과를 얻을 수 있다. 중재 과정에서 사회적 관계와 언어 활용 그리고 기본적인 행동 기술을 습득하게 된다. 또한 학습체험 중재는 가정과 학교 그리고 주변 사회적 환경에 영향을 미치는 공동체의 개입과 체계적인 계획이 이행되었을 때 더 가장 효과적인 결과를 얻을 수 있다. 또한 반드시 부모와 중재를 담당하고 있는 전문가들의 상호 협조가 필요하며 더 나은 결과를 얻을 수 있다고 한다(Strain & Cordisco, 1993).

학습체험 중재에 참여하는 자폐아동은 연중 일주일에 15시간씩 주중 프로그램에 참여한다. 프로그램 중재 과정에서 두 명의 교사와 한 명의 보조자를 포함하고, 자폐로 진단반은 아이들 3명과 일반아동 약 10명 정도로 대략 13명이 프로그램을 체험한다. 프로그램에 참여하는 연령은 3살에서부터 5살의 연령 범위로 이루어져 있다. 중재 과정에서 특별히 같은 또래의 일반아동이 참여하게 되는데, 프로그램이 진행될 때 또래 자폐아동의 주의를 이끌도록 다른 또래 친구들과 함께 사회적 참여 기술 방법(Scripts)을 교육받는다. 이 과정에서 자폐증을 가진 또래 친구의 특징에 관한 지식과 이해를 갖게 된다. 때로 이 과정에서 일반아동들은 자폐증을 가진 친구에 대한 편견을 갖지 않게 되며, 친구로서 자신의 일과 역할 그리고 책임에 대해 깊이 인식하게 된다. 이러한 아동들은 하나의 중재 기술을 모두 익히는 데 2주 정도가 소요된다. 또래 훈련 과정에서 일반아동이 직접 자폐증을 가진 친구를 돕기 이전에 구체적으로 자신이 배운 것들을 적용하는 시연 과정이 있다. 이때 학습체험 기술에 대한 묘사와 시연을 포함하며, 성인과 함께 이 기술을 연습하거나, 자폐증을 가진 친구와 함께 실질적으로 연습하게 된다. 이로써, 일반적 발달 아동들은 성공적인 또래 중재를 통해 긍정적인 피드백을 받게 된다.

학습체험 중재는 자폐아동 생활중심의 활동 기술을 일반아동과 그의 가족들이 참여함으로써 일상적인 생활능력을 배워가는 것이다. 이때 자폐아동은 사회적 정서적 성장의 발달, 언어와 의사소통 능력의 향상, 환경의 변화에 대처하는 능력을 증가시킨다. 학습체험은 주변의 환경을 탐색할 기회를 충분히 제공하고 새로운 사물을 관찰하거나 다룰 수 있도록 한다. 또한 또래 친구들과 집단 내의 사람들과 상호작용을 이끌어 준다.

LEAP에 참여하는 사람들은 일반아동 가족과 자폐아동 가족 구성원들이 함께 참여한다. 일반아동과 마찬가지로 가족 구성원들은 행동관리 훈련과 하루 동안 수행해야 할 과제들을 배우게 된다. 그리고 매달 일반아동 가족과 자폐아동의 가족이 만나서 어떻게 자폐아동을 도울지에 대한 계획을 세우고 협조를 구한다.

생활 속에서 체험하고 배운다는 것은 언뜻 보기에 매우 실제적이고 효과적일 것 같다. 그러나 결국은 생활능력을 향상시키기 위해서 반드시 "생활기술"을 익히도록 해야 한다. 그러나 스스로 아동이 자신의 생활세계를 이해하고 스스로 자신의 과제와 문제를 해결할 수 있는 것일까? 생활을 통해 체험한다고 하지만, 결국은 그에 따른 다양한 생활기술을 가르치는 것 범주에서 크게 벗어나지 못한다.

결과적으로 LEAP는 학습체험을 통해 능동적으로 다른 사람과 함께 생활에 참여하도록 함으로써 생활능력을 향상시키는 것이다. 자폐아동에게 상황에 참여할 수 있도록 행동과 사회기술을 습득하거나 어느 정도 스스로 생활 과제를 수행할 수 있지만, 현실적으로 늘 새로운 과제와 맞부딪치는 생활에서 스스로 과제를 해결하지 못한다면, 학습체험을 통해 획득하는 행동, 생활, 사회, 놀이기술 등의 지식은 자폐아동 자신이 지니고 있는 장애를 효율적으로 대처하지는 못한다. 또한 스스로 체험을 할 수 있는 여건을 만들어 준다고 해서 장애를 극복한다는 것은 더더욱 어려운 일이다.

신경생물학적 관점

의학적 치료 방법에 대해 관심을 갖지 않는 부모는 없다. 오랫동안 자녀를 데리고 온갖 좋다는 수많은 치료교육을 시켜 본 부모는 불확실한 자녀의 미래에 대해 무력감과 함께 불안감을 갖게 마련이다. 이때 불현듯 유혹하는 것이 약물치료이다. 얼마나 많은 부모들이 자폐증을 치료할 수 있는 특별한 약을 찾아 다녔는지를 아는 사람들은 그렇게 많지 않다. 부모들은 자폐증 치료에 양약뿐만 아니라 한약을 복용시킨 경험이 있다.

여기에 소개되는 약물치료 또한 많은 부모들이 관심을 갖는 분야이다. 약물치료는 자해행동이나 타인에 대한 공격적 행동, 과다 행동, 상동증적 행동과 행동의 지나친 위축과 같은 행동을 감소시키는 것이다. 하지만 슬로만에 따르면 자폐증을 가진 아동 중에 약 12%만이 약물치료를 필요로 하며 약물치료를 한다고 하더라도 그 효과가 불분명한 경우가 많다(Sloman, 1991).

그러나 어쨌든 약물치료는 직접적으로 생물학적 증상과 원인을 해결할 수 있다는 가능성이 꾸준히 인지되어 왔다. 그리고 많은 연구자들이 치료의 가능성을 위해 노력하고 있다. 그러나 약물치료의 범위와 한계가 있기 마련이다. 예를 들어, 특정 시기 혹은 나이에 약물로 치료되었다고 가정하자. 역사성을 가져야만 하는 인지, 언어, 사회발달이 어느 날, 갑자기 정상적인 수준이 될 수 없다. 인간의 지식과 성숙 그리고 생활세계와 자아는 어디까지나 "발달"이라는 관점에서 이해되어야 한다.

중추신경흥분제

약물 의학적 중재 방법으로 대부분 약물을 처방한다. 자폐아동에게 처방되는 약물들은 대부분 자폐증으로 인한 문제행동과 이상행동 그리고 정서적 불안정을 호전시키는 데 적용된다. 자폐아동의 주의 집중과 과잉행동을 처방하는 데 사용되는 약물에는 중추신경흥분제(psychostimulants) 중에 MPH, 혹은 리타린(ritalin)이라고도 알려진 메틸페니데이트(methylphenidate)가 있다. 이 약물은 임상적으로 자폐증 혹은 주의력결핍 과잉행동장애(ADHD) 아동에게 쓰인다. 메틸페니데이트는 뇌의 대뇌피질 영역을 흥분 혹은 자극시켜 차분하게 하거나 각성하도록 함으로써 집중력을 증진시키며 자폐아동의 과다한 운동량을 떨어트리고 행동을 조절하는 효과를 준다. 또한 인지기능의 수행 능력이 향상될 뿐만 아니라, 학급 내에서의 행동이나 학업의 수행 능력 및 대인관계를 어느 정도 증진시킨다. 그러나 메틸페니데이트의 처방에 따른 부작용이 동반한다(홍강의 외,

2005). 불안, 흥분성, 불면증, 두통, 불쾌감이다. 식욕을 감소시키며, 심박동수를 증가시키고 혈압을 상승시킨다. 틱이 유발될 수 있으며, 틱 또는 뚜렛장애의 증세가 악화될 수 있다. 지적장애나 발달장애아동에서 과잉행동증이 오히려 악화될 수 있다. 이외에 녹내장, 고혈압, 심혈관계 질환, 갑상선 기능 항진증, 불안장애와 정신병 그리고 간질 등을 악화시킬 수 있다.

항정신성 약물

자폐증 약물치료에는 항정신성 약물(antipsychotics)의 하나인 할로페리돌(haloperidol)이 처방된다. 이 약물은 자폐아동의 과잉활동, 공격성, 분노발작, 퇴행, 상동증과 같은 행동증상을 감소시키는 데 효과가 있다고 알려져 있다(홍강의 외, 2005). 이에 따르면, 자폐아동의 과잉행동, 공격성, 본능발작, 퇴행, 상동증과 같은 행동증상을 감소시키는 데 효과가 있다. 할로페리돌은 부신에서 만들어지는 뇌에 필요한 호르몬인 도파민을 생산하는 데 작용을 한다고 한다. 할로페리돌의 임상적으로 과다행동과 금단현상, 스테레오타입 행동, 거부행동 등을 감소시킨다.

이러한 효과를 근거로 할로페리돌(haloperidol)에 대한 많은 연구가 이루어졌는데 그 결과 자폐증의 과잉 운동, 상동증, 정서적인 불안정, 대상관계(object relation) 등에서 호전되었다고 보고하였지만, 반면에 다른 연구에서는 과소 운동(hypoactive)을 보이는 유아 자폐증에서 오히려 증상이 악화되었다고 보고하였다(Cohen et al., 1980). 또 다른 연구에서 할로페리돌을 일주일에 5일 투여하고 2일 투약을 하지 않는 방법(drug holiday)을 시도한 결과 자폐증의 효과에서 차이가 없음을 보고하였다(Perry, 1989). 이러한 약물 투여에 관한 연구 결과 유아 자폐증의 행동장애 또는 학습에 대한 중추신경흥분제의 효과에 대하여는 아직도 논쟁의 여지가 많다.

항마취성 약물

항마취성 약물(Opiate antagonists) 중에 날트렉손(naltrexone)이 자폐증으로 인한 자해행동과 통증에 둔감함, 주의 결핍, 움츠림과 그 밖의 행동문제와 관련이 있는 것으로 밝혀졌다(Sahley & Panksepp, 1987). 자폐증 환자를 대상으로 또 다른 연구에서는 공격적인 행동, 충동적인 행동, 또는 자해행동의 소거에 효과가 있었을 뿐만 아니라, 대인관계와 언어기능의 호전이 있었다고 보고하였다(Ratey, 1987). 이와 달리 자폐아동들을 대상으로 날트렉손(naltrexone)을 투여하여 관찰한 결과 자폐아동의 상동증, 과잉 운동증, 사회적 퇴행 등의 증상에 호전이 있었는 데 반해 자폐아동의 공격성과 자해행동에서는 효과가 없었다는 결과를 얻었다(Campbell, 1989).

항우울제 및 기분 안정제

자폐증 치료에 투여되는 항우울제 및 기분 안정제 중에는 심환계 항우울제(amitriptyline imipromine)와 세로토닌 재흡수 억제제(serotonin selective reuptake inhibitors; SSRIs)가 있다. 심환계 항우울제는 자폐아동에게 나타나는 강박행동, 상동증, 자해 행위의 치료에 효과가 있다(홍강의 외, 2005). 그러나 심장의 전도속도를 저하시키는 부작용이 있다. 그리고 약물투여를 늘릴 경우 맥박이 증가되고 심전도에 유의한 변화를 초래한다. 이외에 복통, 흉통, 두통, 실신, 경도의 진전, 체중 감소, 틱 등이 있다. 또한 정신병의 악화, 망각, 혼돈 등의 행동변화를 초래하기도 한다.

선택적 세로토닌 재흡수 억제제(SSRIs)는 자폐아동의 자해행동이 있을 경우 투여한다. 자폐아동이 머리를 박거나, 얼굴 때리기, 살을 뜯는 행동 등의 증상과 우울증이 나타날 경우 효과가 있으나, 지속적으로 효과 반응이 나타나지는 않는다. 그리고 중추신경계와 위장과계에 부작용이 일어난다. 중추신경계의 부작용은 두통, 불면증, 졸음, 불안 등이 있으며, 위장과 관련이 있는 부작용은 식욕부진, 오심, 구토, 설사, 소화불량 등이다.

이상에서 살펴본 결과 일부 약물 중재가 자폐증의 증상을 부분적으로 완화시키고 있지만 완전히 치료되는 것이 아니며, 약물 투여에 따른 내성이나 약물 중독, 혹은 약의 복용을 중단했을 때 재발이나 금단현상이 나타날 수 있다. 자폐증 치료에 최선이라고 볼 수 있는 약물은 아직 개발되지 못하였으며, 여러 부작용이 뒤따르므로 약물 중재는 신중해야 한다.

약물치료의 가능성

실제로 자폐증 치료약이 개발되면 약으로 치료될 수 있는가? 예를 들어, 약을 먹는 순간 혹은 일정한 기간 동안 복용한 후에 치료되었다고 가정하자. 그 이전에 나타나던 자폐증적 증후가 완전히 없어졌다고 가정했을 때 어떤 일이 일어날 수 있는지를 상상해보자. 그 결과는 약물치료로 회복된 아동은 이 세상에 대해 완전히 혼란을 경험하게 될 것이다. 왜냐하면, 인간 의식과 태도의 성숙은 "발달과정"에서 일어나는 현상이기 때문이다. 만약에 발달이 일어나지 않을 때 "인지" "언어" "사회" 영역의 성숙은 일어나지 않는다.

아동의 섬세한 "언어" 혹은 "의사소통"은 자신이 지금까지 축적해 온 생각과 태도에 의해 결정된다. 뿐만 아니라, "행동" 혹은 "사회성"은 수없이 다양한 환경에서 겪어온 과정과 그 환경으로부터 다른 사람과 상호작용이 축적된 결과물이다. 아동의 "사고 능력" 혹은 "인지능력" 또한 마찬가지이다. 경험과 탐험 그리고 학습과 적용의 과정을 통해서 아동의 사고는 점차 발달하게 되고 다양한 세계를 인식하게 된다. 만약에 이러한 지식과 경험의 "과정"과 "축적" 없이 어느 날, 아동의 능력이 약물로 형성되었다고 그 어느 누구도 가정하지는 않는다.

세계에 대한 개념과 의미는 시간에 따라 발달의 과정을 거쳐서 형성된다. 시간과 경험에 의해 축적된 개념은 개념 간에 의미 구성을 하게 된다. 개념의 의미 구성은 아동이 무엇인가를 생각할 수 있다는 것을 말한다. 아동은 성장하면서 개념의 의미 구성은 축적되면서 개념적 프레이밍 되며 개념적 프레이밍이 아주 이른 시기에 유아에게서 발생하고 모든 사회적 · 개념적 영역에서 작용하다는 것이 밝혀졌다(Goffman, 1974; Bateson & Gregory, 1972). 이에 의하면, 개념적 프레이밍은 아동이 성장하면서 사고가 확장되면서 은유적 사고가 가능하게 한다. 자폐아동에게 형성되기 가장 어려운 것은 은유적 사고이다. 은유적 사고는 성인이 돼서도 어렵다. 고프만과 바테슨에 의해 일반아동들은 어린 시기의 유아에게 상식상 예술과 수사학의 특별한 도구로 간주되는 은유적 사고는 관습적이든 현저하든 간에 모든 인지 층위에서 작용하고 있고 일관된 구조적 · 역동적 원리를 보여 준다는 것을 검증했다.

따라서 사고의 구조적 · 역동적 원리는 어느 날 갑자기 형성되는 것이 아니라, 오랜 기간 동안 다양한 경험과 학습 그리고 인지발달을 통해서 가능한 것이다. 따라서 약물로 치료되었다고 가정하더라도 정상적인 발달과정을 되돌아 가능하게 할 수는 없다. 왜냐하면, 아동의 능력이란, 오랜 시간에 발달이란 과정을 거쳐 경험을 통해 마치 지층이 하나씩 쌓아가듯 형성되기 때문이다. 약물은 시간을 뛰어 넘어 일정 수준의 능력을 갖추게 되지 않는다. 더욱이 "발달"은 여전히 오리무중인 것이다. 잃어버린 시간을 치료약을 통해서 극복되는 것은 아니다. 약물은 자폐증 치료의 보조적인 역할을 할 뿐이다. 실험실에서 아동의 삶을 예측할 수 있는 것은 아니다. 오히려 약물치료는 예방과 조기 치료의 관점에서 적용되어야 할 것이다.

❁ 자폐증 치료의 혼란과 논쟁

자폐아동을 위한 수많은 치료교육이 있다. 부모는 그 중에 하나를 선택하기도 하고 여러 개의 치료교육을 선택하여 자녀를 돕는다. 교사들은 자폐아동 치료교육의 대부분에 대한 지식을 가지고 있으며, 또한 몇몇 치료교육 방법에 숙련되어 있다. 부모나 교사는 치료교육에 대한 새로운 정보를 찾기 위해 노력하고 있으며, 상호간에 정보를 교환하기도 한다. 그리고 치료교육에 대한 정보들은 전문가들에 의해 학술대회와 각종 세미

나를 통해서 알려지기도 한다. 그러나 그 많은 치료교육 모두가 자폐증 장애의 근본적인 문제를 해결하는 것은 아니다.

그렇지만, 기존의 치료교육들은 일반적인 발달장애아동들에게 많은 도움이 되는 것은 틀림이 없다. 그리고 여러 장애아동들이 기존의 치료교육을 통해서 건강하게 성장하고 있다. 이러한 치료교육의 효과에도 불구하고 자폐아동에게만은 특별한 치료교육 중재 방법이 없는 것 같다. 물론, 몇몇 치료교육 방법으로 좋은 결과를 얻었다고 주장하기도 한다. 이들 전문가들에 의하면, 각각의 치료교육 프로그램이 자폐아동의 발달에 효과적이라고 한다. 다시 상기해야 할 것은 "효과"가 있다는 것과 "치료"되었다는 것은 다른 개념이다. 자폐아동에게 어떤 방법이든 간에 결과적으로 효과를 나타내는 것은 아닐까?

이에 대해 몇몇 연구자들은 자폐아동 치료교육에 관한 효과를 검증하는 과정에서 어떤 치료 방법이든 적든 많든 간에 효과성이 나타난다는 것을 보여 주었다(Ollendick, King, & Chorpita, 2006). 따라서 치료교육 방법이 자폐증 장애를 어느 정도 호전을 시킬 수 있지만, 문제는 그 효과가 자폐증 장애의 직접적인 치료효과와 관련이 있는가이다. 그러한 물음은 자폐아동의 치료교육에 효과에 대한 몇 가지 논쟁을 일으켰다.

치료교육의 혼란과 논쟁은 첫째는 자폐증의 원인에 관한 견해의 차이에서 비롯되었다. 자폐증 원인에 관한 논쟁은 아직까지 여전히 이어지고 있다. 자폐증 발병에 관한 정확한 메커니즘을 찾지 못했기 때문이다. 그러나 적어도 자폐증이 선천적이며, 유전적이라는 것 그리고 뇌 장애에 기인한다는 것에 연구자들에 의해 어느 정도 일치하고 있다. 그럼에도 불구하고 자폐아동의 양육환경과 그에 따른 심리적 결함에서 그 원인을 찾으려고 한다. 또한 식생활의 환경에서 원인을 찾으려고 하는 경우도 있다.

치료교육의 혼란과 논쟁의 둘째는 자폐증의 중재 방법의 차이에서 비롯되었다. 특정한 장애 요인을 소거하거나 극복해 주었을 때 자폐증 장애의 문제를 해결할 수 있다고 보는 경우가 있다. 그러나 지금까지의 치료교육 방법을 통해서 특정한 장애 요인을 해결했다고 해서 자폐증의 근원적인 문제를 해결해 주지는 못했다. 더구나 현재 자폐아동에게 실시하고 있는 치료교육 방법이 다음에 자폐아동에게 어떤 발달을 이끌 수 있는지를 예측할 수 없다는 것이다. 예를 들어, 치료교육을 마치면, 아동이 어떤 상태가 되는지를 예측하지 못한다는 것이다. 단지, 언어치료를 하면, 언어가 어느 수준으로 발달할 수 있는지 보여 주지 못하는 것이다. 대부분의 치료교육의 시작과 끝을 보여 주지 못한다는 것이다. 대부분의 치료교육은 막연한 기대에 지나지 않으며, 치료교육의 미래는 불확실하다.

동물치료(Pet Therapy)	의사소통촉진(Facilitated Communication)
예술치료(Art Therapy)	음악치료(Music Therapy)
청각통합(Auditory Integration)	지각훈련치료(Training Perceptual Therapy)
식이 중재(Dietary Interventions)	감각통합치료(Sensory Integration Therapy)
돌고래치료(Dolphin Therapy)	시각치료(Vision Therapies)
두개-천골치료(Cranial-Sacral Therapy)	메타-비타민치료(Mega-vitamin Therapy)
안아주기치료(Holding Therapy)	샤머니즘치료(Shamanism)
놀이치료(Play Therapy)	정신분석치료(Psychoanalysis)

출처: Scott et al., (2000), 『*Students with Autism*』, p.144.

의사소통기술: 증명되지 않는 치료법의 과오

의사소통촉진법

많은 지식을 획득함으로써 자폐아동이 다른 사람과 생활을 더 많이 이해할 수 있다고 보았다. 뿐만 아니라, 생활과 사회적 역할에 관한 지식과 이해를 도움으로써 자폐아동 자신의 역할을 제시함으로써 바람직한 행동을 수행할 수 있다고 보았다. 더 구체적인 방법으로 그림과 대사를 통해 역할을 하는 방법을 수행하고 알도록 함으로써 아동이 직접 대면한 상황을 잘 대처하고 생활과 사회역할 수행을 할 수 있다고 보았다. 그 방법 중에 만화에 나타난 상황을 이해시키고 그 상황에 따라 행동을 수행하는 것이 더 수월할 것으로 판단했다. 그러나 아동은 현재의 상황에 처해진 과제와 문제를 해결하는 것보다는 자신이 해야 할 역할을 계획세우면, 스스로 아동 자신이 당면한 과제를 해결할 수 있는 능동적인 행동을 이끌 수 있다고 보았다. 그러나 치료교육자들은 오히려 더 많은 문제에 직면했다. 왜냐하면, 아동 자신이 직접적인 상황을 인식하지 못한 채 기술과 방법만을 배우기 때문에 가르쳐 준 대로 그리고 능동적으로 행동하기가 어려운 것이다. 직접 체험을 통해서 그들에게 더 많은 것들을 생생하게 의식되도록 하는 방법이 오히려 더 좋은 치료교육의 결과를 얻을 수 있다고 보았다. 그러나 자폐아동이 생활과 사회역할을 하기 위해 다양한 기술과 방법에 관한 지식을 받아들이든지 혹은 이해하든지 간에 본질적으로 의사소통 자체가 어려울 경우, 기술이든 훈련이든 학습자체가 어렵다. 아동이 언어표현과 이해가 어려운 상황에서 더 나은 행동과 생활기술과 방법을 가르친다고 해서 더 좋은 결과를 얻지 못하는 것이다.

자폐아동을 가진 부모나 교사들은 자폐아동의 언어교육을 중요한 과제로 여기는 것도 그 때문이다. 자폐아동과의 의사소통이 일상적인 일의 전달을 가능하게 해 주기 때문이다. 뿐만 아니라, 다른 사람들과의 대화를 가능하게 함으로써 더 나은 사회적 관계

못했으며, 실제로 자신의 표현은 실현 불가능한 일이었다. 이 연구들은 의사소통을 하는 사람이 자폐아동이 아니라는 점을 발견했다. 즉, 실제로 의사소통을 하는 사람은 촉진자였던 것이다. FC의 허구성 중에 하나는 자폐증을 가진 사람이 FC를 매개로 촉진자의 마음을 읽을 수 있다는 것이다. 심지어 FC의 성공은 자폐증을 가진 사람이 "잘 발달된 육감을 가지고 있어서 다른 사람이 무엇을 생각하고, 느끼고, 아는지를 이해할 뿐 아니라 말을 못하는 지인이나 자신의 촉진자에게 자신의 생각을 전달할 수 있다."고 주장하기도 했다. 애석하게도 자폐아동의 발달특징을 모르는 순진한 발상의 시도였을 뿐이었다.

동물치료: 동물과 교류는 가능한가?

자폐아동이 특별한 방법으로 유대감을 갖거나 교류할 수 있지 않을까? 그러한 발상은 동물과의 교류를 통해 유대감을 증진시킬 수 있다는 믿음을 주기도 했다. 부모나 전문가들은 동물과의 자연스러운 관계를 통해 자폐아동이 우리가 알 수 없는 특별한 교감을 가질 수 있을 것으로 예상한다. 매번 정서적 유대감의 문제를 떠올리게 되는 이유는 자폐아동의 특별한 태도 때문이다. 때로 눈치도 빠르고 가족 구성원의 태도와 특징에 대해서도 잘 알고 있으며, 자신이 원하는 일에 대해서는 오히려 더 많은 것들을 알고 있기 때문이다. 그런데 문제는 다른 사람과 교류가 되지 않는 것이다. 무언가 내재적으로 많은 것들을 알고 있고 특별한 능력을 가졌음에도 여전히 혼자만의 일을 하고 다른 사람에게 관심을 갖지 않는다. 이러한 이유 때문에 자폐아동이 어떤 연유에 의해서 사람들과 정서적 유대감에 결손이 있는 아이로 이해하려고 한다.

따라서 자폐아동의 정서 결함은 일반적인 방법이 아닌 특별한 방식으로 교감할 수 있을 것이라고 주장하는 이들은 동물과의 관계에서 그 실마리를 찾으려고 했다. 이들은 자폐아동은 사람보다는 동물의 본능적 교감에 더 빨리 반응할 수 있다고 믿었다. 왜냐하면, 사람이나 동물의 원초적인 본성과 본능은 상호 근접해 있기 때문에 동물과의 관계를 통해서 상호교감을 할 수 있다는 것이다. 따라서 자폐아동은 동물과의 교감을 통해서 원초적인 감성을 이끌 수 있다는 관점에서 사람과 동물 사이에 일어나는 관계, 즉 '사람과 동물과의 상호작용'을 설명하려는 "인간과 동물과의 유대(human animal bond)"에 관한 연구들이 진행되었다.

사람과 동물과의 상호작용에 관한 연구들을 수의학, 정신의학, 임상심리학, 동물행동학 등이 각 영역의 연구를 시작했다. 이들의 주장은 인간과 동물과의 유대라는 연구의 일부로서 사람과 동물과의 접촉은 사람과 동물 쌍방에 정신적으로나 신체적으로나 좋은 효과를 가져다준다는 것이다. 이러한 주장이 '인간의 의료나 복지' 분야에 도입된 것이 '동물매개치료(animal assisted therapy; AAT)이다.

이에 따르면, 동물매개치료에 가장 많이 이용되는 동물은 "개"와 말, 그리고 돌고래, 물고기, 병아리까지 이용된다. 동물매개가 장애아동에게 적용된 이유는 동물이 인간과 감성적으로 가장 가까이 접근할 수 있다는 것이다. 그러한 관점에서 동물매개치료는 동물의 본성에 내재되어 있는 행동과 친화성이 정서적으로 사람의 마음과 융화될 수 있다는 것이다. 그렇게 됨으로써 사람과 동물이 상호작용을 통해서 인간에게 내재되어 있는 본성을 일깨우고 삶의 변화를 이끌 수 있다고 본다.

동물매개치료는 우연한 관찰을 통해 아이디어를 얻은 방법이다. 1960년대에 들어서 정신과 의사였던 레빈슨(Boris Levinson)은 그의 진료를 받기 위하여 대기실에서 기다리던 아동이 진료를 기다리고 있는 동안 개와 놀면서 치료를 받지 않고도 저절로 회복된다는 사실을 관찰하였다. 이것이 그가 동물매개치료를 적극적으로 활용한 계기가 되었다. 동물매개치료는 동물이 인간의 신체적, 사회적, 정서적, 인지적 기능을 향상시키거나 이와 관련된 문제를 치료하는 것을 목적으로 하고 있다.

돌고래치료

돌고래치료는 초음파를 통해 특별한 방식의 의사소통을 한다는 것, 그리고 그 방법이 자폐아동의 뇌를 자극시켜 뇌기능을 활성화시킨다는 가정을 둔다는 것은 기발한 아이디어이다. 돌고래치료는 그렇게 해서 등장했다. 돌고래치료(dolphin therapy)는 돌고래가 독특한 방식으로 자폐아동과 교감할 수 있다고 본다. 돌고래는 자폐아동의 치료에 적용되어 왔다(Livermore, 1991).

돌고래치료 방법은 돌고래와 자폐아동은 20분 동안 물속에서 놀이를 하며 상호작용을 하게 된다. 많은 사람들이 돌고래가 자폐아동에게 긍정적인 영향을 미칠 것으로 추측을 해 왔다. 즉, 자폐아동에게 필요한 여러 가지 상호적 표현에 필요한 민감성을 돌고래와 접촉함으로써 찾을 수 있다고 보았다. 이들의 주장은 항상 돌고래들의 의사소통 방식이 자폐아동에게 영향을 미치고 돌고래는 자폐아동의 정신적인 교류를 가능하게 하는 특별한 의사소통이 있다고 생각한다.

돌고래가 집단에서 독특한 주파수를 통해서 집단과 교류하고 돌고래의 사회적 의사소통을 하지만, 그러한 사회적 의사소통 방식이 인간에게 적용되거나 돌고래의 집단 의사소통과 교류방식이 자폐아동의 치료에 영향을 미친다는 증거는 없다.

승마치료

자폐아동은 다른 사람과의 상호관계를 형성하는 데 어려움이 있다. 일반적으로 사람들은 자폐아동은 어떤 대상과 관계를 형성하지 못하는 것이 가장 특징적인 장애로 보고 있다. 자폐아동은 자신 이외에 그 어떤 대상하고도 관계를 갖지 않으려고 하는 것 같다. 따라서 관계를 형성할 수 있는 그 어떤 동기가 주어진다면, 점차 단절된 의식으로부터 벗어 날 수 있을 것이라고 본다. 동물매개치료는 그러한 과정에서 시작되었으며, 승마치료는 그 방법 중의 하나이다. 말과 호흡을 맞추는 동안에 상호 긴장감을 조절할 수 있고 의식적으로 신체를 조절하게 됨으로써 상호 리듬을 맞추어 갈 수 있다고 본다. 그 과정에서 특별한 관계가 형성되고 비로소 자기만의 의식으로부터 상호간에 정서적 유대감을 형성할 수 있다는 것이다.

승마는 두 가지의 치료 의미로 구분된다. 첫째는 "승마치료"는 치료(therapy)적 의미로서 장애자를 위한 스포츠나 레크리에이션적인 도움을 주는 활동의 승마라는 개념이다. 둘째는 "재활승마"는 치료적 개념보다는 기능적인 장애를 좀 더 나은 상태로 개선시키는 재활(rehabilitation) 개념 의미로 사용한다. 재활승마는 특히 소아마비 환자로 휠체어 생활을 하고 있던 덴마크의 리즈 하텔(Liz Hartel)에 의해 처음 알려졌으며 1968년 미국에 재활승마가 도입된 이후에 오늘날 세계 각국에서 환자 재활의 하나로서 승마가 이용되게 되었다.

승마가 장애인 치료를 위해 도움을 줄 수 있다는 두 가지의 가정이 있다. 첫째는 걸음걸이의 동일성이다. 말의 걸음걸이는 사람의 것과 거의 동일하기 때문에 말을 탈 때 두 다리로 직접 걷는 것과 같은 움직임을 경험할 수 있다. 따라서 걸음걸이의 움직임을 경험해 보지 못한 뇌성마비 아동에게는 발걸음과 비슷한 움직임을 경험하도록 함으로써 신체적 균형을 조절하도록 자극을 줄 수 있다. 둘째는 말과의 정서적 교감이다. 말은 사람과의 친밀성이 형성되어야만 상호작용이 가능하고 말을 잘 따르게 된다. 그러므로 말과의 '커뮤니케이션 능력'을 향상시키게 되는데 이것은 곧 다른 사람과의 의사소통 능력을 촉진시킬 수 있는 동기가 된다고 본다.

초기에 재활승마는 주로 뇌성마비, 시각장애, 청각장애, 뇌기능 손상, 척추 손상, 근육디스트로피(muscular dystrophy), 간질, 자세 결함, 마비에 의한 불균형 등의 신체장애자에게 효과가 있는 것으로 알려져 있다. 이들 신체장애아동이 일반적으로 사용하지 않는 근육을 사용하고 자세, 평형감각, 좌우의 균형 등 각부의 신체기능의 협응능력이 향상된다.

미국의 홀 위텐베르그 오터패딕 클리닉센터(Hall Wittenberg Orthopaedic Clinic)의

스케우릭(B. Scheurich)은 "전신의 근육과 관절로부터 받는 아동이 느끼는 해방감은 그 때까지 없었던 말은 다른 대상과의 관계를 접촉하려는 동물적 본성을 아동에게 전달하게 된다."고 하였다. 따라서 장애아동은 동물과 접촉할 수 있다는 것만으로 자신감을 갖게 되어 일상생활에 적극적으로 참여하고 다른 사람과 상호작용을 확장하는 데 효과가 있다고 본다.

사회 및 교류관계 치료: 정서적 교감으로 사회적 관계를 개선한다?

끈질기게 우리의 의식 안에는 자폐증의 문제가 정서적 원인에 의한 것이라는 믿음이 자리 잡고 있는 것 같다. 자폐증은 정서장애와 구별된다는 것이 이미 많은 연구에서 밝혀졌음에도 불구하고 부모나 전문가들의 의식에서는 정서적 방아줄을 놓지 않는 경향이 있다. 그 이유는 발달상에 정서가 차지하는 범위가 크며 또한 그 영향 또한 크기 때문이다. 대부분의 아동은 부모나 가족과의 정서적 교류를 통해서 상호교감하고 사회적 상호관계가 형성된다. 그러한 점을 익히 알고 있는 부모나 전문가는 자폐아동의 행동상의 특징으로 보아 상호교감이 단절된 상태로 인식한다. 따라서 자폐아동은 정서적 감정이나 교류가 없다. 만약에 치료교육을 통해 상호간의 교감이 가능해진다면, 자폐아동의 정서와 사회적 상호교감이 일어날 수 있을 것으로 가정한다. 이러한 의식에서 개발된 프로그램들이 있다.

놀이치료는 자폐증이 대인과의 관계 실패와 감각 결함에 그 요인이 있다고 보았다. 따라서 놀이 과정에서 내면의 정서적 갈등을 조절함으로써 대인과의 관계를 회복시키는 데 있다. 그 과정에서 놀이치료는 다른 사람과의 관계를 개선하고 사회적 상호작용을 가능하게 한다고 본다.

이에 비해 안아주기치료는 더 적극적 관계를 시도한다. 자폐아동이 다른 사람과 사회적 관계를 갖지 못하는 원인을 부모에 두고 있다. 특히, 어머니와 아동은 둘 사이의 공생 관계에서 실패했기 때문이라고 보았다. 따라서 Welch는 자폐아동이 다른 사람과의 관계뿐만 아니라, 현재 자신이 처해 있는 생활과 상황 그리고 환경으로부터 은둔되어 있다고 보고 이러한 심리적 폐쇄상태를 회복하기 위해서는 부모의 적극적인 애정과 관심이 요구되며, 그때마다 어머니가 자신을 돌봐주는 대상임을 전달함으로써 안정을 얻고 어머니가 자신과의 애정적 관계임을 확인시킴으로써 폐쇄상태를 극복할 수 있다고 보았다.

놀이치료

정신역동적 접근 방법의 대표적인 것으로 놀이치료(play therapy) 중재 방법이 있다(DesLauriers, 1978). 이 접근 방법은 두 가지의 이론적 접근을 시도한다. 첫째는 자폐증에 대한 정신분석적 해석이다. 자폐증은 대인과의 관계 실패로 보고 내면의 정서적 갈등을 정신분석 방법을 통해서 소거한다. 둘째는 자폐아동의 주요 문제는 감각 결함에 의한 것으로 본다. 따라서 자폐아동의 대인관계를 회복할 수 있게 하고 한편으로 기본적인 감각 결함을 극복할 수 있도록 집중적인 감각 경험을 제공하는 중재 방법을 시도한다.

자폐증은 아동이 정서 문제로 인해서 대인과의 관계 형성에 실패하는 것이 요인 중에 하나로 보고 놀이를 통해서 자폐아동의 정서적 결함을 회복하는 데 중점을 둔다. 내면의 정서적 갈등을 소거함으로써 단절되었던 대인관계적 상호작용을 집중적으로 강조한다는 점이다. 따라서 놀이치료는 자폐아동이 놀이를 통해서 자신에게 억압되어 있던 정서를 다른 사람과의 교류를 통해서 드러내고 갈등적 요소들을 점차적으로 해소시킨다. 그러므로 놀이치료에서의 놀이는 대인관계를 통해 상호작용을 촉진시키는 데 중요한 중재 방법이며 대인과의 신뢰성 회복에 영향을 미친다고 보고 있다.

한편으로 놀이치료가 자폐아동의 주요 문제를 감각 결함으로 보는 것은 자폐아동이 다른 사람뿐만 아니라, 환경으로부터 오는 자극에 둔감하거나 반응을 하지 않기 때문이다. 따라서 자폐아동이 환경으로부터 다양한 자극을 받게 함으로써 자신이 가지고 있는 감각 결함을 회복시킬 수 있다는 것이다. 따라서 환경에 반응하는 것은 놀이치료의 주요한 관심 중에 하나이다.

놀이치료의 역사는 시대에 따라 다양한 변화를 겪었다. 처음으로 놀이 상황을 아동의 정신치료에 도입한 것은 후그-헬무드에 의해서이다(Hug-Hellmuth, 1919). 그리고 정신분석학자였던 프로이드의 딸 안나 프로이드도 이 방법을 적극적으로 적용했다(Anna Freud, 1945, 1965). 일반적으로 놀이는 상호간의 관계를 개선하는 데 도움이 될 뿐만 아니라, 이 과정에서 또래 대상과의 정서교류가 일어나며 더 나아가 사회적 관계개선에도 영향을 미친다.

놀이치료 이론을 독자적인 가치로 이끈 것은 멜라니에 클레인이었다(Klein, 1932). 특히, 클레인은 언어가 아동의 정서와 사고의 표현을 이끌 수 있는 중재역할을 한다고 보았다. 그녀는 어린 시기의 정서경험은 성장하여 성인이 되어서도 정신적 문제의 원인이 될 수 있다고 보았다. 그러한 점에서 클레인은 놀이치료가 정서 문제를 해결하기 위한 중요한 수단으로 생각했으며, 만약 아동이 성장과정에서 놀이를 통해 아동 자신이 겪는 정서문제를 해결한다면 성인의 정신 질환을 예방할 수 있다고 하였다. 놀이치료의 기능은 다음과 같다.

첫째, 생물학적(biological) 감각 기능이다. 아동은 간단한 놀이기술을 익히는 것뿐만 아니라 동시에 정서적 긴장감을 이완시키고 아동이 가지고 있는 월등한 활동 에너지를 배출한다. 그리고 적절한 근육의 운동감각을 자극으로부터 반응하고 대처한다.

둘째, 개인내적(intrapersonal)인 심리 기능이다. 아동이 심리적으로 바라고 원하는 역할이나 기능을 충족시키고 자신에 주어진 세계를 탐색하고 경험하며, 이 과정에서 아동 자신의 마음과 몸을 지각하고 자신에게 놓여진 세계를 이해시킨다. 아동은 놀이를 통해서 정서적 안정감을 찾고 자유로운 감성을 드러낸다.

셋째, 대인관계적(interpersonal)인 사회 기능이다. 아동은 놀이과정에서 사회 기술을 익히며 이 과정에서 스스로 사회적 상징을 다룰 수 있는 사회적 분리-개별화(separation-individuation)를 성취하게 된다. 예를 들어, 상호작용을 할 수 있는 대상이 없을 때 그 대상을 상징적으로 대체할 수 있는 놀잇감을 사용하여 사회적 대상이 없을 때 느끼는 불안을 극복할 수 있게 한다.

넷째, 사회문화적(sociocultural) 개인과 집단 역할기능이다. 놀이 과정을 통해서 아동은 사회적 규범과 역할을 습득하고 집단 내의 문화적 가치와 의미를 받아들이게 된다. 개인과 집단 간의 규범과 생활을 익히게 되는 것과 동시에 아동은 자신의 역할이 어떻게 집단에 영향을 미친다는 것을 알게 된다. 또한 개인적인 욕구와 충동은 집단의 의식에 따라 조절되고 통제할 수 있게 됨으로써 개인과 집단의 역할을 공유할 수 있다.

놀이치료가 주는 효과는 다음과 같다.

첫째, 의사소통 능력을 향상시킨다. 다른 또래 아동과 관계 형성 그리고 놀이방법의 터득을 통해 불안감에 대한 방어기제를 구축할 수 있다. 뿐만 아니라, 놀이치료는 언어표현을 통해 자신의 의식과 감정을 드러낼 수 있게 한다. 아동이 놀이를 통해 아동 자신의 내면에 내재되어 있는 감정과 의식을 상징적으로 표현할 수 있으며, 긴장과 불안을 완화시켜 준다. 또한 놀이는 의사소통과 학습능력을 향상시키며, 성숙을 돕는다. 이 과정에서 아동을 스트레스에서 벗어날 수 있도록 돕고 주변 사람들을 긍정적으로 연계시키며, 창조적 사고와 탐험을 자극하고 정서를 조율하며, 자아 형성에 힘을 실어준다(Landreth, 2002).

둘째, 감각기능을 향상시킨다. 놀이는 본능적으로 생존에 필요한 다양한 기술과 역할을 경험하도록 한다. 그리고 놀이는 단순히 개인의 취향에 따른 역할이 아니라, 아동 자신과 생존에 관련된 본성의 감각을 일깨운다(Russ, 2004).

셋째, 정서적 안정감을 얻게 한다. 놀이는 아동이 가지고 있는 본능적 정서를 자극함으로써 놀이과정에서 치료사들은 장애아동의 정서적 또는 사회적 기술들을 발달시키도록 돕는다(Pedro-Carroll & Reddy, 2005). 정서의 변화는 학습적응에도 영향을 미친다. 놀이치료는 학습적응에 문제를 가진 아동들이 치료사와 긍정적인 관계를 통해서 정서의 변화를 이끌었고 적응이 어려웠던 학습 문제들을 해결할 수 있었다.

넷째, 인지의 역기능을 조절한다. 놀이를 통해서 소극적 태도를 가진 아동이 능동적 태도로 변화되며 불안을 가진 아동이 정서적 자유로움을 경험한다. 더 나아가 정서적 변화는 다른 사람과의 관계를 촉진시킨다. 뿐만 아니라, 인지발달을 촉진시키고 아동의 내적 갈등 또는 역기능적 사고에 관한 통찰을 얻게 하고 해결을 하도록 돕는다(O'Connor & Schaefer, 1983; Reddy, Files-Hall, & Schaefer, 2005).

다섯째, 병리적 증상을 호전시킨다. 놀이치료가 다양한 증상에 적용되고 있는 대상은 다양하다. 그 중에는 신경증적 아동(neurotic child)으로 정서장애가 포함된 경우(Bratton, Ray, & Rhine, 2005), 성격 병리(character pathology), 경계선 소아(borderline children), 불안, 우울, 주의력결핍 과잉행동장애(ADHD), 자폐증 또는 전반적 발달장애, 학업 및 사회성 발달, 신체 및 학습장애, 품행장애와 공격적인 행동을 보이는 행동장애(Bratton, Ray, & Rhine, 2005), 소아학대의 피해자, 정신적 충격의 피해자(Reddy, Files-Hall, & Schaefer, 2005), 이혼 부모의 자녀, 사별 반응, 성주체성 문제(gender identity problem)를 가진 소아 지적장애와 발달장애, 신체적 장애를 가진 아동 등이 있다(Gil & Drewes, 2004; Landreth, Sweeney, Ray, Homeyer, & Glover, 2005).

과거부터 자폐증은 심리적으로 "닫힌 세계에 존재하는 아이"로 이해되었다. 그리고 자폐증으로 인해 나타나는 다양한 특징들이 마치 "굳게 닫힌 세계" 안에 갇힌 결과로 보았다. 따라서 놀이치료가 자폐아동의 마음의 세계를 열어 주는 것이 그들의 닫혀진 세계로부터 벗어나게 할 수 있다고 보았다. 이러한 생각들은 놀이치료의 전반적 흐름과 잘 맞아 들어갔다. 하지만 자폐아동에게 특별히 놀이기술이나 혹은 놀이 환경을 조성해 주었다고 해서 자폐증의 근본적 문제들이 해결되는 것은 아니다. 놀이 환경을 좋아하지 않는 아동은 없다. 자폐아동들도 자유로운 놀이 환경에 놓여 있을 때 갈등상황은 일어나지 않기 때문이다.

자폐아동에게 좋은 여건의 놀이 환경과 놀이지도를 제공해 주었음에도 그 결과는 그렇게 만족스럽지 못하다.[39)]

39) 자신을 다른 사람으로 인격화시키는 것을 "동일시"라고 한다. 그래서 동일시가 형성된 아동은 역할놀이가 가능하며, 특정 사물을 "무엇인 것처럼" 가장놀이를 할 수 있다. 자폐아동은 근본적으로 "동일시"

자폐아동을 가진 많은 부모들이 놀이치료를 선호하는 이유는 자폐아동의 폐쇄적인 심리상태를 개방하고 다른 사람과의 교류가 가능할 수 있다는 믿음과 놀이치료를 통해서 간접적으로 기본 활동과 생활방법을 배울 수 있다고 보기 때문이다. 근본적인 목적은 놀이치료 과정에서 다른 사람과의 교류를 통해서 자폐아동 자신의 세계를 드러내게 하는 것이다. 그렇게 함으로써 사회적 관계를 개선하고 점차적으로 자폐증적 증상으로부터 벗어나게 하는 것이다.

그러나 놀이치료는 다른 정서 문제를 안고 있는 아동들에게 많은 영향을 미치고 또한 어느 정도 치료적 효과가 있을 수 있으나, 두 가지의 관점에서 치료교육의 제한점이 있다. 첫째는 놀이치료가 자폐아동 치료교육이 아니라는 점이며, 둘째는 놀이치료를 통해서 자폐아동의 행동과 태도를 어느 정도 변화시킬 수 있지만, 근본적인 문제를 해결하지 못한다는 것이다.

안아주기치료

초기에 연구자들은 늘 의심해 왔던 것처럼 자폐증의 원인이 유아기 동안 부적절한 정서의 영향 때문이라고 생각했다. 그것은 바로 자폐증의 폐쇄적인 특징 때문이다. 자폐아동이 다른 사람을 회피하고 주로 혼자 지내거나 다른 사람과 사회적 관계를 갖지 않는 이유가 어린 나이에 부모와의 적절한 정서적 유대관계에 실패했다고 보기 때문이다. 따라서 부모와의 정서 문제가 해결이 되지 않고 지속될 경우, 정서장애를 동반할 수 있다고 가정한다. 이 문제를 예방하고 해결하기 위해 우선적으로 심리적 긴장과 위축감을 이완시키는 것이 가장 중요하다. 그 방법으로서 안아주기는 아동을 부적절한 정서양식으로부터 보다 더 나은 심리적 상태로 호전시킬 것을 기대한다.

만약에 자폐아동이 다른 사람으로부터 스스로 자신이 많은 애정을 받고 있다고 인식할 때 아동은 자신의 닫힌 마음을 개방할 수 있다고 보는 것이다. 그렇게 함으로써 자폐아동이 다른 사람과 더 많은 심리적 교류가 가능하고 믿는다. 이러한 견해는 많은 사람들에게 매우 설득력 있는 그럴듯한 설명이었다. 실제로 자폐아동의 행동에서 나타나는 폐쇄적인 사회적 특징을 고려하면 누구나 그렇게 믿을 수 있다.

정신역동적 이론에 기초한 “안아주기치료(holding therapy)”는 뉴욕에 있는 소아정신

에 결함을 가지고 있다. 동일시는 다른 또래 집단에 오랫동안 노출시키고 관계 형성을 갖도록 특별한 방법으로 지도한다고 해서 형성되지 않는다. 자폐아동의 사회화의 결손은 “마음읽기”에 실패하기 때문이다. 이것 또한 여러 가지 방법으로 기술을 습득시켰다고 해서 가능한 것도 아니고 그렇다고 일반아동 집단에 오랫동안 함께 어울리도록 경험을 제공한다고 해서도 극복하기가 어렵다. 왜냐하면 “동일시”와 “마음읽기”는 인지와 깊은 관련이 있으며 인지발달 과정에서 형성되기 때문이다. 따라서 자폐아동은 경험과 환경에 의해 사회적 관계 혹은 사회성이 획득되는 것이 아니다.

과 의사인 마르타 벨취(Martha Welch)에 의해 개발되었다. 안아주기치료의 이론은 니코 틴베르젠(Niko Tinbergen)의 동물행동학적 관점이 토대가 되었다. 그는 자폐아동이 다른 사람과 사회적 관계를 갖지 못하는 원인은 어머니와 아동 사이의 공생 관계에서 실패했기 때문이라고 보았다. 따라서 Welch는 자폐아동이 다른 사람과의 관계뿐만 아니라, 현재 자신이 처해 있는 생활과 상황 그리고 환경으로부터 은둔되어 있다고 보고 이러한 심리적 폐쇄상태를 회복하기 위해서는 부모의 적극적인 애정과 관심이 요구되며, 그때마다 어머니가 자신을 돌봐주는 대상임을 전달함으로써 안정을 얻고 어머니가 자신과의 애정적 관계임을 확인시킴으로써 폐쇄상태를 극복할 수 있다고 보았다.

따라서 부모와 교사의 역할을 중시하고 아동이 사물과 대상 그리고 환경에 관심을 가질 때 적극적으로 함께 참여함으로써 상호관계를 개선할 수 있다. 이러한 아동의 관심에 부모가 참여하게 될 때 의사소통촉진(facilitated communication)이 가능해지며 다른 사람과 더 많은 교류를 할 수 있다고 하였다.

자폐증에 관한 심인성 이론이 오랫동안 논박되어 왔다는 사실에도 불구하고, 틴베르젠과 벨취는 자폐증은 아동이 부모와 "유대관계"를 만드는 데 실패한 결과임을 단정했던 자신의 주장을 굽히지 않았다. 하지만 안아주기치료는 다소 인기를 끌었던 1980년대에는 그래도 주목을 받았지만, 오늘날 자폐증 치료에 거의 사용되고 있지 않다.

모아증진치료

사람들에게 자폐증이 주는 공통된 이미지는 그들의 폐쇄적이고 단절된 사회성이다. 그것은 아동 스스로 다른 사람이나 주변 환경을 회피하는 특징을 가지고 있기 때문이다. 이것이 후천적으로 자폐증이 심리적 원인 때문일 것으로 확고하게 단정하도록 하는 동기가 된다. 그리고 그것은 부모와의 정서적 유대감의 실패에 기인한다고 설명하고 있다.

부모가 자신의 자녀에게 덜 애정을 갖는 것이 아님에도 불구하고 자폐아동을 가진 부모는 한결같이 자녀의 문제를 부모의 양육문제로 돌리려고 한 것은 그만큼 부모의 양육이 자녀가 성장하는 데 정서 경험과 정서에 큰 영향을 미치는 환경이라는 인식 때문이다. 따라서 전문가들은 자폐증의 원인을 아동이 부모와의 정서적 유대감 결함에서 원인을 찾으려고 한다. 이러한 배경은 어린 시절 부모와 자녀간의 애정은 아동이 성장하는 데 정신과 행동 그리고 사회적 태도에 많은 영향을 미친다는 발달심리학적 근거를 고려한 것이다.

부모와의 애착은 유년기를 거쳐 아동기에 이르는 동안 자녀의 발달에 결정적 역할을 한다. 애착 이론은 1907년 영국에서 태어난 심리학자인 존 볼비가 제창한 이론이다. 20

대 초반 그는 도둑질을 해서 수용소에 수감된 청소년들을 만나면서 부모와의 애착의 문제가 문제의 근원일지 모른다는 생각을 하게 되었다. 이후 수감된 청소년 44명의 성장 과정을 조사하던 중 그들은 하나같이 유아 시절(0~3세)에 부모 특히, 엄마와 격리된 채 성장했음을 알게 되었다. 그들은 모두 돌봄이 박탈된 채 성장하였고 이로 인해 감정을 느끼지 못하는 아이로 자라게 된 공통점을 발견하게 되었다. 이 관찰을 근거로 부모와 애착관계를 형성하는 것이 아이의 정서와 사회성 발달에 커다란 영향을 미친다는 사실을 밝혀내었다.

이러한 일반적인 연구들의 배경은 자폐증 원인을 이해하는 데 영향을 미쳤으며 실제로 초기의 자폐증과 관련된 많은 연구들이 자녀와 부모의 정서적 관계에 초점을 두었다. 말러는 자폐아동들은 어머니와 사물을 구분하지 못하기 때문에 부모들과 정서적 유대감을 형성하지 못한다고 하였다(Mahler, 1952). 이러한 문제들로 인하여 외적 자극이나 내적 자극 모두로부터 위축되고 외부 세계나 정서적인 관계를 요하는 관계들로부터 닫혀있게 된다고 하였다. 여기에 베텔하임이 부모와 자녀간의 애정적 관계를 집중적으로 밝히려고 하였다. 그의 설명에 의하면, 영아기와 유아기 발달에는 좋은 어머니의 역할이 매우 중요하기 때문에 어머니와 아동 간의 관계는 매우 중요하고, 만일 이러한 관계에 문제가 있어 아동에게 상처를 주는 경우에는 아동을 구해 주어야 한다(Bettelheim, 1967, p.408). 따라서 베텔하임의 목적은 아동이 긍정적인 관계를 경험하도록 양육하고 아동이 자폐적인 행동을 그만둘 수 있을 정도의 편안함을 느끼도록 해 주는 것이다.

이들 연구의 결론은 자폐증으로 인해서 나타나는 장애특징은 "대인관계의 실패"이며 그 결과 "사회성 결여"라는 점이다. 그리고 자폐아동의 대인관계의 실패가 "정서발달의 결함"에 있다고 하였다. 이들의 연구는 결국 자폐아동의 정서적 결함이 부모와의 애정적 관계에 그 원인을 두고 있다. 이러한 관점은 또 다른 정신분석 연구를 통해서 설명하려고 하였다. 루텐베르그는 자폐증은 심리적 단계에서 발달을 방해하는 대상관계가 형성되었고 이로 인한 "정서발달의 장애"라고 하였다(Ruttenberg, 1971, p.148). 그가 주장하는 자폐아동의 무의식적 행동과 태도는 정신분석적 원인으로 보자면, 부모의 양육방식이나 성격이 자녀에게 영향을 미친 결과이다.

그 결과 부모의 이상성격 혹은 양육방식이 아동으로 하여금 자신의 세계를 일탈시키고 자신만의 세계를 확장시킨다. 이러한 원인 때문에 결국 다른 사람과의 접촉을 시도하지 않으며 정서적 교감을 나누지 않게 된다는 것이다. 이것은 자폐증의 정신분석적 원인론에 근거한다.

따라서 아동 양육 전문가들의 애정어린 양육과 접촉이 자폐아동을 처치하는 바람직한 방법이라고 하였다. 다시 한번 부모와의 유대감을 형성시킴으로써 자폐아동들은 자신과 다른 사람을 구분할 수 있게 되며, 자폐아동의 정서 및 자아 발달장애에서 벗어날 수 있게 한다고 하였다. 그러나 지금까지 많은 연구에서 부모와의 유대감의 증진을 통해서 자폐증으로부터 벗어난 경우가 없다. 또한 부모와 아이의 유대감 증진을 통해서 더 나은 교감을 갖게 하거나 바람직한 정서 행동의 변화를 주지 않았다. 오히려 자폐아동이 부모와의 정서적 유대감을 잘못 받아들임으로써 부적절한 행동이나 정서적 반응을 초래하였다.

이와 같이 잘못된 관점에 따른 결과가 오히려 심각한 행동장애를 촉진시킨다는 점을 주장하며 슈레이브만은 과거에 우리가 자폐증의 병인론과 치료의 근거를 정신분석치료 혹은 정신역동적 이론에 두면서 얼마나 많은 시간을 허비했는지를 반성해야 할 것이라고 지적했다. 더구나 과학적 방법을 통해 자폐아동의 정신분석치료의 효과가 없다는 결론 이후에도 계속해서 잘못된 개념을 추종한다면 중대한 손실이 야기될 수 있으며, 그러한 착오가 자폐아동의 치료교육 가능성의 미래에 대한 진실을 왜곡시킬 수 있다고 했다(Schreibman, 2005).

슈레이브만과 그를 따르는 많은 학자들이 정신분석 이해와 방법에 대해 반박했다. 특히 루터는 정신분석적 이론과 방법은 애초에 과학적 근거가 없으며, 오히려 신비스럽고 미신적인 방법을 초래할 수 있다고 강력하게 문제를 제기하였다(Rutter, 1967). 이후에 연구에서도 정신분석적 이론과 방법에 근본적으로 잘못되었다는 보고가 있었다. 즉, 자폐증이 부모와의 애정관계의 결함이나 결손 때문이 아니라는 연구가 계속 발표되었고 이에 따른 자폐아동의 정신분석적 이해에 문제를 제기하였다(Rutter & Bartak, 1971). 더 나아가 직접 부모를 면담하고 자폐아동을 관찰한 연구가 있다. 심지어는 여러 가지 부모의 인성검사를 통해서 부모와의 상호작용의 강도와 빈도 그리고 가족 상호작용의 질, 어머니와 아동 간의 상호작용의 유형과 정도에 관한 연구가 오랜 시간을 두고 진행되었다. 그 결과 부모와 아동 간의 애정관계 결함이나 결손이 자폐증의 유발과 상관이 없음을 보여 주었다. 이 연구 결과들은 자폐증의 정신분석론 연구에 결정적 타격을 주었다(Cantwell, Baker, Rutter, 1979).

직감중심의 치료

직감중심의 치료(insight-oriented therapy)는 심리적 역동성을 찾아내려는 직감중심의 접근 방법이다. 이 중재 방법이 일반적으로 사용되지는 않지만, 최근까지도 많은 자폐아동들에게 적용되고 있다. 이 중재 방법은 어느 정도 언어사용이 가능한 경우를 전제하고 있다.

중재 과정에서 대화를 통해서 아동이 지니고 있는 정서적 상태와 요구 혹은 바람 등을 찾아낸다. 물론, 아동이 제대로 말을 하지 못한다고 하더라도 전반적 상황에서 종합하여 그들이 바라는 요구와 정서적 욕구를 찾아 성취하도록 돕는 것이다. 그러므로 치료교사는 오랜 시간 동안 관찰을 통해 아동의 행동과 언어를 면밀히 관찰해야 하며 치료교육 계획을 세우고 적용한다.

말을 유창하게 못하는 한계점을 고려하여 그들이 요구와 바람을 찾아 적절하게 대처하고 도움을 주는 것으로 자폐아동이 스스로 상황을 파악하고 다른 사람의 요구에 순응하거나 상호간에 의사전달이 되는 것은 아니다. 더욱이 이 과정을 통해서 서로의 생각을 전달하고 이해를 돕는 것은 어렵다.

한편으로 직감중심의 치료는 대화를 통해서 이해를 시키고 스스로 자신의 문제를 찾도록 돕는다. 직감중심의 치료는 오랜 경험이 요구되며, 자폐아동은 상호 신뢰를 쌓은 치료 전문가와 일대일 상담을 통하여 부적절한 행동을 바람직한 행동으로 이끌도록 도움을 받을 수 있다고 본다. 그러나 자폐아동 치료교육의 임상적 경험이 없더라도 일상에서 자폐아동을 만난 경험이 있는 경우라면, 자폐아동이 가지고 있는 인지, 언어, 사회발달이 얼마나 심각한지를 알 수 있다. 이들의 특징은 사회적 관계와 상호작용이 어려울뿐더러 다른 사람의 말을 이해하지 못하는 것이다. 이러한 발달의 결함은 다른 사람과 대화를 통해서 이해시키거나 스스로 자신의 문제를 찾게 한다는 것은 극히 어려운 일이다.

자폐아동이 어느 정도 말을 한다고 하더라도 일상적인 언어이해가 가능할 뿐, 대화에서 상호간의 이해와 판단이 가능하지 않다. 따라서 직감중심의 치료는 자폐아동이 어느 정도 말을 할 수 있어야 하며, 또한 언어이해가 가능해야 한다는 조건이 있지만, 실제로 드문 경우에 해당한다. 수준 높은 언어를 가진 자폐아동을 대상으로 한다는 점에서 매우 제한되어 있으며, 치료전문가의 직감적 개입이 요구되기 때문에 실제로 교육현장에서 적용하는 데 어려움이 뒤따른다.

예술감성치료: 무의식적 감성 찾기?

심리적 퇴행과 교착으로부터 벗어나기 위한 방법이 예술감성치료이다. 부모뿐만 아니라, 전문가들 중에도 자폐증이 심리적 원인에 기인한다는 기본적인 인식이 내면에 깊이 자리 잡고 있다. 그래서 대부분 자폐아동의 문제를 전적으로 개인 혹은 환경의 심리적 상태에서 찾으려고 한다. 그래서 후천적으로 심리적 결함으로 인해 자폐증이 유발된다는 입장에 있는 전문가들은 자연스럽게 자폐증을 "닫혀진 마음" 혹은 "마음의 고립"과 같은 폐쇄적인 세계와 무의식적 세계에 처해진 상태의 병리적 문제라고 생각한다.

또한 이들 전문가들은 교육 현장에서의 자폐아동의 무의식의 세계를 어떻게 의식의 세계로 이끌어 낼 수 있는지에 관심을 갖게 되었다. 이러한 방편으로 자폐아동 치료교육에 적용되는 것이 예술치료이다. 예술심리치료는 여러 장르의 예술에 현대 심리학이 적용된 심리치료법이다. 지난 20년간 예술과 의학적 치료간의 관련성에 대한 연구가 지속되어 왔으며 이러한 관심은 "예술치료"의 분야로 발전하였다(Maichiodi, 2000).

예술치료의 주요 관심은 아동의 정서발달에 초점을 두고 있다. 아동은 본성적으로 성장하면서 정서에 미칠 감성을 가지고 있다. 이러한 정서적 감성은 발달과정에서 아동의 성격에 영향을 미친다. 이에 따르면, 유아의 첫 3년 동안에 성인기까지 영향을 미칠 성격특성이나 심리적인 문제의 요인이 형성될 결정적 시기가 된다. 따라서 심리치료는 유아기에 발생되는 여러 가지 심리적 퇴행 또는 교착상태를 찾아내고 지속해서 성장할 수 있도록 돕는 것이다. 따라서 예술심리치료는 발달심리적으로 유아의 첫 3년 동안에 유아에게 나타나는 다양한 심리적 문제들이 언어 사용 이전의 단계(pre-verval stage)에서의 경험을 중요시 여기고 있다. 이것은 자폐증이 3세 이전에 유발된다는 병리적 특성과도 맞물려 있기 때문에 정서발달의 결정적 시기에 정서의 부적절한 경험이 자폐증을 유발한다는 강력한 근거로 제시하기도 한다.[40)]

예술치료는 단순히 정서발달을 집중하는 것은 아니다. 인지, 언어, 사회발달에도 영향을 미친다. 하지만 자폐증의 치료교육의 적용에 가장 큰 목적과 출발점은 정서발달이다. 자폐아동의 치료교육 접근 방법으로는 무용치료, 음악치료, 미술치료, 연극치료가 있다.

예술치료를 목적으로 하는 대표적인 장르는 연극, 무용, 음악, 미술 등으로 심리적인 것과 정서적인, 혹은 신체적인 문제를 회복시킨다. 예술치료에는 연극치료, 무용・동작 심리치료, 음악치료, 미술치료, 심리극, 시치료, 표현예술치료, 통합예술치료 방법 등이 있다. 연극치료(drama therapy)는 드라마(drama)와 연극(theater)의 방법이 있다. 각 단계에서는 감각(sensory level), 상징적인 동작(motor level), 리듬(kinestetic level), 색상

40) 자폐증이 후천적인 요인에 의한 것이라고 끊임없이 제기하는 이유는 자폐증의 유발시기와 관련되어 있다. 자폐증의 발달병리적 원인에 의하면, 대체적으로 자폐아동이 정상적으로 성장하다가 3세 이전에 나타난다. 이것은 어떤 환경의 요소와도 상관이 없다. 물론, 3세 이전에 아주 어린 시기에 나타나는 경우에는 본래부터 자폐증의 특징이 있는 것으로 알게 되지만, 거의 3세 가까이 되어서 나타날 경우에는 후천적으로 자폐증이 유발된다는 오해를 갖게 한다.

대체로 3세 전후의 시기는 아동발달에 있어 다양한 환경 자극에 노출되어 있고 또한 영향을 받는다는 기존의 아동심리의 연구들이 있지만, 자폐증의 발달병리학적 관점에서 보면, 이미 자폐증은 처음부터 혹은 3세에 이르기까지 성장하면서 나타나는 것이다. 이러한 자폐증의 병리적 특징을 배제하고 단지, 일반 아동의 정서발달과 그 영향을 자폐증의 원인으로 해석하는 것은 잘못이다.

과 문양(symbolic level)을 이용하는 방법과 같은 비언어 차원에서 심리적인 문제에 접근을 시도한다(김진숙, 1992).

표현예술치료란 문제를 지닌 내담자의 내적인 과제를 해결하고 도움을 주는 데 있다. 개인의 신체, 정서, 인지를 통합하기 위하여 복합모형의 예술과정들을 사용하는 일련의 표현예술과 심리치료를 통합한 것이다. 이 치료 방법은 문제를 가진 내담자는 심리적 갈등을 신체 행위를 통해서 문제를 드러내도록 한다. 이와 유사한 방법으로 퍼포먼스는 현재 자신이 느끼는 것, 자신이 필요로 하는 것, 자신의 신체가 하는 이야기를 듣고 자신의 문제를 발견하는 것, 그리고 정확하게 자신을 만나고 변화와 성장을 위한 것이다. 이 방법은 즉흥적으로 진행되며 자신이 직접적으로 느끼는 것과 요구하는 것들을 아무런 사전 계획 없이 드러내는 방법이다. 따라서 형식을 벗어나 주어진 주제에 따라 진행되고 어떠한 제한도 없고 어떠한 구조도 없이 표현된다.

음악치료

자폐증의 치료 방법으로서 음악치료(music therapy)는 자폐아동의 폐쇄적이고 고립된 행동 및 사회 태도를 개방하고 심리적 상태를 일반아동과 교류할 수 있도록 이완시키기 위한 것이다. 그리고 음악적 접근은 자폐아동의 의식뿐만 아니라, 정서적 자극을 유도함으로써 폐쇄적인 행동과 태도를 개방시키는 것이다. 따라서 음악치료는 그들이 무엇엔가 관심을 갖도록 하고 음악은 그들의 정서적 혹은 다른 세계에 대한 관심을 이끄는 데 중요한 역할을 한다고 믿는다.

미국 음악치료협회(American Music Therapy Association)에 따르면, 음악치료는 정신과 신체 건강을 복원 유지시키며 향상시키며 치료과정에서 치료 대상자의 행동을 바람직한 방향으로 변화시키기 위한 것이다. 그리고 치료를 받는 개인은 자신의 주변 세계를 이해하고 사회에 적응할 수 있도록 도와준다. 또한 다로우와 그의 동료들은 음악이 신체적 활동성을 돕고 다양한 환경과 접촉을 통해 다른 사람과 사회적 관계를 형성시키고 의사소통을 촉진시킨다고 하였다(Darrow, Gibbons, & Heller, 1985). 이 과정에서 자신의 감정을 표출함으로써 내적 동기를 부여한다. 이러한 관점은 부르치아에 의해서도 주장되었다. 그에 의하면, 음악치료는 음악치료 과정에서 치료사는 언어적 비언어적 자기표현, 상호관계, 의사소통, 동기부여, 감정이입 등의 기회를 제공하며 신체적, 정신적 건강의 회복을 돕는다(Bruscia, 1989).

그러나 음악치료가 자폐아동에게 적용되었을 때, 실제로 자폐적 증상을 호전시키거나 치료에 영향을 미치는 것일까? 우리의 생각과 달리 음악이 자폐아동의 정서적 자극을 통해서 무관심으로부터 관심과 무의식의 세계에서 의식의 세계로 이끄는 것은 아니다. 또한 자폐아동이 음악을 통해서 자신의 세계에 대해 의식하고 관심을 갖게 되는 것도 아니다. 자폐아동은 여전히 자신이 악기에 대한 그리고 악기를 자신의 방식으로 다루는 행위에 관심을 갖고 있을 뿐이다. 그것은 자폐증에서 나타나는 또 하나의 형식에 집착하는 행동일 뿐이다. 그리고 그것은 자신의 세계를 악기를 다루는 방식으로 은폐시키는 것이다.

우리의 관심은 음악치료가 자폐아동의 장애를 치료하는 데 도움을 줄 수 있는지의 여부이다. 그리고 치료효과가 있다면, 어떻게 일정 순준으로 이끌 수 있는지의 여부이다. 음악치료가 자폐아동의 인지, 언어, 사회 및 행동 영역에 실제로 영향을 미치는지의 여부는 불확실하다. 물론, 어느 정도 효과가 있었고 또한 과거에 비해 좋은 변화를 가져왔을지는 모른다. 그러나 음악치료가 자폐아동의 병리적 장애를 극복하는 데 직접적으로 도움을 주지는 않는다. 또한 음악치료를 통해서 자폐증아동이 자신의 내면에 내재되어 있는 갈등을 소거시킴으로써 폐쇄된 자기 세계에서 벗어났다는 명확한 근거도 없다.

애초부터 자폐아동의 장애 원인이 심인성 때문이 아니라는 점을 고려해야 한다. 자폐아동이 정서적 환경이나 영향 때문에 고립되거나 그로 인해서 사회적 상호작용의 결함이나 자기표현의 제한 내면 갈등에 의해 현실을 일탈하는 것도 아니다. 그러한 점에서 음악치료의 목적대로 음악치료가 자폐아동의 자기인식과 내면의 갈등 해결, 정서적 이완, 자기표현 증가, 대인관계 변화, 현실인식, 정서적인 상처 치료, 인지적 구조 변화, 영적인 성장, 통찰력 증가를 위한 노력이 자폐증을 회복하는 데 직접적으로 관여하지 않는다.

연극치료

연극이 자폐증 장애를 극복시킬 수 있을까? 많은 사람들은 연극을 통해서 자폐아동의 무의식적 억압에서 개방되고 다른 사람과의 정서적 교감이 가능하게 될 것으로 기대하고 있다. 그러한 이유는 연극치료의 목적이 자폐아동 치료교육의 목적과 어느 정도 부합되기 때문이다.

연극치료는 개인에게 내재되어 있는 심리적 갈등과 문제를 현실상황에 드러냄으로써 정화시키고 건강한 정신으로 이끌 수 있다는 것이다. 따라서 연극치료의 방법은 직접 사람들과의 접촉을 통해서 자신의 심리적 상태와 기분을 드러냄으로써 억압되고 폐쇄적인 마음 상태를 정화하도록 한다. 이 과정은 개인의 내적 경험의 심층부분을 생생하게 드러낼 뿐만 아니라, 사회 및 정서의 대인관계 기술도 향상될 수 있다고 본다. 연극치료의 결과, 개인 자신의 삶의 역할을 이해하고 생활에서 수행 능력들을 강화시킨다(National Association for Drama Therapy; NADT).

연극치료의 방법 중의 하나인 사이코드라마(psychodrama)는 정신과 의사인 모레노(Moreno)가 창안한 심리치료법이다. 특별히 계획된 연극과정을 통해 행위의 방식들을 통해 과거, 현재, 미래의 삶에서 일어나는 일들을 체험하게 한다. 이 방법은 개인이 가지고 있는 갈등과 문제 해답을 연기하는 과정에서 발견하고 객관적으로 자신의 현실을 올바로 통찰함으로써 행동과 생활의 변화를 유도한다. 따라서 연극치료는 연극과 드라마를 통해 심리 및 정신적 문제를 치료하는 과정으로 개인의 내면에 억제되어 있던 자신의 정서를 드러냄으로써 심리적 장애를 극복하거나 심리적 결함에 따른 여러 가지 정신적 문제를 해결하는 데 연극치료가 중요한 역할을 한다(Sue Jennings, 1998).

실질적으로 연극치료의 모태가 된 것은 렌디에 의해서였다(Landy, 2002, p.29). 그는 연극이 인생과정을 드라마틱하게 전개시킬 수 있으며, 그 과정에 인간의 삶의 과정을 투사할 수 있다고 하였다. 또한 연극은 언어, 행동으로 표현하는 방법을 통해서 개인이 갈등관계의 인생에서 새로운 경험을 하고 스스로 문제를 찾고 해결할 수 있는 방법을 찾음으로써 자신에게 처해 있는 세계를 이해하고 삶을 새로운 시각으로 인지하고 스스로 심리적 상태를 변화시키도록 도와주는 것이라 하였다.

연극이 주는 효과에도 불구하고 실제로 연극이 자폐아동에게 적용 가능한 것인지에 대해서는 많은 의문이 남는다. 왜냐하면, 자폐아동의 장애 특징상 대인과의 사회적 상호작용과 그에 따른 사회적 언어 활용이 어렵기 때문이다. 만약에 자폐아동이 연극치료를 통해서 이들 아동에게 다른 사람과의 상호관계를 갖기 위한 방법이나 기술을 습득하게 한다면, 현재보다 더 좋은 사회적 태도를 형성할 수 있을 것이다. 뿐만 아니라, 이 과정에서 아동은 자연스럽게 사회적 언어 활용이 점차 증가될 것이다. 그리고 자신에게 당면한 다양한 문제와 사건을 해결하는 능력이 형성될 것이다. 이러한 가정 하에 연극치료는 자폐아동 치료 방법 중에 하나가 될 수 있다.

연극치료는 자폐아동의 심리적 장애를 극복하는 데 목적을 두었음에도 불구하고 자폐아동의 병리적 문제를 극복했다는 사례는 없다. 더구나 연극치료가 자폐증 치료교육에 적용되기 위해서는 자폐아동이 다른 사람의 언어를 이해하고 어느 정도 자신의 감정이나 생각의 표현이 가능해야 한다. 하지만 대부분의 자폐아동은 인지, 언어, 사회발달 영역에 심각한 장애가 있기 때문에 언어를 이해하고 구사할 수 있는 경우는 매우 드물기 때문에 연극치료가 직접적으로 적용되기는 제한이 있다. 그럼에도 불구하고 연극치료는 그 성격이나 효과에 대한 결과를 고려하면, 자폐아동 치료교육에 적용하는 데 매우 매력적인 접근 방법임에는 틀림없는 것 같다.

미술치료

미술치료 용어는 1961년「예술치료협회 회보(Bulletin of Art Therapy)」의 편집자인 울만(Ulman)이 창간호에서 처음 사용한 그 이후에 미술치료(art therapy)는 교육, 재활, 정신치료 등 다양한 분야에서 널리 적용되었다. 이렇게 다양한 영역에 적용된 미술치료는 시각 예술을 통해 인격의 통합 혹은 재통합을 돕기 위한 방법이 되었다(선복희, 2001: 재인용).

미술치료가 자폐증 장애를 개선할 수 있는 단서는 심리적인 요인에서 찾는다. 예를 들어, 미술 활동을 통해 감정이입과 생각을 표현할 수 없었던 내면세계를 표현하게 함으로써 정서 이완과 감정적 스트레스를 완화시키는 방법이다. 자폐증 장애의 특징상 장애아동은 내면의 심리적 문제를 가지고 있다고 보는 미술치료는 인간 내면의 갈등이 장애를 유발할 수 있다고 전제하고, 내면의 감춰져 있는 인간의 심리적 세계를 회복함으로써 내면의 갈등을 통제하고 해결할 수 있다고 본다. 따라서 미술활동을 통해 내면에 담겨 있는 원초적 갈등을 드러내고 해석함으로써 개인의 심리적 문제를 찾아 스스로 문제를 해결하도록 도울 수 있다. 이러한 견해는 미술치료가 개인이 내면적 자기표현을 통해 인간의 잠재력과 성장능력을 발견하게 되며, 표현을 통한 성찰경험에 의해 자기 본성을 회복하게 되고 마음의 병을 예방할 수 있다는 데 근거를 두고 있다(Waller, 1991).

미술치료는 발달상에 장애를 가진 아동들에게 적용될 수 있다고 본다. 미술치료는 아동의 그림 그리기를 통해서 자유롭게 내면세계를 표출함으로써 마음의 상태를 이해하고 그에 따른 치료를 구상할 수 있다. 언어치료는 다양한 장애아동에게 적용되는데 특히, 언어적 표현능력이 부족한 아동의 심리적 문제를 이해하고 치료하는 데 도움을 준다(Wadeson, 1980). 아동 자신이 생각하는 것들 혹은 이미지로 떠올리는 것들을 언어로 표현하게 함으로써 창의적인 언어를 유발할 수 있게 한다. 그러한 점에서 와드슨은 미술치료에서의 미술활동의 언어적 기능은 "이미지 표현" "비언어적 표현" "사고와 감정 표현" "의사소통 수단"이라고 하였다.

와드슨의 설명에 의하면, 언어로 표현하기 이전에 자신이 표현하고자 하였던 언어가 내면에 이미지화되어 있기 때문에 드러나지 않는 내재된 언어를 미술행위 과정을 통해서 그림과 같은 이미지화된 언어로 표출할 수 있다는 것이다. 따라서 이미지화된 언어는 미술이라는 비언어적 수단이기 때문에 일상에서 직접적으로 대면해야 하는 심리적 갈등을 감소시킬 수 있다는 것이다. 이 과정을 통해서 미술표현이 편협되고 고립된 사고 및 감정을 객관화하도록 중재한다고 보았다.

그러면 과연 미술치료가 자폐증상을 호전시키는 데 도움이 되는 것일까? 지금까지 설명되어 왔던 것같이 미술치료의 행위적 결과가 아동의 정서와 언어 그리고 정신에 많은 영향을 미칠 수 있지만, 자폐증 병리의 근본적인 문제를 감안해 볼 때 자폐증은 정서 문제이거나 혹은 심리적으로 자기억압이나 무의식적으로 내재되어 있는 갈등에 의해 나타나는 것이 아니다. 그러한 점에서 과연 미술치료가 자폐증의 문제를 해결할 수 있는 수단이 될 수 있는지에 대해서는 불분명하다.

따라서 자폐아동에게 미술치료가 주는 효과는 어디까지나 부수적인 변화일 뿐이다. 미술치료가 정서적 결함을 가진 개인에게 많은 치료효과를 기대하는 것은 틀림없지만, 자폐아동에게는 그렇게 좋은 결과를 얻게 하는 것 같지는 않다. 그리고 미술치료가 자폐아동의 치료교육 과정에서 자폐증을 회복시키는 데 무엇을 어떻게 도움을 주었는지에 관한 구체적인 결과를 얻지 못하고 있다.

무용 · 동작치료

몸의 동작을 통해 혹은 무용을 통해 자신의 내면세계를 드러냄으로써 억압되고 표현되지 못한 갈등을 드러낸다. 이것이 무용과 동작치료의 과정이다. 무용에서 몸의 움직임은 신체적 동작이 아니라, 마음에서 드러나는 정서, 인지, 사회의 의식이다. 그리고 무용과 동작은 개인에게 내재되어 있는 욕구를 표현할 수 있다. 그러한 점에서 무용 · 동작치료(dance · movement therapy)는 개인의 정서적, 인지적, 사회적, 신체적 통합을 촉진하는 하나의 과정으로서 신체의 활동을 통해 심리 및 정신적 문제를 회복시킨다고 보고 있다. 따라서 무용이 인간의 불완전한 정서와 은폐되거나 억압된 내면세계를 이끌어낼 수 있다. 따라서 신체 움직임의 표현의 다양한 방법이 사용될 수 있다고 믿는다. 그리고 미술치료는 인간의 내면의 세계를 신체적 언어로 표현하는 과정에서 내면에 지닌 다양한 심리적 갈등을 찾아 보다 적극적으로 문제해결할 수 있다고 본다.

무용과 동작치료는 내면의 감정과 의식을 드러낼 뿐만 아니라, 다른 사람과의 의사소통에도 영향을 미친다. 몸과 마음이 지속적인 상호작용 상태에 있다는 가정에 그 기본개념을 두고 있다(Schoop, 1974, p.44). 따라서 춤은 단지 동작표현에 그치지 않으며 개인의 심리상태 혹은 정서적 표현뿐만 아니라, 다른 사람과의 상호관계를 촉진한다. 그러한 점에서 춤은 신체를 사용하는 동시에 인간과 인간 사이의 의사소통의 수단인 정신역동적 특성과 문화적 의미, 사회적 성격 등을 지니고 있는 것으로 정신장애의 재활치료에 활용될 수 있다(Elizabeth Rosen, 1957). 따라서 무용치료는 몸과 마음의 소통은 내재되어 있던 갈등을 순화시키고 더 적극적으로 환경에 참여할 수 있도록 하게 된다고 본다. 그리고 환경과 사회적응은 그러한 신체표현을 통해서 정신까지 영향을 주게 됨으로써 가능해진다고 보는 것이다.

무용·동작치료는 다음의 세 가지 범주 안에서 이루어진다. 첫째는 신체적 자아의 수용과 이해를 통해 자아개념을 향상시키는 것, 둘째는 신체적, 심리적으로 공유된 상태가 비언어적 의사소통을 촉발함으로써 개인 간의 관계를 촉진하는 것, 셋째는 창조적 표현과정으로서 상상력을 유발하여 새로운 심리적 상태를 이끄는 것이다(박현옥, 1996). 이러한 무용·동작치료의 특징에 관한 요소로는 "신체상(body image), 근육의 긴장과 이완(musclar tension and relaxation), 근육운동(kinesthesis)의 자각, 표현적인 움직임(expeessive movement)"이다(류분순, 1998).

자폐증이란 단어는 처음부터 은유적으로 사용하기도 하고 때로 사람들에게 생소하고 신비스러운 존재를 설명하는 개념으로 적용하기도 했다. "깨어나지 않는 꿈속에 있는 아이" "세상을 의식하지 않는 전혀 다른 세계에 존재하는 아이" 쯤으로 생각되었다. 병리적 원인과 상관없이 자폐증은 그렇게 사람들의 의식 속에서 떠도는 개념들이었다. 그래서 사람들에게 자폐아동은 몸과 마음의 작용이 통합되지 않는 아이 그리고 무의식 속에 잠겨 있는 아이였다. 그렇기 때문에 잠을 깨우듯 예술치료는 자폐아동의 감각을 일깨우는 것이다. 이것의 배경은 예술치료가 갖고 있는 기능과 효과 때문이다.

자폐아동의 외현적 특징으로 갑작스러운 분노와 울음 그리고 조절되지 않는 중얼거림 등은 무언가 감각이 통합되지 않는 듯하다. 대체적으로 자폐아동은 특정한 것에 불안을 느끼기도 하고 아무도 관여하지 않았음에도 불구하고 분노를 표현하다. 때로 우울한 상태가 지속되기도 한다. 대체로 자폐아동은 무표정하며 감각적으로 둔한감이 있다.

춤이 가지는 기능이 자폐증적 특징을 호전시키는 데 매우 적합한 것처럼 보이지만, 자폐증은 본래 그러한 심리적 정체와 억압 그로 인한 불안과 분노, 우울과는 관련이 없다. 무용과 동작치료가 자폐증 치료에 결정적인 역할을 하는 것도 아니며 그렇다고 자폐증 치료에 영향 미치는 것은 아니다. 무용과 동작치료가 자폐증으로 인한 몇 가지 특징과 상태를 호전시키고 변화시켰다고 하더라도 그것은 일반적인 행동이나 관계의 호전과 변화일 수 있으나, 자폐증 치료에 영향을 미쳤다고 볼 수 없다.

감각치료: 보고 듣고 느끼면서 생각하기?

수많은 자폐증 치료를 경험한 후에 별다른 효과를 얻지 못하고 그 결과에 대해서 불확실해질 때 비로소 부모와 전문가들은 자폐아동의 교육문제에 대해 심각성을 알게 된다. 단지, 가르쳐서 좋아지는 것이 아니라는 것과 나이가 들면서 점차 증상이 나아지는 것도 아니라는 것을 알게 된다. 부모 입장에서는 자녀가 무언가 좋아지고 있는 듯하지만, 여전히 자녀의 상태는 더 이상 진전이 없다.

그래서 부모는 자녀가 환경의 변화에 대해 좀 더 민감해지고 다양한 자극에 좀 더 즉각적으로 반응하기를 원한다. 만약에 자녀가 감각정보에 민감하고 즉각적이게 된다면, 지금까지 항상 몰입하고 집착하는 행동으로부터 빠져나올 수 있다고 가정한다. 가정에서의 부모와 치료교육 현장에서의 교사는 자녀를 "단단한 호두 안에 갇힌 아이" 혹은 "자기세계에 빠진 아이"로 은유적으로 해석하는 경향이 있다. 그래서 부모와 교사의 입장에서는 자녀가 자극에 즉각적으로 반응하는 것이 치료교육의 주요한 과제가 된다. 아동이 다른 사람의 요구나 상황에서 일어나는 어떤 사건에 즉각적으로 반응하고 대처하기를 바란다.

그러한 점에서 "감각치료"는 자폐증을 치료하는 기발한 아이디어다. 모든 치료교육이 항상 그럴듯한 것은 항상 그럴듯한 배경과 설명이 뒤따르는 것처럼 감각치료 또한 나름의 이론적 바탕이 있다. 자폐아동에게 감각치료를 시도하려고 하는 가장 큰 이유 중에 하나는 결국, 자폐증에 의해 나타나는 자폐아동의 폐쇄성과 둔감성 때문일 것이다. 그러므로 감각치료를 적용하는 그들의 임무는 외부환경에 반응하지 않는 아이들이며 동시에 그들의 세계에 접근하기가 무척 어려운 아이들에게 어떤 자극에 반응하게 하고 자신의 또 다른 의식세계에서 현실로 되돌아오도록 하는 것이 급선무일지 모른다.

외부세계의 자극과 세계에 대해 반응하지 않는 아이들에게 필요한 것은 "감각-자극"이며 그것은 "신체-자극"과 "신체-운동" 혹은 이 과정에서 얻게 되는 "신체-지각"과 "운동-지각"을 기대한다. 이와 같은 활동과정을 통해 자폐아동은 조금씩 그들의 세계를 열게 될 것이고 현실로 회귀할 가능성이 있을 것으로 가설을 마련한다. 이들 가설은 특정한 방법을 통해서 "시각"과 "청각" 그리고 "감각"을 회복시킬 경우, 자폐증의 근본적 문제를 조금씩 해결할 수 있다는 것이다. 그리고 이 과정에서 "운동지각훈련"이라는 상당히 개선된 방식의 치료 과정을 만들어 놓았다.

시각치료

자폐아동은 다른 사람과 눈을 잘 마주치지 않거나 사물의 특정한 무문에 심중하는 것, 사물을 보더라도 전반적으로 시선을 두지 않는 것, 혹은 눈을 곁눈질하는 듯한 행동상의 증상과 특징이 자폐아동의 학습과 태도 그리고 생활 전반에 걸쳐 다양한 증상적 문제로 나타난다. 그들의 시각의 범주는 매우 제한되어 있으며, 동시에 그들의 의식 또한 제한적이다. 주의가 산만하고 종종 자기몰입을 한다. 본래 자폐아동은 주의가 산만하게 주의범주가 극히 제한되어 있다. 그래서 치료교육을 통해 자폐아동의 시각적 범주를 활성화시키는 것은 매우 중요한 것 같다. 그래서 몇몇 전문가들은 시각적 기능의 회복이 자폐아동의 주의발달에 도움을 줄 수 있다고 믿었다. 시각치료는 이렇게 해서 등장했다.

시각치료(vision therapies)는 손과 눈 사이의 협응을 개선시켜 주는 운동을 하면 학습이 개선될 수 있다는 아이디어에 근거하고 있다. 시각치료는 읽기장애(reading disability)가 시각계통의 어떤 결함 때문에 일어난다고 가정하고 있다. 그래서 눈과 뇌의 신체적 관계를 조절하는 치료로서 읽기와 학습에 장애를 일으키는 눈 처짐과 사시 혹은 영상 교차 시각과 시각적 집중의 장애를 치료한다. 심지어 자폐아동이 옆으로 보는 듯한 기묘한 시선을 발견하게 되는데 이러한 특징은 마치 사시와 유사하다. 그래서 부모들이 종종 안과를 찾게 되는데 병원에서조차 "사시"로 진단받는 경우가 더러 있다. 이렇게 해서 시각치료의 또 다른 방식으로 이들 아동에게 특별히 제작된 안경을 착용하기를 권한다.

시각치료의 과정은 시각-운동-감각통합훈련(visual-motor-sensory integration training)을 집중적으로 하도록 고안되어 있다. 시각치료 프로그램의 첫 단계는 포괄적인 시각검사를 한다. 평가를 통해서 작업을 통해 적절히 호전될 수 있는지의 여부를 확인한 후에 치료를 시도한다. 특별한 방식의 절차에 따라 훈련하도록 시각 프로그램으로서 의사의 제시에 따라 진행되며 개개의 환자의 요구에 따라 맞춤형식으로 진행된다. 일주일 혹은 이 주일마다 1회에 1시간 30분 정도 진행되지만, 필요에 따라 치료실 이외에 가정에서 훈련을 보충한다. 이것을 강화과제라고 한다. 이렇게 함으로써 아동은 시각기술과 능력을 발달시키며 동시에 시각적 안정과 능력을 증진시킨다.

하지만, 안구 근육의 결함이 결코 난독증(dyslexia)으로 인한 학습장애를 일으키지 않는다는 점을 지적한 미국 소아과학회와 안과학회(American Academy of Ophthalmology)는 이 방법을 비판하였다. 실제적으로 난독증은 빼먹고 읽기, 잘못된 단어로 대치, 이해의 장해 등을 특징으로 하는 읽기장애(reading disorder)이다. 그리고 지적장애나, 학교교육의 결핍 또는 뇌손상 때문에 생기는 것이 아니다. 시각치료는 회상 후 스트레스, 공포증, 학습장애, 그리고 다른 정신과 정서 문제에 대한 치료법이라고 할뿐만 아니라, 자폐아동의 치료교육에 효과가 있다고 홍보하고 있다.

시각치료가 자폐증 치료에 적용되는 이유가 자폐아동의 주의발달의 결손과 관련 주의태도의 문제 혹은 언어발달상의 결손과 그에 따른 학습장애에 근거를 두고 있다. 그러한 점에서 이렇다 할 자폐증 치료교육이 없는 가운데 시각치료는 자폐아동을 가진 부모와 치료교육에 종사하는 교사들에게 흥미로운 제안으로 설득했다. 그러나 시각기능의 결손과 자폐증은 아무런 상관이 없다. 자폐아동의 시각기능은 어떤 원인에 의한 증상적 특징일 뿐이다. 그럼에도 불구하고 시각치료가 아직도 일부 추종자들에 의해 유시

되고 있는 것은 자폐증 치료교육의 부재에 따른 절박한 상황을 보여 주는 것이다.

청각통합

실제 자폐아동의 임상치료교육 경험이 없이 교과서적 지식만을 습득했다면, 자폐증에 관한 문제들을 잘못 판단할 수 있으며 그것이 잘못된 치료 방법을 선택하게 하는 원인이 된다. 청각통합치료(auditory integration therapy; AIT)의 방법을 추종하는 사람들은 자폐증에서 나타나는 감각 비정상성을 치료하는 것이 자폐증상을 감소시키도록 도울 뿐 아니라, 아동의 의사소통과 사회적 기술의 습득을 촉진할 수 있다고 제안해 왔다. 그러므로 아동의 비정상적 청각 민감성을 감소시키는 것이 자폐증의 증상을 완화하고 이로 인해 나타나는 암암리에 광범위한 문제행동들을 개선할 수 있다고 본다.[41)]

AIT는 프랑스 안시 출신의 이비인후과 의사 베라드(Guy Berard)에 의해 개발되었다. 베라드는 본래 청력 상실이나 왜곡(distortion)과 같은 청각장애를 개선시키기 위해 이 치료법을 개발했으나, 청력과 청각 처리과정에서의 어려움이 행동장애와 학습장애를 유발할 수 있다고 하였다. 청각 처리과정에서의 장애가 자폐증 사례에서도 자주 나타나므로, 청각장애를 치료하기 위해 고안된 AIT가 자폐증 사례에도 도움이 될 수 있다는 생각을 하게 되었다. 실제로 베라드는 자폐증상이 소리에 대한 과민감성에서 유발된 회피반응이라고 생각했다. 따라서 AIT의 목표는 소리의 어떤 측면에 과잉 혹은 과소민감성을 보이는 사람의 듣기 능력을 "정상화"하는 것이다.

AIT 요법을 시작할 때, 임상가는 가장 먼저 아동의 청력도(audiogram)를 확인한다. 청력도는 데시벨(dB)에 따른 상이한 음주파수(Hz)에 대한 개인의 민감성을 그래픽으로 보여 주는 것이다. 임상가는 아동의 청력도를 보면서 치료에 사용하기 위해 녹음된 음악을 특수한 방비를 통해서 아동에게 들려준다. AIT에 이용되는 음악은 일반적으로 아동의 넓은 주파수 범위를 고려하여 선택해서 CD에 수록한 대중음악이나 고전음악들이다. 음악은 헤드폰을 통해 아동에게 들려주는데, 처음에는 높은 주파수와 낮은 주파수

41) 실제로 자폐아동의 특정 소리자극에 대한 민감성이 감각처리에 문제가 있기 때문일까? 그리고 소리에 대한 과민성을 소거시키면 자폐증을 완화시킬 수 있는 것일까? 전문가는 단순히 외현적으로 나타나는 반응과 특징만으로 원인에 관한 결론을 내려서는 안 된다. 자폐아동이 특정한 소리에 긴장하고 놀라서 두 손바닥으로 귀를 막고 공포스럽게 울었을 때, 그리고 특정한 소리에 지나치게 경직되고 고통스러워 할 때 부모들은 무척이나 당황하게 된다. 이에 대해 몇몇 전문가는 특정 주파수를 지닌 소리가 자폐아동 뇌의 전두엽에 자극을 주어 나타나는 반응쯤으로 설명하기도 한다. 자폐아동이 특정한 소리에 민감하게 반응하는 것은 소리의 주파수 특성 때문이 아니라, 소리를 "해석"하지 못함으로써 경험하는 "왜곡" 때문이다. 즉, 특정 소리가 해석되지 않을 때 공포감을 느끼고 회피하려고 하는 것이다. 자폐아동은 자신의 세계로부터 유입되는 모든 자극들에 대해 "반응"하기 이전에 "해석"하려고 한다는 사실을 알아야 한다. 자폐아동에게 있어 세계는 알 수 없는 것들 즉, 해석할 수 없는 것들로 둘러싸여 있는 것이다.

가 무선적으로 강조되도록 주파수를 조절하여 들려준다. 그런 다음에 아동이 과민감성을 보이는 주파수를 제외하는 방식으로 음악을 여과시켜 들려준다. 훈련은 10~20일 사이에 보통 30분씩 20회기가 시행되고, 음악은 아동이 듣는 방법을 훈련하도록 체계적으로 변경된다.

자폐증의 발달병리적 특징에 관한 임상적 경험을 가진 전문가라면, AIT는 자폐증이나 자폐아동의 이해가 얼마나 부족한가를 알 수 있다. 지금까지 설명된 것과 같이 AIT의 주요핵심은 청각의 과대민감성과 소민감성으로 인해 일정한 주파수의 수용훈련을 통해 회피반응을 소거하고 더 나아가 행동장애와 학습장애를 개선할 수 있다는 것이다. 그러나 AIT가 주장하는 주파수에 따른 청각의 과대민감성이나 과소민감성 때문이 아니라 소리에 대한 해석의 왜곡 때문이다.

예를 들어, "울음 소리, 진공청소기, 사이렌과 같은 특정 소리에 매우 거부하거나 공포를 느끼는 것과 같은 반응"은 청각적 과대 과소 민감성과 관련된 것이 아니라, 자폐아동이 특정 소리를 "인지"하지 못하거나 "해석"하지 못하기 때문이다. 만약에 어떤 자극을 경험했을 때 그것이 해석되지 않는다면, 어떻게 될 것인가? 해석되지 않는 자극은 극도의 경계와 불안감을 가져다준다. 이와 같이 자폐아동에게는 자신의 주위에서 경험하는 "울음, 진공청소기, 사이렌"과 같은 소리에 대한 의미가 해석되지 않게 됨으로써 불안감을 초래하게 된다. 이러한 반응은 때로 일반아동에게도 나타나게 되는데 정상적인 아동 중에서도 "이상한 소리"에 대한 "불안감"이다. 일반아동들도 자신이 해석되지 않는 이상한 소리에 대해서 불안감을 느끼게 되고 그에 따라 불안으로부터 회피하려고 하는 경향을 나타낸다. 특정 소리에 대한 민감성이 소리의 감각 처리에 결함이 있기보다는 소리에 대한 해석의 혼란으로 보아야 한다.

그러한 점에서 AIT의 중대한 문제는 이론적 원리에 관한 어떤 과학적 증거도 없다는 것이다. AIT 치료법은 아동의 청각 처리과정을 변화시키고 청각 민감성을 "정상화" 하는 것을 가정하지만, 아직까지 연구들이 이 효과를 입증하지 못했다. 더욱이 AIT가 작용하는 메커니즘에 관한 과학적 증거도 없다. 즉, 우리에게는 디지털 방식으로 조정되거나 여과된 음악을 들려주는 것이 내이를 "마사지" 해 준다거나 대뇌에 영향을 미친다는 어떠한 증거도 없다는 것이다. 또한 우리는 내이 혹은 대뇌가 "마사지 된다" 할지라도, 그것이 행동에 어떤 효과를 미치는지는 알지 못한다. 달리 말하자면 제시되었던 다양한 인과관계의 대부분은 확인되지 않았다. 국립연구위원회(National Research Council)와 미국 말하기-언어-듣기협회(American Speech-Language-Hearing Association)는 AIT의 과학적 증거에 관해 세심하게 검증한 후, AIT가 효과나 이론적 근거 모두에서 지지받지 못했다는 결론을 내렸다.

감각통합치료

감각통합치료(sensory integration therapy; SIT)의 가설은 자폐아동들의 비정상적인 행동들이 대뇌의 피질영역에서 일어나는 비정상적 감각통합 처리과정 때문이라는 것이다. 만약에 자폐아동이 작은 막대기로 끊임없이 바닥이나 책상을 두드리거나 혹은 두 손바닥을 지속해서 두드리며 손뼉을 치는 행동을 했을 때 일반적으로 자폐아동이 감각적으로 무엇인가 "자기-자극"을 한다고 여길 것이다. 그리고 이것이 자폐아동이 감각을 통합하는 데 결함이 있을 것이라고 가정할 수 있다. 더구나 이러한 가정들은 연구자들에게는 감각의 결함에 관한 가설을 제기하게 되는 동기가 된다.

예를 들어, 눈을 깜빡거리는 틱 현상을 관찰할 때 신경학자들은 눈 깜빡거림을 신경학적 문제로 보지만, 심리학자들은 눈 깜빡거림을 심리적 원인에서 찾으려고 한다. 이러한 견해의 차이는 문제해결 방법에서도 달라진다. 신경학자들은 약물로써 그 원인을 해결하려고 하지만, 교육학자들은 잘못된 행동습관으로 그 원인을 찾으려고 할 것이다.

이러한 관점은 자폐아동의 자폐증적 특징에 대한 이해방식에서도 나타난다. 예를 들어 자폐아동이 특정 물건에 집착할 때 그 물건에 감각적으로 접촉하는 데 지나치게 반응을 보이는 이유가 "신경학적 처리과정의 결함" 때문이라고 하지만, 실제로 그 행위는 여러 가지 "심리적 동기와 욕구"에 의한 것일 수 있다. 인지심리학적 관점에서는 특정 사물에 집착하는 것은 주의가 그곳에 모두 할당되거나 주의할당이 부족하기 때문일 수 있다. 이것은 감각의 활성화와 관련되어 있으며, "감각의 지각화의 결손"에서 원인을 찾을 수 있다. 그렇다면 자폐아동의 사물에 대한 감각적 집착이 인지발달과 더 밀접한 관련이 있는 것이다.

감각통합의 결과가 자폐증적 장애를 해결할 수 있는 것일까? 특별히, 전문가가 아닌 이상 이러한 주장의 모순을 감지하기란 어렵다. 감각통합치료는 AIT와 유사한 모델이다. 감각통합치료는 작업치료사 에이레스(Jean Ayres)에 의해 개발된 치료 방법이다. 감각 경험과 운동 및 행동 수행 간의 관계의 중요성을 강조하는 SIT는 더 높은 수준의 기술을 습득하기 위해 감각 정보의 신경학적 처리과정의 통합을 중요시 한다. 감각통합치료는 자폐아동의 특징적인 반응에 주목하고 있다. 많은 자폐아동들이 특정 자극에 대한 과잉반응과 과소반응을 보이거나, 특정 사물과 대상에게 접촉하는 것에 대해 혐오를 갖는다. 그리고 고통을 덜 느끼고 반복되는 움직임에 대해 몰두하는 것, 물건 냄새 맡기 및 돌아가는 물체에 대해 몰입하는 것과 같은 특정한 감각 경험에 대한 강박관념과 같은 비정상적인 감각에 반응하거나 감각운동이 떨어진다.

이러한 자폐아동의 감각에 대한 문제는 아동이 환경과 상호작용을 하는 것을 방해하고 환경적인 경험과 학습에도 방해를 받는다. 따라서 SIT의 목표는 감각 처리과정 방식의 훈련을 통해 단절된 감각 경험을 제공함으로써 체성 감각 체계와 대뇌의 전정기능을 개선시키는 것이다. 이런 변화는 이후의 학습을 향상시키고 자폐증의 행동 증상을 감소시킬 수 있다고 본다.

어떤 아동들은 작은 상처에도 민감하게 반응하는 반면에 아플만한 고통에도 별다른 반응을 보이지 않는 경우가 있다. 뿐만 아니라, 일반아동들 중에 자전거 바퀴가 돌아가는 것에 심취해 있는 경우도 많다. 그러한 점에서 본다면, 일반아동들 중에 반드시 "물건 냄새 맡기" 행동을 하는 경우와 자폐아동의 경우는 어떻게 다른지 설명되어야 할 것이다. 자폐증적 특징들이 다양한 원인에서 출발할 수 있다는 점을 고려한다면, 자폐증적 특징들이 뇌피질의 감각통합에 결함을 가지고 있다고 설명하는 것은 극히, 단편적인 견해에 지나지 않는다.

SIT 효과에 관한 연구 중에는 아동의 지각, 사회적 반응성 및 의사소통 기술에서의 긍정적인 성과를 보고하는 것도 있지만, 대부분은 해석을 어렵게 만드는 심각한 방법론상 논쟁을 불러일으켰다.[42] 예를 들어, 이 분야의 연구에 대한 포괄적인 논평에 의하면, 현존하는 연구들은 방법론상의 결함을 가지고 있을 뿐 아니라 감각 경험의 유형과 행동 변화 간의 가정되었던 관계를 입증하는 데 실패했다. 또한 AIT와 마찬가지로, 보고된 행동 변화가 개입에 내재된 이론적 근거에 의해 제안되었던 바대로 어떤 신경학적 변화와 연합되었다는 설득력 있는 증거도 없다. 자폐아동이 외부의 감각에 반응이 민감하지 못하거나 지각하지 못하는 것이 오히려 감각통합의 문제가 아니라, 감각-지각화의 결함일 가능성이 있다. 감각통합과 감각 지각화는 근본적으로 다른 개념이며 다른 관점에서

42) SIT는 통제된 감각 경험으로 아동을 개선시킨다고 본다. 그렇기 때문에 자폐아동은 전정기능을 개선시키기 위해 흔들리거나 회전하는 의자에 묶이거나, "강한 압력" 마사지를 받거나, 그도 아니면 무거운 조끼를 껴입어야 할 수도 있다. 촉각 내성을 개선시키기 위해서는 아동의 팔을 부드러운 솔로 솔질할 수 있으며, 시각기능을 개선시키기 위해서는 특수 렌즈를 맞추거나 유색광선을 보여 줄 수 있다. 대개 이 치료법은 아동이 놀이 활동에 활발히 참여하는 통제된 일대일 상황에서 수행된다. 통제된 감각 경험은 다음의 예로 들 수 있다.

"어기(Augie)는 하루에 두 번 30분 동안 어두운 방에 있는 특수 테이블에 눕는다. 테이블은 좌우로 혹은 머리끝에서 발끝까지 원운동을 하며 움직인다. SIT가 진행되면서 어기의 머리 위에 있는 불빛 상자에 한 번에 한 가지 색 불빛이 켜지는데, 그 불빛은 밝은 것에서 어두운 것으로 그리고 다시 밝은 것으로 천천히 변한다. 아동의 어머니는 어기가 이 치료를 받은 후에 놀이기구 오르기, 자전거 타기 및 동물과 함께 하기에 더 많은 흥미를 보이게 되었다고 한다."

이렇게 보고된 개선점들이 SIT를 받았기 때문에 나타나는 것이라고 할 수 있는가? 그렇다고 단정할 수는 없다. 왜냐하면, 이 아동은 SIT와 동시에 다른 치료도 받고 있었기 때문이다. 엄격한 통제집단 없이 사례에 일관된 이러한 보고는 과학적 검증에서 자폐증 치료에 SIT의 효과가 있다는 것을 뚜렷하게 밝혀지지 않았다.

출발한다.

지각훈련치료

감각통합에 관련하여 많은 연구자들은 근본적 이해와 출발이 다르다는 것을 알았을까? 결국 연구자들은 자폐아동이 감각에 둔감한 것이 감각기능의 문제가 아니라 지각의 문제임을 감지하게 되었다. 감각통합이 자폐증 장애를 해결하는 데 어려움이 있다는 것을 발견하였다. 감각통합의 과정에서 감각이 통합되는 것만으로 자폐증의 특징을 설명할 수 없다는 사실을 알았을까? 아니면 감각이 통합되기보다는 감각이 지각되어야 한다는 사실을 알았던 것일까? 연구자들은 "지각훈련치료(training perceptual therapy)"에서 그 대안을 찾기 시작했다.

언젠가부터 연구자들은 감각통합보다는 지각훈련이 더 현실적이라는 것을 받아들이기 시작했다. 왜냐하면, 자폐아동의 인지, 언어, 사회발달의 결손은 분명하지는 않지만, "지각"과 관련이 있다는 점을 여러 연구를 통해서 암시를 받았던 것이다. 그래서 자폐증 치료 연구자들은 지각훈련을 자폐증 치료교육의 또 하나의 방법으로 선택하였다. 그것이 지각훈련치료이다.

지각훈련치료의 배경은 지각과 운동 능력은 분리될 수 없는 것으로 서로 상호작용을 통하여 유기체가 갖고 있던 혼돈된 감각 세계에 의미와 체계를 부여하고 하나의 조화된 세계를 형성한다고 보고 있다(Babara, 1969). 그렇기 때문에 Kephart 등(1971)은 지각과 운동을 하나의 용어로 연결하여 지각-운동이라고 하였다. 이것은 두 개의 다른 개념으로 생각할 수 없으며 지각적-신체적이라는 개념으로 연결하여 생각해야 한다. 지각적이고 신체적인 과정들은 분리할 수 없기 때문에 유아를 가르치는 데 있어서도 지각과 운동의 양면적 발달의 중요성을 강조하였다(Frosting, 1970). 감각통합을 주장하는 연구자들은 이러한 점에서 그들의 감각통합이 지각훈련과 다르다는 점을 받아들여야 한다.

그러한 관점에서 새롭게 제시된 것은 지각-운동(perceptual-motor)이다. 이 방법의 목적은 감각수용기로 받아들여진 감각자극과 과거의 경험에 의해 대뇌피질에 저장된 정보를 운동 수행 과정을 통해 통합하는 것이다. 즉, 새로운 감각자극이 그 이전의 축적된 정보와 연계하여 보다 나은 정보처리의 과정으로서 외부로부터 감각정보를 받아들이고 해석하여 성공적으로 반응하도록 하는 능력의 발달을 말한다(Capon, 1975). 따라서 지각-운동발달 훈련 프로그램은 인지 및 언어 발달은 물론 학습장애아를 치료교육하기 위한 주요 기능 훈련의 기초가 되는 실제적 프로그램이다.

감각훈련치료는 새로운 개념을 적용하고 있다. 예를 들어, "감각정보" "감각수용기" "지각" "감각의 의미" "감각의 체계" "정보처리" 등이 그것이다. 이러한 개념들은 보다 뇌

생리학적이며, 인지과정에 관한 설명이다. 그러한 점에서 자폐아동을 새로운 관점에서 이해하고 있다고 보아야 한다. 이러한 개념들은 자폐아동의 근본적 문제에 더 앞서 접근하는 것 같다. 하지만 감각훈련치료에 관한 연구들은 기존의 개괄적인 감각과 지각과정에 관한 설명들을 받아들이는 것일 뿐, 실제로 어떤 과정을 통해 지각형성이 가능하도록 하는지에 관한 설명이 턱없이 부족하였다.

본래 지각훈련치료는 주의 집중력, 기억력, 추상적 사고 능력, 판단력과 문제해결 능력 등의 훈련을 통하여 적절한 사회적응 행동을 만들 수 있도록 하는 치료 방법으로서 뇌출혈로 인한 뇌기능 장애와 뇌성을 가진 장애 대상에게 적용되어 왔다. 더 나아가 학습장애아동들에게 적용함으로써 학습효과를 이끌어가는 데 역점을 두기도 했다. 이것은 인지능력의 장애와 학습 준비 사이에는 기본적인 연결 관계가 있다는 상호관련성 연구를 배경으로 하고 있다.

지각훈련은 자폐증의 장애특징을 설명하는데 과거에 비해 훨씬 설득력 있었고 인지능력이 반영된 방법이었으나 여전히 자폐증 장애의 지엽적 문제의 범위를 벗어나지 못했다.

식이치료: 자폐증을 유발시키는 독소와 효소들

자폐증을 치료하기 위한 방법으로 "치료교육"은 부모의 입장에서 너무 진부하고 인내심을 필요로 한다. 뿐만 아니라, 결과를 해결하기보다는 원인을 예방하거나 치료하는 데 더 많은 관심을 갖게 되었다. 여기에는 그럴만한 이유가 있다. 환경오염과 더불어 음식과 관련된 건강문제에 깊은 관심을 갖게 됨으로써 자연스럽게 우리가 섭취하는 음식에서 원인을 찾으려고 하였다. 이러한 생각은 연구자들에 의해 먼저 시작되었다.

결국 자폐증의 원인을 알아야 자폐증을 치료할 수 있다는 아주 근본적이고 상식적인 관점으로 보았다는 것은 이상한 일은 아니다. 왜냐하면 우리의 상상력은 늘 그렇게 추측과 가설에 의해 영향을 받았기 때문이다. 그렇지만 상상력과 가설이 맞아 떨어지는 순간 그에 대한 믿음은 어떠한 합리적 설득으로도 되돌리기가 무척 어렵다. 이들 전문가들은 자신들의 믿음을 더 강하게 드러내었다. 우려되는 것은 이들의 신념은 매우 철저하고 그럴듯한 이론적 미신을 동반했다는 점이다. 문제는 거기에서 끝나지 않는다. 전문가들이 자폐아동을 가진 부모들을 선동하기 시작했다.

그들은 체내에 부적절한 요소들의 침착으로 인해 자폐증이 유발된다는 추측과 가설을 제기하였다. 그것은 부적절한 식생활에 의한 것으로 음식에 들어 있는 요소가 자폐증 유발과 관계가 있다는 것이다. 이러한 이유로 자폐증이 유발될 수 있다는 가정은 식이치료라는 또 하나의 자폐증 치료 방법을 낳았다. 이에 의하면, 밀가루 음식에 들어 있는 글루텐(gluten)과 같은 음식의 소화물과 우유가 혈액으로 침투하여 중추신경계의 기능을 저하시킨다는 것이다. 이 설명은 자폐증과 관련된 몇 가지 행동문제를 유발할 수 있다는 가정을 두고 있다. 따라서 밀이나 보리 그리고 호밀, 귀리 등의 가공식품에 글루텐이 함유된 음식이나 카세인을 제거하거나 감소시키기 위해서는 우유나 그 외 유제품을 피해야 한다. 중금속 제거 프로그램이든 식이요법의 중재이든 간에 분명히 그 방법들을 통해서 자폐증의 증상이나 장애요소가 줄어들었다는 명확한 결과는 없다.

독소치료

독소치료(chelation therapy)는 인간의 체내에 여러 가지 독소가 축적되고 그로 인해 독소가 인간의 뇌에 영향을 미치게 된다는 것을 가정한다. 특히, 두발검사에서 그 가능성이 제기되었다. 기존에 연구에서 자폐아동의 두발검사에서 중금속 수치가 일반아동에 비해 월등히 높았고 중금속의 오염은 자폐증을 유발시키는 원인이라고 주장한 예가 있었다. 그 근거는 수은과 납을 비롯한 중금속이 체내에 축적되면, 신경정신과적 문제를 일으킬 수 있다고 알려져 왔으며(O'Caroll et al., 1995), 이것을 근거로 하여 자폐증상을 일으키는 여러 원인들 중에 자폐아동은 생물학적 이상의 결과로 체내 중금속 대사기전(metal metabolism)에 이상이 있어서 적절하게 배출이 되지 못하고, 몸에 중금속이 축적된다는 연구도 있다(Bernard et al., 2001; Holmes et al., 2001).

이에 비해 미국 루이지애나대학의 에이미 홈스의 연구팀은 자폐아들은 정상아에 비해 모발 속의 수은이 적으며 수은 수치가 낮을수록 증세도 심하다는 사실을 밝혀냈다(영국의 과학전문지 「뉴사이언티스트」가 최신호에서 보도). 홈스 박사는 자폐아 94명과 정상아 45명을 대상으로 생후 18개월쯤 첫 머리카락을 수거, 수은 수치를 비교 측정했다. 그 결과 자폐아는 평균 0.47ppm에 불과한 반면 정상아는 이보다 무려 8배나 높은 3.63ppm으로 밝혀졌다. 또한 자폐증상이 가벼운 아이는 수은 수치가 평균 0.79ppm, 보통 정도인 아이는 0.46ppm, 심한 아이는 0.21ppm으로 수은 수치가 낮을수록 증세가 심해지는 것으로 나타났다.

중금속이 뇌기능 장애를 유발시키고 그것은 곧바로 자폐증을 유발하는 원인이 된다는 설명이 급속도로 번져갔다. 그만큼 사람들에게 믿음을 줄 수 있는 그럴듯한 이유가 있던 것도 사실이다. 그러나 다른 연구에서 일반아동 중에도 모발검사에서 중금속 오염의 차이가 월등히 많다는 사실이 발표되었다. 그런데 중금속 수치가 월등히 높은 이들 일반아동의 특징이 "편식"을 한다는 것이다. 편식을 하게 될 경우, 체내에 쌓인 중금속을 체외로 배출시키는 역할을 하는 비타민 섭취량이 줄어들 수밖에 없다. 그런데 자폐아동은 대부분 편식을 하는 습관이 있다는 점이다. 당연히 자폐아동에게 중금속 수치가 높을 수 있다. 이러한 연구 결과는 중금속 오염이 자폐증을 유발하는 근거가 되지 않는다는 것을 의미한다. 지극히 상식적인 결과인 것이다.

시중에 수은과 납과 같은 중금속 제거를 위한 제독 약물(chelating agent)인 Meso-2, 3-Dimercapto succinic acid(DMSA)와 보조 제독 약물인 Lipoc acid(LA)가 있다. 특히, DMSA는 납 중독(lead poisoning)을 제독하는 것으로 "Chemet"이라는 상품명으로 자폐증 치료약으로 시판되고 있다. 그리고 마치 자폐증 치료제처럼 알려지고 이것을 상업적으로 홍보하는 경우도 있다. 그러나 Chemet 복용이 자폐증을 치료한다는 증거는 없다. 편협된 연구를 내세운 그럴듯하게 선전에 이끌리게 되는 이유는 그만큼 부모들은 자녀의 문제에 관해 절박하기 때문이다.

때로 상상력과 가설이 얼마나 우리의 믿음을 왜곡시키는지를 보여 주는 것은 중금속 오염이 자폐증을 유발시킬 수 있다는 추측과 가설이다. 그러나 이 추측과 가설에서 중금속의 노출이 자폐증을 유발했다면, 왜 자폐증을 가진 아동에게 중금속 수치가 높은지에 관한 원인이 설명되어야 한다. 우리가 알아야 할 것은 비타민 섭취는 인체에 중금속이 축적되는 것을 예방하거나 배출시킨다. 만약에 비타민 섭취가 부족하면 어떻게 될까? 비타민은 중금속이 체내에 축적되는 것과 관련이 있다. 예를 들어, 편식으로 인해 비타민 섭취가 부족한 일반아동들이 중금속 수치가 그렇지 않는 아동에 비해 월등히 높았다. 자폐아동은 대체로 편식을 한다. 그것은 곧 바로 비타민 부족을 초래하고 당연히 중금속이 축적될 수밖에 없다. 그렇다고 체내 중금속 수치가 월등히 높은 아동이 자폐증이 걸린 사례는 없다.

메가-비타민치료

자폐증 치료의 혼란은 방대한 치료 방법이 등장하면서 더욱 심화되었다. 그 중에 하나는 메타-비타민치료이다. 체내에 특정 비타민이 부족할 경우에 자폐증이 유발될 수 있다는 것이다. 비타민 B6는 이렇게 해서 등장했다. 모든 과학적 실험에서 유의성이 나타났다고 하더라도 검증을 단정하기가 어렵다. 왜냐하면, 오랜 임상적 기간이 필요한 경우가 더러 있기 때문이다. 그러한 점에서 메가-비타민치료(mega-vitamin therapy)는 많은 혼란을 가져다주었다.

자폐증의 식이요법은 특정한 식품을 배제하는 것이지만, 비타민요법은 특별한 방식의 비타민 섭취를 권장하는 것이다. 비타민 B6에 관한 초기 연구들은 자폐아동의 비사회적 행동과 상동증적 행동이 줄어들고 대신에 주의력과 언어가 증가했다고 보고했다. 그러나 비타민 섭취를 중지했을 때 충동성이 증가되었다. 이후의 연구들에서는 효과를 증대시키기 위해서 마그네슘이 추가되었는데, 이는 비타민 B6의 긍정적 효과를 지속시키는 동시에 부작용을 감소시키는 듯했다.

연구 참여자의 30~50% 정도가 개선을 보였다고 하였다. 그러나 지금까지 비타민치료를 연구한 연구자 그 누구도 이 치료법이 자폐증을 치유하거나 다른 치료를 대신할 수 있다고 주장하진 않는다. 더욱이 이러한 이득을 보여 주지 못한 연구들도 있는 데다가 메가-비타민의 장기 효과를 평가한 연구는 거의 없는 실정이다.

연구 결과 비타민 B6와 마그네슘을 함께 복용하는 것이 자폐증의 장애를 완화시키는데 일부 사람들에게 도움이 될 수 있다는 것이다. 그러나 비타민 복용의 효과가 어떤 사람에겐 이득이 되고 어떤 사람에겐 그렇지 않은지에 대해 단정할 수 없다. 뿐만 아니라, 자폐증을 가진 많은 아동들에게 효과가 있거나 혹은 그 효과가 지속된다는 결과는 없다.

식이 중재

수많은 가공식품은 체내에 부적절한 화학적 요소들을 쌓이게 함으로써 결국 건강에 해로운 작용을 하게 된다는 것쯤은 많은 사람들이 자연스럽게 알고 있고 또한 그렇게 믿고 있다. 과거 자연식을 주식으로 했던 시대와는 달리 현대의 다양한 인스턴트식품에 노출되어 있는 식생활을 하는 시대에 살고 있다. 가공식품에 대한 심리적 반감이 점차 심해지고 더불어 건강과 관련된 자연식을 선호하고 있다. 이러한 현상은 가공식품이 건강에 유해하다는 일반적인 정보에 영향을 받았다. 그 중에 밀가루 음식이 인체에 적지 않는 해를 끼친다는 의식이 팽배해졌고 결과적으로 밀가루 음식이 자폐증 유발에 관련이 있을 것으로 가정하기에 이르렀다.

식이 중재는 글루텐(예를 들어, 빵에 들어 있는)과 같은 음식의 소화물(digestion products)이나 우유가 세포의 점막을 통과하여 혈액으로 침투하게 되고, 이로 인해 항원 반응과 중추신경계의 기능저하가 일어나게 되는데 이것이 자폐증과 관련된 몇 가지 행동문제를 유발할 수 있다는 가정을 두고 있다. 따라서 식이 중재(dietary interventions) 치료법은 글루텐 및 카세인이 적게 들어가는 식이요법에 자폐아동을 참여시키는 것이다. 이 식이요법을 하려면 밀, 보리, 호밀, 귀리나 그것의 가공식품 같은 글루텐이 함유된 음식을 피해야 한다. 카세인을 제거하거나 감소시키기 위해서는 우유나 그 외 유제품을 피해야 한다.

식이요법의 사용을 적극적으로 권하는 사람들은 자폐아동의 행동상의 개선이 이 식이요법을 이행한 후에 나타났다는 연구들을 인용하고 있지만, 두 개의 효과 검증에 관한 연구에서 사회적, 인지적, 의사소통적 기술이 향상되었다는 연구 이외에 실제로 이 입장을 지지하는 대부분의 문헌이 사례 연구와 일화적인 보고들이다. 그러나 보다 근본적인 문제는 식이요법의 긍정적 효과를 보고한 사람들 중에서도 몇몇은 확고한 결론을 내리지 못한다는 것이다. 이에 의하면, 첫째는 아동이 받았을지도 모르는 동시적으로 행해진 다른 치료법의 혼입 효과이다. 둘째는 그에 더해 식이요법을 이용한 이중 맹목 위약 연구는 수행하기가 어렵다는 점이다. 따라서 과학적으로 명백하다는 결과를 검증할 수 있는 연구들이 아니라는 것이다.

치료의 끝: 치료의 미신 그리고 막장 드라마

부모들은 자폐증 치료를 위해 지금까지 수많은 치료 방법을 시도해 왔다. 그 과정에서 특정한 치료 방법이 자폐증의 회복에 결정적인 효과가 있다거나 혹은 치료 방법이 좋은 결과가 있었다고 하더라도 실제로 효과가 있었다는 결과들은 불분명했다. 왜냐하면, 분명히 좋아지기는 했지만, 더 이상의 나은 결과를 얻지 못했기 때문이다. 예를 들어, 몰랐던 문자를 알았다는 것은 대단한 것이다. 그러나 알았다는 것 이외에 그 어떤 의미도 없는 것이다. 책을 읽고 문장을 이해하는 것도 아니고 그렇다고 문장으로 표현하는 것도 아니다. 가정에서 못하던 규칙을 알고 수행했더라도 여전히 스스로 생활하는 것도 아니다. 가족에게 전혀 관심을 갖지 않았던 아이가 어느 정도 상호교류를 할 수 있다고 하더라도 여전히 또래 아동과는 관심을 갖지도 않으며, 흔히 보는 아이들의 사회적 상호작용을 하지도 못하는 것이다. 더구나 나이가 들어서 과거에 비해 아무리 좋아졌다고 하더라도 또래들과 비교하면, 여전히 유아기 수준에서 벗어나지 못한다는 것을 알게 된다.

특별히 여러 사례를 수집하고 상황을 빨리 파악한 자폐아동을 가진 부모는 그러한 사실을 미리 감지하고 부모로서 해야 할 일은 좋다는 치료 방법들을 두루 시도해 본다. 하지만 이제 더 이상의 치료 방법이 없다고 느껴졌을 때 긴장감과 불안감에서 벗어나기가 어렵게 된다. 마치 미래의 보이지 않는 어두운 장막과 같다.

실제로 그렇다. 나이가 많은 자폐증 자녀를 가진 부모는 처음 아이가 자폐증이라는 것을 알고 난 이후에 부모로서 해야 할 것을 모두 찾아다니며 안 해 본 것 없다. 하지만 치료교육의 그 결과에 대해 만족할 만한 결과를 얻지 못하였다. 처음 치료교육을 시작했을 때 조금 좋아진 느낌을 받았고 그런 변화에 희망을 가졌다. 그래서 더 많은 노력과 더 많은 인내를 하기만 하면, 우리 아이가 자폐증이라는 굴레에서 벗어날 수 있을 것으로 믿어 왔다.

하지만, 지나 온 과거를 되돌아보면 부모의 노고에 비하면 특별히 자녀가 나아진 것은 없다. 대부분 청년이 되고 성인이 되었을 때 부모와 함께 생활하기보다는 사회복지 시설에서 도움을 받고 살아가는 경우가 더 많다. 지금까지 자녀를 책임지는 사람은 아무도 없었고 결국, 부모 자신이 혼자 싸워야 되는 현실을 체험하며 지나온 시간들이었다. 그 많은 노력에도 불구하고 만족하게 좋아진 것이 없다는 것을 알게 된 부모의 좌절감은 매우 크다. "아주 못하는 것보다는 낫다."는 주변 사람들의 조언은 메아리에 지나지 않는다.

수많은 사연을 가지고 힘겹게 지금까지 걸어온 자폐아동을 가진 부모라면, 자폐증을 치료할 수 있는 특별한 방법이 없다는 것쯤은 알고 있다. 그렇다고 부모의 희망과 의지는 아무도 막을 수는 없다. 이 세상에는 이렇게 좌절한 부모에게 가끔 희소식을 주는 사람들이 있다. 획기적인 치료 방법으로 알려질수록 미신적인 것이 많다. 그러나 무모한 치료교육이지만 지금까지 시도하지 않는 새로운 방식의 치료법은 막다른 골목에 처해 있는 부모들에게 마지막 희망을 안겨주는 통로가 되기도 한다. 마지막 선택이 희망적인 내일을 보장한다면, 부모는 기꺼이 자녀를 수술대 위에 올려놓을 수 있다.

샤머니즘치료

샤머니즘치료(shamanism therapy)는 인간의 역사만큼이나 매우 오래되었다. 이 세상에서 일어나는 모든 현상이 결국 신에 의해 결정된다. 따라서 우리 주변에서 일어나는 현상을 신에게 기원할 수밖에 없다. 샤머니즘치료는 이렇게 해서 나타난 것이다.

정신적 내면 세계의 갈등과 결함에 의해 자폐증이 유발된다는 정신분석치료의 한계에 도달하게 되면 병인론이 신적인 존재에 의한 것이라고 판단하는 데 이르게 된다. 태어나기 이전의 원죄는 부모의 무의식 속에 깊게 뿌리를 내리고 있다. 부모가 과거에 자신의 알 수 없는 죄를 지었기 때문에 혹은 그로 인해서 신에게 벌을 받았기 때문이라고 생각하게 된다. 초현실적인 세계의 존재가 자신의 삶에 관여하고 그럼으로써 자폐아동을 갖게 된 것은 부모 자신의 삶의 여정으로 생각하게 된다.

결국 부모는 신 앞에서 무력한 존재가 되고 자신의 삶에 대한 의지력을 모두 신에게 의존하게 된다. 나약하게도 무속인을 불러 굿을 하는 경우도 적지 않다. 옛날 조상들의 잘못이나 혹은 조상들에게 잘못을 저지른 일쯤이면 반성이라도 하지만, 귀신이 내재되어 있다고 할 때는 아무런 힘없이 무속인에게 의존할 수밖에 없다.

드물게 조상의 문제에 따른다고 생각하면서 조상의 무덤을 이장하는 경우도 있다. 뿐만 아니라, 자녀의 이름이 운명을 바꾸었다는 신념은 너무 쉽게 받아들이고 개명을 하는 경우도 적지 않다. 자폐아동을 가진 부모와 가족 당사자들은 자폐증 치료에서 굳이 과학적이라는 것을 개의치 않는 것 같다. 과학적이라는 것은 한갓 연구자들의 언어일 뿐, 고통을 받고 있는 부모와 가족은 자녀의 자폐증을 해결하는 데 의미가 없다.

그러한 점에서 미신에 의존하는 그들 부모와 가족들을 비판할 이유는 없다. 연구자들 자신도 자폐증의 설명이나 자폐증 치료교육에 대해 많은 것을 알지도 못하며 또한 직접 도울 수 있는 능력이 있는 것도 아니다. 하지만 문제는 자폐아동의 치료에 관한 불분명한 지식과 이해가 자폐아동을 더 깊은 고통으로 몰아갈 수 있다는 점이다.

두개-천골치료

"머리뼈를 수술을 해서 열어둔다! 뇌가 성장할 수 있도록!"

막다른 골목에 처해 있는 부모로서는 그래도 아주 적은 가능성에 대해서 쉽게 휩쓸리게 된다. 자녀의 치료교육을 위해 산전수전 모두 겪은 부모는 극단적인 결정을 할 때가 있다. 지금까지 모든 방법을 시도해 왔던 처지에 부모는 자녀를 위해 못할 것이 없다.

일본 자폐아동 치료교육 학교에 방문했을 때, 교실에서 아동들 중에 몇몇이 헬멧을 쓰고 있었다. 자폐아동이라는 것이다. 그들은 모두 두개골을 확장하는 수술을 받았다는 것이다. 병원관계자는 그것이 그 당시 자폐아동 치료에 유행하는 치료 방법이라고 했다. 두개골을 열어두는 수술이다. 자폐증에 관해 생소한 사람들은 적지 않는 충격을 받고도 남았을 것이다. 스코트와 그의 동료들은 자폐증 치료가 마지막으로 극단적인 상황에 처해 있음을 두개-천골치료(cranial-sacral therapy)를 예를 들어 설명하고 있다 (Scott, et al., 2000). 뇌의 뼈를 열어 뇌가 성장할 수 있도록 돕는 것이 자폐증 치료에 도움이 될 수 있다는 것이다. 두개-천골치료를 하는 의사들은 이미 학계에서 일치된 자폐증의 원인에 대해서 알고 있는 것일까? 뇌가 자라지 못한 것이 자폐증의 원인이 된다는 점은 자폐증의 원인에 관한 잘못된 이해가 얼마나 큰 오류를 범할 수 있는지를 보여 주는 것이었다.

두개-천골치료는 뇌의 발달과 순환의 원리에 배경을 두고 있다. 뇌척수 액은 두개골관, 척추관, 천골관 내부를 순환시켜 이상적 상태인 1분간에 6~12회 정도로 파동하여 중추신경계를 적셔주고 보호하거나 영양을 공급한다. 한편 뇌신경과 혈관들을 지지하고 보호하는 경막(Dural Membrane)은 골내막(Endosteum)에 의하여 두개골 안쪽에 부착되어 마치 하나의 연속된 내막으로 대후두공(Foramen Magnum)에 밀착되어 있는 것과 동시에 제2, 3경추에 단단히 부착되어 있다. 경막은 신체의 균형점인 제2천골 분절(Second Sacral Segment)에 이르기까지 부착되어 있으며 그 아래에 있는 미골 부위에까지 단단히 부착된 구조로 천골과 미골이 하나의 기능을 하도록 한다. 이것은 두개-천골의 기능의 기본적 구조이다.

그런데 두개-천골의 기능이 뇌가 발달하지 못함으로써 뇌의 중추신경에 부정적인 영향을 미치고 기능저하 현상이 일어난다는 것이다. 그러므로 뇌가 자라도록 두개골을 개폐시키면, 구조적인 역기능이 순기능화된다는 의미인데 문제는 본래 두개-천골 방법이 자폐아동을 치료하기 위해 개발된 의학적 방법이 아니라는 것이다. 단지, 두개-천골 방법은 소뇌증에 의한 아동들의 뇌기능을 돕기 위한 방법이며, 그것 또한 극히 의학적으로 제한된 아동에게 적용시킬 수 있다. 그런데 자폐아동에게 이 방법을 적용하는 것이다.

자폐아동에게 적용시킬 경우, 두개-천골의 구조적 기능은 천골이 경막관을 통해서 두개골과 연결되고 영향을 받게 되는데 이때 천골은 뇌척수 액의 파동과 두개 내막과 척수 내막의 인장력에 반응함으로써 자연스럽게 뇌척수 액의 송출작용을 촉진하게 된다는 것이다. 이들의 주장은 이와 유사하게 두개안면골에는 경막의 인장력, 뇌척수 액의 파동과 함께 중추신경계의 고유한 미시적 움직임이 존재하며, 뇌기능은 이를 인식함으로써 두개-천골의 연속적 순환적 메커니즘을 파악하게 하며, 중추신경계의 정확한 기능수행을 결정하게 된다는 것을 설명한다.

두개-천골치료를 주장하는 이들은 뇌의 성장억제에 대한 기본적인 원인을 나름대로 설명하고 있다. 이들의 설명에 의하면, 인간의 인체는 생리적 기능 이상에 끊임없이 반응하면서 신경학적으로 조절하도록 적응하고 기능하면서 존속한다. 따라서 인체의 외형적 구성과 기능이 문제가 생겼을 경우에 인체의 기능을 대부분 다루고 있는 중추신경계에 직접적으로 영향을 미치게 된다. 이것은 다시 인체 구조상의 모든 압박과 변화는 신경학적 유지와 상호 보상 관계인 중추수막계에 영향을 미치게 되는데 만일 인체 구조상 뇌에 반복적 스트레스와 부적절한 상호긴장성이 초래되면 중추신경계의 체액인 뇌척수 액(CSF)의 생성순환에 변화가 생긴다. 그에 따른 중추신경계의 고유한 율동성과 파동정보의 비활성화가 모든 세포로 전달되고 생명력을 유지하는 역할에 부정적인 영향을 미치게 된다. 두개-천골치료의 배경에 따르면, 이러한 결함이 뇌기능 장애를 유발할 수 있다는 것이다.

두개-천골의 이론적 배경에 의하면, 자폐아동의 두개골의 기능장애가 어떤 이유에서 발생함으로써 나타난다는 것이다. 이에 따르면, 사람의 두개골은 20여 개의 뼈가 모여서 만들어진 것으로 각각의 뼈는 약간씩 움직일 수 있다. 그러나 스트레스나 긴장이 계속되면 두개골을 감싸고 있던 근육들이 긴장하며 두개골을 압박하고 이로 인해 정상적인 두개골의 움직임에 이상이 생긴다. 그리고 두개골의 움직임에 이상이 생기면 뇌와 척수를 순환하는 뇌척수 액이라는 액체의 흐름에 이상이 생기면서 신경계통에 이상이 오게 되고 이때 멜라토닌의 분비를 줄이게 됨으로써 여러 가지 생물학적 질병이 발생된다. 따라서 두개-천골치료는 두개골의 움직임을 조절해서 뇌와 척수의 중추신경계를 조절하여 멜라토닌이 나오지 않는 원인이 되는 긴장과 스트레스로 인한 뇌의 이상을 치료 한다. 두개-천골치료를 위해서 먼저 두개골을 어느 일정한 비율로 확장시켜 주어야 한다. 이때 수술을 통해서 뇌의 뼈들을 균형 있게 열어 확장시킨 후에 뇌가 성장할 수 있는 유연성을 확보해 준다고 가정한다. 그러나 이 과정을 통해서 자폐증이 치료되거나 호전되었다는 보고는 아직 없다.

Scott 등(2000)은 조사 연구에서 자폐아동의 두개-천골치료가 효과가 있다는 표준적인 기준도 없을 뿐만 아니라, 치료를 지지할 만한 어떤 연구도 없으며, 매우 신중하고 아주 경계해야 할 치료 방법이라고 했다. 그럼에도 불구하고 의사들에 의해 수술대 위에서 자폐아동의 두개골이 열리고 있는 것이다. 이 무서운 시도는 막다른 골목에서의 마지막 결정이다. 하지만 두개골의 시술은 자폐아동의 발달병리를 이해하지 못하는 의사들의 의학적 실험에 지나지 않는다.

인생을 살아보지 못해도 상상속의 시나리오는 계속 쓸 수 있는 것처럼 자폐증을 알지 못한 채 그들은 그럴듯하게 막장 드라마의 시나리오를 쓰고 있다. 인생에 있어 막다른 골목에 처해 있게 되면, 이성적으로 판단하기보다는 절박한 심리상태에서 무모한 모험을 시도하게 된다. 자폐증 치료에 벼랑 끝에 놓이게 되면, 부모는 자녀를 위해 영혼을 팔 수 있다. 자녀를 수술대 위에 올려놓을 수 있는 것도 그러한 부모의 삶의 위기감 때문이다. 막장 드라마는 텔레비전 연속극에 있는 것만은 아니다.

제5장

자폐증 치료가 알려 준 교훈들

❀ 새로운 교육의 패러다임

지금까지 자녀에게 교육을 한 것이 옳은 선택이었는가? 자폐아동의 치료교육이 가능한 것일까? 이것은 부모뿐만 아니라, 자폐아동 치료교육과 관련이 있는 모든 전문가들이 한번쯤 던져보는 물음이다. 기존의 치료교육이 자폐아동의 발달에 좋은 영향을 미칠 수 있지만, 자폐증을 치료한다는 것을 확신하는 전문가들은 없다. 그렇다면, 왜 전문가들은 그렇게도 많은 치료교육을 권했을까? 장애아동과 관련된 대부분의 치료교육이 자폐아동에게 어느 정도 도움이 될 수 있다는 믿음 때문이다. 그렇다고 자폐아동의 성공적인 치료교육을 확신하지 않는다. 그러한 점에서 자폐아동을 위한 여러 가지 치료교육이 마치 환자에게 좋은 건강식으로 추천되었는지도 모른다.

엄밀하게 말하면, 자폐아동을 위한 치료교육이 아니었다. 지금까지의 치료교육이 실제로 자폐증을 치료하는 데 목적을 두었는지를 반성해 보아야 한다. 치료교육의 혼란은 그 목적의 방향 때문이다. 자폐아동의 치료교육의 문제는 현재 대부분의 자폐증을 치료하는 행위의 목적이 자폐증의 원인을 해결하는 것이 아니라는 것이다. 원인을 찾아 치료하는 것은 증상을 호전시키는 것과는 서로 다른 문제이다.[43)] 되돌아보면, 지금까지 자

---

43) 대체로 자폐증의 원인을 치료한다는 것을 부정적으로 인식하는 경향이 있다. 이러한 생각들은 자폐증 유발의 원인과 자폐증으로 인한 장애 원인을 구분하지 못하는 데서 오는 오해이다. 치료교육 과정에서 자폐증의 원인에 접근한다는 것은 자폐증으로 인한 장애 원인을 치료교육한다는 것이다. 예를 들어, 자폐아동이 상동행동과 같은 감각자극에 강박적으로 집중하는 원인은 자폐증의 장애이다. 이러한 행동상의 원인은 "감각"이 "지각화"되지 못했기 때문이다. 따라서 상동증적인 강박행동은 감각이 지각 수준으로 이르지 못한 채 감각범주에서 작용하는 "감각-자극의 순환적 반응"이다. 그러므로 자폐증 장애의 원인을 해결하는 방법은 감각을 지각 수준으로 이끄는 것이다. 자폐증 치료교육 과정에서 "감각-지각화"가 가능하게 된다면, 아동은 더 이상의 상동증적 감각자극 반응에 강박적으로 집착하지 않게 될 것이다.

녀에게 집중되었던 치료교육이 자폐아동이 가진 장애와 증상을 이전보다 개선하였고 이러한 변화는 부모에게 어느 정도 위안을 가져다준 것은 사실이지만, 결국은 실제로는 아무것도 얻는 것은 없다. 여전히 장애의 문제를 안고 시간은 지나가는 것이다. 결론적으로 치료교육의 문제는 자폐아동의 장애와 능력상의 문제가 아니라, 처음부터 치료교육의 시행착오였는지도 모른다.

자폐증 치료교육에 관한 물음

부모는 얼마나 많은 치료교육을 시켜야 하며 얼마나 많은 기간 동안 치료교육을 해야 하는지에 대해 묻지만, 그 물음에 아무도 만족할 만한 대답을 하지 않았다. 많은 시간이 흘렀다. 부모가 할 만큼 많은 교육을 시켰고 인내심을 가지고 기다려왔다. 하지만 부모의 의구심은 더 커져만 간다. 자녀의 교육을 위해 처절하게 희생하고 나서야 비로소 얻은 교훈은 다음과 같다.

첫째, 치료교육의 실패가 장애로 인한 자폐아동 자신의 무능력 때문이 아니다.

되돌아보면, 부모는 지금까지 전문가들의 조언대로 교육을 시켜 보았지만, 만족스러운 결과를 얻지 못하였고 기대에도 미치지 못했다. 시간이 지나면서 결국은 기존의 교육으로는 자폐증 치료에 더 이상의 기대와 교육적 보장이 없다는 것을 알게 된다. 점차 치료교육과 전문가에 대한 불신이 생기게 되면서 부모는 무력감을 갖게 된다.

지금까지 많은 치료교육 전문가들은 자폐아동의 장애를 극복하지 못한 이유에 대해 아동의 장애와 무능력의 탓으로 돌렸다. 실제로 교육의 한계가 자녀의 무능력 때문일까? 부모는 많은 시간이 지난 후에야 비로소 지금까지 자녀의 치료교육이 무엇인가 잘못되었다는 것을 알게 된다. 지금까지의 경험으로 보아 뭔가 교육 자체가 잘못되었다는 것을 알게 되었을 때는 이미 많은 시간이 지났을 때이다.

엄밀히 생각해 보자. 치료교육 전문가의 “능력 부족”을 자폐아동의 “교육의 한계”로 떠맡기려고 하는 것이 아닌가? 만약에 자폐증이 근본적으로 치료될 수 없는 불치의 장애라면 자폐아동 자신의 운명적인 것으로 돌릴 수밖에 없겠지만, 기존의 치료교육의 방법의 문제라면, 자폐아동의 치료교육 전문가들의 책임이 크다.

둘째, 애초에 치료교육의 중재 방향과 방법이 잘못되었을 가능성이 있다.

전문가들은 자폐아동 치료교육의 한계를 단정짓기 이전에 자폐아동에게 어떤 교육을 시켰는지를 반성해 보아야 할 필요가 있다. 기존의 치료교육의 대부분이 원인이 되는 핵심적인 문제를 다루려고 하기보다는 이차적으로 나타나는 문제행동과 결함을 호전시키는 데 집중하였다. 치료교육 목적과 방향이 다르면, 치료교육 내용도 다르다. 대부분의 자폐아동 치료교육이 장애로 인해 드러나는 외현적 문제들을 호전시키기에 급급했다. 그래서 기존의 치료교육 내용은 "기술"과 "방법"을 가르치는 데 집중했다. 실제로 교육전문가들이 자폐증 치료교육이 자폐아동의 생활과 활동 능력을 위한 기술과 방법을 지도해 왔다. 하지만 그것으로 근본적으로 자폐아동의 장애를 극복하게 하지는 못했다.

치료교육의 효과가 기대에 미치지 못하는 것이 자폐아동의 장애 때문이 아니라 처음부터 치료교육의 처방에 문제가 있었던 것이다. 우리가 그토록 노력해 왔던 것은 자폐아동의 근본적인 문제를 해결하기보다는 그저 기술을 습득하고 기능을 향상 시켰을 뿐이다. 부모는 애초에 교육 방향이 잘못되었다는 것을 알게 되는 순간 좌절감은 크다.

셋째, 치료교육 과정에서 나타난 결과들에 대한 개념의 혼란이다.[44]

현재 자폐아동의 치료교육을 돕는 모든 프로그램들은 나름의 목적과 방법을 가지고 있으며, 치료교육 전문가들의 관심과 노력만큼 좋은 결과를 얻을 수 있다. 자폐아동이 어느 정도 말을 할 수 있고 다른 사람과 사회적 상호작용이 가능해졌다. 또한 부적절한 행동양식을 바람직한 행동양식으로 이끌 수도 있으며, 생활의 규범을 알고 지킬 수 있고 그에 따른 이전보다 더 많은 지식을 획득할 수 있다. 하지만 이러한 보다 나은 변화에도 불구하고 자폐증의 장애로 인한 상황은 변하지 않았다는 점이다.

나이가 들어도 여전히 다른 사람과 대화를 나누지 못한다. 그리고 다른 사람과 사회적 관계가 부적절하거나 단절되어 있으며, 스스로 자신의 생활을 수행하기가 어렵다. 다른 사람의 이야기나 책을 읽고 이해하기란 더더욱 어렵다. 학교생활이나 사회생활에서 자신이 해야 할 역할을 스스로 하기에는 많은 과제가 따른다. 과거에 비해 "변화"가

---

44) 자폐아동이 치료교육을 통해 "완치"되었다는 말은 무모하고 위험 소지를 지닌다. "치료되었다"는 것과 "완치되었다"는 의미는 다르다. 예를 들어, 다리에 골절상을 입고 깁스를 했고 오랜 시일이 지나 생물학적으로 치료되었다고 판단되어 깁스를 풀었다고 가정하자. 깁스를 푼 후에 자연스럽게 잘 걷거나 뛰지는 못한다. 왜냐하면, 생물학적으로 치료되었지만, 기능적으로는 회복이 되지 않았기 때문이다. 정상적으로 기능이 회복되기 위해서는 많은 시간이 걸리고 때로 물리적 치료가 부가되어야 한다.

이와 같이 "치료교육"이란 치료과정을 통해서 어느 정도 회복이 되었다고 하더라도 여전히 기능적인 회복 기간이 필요하다. 그렇기 때문에 병리적으로 치료되었다고 하더라도 자폐아동은 자폐증적 특성은 그대로 남을 수 있다. 그러므로 "완치"되었다고 단정하는 것은 바람직하지 않다.

그래도 많은 시간이 지나게 되면, 다른 아동과 발달이 근접할 수 있다고 기대할 수 있다. 그러나 완치가 일반아동의 능력 수준에 이르는 말은 아니다. 예를 들어, 일반아동 학급에서 일등과 꼴등의 개인차는 매우 크다. 꼴등의 아동은 학습수준이 월등히 떨어진다. 그렇지만, 꼴등의 아동이 장애가 있다고 하지 않는다. 문제는 성공적인 치료교육은 능력의 수준을 일컫는 것도 아니고 완치를 의미하는 것이 아니다. 성공적인 치료교육이란 도움을 통해 배워갈 수 있거나 스스로 자신의 문제를 해결할 가능성을 지닌 상태를 예측할 수 있는 수준에 이르는 것을 의미한다.

있었다는 것뿐, 아무것도 달라진 것은 없다.

치료교육 과정에서 변화는 현재의 상태에서 긍정적이든 부정적이든 일어나기 마련이다. 그러나 변화는 발달을 의미하지 않는다. 예를 들어, "몰랐던 것을 아는 것" "못하던 것을 할 줄 아는 것" "이전보다 많은 것을 수행할 수 있는 것" 등이다. 하지만 그러한 변화가 지속적, 점진적, 확장적이지 않다.

"적응과 기술" "변화와 발달" "호전과 효과" "치료와 교육"의 개념의 명확한 설명이 정립되지 않았다면, 자폐아동의 치료교육의 결과에 대해 늘 이전보다 좋아졌다고 잘못 평가하게 될 것이다. 많은 치료교육이 아동을 변화시키고 상태를 호전시킬 수 있지만, 치료효과가 있다고 단정하기가 어렵다.

넷째, 처음부터 자폐아동을 위한 치료교육 프로그램이 아닐 수 있다.

지금까지 대부분의 자폐아동 치료교육이 자폐아동을 위한 것이 아닐 가능성이다. 치료교육을 통해 자폐증 장애로 인해 여러 가지 문제를 개선할 수 있지만, 병리적인 문제를 해결하는 것이 아니다. 생활기술을 습득하고 사회에 적응하는 것이 치료교육의 중요한 과제라고 보는 전문가들이 있다. 이들은 대체적으로 기술과 적응능력을 향상시키는 데 목적을 둔다. 예를 들어, 행동, 언어, 생활, 놀이, 사회기술 등을 습득함으로써 아동이 더 나은 상태로 발달할 수 있을 것으로 믿었다. 그리고 대부분의 자폐아동 치료교육이 이러한 목적을 위해서 만들어졌다.

물론, 이 과정을 통해서 어느 정도의 변화가 있었고 장애의 문제를 해결할 수 있는 것처럼 보였을 수 있다. 그리고 자녀가 과거에 비해 훨씬 좋아졌다는 점에서 만족할 수 있다. 그러나 청소년기를 지나 성인이 되어서 자립하는 경우는 없다. 물론, 용케 학교도 다니고 직장생활을 하는 경우도 있다. 하지만 이러한 사례는 극히 드물다. 오히려 그런 사례는 기존의 치료교육의 효과이기보다는 아동 자신의 능력 때문일 수 있다. 일반적으로 대부분의 자폐아동은 일상적인 일이나 생활을 하기가 어렵고 평생 부모에게 의존하며 살아간다.

치료교육 이해의 몇 가지의 반성

적응과 기술

자폐아동 치료교육이 가정, 학교, 사회의 적응을 위한 것이고 최소의 적응을 위해 기술을 습득할 수 있는 방법을 지도하는 데 집중되었다. 그러나 유념해야 할 것은 생활기술을 가르치는 것만큼 적응할 수 있는지의 여부이다. 지금까지 아동의 언어, 행동, 사회

기술능력을 쌓는 데 무던한 노력을 해 보았지만, 되돌아보면 자폐아동이 사회적응의 수준이 기대수준에 미치지 못했다. 과거에 비해 아동은 자신에게 주어진 과제와 문제를 잘 수행할 수 있지만, 자폐아동이 많은 기술을 습득했다고 해서 적응능력이 좋아지는 것도 아니다. 간혹 문제행동이 없어졌고 상태가 나아졌지만, 오히려 나이가 들게 되면 대부분의 자폐아동이 수동적이거나 무기력해지기 쉽다.

어떤 방식으로든지 언어, 생활 및 사회 기술을 가르치면 일정 수준에 이를 수 있지만, 장애의 문제를 근본적으로 해결할 수 없다. 또한 기술을 획득했을 때 아동은 더 잘 적응할 수 있는 것은 아니다. 자폐아동이 행동이나 생활 혹은 언어기술을 상황에 맞게 잘 적용하는 경우는 드물기 때문이다.

다른 사람에 의해서 행동이 통제되었다고 가정할 때 우리는 이것을 적응의 결과라고 단정한다. 부모와 교사의 말을 잘 따랐다면, 가정에서나 학교에서 적응을 잘 하는 아이쯤으로 판단한다. 그러나 만약에 자폐아동이 부모와 교사의 말을 순수히 잘 따르던 경우와 달리 장소나 때에 따라서 지시에 잘 따르지 않았을 때 적응했다고 볼 수 없다. 예를 들어, 가정에서 어머니의 지시와 요구에 잘 따르고 순응하던 아이가 외출할 때 특정한 상황이나 환경에서 돌발적인 행동을 했다면, 부모나 교사가 기대했던 적응을 하지 못한 것이다.

엄밀히 말하자면, 일반아동이나 장애아동에게 적응이라는 개념이 실제로 교육적인지의 여부가 불분명하다. 적응이 "어떤 상황이나 외부환경에 견디는 것"이라면, 오히려 "훈련"이라는 개념이 더 낫다. 적응은 적어도 자신에게 주어진 환경과 상황을 스스로 순응하고 조절하는 능력이라야 한다. 자기-조절과 자기-통제가 되지 않는 한 적응되었다고 볼 수 없다. 그러기 때문에 생활기술 획득만으로 자폐아동이 자신에게 닥친 환경과 상황을 적응하기는 어렵다. 적응은 아동의 내재적인 문제이지 생활 기술 습득의 문제가 아니다.

부모가 방치하지 않는 이상 자폐아동은 다른 장애아동과 마찬가지로 스스로 자신을 변화시키고 적응하는 능력이 있다. 그리고 변화와 적응이 자폐증의 장애를 극복하는 과정이기보다는 아동이 지니고 있는 최소한의 본능적인 능력이다. 이러한 능력은 가정에서 조력을 해 주는 것만으로 더 나은 결과를 얻을 수 있다. 하지만 우리는 여전히 자폐증 장애를 극복할 수 있는 본질적 과제에 접근하는 데 어려움을 겪고 있다.

변화와 발달

대부분 전문가와 부모는 치료교육 과정에서 이전에 비해 달라졌다는 점에서 매우 고무적으로 생각한다. 그리고 오랫동안 배운 만큼 무엇인가를 수행하는 것을 보면 분명히 긍정적으로 달라지고 있음이 틀림이 없는 것 같다. 그럼에도 불구하고 대부분 많은 부모들은 자녀의 변화에 대해서 만족하지 못하고 있다. 그리고 자녀의 미래에 대해 그다지 긍정적이지 않다. 그 이유는 "달라졌지만, 달라지지 않는 아이" "잘 수행하지만, 잘 수행하지 못하는 아이"이기 때문이다. 시간이 지나면서 자녀의 치료교육의 결과에 대해 혼란스러운 것도 그 때문이다.

"달라졌다"는 것이 곧 "좋아졌다"는 것은 아니다. 또한 "좋아졌다"는 것이 "효과"를 의미하는 것은 아니다. 더구나 "효과"가 자폐증의 "치료교육 가능성"을 암시해 주는 것도 아니다. 학습을 통해서 변화가 일어나고 그 결과 "수행 능력"이 향상되었다고 하더라도 자폐증의 장애를 극복하는 과정은 아니다.

변화는 수동적이고 기능적이다. "몰랐던 것들을 아는 것" "못했던 것들을 할 수 있는 것"은 분명히 변화이지만, 그것이 곧 발달과정에서 아동의 상태가 좋아졌다는 것으로 평가하기가 어렵다. 예를 들어, 글을 전혀 알지 못했던 자폐아동이 글을 알고 문장을 읽거나 책을 읽는 것은 분명히 변화이다. 그러나 책을 읽고 내용을 이해하지 못한다면, 자폐아동이 문자를 획득하고 문장을 읽을 수 있는 능력은 의미가 없는 것이다. 즉, 변화만으로 자폐아동이 좋아졌다고 볼 수 없으며 변화가 교육적 효과인 것도 아니다. 책을 읽고서도 내용을 이해하지 못한다면, 문자와 낱말을 아는 것은 기능적 변화일 뿐이다. 그렇기 때문에 말을 한다고 해서 점차 더 나은 언어를 구사하거나 더 이상의 언어능력으로 발전하지 않는다.

변화는 지엽적이고 제한적이다. 우리가 유념해야 할 것은 장애아동이라도 나이가 들면서 변하지 않는 경우는 없다는 점이다. 심지어 아무런 자극이나 경험 혹은 학습이 없더라도 변화는 일어난다. 그러나 변화가 매우 제한적이고 지엽적이라는 점에서 변화가 자폐아동의 미래에 더 나은 결과를 준다는 보장은 없다. 경험 변화가 전반적인 영역에서 일어나지 않기 때문에 특정 능력이 향상되었다고 하더라도 그 능력이 다른 영역에 영향을 미치지 않는다. 일반적으로 변화는 총체적으로 일어나지 않으며 또한 매우 지엽적이다. 그렇기 때문에 "변화"가 "능력의 향상"을 의미하는 것이 아니다.

이에 비해 발달은 통합적, 지속적이다. 이와 달리 발달은 통합적으로 일어나며 광범위한 영역에서 동시에 형성된다. 그리고 다른 영역과 상호작용을 통해서 발달이 촉진되며 시간이 지나면서 능력이 여러 영역에서 확장된다. 예를 들어, 발달은 통합적이고 총체적인 것으로 인지, 언어, 사회영역이 상호 영향을 미친다. 한편으로 발달은 지속적이고 점진적이다. 발달은 그 이전 단계에 발달에 영향을 받으며 점진적으로 진행된다. 예를 들어, 문자 습득은 낱말 습득에 영향을 미치고 낱말 습득은 문장 습득에 영향을 미칠 수 있다. 뿐만 아니라, 문장 습득은 이후에 아동의 다양한 언어 표현능력에 영향을 미치게 된다. 따라서 변화는 예측할 수 없지만, 발달은 예측이 가능해진다.

발달은 역동적이고 확산적이다. 역동적이라는 의미는 자폐아동이 경험하고 습득한 지식들이 상황에 적용될 수 있도록 재구조화가 일어난다는 것이다. 예를 들어, 특정 경험과 지식이 새로운 경험과 지식을 통해 분화가 일어나며 이때 분화는 이전의 것과 전혀 다른 양상의 지적능력이 된다. 그리고 그 능력은 또 다시 풍부한 정보들을 획득할 수 있다. 즉, 자신이 경험하고 배운 것들을 활용하며 스스로 경험하고 배워간다.

발달은 치료 가능성의 표징이다. 변화는 과정을 거치지 않는다. 과정을 거친다고 하더라도 과정이 매우 짧거나 단발적이다. 이에 반해 발달은 뚜렷한 과정을 거친다. 그 과정은 일관성이 있으며, 앞으로 어떻게 발달할지에 관한 미래의 과정을 예측할 수 있다. 그러한 점에서 자폐아동의 치료교육 가능성의 표징은 "발달"이다. 치료교육의 가능성을 제시하기 위해서는 발달의 맥락이 연계되고 점진적으로 활성화되어야 한다. 특정 발달이 다음 단계의 발달로 연계되고 우리는 그것을 예측할 수 있어야 한다. 이것이 치료교육의 가능성을 엿볼 수 있는 단서이기도 하다.

호전과 효과

대부분 부모들은 선택한 치료교육이 장애를 어느 정도 호전시키고 효과도 있었다고 판단한다. 하지만 결과적으로 보면 명확하게 검증된 경우는 드물다. 이러한 사실을 분명히 깨닫게 되는 것은 많은 시간이 지나서이다. 예를 들어, 말을 전혀 하지 못했던 아이가 말을 했을 때, 전혀 수의 개념을 모르던 아이가 간단한 연산문제를 풀었을 때 분명히 치료교육의 효과가 있다고 판단하지만, 실제로 효과가 있었는지의 여부를 단정할 수 없다. 왜냐하면, 자녀가 말을 할 수 있다고 해서 성인이 되어서도 다른 사람과 대화를 나눌 수 있는 것도 아니고 숫자나 연산문제를 풀 수 있다고 해서 수학의 논리를 이해하거나 생활에 적용하는 것도 아니기 때문이다. 분명히 치료 과정에서 무엇인가 할 수 있었음에도 불구하고 자녀의 능력이 향상된 것은 아니다.

호전되었다는 뜻은 신체의 생물학적 반응의 변화에 관한 설명이다. 병의 증세가 점차로 나아진다는 의미로서의 호전은 발달적인 개념에서 적용되기는 어렵다. 생물학적인 반응으로서의 증세가 점차로 나아진다는 것과 성장과 발달 과정에서 점차 나아진다는 개념은 엄연히 다르다. 그러므로 특정한 증상이 나아졌다는 의미로서의 호전은 여전히 우리의 혼란스러운 개념이다.

대부분 자폐아동 치료교육 과정에서 호전 반응은 일어나지만, 지속되지 않는다. 그래서 치료교육 전문가들은 치료교육의 효과가 있지만, "한계"가 있다고 말하는 것도 그 때문이다. 부모들은 자녀가 치료교육을 통해서 못하던 것을 할 수 있거나 다양한 영역에서 과거에 비해 꽤 높은 수준의 능력을 획득했다고 해서 호전되거나 효과가 있는 것이 아니라는 사실을 시간이 지나서야 깨닫는다.

효과의 의미는 발달상에서 볼 때 한정적인 개념이다. 특정 목적의 행동을 변화시키는 데 효과가 있다면, 발달과정에서 일어나는 관련된 행동과 앞으로 일어날 다양한 행동양식에도 영향을 미쳐야 한다. 그런데 일반적으로 치료교육에서 설명하는 효과는 앞으로 일어날 증상이나 장애에 효과가 지속되지 않는다. 예를 들어, 치료교육을 통해서 말을 할 줄 알게 되었다면(효과), 다른 사람과 대화를 나눌 수 있어야 한다(연계성). 그리고 점차적으로 언어능력이 향상되어야 한다(지속성). 효과가 연계성과 지속성을 갖지 않으면, 효과의 개념을 적용하는 것은 의미가 없다. 지금까지 효과라고 불렀지만, 효과가 없었던 것이다. 단지 변화였을 뿐이다.

따라서 지금까지의 치료교육을 통해 무엇이 호전되고 효과가 있었는지에 관한 물음에 명확하게 설명하기란 당혹스러울 수밖에 없다. 왜냐하면, "호전"과 "효과"에 대한 이해의 혼란은 자녀의 현재의 상태를 정확하게 판단할 수 없었기 때문이다. "호전"되고 "효과"가 있다고 해서 자폐증적 장애가 과거에 비해 달라진 것은 없다. 물론, 다루기 어려운 문제행동이나 생활습관 혹은 태도가 유연해지고 순응적일 수 있다고 하더라도 호전되고 효과가 있었다고 하더라도 자폐증으로 인한 장애 요인이 해결되는 것은 아니다.

장애의 요소가 "호전"되고 "효과"가 있었는지에 관한 올바른 평가와 이해가 중요한 이유는 자녀에게 어떤 치료교육을 시켜야 하는지에 관한 판단을 하는 데 영향을 미치기 때문이다. 되돌아보면, 치료교육의 시행착오는 기존의 잘못된 이해와 판단 때문이다. 어떤 치료교육을 하더라도 호전과 효과에 대한 결과는 얼마든지 있다. 교육 전문가들 중에 호전과 효과에 대한 이해의 혼란은 치료교육에서 많은 문제를 일으킬 수 있는 원인이 되는 이유는 호전과 효과에 관한 명확한 개념은 자폐아동 치료교육의 결과에 대한 평가에 영향을 미치기 때문이다.

치료와 교육

자폐아동의 장애문제와 과제를 해결하기 위하여 전문가들은 "치료"와 "교육"의 두 가지 개념을 동시에 적용해 왔다. 그래서 "치료교육"이 내포하고 있는 의미는 자폐증 장애를 극복하는 데 두 가지의 방법이 적용한다. 이에 대해 의학적 접근을 시도하는 전문가들은 심리학이나 교육학에서 "치료"의 개념이나 단어를 사용하는 데 대해 거부하는 경우가 있다.

이들 전문가들 중에는 "치료"와 "교육"을 일치시키기 어렵다고 주장하는 이유는 "치료"가 의학적 개념과 접근이라는 관점이 깊이 내재되어 있기 때문이다. 하지만 이러한 견해는 지나친 편견이며 몰이해이다. 이미 학계와 임상현장에서는 "음악치료" "미술치료" "놀이치료" 등의 방법들은 엄연히 학문적으로 정착되어 있으며 이때 치료의 개념은 의사들만의 고유한 사용 권한을 가진 것이 아니다.[45)]

이와 같이 자폐아동 치료교육 전문가들 중에서 치료교육의 개념을 적용하는 데 어려움은 개념에 대한 이해의 차이에서 시작된다. 그 핵심적인 이유는 그들의 주장의 주안점이 되어 왔던 것처럼 "치료"라는 단어는 의학용어이며 따라서 의사 이외에는 "치료" 단어 자체를 사용할 수 없다는 것이다. 이것이 기존의 기득권을 가지고 있는 "의학자"들의 주장일지는 모르지만, 심리치료가 반드시 의학적 사안에 해당되는 것은 아니다. 자폐아동을 위한 "치료"와 "교육"의 두 가지 과제를 해결해야 한다.[46)]

첫째는 본래 병리적 문제로서의 "치료"에 접근해야 한다는 것이다. 치료는 발달상에서 나타나는 병리적 특징들 중에 "자기몰입" "주의결손" "반복적 집착행동"과 같은 비정형적인 행동과 장애로서 "언어장애" "사회결손" "인지결손" 등을 어떻게 해결해야 하는지에 관한 것이다.

둘째는 발달적 과업으로서 "교육"에 접근해야 하는 것이다. 발달 혹은 나이 수준에 맞게 자신이 해야 할 일과 스스로 책임을 가질 일을 구분하고 수행해야 한다. 따라서 "기본적인 지식"을 습득하고 일상생활을 스스로 수행하기 위한 "과제수행" "생활실천" "계획과 책임" 등을 어떻게 수행하도록 하는지에 관한 것이다.

자폐아동의 병리적 문제를 해결하는 방법을 찾기에는 너무 많은 난제가 쌓여 있다. 더구나 자폐아동의 병리적 문제를 극복할 수 있는 방법이 제시된 경우는 극히 드물며 그에 관련된 정보 또한 턱 없이 부족하다. 자폐아동의 병리에 관한 문제가 교육 전문가에게는 별개의 영역으로 인식되기 때문이다. 오히려 대부분 의학적으로 다루어져야 한다고 믿고 있다. 한편, 교육적 관점에서 자폐아동은 자신이 알아야 할 기본적인 개념을

---

45) 이에 비해 심리학, 교육학 분야에 있는 전문가들은 "치료"와 "교육"의 개념을 적용하는 데 이의를 제기 하지 않는다. 그래서 이들은 "놀이치료" "음악치료" "미술치료" 등의 개념으로 치료 방법을 적용하는데 구애받지 않는다. 몇몇 의학적 입장을 가진 의사들은 심리치료의 분야에서도 "치료"가 그들만의 독자적인 권한을 가진 용어쯤으로 여기는 경우가 있다. 누군가가 자폐증 치료의 개념을 사용하면, 마치 의학적 권한을 침범하는 것으로 여긴다.

46) 특수교육 관련 전문가 중에는 "장애아동이 환자이냐?"라는 말로 "치료"의 개념을 거부하는 경우도 있다. 이는 교육으로서 가능한 것과 치료과정에서 가능한 것들이 있음을 간과한 말이다. 그리고 "교육"과 "치료"의 개념을 전혀 구분하지 못한 오해에서 비롯된다. 교육은 전인적인 목표를 지향하는 것으로 개인의 삶에 관한 문제에 목적을 두지만, "치료"는 발달상의 결손을 개선, 지연시키거나 본래의 상태로 회복시키는 것으로 개인의 장애극복에 목적을 둔다.

습득해야 한다. 또한 생활과 사회적 규범 그리고 아동이 성장하면서 갖추어야 할 바람직한 성품을 갖추도록 하기 위해서는 "교육"을 해야만 한다.

치료교육 이해의 변화

행동주의 이론: 학습과 기술 그리고 적응

행동주의 시작은 소련학자인 파블로프의 "자극과 반응"에 관한 실험으로 시작되었다. 그는 개를 실험대상으로 "소리자극-타액분비"에 관한 현상들을 연구하였다. 종소리를 들려주고 고기를 주는 것을 반복했을 때, 나중에는 고기를 주지 않고 종을 울리기만 해도 개는 침을 흘렸다. 왜냐하면, 종소리가 고기와 연합되었기 때문이다. 고기를 보기 이전에 종을 울려도 타액을 분비한다는 것은 당시로서는 획기적인 연구였다. 그것은 인간의 욕구와 반응을 얼마든지 조작가능하다는 것을 보여 주었기 때문이다.

이후에 스키너라는 학자가 선행조건과 귀결과의 관계만을 주장하는 입장을 취했다. 조작적 조건화를 통해서 학습하는 것을 실험연구를 통해서 보여 주었다. 예를 들어, 쥐가 지렛대를 눌렀을 때, 먹이가 나온다는 것을 알게 된다. 경험을 통해 점차적으로 쥐는 먹을 것을 얻기 위해서 지렛대를 누르게 된다. 이때 먹이는 보상이며 지렛대를 누르는 것이 행동이다. 보상은 조건물이며 행동은 조건화이다. 즉, 보상을 어떻게 제시했는지에 따라 행동을 바꿀 수 있는 것이다.

따라서 행동수정에 있어서 보상 조건 또는 방법은 행동을 목적하는 대로 바꿀 수 있는 중요한 개념이다. 이렇게 개념화된 것이 "정적 강화"와 "부적 강화"이다. 정적 강화는 "보상"을 의미하며, 적절한 행동을 했을 때, 만족감 혹은 쾌감을 얻을 수 있는 것을 보상하는 것이다. 반면에 "부적강화"는 "혐오자극"을 의미하는 것으로 부적절한 행동을 했을 때 혹은 목적행동을 이해하지 않았을 때, "전기 자극" 혹은 "체벌"로서 불쾌감과 혐오감을 유발하게 한다.

이러한 "조작적 조건화" 혹은 "강화요법"은 인간에게 적용되었다. 이러한 행동주의 방식은 일반아동 교육에도 적용되었다. 예를 들어, "말을 잘 듣는 아동"에게는 "보상"을 주고 그렇지 않는 아동에게는 "벌"을 준다. 공부를 잘 하는 아동에게는 계속해서 상을 주며 격려한다. 그러나 성적이 일정 수준 이하의 아동에게는 그에 따른 문책과 벌을 주게 된다. 이때 아동은 혐오적인 경험을 하기보다는 보상을 받기 위해서 노력하게 된다.

행동주의 접근 방법으로서의 교육은 장애아동의 부적절한 행동이나 문제행동을 가진 아동들에게 교육 목적으로도 적용되었다. 그러나 행동주의 접근은 아동의 개인의 능력과 생각 그리고 정서 상태를 고려하지 않는다. 그리고 아동은 자신의 세계를 의식하고 스스로 문제를 해결하는 능력이 있다는 것을 외면했다. 행동주의 접근은 인간행동의 "원인"을 중요하게 여기기보다는 현재 나타나는 행동만을 "수정"하는 데 목적을 둔다.

행동주의 방법으로서 "자극-반응" 혹은 "조작적 조건화"를 통해 인간의 행동과 의식을 바꿀 수 없는 없다. 왜냐하면 인간의 행동과 의식은 아동 스스로가 자신의 세계를 어떻게 해석하고 이해했는지의 여부에 따라 결정되기 때문이다. 행동주의 방법이 자폐아동의 행동을 수정하는 데 용이하더라도 자폐아동이 아동으로서 자신이 경험하고 있는 생활세계를 이해하고 자신에게 당면한 문제와 과제를 스스로 해결하도록 하지는 못한다. 자신과 자신이 처해 있는 세계를 알기 위해서는 그와 관련된 의식과 사고를 향상시켜야만 한다. 그러한 점에서 볼 때 행동주의 방법의 치료교육은 자폐아동에게 특별히 의미가 있는 것은 아니다.

인지 이론: 정신적 구조

치료교육의 임상적 경험이 있는 전문가들이라면, 몇 가지 행동이 바뀌거나 혹은 지식과 기술을 획득했다고 해서 자폐아동에게 더 나은 발달을 기대할 수 없다는 것을 안다. 자폐아동의 치료교육의 실패는 자폐아동의 행동만을 다루려고 했다는 것에서 시작된다. 물론, 자폐아동에게 나타나는 충동적이고 자기중심적 태도의 문제는 때로 심각한 생활부적응을 초래한다. 그래서 부모나 전문가들은 우선적으로 행동을 변화시키는 것이 당면 과제가 될 수 있다.

자폐아동의 실패는 치료접근의 방향과 방법에도 원인이 있지만, 정작 자폐아동의 생활세계를 이해하지 못하는 데서 오는 원인이 더 크다. 모든 아동은 성장하면서 겪게 되는 경험과 지식을 통해서 자신만의 고유한 생활과 세계를 공유하게 된다. 일반아동들이 그러듯 자폐아동 또한 그들만의 고유한 생활과 세계를 가지고 있다. 단지, 자폐아동은 자신의 세계를 갖지 못하거나 혹은 자신의 세계를 드러내는 능력이 없다기보다는 자신을 드러내는 방식에서 차이가 있다.

자폐아동은 자신의 생활과 세계를 지엽적으로 인식하는 경향이 있다. 예를 들어, 일반아동은 장난감을 가지고 놀 때 놀이 활동을 하지만, 자폐아동의 경우에는 장난감의 일부 특징을 집착하고 다루는 것을 좋아한다. 자동차 바퀴를 계속해서 반복적으로 돌리는 것이나 특정한 사물을 모으는 것에 집착하는 것 등이다. 자폐아동은 지엽적 관심으로부터 자신의 능력을 부각하는 경향도 있다. 예를 들어, 숫자와 문자 그리고 특정한 기호와 패턴에 집착하는 경우에는 놀랍도록 관찰과 기억을 발휘한다. 따라서 자폐아동의 장애는 생활과 세계를 통합하는 인지능력에 결함이 있으며 이러한 자폐증적 장애는 가정과 사회생활에 부적절한 영향을 미치게 된다.

자폐증 장애를 연구하는 많은 연구자들에게도 공통된 견해에 이르게 된다. 그것은 자폐증의 근본적인 문제가 인지발달이라는 것이며 인지능력의 향상 없이는 장애를 극복하기가 어렵다는 점이다. 왜냐하면, 행동주의 이론의 접근이 자폐아동의 내재적 사고구조나 현상에 대한 해석과 이해 능력에 영향을 주지 않기 때문이다. 따라서 행동주의 접근은 자폐아동의 다음과 같은 문제들을 해결할 수 없다. 예를 들어, 사건을 예측하고 아동 자신의 행동을 스스로 변경하고 실행하게 하는 것, 아동의 사회발달 과정에서 "아동이 친구의 마음을 고려해서 자신의 행동을 결정하는 것" "친구와 관계를 통해 우정을 갖는 것" "경쟁심을 갖는 것" "친구의 아픔을 함께 나누는 것"이나 언어발달에서의 "주제에 따라 대화를 이끌어 가는 것" "행동과 표정으로 나타나는 비언어의 사용" "특정 목적을 위해 언어로 설득하는 것" "창의적인 작문" 그리고 "과제를 추론하는 것" "논리적으로 문제를 해결하는 것" "문장의 맥락을 찾는 것" "자신의 문제를 이해하는 것" "어떤 일의 결과에 대해 반성하는 것" 등이다.

행동주의 접근과 달리 인지주의 접근로서의 자폐아동 치료교육 목적은 자폐아동이 자신의 세계를 확장하고 이해하도록 할 뿐만 아니라, 스스로 그 세계를 체험을 통해 해석할 수 있도록 하는 것이다. 그러나 그렇게 되기 위해서 몇 가지 당면 과제가 있다. 그것은 어떻게 자신의 세계를 인식하고 확장시키는지의 여부이다. 이것을 위해 우리는 몇 가지 일반아동의 발달에 관한 이해가 필요하다. 아동은 자신의 세계를 이해하기 위한 정신적 구조를 가지고 있다. 정신적 구조는 아동이 성장하면서 조금씩 복잡하고 섬세하게 갖추어 간다. 우리는 이것을 인지발달이라고 한다. 인지발달은 곧 정신적 구조를 갖추어 간다는 것을 말한다. 만약에 인지발달 없이 아동은 자신의 세계를 더 넓고 깊게 이해하기란 어렵다. 더구나 자신의 정신세계를 펼쳐가기란 더더욱 어렵다. 이러한 점에서 자폐아동은 일반아동들처럼 정신적 구조를 형성하는 데 장애가 있다.

자폐아동은 다양한 문제를 가지고 있다. 그것은 사고 능력 뿐만 아니라, 언어영역과 사회영역 그리고 정서영역에서의 문제들이다. 중요한 사실은 언어와 사회 그리고 정서 영역들이 모두 인지발달에 영향을 받는다는 것이다. 그리고 인지발달 없이 각각의 언어, 사회, 정서가 발달되지 않는다는 점도 깊이 생각해야 할 것이다. 왜냐하면, 인지발달의 여부가 자폐아동의 장애문제들을 근본적으로 해결하는 단서가 되기 때문이다. 자폐아동을 연구하는 많은 연구자들은 시간이 지나면서 점차적으로 자폐아동 치료교육의 결정적 단서가 인지회복에 있다고 귀결짓고 있다. 왜냐하면, 결국 사고, 언어, 사회, 정서 및 행동은 인지과정이기 때문이다.

하지만, 많은 전문가와 부모들의 고민은 어떻게 자폐아동의 인지발달의 결손을 회복시킬 수 있는지에 관한 것이다. 그러나 많은 사람들은 인간의 인지가 특별한 과정을 통해서 점진적으로 발달할 수 있는지에 관해 의심하며 결코 그러한 일이 일어나지 않는다고 단정하기도 한다. 기존의 이론적 방식에 깊이 각인된 지식전문가들은 아동의 세계를 이해하려고 하는 것이 아니라, 그들의 행동만을 문제삼으려고 한다. 그들은 항상 자폐아동의 자폐증적 장애를 "아는 것"일 뿐, "이해"하지 못한다. 그래서 그들의 의식에는 자폐아동이 항상 "문제의 대상"일 뿐 "이해 대상"이 되지 않는다. 그리고 지식전문가들의 과업은 자폐아동의 "장애로 인해 나타나는 문제"를 해결하는 것이지만, 자폐아동의 "장애 요인"을 어떻게 해결해야 하는지에 대해 관심을 갖지 않는다. 그래서 항상 "기술"을 가르치지만, "능력"을 향상시키지는 않는다. 그리고 자폐아동의 생활세계를 이해하기보다는 장애와 무능력에 더 많은 관심을 갖는다.[47]

치료교육 방향의 전환

자폐아동의 예후를 연구한 많은 연구자들의 연구 결과는 대체적으로 자폐아동의 미래가 그렇게 밝지 않다는 것을 보여 준다. 물론, 몇몇 사례를 들어 더 나은 예후의 "가능성"을 말하는 전문가들도 간혹 있지만, 과연 그것이 일반적으로 자폐아동 모두에게 해당하는 것은 아니다. 전문가들은 자폐아동의 성공적인 치료교육을 기대하지 않지만, 많은 연구자들은 끊임없이 그 가능성에 관해 연구를 지속하고 있다. 하지만 자폐증의 연구와 관련된 수많은 학자들의 고민은 자폐아동을 어떻게 성공적으로 치료교육을 해야 하는지에 관한 것이다. 이러한 어려움에도 불구하고 산재되어 있는 과제들을 많은 연구자들은 하나씩 밝혀내었고 시간이 지나면서 지금까지 예측 못했던 사실들이 하나씩 밝혀지기 시작했다.

유전학, 뇌생리학과 인지심리학 등과 같은 다양한 연구 접근들은 자폐증의 장애에 대한 이해의 폭을 넓혀 주었다. 결국은 자폐증 장애가 뇌기능 장애라는 데 이해를 좁혔다. 그리고 인지장애의 요인이 발달에 깊이 관여한다는 것이 밝혀졌다. 이러한 견해들은 자폐아동의 치료교육에 직접적으로 영향을 미치게 되었다. 자폐아동의 장애를 근본적인 문제를 극복하는 방법 혹은 자폐아동을 성공적으로 치료교육하기 위해 "인지적 접근"이 문제해결의 방법임이 확실해졌다. 그리고 자폐아동의 근본적인 장애를 극복하기 위해

47) 지식전문가는 자폐아동이 교육대상이 아니라, 연구대상에 지나지 않으며, 그들은 고작 통계 범주 안에서 자폐아동을 이해하려고 한다. 치료교육의 문제는 이러한 지식전문가들에 의해 제시되었다는 점이다. 자폐아동의 치료교육 경험이 없는 지식전문가들은 외국의 연구 이론에 민감하며 종종 외국의 치료교육을 마치 오랫동안 직접 경험이라도 한 것처럼 소개한다. 분명히 이들은 외국의 치료교육을 잘 소개하는 지식중계자일지는 몰라도 자폐아동에 대해 깊은 이해가 부족할 가능성이 크다. 그들에게는 여전히 자폐아동은 흥미를 끄는 연구대상일 뿐이다.

서는 인지발달이 중요한 과제가 되었다.

연구자들은 교육 과제의 핵심이 자폐아동의 행동은 사고적이어야 한다는 점에서 공통된 인식을 가지고 있다. 우리가 세상을 이해하고 다른 사람들과 교감하는 것 그리고 자신의 느낌과 감정을 공유하는 것은 결국 인지능력과 관련이 있기 때문이다. 인지는 세계를 발견하고 이해하는 능력이다. 그리고 자신에게 주어진 과제를 스스로 해결하는 능력이기도 하다. 따라서 생각하면서 행동하는 것은 인간이 가지고 있는 유일한 능력이며 인간은 보다 넓은 세계를 지각하고 존재의미를 찾으려고 한다. 모든 인간은 인지양식에 따라 문제를 이해하고 행동하는 것이다.

지적능력은 영아기로 시작해서 아동기에 이르기까지 급속도로 발전하게 된다. 그리고 대부분의 지적 능력은 아동기에 완성된다. 뿐만 아니라, 이 시기에 세계에 대한 호기심과 탐구심이 확장된다. 따라서 아동기는 인지발달의 매우 중요한 시기이다. 치료교육의 시기가 빠를수록 좋은 결과를 얻을 수 있는 이유가 그 때문이다. 인지발달 접근 방법은 자폐아동 치료교육의 새로운 전환이다.

❁ 자폐증 치료교육의 풀리지 않는 문제들

자녀를 오랜 기간 동안 치료교육을 시켰음에도 불구하고 자녀의 장애와 그에 따른 발달상의 문제의 원인에 관해 설명하는 전문가는 극히, 드물었다. 부모는 왜 자녀가 말이 지연되는지, 그리고 왜 또래 아동과 사회적 관계를 형성하지 못하는지, 왜 학습이 지연되는지, 혹은 왜 특별한 행동을 하는지…… 등의 일상에서 경험하는 문제들에 의문을 가지고 전문가들을 찾는다. "원래 자폐아동이나 발달장애아동은 특징상 그러한 문제행동이나 발달상 결함이 있습니다."라는 대답은 석연치 않고 만족스럽지 못하다. 그리고 전문가들은 종종 핵심적인 문제들이 무엇인지에 대해 구체적인 답변을 회피하는 경향이 있다.

자폐아동 치료교육 과정에서 발견하는 핵심적인 문제들은 다음과 같다.

첫째, 전반적으로 발달이 더디다. 치료교육 과정에서 많은 시간을 할애했을 때 변화를 이끌 수 있지만, 문제는 그 과정이 더디다는 것이다. 그 이유를 단순히 학습능력이 뒤떨어지기 때문이라고 단정하기에는 무언가 설명이 부족하다. 때로 자폐아동은 뛰어난 학습능력을 보이기도 하지만, 대체로 그러한 능력은 지엽적인 것일 뿐 전반적인 학습능력의 수준을 의미하는 것은 아니다.

둘째, 많은 노력에도 불구하고 학습능력의 한계에 직면한다. 치료교육 과정에서 어느 수준에 이르게 되면, 학습능력은 한계에 이르게 된다는 점도 특징이다. 더 이상의 지속적인 치료교육이 어렵다. 아무리 많은 지식을 습득을 했다고 하더라도 자폐아동은 자신이 습득한 지식정보를 활용하는 데 한계가 있다. 어느 일정 수준에 이르게 되었을 때 자폐아동은 자신의 정보를 활용하는 능력은 더 이상 향상되지 않는다. 학습을 받아들이는 것뿐만 아니라, 지식정보를 활용하는 데 한계가 있다.

셋째, 반응과 행동이 대체로 둔감하다. 장애아동 중에 자폐아동 만큼 수동적이고 무력한 경우는 없다. 물론, 자신이 관심을 두는 것에는 적극적이겠지만, 그것은 어디까지나 병리적 문제에 속한다. 치료교육 과정에서 어떤 일에 동기를 부여하기가 무척 어렵다. 관심을 끌려고 해도 좀처럼 따르지 않는다. 자폐아동은 나이가 들어서도 자신의 일을 계획하지 못하고 스스로 일을 수행하지 못한다. 자폐아동은 자신의 일이나 생활에 동기가 없는 것 같다.

넷째, 외부의 세계와 관계하지 않는다. 자폐아동은 자신의 주변 세계와 아무런 관련이 없이 생활하는 것 같다. 다른 사람이나 일상에 일어나는 현상에 대해 무관심하다. 자폐아동에게는 공동주의에 결함이 있기 때문에 자신 이외의 세계에 공감하거나 의식하는 일이 없다. 사회현상이라는 것은 개인과의 관계를 의식하는 것으로 시작된다. 다른 사람을 아는 것은 곧 사회현상을 의식하는 것이다. 자폐아동이 사회현상을 의식하지 못하는 것은 성인이 되어서도 지속된다.

만약에 이러한 과제들을 해결하지 못한다면 치료교육 노력에 비해 그 결과가 만족스럽지 못할 것이다. 성공적으로 이끌었다고 하더라도 실제로 만족스럽지 못하다. 왜냐하면, 시간이 지나면서 아동은 자신의 나이에 수준에 맞게 발달하지 못하면, 일반아동과의 개인차는 뚜렷하게 나타나기 때문이다. 따라서 학업을 따라가는 것은 고사하고 다른 또래와 대화를 하는 것, 그리고 또래 친구와의 사회적 관계를 형성하기가 어렵다. 이 경우에는 성인이 되어서 가정과 사회생활 능력을 가진 경우는 찾아보기 어렵다.

왜 변화가 더딘가?

일반아동의 경우, 외부로부터 유입되는 자극과 정보에 민감하고 반응이 즉각적이다. 이에 비해 자폐아동은 대체로 자극 정보에 둔감하고 반응이 느리다. 그리고 자신이 필요한 것에만 집중하고 반응을 보인다. 이에 대해 카너는 자폐아동이 주변의 환경이나 사람들을 의식하지 못하는 이유를 감각적 결함에서 찾으려고 하였다(Kanner, 1943). 여기에는 두 가지의 감각 결함이 있다. 그것은 대체로 자신의 주변에 대해 무관심하거나 자극에 반응을 하지 않거나 혹은 특정한 감각자극에 대해 지나치게 집중하는 경향이다. 이미 앞서 설명한 바와 같이 이러한 성향의 원인을 각성의 불안정성에 의한 '과선택성(overselective)'으로 설명한다(Schreibamn, 1998).[48] 자폐아동이 여러 기능이나 발달에서 둔감성을 보이거나 혹은 더딘지에 관해 다시 한 번 각성을 주목하지 않을 수 없다. 왜냐하면, 각성은 장애아동의 감각과 지각의 둔감성과 깊은 관련이 있기 때문이다.

각성이 불안정하다는 것은 무엇을 의미하는 것일까? 각성은 외부로부터 유입되는 감각정보에 반응하는 것이다. 예를 들어, 주변에 무언가 떨어져 깨지는 소리가 들렸다고 할 때 소리(자극)는 청각(감각)에 의해 감지되면, 즉각적으로 소리정보에 반응(각성)한다. 이때 각성에 결함이 있을 경우, 주위에 무수한 감각 정보들이 유입되더라도 의식하지 못한다. 반면에 각성이 지나치게 높을 경우, 과다하게 여러 정보에 반응을 하게 된다. 따라서 각성은 감각정보를 받아들이기도 하지만, 감각 정보를 적절한 수준에서 유지하도록 하는 역할을 한다.

각성은 높은 수준에서 일어나기도 하고 떨어지기도 한다. '과도하게 각성'되면 주변 환경에 무수한 자극에 선별적으로 주의를 기울이지 못하고 여러 감각-정보에 반응하게 된다. 이 경우, 주의가 산만해지거나 혹은 몰입하기도 한다. 각성의 불안정성에 의한 과선택성은 여러 가지 양상으로 나타나기도 한다. 예를 들어, 혼자 놀다가 갑자기 이유 없이 웃거나 혹은 우는 행동, 자신이 하던 일을 멈추고 갑자기 무엇엔가 몰입하는 것, 특정한 사물이나 현상에 지나치게 집착하는 것, 이름을 불러도 반응을 보이지 않는 것, 깜짝 놀랄만한 소리에도 반응하지 않는 것, 특별히 관심을 끌만한 상황에 처해도 무관심한 것 등이다.[49]

다양한 자극정보를 의식한다는 것은 "각성"과 관련이 있으며, 각성은 각각의 정보를 의식하는 능력이다. 주어진 시간에 똑같은 양의 과제를 수행한다고 가정할 때 과선택성에 결함을 가진 경우에는 극히, 제한된 과제에 집착하게 되기 때문에 보다 적은 과제만

---

48) 자극 정보에 반응하고 받아들이는 것은 각성과 관련이 되어 있다. 각성은 아동이 처해 있는 세계를 의식하도록 하는 반응체계이다.

49) 각성의 불안정성으로 인한 자기몰입은 자폐아동이 처해 있는 환경과 상황이 복잡하기 때문에 외부로부터 유입되는 자극들을 선별적으로 통제하기가 어렵기 때문에 나타난다고 한다. 따라서 이러한 몰입 행동을 줄이는 방법은 현재 자폐아동은 복잡한 사회적 자극으로부터 벗어남으로써 줄일 수 있다고 한다(Belmonte & Yurgelun-Todd, 2003; Dawson & Lewy, 1989; Kinsbourne, 1987). 즉, 자폐아동이 보다 적게 자극에 노출시킴으로써 불필요한 자극에 반응하지 않도록 하는 것이다. 그러나 이 설명은 각성과 선택적 주의를 혼돈하는 데서 오는 것일 수 있다. 선택적 주의는 외부로부터 유입되는 다양한 자극정보에 일일이 관여하지 않고 오직 자신이 필요한 자극정보에 반응을 보이는 능력이다. 만약에 선택적 주의에 결함을 가질 경우, 아동은 특정한 자극정보에 집중하지 못하고 대부분의 자극정보에 동시에 반응하려고 할 것이다. 주의결핍 및 과잉행동장애(ADHD)의 경우가 한 예이다.

을 수행할 것이다. 반면에 각성이 안정되었을 경우, 아동은 여러 자극정보에 관심을 두기 때문에 더 많은 과제를 수행하게 된다.

만약에 특정 자극정보에 집중하게 되면, 그것에 관한 더 많은 것들에 대해 알게 되겠지만, 반면에 그 외의 자극정보에 대해 무관심하게 될 것이다. 자극정보를 각성하지 못한다면, 아동은 대체로 많은 것들을 알지 못하게 될 것이다. 이때 아동은 대체적으로 외부 환경에 대해 관심을 갖지 않게 되고 마치 감각에 무딘 아이처럼 반응하게 될 것이다. 대체로 장애아동들이 일반아동들에 비해 둔감한 표정이나 행동을 보이는데 이것은 각성 수준과 관련이 있다.

한편, 각성은 특정 수준에 다다르게 되면 지각화된다. 즉, 각성이 활성화되면, 주의가 형성된다. 이때 각각의 정보를 의식하게 되는데 이것이 지각화이다. 만약에 각성이 활성화될 경우, 더 많은 것에 주의를 둘 것이다. 각성 수준이 떨어지면, 상대적으로 주의가 떨어지게 된다. 그러한 점에서 각성이 활성화될 경우, 외부로부터 유입되는 자극정보에 대해 빠르게 반응하고 인식하게 되지만, 그 반대로 활성화되지 않을 경우, 제한된 시간에 일정한 과제를 수행하기란 어렵다. 각성의 결함은 자폐아동의 행동에도 영향을 미친다. 자폐아동은 몇 가지 특정정보를 받아들이거나 과제만을 수행하게 된다. 자폐아동은 항상 제한되고 특정한 행동에 몰두하게 됨으로써 다양한 환경이나 친구들에게 관심을 두지 않는다. 즉, 자폐아동의 모든 행동과 의식은 각성상태에 영향을 받는다(Ornitz & Ritvo, 1968b; Raymeker, van der Meere, & Roeyers, 2004).

발달과정에서 각성은 두 가지에 영향을 미친다. 정보를 받아들이는 것과 정보를 선택하는 것이다. 초기에 각성에 결함이 있을 경우, 보다 적극적으로 외부 환경으로부터 유입되는 자극정보를 받아들이는 데 어려움이 있다. 이 때문에 학습이 어렵거나 더딜 수 있다. 또한 다른 외부 환경에 둔감하게 된다. 각성 수준이 떨어지면, 그 만큼 스스로 체험하고 배우는 데 어려움이 따른다.

자폐아동의 각성 결함은 성인기에 이르기까지 지속된다. 이것은 곧 성인기에 이르러서도 주변세계에 대해 둔감하다는 의미이다. 또한 각성의 결함은 다른 사람의 행동과 태도 그리고 정서적 반응을 감지하는 능력에도 영향을 미칠 수 있다. 이것이 대인 각성이다. 일반아동들은 다른 또래 아동의 행동과 태도, 정서에 민감하게 반응하며 사회적 상호작용에 영향을 미친다. 만약에 대인 각성이 떨어질 경우, 다른 사람에게 무관심한 행동과 태도로 나타나게 될 것이다. 각성의 결손의 근본적인 문제는 자폐아동이 스스로 생활세계를 통해 배우게 되는 것을 단절시키는 것이다.

왜 지속적인 발달을 보이지 않는가?

자폐아동의 발달이 점진적이고 지속적인 발달을 보이지 않는 이유는 무엇인가? 대부분 자폐아동이 성장해서 건강한 청소년이나 성인으로 성장한 사례는 극히 드물다. 일반적으로 아동발달은 지속성을 가지고 있다. 발달의 지속성은 정신 병리적 진단의 단서가 된다. 만약에 자폐아동 발달이 지속이 되지 않는다면, 모든 발달영역에서도 역시 결함이 생긴다. 뿐만 아니라, 성장과정에서 발달이 불안정하게 되며, 발달의 안정성을 잃게 된다.

따라서 특정 영역의 발달을 집중한다고 해서 다른 발달영역에 비해 월등히 수준을 높이는 것은 아니다. 예를 들어, 장애아동의 언어발달을 위해 언어교육을 강화한다고 해서 인지, 사회발달영역에 비해 훨씬 좋은 발달양상을 보이는 것은 아니다. 왜냐하면, 언어발달은 사회발달영역과 깊이 관련이 있기 때문이다. 물론, 몇 가지의 언어기능을 회복시키기 위한 강화된 훈련을 통해서 기능을 높일 수 있지만, 근본적으로 언어능력을 향상시키기란 어렵다.

그러한 점에서 자폐아동의 발달지연은 발달의 통합에 실패하는 데서 시작한다. 즉, 인지, 언어, 사회발달영역 간의 상호작용이 떨어진다. 이러한 특징은 지능검사에서도 나타난다. 자폐아동은 대체적으로 동작성 검사에서 좋은 점수를 얻는 반면에 언어성 검사에서는 월등히 점수가 낮다. 뿐만 아니라, 일상 학습활동에서도 그러한 발달적 특징이 뚜렷하다. 예를 들어, 그림 그리기가 뛰어나지만, 이해능력이 없으며, 특정 사물이나 기호를 암기하는 데 뛰어나지만, 사물을 전반적으로 이해하는 데는 뒤떨어진다.

발달이 통합적으로 일어나지 않을 때 발달은 지연되거나 지속적으로 일어나지 않는다. 많은 치료교육이 특정 발달영역에 치중하지만, 여전히 기대하는 목표만큼 치료교육의 효과를 얻지 못한다. 따라서 발달이 어떻게 일어나는지에 관한 이해와 발달을 돕는 방법을 올바로 이해하기 위해서는 발달의 지속성과 원리는 자폐증 장애가 인지, 언어, 사회발달의 통합에 실패하는 데서 온다는 점을 고려해야 한다.

왜 질적으로 향상되지 않는가?

자폐아동은 개인의 능력이 뛰어나거나 특별히 많은 지식을 습득하더라도 "많은 것을 알면서 한편으로 많은 것을 모르는 아이"라는 것이다. 예를 들어, 말을 할 줄 아는 데 다른 사람과 대화를 나누지 못하는 것, 그림을 그리지만 의미를 부여하지 못하는 것, 사물을 조작할 줄 알지만, 사물을 의미 있게 다루지 못하는 것, 행동을 모방하지만, 사회모방이 되지 않는 것, 가족들과 상호작용이 가능하지만, 또래 친구와 사회관계가 형성되지 않는 것 등의 문제는 질적인 문제이다. 자폐아동이 질적으로 발달하지 않는 이유는 다음과 같다.

첫째, 정보의 중심적 응집성의 능력 부족이다.

자폐아동은 무엇을 배워갈 때, 관심과 흥미를 느끼는 내용에 대해서는 많이 알고 있지만, 전반적으로 학습하는 것이 어렵다. 또한 많은 것을 아는데도 불구하고 모른다. 이것은 자폐아동이 학습을 통해서 획득한 정보들을 즉, 학습한 내용들을 통합적으로 개념화하는 데 실패하기 때문이다. 이것은 정보를 획득하지만, 정보를 다루지 못한다는 것을 의미한다. 스스로 습득한 정보를 활용하거나 정보를 해석하고 조직하는 능력인 중심적 응집성(central coherence)의 결손 때문이며 이것은 인지적 결함 때문이라고 한다(Frith & Happe, 1995).[50] 중심적 응집성은 정보를 종합적으로 해석을 하고 조직할 수 있는 능력이다. 이 능력은 자폐아동 자신의 세계를 종합적으로 이해하는 데 영향을 미친다. 지금까지 자폐아동이 왜 지엽적인 대상에 집착하는지 그리고 왜 주위의 변화와 환경 그리고 현상에 관심을 두지 않는지에 대해서 의문을 가지고 있었다. 많은 사람들의 자폐아동이 주변과 관심이 없는 것으로 보이는 것도 그 때문이다(Happe, 1994).

둘째, 발달영역 간의 유기적인 연합의 결함이다.

정보의 통합문제는 "자폐아동의 발달"이라는 특수한 상황에서 이해되어야 한다. 발달은 사고 · 언어 · 사회의 세 가지 영역으로 구분될 수 있다. 휘트먼에 의하면, 자폐아동의 장애를 인지결함으로 설명하였다(Whitman, 2005). 지금까지 많은 전문가들은 자폐아동의 장애를 개별적인 결함으로 보았던 반면에 휘트먼은 자폐아동의 발달적 통합의 결함에 초점을 두었다. 그는 발달이 개별적으로 발달하는 것이 아니라, 사고 · 언어 · 사

50) 자폐아동은 자신에게 자극되는 정보들을 인식하고 그 정보들을 통합하는 데 결함이 있으며 이것은 인지결함이 원인이다. 자폐증의 인지결함을 설명하는 두 가지의 연구가 있다. 첫째, "집행기능"이다. "집행기능"은 주의집중을 융통성 있게 변경하고, 목표 지향적 행동을 하도록 하며, 계획적이고 전략적인 방식으로 문제를 해결하는 사징된 기제라고 할 수 있다(Baddeley, 1991). 자폐증 영유아동들은 집행기능 검사에서 전두엽손상 환자들이 나타내는 것과 비슷한 인지적 결함을 나타냄으로써 전두엽 손상과 자폐성과의 관련을 지지하고 있다(Hughes & Russell, 1993). 둘째, 중앙응집성의 결함이다. 경험을 통해서 획득하는 정보들을 통합적으로 개념화하는 데 어려움이 있으며, 이것을 브리드는 중앙응집성으로 설명하였다. 즉, 자폐아동은 스스로 습득한 정보를 활용하거나 정보를 해석하고 조직하는 능력에 결함이 있다(Frith & Happe, 1995). 정상발달 아동은 사진 속의 친근한 얼굴을 찾아내는데 얼굴의 부분을 보였을 때보다 전체얼굴을 보였을 때 훨씬 더 찾아내는 반면, 자폐성 영유아동들은 얼굴의 일부분을 지각하는 비전체적이고 부분적인 지각유형을 나타낸다. 중앙응집성의 결함으로 인해 자폐아동은 사회현상에 관한 정보들을 해석하는 데 어려움이 따른다. 사회현상의 개별적인 정보들에 대해 관심을 갖지만, 그것의 의미를 알지 못한다.

을 추측할 할 수 있다.

그렇다면 모방이 어떻게 내면적인 심적 발달에 영향을 미치는 것일까? "모방"은 시각적으로 똑같이 모사하지만, "동일시"는 인격을 똑같이 모방하는 것이다. 아동이 "~처럼" 행동을 따라하거나 말을 하는 것은 본래 자신의 인격적 모델을 벗어나 다른 사람의 인격적 모델을 만들어 내는 것이다. 따라서 동일시는 단순히 행동을 모사하기보다는 다른 사람의 내면적 역할을 모사하게 된다. 친구와 부모 혹은 특정 모델 대상의 정서, 지식, 믿음, 감정, 의도 등을 자신의 것으로 내면화시키게 되면서 아동은 성숙하게 된다.

동일시는 공감 능력과 관련이 있다. 공감 능력은 상호간에 감정적 이해와 표현 그리고 교감을 의미하는 데 비해 자폐아동은 공감 능력이 없다는 것이다(Hertzing, Snow, & Sherman, 1989). 동일시는 공감 능력 중의 하나이다. 아동 자신이 다른 사람의 입장에서 행동하는 것은 공감 능력으로 이것은 단순히 모방만으로 형성되지 않는다. 아동 자신이 다른 또래 친구의 상태를 내재화할 수 있어야 한다. 따라서 동일시는 다른 사람의 마음을 읽도록 가능하게 하는 인지요소이다.

왜 사회현상을 이해하지 못하는가?

자폐아동이 자신의 생활세계를 인식하고 있는 것인가? 자폐아동이 자신에게 처해진 세계를 인지하지 못한다는 것이 아니라, 자폐아동이 인식하는 세계는 일반아동의 세계와 그 양상이 다르다는 점을 이해해야 한다. 이들 아동이 자신의 세계를 의식할 수 있는 범주는 매우 제한적이다. 자폐아동이 자신의 세계를 어떻게 인식하는지의 여부는 그들이 환경과 사물을 어떻게 다루는지를 관찰하면 알 수 있다.

자폐아동은 사물과 대상에 대해 관심을 갖지만, 극히 일부분에 집중하는 경향이 있다. 그리고 환경과 현상을 인식하기보다는 눈에 비친 현 사실에만 의식한다. 실재하는 것이 눈에 보이지 않을 경우, 애초에 실재하지 않는 것으로 인식한다. 예를 들어, 엄마와 함께 복잡한 거리에서 손을 놓게 되면, 직접 경험되지 않는 엄마는 애초에 존재하지 않는 것으로 인식한다. 엄마는 자신의 시야에 존재할 때만 의식되는 것이다. 자신의 세계는 기억과 감각에서만 존재하는 것이다.

자폐아동이 현재 일어나는 사건과 현상만을 조망하는 것 같다. 조망의 범주가 제한될 경우, 특정한 일이나 사건과 현상에만 집착하며 사물과 현상의 관계를 지각하지 않는다. 단지, 사물이나 현상 그 자체만을 관심 갖게 된다. 따라서 조망에 결함이 있을 경우, 자폐아동에게 있어 모든 대상과 현상은 감각적 대상일 뿐, 지각의 대상이 아니다. 그리고 자신이 처해 있는 사회적 관계를 의식하지 않는다. 물론, 자폐아동들은 어느 정도의 기간이 지나고 다양한 체험을 통하여 자신의 생활과 환경 그리고 현상을 의식할 수 있지만, 여전히 조망의 범주는 제한적이다.

자폐아동들은 주변에서 자신이 원하는 것을 얻고 싶을 때에는 주의를 두지만, 단순히 다른 사람과 사회적으로 어울리거나 다른 사람과 자신의 경험을 공유하기 위한 공동주의(protodeclarative joint attention)는 거의 일어나지 않는다. 자폐아동은 또한 무엇을 알아내기 위해 다른 사람들의 얼굴을 바라보지 않는다. 그리고 다른 사람의 행동이나 활동에도 관심을 두지 않는다. 당연히 세계를 통찰할 만큼 의식이 활성화되지 않으며, 또한 주변에서 일어나는 사회현상을 이해하기란 어렵다.

조망 지각은 세계를 지각하는 범주를 제한시킬 뿐만 아니라, 공동으로 바라보는 관심을 갖게 하는데도 영향을 미친다. 자폐아동은 대체로 자신이 관심을 갖는 물건이나 대상 혹은 환경에 집착하지만, 주변에서 일어나는 공동 관심사에는 개의치 않는다. 이와 같이 자폐아동이 자신이 관심을 두는 일에 대해서 집중하거나 참여하지만, 다른 또래 아동처럼 공동 관심사에는 개의치 않는 반면에 일반아동은 다른 사람이 관심을 갖는 것에 주의를 둔다. 또래 친구가 무엇을 하고 노는지에 관해 관심을 갖고 참여하려고 한다. 뿐만 아니라, 또래 집단이 관심을 갖는 것에도 이끌리고 참여한다. 그러나 자폐아동들에게는 공동주의 행동이 전혀 나타나지 않으며, 가능하더라도 극히 제한적이다(Dawson & Munson, 2002).

사회현상이란 사회 조직과 구성 간에 일어나는 현상을 말한다. 거기에는 분명히 인과관계가 놓여 있다. 물론, 인과관계를 발견하지 못했을 경우, 아무런 이유 없는 사건과 현상이 일어난다고 판단할 수 있다. 그러나 사회현상에는 우리가 의식하지 못하는 무수한 사건들이 일어나게 된다. 사회의식이란 사회에서 일어나는 현상들에 대한 의식이다. 자폐아동이 사회현상을 인식하는 데 어려움은 공동주의 결함 때문이다.

공동주의는 아동이 다른 사람의 주의를 끌기 위해 자신의 시선을 이용할 수 있을 때 형성된다. 예를 들어, 엄마가 아기와 시선을 맞추고 있다가 잠시 주변 물체로 시선을 돌릴 수 있다. 다른 사람이 무엇에 대해 관심을 가지고 바라보게 될 때 함께 있던 아동은 그 대상이 바라보는 곳으로 고개를 돌리게 된다. 그러나 자폐아동들에게는 공동주의 행동이 전혀 나타나지 않으며, 가능하더라도 극히 제한적이다(Osterling & Dawson, 1994; Osterling, Dawson, & Munson, 2002).

왜 다른 사람과 교감을 할 수 없는가?

다른 사람의 생각과 마음을 일치시키는 핵심적인 인지양식은 마음읽기이다. 바론-코헨(Baron-Cohen)은 이미 그의 연구에서 셀리(Sally)와 앤(Ann)이라는 아동을 통해 마음읽기를 잘 설명하고 있다. 이 연구를 통해서 자폐아동이 다른 사람의 관점에서 생각하는 능력의 결여가 자폐증의 주요 결함임을 설명하고 있다(Schreibman, 2005). 그렇다면, 다른 사람의 마음을 읽지 못했을 때 자폐아동은 주변 사람들을 어떻게 인식하는 것일까? 자폐아동은 다른 사람을 자신과 관련이 없는 존재로 알고 있으며 또한 다른 사람의 지식, 믿음, 감정, 의도를 전혀 간파하지 못한다.[51] 볼크마와 그의 동료들은 마음읽기의 결함으로 인해 자폐아동이 다른 사람을 "물체"처럼 인식한다고 설명하고 있다(Volkmar, et al., 1997).[52]

마음을 안다는 것은 그 대상에 대한 믿음을 가지고 있다는 것이다. 마음을 안다는 것의 주요 내용은 "믿음"이다. 그러면 다른 사람을 믿는다는 것은 무엇일까? 이에 대해 연구자들은 믿음에 관한 추론을 담당하는 특별한 신경회로가 있다고 본다. 이에 대해 레슬디에가 뇌에 인지발달의 기초를 제공하는 전문화된 정보처리 체계가 있다고 주장하였다. 그중 하나는 '마음 이론'과 관련 있다. 다른 사람의 마음을 읽을 수 있는 것은 뇌에 전문화된 신경인지 기제 때문이다(Leslie, 2005). 즉, 다른 사람의 마음을 읽을 수 있는 뇌의 특별한 기제가 존재한다는 것이다. 만약에 "마음읽기" 기제에 결함이 있을 경우, 다른 사람의 마음을 읽는 데 실패한다. 리졸라티와 동료들은 이 점에서 선두적인 연구를 하였다. 이들의 연구에서 원숭이와 인간에게 행위를 표상하는 '거울 뉴런' 체계가 있음을 확인하였다(Rizzolatti & Craighero, 2004).[53]

---

51) 때로 자폐아동이 "눈치 보는 것"을 마치 다른 사람의 의도와 감정을 파악하는 것으로 잘못 알고 있는 경우가 있다. "눈치 보는 것"은 마음읽기와 다르다. 다른 사람의 의도와 감정 그리고 생각을 아는 것뿐만 아니라, 다른 사람에 대한 "믿음"을 아는 것이다.

52) 마음읽기는 상징놀이에도 영향을 미친다(Leslie & Roth, 1993). 놀이과정을 통해서 아동은 보다 나은 사회적 경험을 하게 되고 가상적인 세계를 경험하게 된다. 이 과정에서 아동은 보다 나은 상태의 성숙을 이룩할 수 있으며, 그에 따른 생각과 행동 그리고 사회적 태도와 정서가 점진적으로 발달하게 된다. 대체로 자폐아동이 현실과 가정이라는 두 개의 상황을 인식할 수 없는 이유도 상징놀이의 결함 때문으로 설명되며 이것은 궁극적으로 마음읽기와 깊은 관련이 있다.

53) 만약에 "마음읽기" 기제에 결함이 있을 경우, 다른 사람의 마음을 읽는 데 실패한다. 뇌 기제에 관한 레슬리에의 제안은 비록 이론적인 것이기는 하지만, 뇌에 믿음을 표상하기 위한 전문영역이 있다는 생각은 대체로 일치되었고 뇌의 역할과 기능에 관한 중요성이 강조되었다. 레슬리에의 주장을 뒷받침하는 지금까지 많은 연구들은 믿음을 추론할 때 기존의 신경영역들이 광범위한 네트워크를 형성한다고 하였다. 이 네트워크는 측두극, 상측두구 뒤쪽, 측두두정 접합부, 그리고 내측 전두피질들고 구성되어 있다(Frith & Frith, 2003, 2006; Gallagher & Frith, 2003; Saxe et al., 2004). 던캔과 오원은 광범위한 집행기능 과제들이 뇌의 전측대상의 뒤쪽 부분을 활성화하는 반면에, 마음 이해 과제들은 뇌의 앞쪽 부분을 활성화하는 것으로 보인다는 것을 입증하였다(Duncan & Owen, 2000; Bush, Luu, & Posner, 2000). 그러나 뇌의 영

그들은 짧은꼬리원숭이가 목적 지향적인 행동을 할 때 뇌의 뉴런 활동에서 나타나는 반응을 연구하였다. 이들 연구진들은 결국 뇌 전두엽의 전운동 피질(premotor cortex)에 있는 특정 뉴런들이 수의운동(voluntary movement)을 조절하는 데 관여한다는 사실을 알아내었다. 예를 들어 원숭이가 땅콩에 손을 뻗칠 때 하나의 뉴런이 활성화되고 레버를 당길 때는 또 다른 뉴런이 활성화된다. 이러한 뇌세포들은 보통 운동 명령 뉴런으로 알려졌다.

그런데 이 과정에서 리졸라티와 동료 연구진들은 이러한 운동 명령 뉴런들 중 일부 그룹이 원숭이가 다른 원숭이를 보거나 연구진들이 동일한 행동을 할 때 활성화된다는 놀라운 사실을 발견했다. 예를 들어 땅콩을 향해 손을 뻗치는 행동을 조절하는 데 관련된 뉴런은 동료 원숭이들이 그러한 행동을 취하는 것을 원숭이가 볼 경우 활성화됐다. 이후에 뇌 촬영기술을 통해서 이러한 소위 거울신경들은 인간의 대뇌피질의 상응부위에도 존재한다는 것이 밝혀졌다. 이러한 발견들은 거울신경들은 운동 명령을 내릴 뿐만 아니라 인간과 원숭이 모두의 경우에서 머릿속에 대상의 행동을 그려봄으로써 그 의도를 판단하게 만들어준다. 원숭이의 경우 이 뉴런들의 역할은 단순한 목적 지향적 행동들을 예측하는 데 한정돼 있을지 모르지만 인간의 경우 이러한 거울신경 시스템은 더욱 복잡한 의도를 해석하는 능력의 원인이 된다.

모든 정보를 관할하는 것은 뇌의 기능 중에 하나이다. 그 과정에서 탐색하고 해석하는 기능은 뇌의 중요한 역할이다. 뇌는 인간행위를 표상하기 위해 자신이 특정행위를 할 때 특정한 뉴런 네트워크를 활성화해야 하며, 누군가가 특정행위를 하거나 관찰된 현상을 해석할 때에도 특정한 뉴런 네트워크를 활성화해야 한다. 특히, 자신과 타인 모두 어떤 행위를 할 때에는 대개 의도를 가지고 있는 것처럼 뇌는 어떤 행위를 하는 또 다른 사람이 가지고 있을 의도로 표상할 것이라는 것이 리졸라티와 동료들의 가설이었다.[54)]

역의 네트워크와 기능이 매우 복잡하고 밝히기가 어렵기 때문에 마음을 인간 뇌의 작용을 통해서 밝히려는 시도는 아직 부족하다. 그러나 우리는 마음 이해 과제들을 수행할 때 분명히 신경영역들의 네트워크들이 작용한다. 따라서 이해와 같은 상위표상의 신경인지적 발달을 이해하기 위해서는 행위들이 뇌에 어떻게 표상되는지, 또 행위, 모방, 의도가 서로 어떻게 연결되어 있는지의 체계를 밝히려고 꾸준히 연구되어 왔다.

54) 거울 뉴런의 중요한 이유는 사회, 행동, 언어뿐만 아니라, 아동이 생활방식에 관한 다른 사람들의 행위의 의도를 이해하는 신경적 기초가 되기 때문이다. 거울 뉴런이 중요한 이유는 뇌의 영역과 기능에서 작용하는 뉴런이 아동이 다른 사람들의 언어, 사회 및 정서적 태도를 모방 하는 데 기여한다는 것이다.

Rizzolatti와 Craighero(2004)는 또 모방 및 언어와 관련하여 거울 뉴런 체계에 대한 성인을 대상으로 한 일련의 실험들은 거울 뉴런 체계가 실험 참가자들이 다른 성인의 운동행위를 모방하거나 그들의 얼굴표정을 모방할 때에도 활성화된다는 것을 보여 주었다. 특히 실험참가자들이 다른 사람의 운동행위를 관찰

만약에 자폐아동에게 다양한 감정을 표현하는 다른 사람의 이미지에 관한 정보를 보여 주었을 때, 거울 체계가 작동하지 않는 것일까? 반면에 일반아동에게는 거울 체계가 작동되는 것일까? 이 실험은 거울 체계의 역할이 실제로 다른 사람을 인식하고 감정을 받아들이는 역할을 하는지의 여부를 알 수 있을 뿐만 아니라, 다른 사람의 이미지가 주는 신호의 의미와 동시에 마음에 관한 정보를 해석할 수 있는지의 여부를 밝혀 줄 것이다. 이 연구의 한 예가 있다. 발달심리학자들은 여러 가지 다른 이유로 가장, 초기 언어, 모방이 발달상 서로 연결되어 있다고 주장하고 있다. 이 연구는 전형적으로 발달하는 청소년들과 자폐증을 앓는 청소년들이 얼굴표정을 모방할 때 발생하는 뇌의 활동을 측정하였다(Dapretto et al., 2006). 자폐아동들의 경우 거울 뉴런 체계가 활동하지 않았다. 아동기 자폐증은 마음 이론에 심각한 결함이 있는 것으로 생각된다. 자폐증이 있는 아동들은 다른 사람들의 정서와 사고를 알아내기가 매우 어려우며, 따라서 그들의 행동을 이해하기도 매우 어렵다. 그들은 마치 '마음맹(mind blind)'인 것처럼 행동한다(Baron-Cohen, 1995).[55]

할 때와 이러한 운동행위를 실제로 모방할 때의 거울 뉴런 체계의 활성화 양상이 매우 유사하였다.

Rizzolatti와 Craighero는 모방이 특정한 행위를 복사하는 영역에서 활성화가 일어난다고 주장하였다. 거울 뉴런 체계는 이를 통해 관찰자가 다른 사람들이 수행한 행위를 이해할 수 있게 해 주며, 이는 몸짓의 해석을 위한 신경 기초를 제공할 수 있다고 보았다. 또한 그러한 '감각 복사본' 체계는 얼굴표정과 같은 관찰된 행위가 내적으로 느껴지는 정서적 의미로 번역될 수 있게 해 줄 것이라고 하였다. 몸짓언어는 구두 언어의 전신이므로 Rizzolatti와 Arbib(1998)은 거울 뉴런 체계가 언어 진화의 토대가 되는 신경생리학적 기제일 가능성을 제기하였다. 이 연구자들은 거울 뉴런 체계의 '의미론'이 의사소통하는 데 사용되는 몸짓에 고유한 것이며, 진화를 통해 손짓의 의미가 추상적인 소리패턴(즉 단어)으로 전이될 수 있었다고 하였다.

55) 그러나 많은 연구자들은 거울 체계와 마음 이해 체계가 상호 구분되어 있다고 주장하였다(Sommerville & Decetty, 2006). 예를 들어, 삭스는 거울 체계로 마음상태에 대한 이해를 설명할 수는 없다고 주장하였다. 왜냐하면, 마음상태 부여에 관한 뇌 영상실험에서 거울 체계에서만 반응하고 활성되는 것이 아니라, 거울 체계 이외의 다른 뇌의 피질영역에서 마음상태 추론 과제에 의해 활성화된다는 것을 보여 주고 있기 때문이다(Saxe, 2005). 이 영역에는 편도체, 측두극, 내측 전전두피질이 있다. 예를 들어, 삭스와 칸위저(2003)는 틀린 믿음 과제와 틀린 사진 과제에서(fMRI에 의한) 신경반응을 비교하였는데, 틀린 믿음 과제의 경우 내측 전전두피질, 측두두정 접합부와 상측두구에서 반응이 증가한다는 것을 발견하였다(Saxe & Kanwisher, 2003).

이 연구는 우리에게 또 다른 상상력을 불러일으켰다. 그것은 지금까지 다른 사람에 대한 마음읽기의 결함이 거울 체계의 주상에 집중되었던 것에서 반해 뇌의 총체적 인지체계의 결함이 마음읽기 결함을 초래한다는 것이다. 즉, 거울 체계가 마음읽기에 전적으로 관여하지는 않는다는 것이다. 섬머빌과 데서티가 거울 체계와 마음 이해 체계가 상호 구분되어 있다는 연구를 하였다. 즉, 이 연구에 의하면, 특정 거울 체계가 자폐아동의 마음읽기 능력에 관여하지 않는다는 것이다. 단지, 거울 체계는 마음읽기 체계의 일부분일 가능성이 있다는 것이다(Sommerville & Decetty, 2006). 그렇다면, 어떤 총체적인 체계가 거울 체계에 영향을 미치는지의 여부이다. 이러한 상상력을 만족스럽게 설명하는 연구는 아직 없는 것 같다.

제6장

치료교육이 남긴 과제

❀ 자폐증 치료교육의 복잡한 문제들

또 다시 뇌기능을 말하지 않을 수 없다. 자폐증에 관한 증상과 원인 그리고 많은 이론과 치료를 설명하면서 결국 종착점은 자폐아동의 뇌기능이다. 연구자들의 수많은 연구들은 자폐아동의 이해와 치료가 어디서부터 시작되어야 하는지를 알려 주고 있다. 시간이 지나면서 뇌기능 장애가 곧 인지장애와 밀접한 관계가 있다는 것이 많은 연구들을 통해 점차 밝혀졌으며 치료교육에서 접근해야 할 중요한 과제가 되었다. 하지만 자폐아동의 뇌기능이 어떻게 작동하고 자폐아동의 발달에 어떻게 영향을 끼치는지에 관한 설명이 부족하고 그에 대해 아는 것은 그렇게 많지 않다. 그 복잡하고 얽힌 지식으로 자폐아동의 뇌기능 장애에 대해 명쾌하게 설명하기란 쉬운 일이 아니다.

그러나 뇌기능 장애가 인지발달에 결정적인 영향을 미친다는 것과 자폐아동의 치료교육 과정에서 가장 우선되어야 할 과제가 인지발달임을 제기하기 시작했다. 하지만 이에 대한 대안이 부족하며 방법을 고안한다는 것도 쉬운 것은 아니다. 왜냐하면, 자폐아동의 장애는 다양하며 장애의 요인에 미치는 영향들이 복잡하게 얽혀 있기 때문이다. 즉, 자폐아동은 발달상 장애의 총체적 문제를 안고 있으며, 각각의 문제들을 해결하기란 난해하다. 그럼에도 불구하고 최근에 들어서는 자폐증의 이해와 문제해결을 위해 신경심리학, 뇌생물학, 뇌과학의 접근을 통해서 구체적으로 인간의 행동을 일으키는 과정을 밝히려고 하고 있다. 자폐아동의 연구도 마찬가지로 자폐증적 증상과 특성을 뇌 작용과 관련하여 다루려고 한다. 그 이유는 자폐증의 원인과 발달상 장애의 총체적 문제를 밝히려는 많은 연구들은 자폐증이 뇌기능의 메커니즘의 불균형으로 인한 인지장애로 귀결되고 있다고 보기 때문이다. 이러한 연구에서 자폐증을 이해하고 장애의 문제를 해결할 수 있을 것이라는 기대는 한층 더 높아지고 있다. 그것은 인지장애의 해

결과제가 자폐아동의 치료교육의 새로운 방향을 결정하는 데 결정적인 단초가 되기 때문이다.

뇌기능 장애와 인지장애

사고 능력은 인지발달과 병행하며 우리의 뇌와 밀접한 관계를 가진다. 자폐증에 관한 많은 연구자들의 관심이 점차적으로 뇌와 관련된 인지작용에 집중되고 있는 것도 그 때문이다. 이것은 자폐아동이 인지발달에 근원적인 결함을 가지고 있으며 자폐증은 뇌 장애에 기인하는 것을 전제하는 것이다. 일반적으로 많은 사람들은 모든 정신적 문제가 뇌의 문제에서 시작된다는 아주 당연한 추측을 하지만, 실제로 어떻게 그러한 문제가 뇌에서 일어나는지에 관해 구체적으로 연구하기 시작한 것은 그렇게 오래 되지 않았다. 더구나 자폐증과 뇌 장애와의 관련성에 관한 연구의 역사는 매우 짧다.

오르니츠와 리트보에 의해 자폐증과 뇌 장애와 관련된 연구에서, 자폐증은 감각·지각·언어 등의 통합에 필요한 뇌의 신경생리학적 이상이 있음을 밝혔다(Ornitz & Ritvo, 1968b). 그들은 자폐아동의 관찰을 통해서 신경생리학적 증상을 설명하였다. 이를 말해주는 예는 많다. 즉, 걷기의 불균형과 몸 움직임의 어색함 그리고 자극에 대해 둔하다. 뿐만 아니라, 시선 범주가 제한되어 있으며, 자신이 필요한 것 이외에 시각적 자극에 대해서도 둔감하며, 사물 개념의 인식에도 어려움이 따른다. 극히 제한된 범주에서 의식하는 경향이 있으며, 능동적으로 대상과 현상을 의식하지 못한다. 또한 언어에서 발음이 불완전하고 불규칙하며, 각각의 음절을 이어 말을 하는 게 어색하다. 문장으로 말하기보다는 단어로 말을 하며, 말을 구사하는 데 있어 억양과 음의 높낮음이 불안정하다.

이후에도 자폐아동의 뇌 신경생리학적 이상에 관한 연구는 지속되었다. 그리고 뇌 생물학적 연구의 기술적 발달로 인해서 자폐아동의 뇌 연구가 급진적으로 발전하였고 더불어 보다 섬세한 뇌의 신경생리학적 분석이 가능해졌다. 윌리엄즈의 연구는 자폐아동들의 소뇌에 푸르키니에 세포(Purkinje cell)가 손상되어 있음을 보고하였다. 그리고 이것은 자폐증 원인에 관한 유일한 뇌피질과 관계된 신경 병리학적 발견이기도 한다(Williams et al., 1980). 이 연구가 중요한 이유는 소뇌에서 푸르키니에 세포와 같은 특정 세포가 자폐증을 유발할 수 있다는 구체적인 해부학적 병리를 설명했기 때문이다. 그 이전의 연구에서는 대체로 외현상 관찰될 수 있는 결함을 통해 뇌의 기능 손상을 예측했다. 그러나 이러한 가정들은 실제로 자폐증 유발을 설명하는 데 미약하였다.

하지만, 푸르키니에 세포의 손상이 실제로 자폐증과 관련된 행동상의 특징들을 유발하는지에 관한 연구에서 코어체슨은 영아기에 뇌의 발달과정에서 푸르키니에 세포의 손상이 생겼을 경우, 뇌의 비정상적인 생화학적 반응이 일어난다는 것과 자폐증의 증상적 특징과 관련이 있음을 보여 주었다(Courchesne, 1985). 이것은 자폐아동의 뇌 발달과 뇌 세포 손상의 관계를 이어주고 있다.

같은 시기에 자폐증 원인이 뇌세포의 결함에 의한 것이라는 점을 더욱 확고히 보여 준 연구가 있었다. 생물학적으로 뇌의 비정상적인 형태를 연구한 것으로 바우만과 캠퍼에 의해 진행되었다. 이들의 연구는 자폐아동들의 소뇌가 일반아동들과 해부학상 비정상적인 현저한 차이를 보인다는 것을 보여 주었다. 그것은 자폐아동들의 소뇌는 일반아동들에 비해 크기가 작으며, 소뇌의 발육 단계에서 나타나는 분화의 속도가 일반아동들에 비해 둔화되며 분화의 과정에서도 비정상적인 형태를 보이고 있다는 것이다(Bauman & Kemper, 1985).[56] 이와 같이 뇌의 생물적 장애는 리트보의 연구자들에 의해서도 자폐아동 뇌의 해부를 통해서 자폐증의 생물학적 원인이 푸르키니에 세포손상이라고 주장했다(Ritvo et al., 1986).

이 연구의 중요성은 자폐아동의 뇌기능 장애가 발달상 어떤 영역에 영향을 미치는지를 설명하였다는 점이다. 일반적으로 특정 뇌의 기능 문제가 특정한 장애를 가져올 수 있다. 예를 들어, 특정 부위의 뇌피질에 결함이 있을 경우 언어장애를 유발하는 것, 전두엽의 얼굴 인식을 담당하는 영역에 결함이 있을 때 사람을 인식하지 못한다는 것 등이다. 푸르키니에 세포의 손상은 자폐증의 원인에 관한 뇌 생물학적 근간을 만들었다. 그 외의 자폐증의 뇌기능에 관한 여러 연구들은 자폐증 원인에 관한 매우 중요한 자료를 보여 주었다. 하지만 뇌의 기능의 결함이 어떻게 장애를 유발하는지에 관한 메커니즘을 설명하기에는 부족하였다.

이 시기에 프리드는 자폐증의 장애의 원인에 관한 가설을 제시하였다. 이 가설은 자폐아동의 장애에 대한 이해의 전환점이 되었다. 그의 연구가 새로운 전환점이 된 것은 자폐아동이 정보를 다루는 데 결정적인 결함을 가지고 있다고 설명하였다. 그는 자폐증 장애로 인해서 정보를 통합하는 능력에 특별히 불균형을 이루고 있으며 일반아동과 다

56) 초기 신경해부학 연구는 자폐 환자들의 뇌에 대한 부검 결과에 의존했다. 그러나 자폐 환자들이 사망 이전에 관한 정보 즉, 고전적 자폐증을 앓고 있는지의 여부와 인지능력이 손상되어 있었는지에 관한 사실에 대해 정보가 부족하였다. 뿐만 아니라, 연구에 필요한 뇌의 숫자가 부족하였으며, 뇌의존 상태가 열악하여 생물학적 분석에 취약했다. 다행스럽게도 자기공명영상(magnetic resonance imaging; MRI) 장치를 통한 살아 있는 뇌 구조의 거사와 기능적 자기공명영상(functional magnetic resonance imaging; fMRI) 장치를 통한 온라인 뇌 활동 검사, 그리고 생화학적 과정에 대한 정확한 분석이 가능해지자 이 분야의 연구는 상당히 진전되었다. 그리고 이러한 연구 진전은 유전학자, 신경생물학자, 신경심리학자가 자폐증과 관련하여 긴밀하게 연결된 영역들에 대해 함께 연구를 진행시키고 있다는 점에서 매우 고무적이다.

르게 정보를 다루는 방식이 나름대로 특성화되고 있다고 설명한다. 일반적으로 정상적인 정보처리 과정에서는 각각 나누어진 정보들을 함께 작업하여 높은 수준의 의미 있는 맥락을 만들 수 있지만, 자폐아동은 그렇지 못하다고 하였다(Frith, 1989).

뇌기능 장애는 개개의 정보들을 통합하고 재해석하는 데 결함이 생긴다. 즉, 자폐아동 뇌의 신경생리학적 요인에서 대뇌와 간뇌의 정신활동에 가장 중요한 변연계 및 망사체 형성에서의 유기적 실패가 정보에 집중하는 과정과 정보처리 과정의 이상을 초래하여 인지적인 장애가 생기게 된다는 점을 설명한다. 그로 인하여 언어와 의사소통 및 사회적 상호작용의 문제 등을 일으킨다고 보아야 한다. 이것은 뇌기능 장애가 인지장애를 초래하는 것을 의미한다. 실제로 신경생리학적 배경을 기반으로 연구한 결과 자폐증으로 인한 뇌의 장애가 인지발달과 관련이 있다는 증거가 제시되었다(Frith & Hill, 2004).

지금까지의 연구 결과를 보더라도 자폐증은 뇌기능 장애이며 동시에 인지장애를 동반한다. 이러한 이유 때문에 자폐아동이 특정 정보들을 받아들이고 통합하는 데 어려움을 겪는다. 자폐아동은 숫자와 개수, 문장과 의미, 언어와 행동 등과 관련된 다양한 정보들을 분류하고 분석하여 의미를 부여하는 데 실패할 뿐만 아니라, 이와 관련된 다양하고 구체적인 정보를 통합하는 능력에 결손이 있다.

인지과정과 체계

자폐아동의 사고에는 어떤 일이 일어나는 것일까? 자폐아동은 이 세계를 어떻게 생각하고 있을까? 그리고 그들의 생각은 일반아동들의 것과 차이가 있는가? 차이가 있다면, 어떤 것에서 차이를 보이는가? 이러한 질문들은 "인지과정"에 관한 물음이다.

감각-지각이 인지발달과 직접적인 관련이 있으며, 인지발달의 가장 초보적 단계에서 반드시 필요한 과정이다. 만약에 감각-지각에 결손이 있을 경우, 지금까지 우리가 세계를 바라보는 것과는 전혀 다른 방식으로 세상을 인식하게 된다. 예를 들어, 자폐아동들에게는 이 세계의 수많은 정보들이 무의미하게 떠도는 소음에 지나지 않는다. 실제로 자폐아동들이 많은 것을 알고 있다고 하더라도 그것은 하나의 안다는 행위일 뿐, 의미가 없다. 정보는 특정 목적에 따라 다루어질 때 비로소 의미가 있다. 인지과정은 정보를 다루는 과정이며 이 과정을 통해 점차적으로 의식을 확장하면서 우리는 세계를 의식하고 의미를 부여할 수 있다.

그러한 점에서 인지과정(cognitive processes)은 인간의 앎의 심리적 과정으로 대상에 대한 주의, 대상의 정체파악(형태재인, pattern recognition), 학습, 기억, 언어이해 및 산출, 추리, 판단, 결정, 문제해결과 지능, 의식, 정서 등이 형성되는 진행 과정을 의미한다.[57] 그러나 인지과정에 관해 명확하게 정리된 것은 없다. 일반적으로 인지과정은 "정보처리 단계" "지식의 표상과 조직" "이해와 문제해결" 그리고 "언어와 결정짓기"와 같은 복합적 인지기능을 포함한다.

사고란 인지과정으로서 "개념범주" "문제해결" "추리" "판단결정"을 할 수 있는 능력이다. 우리는 아무렇게나 생각하지 않는다. 그것이 설사 어떤 목적을 지니지 않고 그저 떠오르는 생각이나 상상이라고 할지라도 그 과정은 엄밀한 방식으로 절차에 따라 진행된다. 예를 들어, 일반아동의 경우, 무엇을 생각하거나 혹은 문제해결을 할 때 여러 가지 방식을 시도해 보기도 하고 그 과정에서 가장 적합한 방식을 선택한다. 그리고 자폐아동들도 분명히 문제를 해결하는 방식을 찾는다. 하지만 같은 문제에 접근하고 해결하는 방식에 차이가 있다. 문제해결의 결과는 같지만, 그 과정이 다를 수 있다. 그리고 무엇을 알아가는 과정이 다르게 되면, 알고 있는 방식과 형식이 다를 수 있다.

자폐아동과 일반아동의 인지과정은 현저한 차이가 있다. 여기서 차이라는 것은 인지과정에서의 특정 기능이나 절차의 차이를 말한다. 예를 들어, 일반아동과 자폐아동은 문장을 이해하는 방식이 전혀 다르다. 일반아동들은 문장을 표상체계 방식으로 획득하는 반면에 자폐아동은 기억으로 획득한다. 표상체계의 방식은 다른 사람의 이야기를 듣거나 혹은 책을 읽을 때 내용의 맥락을 표상화한다. 예를 들어, 모파상의 소설 『여자의 일생』에서 처음 장면에 잔느가 수녀원에서 교육을 마친 후에 마차를 타고 무성한 가로수가 있는 길을 따라 지나가는 장면이 있다. 이때 소설을 읽는 일반인들은 소설의 내용을 마치 영상처럼 떠올리게 되는데 이것이 표상의 한 예이다.

일반아동들은 책을 읽으면서 각각의 장면과 맥락을 머릿속으로 떠올리게 된지만, 자폐아동은 표상체계보다는 기억에 의존할 뿐이다. 따라서 그 결과도 다르다. 일반아동은 문장을 "이해"하지만, 자폐아동은 문장을 "기억"할 뿐이다. 정보를 아는 것과 정보를 다

57) 자폐증을 연구하는 많은 연구자들은 이미 오래전부터 자폐증의 근원적인 장애 요인에 영향을 미치는 것은 인지과정이라는 것을 설명하고 있다. 인지, 언어, 사회는 서로 분류되기도 하지만, 인지과정에서는 분류할 수 없는 영역들이다. 인지, 언어, 사회발달영역을 분류할 경우 상호 체계적 과정과 의미를 설명하는 데 아무런 문제가 없지만, 발달영역 간의 통합적 관점에서 설명하는 데 많은 어려움이 따르게 된다. 왜냐하면 인지, 언어, 사회발달이 공통적으로 "인지"에 영향을 받기 때문이다. 이때 분류상의 인지와 영향을 미치는 인지를 어떻게 구분하고 설명해야 하는지가 무척 어려운 과제가 된다. 그러나 적어도 인지과정이 가능해야만 이 인지, 언어, 사회발달영역 간의 상호작용이 가능하며 또한 상호간의 통합이 가능해진다. 치료교육 프로그램은 어떻게 인지, 언어, 사회발달영역들을 구분하고 어떻게 통합시키는지의 여부가 치료교육의 효과와 그 결과에 영향을 미치게 된다. 따라서 치료교육 프로그램의 적용을 위해서는 반드시 "인지과정"은 "인지"와 구분되어 설명이 필요하다.

루는 것은 분명히 다르다. 정보를 아는 것은 지식이지만, 정보를 다루는 것은 이해와 관련이 있다.

자폐아동의 문제해결 방식도 일반아동의 방식과 많이 다르다. 자폐아동은 지엽적인 문제에 집중하는 반면에 일반아동은 총체적 문제에 접근을 한다. 자폐아동은 문제해결보다는 문제에 나타난 "사실"들을 더 잘 아는 경향이 있다. 즉, 사실적 문제에 대해 변별하는 데 뛰어나지만, 자신에게 주어진 과제를 해결하는 데 어려워한다. 예를 들어, 자폐아동이 알고 있는 모든 지식은 단순히 나열된 지식이나 사전적 지식이며 이들 지식정보를 통합하고 다루는 능력이 없다. "무엇을 알고 있지만, 한편 모르고 있는 것 같다"는 느낌은 바로 그 때문이다. 능력들이 지엽적이며 분산되어 있는 듯하다. 자폐아동의 지각은 통합되지 않을뿐더러 체계적으로 진행되지 않는 것이다. 감각과 지각이 개별적인 형태로 존재할 뿐이다. 이들에게는 감각과 지각 그리고 이러한 의식들을 통합하고 진행시키는 인지체계가 열약하다. 즉, 이것은 인지과정의 결손을 의미한다.

이와 같이 인지과정의 결함은 자폐장애의 심각한 문제를 일으킬 수 있다. 자신의 세계를 의식하지 못했을 때 일어나는 상황은 심각하다. 자폐아동들은 정보를 다루는 데 실패하기 때문에 "사물의 관계" "현상의 관계" "의미의 관계"를 의식하지 못할 뿐만 아니라, "의미부여" "추론" "가정"과 같은 보다 높은 수준의 인지과정을 수행할 수 없다. 자폐아동의 의식에서는 모든 사물과 현상은 한갓 흐릿한 잔상에 지나지 않는다. 그 모든 존재들이 어디엔가 흔적으로 남아있을 뿐, 자신 앞에 실재하지도 않는다. 더욱이 과거와 미래에 관한 의식이 없는 것도 "의미" "추론" "가정"의 인지과정의 부재 때문이다.

감각-지각

자폐아동의 의식작용은 어떤 과정을 거쳐서 형성되는가? 의식은 외부로부터 들어오는 자극정보를 지각하는 것이다. 하지만 자폐아동의 결함은 외부로부터 유입되는 감각정보는 "지각화"되지 못하고 "감각상태"로 남는 것이다. 즉, 외부로부터의 자극이 의식화되지 못하고 감각으로 잔존하게 된다. 이때 자폐아동의 행동에서 자극이 감각 수준에서 반복되는 현상이 일어난다. 예를 들어, "반복해서 손뼉을 치거나 손을 흔드는 것" "손가락을 지속해서 바라보는 것" "손가락을 이상한 방식으로 다루는 것" "특정 색깔이나 모양에 집착하는 것" "특정 냄새에 집착하는 것" "반복해서 몸을 흔드는 것" 등은 "자극-감각"의 범주를 벗어나지 못하는 원인에 있다. 따라서 자폐아동의 비전형적인 행동들은 감각이 지속해서 감각 수준에 머물러 있는 상태가 지속됨으로써 나타난다. 만약에 "감각"이 "지각화"된다면, 반복해서 손뼉을 치는 것에 집착하던 행동을 중단할 것이다. 대신에 손으로 장난감을 다루려고 할 것이다.

"자극-감각"의 결함은 자폐아동이 자신의 세계를 바라보는 방식에도 영향을 미친다. 자폐아동에게는 세계는 마치 지각화되지 않는 수많은 감각-자극의 흔적들이다. 예를 들어, 기차를 타고 달릴 때 창가에 스쳐 지나가는 흐릿한 의식이다. 자폐아동에게 있어 세계는 흘러가는 잔상이다. 그러므로 자신의 "기억"에 존재하는 것만이 "사실"이다. 이와 관련된 예는 "목적 없이 달리는 것" "땅을 주시하며 걷는 것" "얼굴을 벽을 가까이 대고 걷는 것" "쉴 틈 없이 반복해서 드나드는 것" 등에 집중하는 것이다. 이 세상은 오직 자신이 기억하는 대상과 그 범주 안에 있는 것이다.

"자극-감각"의 정체는 감각 발달을 전반적으로 지연시키는 원인이 되기도 한다. 이 경우 외부로부터의 정보를 받아들이는 데 민감성을 떨어트린다. 일반아동들은 나이가 들어서도 얼굴 표정과 신체활동이 매우 자연스럽다. 그리고 나이 수준에 맞게 성숙한 모습과 태도를 보인다. 이에 비해 자폐아동은 나이가 들어서도 신체적으로 둔감하다. 그리고 얼굴 표정과 정서적 표현 양식이 낯설고 어색하다. 여러 모로 보아도 특별한 분위기를 갖고 있으며, 외현상의 둔감한 이미지를 준다. 이러한 둔감성과 낯선 인상은 나이가 들어도 여전히 사라지지 않는다. 이러한 둔감성은 청소년이 되어서도 여전히 변함이 없다.[58]

자폐아동에게 신체적 둔감성이 나타나는 이유는 외부 환경으로부터의 감각자극에 대해 각성이 일어나지 않기 때문이다. 또한 각성 수준이 떨어지게 되면, 감각을 지각화하는 데 실패하게 된다. 감각이 지각화되었을 때 신체의 모든 운동과 근육조직의 사용이 자연스러워지게 된다. 즉, 의식활동이 모든 신체의 반응을 보다 민감하게 반응하도록 하는 것이다. 감각-지각을 통해 신체 반응이 활성화되는 것과 운동을 통해서 근육 활동이 민첩하게 되는 것은 것과는 근본적으로 다르다.

의식은 감각자극이 각성됨으로써 형성된다. 즉, 감각이 지각화되는 과정에서는 "각성"이 작용하게 되는데 각성 수준이 높아지게 되면, 감각이 지각화된다. 그러한 점에서 각성은 감각과 지각의 가교 역할을 한다고 볼 수 있다. 각성은 자폐아동의 발달과정에서도 중요한 영향을 미친다. 자폐아동의 뇌기능에 발달상 가장 먼저 영향을 주는 것은 감각발달이다. 각성이 의식에 영향을 미친다는 점에서 "감각-각성"과 "감각-지각" 체계는 교육에서 실현해야 될 무척이나 중요한 인지반응체계이다. 이러한 현상을 이해하기

58) 부모는 자녀의 민감성을 높이기 위해서 쉽게 도움을 주기 위해서 태권도, 수영을 가르치기도 하고 겨울에는 스케이트를 가르쳐 보기도 한다. 어머니와 휴일에 등산을 하기도 한다. 뿐만 아니라, 부모가 할 수 있는 여러 가지 운동도 시켜본다. 그러나 자녀의 체력과 운동기능을 향상시킬 수 있었지만, 그렇다고 감각의 민감성을 보이는 것은 아니다. 여러 가지 감각을 자극할 수 있는 운동을 통해서 무엇인가를 "할 줄 아는 아이"였지만, 여전히 "장애아동들에게 나타나는 분위기"는 사라지지 않는다.

위해 좀 더 깊은 이해가 필요하다.[59)]

각성은 감각이 어떻게 지각화되는지에 관해 설명해 주고 있다. 그리고 각성은 신경생리학적으로 설명이 가능하다. 감각의 인식은 신경충격이라 불리는 전기적 신호가 특정 지각에 영향을 끼치는 생물학적으로 요인과 관련되어 있다. 사람의 지각은 뇌에 도달하는 신경에너지에 의해 정해지며 우리가 경험하는 질적 경험은 어떤 신경이 자극되었느냐에 달려 있다. 감각기관에서 뇌로 신호를 보내주는 신경은 신경세포(neurons)에 의해 전달된다. 감각은 수용기라는 특수한 구조를 통해 신체 외부로부터 신호를 수용하도록 되어 있으며, 경험을 통해 받아들여진 감각정보는 신경충격에 의해 감각이 부호화(sensory code) 방식으로 받아들여진다. 예를 들어, 사람은 소리, 맛과 같은 자극을 지각한다. 이 현상은 뇌에 보내지는 전기충격으로 설명될 수 있다. 그러면 어떻게 어떤 전기충격은 신 레몬 맛으로 지각되고, 다른 전기충격은 밝은 파랑, 초록, 빨강의 방법으로 지각되며, 또 다른 전기충격은 매섭고 찬바람으로 지각되는지의 여부이다. 어떻게 다양하고 구체적인 감각들, 즉 뜨거움과 차가움, 색깔, 소리, 향기와 냄새, 맛, 이런 것들이 각기 다른 전기충격이라는 것이다. 이러한 각기 다른 감각정보들을 인식하는 방식은 심리학 개념의 하나인 "기능국제화"로 설명될 수 있다.[60)] 감각 지각화에 실패한 자폐아동은

59) 주변 환경으로부터 들어오는 다양한 감각자극들을 통합하고 해석하고 조직화하는 신경생리학적 과정의 예가 무엇인지를 설명하는 전문가는 그렇게 많지 않다. 신경생리학적 반응으로서 감각자극을 통합하고 해석하고 조직화한다는 것은 많은 동물에게서도 일상적으로 일어나는 신경생리학적 반응들이다. 동물들은 인간보다 외부로부터 유입되는 자극에 대해 더 많이 민감하게 반응한다. 동물에게는 전정감각은 더욱 뛰어나다. 나무를 타는 원숭이들은 인간보다 더 뛰어난 전정감각을 가지고 있다. 그렇다고 해서 신체를 조절하는 고유 감각에서도 동물들은 인간보다 더 뛰어난 감각을 유지하고 있다. 이러한 감각들을 조절하고 통합하는 능력은 인간보다 동물들이 더 우월하다. 자폐아동의 감각적 둔감성은 감각통합적 기능장애가 아니라, 사고와 인지에 관한 문제이다. 예를 들어, 주의는 감각을 통합적 기능장애가 아니라, 감각을 지각하는 인지장애이다.

따라서 "감각-지각"은 "감각-통합"의 개념과 근본적으로 다르다. 감각-통합은 자신의 신체와 외부 환경에서 제공되는 다양한 감각을 조직화하는 신경학적 과정이다. 또한 감각-통합에서의 감각이란 신경세포를 활성화하는 작용이다. 감각을 통합한다는 의미는 신체의 여러 감각부분을 하나로 조직화하는 과정이다. 하지만 통합은 신경 생리학적으로 반사적이고 무의식적으로 이루어진다. 그러나 감각-지각화는 각성에 의해 의식되어진다. 그리고 감각은 외부 환경으로부터의 다양한 자극들을 각성을 통해 의식된다. 그러한 점에서 감각을 "지각화" 하는 것과 감각을 "통합"하는 것은 근본적으로 다른 의미이다. 감각을 지각화하기 위해서는 "각성과정"을 거쳐야 하는데 이때 각성은 지각을 이끄는 매우 중요한 인지기제가 된다. 그러나 기존의 감각-통합은 각성작용을 설명하지 않고 있다. 대신에 이론의 기저의 유아기와 아동기에 이르기까지 대부분 운동발달 원리를 설명하고 있다.

60) 대뇌를 연구하는 학자들은 뇌의 특정 부위는 각기 다른 기능을 한다는 것, 즉 기능 국재화라 불리는 현상을 발견하였다. 뇌의 특정 부위가 각각의 기억, 정서, 사고, 그리고 운동통제와 같은 다양한 기능들을 맡고 있음이 관찰되었다. 각각의 감각을 관장하는 부위는 대뇌의 바깥층인 대뇌피질(cerebral cortex)에

자신의 세계를 확장하지 못한다. 그들은 항상 감각의 그늘에 머물러 있게 된다.

개념범주

여기서 개념과 범주는 어떤 대상이나 사물 그리고 현상을 인식하는 데 필요한 사고체계 중에 하나이다. 만약에 개념과 범주와 같은 사고체계가 형성되지 않는다면, 이 세계의 모든 사물과 대상 그리고 현상들이 의식되지 않으며, 결국 있어도 없는 것들의 무의미한 세계가 된다. 단지, 이 세계는 감각-시각, 청각, 후각, 촉각, 미각 등-수준에서 인식될 때 그 이상의 의미를 부여할 수 없을 것이다. 만약에 그런 세계에서 살게 된다면, 이 세계는 매우 낯설고 혼재된 감각만을 느끼게 되는 혼란한 세계가 될 것이다. 그러므로 우리는 개념과 범주를 인식하지 못하는 세계에서 살아가면서 아무것도 인식하지 못하고 선택하지도 못하며 스스로 자신의 행동을 결정할 수 없게 되는 혼란을 경험하게 된다.

우리의 의식세계를 구성해 주는 개념과 범주는 속성(attribute) 정보로 의미가 표상된다. 그리고 속성은 지각적 차원과 기능적 차원 및 공간적 차원이 복합적으로 적용된다(Medin, Lynch, & Solomon, 2000). 예를 들어, 사과와 자전거를 비교하면 색상, 크기, 모양 등의 지각적 속성이 다르며, 사과는 음식이지만 자전거는 생활에 필요한 도구의 기능적 속성에서 차이가 있으며, 사과와 자전거는 서로 위치하는 물리적 공간도 차이가 있다. 개념과 범주는 대상과 행위를 지각적 · 기능적 · 공간적 차원에서 얼마나 유사한지에 따라서 표상된다. 사과와 같은 대상의 범주 속에 해당하는 것은 "과일"이다. 반면에 자전거와 같은 범주 속에 해당하는 것은 "탈것"이다. 이와 같이 유사한 대상으로 판단하게 될 것이다. 우리는 수많은 대상과 행위에 대한 개념을 범주화하여 표상하고 있기 때문에 유사한 대상과 그렇지 않는 대상을 체계적으로 분류할 수 있다(이정모 외, 2000).

그러므로 사고체계 중에 문제해결은 개념과 범주를 다루는 능력 중에 하나이다. 사람들은 자신 앞에 주어진 상황과 문제를 해결하면서 살아간다. 만약에 이러한 과정이 없다면, 사람은 특정한 상황과 문제를 접했을 때, 심리적 압박을 심하게 받게 될 것이다. 또한 문제해결이 불가능할 경우, 더 이상의 어떤 행동과 활동을 할 수 없는 공황상태를 경험하게 될 것이다. 선택할 수도 결정할 수도 없기 때문에 상황과 문제가 갈등의 원인

있으며, 1차 수용영역을 관장한다. 1차 수용영역은 감각의 감각수용기에서 시작된 신호를 대뇌피질에서 가장 먼저 받아들이는 부위를 뜻하는데, 시각의 1차 수용영역은 후두엽(occipital lobe)에 있으며, 청각은 측두엽(temporal lobe)에, 그리고 촉각, 온도, 통증과 같은 피부감각은 두정엽(parietal lobe)에 있다. 1차 수용영역 외에 뇌의 다른 부위도 감각의 감각과 관련되어 있다.

이 되고 그에 따른 고통이 지속되게 된다. 자폐아동이 사물을 다루거나 혹은 특정한 문제를 해결하는 과정에서 이러한 갈등은 "괴성 지르기" "손을 흔들기" "중얼거리기" "발을 구르기" 등으로 표현된다. 따라서 자폐아동의 이상행동의 원인 중에 하나는 문제해결 과정에서 개념과 범주를 다루는 데 혼란 때문이다.

문제해결

많은 사람들은 자폐아동이 특별한 능력이나 재능을 가지고 있다고 믿는다. 물론, 많은 지식을 알고 특별한 방식으로 지식을 찾는 능력이 있다. 그러나 자폐아동의 능력이라는 것은 대개 특별한 관심을 가지고 있는 것을 습득하거나 또는 메커니즘적인 구조를 분석하는 능력이다. 그래서 간혹 규칙적인 내용과 지식 그리고 상황에 대해 일반아동과 비교하면 마치 두드러지게 뛰어난 능력이 있는 것처럼 보인다. 이 경우, 연습이 필요 없기 때문에 문제를 더 잘 해결하는 것 같다.

일반적으로 우리는 문제를 해결하는 데 특정한 과정을 선택하게 된다. 헤이스에 따르면 문제를 해결하는 과정은 일반적으로 5단계로 구성된다고 하였다(Hayes, 1989). 먼저 이 문제가 어떤 문제인지를 확인하는 과정(예, 아홉 점 문제의 지시 이해), 문제를 표상하는 과정(기억에 아홉 점 문제 공간을 표상), 해결 계획을 수립하는 과정(어느 점에서부터 선분을 시작하며, 어떤 점을 지니게 하며 등), 계획을 평가하는 과정(그런 방법으로 연결하면 모든 점을 연결할 수 있을까?), 해결을 평가하는 과정(아홉 개의 점이 네 개의 연속적인 선분으로 연결되었는가?)으로 일어난다는 것이다.

이 과정에서 가장 중요한 단계는 문제를 표상하는 과정이다. 즉, 어떤 과제가 주어졌을 때 해결할 수 있는 여러 가지 단서들을 떠올리고 서로 비교하고 검토하는 과정이다. 그런데 표상과정에서 현재의 문제 상황을 심적 공간에서 재구성하고 문제해결을 위해 목표 상황을 현재 상황과 비교한다. 이 과정에는 문제해결자의 관련된 다양한 지식이나 문제해결 전략이 작용하여야 하며, 문제해결의 표상이 명료하게 구성되었을 경우에는 문제해결의 과정이 수월해질 수 있다. 문제의 지식은 문제해결에 필요한 것이지만 문제에 적절한 지식을 적용하기란 쉬운 것은 아니다.

문제해결은 "가설" "추측" "예측" "추리" "기대" "확신" 등과 같은 과정을 통해서 유추하고 원리를 발견함으로써 가능해진다. 이때 문제해결자는 많은 지식을 통합하고 분석할 뿐만 아니라, 논리과정을 통해 문제에 이르는 핵심 내용을 발견하게 된다. 자폐아동이 이와 같은 과정을 통해 문제를 해결하지 않는다. 논리에 의해 문제에 이르는 인지능력이 떨어진다. 그렇기 때문에 자폐아동은 문제해결을 위해 항상 기억에 의존한다.

문제해결을 위해서는 문제와 관련된 다양한 정보를 인지해야 하고 정보를 다룰 수 있어야 한다. 만약에 정보를 다룰 수 있다면, 다양한 정보를 습득할 수 있는 능력이 있다. 자폐아동은 특정한 과제를 해결하기 위해 정보를 다루지 못한다(Frith & Happe, 1995). 자신에게 주어진 과제를 해결하기 위해서는 그에 따른 정보를 다루어야만 한다.

추리

일반아동의 경우는 우산은 비가 올 때에만 우산 꽂이에 있는 것이기 때문에 다음 날, 날이 맑을 경우, 우산은 보관함에 따로 정리한다는 것을 안다. 그리고 엄마는 특별한 이유 때문에 어디에 갔을 것이라는 가정을 하게 되고 엄마가 오기를 기다린다.

이와 달리 자폐아동은 사회현상을 지각하는 방식은 사건과 현상만 의식하는 것이기 때문에 모든 사건과 현상은 "불현듯" 일어나는 것이다. 일체의 사건과 현상의 전개과정을 인식하지 못한다. 그러므로 자폐아동에게 있어 세계란 단순한 그리고 의미가 존재하지 않는 영상의 편린에 지나지 않는다. 따라서 자폐아동 자신이 세계를 체험한다는 것은 오직 무의미하게 흩어진 감각적 자극일 뿐이다.

사고 능력은 단순히 정보를 기억하고 저장하는 것이 아니라, 자신이 처해 있는 세계의 현상들을 이해하는 방식이다. 그래서 사고 능력은 현상을 분석하고 해석하게 한다. 개념을 형성하는 과정이나 문제를 해결하는 과정에는 논리적이고 합리적인 과정이 요구되는 사고는 추리이다. 추리는 일반적으로 주어진 전제의 가정에 근거하여 어떤 결론을 얻고자 하는 경우에 발생하는 사고의 과정이다. 추리는 연역추리(deductive reasoning)와 귀납추리(inductive reasoning)로 구분된다. 연역추리는 일반적 혹은 보편적 전제 사실에 근거하여 결론을 도출하는 사고며, 귀납추리는 확증되지 않는 전제 사실에서 결론을 유도해 내는 일종의 가설검증의 사고다. 연역추리는 보편적 전제에 근거하기 때문에 하향적 추리로 불리며, 귀납추리는 관찰된 사실에 근거하여 보편적 결론을 유도하기 때문에 상향적 추리로 분류된다.

판단결정

우리는 경험하면서 많은 것을 판단하고 결정해야 한나. 이때 비교하고 가치와 의미를 부여해야 한다. 뿐만 아니라, 정서적 취향과 요구에 따라서 그리고 자신의 경험한 일을 감안하면서 무엇을 선택해야 할지에 대해서 판단하고 결정한다. 그리고 "판단"과 "결정"은 많은 정보를 다룬 후에 종합적 결론에 이르렀을 때 가장 합리적인 것이 된다. 이에 비해 자폐아동의 경우에는 종합적인 결론을 이끌어 내고 판단하고 결정하지 못한다. 즉각적이며 감각적이다. 그리고 그러한 정서적 욕구는 매우 충동적이며 자신의 판단과 결정은 단지 몇 가지의 의식 안에서만 가능해진다.

선택해야 하는 대안들이 하나인 경우에는 선택 여부가 없지만, 대안이 많은 경우에는 여러 대안 중에 하나의 대안만 선택해야 한다. 이때 대안의 선택을 "판단"하고 "결정"해야 한다. 예를 들어, 지금 행동을 해야 할지 아니면, 나중에 해야 할지에 관한 것이나, 어떤 일을 수행할 때 아무 말 없이 혼자 해야 할지 아니면 물어보아야 할지에 관한 것, 혹은 여러 가지 물건 중에 어느 것을 사야 할지 등에 대한 사고를 해야 하는 경우가 생활 속에서 흔히 발생한다.

자폐아동이 특정 과제를 해결하고 수행할 수 있지만, 총체적인 문제를 해결하는 데 실패한다. 자폐아동에게 주어진 과제를 해결하거나 수행할 때 마치 기계적으로 과제를 수행하고 그 과정과 형식이 매우 제한되어 있다. 그래서 지엽적으로 자신이 필요하고 관심을 갖는 분야에서 남다르게 문제를 잘 해결할 수 있지만, 일반적인 개념에서의 사고 능력과는 다른 것 같다. 왜냐하면, 일반적으로 아동들은 생각하면서 말하고 행동하고 사회적 태도를 가지기 때문이다. 뿐만 아니라, 정서마저도 사고에 영향을 받는다는 점을 고려해 볼 때 자폐아동은 그러한 사고 능력보다는 단지, 특정 문제해결의 능력과 과제를 습득하는 기억력이 있을 뿐, 총체적인 사고 능력을 가지고 있지 않다.

통합

아동이 어떤 일과 사건에 대해 종합적으로 생각한다는 것은 무엇인가? 일반아동의 경우 특정한 일이나 사건에 대해 나름대로의 생각을 가지고 판단하게 되는데 이때 내부귀인과 외부귀인을 통해서 종합적 판단을 하게 된다. 내부귀인은 반드시 아동 자신만을 의미하는 것이 아니라, 다른 사람의 생각과 의도와 관련짓게 된다. 예를 들어 누군가가 화를 냈을 때, 그것이 개인이 불쾌하게 생각하는 것 혹은 개인이 의도와 다른 상황에 처해 있는 경우와 같이 개인의 내부적인 원인을 생각하는 것이다. 이 경우 행위자의 행동을 내부귀인하게 되면 행위자가 어떤 성향을 지니고 있다고 추론하게 된다.

외부귀인은 개인이 아닌 다른 환경과 현상의 영향에 의한 것으로 그 원인을 돌리는 것이다. 예를 들어 날씨가 추웠기 때문에 놀이터에 친구들이 없는 것, 혹은 차가 많이 밀렸기 때문에 약속시간을 지키지 못한 것 등과 같이 그 원인을 외부적인 원인으로 파악한다. 이 경우, 개인의 행동은 다른 외부적 영향과 관련이 있다고 추론하게 된다. 그러나 한 가지 성향만으로 그룹을 파악할 수는 없으며, 사람들은 추론해 낸 여러 성향 정보를 통합하여 그에 관한 전반적인 인상을 형성한다.

통합은 외부귀인과 내부귀인에 관한 정보들을 추론하고 원인을 찾는 것이다. 이러한 과정은 일상적인 일에서도 종종 일어나게 된다. 만약에 자신의 물건이 없어졌을 경우, 자신이 기억을 하지 못해서 잃어버린 것인지, 아니면 자신의 물건을 다른 사람이 치웠는지에 대해 종합적으로 생각하게 된다. 물론 이보다 더 난해한 일이 일어났을 경우에도 통합은 더 섬세하게 일어난다. 예를 들어, 방금 책상에 두었던 물건이 없어졌을 경우, 자신의 기억과 외부 사람의 원인을 생각하게 되는데 각각의 원인에 대해 상황이 일어날 수 있는 일들에 대해 더 세부적으로 추측하게 되고 그에 따른 정보들을 통합한다.

확증

아동들이 자신의 주장을 굽히지 않는 경우가 종종 있다. 흔히, 어떤 사실에 대해 아동이 막무가내로 고집을 부리거나 그 고집을 반드시 실현하려고 하는 것은 아동 나름의 자기 신념을 가지고 있기 때문이다. 예를 들어, 자신의 경험으로 보아 특정 시간에 친구 집에 가면 반드시 친구가 없다는 것, 혹은 특정 문구점에 가면 반드시 자신이 원하는 물건이 있다는 것을 주장한다. 이것은 실제적으로 경험에 의한 것이지만, 때로 개인이 여러 가지 생각의 결과에 따라 사실을 확증하고 주장을 굽히지 않는 경우가 있다. 이와 같이 사람들은 어떤 일에 대해 일단 마음을 정하면 반대되는 새로운 증거가 제시되더라도 자신의 생각을 잘 바꾸려 하지 않는다.

이러한 신념은 경험으로부터 형성된다. 아동이 어떤 경험을 했는지의 여부는 아동의 내면의 심리적 변화에 영향을 미치게 된다. 불신과 신념은 아동이 성장하면서 겪는 부정적인 경험과 긍정적인 경험에 영향을 받게 되지만, 이러한 확증된 신념들은 정보를 통합하는 과정에서 결정된다. 만약에 자신의 물건이 없어졌을 때, 최종적으로 그 원인에 관한 정보들을 통합하여 원인에 대해 귀결하게 되는데 이렇게 확증된 사실을 좀처럼 바꾸기 어렵다. 왜냐하면, 확증은 자신의 판단에 대한 믿음으로 굳어지기 때문이다. 확증은 그것을 신념으로 받아들이는 것이다. 자폐아동에게는 세계에 대한 신념이 없다. 자폐아동은 자신의 경험과 누적된 정보들을 통합적으로 다루는 능력은 없기 때문이다. 그들에게는 단지, "사실"에 대한 "집착"만 있을 뿐이다.

인지체계

우리가 보는 것, 듣는 것, 냄새 맡는 것, 촉각, 고통과 자기 수용과 같은 모든 감각들은 수시로 우리 주변의 세계로부터 정보를 받아들이는 데 기능할 뿐만 아니라, 자신의 몸에서 일어나는 정보들을 지각하게 한다. 따라서 인지는 우리가 세상에 대한 체험을 통해 얻은 모든 정보를 변형하여 뇌에서 재구조화하는 것이다. 이러한 과정은 의식하지 못할 정도로 매우 빨리 일어난다. 그러나 인지는 뇌가 감각기관을 통하여서만 받아들여진 정보에만 기초를 두지 않는다. 우리가 바라는 것과 과거 경험들이 인지에 적극적으로 영향을 미치기도 한다. 그리고 우리가 인지하는 모든 것은 우리가 보는 정보내용에 의해 바뀔 수도 있다. 인지는 우리가 의미 있는 행위를 수행하도록 하는 모든 정신적인 과정들로 구성된다. 정신적인 과정이란, 학습, 인식, 기억, 계획, 검토 등과 같이 주위환경으로부터 유입되는 정보를 다루는 능력이다. 또한 이러한 과정 요소들은 인식체계의 부분들이기도 하다. 복잡한 인식체계의 부분들은 일반적인 목표를 성취하도록 하는 활동을 이끈다. 예를 들면, 전화를 할 때, 숫자를 발견하고, 다이얼을 돌릴 때까지 기억하며 그 다음에 말하고 듣는 것 등의 각 작용들은 인지체계의 부분들 즉, 인지요소이다.

인지과정은 무엇에 대한 사고하는 과정이라면, 인지체계(cognitive systems)란 특정 방식으로 사고과정이 일어나도록 하는 체계를 의미한다.[61] 따라서 인지체계는 인지·언어·사고의 총체적으로 유기적 관계를 통해 형성된다. 이러한 인지체계는 사고과정이 일어나게 하는데 앞서 설명했듯이 인지과정이 "정보를 다루는 것"이며 이 과정을 통해서 "분석"하고 "해석"하게 되며 최종적으로 "판단" 및 "결정"하게 되는 것이다. 이러한 사고과정은 무작위로 일어나는 것이 아니라, 일정한 방식과 체계로 진행된다. 만약에 사고과정이 무작위로 일어난다면, 논리적이고 체계적인 생각을 하지 못할 것이다. 분명한 사실은 사고과정은 무작위로 일어나는 것이 아니라, 일정한 계통과 절차를 통해서 일어나는 것이다. 이러한 사고과정은 뇌의 생리학적 구조에서도 확인할 수 있다.[62]

61) 적어도 자폐아동 치료의 관점에서 치료교육 프로그램이 인지발달을 배경으로 한 것이라면, 어떻게 "인지체계"가 가능하도록 프로그램을 구성하는지의 여부가 매우 중요하다. 인지체계는 인지과정을 이끌어가기 때문이다. 치료교육 프로그램이 단지, 각각의 교육내용을 선별해서 통합시키고 구조화시키는 것은 아무런 의미가 없다. 왜냐하면, 다양한 프로그램 중에 선별된 학습내용들은 인지과정의 이론적 배경을 가지지도 않았으며, 더구나 인지체계화를 이끌지도 못하기 때문이다. "좋은 교육"을 시켰는데도 특별한 좋은 결과를 얻지 못하는 것은 프로그램이 인지의 변화를 이끌도록 인지체계화하지 못하기 때문이다. 이러한 점에서 Weetman의 자폐아동의 발달적 모형과 LPDAC의 프로그램의 발달적 모형은 인지과정을 이끌어 가도록 인지체계화시킬 수 있는 중요한 이론적 배경이 되며 동시에 체계적이고 단계적인 프로그램 과정에서 더 높은 수준의 자폐아동 발달을 기대할 수 있다.

62) 예를 들어, 뇌세포의 신호 정보를 전달하기 위해서 뇌세포의 신호전달 체계가 구축되어야 한다. 신호정보가 전달되기 위해 우선 축색돌기와 수상돌기라는 전달 구조가 필요하다. 수상돌기는 세포체에서 나뭇가지 모양으로 뻗어 있는 것들이고 이것은 신호를 받아들이는 역할을 한다. 반면에 축색돌기는 소시지 모양으로 길게 늘어져 있으며 축색돌기를 통해 신호를 보내게 되는데 이때 축색돌기 끝부분에서 신경전달 물질이 나오게 된다. 한편, 신경세포의 수상돌기와는 좁은 틈으로 떨어져 있는데 이것을 시냅스라고 부르는데 축색돌기의 끝에 충격이 전달되면 신경전달 물질이 방출되어 맞은편 수상돌기의 이온통로의 닫힌 문에 붙어서 문을 열게 된다. 그리고 나트륨이 이온이 신경세포 안으로 확산이 되면서 전하의 분포가 달라진다. 이때 전기 파동이 생긴다. 이 파동이 다시 축색돌기를 향해 퍼져나가게 되며 다시 축색돌기의 끝에 충격이 전달되면 지금까지의 과정이 똑같이 반복되어 계속 전달되게 된다. 이와 같이 다양한 정보의 흐름과 상호작용을 위해서는 "체계"가 요구된다. 지금까지 설명된 예는 뇌세포의 신호전달의 물리적 체계이지만, 이 과정에서 세계로부터 유입되는 다양한 자극과 정보에 반응하게 된다. 이때 자극과 정보를 분석하고 해석하며 이전의 축적된 정보와 비교하고 재정립하면서 판단하게 된다. 그러므로 특정 체

❁ 자폐증 치료교육 가능성과 과제

엄밀히 보자면, 치료교육의 한계가 자폐아동의 장애와 능력에 있는 것이 아니다. 오히려 그들의 능력을 이끌지 못하는 전문가의 한계이다. 자폐아동의 장애와 능력에 관해 설명할 수 있지만, 그들의 장애의 요인이나 병리적 요인의 근원을 설명하는 전문가는 드물다. 그러한 점에서 자폐아동의 발달병리적 이해 없이 치료교육을 시도하였는지도 모른다. 장애가 나타나는 메커니즘을 설명하지 못하고 치료교육을 수행했다면, 당연히 자폐아동의 치료교육의 효과는 기대할 수 없다. 자폐아동의 치료교육의 좌절은 부모나 교사들에게 많은 절망감을 안겨 주었다. 그리고 많은 시간과 노력은 자폐아동의 치료교육의 가능성과 관련이 없는 것처럼 느꼈다.

지금까지 자폐증은 치료할 수 있는가? 이 물음은 끊임없이 제기되어 왔지만, 지금까지 우리는 아직 그 원인에 대해 모르는 것이 더 많은 것 같다. 자폐증의 장애를 설명하더라도 극히, 제한된 범위에서만 설명을 할 뿐이었다. 물론, 그 동안 자폐증의 원인 중에서 출생 환경적 원인이나 생물 유전적 원인에 관해서 설명하면서도 정작 자폐증의 장애를 유발하는 메커니즘을 설명하지 못했다. 특히, 발달병리적으로 자폐증의 장애를 설명하는 데 여전히 부족했던 이유는 자폐아동의 발달에 관한 명확한 설명이 없었기 때문이다.

하지만, 지금까지의 연구 결과들은 자폐증은 선천적인 요인에 의한 것이며, 인지기능 장애라는 점에 집중하고 있다. 따라서 만약에 자폐아동의 인지기능 메커니즘을 발견하고 그에 따라 인지발달을 촉진시키는 특별한 방법을 통해 뇌기능을 활성화시킬 수 있다면, 자폐아동은 치료교육의 가능성을 향해 한 걸음을 내딛게 될 것이다. 그러한 점에서 LPDAC의 자폐아동 발달 이론은 이전에 제시되었던 이론과는 전혀 다른 자폐아동 발달의 본질적이 문제를 다루는 것이며 실제로 자폐아동의 치료교육의 핵심적인 이론의 배경이 된다.

치료교육에 있어 LPDAC의 주요 개념 중에 하나는 발달은 통합하며 진행된다는 것이다. 그리고 발달영역을 통합하기 위해서 인지능력을 향상시킨다. 따라서 자폐아동의 치료교육 가능성은 인지발달의 결손을 어떻게 극복해야 하는지에 결정된다. LPDAC의 자폐아동 발달 이론은 인지심리학적 배경에 두고 있으며 다음과 같다.

계가 결함이 있을 경우, 문제를 이해하거나 해결하는 데 어려움을 겪게 된다. 자폐아동의 결손은 이러한 인지체계의 결함으로부터 시작될 수 있다. 자폐아동의 문제들은 "무엇에 관한 의식"이나 혹은 "의식의 방식"에서 결함이 있다는 것을 쉽게 관찰할 수 있다.

첫째, 사고체계를 설명하는 연결주의 이론이다. 이 이론의 주 맥락은 사고가 독립된 위계가 아니라, 다양한 조직 간의 연결회로망에 의해 상호작용에 의한 것이라는 것이다. 이에 의하면, 의식작용은 여러 발달영역 간에 상호관계를 통해 일어난다는 것이다. 특정 정보를 인지, 언어, 사회영역에서 동시에 다루며 이와 관련된 의미의 추출한다.

둘째, 다양한 경험에 의해 사고가 능동적으로 변화하며 재조직된다는 망조직 이론이다. 역동적 체계 이론은 연결된 망조직이 다양한 경험에 따라 능동적으로 변화하며 재조직된다는 것이다. 즉, 경험을 통해서 사고가 점차적으로 분산되고 통합되면서 체계적이고 복잡한 형식으로 발전하게 된다. 이 입장은 사고는 어떤 방식에 제한받지 않고 역동적으로 분화되고 통합되면서 확장된 패턴을 만들어 가는 것이다.

LPDAC의 자폐아동 발달 이론은 휘트먼의 자폐아동 발달 이론에 의해 지지 받는다. 휘트먼의 이론과 LPDAC의 이론의 공통된 관점은 인지, 언어, 사회영역이 통합되면서 발달한다는 것이다. 만약에 발달영역 간의 상호작용이 단절된다면, 정상적인 발달을 할 수 없게 된다는 것이다. 따라서 자폐아동의 발달의 통합은 자폐아동의 장애문제를 근본적으로 해결할 수 있는 하나의 실마리가 되는 것이다.

인지발달 치료의 과제

인지발달을 위해 해결할 과제와 인지적 요소들이 무엇인가? 기존의 인지발달을 위한 방법들이 실제로는 인지학습이었다. 그렇기 때문에 인지발달을 촉진시키기보다는 인지적 방법으로 학습을 촉진시키는 것이다. 이미 앞서 연구자들이 무엇에 집중되어 있으며, 그들의 관심사가 무엇인지 그리고 자폐증의 근본적 문제를 해결하기 위해 무엇이 해결되어야 하는지에 관한 중요한 사실을 제시한 바 있다. 그것은 자폐증 혹은 자폐아동 발달에서 장애의 핵심적인 요인이 "인지"라는 사실이다. 이것을 위해 많은 연구자들이 새로운 모델을 만들기 위해 노력하고 있으며, 자폐아동의 장애 문제를 해결하기 위해 뇌기능과 인지발달에 집중되어 있다는 것을 설명하였다.

자폐아동의 치료교육에 오랫동안 종사해 온 전문가라도 왜 자폐아동이 이야기를 듣고 이해를 하지 못하는지 그리고 책을 읽을 수 있어도 왜 내용의 맥락을 이해하지 못하는지에 관해 설명하는 경우는 드물다. 자폐아동이 왜 제한된 사물과 대상에게 집착을 하는지 그리고 왜 자기몰입과 같은 행동을 하는지에 대해서도 설명하는 경우가 드물다. 실제로 자폐아동이 친구가 울고 있는 것을 신기하게 여기고 쳐다보고 웃는 이유에 대해서 그리고 그토록 오랫동안 친구들과 함께 같은 공간에서 상호 체험할 수 있는 기회를 만들어 주어도 사회적 유대관계를 유지하지 못하는지에 대해서도 설명하지 못한다.

자폐아동의 행동을 설명 못하는 치료교육의 시도는 별반 좋은 결과를 얻을 수 없다. 문제의 원인을 설명하지 못하는 치료교육은 막연하고 피상적인 것에 지나지 않는다. 결국, 많은 시간이 흐르고 나서 자녀의 문제를 다시 회상해 보면 그토록 많은 시간을 자녀의 교육에 힘써 온 결과에 비해 기대만큼 좋아진 것은 없다. 치료교육 전문가들이 어느 정도 변화가 되었다는 것을 위로 삼았다면, 애초에 치료교육의 미래는 없이 치료교육 행위만 있었던 것이나 다름이 없다.

자폐아동을 위한 적응훈련이나 기초지식 학습 그리고 다양한 생활, 사회, 행동, 놀이, 언어기술을 습득시키는 것은 자폐증의 문제를 해결하는 것은 아니다. 왜냐하면, 자폐증의 본질적 문제는 인지결함과 관련이 깊기 때문이다. 대부분 아동들의 행동과 언어 그리고 사회적 태도와 정서는 자신의 세계를 의식하고 사유하는 과정에서 일어나는 인지활동이다. 따라서 자폐아동이 일반아동의 발달과 근접하도록 하기 위해서는 인지발달을 핵심적인 과제로 삼아야 한다. 따라서 자폐아동의 치료교육을 시도하기 이전에 자폐증이 인지발달상의 결손으로 인한 요인들이 무엇인지를 밝혀야 할 필요가 있다. 여기에 치료과정에서 회복되어야 할 인지요소는 다섯 가지로 설명될 수 있다.

표상지각

책의 내용과 매력을 파악하고 흥미 진지하게 책을 읽는 자폐성인이 있는가? 다른 사람이 겪는 이야기에 흥미를 느끼고 진지하게 듣거나 아니면 영화의 줄거리에 흥미를 느끼거나 감동하는 자폐성인이 있는가? 자폐아동이 성인이 되도록 책의 내용이나 다른 사람의 이야기에 흥미를 느끼고 관심을 두지 못하는 이유를 설명하기 위해서 인지 요소로서의 표상지각이 설명되어야 한다.

표상지각은 개념을 형상화하거나 이미지화하는 것을 의미한다. 예를 들어, 선생님이 들려주는 이야기가 있다고 했을 때 아동은 선생님이 들려주는 이야기 내용을 이미지로 떠올린다. 즉, 그림으로 상상하고 이미지화하는 것이다. 그렇게 함으로써 줄거리를 이해하고 맥락을 파악한다. 그러나 대부분의 자폐아동은 표상지각을 통해서 이야기를 이해하기보다는 기억하려고 한다. 뿐만 아니라, 표상지각은 문장이나 책을 읽고 이해하는데 영향을 미친다. 대체로 아동은 책을 읽으면서 내용을 머릿속으로 이미지화한다. 즉, 많은 내용들이 그림으로 그려지는 것이다. 글 속에서 나타난 표정과 심리적 상태 혹은 그들 주변의 환경과 생활들이 이미지로 표상되는 것이다. 자폐아동은 단지 책 내용을 암기하려고 할 것이다.

조망지각

일반아동은 자신이 처해 있는 생활세계에 대해 무척이나 많은 관심을 가지고 있는 듯하다. 다양한 사물에 관심을 두거나 새로운 환경에 호기심을 갖는다. 더 나아가 집 밖을 나가 다양한 세계를 체험하려고 한다. 이에 비해 자폐아동은 자신이 좋아하는 환경과 사물 그리고 현상에 집착하는 경향이 있다. 전반적으로 자폐아동은 자신이 처해 있는 세계가 제한되어 있는 듯하다. 이러한 경향은 제한된 주의에서도 드러난다. 자폐아동의 주의는 제한된 세계만을 의식하고 세계에 대해 부분적으로 인식한다. 주변 세계를 바라보고 인식하는 능력이 매우 제한되어 있는 이유는 조망지각의 결손 때문이다.

조망지각은 자신을 의식하고 세계를 인식하는 것이다. 아동이 자신 앞에 놓여진 상황을 바라보지만, 동시에 인식을 한다. 조망지각은 자신 앞에 놓여진 개개의 사물과 대상들을 연관 짓는 것을 의미하기도 한다. 그렇기 때문에 "여기가 학교"라는 사실과 "여기가 집"이라는 사실을 알게 된다. 즉, 학교와 관련된 다양한 정보들을 연관 짓거나 집이라는 다양한 정보들을 연관 짓기 때문이다. 그렇기 때문에 일반아동들은 세계를 총체적으로 인식하지만 자폐아동의 경우는 세계를 축소해서 보는 경향이 있다. 조망지각이 축소되었기 때문이다. 이 경우 자폐아동은 특정한 환경이나 대상에 집착하게 된다. 그리고 자신이 집착한 것 이외의 주위상황을 인식하지 못한다. 만약에 조망지각이 더 축소되어 닫히게 된다면, 자폐아동은 현재 자신의 처해 있는 세계를 의식하지 못하게 될 것이다. 그리고 동시에 자기몰입을 하게 된다.

마음읽기

때로 부모는 자녀가 가족들의 마음을 잘 알고 있다고 생각하는 경향이 있다. 왜냐하면, 자폐아동은 다른 사람에 대해 이미 미리 마음을 잘 파악하고 처신하는 듯한 느낌을 받기 때문이다. "눈치를 잘 보는 아이"는 곧 다른 사람의 생각을 잘 파악하는 단서가 된다고 생각하지만, 실제로는 그렇지 않다. "눈치를 잘 보는 아이"와 "마음을 잘 읽는 아이"는 전혀 다르다. 뿐만 아니라, 자폐아동을 가진 부모는 자녀가 "부모를 알고 있다"고 생각한다. 정말 자녀가 부모를 알고 있는 것일까? 아니면, 가족들의 구성원을 알고 있는 것일까? 참담하지만, 자폐아동은 부모를 모를 수 있다는 것을 염두에 두어야 한다. 자폐아동에게 있어 부모는 단지, 자신을 "보호해 주는 대상" "의식주를 해결해 주는 대상" "애정을 주는 대상" "필요할 때 지원해 주는 대상"으로 인식할 뿐, 부모에 대한 개념이 없을 수 있다. 부모가 상해를 입거나 우는 것 혹은 위험에 처해 있을 때 자폐아동은 전혀 낯선 대상을 보듯이 방관한다. 부모에 대한 애틋한 감정을 느끼지 못하는 것은 부모를 모르는 것이다. 자녀가 "부모를 안다" 혹은 "부모 마음을 안다"는 것은 단지 부모의 기대에 지나지 않는다. 항상 자녀를 보면서 커다란 담을 두고 마주 서 있는 것처럼 느끼는 것은 "심상화"의 결손과 관련이 있다.

즉, 다른 사람의 마음의 상을 그려보는 것이다. 전문용어로는 "마음읽기"에 해당된다. 자폐아동이 다른 사람을 인식할 수 있지만, 대상의 심적 상황을 인식하지 못한다. 애초에 마음읽기가 어렵기 때문에 자폐아동은 사회적 관계가 매우 단조롭고 형식적이다. 심상화의 결손은 곧바로 자폐아동의 사회발달에 영향을 미친다. 자폐아동은 사회발달 과정에서 다른 사람의 마음을 공감하는 것이 어렵기 때문에 감정과 정서적 교감이 어렵다. 예를 들어, 다른 친구가 아파서 울고 있다면, 일반아동의 경우는 현재 친구의 감정적 상황을 인식하고 공감하게 된다. 그래서 어린 나이에는 함께 우는 경우가 종종 있다. 그러나 자폐아동은 또래 친구가 우는 것이 전혀 다른 양상으로 인식되기 때문에 낯설거나 관련이 없는 형상으로 인식한다. 심상화의 결손은 다른 사람과의 깊은 감정적 교류를 형성하는 데 어렵게 한다.

동일시

자폐아동은 성인이 되어서도 발달상 여전히 미성숙한 느낌을 받는다. 그들의 행동과 태도 그리고 언어와 생각이 유아기에 지나지 않는 것은 무엇 때문일까? 뿐만 아니라, 그들의 사회적 상호작용이 항상 지연되고 그것이 가능하더라도 자연스럽거나 섬세하지 못한 이유는 무엇일까? 자폐성인이 나이만큼 성숙한 느낌을 받지 못하는 것은 어린 시절부터 형성되어야 할 "동일시"의 결손 때문이다. 동일시는 사회적 역할과 능력을 향상시키는 데 영향을 미친다. 동일시는 다른 또래 아동 집단에서 서로 상호작용의 경험의 기회를 준다고 해서 형성되지 않는다.

모방과 동일시는 비슷한 것 같지만, 전혀 다르다. 모방은 시각적으로 똑같이 모사하려고 하는 것이지만, 동일시는 인격을 똑같이 모사하는 것이다. 전문가들이 모방을 통해서 다른 사람과 교류를 이끌어 내려고 하지만, 노력만큼 만족한 결과를 얻을 수 없다. 대부분 다른 사람과 교류하는 기술을 가르쳐 줄 수 있어도 사회적 교류는 어렵다. 이에 비해 동일시는 다른 사람의 인격을 모사하는 것으로 다른 사람의 입장과 역할을 수행할 수 있다. "엄마의 역할"과 "아빠의 역할"을 인식하고 모사하기 때문에 동일시는 사회발달에 중요한 인지요소이다.

인지언어

자폐아동이 나이가 어릴 때부터 가장 많이 교육 받는 것은 언어치료이다. 많은 시간과 노력에도 불구하고 말을 잘하는 자폐성인은 없다. 오히려 성인이 되어서도 아동기 수준의 언어를 사용한다. 그들의 언어는 어느 일정한 수준에 이르게 되면, 더 이상 발달하지 않고 지연되는가? 자폐아동은 자신이 필요한 것에 대해서 언어로 요구하지만, 좀처럼 다른 사람과 대화를 나누는 경우는 없다. 일반아동들처럼 언어가 확장되지 않고 정체되는데 그 이유를 알기 위해서는 "기능언어"가 아니라, "인지언어"가 설명되어야 한다.

지금까지 자폐아동의 언어를 만족스럽게 이끌어 가는 경우가 드문 것은 자폐아동의 언어를 하나의 기능언어로 인식되었기 때문이다. 그래서 언어기술을 통해서 점진적으로 대화를 이끌어 갈 수 있다고 생각하였다. 그러나 자폐아동이 생활 속에서 요구되고 필요한 말을 할 수 있지만, 반면에 다른 사람과 대화를 나누지 못한다. 대부분 사람들은 어느 정도 말을 하게 되면 나이가 들어서 다른 사람과 대화를 나눌 수 있다고 생각하지만, 대화를 잘 나누는 자폐성인은 그렇게 많지 않다. 또한 자폐아동은 다른 사람이 말하는 내용들을 파악하는 데 실패한다. 말의 줄거리를 이해하지 못할 뿐만 아니라, 스스로 자신의 생각과 감정을 드러내는 데 어려움을 가지고 있다. 언어는 인지능력에 직접적으로 영향을 받는다. 그리고 언어는 인지, 사회 및 정서와 같은 여러 발달능력의 유기적 상호관계를 통해서 통합하며 발달하는 능력이다.

치료교육의 인지 이론 접근

인지 이론

LPDAC의 중재 방법은 인지발달을 전제로 하며 그 방법이 인지발달 치료이다. 인지발달의 의미는 아동이 성장하고 발달해 감에 따라서 일어나는 인지기능(cognitive function)의 변화를 말한다. 인지기능은 지식과 정보를 효율적으로 조작하는 능력으로서, 능력의 복잡성 수준에 따라 몇 가지 수준으로 분류된다. 기본 인지기능으로서는 범주화, 순열화, 비교, 요소 및 속성 파악, 관계와 유형파악, 중심 아이디어 식별, 오류 확인, 귀납, 연역, 유추를 들 수 있다.

인지기능은 지각, 주의 및 분석, 기억, 추론 등의 정보처리 과정에서 작동된다. 이때 비교, 순열화, 범주화는 "주의"에 속한다. 예를 들어 무작위로 놓여진 여러 색깔의 블록이 책상 위에 있다고 했을 때 주의는 각각 다른 색상을 비교하고 같은 색상들을 분류한다. 그리고 각각의 블록들이 색상에 따라 개수가 얼마나 되는지를 파악한다. 이에 비해 중심 아이디어 식별, 오류 확인은 "분석"에 속한다. 예를 들어, 색상 블록들이 크기가 서로 같은지 혹은 서로 다른 블록이 함께 뒤섞여 있지 않는지 그리고 각각의 색상블록의 특징이 무엇인지에 대해 분석한다.

귀납, 연역, 유추는 “추론”이라는 활동에 속한다. 만약에 같은 모양이나 색상이 아닐 때 혹은 크기가 서로 다른 경우에 각각의 블록이 왜 다른 블록과 차이가 나는지에 대해 유추하게 된다. 이때 하나하나의 구체적이고 특수한 사실을 종합하여 그것으로부터 일반적인 원리를 이끌어 내는 추론 방식의 귀납의 방법이 있다. 예를 들어, 각각의 같은 색상의 블록을 같은 형태에 따라 맞추게 되면, 본래 블록의 형태를 구성할 수 있다. 이와 달리 논리적으로 필연적인 원리에 따라 혹은 진리 보존적 추리 규칙에 따라 주어진 전제로부터 결론을 이끌어 내는 연역의 방법으로 사고하게 된다. 예를 들어, 여러 개의 다른 블록들을 조합하게 되면, 특별한 모양을 만들 수 있는데 그러한 이유 제시된 과제는 항상 무엇을 구성하는 것이기 때문이다.

인지기능은 세 가지로 구분된다. 범주화와 순열화를 조합하는 “조직기능”으로 모든 정보들을 조직적으로 분류하고 구성하는 기능을 가진다. 이와 달리 비교, 요소 및 속성 파악, 관계와 유형 파악, 중심 아이디어 식별, 오류 확인을 묶어서 “분석기능”이 있다. 이 기능은 조직적으로 분류되고 구성된 정보들을 좀 더 세부적으로 구분하고 어떤 오류가 있는지를 확인하다. 그리고 귀납, 연역, 유추를 조합하는 “추론기능”이 있다. 최종적으로 분석된 정보들에 관해 왜 그러한 정보로 구별되고 분석되는지에 대한 원인과 목적에 관련된 것들에 대해 추론을 하게 된다.

인지기능은 개인의 사고 능력을 결정한다. 그리고 개인의 사고 능력은 곧 언어와 행동에 영향을 미치게 된다. LPDAC의 인지발달 전략의 근본적 배경에는 인지는 행동에 영향을 미친다는 것을 전제로 한다. 그리고 발달단계 수준에 맞게 인지능력을 향상시킴으로써 사고와 행동을 변화시킬 수 있다고 본다. 인지전략은 지적 기능 특히, 문제해결 기능의 한 특수한 영역으로서 개인의 사고, 학습, 기억 등의 행동을 지배하는 내적 행동 방식을 말한다. 즉, 인지전략은 사고전략이고 학습방법이며 기억전략이다. 각자의 사고 전략, 학습전략이 다르듯이 학습자가 문제의 해결방법을 모색하는 과정인 인지전략은 각자에게 독특하게 나타난다. 인지전략의 학습은 학교 학습에서 창의적인 문제해결력의 개발과 관련하여 대단히 중요한 의미를 갖는데 이러한 인지전략은 오랜 기간 동안의 연구와 학습, 사고과정을 미치는 동안 형성되고 개선, 수정된다.

LPDAC의 이론은 현재의 행동이 지금까지의 학습자 자신이 경험한 정보들을 재구성함으로써 가능해진다는 인지주의 행동이론이다. 인지주의 행동이론은 학습자 자신이 경험한 일들에 대한 정보들을 어떻게 해석되었는지의 여부에 따라 행동을 결정한다는 것이다. 따라서 인지주의 행동이론은 지식이나 정보가 학습자 내부에서 어떻게 구조화되며 학습이 발생하는지에 관심을 갖는다.

인간의 행동은 어떻게 형성되는 것일까? 과거 행동주의는 인간의 행동을 명확하게 설명하는 것 같았다. 조작적 조건화를 통해서 연구자가 원하는 대로 행동을 바꿀 수 있다고 믿었다. 이러한 행동주의 이론은 실제로 연구를 통해 구체적으로 설명되었다. 그러나 심리학분야에서 20세기 중반을 휩쓸었던 행동주의는 20세기 후반에 이르러 추풍낙엽처럼 그 위상이 바닥에 떨어졌다. 그것은 인간의 행동은 인지능력에 영향을 받는다는 새로운 이론이 가세했기 때문이다.[63]

행동주의는 동물을 대상으로 자극에 반응을 하도록 조작적 조건화시킬 수 있는 이론일지는 몰라도 인간에게는 적용하기가 어렵다는 주장이 더 많은 지지를 얻었다. 인간의 행동은 특정 자극과 환경에 무작위로 반응하는 결과가 아니라 자신이 처해 있는 환경과 현상을 지각하고 해석함으로써 행동을 결정하는 것이다. 그렇기 때문에 인간은 적어도 무엇에 관해 판단에 따라 행동한다.

그럼에도 지금까지 우리는 자폐아동의 예측할 수 없는 행동에 대해 무의미한 행동으로 단정하거나 단지, 문제행동이나 이상행동으로만 여겼을 뿐이다. 자폐아동의 행동은 별반 의미 없는 것이고 사회 부적응의 전형적인 행동에 지나지 않는 것인가? 이 물음에서 우리는 얼마큼 자폐아동의 행동을 이해할 수 있는지를 되돌아보아야 한다. 자폐아동의 행동이 무의미한 것이 아니며 그렇다고 부적응 장애를 가진 것도 아니기 때문이다. 우리는 자폐아동 뿐만 아니라, 장애아동을 무능력한 존재로만 여겼던 과오를 범했다.

자폐아동은 일반아동들처럼 자신의 생활세계를 탐색하고 경험하려고 하는 "본성"과 "본능"을 가지고 있다. 이것은 어떤 이유에서든지 손상되지 않는 영역이며 인간 존재감으로서 생활세계에 당연히 드러나는 것들이다. 오히려 자폐아동은 "본성"과 "본능"에 충실하다. 그러기 때문에 다양한 욕구를 가지고 있다. 자폐아동은 자신만의 방식으로 의미를 부여하고 해석한다. 따라서 지금까지 자폐아동의 문제행동들은 다양한 욕구방식과 의미해석에 의해 나타나는 자신의 표현방식이다.

인지행동이론은 개인이 어떻게 세계를 인식하고 해석하는지에 따라 행동양식이 결정된다고 보고 있다. 이러한 관점에서 Beck은 인지행동주의적 기법을 제시하면서 인지와 행동 간의 밀접한 관계가 있다는 것을 주장하고 인지행동 치료모델의 기본적인 원리에

63) 인지행동주의 이론은 행동주의 이론이 결국은 인지 이론을 받아들인 결과이다. 행동주의 이론은 인간이 무엇을 생각하든지의 여부와 상관이 없이 행동의 변화를 이끌 수 있다는 것이다. 하지만 인간의 행동은 인지체계에 영향을 받는다는 것이 오늘날, 대부분의 학자들의 견해이다. 하지만 행동주의 이론은 나름의 이론적 기반이 확고하고 임상적 과정에서도 이론적 타당성이 분명히 드러난다. 문제는 행동주의 이론이 완전히 인지 이론을 벗어날 수 없다는 것이다. 즉, 행동주의 이론과 인지 이론은 상호 교접하는 부분들이 있는 것이다. 따라서 행동주의 이론은 인지 이론적 부분을 포함하고 있으며, 인지 이론은 행동주의 이론을 각각 포함하고 있는 것이다. 상호 교집합처럼 특정한 범위들이 서로 교착하는 지점이 있다. 그러한 점에서 인지행동주의가 새롭게 등장했고 고전적 행동주의 이론을 계승하고 있다.

서 개인의 사고와 감정의 방향을 바꿔 줌으로써 행동을 재구성할 수 있다는 것을 전제하였다(Beck, Freeman, Davis, & Associates, 2003).

실제로 대부분의 자폐아동들에게 나타나는 "과잉 울음"과 "고집" "충동적인 행동" "자해행동" 등의 특징적인 행동은 자폐아동 자신이 직면한 사건과 일에 대해 잘못 해석하고 왜곡하거나 부적절하게 인지하고 있기 때문이며, 이것은 부모의 양육태도와 밀접하게 관련이 있다고 한다(Ferster & DeMyer, 1961; Michelle et al., 2004). 즉, 자폐아동의 문제행동은 학습된 것이다.

따라서 프로그램 과정에서 인지 행동적으로 접근하려고 하는 것은 자폐아동이 자신의 직면한 일과 사건 그리고 대상에 대한 올바른 해석과 이해를 통해 자신의 부적절한 행동과 태도를 조정하기 위한 것이다. 자폐아동의 문제행동들은 부적절한 부모의 양육태도에 영향을 받게 된다. 자폐아동은 가정에서 장애를 가졌다는 이유로 부모로부터 일방적인 애정과 지나친 도움을 받거나 부적절하다고 여겨지는 행동에 대해서도 배려를 받으며 양육되는 경향이 있다. 이러한 부적절한 양육 경험은 자폐아동 자신의 생활세계에 대한 이해가 왜곡되고 비합리적으로 형성하게 되는 원인이 된다.

그러므로 인지 행동적 원리에 따라 치료교육 프로그램이 자폐아동에게 적용이 되기 위해서는 자폐아동이 자신이 경험하고 자신이 처해 있는 환경을 올바로 인식하게 함으로써 이해를 넓히고 올바른 태도를 갖게 하는 데 중점을 두어야 한다. 따라서 LPDAC의 초기 중재는 교육자와 아동 간의 관계회복을 목적으로 한다. 또한 중재 과정에서 아동 자신이 처해 있는 생활과 세계를 재해석하고 현재의 사회적 환경과 자신과의 관계를 올바로 이해하도록 이끌도록 한다. LPDAC는 자폐아동 행동의 본질을 다음과 같은 사실에서 이해되어야 한다는 것을 전제한다.

LPDAC의 초기 중재에서 자폐아동은 스스로 체험함으로써 세계를 알아가며, 다른 사람의 행동을 해석하고 의미를 부여하도록 한다. 또한 자폐아동은 다른 사람과 호의적 관계를 형성을 통해 교감하도록 이끈다. 또한 자폐아동 자신이 처해진 세계를 올바로 인식하고 재해석함으로써 기존의 부적절한 행동을 스스로 변화하도록 이끌게 한다. 즉, 아동 자신이 직접 경험하고 해석함으로써 세상을 이해하고 자신의 행동 양식을 규정짓도록 한다.

하지만, 자폐아동을 단순히 인지-행동만으로 설명하는 데 한계가 있다. 왜냐하면, 인지행동이론은 발달이란 근본적 체계가 어떻게 형성되는지에 관한 메커니즘을 설명할 수 없기 때문이다. 어떻게 사고가 형성되며, 사고가 어떻게 언어에 영향을 미치는지 그리고 언어는 우리의 사고에 어떻게 관계하는지를 밝히는 데 어려움이 있다. 이에 대해 "연결주의 이론"과 "역동적 체계 이론"은 그 대안을 설명한다.

연결주의 이론

LPDAC 이론의 배경은 하나의 정보를 다루기 위해서 여러 망조직의 상보적 관계가 이루어진다는 연결주의 이론이다. 이 이론의 주 맥락은 사고가 독립된 위계가 아니라, 다양한 조직 간의 연결회로망에 의해 상호작용에 의한 것이라는 것이다. 이에 의하면, 의식작용은 여러 발달영역 간에 상호관계를 통해 일어난다는 것이다. 특정 학습정보를 인지, 언어, 사회영역에서 동시에 다루며 이와 관련된 개별화된 정보의 의미를 상호 교환한다.

치료교육의 한계는 특정 발달영역을 집중적으로 학습한다고 해서 특별히 좋은 결과를 얻을 수 없다는 점이다. 예를 들어, 언어발달을 위해 다양한 방법으로 언어치료를 수행하지만, 실제로 다른 사람과의 언어적 상호작용이 만족할 만한 수준에 이르지 못한다거나 사회발달을 위해 다양한 사회기술을 학습한다고 해서 원숙하게 다른 사람과 상호작용을 하는 것은 아니다. 지적 능력 또한 학습시간과 양에 비해 낮다. 대부분의 치료교육이 많은 지식과 많은 기술을 습득하는 데 시간을 할애하고 있다. 치료교육이 정작 발달의 원리는 안중에 두지 않는다고 해도 과언이 아니다.

발달은 인지, 언어, 사회영역에서 전반에 거쳐 동시적으로 나타난다. 즉, 발달은 총체적이고 유기적이며, 동시적으로 일어난다. 따라서 특정 발달영역에서 결함을 가지게 될 경우, 또 다른 발달영역에서 결함을 초래한다. 이것은 각각 발달이 개별적으로 일어나는 것이 아니라, 상호 유기적 관계를 가지고 있다는 것을 의미한다.

발달이 여러 발달영역과 유기적 관계를 이루며 총체적으로 이루어진다는 점에서 기존의 치료교육에서 인지치료, 언어치료, 사회치료 등의 특정 영역을 집중적으로 접근하는 단선적 방법이 자폐아동의 장애 문제를 해결하기가 어렵다. 그러므로 자폐아동 발달의 복합적이고 총체적인 문제에 접근하기 위해서는 "발달적 관점"에서 장애를 다루어야 하며, 치료교육은 발달이 특정 영역에 국한된 것이 아니라, 여러 발달영역에 관여하고 상호 영향을 미친다는 점을 반드시 고려해야 한다.

그러면 어떻게 발달영역 간에 상호 연관되어 영향을 미치는 것일까? 발달영역 간의 조직은 단순한 것에서부터 보다 복잡한 양상으로 망조직화되면서 상호 연관된다. 이것은 마치 겨울에 유리창에 서린 성에가 점진적으로 분화하는 방식과 같다. 예를 들어, 유리창에 성에가 형성하는 과정을 느린 필름으로 보면 가지치기로 특정한 모양이 확산되어 가는 것을 볼 수 있다. 이러한 메커니즘은 신체에서도 볼 수 있다. 태아는 혈관이나 신경계는 큰 줄기에서 세분화된 방사형으로 발달해간다. 이러한 생물학적 메커니즘은 발달이 통합되어 일어나는 과정을 보여 준다. 발달이라는 것은 단순한 것으로부터 점진적으로 더 복잡한 과정을 거치며 조직화된다. 이것은 단일형식이 아니라 복합적인 형식을 띠고 있으며, 동시에 망으로 조직되면서 발달된다.

이와 마찬가지로 애초에 신경세포로 알려진 뉴런은 생물학적으로 단순한 체계에서 복잡한 체계로 발달하며, 동시에 망으로 조직화되면서 발달한다. 이것은 사고가 단일체계에서 복합체계로 발달하고 서로 얽혀져 있는 망조직에 따라 정보를 주고받을 수 있도록 통합적인 메커니즘으로 발달한다는 것을 의미한다. 즉, 사고는 무엇인가에 의해 복잡하게 연결되어 있으며, 다양한 정보들을 서로 유기적으로 분산시키고 통합시키는 과정을 거친다는 것을 암시하는 것이다.

연결주의(connectionism)는 사고가 독립된 위계에 의해 이루어지는 것이 아니라 연결된 어떤 조직 간의 신경회로망에 의해 상호작용함으로써 일어난다고 보는 것이다(Kosslyn, 1994). 즉, 의식작용이 단일한 체계에 의해 일어나지 않으며 여러 체계 간에 상호관계를 통해 일어난다. 의식작용은 경험을 통해서도 가능해지는데 학습경험을 통해서 발달영역 간의 정보들이 재조직하고 정보통합을 위해 상호작용을 하며 정보들이 교환될 수 있도록 특정 경로를 연결시키게 된다. 이때 관련된 정보들이 상호간에 서로 교환되면서 의식작용이 일어나게 된다. 또한 연결주의에 따르면 의식작용이 단지 학습경험에 의해 일어나기보다는 학습경험에서 획득되는 일정한 수준의 자극의 활성화 정도에 의해 가능해진다고 한다(Rumelhart, Hinton, & McClellandm, 1986).

연결주의 입장에서의 사고란 수많은 연결에 분포되어 있는 자극 간의 상호작용과 활성화의 패턴으로 보고 있으며 학습이나 발달은 이러한 패턴의 변화이다. 그러므로 특정 정보가 의식작용에 관여하기 위해서는 여러 개의 활성화 패턴의 작용이 필요하다. 그리고 패턴은 서로 다른 여러 개의 망으로 이루어지며 활성화를 통해서 정보를 다루기 위한 의식작용이 일어나게 되는데 이것은 분산되어 있는 각각의 정보들 간의 상호관계를 통해서 정보지식이 확산된다는 것을 설명해 준다(Seidenberg, 1993).

이러한 점에서 연결주의 관점에서 자폐아동의 사고의 결함은 정보통합의 불균형으로 설명될 수 있다. 그 이유는 자폐증은 인지장애이며, 그로 인해 일상적인 환경으로부터 필요한 정보를 획득하기 위해 주의와 각성의 조절에 실패하게 되는데 그 원인이 뇌조직체계의 기능적 결함으로 보기 때문이다. 인지기능은 뇌의 각 영역 간의 상호작용이 가능하게 하는데 이 과정에서 다양한 정보를 통합하게 된다. 그러나 자폐아동은 인지기능으로서의 뇌의 영역 간의 상호작용에 결함이 있으며 이로 인해서 정보 통합의 장애를 갖는다(Frith & Hill, 2004).

자폐아동의 뇌기능과 관련된 지금까지의 문제들은 자폐아동의 인지장애가 정보에 대한 집중과 정보처리 과정의 결손을 초래하며 정보를 처리하는 과정에서 개개의 정보들을 상호 공유하는 데 실패하는 원인이 된다. 그러한 점에서 연결주의 이론을 적용한 LPDAC는 인지, 언어, 사회발달영역이 상호간에 밀접한 연관성을 가지고 있도록 구성되었다. 이것은 각 영역에서의 개별적인 학습들이 서로 관련지어 상호 영향을 미치게 되며 이때 인지, 언어, 사회발달영역이 상호 영향을 주고받고 활성화된다.

예를 들어, 언어발달 영역의 '말하기' 학습이 사회발달영역의 '놀이하기' 학습에 영향을 미친다. 그리고 '놀이하기' 학습의 촉진은 또 다시 '말하기' 학습에 영향을 미친다. 이때 두 가지의 학습들이 인지발달 영역과 통합되면서 대인 각성에 영향을 미치게 되고 활성화시킨다. 그리고 대인 각성은 또 다시 더 높은 수준의 '말하기'와 '놀이하기' 학습에 영향을 미치며 촉진시키게 된다. 이와 같이 인지, 언어, 사회 영역은 상호 순환적 관계를 통해서 유기적으로 영향을 미치게 된다.

역동적 체계 이론

LPDAC의 이론적 배경은 다양한 경험에 의해 사고가 능동적으로 변화하며 재조직된다는 망조직 이론이다. 역동적 체계 이론은 연결된 망조직이 다양한 경험에 따라 능동적으로 변화하며 재조직된다는 것이다. 즉, 경험을 통해서 사고가 점차적으로 분산되고 통합되면서 체계적이고 복잡한 형식으로 발전하게 된다. 이 입장은 사고는 어떤 방식에 제한 받지 않고 역동적으로 분화되고 통합되면서 확장된 패턴을 만들어 간다는 것이다.

연결주의는 일반적인 연결체계를 설명하지만, 이것이 발달과정에서 어떻게 일어나는지에 관해서는 설명하기가 어렵다. 이것은 시간이 지나면서 점차적으로 분화와 통합의 과정을 거치며 연결망 조직화되는지에 관한 것이다. 망조직화를 가능하게 하는 또 다른 이론은 역동적 체계이다. 이에 의하면 망의 연결체계가 어떤 과정을 통해서 분화되고 또 다시 통합되는지를 매우 설득력 있게 제시하고 있다.

역동적 체계는 마치 모래 산에서 물을 부었을 때 나타나는 물줄기의 현상과 같다. 모래 산에 물을 부었을 때 작은 원천에서 시작하지만, 점차적으로 더 큰 물줄기를 이룬다. 그리고 이 물줄기는 때로 지형에 따라 다른 방향으로 나아가거나 분산되며 어느 일정 줄기에서 다시 만나게 되어 더 큰 물줄기가 된다. 물줄기는 유연하게 환경과 상태에 따라 경로가 바뀌게 되지만, 분화와 통합과정을 통해 커다란 물줄기를 이루게 된다.

어떤 힘에 의해 지속적으로 발달한다는 것은 매우 흥미로운 것이다. 만약에 발달이 점진적이고 지속적이지 않는다면, 발달이 정체되거나 퇴행될 것이다. 예를 들어, "언어"가 확산되지 않는다는 것은 곧 언어가 점진적이고 지속적으로 발달하지 않는다는 것이다. 우리는 정확히 그 원인을 알 수 없지만, 어떤 힘에 의해 발달이 분화되고 통합되는 과정이 지속적으로 일어난다는 것을 경험한다. 그런데 분화와 통합이 일정한 형식에 따라 일어나는 것이 아니라, 새로운 경험과 환경에 따라 그 정도와 방식이 달라진다는 것이다. 이러한 역동적인 체계는 인간의 발달이 변화에 능동적으로 적응한다는 것을 보여 준다. 발달의 역동적 체계는 더 많은 것들을 연결시킴으로써 발달을 통합하고 분화한다.

LPDAC는 인지가 어떤 경험을 했는지에 따라 점차적으로 분화되고 통합되면서 역동적으로 새로운 구조와 맥락이 형성되고 발전된다는 역동적 체계의 이론을 배경으로 하고 있다. 역동적 체계(dynamic systems)는 복잡한 인간행동을 전체적으로 보는 관점에서 인간의 사고를 설명하였다. 이에 의하면, 특정 사고가 시작되고 진행될 때 사고는 점차적으로 분산되고 통합되면서 복잡한 형식으로 발전된다는 것이다. 즉, 역동적 체계에서 설명하는 사고는 일정한 방식으로 일어나지 않으며, 어떤 환경과 경험을 했는지의 여부에 따라 달라질 수 있다고 본다. 따라서 사고는 어떤 방식에 제한 받지 않고 역동적으로 분화되고 통합되면서 확장된 패턴을 만들어 간다(Thelen & Smith, 1998).

그리고 역동적 체계에서의 새로운 행동은 독립적 체계로 형성된 것이 아니라, 특정한 맥락과 체계로부터 분리되어 나타난 것이라고 한다. 즉, 어떤 한 가지의 체험이 새로운 사고를 형성하고 형성된 사고는 또 다른 체험을 하게 한다. 그러므로 새로운 행동이 어디서 유래하는지는 전체 패턴과 과거 및 현재의 사건, 그리고 많은 수준의 인과관계를 확인해야 알 수 있다(Samuelson & Smith, 2000). 그러므로 아동이 어떤 경험을 했는지의 여부에 따라 정신체계가 역동적으로 변화하고 새롭게 구조화된 체계가 형성되고 아동은 능동적으로 자신의 경험을 통해서 끊임없이 새로운 정신체계를 구조화한다(Lewis, 2000).

이러한 관점에서 볼 때, 자폐아동의 사고는 매우 지엽적이며 사고활동이 제한되어 있다. 자폐아동의 경험과 학습은 새로운 사고로 이끌지 못하며 사고를 확장시키는 데 한계가 있다. 이러한 특징은 자폐아동은 대부분 특정한 방식을 고수하거나 사물을 인식할 때 기억에 의존하는 경향에서도 찾아 볼 수 있다. 그리고 자폐아동은 특정 경험과 학습을 통해 사고패턴을 분산하고 통합하는 데 어려움을 느낀다. 이것은 자폐아동이 기억된 정보들을 통합하거나 분산하는 데 어려움이 있음을 의미한다.

자폐아동은 유연한 사고를 하는 대신에 기억에 의존하지만, 기억된 정보들을 활용하는 데 실패한다. 이것은 기억된 정보들을 관련짓거나 정보들을 통합하는 데 어렵기 때문이다. 즉, 자폐아동의 기억의 결함보다는 복잡한 정보들을 조직하는 능력의 결손이며 이것은 통해 자폐아동의 기억능력은 정보처리 과정에서 문제로 볼 수 있다(Minshew & Goldstein, 1993).

LPDAC 치료교육에서 역동적 체계는 학습 맥락간의 분화와 통합에 의해 진행되는데

이 과정에서 한 가지의 학습이 다음 단계의 두 개의 영역에서 다양한 학습에 영향을 미치고 동시에 영향을 받은 각각의 학습들이 다음 단계의 특정 학습들에 영향을 미치게 된다. 예를 들어, "선긋기"에서 공간지각과 형태지각이 "형태 그리기" 학습과 "색칠하기" 학습으로 분화되어 행태재인과 공간표상에 영향을 미치고 일정한 학습 기간이 지난 후에 또 다시 "형태 그리기"와 "색칠하기" 학습이 전체 배경의 "그림 그리기"에서 활동과 생활인지 형성에 영향을 미치며 통합된다. 이와 같이 분화와 통합의 역동적인 과정은 각각의 학습들이 낮은 단계에서 보다 높은 단계의 일정한 방향으로 진행된다. 또한 LPDAC 중재 과정에서의 분화와 통합은 각각의 학습간의 맥락에 따라 일어나게 되는데 이를 설명하면 다음과 같다.

첫째, 분화와 통합은 "경험수준"에서 일어난다.

경험수준이란, 특정학습이 다음 단계에 관련된 학습에 도달할 수 있는 수준에 이르게 되는 임계치이다. 그리고 학습이 임계수준에 달할 때 다음 단계의 학습과 연합되기 쉬우며 동시에 근접된 같은 맥락의 학습과 연계가 쉬워진다. 즉, 경험이 임계수준에 달했을 때 각각의 학습 상호간의 효율적인 정보교환에 의해 높아지게 된다.

둘째, 분화와 통합은 "맥락수준"에서 일어난다.

맥락수준이란, 학습 간의 공통적인 학습요소들이 많이 포함되어 있는 정도를 의미한다. 이때 맥락간의 공통적인 내용이 많은 학습은 더 많은 상호영향을 미치게 된다. 맥락적 특징에 적합하지 않는 학습은 연합되기 어려우며 동시에 상호간에 영향을 덜 미치지만, 동일한 맥락의 학습은 연합 가능성이 높으며 더 많은 정보를 교환할 수 있다.

셋째, 분화와 통합은 "필연성"에서 일어난다.

필연성이란, 특정학습이 맥락의 수준과 관련이 없더라도 목적에 도달하기 위해서 반드시 수행해야 하는 학습을 말한다. 예를 들어, "색칠하기" 학습과 "형태 그리기" 학습은 서로 다른 맥락이다. 그러나 "색칠하기" 학습은 주어진 공간에 색칠하는 동안에 공간의 크기를 지각하는 것을 목적으로 두고 있으며 "형태 그리기" 학습의 목적은 다양한 형태를 인식하는 것으로 서로 맥락이 다르지만, "형태를 그리고 색칠하기"와 같은 새로운 경험을 위해서는 상호 필연성을 가진다.

제 7 장

자폐아동 치료교육의 도전

❀ 치료교육의 새로운 시도: LPDAC

자폐증의 치료는 단지, 치료교육은 조금이나마 수행 능력을 향상시키는 방법이었다. 치료교육 과정에서 아동마다 그 능력에 따라 좋은 결과를 가져오는 경우도 있었고 전혀 그렇지 않는 경우도 있었다. 최선의 방법을 시도하는 것이 치료교육 전문가는 치료교육 과정에서 효과를 기대를 할 수 없을 때 아동의 "장애"와 그들의 "능력"의 한계를 이유 삼았다. 그것은 오해이다. 엄밀히 생각해보면, 치료교육의 한계는 자폐아동의 무능력 때문이 아니라, 장애를 극복할 수 있는 방법을 찾지 못하였기 때문이다. 만약에 자폐아동에게 내재되어 있는 능력을 발견하지 못했다면, 그리고 그 능력을 발견했더라도 더 나은 상태로 이끌 수 있는 방법을 찾지 못했다면, 그것은 어디까지나 전문가들의 한계이다. 그리고 치료교육의 한계가 전문가의 자폐아동을 이해하는 방식과 치료교육 방법에서 오류였다면, 전문가들의 책임이 크다. 우리는 자폐아동의 장애라는 그늘을 보아왔을 뿐, 그들의 가능성은 항상 외면되었다. 기존의 치료교육의 문제는 다음과 같다.

첫째, 장애의 원인이 되는 직접적인 문제보다도 외현적인 기능상의 문제를 호전시키려고 했다. 자폐아동이 치료교육 과정에서 언어, 사회 및 행동과 생활 기술을 습득하더라도 그것은 실행능력과 다르다.[64] 말하는 기술, 사회기술, 놀이기술, 생활기술이니 지식을 알더라도 여전히 미숙하며 나이가 들어도 별반 차이가 없다.

---

64) 부모나 교육자는 치료교육을 통해 과거에 비해 아동이 높은 수준에 도달했다고 평가한다. 하지만 "알고 있는데 모르는 아이" "할 줄 아는데 할 줄 모르는 아이"라는 것을 알았을 때 비로소 지금까지의 전념해 온 치료교육이 잘못 진행되었다는 것을 깨닫게 된다. 예를 들어, 성인이 되어서도 책의 내용을 이해하지 못하는 것, 말을 할 줄 알지만, 대화를 나누지 못하는 것, 수학을 잘하고 어려운 문제를 풀 수 있다고 하더라도 그 원리의 배경을 모르거나 적용하지 못하는 것 등이다. 이러한 열등은 시간이 지나서도 별반 해결되지 않는다.

둘째, 지금까지 시도해 온 기존의 치료교육이 자폐아동을 위한 교육이 아닐 수 있다. 대체적으로 자폐아동에게 적용되는 치료교육 프로그램은 단지, 장애아동을 대상으로 하거나 특정 발달영역의 장애를 가진 아동을 대상으로 실행되는 치료교육일 수 있다. 그러한 점에서 애초에 자폐아동을 위한 교육이 없었다고 해도 과언이 아니다.[65]

자폐증 치료교육의 근본적인 문제에 접근하지 못하는 이유는 자폐증의 원인에 관한 발달병리의 과정을 설명할 수 없기 때문이다. 자폐증 장애의 원인을 설명하기 위해서는 자폐증의 발달병리를 구체적으로 제시해야만 한다. 발달병리는 발달과정에서 일어나는 병리적 특징을 설명할 수 있기 때문이다. 그러나 자폐증의 발달에 관해 명확하게 제시하는 이론적 배경을 설명하는 경우는 드물었다.

LPDAC 인지발달과 치료교육 전략

LPDAC는 자폐증 장애아가 뇌기능 장애이며 이에 따라 인지발달에 결손을 가진다는 점을 배경을 두고 있다. 그리고 자폐아동 발달 이론은 발달과정에서 병리적으로 장애가 일어나는 과정을 구체적으로 설명하고 있다. 병리적으로 자폐증 장애가 사고 · 언어 · 사회 영역의 상호작용의 결함의 원인을 설명한다. 기존의 자폐아동 치료교육과 달리 LPDAC의 자폐아동 치료교육의 방법은 인지발달의 적용과 인지체계의 복잡성을 프로그램으로 체계화 시킴으로써 자폐아동 치료교육의 근원적인 접근과 방법의 새로운 시도를 하였다.

인지발달은 아동이 성장하고 발달해감에 따라서 일어나는 인지기능(cognitive function)의 변화를 말한다. 인지기능은 지식과 정보를 효율적으로 조작하는 능력으로서, 능력의 복잡성 수준에 따라 몇 가지 수준으로 분류된다. 기본 인지기능으로서는 범주화, 순열화, 비교, 요소 및 속성 파악, 관계와 유형 파악, 중심 아이디어 식별, 오류 확인, 귀납, 연역, 유추를 들 수 있다. 이때 인지기능은 지각, 주의 및 분석, 기억, 추론 등의 정보처리 과정에서 작동된다. 이때 비교, 순열화, 범주화는 "주의"에 속하며, 중심 아이디어

65) 예를 들어, 미술치료와 음악치료, 놀이치료는 처음부터 자폐아동을 위해 개발된 것은 아니다. 지금까지 자폐아동에게 적용해 온 다양한 치료교육 방법은 애초에 자폐아동과 관련이 없는 것이다. 이들 치료교육은 자폐아동 치료교육의 보조적 역할을 할 뿐이다. 장애아동을 위한 여러 방법으로도 "호전되었다" "변화가 있었다" "좋아졌다" 등으로 치료교육 효과를 주장하기도 하지만, 만약에 그 결과들이 어느 수준에 이르는지에 대한 치료교육의 미래를 예측하지는 못한다. 치료교육이 미래의 결과를 예측하지 못한다면, 현재 일어나는 긍정적인 결과들이 자폐아동에게 아무런 의미를 주지 못한다. 이에 대해 몇몇 사람들은 그래도 못하는 것보다는 낫지 않느냐는 자조 섞인 말을 할 수 있을지 모른다. 그것이 교사와 부모에게 위로가 될 수도 있다. 자폐아동을 가진 다급한 부모들에게는 자녀가 무엇인가 하나라도 할 줄 아는 것이 조급함을 채워줄 수 있지만, "호전"과 "변화"는 "치료"를 의미하는 것은 아니다.

식별, 오류 확인은 "분석"에 속한다. 그리고 귀납, 연역, 유추는 "추론"이라는 활동에 속한다.

인지기능은 "조직기능" "분석기능" "추론기능"의 세 가지로 구분된다. 범주화와 순열화를 묶어서 "조직기능"과 비교, 요소 및 속성 파악, 관계와 유형 파악, 중심 아이디어 식별, 오류 확인을 묶어서 "분석기능"으로 그리고 귀납, 연역, 유추를 묶어서 "추론기능"으로 명명할 수 있다.[66)]

인지발달 치료의 전략은 발달영역의 통합이다. 전략의 근본적 배경은 인지는 행동에 영향을 미친다는 것을 전제로 한다. 그리고 발달단계 수준에 맞게 인지능력을 향상시킴으로써 사고와 행동을 변화시킬 수 있다고 본다. 인지전략은 지적 기능 특히, 문제해결 기능의 한 특수한 영역으로서 개인의 사고, 학습, 기억 등의 행동을 지배하는 내적 행동 방식을 말한다. 즉, 인지전략은 사고전략이고 학습방법이며 기억전략이다. 각자의 사고전략, 학습전략이 다르듯이 학습자가 문제의 해결방법을 모색하는 과정인 인지전략은 각자에게 독특하게 나타난다. 인지전략의 학습은 학교 학습에서 창의적인 문제해결력의 개발과 간련하여 대단히 중요한 의미를 갖는데 이러한 인지전략은 하루아침에 형성되는 것이 아니고 오랜 기간 동안의 연구와 학습, 사고과정을 미치는 동안 형성되고 개선, 수정된다.

LPDAC 인지발달 치료는 발달상에서 나타나는 장애는 각 발달영역의 상보적 작용의 결함으로 인해 병리적 경로가 일탈됨으로써 일어난다고 본다. 따라서 LPDAC는 발달영역 간의 통합을 어떻게 다루냐에 중점을 두고 있는 치료법이다. 휘트먼은 자폐증 발달이론에 의하면 자폐증 장애는 개별적인 발달영역의 결함이 아니라, 발달영역 간의 상호작용 관계의 결함 때문일 수 있다는 점을 암시해 주었다.[67)] 발달은 사고 · 언어 · 사회의

66) 인지기능의 예를 설명하면 다음과 같다. 집에서 강아지들의 낑낑거리는 소리를 듣는다. 그 소리는 매일 다르다. 지속해서 들으면, 특정 패턴이 있다는 것을 알게 된다. 이것을 강아지가 내는 소리의 군집으로 묶어 범주화시킨다. 즉, 소리의 패턴을 알게 되는 것이다. 그런데 그 소리가 어떤 상황에 따라 달라진다. 어떤 경우에 강아지가 낑낑거리는 소리의 특징이 달라지는지 세부적으로 분석하고 그 유형을 파악하게 된다. 그래서 강아지가 배가 고파서 소리를 내는지 아니면, 혼자 있기 때문에 소리를 내는지, 두려워서 소리를 내는지 등의 관계를 알게 된다. 그 이후에는 강아지가 소리를 내는 것만으로도 어떤 상황이라는 것을 추론할 수 있다.

67) 휘트먼은 자폐아동의 인지, 언어, 사회발달이 어떻게 진행되는지에 관해 설명하면서 자폐아동의 장애가 어떻게 나타나는지를 알려 주었다. 상위발달에서의 인지, 언어, 사회 영역이 자기-조절 과정을 통해 균형을 이루어 간다는 그의 자폐아동 발달 이론은 자폐아동의 이해를 넓혀주었다(Whitman, 2005). 한편 LPDAC의 자폐아동 발달에 관한 이론적 배경은 휘트먼의 주장하는 이론과 그 배경이 같다. 공통점은 자폐아동의 장애 요인을 인지장애에 기인하는 것으로 설명하고 있다는 점이다.

세 가지 영역으로 구분될 수 있다. 휘트먼은 자폐증의 발달을 설명하면서 자폐증을 사고 · 언어 · 사회 영역의 상호작용의 결함으로 설명하였는데 이것은 자폐증의 발달병리를 설명하는 데 중요한 단서가 되었다(Whitman, 2005). 그는 자폐아동은 개개의 발달영역에 기능적인 결손이 있는 것이 아니라, 세 가지 발달영역 간의 상호작용에 결손이 있다고 설명한다. 즉, 자폐아동은 사고 · 언어 · 사회 영역의 상호작용을 통해서 정보들 통합하지 못하는 것이다. 이러한 견해는 LPDAC의 자폐아동 발달에 관한 이해와 동일하다.

지금까지 많은 연구자들은 자폐증의 발달적 주요 결함이 인지결손에 의한 것이며, 인지결손은 발달영역 간의 정보를 통합하는 능력에서 불균형 때문으로 보았다. 즉. 자폐증은 정보를 통합하는 체계에 결손이 있다는 것이다(Frith & Hill, 2004). 결국, 자폐증 장애의 주요원인이 인지결손이라는 것과 그로 인해 정보를 통합하는 데 어려움을 겪는다. 따라서 자폐증 장애가 기능상의 장애가 아니라, 인지발달임을 알 수 있다(Whitman, 2005).

LPDAC의 치료교육 과제는 자폐아동이 학습과 경험을 통해서 받아들여진 정보를 어떻게 다루도록 하는지이다. 정보를 받아들인다는 것과 정보를 다룬다는 것의 의미는 확연히 차이가 있다. 앞서 설명한 바와 같이 인지기능에 따라 계통적이고 통합적으로 정보를 받아들이게 된다. 여기서 중요한 것은 정보를 다루게 될 때 서로 다른 발달영역 간의 상보적 관계가 이루어진다는 점이다. 예를 들어, 자폐아동이 인사를 할 수 있지만, 자신이 하는 말을 사회적 관계와 일치시키지 못하는 것이다. 뿐만 아니라, 다른 또래 친구와 인사를 나누는 순간 정서적 교감이 되지 않는다. 자폐아동은 자신이 습득한 지식과 정보를 인지, 언어, 사회발달영역과 결합을 시키는 데 어려움이 있다. 따라서 근본적 과제는 인지발달이다. 인지체계는 정보를 다루게 하기 위해서 발달영역 간의 상호 유기적 관계가 가능해야 하는데 거기에는 인지가 관여한다. 자폐증 장애의 근본적 문제를 인지발달의 결함에 그 원인이 있다고 보는 것은 그 때문이다.

LPDAC 자폐아동 발달 이론과 모형

치료교육에서 발달을 명확히 설명하지 않는다면, 치료교육 결과를 예측할 수 없다. 발달은 영속성과 지속성을 따르며 점진적이고 단계적으로 진행되면서 분화되고 또 다시 통합되면서 일어난다. 또한 발달과정에서 각각의 발달영역은 상호간에 정보를 주고받으며 유기적인 관계가 된다. 여기에는 연결주의와 역동적 체계 이론의 배경이 있으며, 자폐아동의 발달의 양상을 설명한다. LPDAC의 이론의 핵심은 연결주의 망조직과 역동적 체계의 분화와 통합이다. 이것을 배경으로 하여 LPDAC는 다음과 같이 자폐증 발달 이론을 설명한다.

첫째, 발달은 발달영역 간의 상호 유기적 관계이다. 발달이 독립적 위계에 따라 이루어지는 것이 아니라 신경회로망과 같이 복잡하게 연결된 여러 영역들 간의 상호작용을 통해서 일어난다는 연결주의(connectionist)에 배경을 두고 있다. 따라서 발달은 인지-언어-사회영역이 상호간에 정보를 주고받으며 유기적인 관계가 된다. 즉, 발달은 개별적으로 일어나는 것이 아니라, 인지, 언어, 사회영역이 상호 영향을 미친다는 것이다.

발달이 발달영역 간의 상호 유기적 관계임을 설명할 수 있는 배경은 연결주의의 망조직이다. 연결주의는 사고가 여러 체계들의 연결된 조직 간의 신경회로망에 의해 상호작용을 통해서 일어난다는 것을 설명한다. 이때 의식작용은 발달영역 간의 정보들이 재조직하고 통합되면서 일어난다. 따라서 망조직과 같은 조직의 분산이 없다면, 마치 관련된 정보들을 엮어나갈 수 없게 되고 마치 흐트러진 무의미한 정보들의 다발이 될 것이다. 이것은 자폐아동이 왜 개념을 확장해가지 못하는지를 설명한다. 예를 들어, 자폐아동은 주어진 정보를 잘 습득하지만, 그 정보를 다른 정보와 관련짓지 못하거나 유추하지 못한다. 단지, 지식을 가졌을 뿐, 그 지식을 활용하지 못한다. 아무리 많은 지식을 습득하더라도 여전히 자폐아동은 문제해결을 할 수 없다.

둘째, 발달은 시간이 지나면서 점진적으로 분화와 통합하며 순환된다. 이론의 배경은 발달영역들 간의 상호작용을 설명할 수 있는 연결주의와 분화와 통합의 과정을 거치면서 새로운 인지구조와 맥락의 형성을 설명할 수 있는 역동적 체계(dynamic systems)에 근거하고 있다. 역동적 체계 이론은 인간의 사고가 점차 분산되고 통합되면서 복잡한 형식으로 발전한다는 점을 설명한다. 즉, 아동이 어떻게 경험을 했는지에 따라 사고의 특성이 바뀌고 특정한 맥락과 체계로부터 분리되거나 통합된다. 이러한 관점은 사고가 경험과 환경에 따라 다양하게 변화되고 다른 방식으로 전환될 수 있음을 설명한다

자폐아동은 나이가 들어도 아동 자신은 여전히 미성숙하며 유아기적 수준에 머문다. 여러 가지 생활기술이나 말하는 기술, 다른 사람과 상호작용 하는 방법 등을 오랫동안 훈련시켜도 상황에 적절히 적용하거나 응용하지는 못하는 것은 마찬가지이다. 뿐만 아니라, 생각하는 것이나 말하는 것 혹은 사회적 태도가 성숙하지 못하다. 자폐아동은 점진적으로 많은 것을 생각하고 많은 것들을 체험하거나 많은 사람들과 관계를 짓지 못한다. 발달상 작은 것에서 더 많은 것으로의 확장이 어렵기 때문이다. 그 이유는 발달영역 간의 통합의 결함 때문이다. 예를 들어, 자폐아동이 언어를 세련되게 구사하는 반면

에 사회발달이 뒤떨어지는 경우가 있거나, 사회적 상호작용이 원활한 반면에 언어구사력이 떨어지는 경우는 없다. 더욱이 사고력이 좋은 반면에 언어와 사회발달이 지연되는 경우는 더더욱 없다. 자폐아동의 발달은 인지, 언어, 사회영역에 거쳐 전반적으로 지연되며, 발달의 지연은 성인기에 이르기까지 지속된다.

문제는 무엇이 발달영역 간의 상보적 관계를 지연시키는 것인가이다. LPDAC는 인지, 언어, 사회영역의 안정된 체계로 발달을 가능하게 하는 것으로 이전의 발달의 하위영역에서 그 원인을 설명한다. LPDAC의 발달 이론에서 '인지' '언어' '사회' 발달의 하위영역으로 '감각-지각-주의'의 상보적 체계가 있다고 설명하고 있다. 이 설명은 상위발달영역인 '인지' '언어' '사회'가 무엇에 의해서 촉진되는지를 말해준다. LPDAC는 하위영역에서 "감각"에서 "지각"으로의 전환을 중요한 과정으로 보았다. 왜냐하면, 감각의 활성화 없이 지각을 유발할 수 없다고 보기 때문이다. 또한 감각의 활성화는 "각성"이라는 과정을 거쳐야만 한다. "각성"은 감각을 주의로 이끄는 중재역할을 하기 때문이다. 따라서 주의는 감각이 지각화되는 과정에서의 산물이다.[68)]

LPDAC는 인지발달에 영향을 미치는 첫 단계인 "감각-지각" 과정을 중요시하고 있다. 그 이유는 감각이 지각화되기 위해 각성과 주의가 활성화되는데 이때 주의 활성화는 감각-각성-주의는 상호영향이 촉진되며 순환적인 과정을 통해서 의식이 일어나기 때문이다. 예를 들어, 책상 위에 사과 하나를 우연히 바라보았다고 가정했을 때 사과는 직접적인 자극이 된다. 사고가 활성화되는 것 즉, 각성되는 것은 이전에 책상 위에 없었던 사과였거나 혹은 사과에 대해 본래 관심을 가지고 있었거나 아니면, 사과가 이전에 보았던 사과와 전혀 다른 모양이나 색깔을 가지고 있어야 한다. 이와 같이 일반적이지 않는 상황의 자극이 각성을 일으키게 되는데 이때 각성이 활성화를 통해 각성이 지속될 때 주의가 형성된다. 따라서 자극은 각성에 의해 자각되며 이것은 또 다시 주의에 의해 의식하게 된다. 자폐아동에게 각성이 일어나지 않는 것은 아니다.

---

68) LPDAC에서의 감각-지각화의 실패로 인해 자폐아동의 행동이 감각범주에서 반복 경험된다고 설명하는 것과 달리 휘트먼은 자폐증적 특징은 자기조절 장애로 인해 나타나는 자폐아동의 흥미, 활동, 그리고 행동의 반복적, 제한적, 전형적인 행동양식은 지나치게 복잡하고 스트레스가 많은 환경과 상황에 적응하기 위한 시도이다. 그러므로 자기조절 행동은 특정 상황에 처해 있을 때 신체적으로 회피하고, 환경과의 상호작용을 제한하고, 전형적인 운동 행동을 하고, 사건의 작은 부분에 주의를 집중하고, 그들의 반응 패턴을 지속하고, 반복되고 의례적인 행동 등에서 벗어나도록 하는 것을 말한다(Whitman, 2004, pp.164-168). 하지만 휘트먼이 주장하는 것처럼 신체적 회피, 환경과의 상호작용이 단절, 특정적인 운동 행동, 사건의 작은 부분에 주의를 집중하는 것, 반응 패턴이 지속되고 반복하는 것 등의 행동은 환경과 상황에 적응하려는 것이 아니라, 지각과 의식에 관한 문제이며 감각이 지각화하는 데에서 따른 감각-반응의 패턴이다.

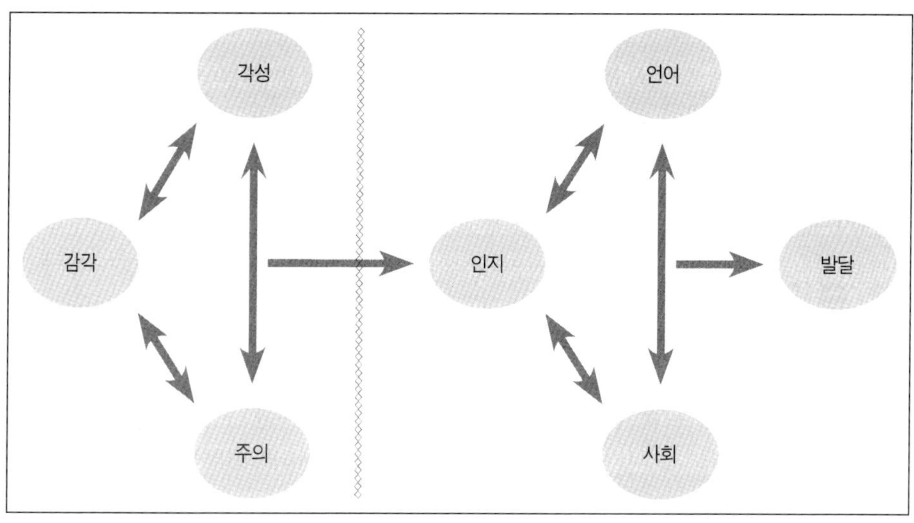

〈**그림 1**〉 LPDAC 지각-인지과정

지각은 감각을 통해 의식된 정보들을 체계화한다. 만약에 감각을 지각화하는 데 실패할 경우에 어떤 일이 일어날까? 이때 감각은 지각 수준에 이르지 못하고 단지 감각 범주에서 반응할 뿐이다(감각-반응). 예를 들어, 지금까지 자폐증으로 인해 나타난 기묘한 행동인 "손뼉 치기" "곁눈질하기" "눈을 감고 생각에 잠기는 것" "손가락을 반복적으로 다루는 것" "특정한 사물과 현상에 집중하는 것" 혹은 "똑같은 말을 중얼거리는 것" 등이 나타날 수 있다.

따라서 LPDAC는 지각과정이 활성화되면서 어느 일정한 임계수준에 이르렀을 때 인지과정과 연계될 수 있다. 또한 인지과정은 인지, 언어, 사회발달영역이 상호작용을 하는 통합적 기능 형태의 양상을 띤다. 그리고 이러한 인지통합 과정에서의 언어, 사회는 인지의 영향을 받으며 상호간 보완적인 작용을 하게 된다(**그림 1**). 이러한 LPDAC 발달이론은 치료교육 과정에 적용되며, 자폐아동 치료교육에서 두 가지를 강조하고 있다.

지각-인지과정

첫째, LPDAC는 치료교육 과정에서 발달영역 간의 활성화 수준을 강조하고 있다. 그것은 발달을 촉진시키는 원동력이 되며 인지, 언어, 사회 영역의 활성화 수준에 따라서 개개의 발달영역 간의 교환되는 정보의 양을 결정한다고 본다. 예를 들어, 만약에 사회적 수준과 언어적 수준이 일치하지 않을 경우, 어느 한 쪽의 수준에 교환되는 정보의 양이 달라진다. 즉, 언어 수준이 낮을 경우, 사회적 수준 또한 낮게 나타나는 것이다. 이와 같이 발달영역 간의 활성화 수준이 항상 같은 수준에서 조절되어야 하며, 활성화가 가능한 동일한 수준이 되었을 경우, 발달 속도에 따른 전체적인 수준이 결정될 수 있다.

둘째, LPDAC는 치료교육 과정에서 인지, 언어, 사회발달영역의 상호작용이 일정한 임계수준으로 활성화될 때 발달이 촉진된다. 또한 임계수준에 따라 인지, 언어, 사회발달영역이 상호작용을 하고 영향을 미치는 정도에 따라 발달이 지연되거나 촉진될 수 있다. 그러나 LPDAC는 아동의 발달 수준은 인지 수준에 의해 결정된다고 설명한다. 따라서 만약에 인지발달이 일정한 수준에 도달하지 못했을 경우, 각각의 발달영역에 상호영향이 임계수준에 이르지 못하게 됨으로써 발달이 지연될 수 있다.[69]

LPDAC의 이론은 발달영역들 간의 상호작용이 어떻게 일어나는지를 설명할 뿐만 아니라, 각각의 발달이 어떻게 체계적으로 진행되는지를 설명해 주고 있다. 즉, 인지, 언어, 사회발달이 진행되는 과정을 흐름도를 통해서 보여 주고 있다. 이것은 인지, 언어, 사회 영역이 어떻게 발달하는지에 관해 구체적인 과정을 제시해 줄 뿐만 아니라, 자폐아동의 장애에 대한 발달병리를 설명하는 데 중요한 단서를 제공한다.

LPDAC 치료교육의 흐름도와 과정

한 아동을 관찰한 후에 아동이 어떻게 성장해 왔으며, 어떤 과정의 생활을 경험했는지를 알 수 있다면, 앞으로 어떤 경험을 했는지에 따라 미래를 예측할 수 있다. 또한 성장과정을 관찰하는 동안 아동의 일생 주기의 흐름을 파악할 수 있다. 따라서 만약에 자폐아동이 어떤 경험을 하는지에 따라 그 변화의 주기의 흐름을 파악할 수 있다면, 자폐아동의 발달을 예측할 수 있는 것이다.

이와 같이 특정학습의 결과 앞으로 아동이 어떤 결과를 얻게 될 것인지를 예측할 수 있는가? 또한 특정학습이 실패했다면, 그 요인이 치료교육 과정에서 어느 시점에서 시작되었는지를 밝혀낼 수 있을까? 학습을 예측하고 실패의 시점을 찾을 수 있다는 것은 치료교육 프로그램의 수준을 가늠할 수 있는 척도가 된다.

LPDAC는 앞으로 각각의 발달이 어떻게 진행되는지에 관한 보다 구체적인 방향을 예견해준다. 기존의 치료교육의 다양한 방법들이 자폐아동에게 학습되는 각각의 학습과 경험이 어떻게 연계되어 진행되는지에 관한 구체적인 과정을 설명하지 못한다는 점에서 LPDAC의 치료교육 방향과 결과에 대한 예견은 치료교육의 강력한 메시지가 된다. LPDAC는 각 단계에서 진행되는 프로그램 내용이 다음 단계의 특정학습에 어떻게 영향

---

69) 학습의 임계수준이란 특정학습이 다른 학습에 영향을 미칠 수 있는 수준에 이르는 것을 의미한다. 학습을 잘 하더라도 임계수준에 미치지 못할 수 있다. 학습을 수행하지만, 다른 학습을 수행할 만큼 수준에 이르지 못하면, 과거에 비해 학습을 잘 수행하더라도 더 이상의 좋은 학습결과를 얻을 수 없다.

을 미친다는 것을 명확하게 설명하고 있다. 뿐만 아니라, 그 과정은 "분화"와 "통합"이라는 흐름을 거쳐 최종적으로 자폐아동에게 어떤 결과를 가져올 수 있는지에 대해서도 설명이 명확하다.

치료교육이 프로그램으로서 체계화되기 위해서는 전반적 각각의 학습과정이 명확히 제시되어야 한다. 그리고 각각의 흐름은 이론적으로 설명이 가능해야 한다. 예를 들어, 자폐아동이 자신이 관심을 갖는 것에 대해서 집중하는 데 반해 다양한 사물과 현상에 대해서 관심을 갖지 않는 이유는 "각성"의 결손에 따른 것이며 만약에 특정 자극정보가 각성되지 않을 경우, 정보의 획득이 어렵게 되고 이것은 곧 "지각"하는 데 실패하게 될 것이다. 따라서 만약에 각성이 활성화되고 지각화될 경우, 자폐아동은 특정 사물에 집착하는 행동이 줄어들게 될 것이다.

LPDAC의 흐름도는 전 과정에서 대부분 정보를 다루는 능력을 단계적으로 향상시킨다. 자폐아동이 특정한 정보를 기억할 수 있지만, 정보를 다루지는 못한다. 그리고 당연히 많은 지식을 가졌다고 하더라도 "이해"하기가 무척 어렵게 될 것이다. 더 나아가 정보를 추상적으로 다루는 능력에 이르지 못할 것은 더더욱 어려운 것이다. 특정 정보를 받아들이기 위해 약호화한다. 그리고 사물의 속성을 발견하고 분류함으로써 개념을 형성시키기 위해 유목화한다. 그리고 유목화 과정에서 마치 머릿속에 형태를 그려내는 능력과 같은 "사물표상"과 결합하면, 복잡한 단서들을 추론하고 자신이 원하는 정보를 연

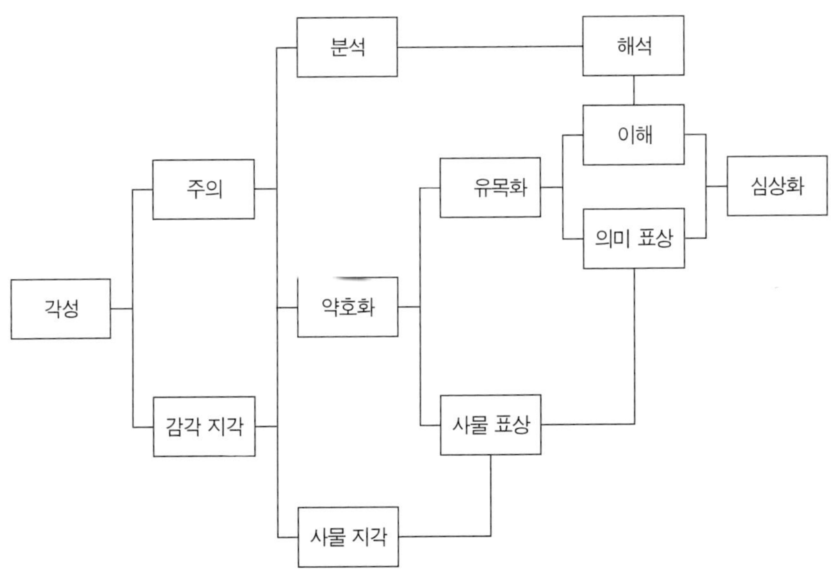

〈그림 2〉 LPDAC 인지영역 흐름도

합할 수 있다. 이때 추론과 정보의 연합은 사물과 사건에 의미를 부여할 수 있게 하기 위해 "의미표상" 과정을 거친다. 치료교육에서 이 모든 과정의 결과는 "인지기능"의 회복을 의미한다.

LPDAC의 흐름도는 초기학습과 말기학습 전반에 거쳐 학습내용이 맥락화되어 있다. 모든 학습과 맥락은 이론적으로 명쾌하게 제시되어 있는데 이것은 LPDAC가 자폐아동의 치료교육을 성공적으로 이끌기 위한 목적으로 만들어졌기 때문이다. 또한 LPDAC 치료교육이 치료과정에서 인지, 언어, 사회발달영역을 모두 다루고 있으며 이 과정에서 어느 정도의 "자폐증"이라는 병리적 증상을 "소거"시킬 수 있다는 가능성을 보여 주고 있다. LPDAC는 주요한 맥락은 인지발달 치료이다. LPDAC는 전반적인 인지발달능력을 향상시킴으로써 인지능력과 관련된 사고, 언어 및 사회 능력을 촉진시키는 데 있다.

❀ 무엇을 가르치고 어디로 이끌 것인가

치료교육의 핵심과제에 관한 물음은 우리에게 혼란을 가져다줄 뿐만 아니라, 전문가들 사이에서도 논란을 불러일으키는 주제이다. 의사는 환자의 병인을 정확하게 진단하고 약 처방을 내린다. 그리고 약사는 정확한 처방에 따라 약을 조제한다. 만약에 의사가 환자의 상태를 파악하지 못하고 진단을 잘못 내린다면 어떤 일이 일어날까? 당연히 그에 따른 잘못된 처방을 내리게 될 것이며, 환자는 잘못된 처방에 따라 약을 복용하게 될 것이다. 물론, 치료는 고사하고 약물에 의한 부작용이 따르게 될 것이다.

치료교육에서도 같다. 자폐증은 임상적 진단명이지만, 자폐증 장애는 임상적 원인에 관한 것이다. 왜 장애가 초래되는지에 관한 명확한 설명 없이는 장애를 극복할 만한 방법을 제시할 수 없다. 지금까지 많은 부모와 전문가들은 자폐아동이 많은 것을 알고 할 수 있음에도 불구하고 실제로 "많은 것을 모른다"는 점을 잘 알고 있다. 그래서 대부분의 치료교육이 기술 혹은 기능적 능력을 향상시키는 데 주력했을 뿐, 자폐증 장애의 근본적인 문제를 다루지 않았다.

치료교육을 성공적으로 이끌기 위해서는 자폐증으로 인한 핵심과제에 접근해야 한다. 그러기 위해서 몇 가지의 물음에 설명해야 한다. 성공적으로 치료교육하기 위한 핵심과제는 무엇인가? 이 물음은 반드시 LPDAC에 해당되는 것만은 아니다. 자폐아동 치료교육의 행위는 이러한 물음에 답할 수 있어야 한다.[70]

---

70) LPDAC는 자폐아동의 치료교육을 성공적으로 이끄는 데 목적을 가지고 있고 또한 자폐아동의 치료교육의 핵심과제를 명확하게 제시하고 있다. 치료교육 프로그램은 그 과정에서 자폐아동의 치료교육의

자폐아동이 가지고 있는 핵심과제를 해결하지 못하면 결국 치료교육은 기술과 기능의 향상을 위한 것일뿐이다. 그 효과는 별반 만족스럽지 못할 것이다. 무엇을 가르치고 어디로 이끌어야 하는지가 불분명할 때 치료교육 행위는 피상적이고 교육의 결과 역시 불확실하게 된다. 지금까지 많은 치료교육 프로그램이 자폐아동 치료교육의 핵심적인 과제를 다루지 못한 채 치료교육의 불분명한 목적과 방향을 향해 가고 있다.

인지발달의 핵심과제

자폐아동은 자신과 세계를 어떻게 인식하고 있을까? 자폐아동이 생각한다는 것은 무엇을 의미하는가? 그리고 과연 일반아동들처럼 자유롭게 생각할 수 있을까? 지금까지 겨우 행동방식이나 생활기술을 가르치거나 기초 학습능력을 습득시키는 데 급급했던 교사나 부모들은 이러한 질문에 당혹스러울 것이다. 왜냐하면, 자폐아동이 할 수 있는 것이라고는 그저 기초적인 생활과 적응능력 뿐이라고 여겼기 때문이다.

전문가들의 가장 중요한 과제 중에 하나는 자폐아동의 인지능력을 향상시키는 것이다. 전문가들은 인지능력이 없이는 어떤 것도 지도하기가 어렵다는 것을 안다. 자폐아동은 주변 환경이나 상황에 대해 인식할 수 있지만, 생활세계를 인식하기 위한 상징적이고 추상적인 사고를 갖지 못한다(Dawns, 1989). 자폐아동은 자신과 세계를 별개의 것으로 인식하는 경향이 있다. 자폐아동의 세계란 기억 속에 정보에 지나지 않는다.

일반아동의 경우, “엄마와 함께 즐거운 시간을 보냈던 장소”는 “엄마와 함께 마음을 나누었던 장소”이다. 그리고 “마음에 오랫동안 남는 의미 있는 장소”가 된다. 이것은 시간이 지나서 “추억의 장소”로 기억에 남게 된다. 이 경우, 오랜 시간이 지나도 아동은 엄마와 함께 교감을 나누었던 다양한 체험의 의미를 가지게 되며 그 의미를 회상을 할 수 있다. 이때 회상은 단순한 정보들의 나열이 아니라, 자신과 세계에 의미로 남게 된다.

이에 비해 자폐아동에게 있어 이 세계란 “기억”속에 담겨져 있는 “정보”일뿐이다. 어디에 가면 무엇이 있다는 것을 알지만, 그곳이 자신과 어떤 의미가 있는지를 인식하지 못한다. 엄마와 함께 공원에 갔을 때, 그곳에 무엇이 있는시에 관해 많을 것들을 인식할 수 있지만, 왜 그곳에 갔는지에 대한 의미와 이유에 대해 인식하지 못한다.

여기서 우리에게 당면한 문제는 근본적으로 발달상 지체된 인지능력을 어떻게 향상

한계와 가능성을 설명해야 한다. 만약에 그러한 설명 없이는 치료교육 행위가 어떤 결과를 가져올지 불분명해진다. 즉, 자폐증으로 인한 장애의 문제를 설명하지 못한다는 것은 결국 자폐증의 임상적 특징을 모른다는 것이다. 왜냐하면 치료교육의 핵심 과제를 모르면 현재 치료교육의 행위가 실제로 자폐아동에게 어떤 도움을 주는지에 대해서도 불확실해지기 때문이다.

시키는가이다. 인지발달 과제의 어려움 때문에 그 중요성에도 불구하고 더 이상의 과제해결에 접근을 시도하지 않았던 이유는 자폐아동이 인지능력의 향상이 어렵기 때문이 아니라, 전문가들이 인지능력을 향상시킬 방법을 몰랐기 때문이다. 그러한 점에서 LPDAC는 모든 발달영역은 인지에 영향을 받으며 인지회복 없이는 그 어떤 것도 기대하기가 어렵다는 것을 전제하고 있으며 LPDAC에서 인지능력은 자폐아동의 치료교육에 핵심적인 과제로 하고 있다. 그리고 LPDAC는 인지능력을 향상시킬 수 있는 방법을 알려 주고 있으며, 인지발달이 자폐아동의 장애를 극복할 수 있는 주요한 과제로 여기고 있다. 또한 자폐아동의 사고와 행동 그리고 사회와 정서를 잘 설명할 수 있는 동시에 발달에 따른 장애 문제의 해결을 제시한다.

심상화: 공간지각과 공간표상

자폐아동은 이 세계를 어떻게 지각하는지 그리고 그들이 알고 있는 것들이 무엇인가에 대한 물음에 대해 우리는 아는 것이 그렇게 많지 않는 것 같다. 자폐아동이 많은 것을 알고 있지만, 그만큼 모르고 있는 것 같다. 근본적으로 자폐아동은 사물과 대상 그리고 현상에 대한 "그 무엇에 관한 인식"이 없다. 무엇에 관해 "지향"한다는 것은 무엇에 관한 "의식"을 의미한다. 사물과 현상을 의식하기 위해 정보들을 탐색하고 분석하지만, 지향성의 직접 경험하지 않는 것들에 대해 즉, 현재 존재하지 않는 것들에 대해 알아가는 의식이다. 예를 들어, 무엇을 생각한다는 것은 내 앞에 존재하는 것이 아니라, 눈에 보이지 않는 것에 관한 것이다. 우리는 거기에 항상 의미를 부여한다.

눈에 보이지 않는 것들에 관해 표상하는 것은 새로운 방식으로 세계를 들여다보는 것이다. 자폐아동은 자신의 세계를 표상하지 못한다. 표상되지 못한 감각정보들은 단지, 무수하게 지나가는 흔적에 지나지 않는다. 그리고 감각정보들을 마음에 의미 있게 담아두지 못한다. 그렇기 때문에 자폐아동에게는 경험은 기억속의 흔적에 지나지 않는다. 의미와 이미지를 마음에 담아 두지 못한다면, 사고를 하는 데 어려움을 겪을 것이다. 자폐아동에게는 의미를 담아내고 그것을 이미지화하는 능력이 없다. 세계를 표상하기 위한 것 중에 하나가 심상화이다.

심상화는 특정한 사물을 마음으로 재생하여 그려보는 것이다. "마음으로 그려보는 것" 즉, 아동은 심상을 만들고 들여다 볼 수 있을 뿐만 아니라 그 심상을 마음속에서 변형시킬 수도 있으며, 심상은 근본적으로 공간적 특성을 가지고 있다는 사실을 보여 주는 많은 연구들이 진행되었다. 심상의 변형 가능성에 대해 가장 널리 알려진 연구는 쉬파드와 그의 동료들이 수행한 심적회전연구이다(Cooper & Shepard, 1973, 1975; Metzler & Shepard, 1974). 공간적 특성에 관한 대표적인 연구는 코슬린과 그의 동료들

의 심상주사연구라고 할 수 있다(Kosslyn, Ball, & Reiser, 1978).[71]

예를 들어, 책상 위에 특별한 모양으로 쌓여 있는 여러 개의 블록을 눈으로 직접 세어 보기 위해서는 해체시켜 하나씩 세어 봐야 한다. 그렇게 함으로써 아동은 블록이 쌓여 있는 형태에서 보이지 않는 부분까지 추측할 수 있다. 이것이 심상화이다. 일반적으로 아동은 심상화를 통해 마음속에서 회전시켜 보이지 않는 곳의 블록들을 들여다 볼 수 있다. 보이지 않는 곳을 들여다보는 능력은 일정한 인지 수준에 이르지 않으면 어렵다.

LPDAC는 자폐아동이 사물과 현상을 공간적으로 인식한다는 사실이 무엇인지에 관해 설명한다. 예를 들어, 자폐아동이 자신이 처해 있는 세계를 인식하는 능력을 향상시키는 것 중에 하나가 "차례 놓기" 학습이다. 만약에 특정한 방식과 규칙으로 사물을 배열했을 때 아동은 자신의 주변세계의 패턴을 인식하게 된다. 즉, 세상이 어떤 방식으로 존재하는지를 알게 되는 것이다. 만약에 학습 "차례 놓기"에 실패한다면, 자폐아동에게 있어 이 세계는 무작위의 집합으로 이루어진 복잡한 세계로 인식될 것이다. 공간표상은 자폐아동이 자신이 처해 있는 세계를 올바로 인식하는 데 영향을 미친다.

이러한 특징은 수학적 개념에서도 나타난다. 수학적 개념이 반드시 일상적인 언어이해를 통해서 이루어지는 것은 아니다. 예를 들어, 숫자 3일 경우 개수가 세 개라는 사실과 숫자 4일 경우 개수가 네 개라는 것이다. 이것은 기호의 의미가 아니라, 공간적으로 이해하는 방식이다. 그래서 아동은 표상된 개수를 손가락으로 되셈질한다. 공간지각과 공간표상이 가능하지 않으면, 수학문제를 해결할 수 없을뿐더러 수학문제를 풀 수 있다고 하더라도 "암산"이 되지 않는다. 자폐아동은 공간지각이나 공간표상을 통해 문제를 해결하기보다는 "암기"를 이용해 문제를 해결하는 경향이 있다.

---

71) 심상화는 감각기관을 통해 현재 감지되고 있지 않는 사물, 사건, 환경에 대한 심적 표상으로서 인간의 삶에 관한 이미지를 인식하게 하는 인지적 표상체계이다(Behrmann, Kosslyn, & Jeannerod, 1966). 만약에 가족끼리 바닷가에 다녀온 경험이 있다고 가정할 때, 그 이후에 그 기억은 표상체계로 남게 된다. 그래서 파도치는 푸른 바다와 하얗게 포말을 일으키는 파도, 그리고 뭉게구름과 눈부신 모래, 그리고 어디선가 불어오는 바람에서 느끼는 바다냄새, 먼 지평선과 뜨거운 태양 등의 이미지는 인지적 표상체계인 심상화에 의해 되살릴 수 있다. 따라서 심상은 청각, 후각, 미각과 같은 모든 감각 양상의 표상을 포함한다(Intons-Peterson, 1992; Smith, Reisberg, & Wilson, 1992). 만약에 자폐아동에게 심상화와 같은 인지적 표상체계가 없다면, 자폐아동의 모든 개념은 단지 기억 속에 존재할 뿐이다. 결코 마음속에 심적 이미지를 만들어 내지 못한다면, 자폐아동은 우리와 전혀 다른 세계에서 사물을 바라보고 인식하게 될 것이다. 그것은 마치 듣지도 보지도 못하고 감각으로 느끼지 못하는 기억신호에 의해 세계를 인식하는 것과 같다. 그래서 자폐아동은 세계의 모든 형상을 배제시키고 단지, 자신 앞에 있는 것만을 인식하며 기억 속의 단서에 의존한다. 자폐아동이 바라보는 세계란 나타났다가 다시 사라지는 형상들의 연속일 뿐이다. 그리고 자신이 필요한 단서는 기억 속에 있을 뿐이다. 그들에게는 과거 역사가 존재하지 않으며 또한 미래가 없다. 그들의 의식에는 오직 현실만이 존재한다.

자폐아동은 일상적인 사물의 형태와 배치 그리고 구성되어 있는 형식에 관한 인식이 일반아동과 차이가 있다. 일반아동의 경우, 모든 사물과 형태의 배치와 구성이 공간적으로 인식되지만, 자폐아동은 그렇지 않다. 그들은 이 세계가 구성되는 모든 형식은 오직 시각적 사실에만 의존할 뿐, 그것들이 존재하는 형식을 인식하지 못한다. 예를 들어, 자폐아동의 그림들은 항상 시각적으로 기억된 사실만을 그리기 때문에 인물인 경우에는 얼굴 모습과 표정을 항상 똑같이 표현한다. 그림에서 사물이 놓여져 있는 방식은 공간적 배열을 고려하지 않는다. 이들의 의식에는 공간상의 배경과 전경이 없는 것이다. LPDAC는 심상화가 형성되도록 자폐아동의 경험과 의식을 재구성하도록 했다.

자폐아동은 보이는 것만을 의식하거나 혹은 기억에 존재하는 것만을 의식하기 때문에 자폐아동에게 있어 세계란 오직 감각과 기억들의 집합일 뿐이다. 보이는 것만을 의식할 뿐, 의미를 부여하지 못한다. 예를 들어, "이것이 왜 그렇게 생겼는지"에 관한 물음이나 "이것들이 왜 그렇게 놓여져 있는지"에 대해 의식을 하지 못한다. 자폐아동에게 있어 존재는 눈으로 확인되는 것뿐이다. 자폐아동이 종종 존재하는 것들에 대해 의식하지만, 단지, 기억에서만 가능하다. 예를 들어, 자폐아동 자신의 기억에서 항상 놓여져 있던 우산꽂이가 현실에서 사라졌을 때, 그들은 심한 인식의 혼란을 경험한다. 그래서 자폐아동은 분명 기억에서 존재하는 것이 사라졌을 때, 심하게 저항하고 그에 대한 불안감을 갖게 된다.

정보처리: 문제해결과 사고의 확장

심상화는 다른 사람의 입장에서 사물을 바라본다거나 혹은 어떤 사물이나 일을 가상할 수 있는 능력이다. 그러한 점에서 심상화는 아동이 성장하면서 세계를 해석하고 재조직하는 능력을 갖추게 한다. 이것은 나중에 언어 및 사회와 정서발달에 많은 영향을 미치며 성숙한 단계에 이르게 하는 원천이 된다.

그러나 심상화의 인지양식만으로 자폐아동이 세계를 인식하는 방식을 모두 설명할 수 없다. 왜냐하면, 일반적으로 우리는 이미 항상 눈에 비치는 대로 세계를 인식하고 형상의 이미지로 우리의 인식에 점착되기 때문이다. 현재 있는 사실과 현상을 의식하지 못한다면, 심상화의 과정은 일어나지 않는다. 이러한 사실은 일반아동이나 자폐아동에게 마찬가지이다. 우리가 무엇을 의식한다는 것은 외부로부터 유입되는 정보에 의해 결정된다. 그러므로 세계를 인식한다는 것은 곧 사물에 관한 정보를 다루는 능력과 관련이 있다. 따라서 "정보를 다루는 방식"은 곧 "현상을 이해하는 방식"이다. 그런데 자폐아동은 현재 일어나고 있는 사실에 관한 정보를 인식하지 못하게 됨으로써 주위에서 알아나는 현상을 의식하지 못한다.

자폐아동이 사물과 현상을 이해하는 방식은 다음과 같다.

첫째, 사물과 현상에 의미를 부여하지 못한다. 즉, 자폐아동은 사물을 유의미하게 인식하는 것이 아니라, 사물 자체로 인식한다. 따라서 "자동차" 장난감은 오직 "자동차" 사물로만 인식하기 때문에 지식적으로 명명할 수 있어도 장난감으로 놀이를 하기란 어렵다. 일반아동이 장난감 놀이를 하면서 의미를 부여하고 관계지을 수 있지만, 자폐아동은 오직 장난감의 형태만을 인식한다.

둘째, 사물과 현상을 통합시키지 못한다. 일반적으로 아동은 사물에 관한 다양한 정보를 통합할 수 있다. 특정 형태를 인식하기 위해서는 전체적인 형태를 인식할 수 있어야 한다. 하지만 자폐아동은 사물과 대상의 일부분만을 인식하는 경향이 있으며 그들이 바라보는 형태는 완전하지 않다. 자폐아동이 그림을 그리지 못하거나 그릴 수 있다고 하더라도 부분적인 표현을 하는 경우가 이 때문이다.

자폐아동이 사물과 대상을 인식하는 방식들은 정보를 "인식"할 수 있지만, 정보를 "처리"하는 것은 아니다. 많은 지식을 획득했다고 하더라도 반드시 유의미하게 지식을 다루는 것은 아니다. 유의미하게 정보를 처리하고 있다는 것은 곧 사고를 하고 있다는 것이다.[72] 따라서 정보를 받아들이고 조직화하도록 LPDAC는 "주의" "형태재인" "표상지각" "유목화" 등의 인지체계를 활성화시킨다.

주의는 의식을 주관하는 하나의 사고양식이다. 또한 주의는 정보에 집중하고 분석 및 해석하는 과정이다. 우리는 주의가 무엇인지 안다. 주의란 동시에 가능한 것처럼 보이는 여러 대상 혹은 사고의 흐름 중 하나만을 분명하고 생생하게 마음속에 포착하는 것이다. 주의의 본질은 의식을 한 곳으로 집중하는 것이다(James, 1890). 의식이 한 곳에 집중되었을 때 어떤 현상을 분석하고 알아간다. 그러나 주의는 한 곳에 집중될 뿐만 아니라 확장된다. 예를 들어, 어떤 자동차에 집중하기도 하지만, 자동차가 놓여진 배경들에 주의를 돌릴 수도 있다. 즉, 넓은 영역의 배경에 주의를 둠으로써 더 많은 것들을 인식할 수 있다.

일반아동들은 세계에 놓여진 사물과 현상에 대해 포괄적으로 인식하지만, 자폐아동은 대체적으로 자신이 관심을 두는 곳에만 집중하는 성향이 있다. 그러므로 자폐아동

72) 사고를 한다는 의미는 정보를 효율적으로 다루는 것을 말하지만, 인지심리학에서는 포괄적 개념으로서의 "사고"라는 용어 사용을 가급적 회피하려고 한다. 왜냐하면 상식적 의미의 사고라는 개념은 형태재인(대상파악) 과정, 각종의 기억 과정, 주의 과정, 언어이해 과정, 정서적 느낌 과정들을 모두 포함하고 있기 때문이다. 포괄적 의미의 사고 대신에 개념적 사고, 추리, 판단과 결정, 문제해결, 창의성 등의 비교적 좁은 그러나 명확히 규정된 의미의 개념들을 사용한다.

의 주의는 한 곳에 집중하는 강박적 성격을 가진다. 만약에 주의가 활성화가 되지 않는다면, 자폐아동은 자신이 바라보는 것 이외의 존재에 대해 의식하지 않을 수 있다. 예를 들어, 그림카드가 나란히 일렬로 배열되어 있다고 가정할 때 자폐아동에게 특정 그림카드를 요구하게 되면, 가장 먼저 시선을 두었던 곳 이외에 다른 곳을 살펴보려고 하지 않는다. 다른 곳을 가리킬 경우, 지시하는 곳에 고개를 돌리지만, 지시하는 곳만을 주시할뿐 나열된 다른 카드에 시선을 두지 않는다.

형태재인은 사물의 양상이나 현상의 특정한 패턴을 인식하는 능력이다. 하지만 심리학자들은 형태에 대해 언급하기를 주저한다. 왜냐하면, 세계의 현상이라는 것이 형태를 가지고 있고 형태라는 것이 매우 복합적이어서 무어라고 단정하기가 어렵기 때문이다. 하지만 심리학에서는 형태가 무엇보다 중요한 연구과제가 되고 있다. 그 이유는 형태에 관한 인식이 행동, 지능, 정보처리의 핵심적인 문제 중 많은 것들과 관련되어 있기 때문이다(Uhr, 1966). 예를 들어, 선천적으로 시각을 잃어버린 경우에도 세계를 형태로 인식한다. 이것은 우리는 특별한 방식의 정보를 다루고 있다는 것을 의미한다.

만약에 형태재인을 할 수 없을 경우, 우리는 이 세상이 어떻게 존재하는지를 인식할 수 없다. 일반아동의 경우, 자신이 세계에 놓여진 사물들이 존재하는 방식을 인식한다. 그래서 총체적인 형태와 구성을 인식하게 되는데 공간추론이 가능한 것도 그 때문이다. 그러나 자폐아동의 경우, 모든 사물은 시각적 지표에 의존하게 되는데 세계의 모든 형태는 "내가 보았기 때문에 비로소 있는 것"이다. 자신이 바라보는 형태의 이외의 것들에 대해 인식하지 않는다.

공간추론의 한 예는 포물선이 특정 지점에서 끊겨도 일반아동들은 그 포물선의 궤적을 추측할 수 있다. 그리고 특정 형태가 규칙적으로 배열되었을 경우, 그 배열의 구성이 어떻게 전개될 것인지를 추측한다. 예를 들어, 격자모양의 블록이 규칙적으로 배열되어 있다고 할 때, 그 배열의 연속적 형태를 추론할 수 있다. 그러나 자폐아동은 규칙대로 배열 형태를 추론할 수 없다.

표상지각은 사물이나 현상을 공간적으로 다루는 능력으로 사고에 영향을 미친다. 정보처리는 공간표상과 깊은 관련이 있다. 예를 들어, 지식을 분류할 때 반드시 공간적 유목화가 필요하다. 이때 높은 수준의 공간표상이 작용하면서 수많은 정보들을 받아들이고 저장하고 인출할 수 있다. 표상지각에는 공간표상과 언어표상으로 나눠진다. 공간표상은 정보를 공간적으로 다루는 것으로 특정 형태를 인식하거나 조작적 형태를 인식한다. 언어표상은 언어가 함축되어 있는 개념들을 이미지화함으로써 맥락간의 의미를 재조직하는 것이다.

정보처리 과정에서 공간표상은 수학문제를 해결하는 과정에서 적용된다. 수학문제의 이해에 관한 것으로 문제해결을 위해서는 반드시 문장이해능력과 개념표상이 가능해야 한다. 수학문제를 해결하기 위해서는 숫자와 개수를 연합할 수 있어야 한다. 그런데 수학에서의 인지수행 과정은 숫자와 개수를 표상하고 재인하는 것이다. 예를 들어, 숫자 7은 개수 일곱 개가 되는데 이때 공간상에 구슬의 개수가 일곱 개임을 동시에 인식한다. 많은 자폐아동들이 수학문제를 기억체계로 습득하는 반면에 일반아동들은 표상체계로 문제를 해결한다. 자폐아동은 "암기"는 가능하지만, "암산"을 하기가 어렵다. 왜냐하면, 암산은 전적으로 공간표상에 의존하기 때문이다.

공간표상과 더불어 언어표상이 정보처리에서 한 방식이다. 일반아동이 책을 읽고 이해할 수 있는 것은 언어표상이 가능하기 때문이다. 그래서 일반아동들은 다른 사람 특히, 교사와 부모가 들려주는 이야기의 줄거리를 이해한다. 이때 들려주는 이야기 내용을 듣는 순간 이야기의 내용에 관한 사건과 일 그리고 대상들이 표상되는 것이다. 즉, 이야기의 내용들이 마치 그림으로 그려지는 듯한 느낌을 갖게 되는데 이것이 언어의 표상적 체계 때문이다.

유목화는 세계를 인식하는 방식에 영향을 미친다. 유목화는 단지 정보를 유용하게 관리하고 처리할 뿐만 아니라, 그와 관련된 의미와 이미지들을 유추하고 분류할 수 있다. 정보를 처리하기 위해서는 특정항목을 기억에 저장할 때 이용되는 표상체계인 기억 부호(memory code)와 공간적 추리 과제 수행을 위해서 시각적 심상(mental imagery), 상이한 정보를 분류하고 집단화하는 범주화(category), 범주 간의 관계들 즉, 개념과 개념들간 관계를 고리(links)로 저장하는 어의적 연결망(semanitc network)이 전제되어야 한다. 그리고 이러한 정보처리의 체계들에서 중요한 것은 표상이다.

유목화는 사물의 속성을 발견하는 것과 그 속성들의 집합을 이끄는 것이다. 이것은 특정 개념을 확장하는 데 결정적인 역할을 한다. 예를 들어, "사과-빵" "자전거-버스" "신발-양말" "나비-새" 등과 같이 개념의 쌍연합을 할 수 있으며, 이것은 곧 다양한 개념의 연합 즉, 자전거-버스, 비행기, 그네 등과 같은 관계된 개념들로 확장시킬 수 있다. 개념의 쌍연합은 "사과-포도" "신발-양말" "잠자리-나비" 등의 하위 개념부터 "그네-기차" "놀이터-친구"와 같은 상위 개념의 쌍연합이 가능하게 한다. 이 과정에서 점차적으로 특정 개념의 맥락을 유추하는 능력이 향상된다. 예를 들어, "나무-산-새-숲-바람-팔랑개비-물레방아-시냇물-물고기" 등과 같이 한 가지의 개념이 총체적 의미로 유추할 수 있게 한다. 주변 환경으로 의식이 점차 확장되면서 "승용차"와 관련된 "운전자" "도로" "신호등"을 동반시키고 스스로 개념의 범주를 확장하게 된다. 그러나 자폐아동은 그러한 인지적 기제가 취약하다. LPDAC 학습과정에서 유추능력을 향상시키는 데 유추능력은 다른 사람들의 이야기와 책의 내용에서 드러나는 사건과 현상들에 대한 추측, 예측, 가정, 기대 등의 형성과 관련이 있다.

의미부여: 세계이해

일반아동이 그림읽기를 쓰는 것과 비교해 볼 때 자폐아동의 그림을 보면, 아무리 잘 그린 그림이라고 하더라도 의미가 부여되지 않는다. 그저 자신이 바라보고 인식된 사물의 사실적인 형태를 그릴 뿐이다. 또한 대부분의 대체로 자신이 주로 관심을 갖는 부분에 집중된다. 물론, 특정 사실과 그것이 무엇을 의미하는지에 대한 설명을 할 수 있다. 하지만 그림을 통해 의미를 드러내기란 쉽지 않다. 예를 들어, 자폐아동이 도시의 한 장면을 그리고 나서 "사람들이 줄을 서고 있는 것" "사람들이 신문을 읽고 있는 것" "사람들이 차를 타고 있는 것"에 관한 지식명제와 같은 설명을 할 수 있다. 그러나 "왜 사람들이 줄을 서고 있는지" "왜 사람들이 신문을 읽고 있는지" "사람들이 차를 타고 어디로 무엇 때문에 가고 있는지"에 관한 의미를 설명할 수 없다. 물론, 몇몇 아동은 유사하게 설명할 수 있겠지만, 그것은 단지, 끊임없는 간접 학습에 따른 것일 뿐, 아동이 현상을 해석하고 의미를 부여한다고 볼 수 없다.[73)]

자폐아동의 가장 큰 과제는 자신의 생활세계를 이해하고 해석하는 능력이 없다는 점이다. 대부분 감각적이고 사실에 관한 것에만 주의를 둘뿐이다. 감각적인 현 사실을 지각하는 것도 제한적이다. 대신에 이전에 경험되었던 감각의식에 집중하는 경향이 있다. 그 한 예가 자기몰입이다. 흔히 자폐아동이 혼자 무엇에 몰입하거나 다른 사람에게 관심을 보이지 않고 혼자 노는 것을 보고 "자기세계에 빠져있다" 혹은 "자기세계에 갇혀 있다" 등의 개인 정서 혹은 심리 요인으로 설명하지만, 이것은 정확하지 않는 설명이다. 오히려 자폐아동이 자신의 생활세계를 인식하지 못하는 데서 오는 것이다. 따라서

---

73) 자폐아동이 자신의 생활세계를 해석하고 의미를 부여할 수 있을까? 이 질문은 자폐아동뿐만 아니라, 자폐성인에게도 똑같이 적용된다. 자폐아동과 성인 자신에게 놓여진 세계를 어떻게 알고 있는 것인지에 대한 답을 얻기란 그렇게 어렵지 않다. 이 질문에 접근하는 가장 좋은 방법은 자폐증을 가지고 놀랍도록 적응에 성공한 템플 그랜딘(Temple Grandin)을 살펴보는 것이다(Sacks, 1993). 그녀는 일상적이거나 사회적인 언어를 이해하는 데 아주 비정상적이었다. 그녀는 암시, 가정, 비꼬는 말, 은유, 농담을 잘 이해하지 못했다. 그녀는 독신이었고 데이트를 한 적도 없었다. 그녀는 그러한 상호작용이 너무 당혹스럽고 감당하기에 너무 복잡하다고 말하였다. 생활세계를 이해한다는 것은 그 세계에서 일어나는 다양한 상황과 내용에 대한 여러 가지 반응에 대해 안다는 것을 의미한다. 암시, 가정, 비꼬는 말, 은유, 농담은 다른 사람에 대한 해석인 것과 동시에 자신이 처해 있는 상황과 세계에 대한 언어적 기호들이다. 그런데 그녀는 자신이 듣고 있는 내용이 무엇인지, 무엇을 의미하는지, 어떤 질문을 받고 있는지, 자신에게 무엇을 기대하는지 확신할 수 없었다. 이런 상황에 부딪칠 때마다 그녀는 사람들이 무엇에서 출발하는지, 사람들이 어떤 가정이나 전제를 하며, 어떤 의도를 가지고 있는지 알 수가 없었다. 그녀는 이것이 자폐성인에게 공통되는 문제였다고 말했다.

LPDAC에서 자폐아동이 극복해야 할 과제는 다음과 같다.

첫째, 현재 직접적으로 체험하는 현상을 해석하고 의미부여하는 것이다.

자폐아동은 그림을 해석하지 못한다. 즉, 그림에 나타나는 의미를 해석하기가 어렵다. 물론, 단순히 사물에 관한 그림에 대해 명명할 수 있지만, 그림에서 표현되는 다양한 의미를 알기란 어렵다. 예를 들어, 어린아이가 뛰어가는 모습의 그림을 보여 주었을 때 혹은 어린아이가 웃고 있는 모습의 그림을 보여 주었을 때, 설명하지 못한다. 그러나 이러한 간단한 그림에 관한 내용을 반복하여 지도하면 단순히 그것이 그렇다는 의미로서 기억하고 어떤 모습인지를 말을 할 수 있다. 그러나 엄격히 설명하자면, 그 의미를 모른다. 더 나아가 어떤 상황이 전개되는 그림 즉, 아이가 자전거를 타다가 넘어져서 울고 있는 장면을 보고 어떤 일이 벌어졌는지를 물으면, 대답하기가 더욱 어렵게 된다. 이러한 문제는 성인이 되어서도 여전히 해결되지 않는다.

둘째, 과거에 체험한 것들에 대해 해석하고 의미부여하는 것이다.

아동들이 스스로 자신의 생활을 표상한다는 말은 단순히 자신이 겪은 일과 사건에 관한 기억을 더듬어 회상하는 것이 아니라, 총체적인 상황을 표현할 수 있다는 것이다. 즉, 일반아동들은 자신이 과거에 체험한 일들에 대해 의미를 부여하고 표현할 수 있다. 예를 들어, 그림일기는 아동 자신이 체험한 생활세계를 그림이라는 언어적 수단을 통해서 표현할 수 있다. 이것이 중요한 이유는 아동이 그림에 의미를 부여함으로써 자신의 생활세계를 표상하는 능력을 가지고 있기 때문이다. 이것은 곧 아동은 자신의 생활세계를 해석하고 이해하는 능력이다.

자폐아동은 자신 앞에 놓여진 세계를 단지, 지식명제로 인식한다. 즉, 자신이 바라보고 경험한 일에 대해 명명하고 지식적으로 설명할 수 있다. 그러나 자폐아동은 자신이 경험하고 처해 있는 세계에 대해 의미를 부여하지 못한다. 예를 들어, 소풍을 가서 느끼는 전반적 의미 "즐거움"을 생각하지 못할 가능성이 있다. 물론, 특정 사건과 일에 대해 마치 즐거워하고 좋아할 수 있는 있지만, 그것은 감각적으로 느끼는 쾌감에 불과하다. 그래서 자폐아동은 자신이 소풍을 경험했지만, 단지, 일부분에서 느끼는 쾌감에 몰입할 뿐이다. 이에 비해 일반아동들은 각각의 경험들에 대해 의미를 부여하고 총체적으로 의미를 해석한다. 소풍이 즐거웠고 그 중에 "친구들과 김밥을 먹었던 것" "친구와 놀이를 했던 것" "친구와 구경을 했던 것" 등과 같이 각각의 즐거웠다는 것을 자신 나름의 의미를 부여한다. 뿐만 아니라, 의미부여는 "다음에도 소풍을 갈 거야!"와 같은 또 다른 미래의 가치 의미를 이끌어 낼 수 있다.

언어발달의 핵심과제

자폐아동의 장애 영역 중에 자폐아동의 언어만큼 관심이 높은 것은 없다. 오랜 기간 동안 다른 사람과 대화를 나눌 수 있도록 많은 노력을 시도해 보지만, 기껏 해야 나아진 것은 가정에서 주고받을 수 있는 생활언어에 제한되어 있다. 말을 못하던 아이가 말을 할 수 있다고 하더라도 자신이 필요할 때 뿐이다. 마음과 생각을 전달할 수 있는 의사소통하기란 기대할 수 없다. 이와 같은 언어사용의 제한은 나이가 들어도 변함이 없다. 또한 대체로 자폐아동은 "기능언어" 이외의 자신의 나이 수준에 맞게 대화를 나눌 수 있는 경우는 드물다.

언어치료를 했다고 해서 말을 잘 하는 자폐아동은 없다. 물론 과거에 비해 "못하던 말을 할 줄 알게 되었다" "말이 많이 늘었다" 혹은 "일상에서 의사를 표현할 수 있다" 등의 수준에 이르는 경우도 있다. 그러나 이러한 평가는 대부분 아직 나이가 어린 시기에 제한되어 있으며, 나이가 들어서도 세련되게 말을 하거나 대화를 나눌 수 있는 수준에 이르기란 더더욱 어렵다. 반복해서 언어훈련을 시키면 노력하면 좋은 결과를 얻는다고 하더라도 대부분 의사전달이 만족스럽지 못하다. 오랫동안 지속적이고 반복적인 언어학습을 했음에도 불구하고 다른 사람과 사회적 의사소통을 위해 말을 잘하거나 대화하는 자폐성인이 없다.

그러한 점에서 LPDAC는 언어가 기능이 아니라, 인지능력이라는 점을 중요시한다. 즉, 발화에 필요한 언어기능의 문제가 아니라, 언어이해가 심각하게 손상되어 있다는 것이다. 만약에 언어기능의 문제라고 했다면, 언어기능을 향상시키는 것만으로 자폐아동은 말을 잘 할 수 있어야 했다. 그러나 그런 경우는 없다. 자폐아동이 말하는 것뿐만 아니라, 언어이해에서도 심각한 결함이 있다는 것은 바로 인지언어 결손을 의미한다.

일반아동의 경우, 아주 어린 아동들도 자신의 생각을 다른 방식으로 표현하고 전개시킬 수 있다. 그리고 은유와 유머 그리고 유추를 이해하고 적용할 수 있다. 하지만 자폐아동의 경우는 그와 같은 질적인 언어를 이해하거나 사용하는데 매우 제한적이다. 물론, 자폐적 성향이 심각하지 않고 언어적인 소질이 뛰어난 경우도 있으나, 이들 대부분의 아동은 감정, 추상 또는 상상력이 결여되어 있다.

언어표상

왜 자폐아동은 이야기의 맥락을 이해하지 못하는 것일까? 자폐아동은 실제로 언어 개념을 알고 있는 것일까? 자폐성인은 언어 수준이 고작 유치원 아이들의 수준이다. 취학 전 아동처럼 말을 잘 하는 자폐성인은 드물다. 언어의 확장은 어디에서 시작하는 것일까? 그리고 언어의 다양성은 어떤 경험으로부터 영향을 받는 것일까?

언어를 관찰할 때 사람들은 자폐아동이 세계에 대해 어떻게 생각하고 인식하는지에 관해 궁금해 한다. 언어는 사고에 영향을 받기 때문이다. 치료교육 전문가들은 언어장애만을 생각할 뿐, 언어에 미치는 자폐아동의 사고를 진지하게 거론한 경우는 드물다. 왜냐하면 일반아동과 자폐아동이 사물과 현상에 대해 "생각하는 방식"의 차이를 밝혀내기가 어렵기 때문이다.[74] 일반아동과 자폐아동의 생각의 방식은 표상체계에서부터 다르다. 누구나 어떤 사물이나 현상을 놓고 지각할 때 사고과정을 반드시 거쳐서 인식하게 되는데 자폐아동은 일반아동과 다르게 사물과 현상을 인식할 수 있다. 그 중 하나가 표상체계이다.

일반적으로 아동은 "사과"라고 말을 했을 때 동시에 "사과의 형태"를 떠올리는 것처럼 언어는 음성적 기호와 의미 그리고 실체를 동시에 떠올린다. 즉, 이미지화된 언어를 인지하는 것으로 언어표상체계라고 한다. 아동은 자신이 현재 직접 경험하지 않더라도 언어의미에 대한 형상을 그려낼 수 있다. 실제로 경험하지 않는 실체를 인식하는 과정에서 "언어표상"의 인지기제를 적용하게 된다. 예를 들어, "엄마"라는 언어는 "엄마에 관한 실체"를 떠올리게 하기 때문이다. 언어 "엄마"는 "문자"와 "기호" 혹은 "색깔"이나 "소리"로 의식되는 것이 아니라, "형상"으로 인식된다. 예를 들자면, "사과"라고 말을 하면 사과의 "형태"를 떠올릴 수 있다. 곰이 달려와 나무꾼이 도망치는 상황을 이야기하면 "곰"과 "나무꾼" 그리고 "도망치는 모습"을 떠올릴 수 있는 것이다. 자폐아동에게는 그러한 언어표상이 어렵다.

그러한 점에서 언어는 추상적인 개념유추를 가능하게 한다. 우리의 의식은 모든 것

---

74) 지적장애아동과 자폐아동이 동일한 수준의 지능점수라고 하더라도 그 양상은 매우 다르다. 동일한 낮은 수준의 지능점수라고 하더라도 자폐아동은 학습이 가능하지만, 지적장애아동은 학습이 어렵다. 하지만 많은 연구자들은 치료교육 가능성을 높이는 것은 자폐아동의 지능과 밀접한 관련이 있다고 보고 있다. 실제로 지능이 높은 자폐아동은 치료교육의 가능성을 높여 준다. 하지만 질적 발달을 하는 것은 아니다. 지능이 "학습능력"을 높이는 데 관련이 될 수 있으나, "발달 수준"을 높이는 것은 아니기 때문이다. 자폐아동의 치료교육 효과를 수행 능력으로 보는 경우가 많고 수행 능력이라는 것이 어디까지나 기능 혹은 기능상의 능력이 아닌지 의심해 봐야 한다. 지능이 높은 아동이 말을 잘 한다고 해서 그리고 다른 사람과의 사회적 관계와 이해능력이 증진되고 학습능력과 수행 능력이 뛰어난다고 해서 자폐증의 문제를 어느 정도 해결하는 것은 아니다. 그 이유는 지능이 높은 자폐아동이라고 하더라도 혹은 그로 인해서 치료교육 수준이 높다고 해서 질적으로 발달하는 것은 아니기 때문이다. 그들은 여전히 자폐증의 문제를 해결할 수 없을 뿐만 아니라, 그들의 능력은 제한되어 있으며 질적 수준에 이르지 못한다. 높은 수준의 지능을 가진 자폐인 경우에도 "말을 하지만, 나이에 맞게 말을 하지 못하는 아이" 혹은 성인이 되어서도 "말을 하지만, 대화를 하지 못하는 성인" "책을 읽지만, 내용의 맥락과 의미를 이해하지 못하는 성인"은 질적 수준의 문제를 보여 주는 전형적인 예이다.

들에 대한 상징과 관련되어 있다는 점에서 추상적 능력이라는 것은 상징적인 인식과 관련이 있다. 이미 언급한 바와 같이 사고과정으로서의 상징과 추상능력(capacities to abstract and symbolize)은 타인이나 사물을 이해하기 위하여 심상과 일치시키려고 하는 것이다. 일반적으로 아동은 다양한 경험을 통해 정신적 표상을 내적으로 조작하는 것을 학습한다. 그 과정에서 조작은 여러 개의 조작들을 더 큰 체계 속으로 조직화하거나 변환할 수 있는 능력이 형성된다. 아동이 몸짓과 같은 비언어를 표현할 수 있고 사고과정에서 논리와 비논리 그리고 환상과 현실을 구분하며 어떤 일에 관해 다양하게 상상할 수 있다(Greenspan & Stanley, 2006).

상징적인 인식과 추상능력은 언어의 정신적 표상이다. 이 말은 언어가 인지능력과 깊은 관련이 있음을 의미하기도 한다. 언어표상은 우리의 의식 속에서 다양한 추상적 개념들을 통합하고 전달하는 기능을 한다. 따라서 언어의 표상체계가 이 세계를 이해하는데 매우 중요한 역할을 한다고 볼 수 있다. 일반아동과 달리 자폐아동의 언어는 표상적 체계가 형성되어 있지 않는데 이것은 결국 사고과정에서 추상적 사고를 하지 못하게 할 수 있다(Siegel, 2003).

LPDAC는 자폐아동의 표상체계의 결함이 사물을 지칭하거나 이해하는 데 영향을 미친다고 본다. 이미 설명한 바와 같이 자폐아동은 사물과 현상에 대해 지칭할 수 있지만, 표상하지 못할 가능성이 높다. 어떤 경우에는 "문자" 사과와 "그림" 사과를 지칭할 수 있지만, 연합하지 못하기 때문이다. 즉, 자폐아동은 서로 관련지어 인식하기보다는 개별적으로 인식할 가능성이 높다. 하지만 일상생활에서 자폐아동은 어떤 사물과 현상을 지칭하는데 별다른 어려움이나 문제를 못 느낀다. 뿐만 아니라, 그 곁에 있는 가족이나 주변 사람들도 자폐아동은 우리와 똑같이 사물을 인식한다고 여긴다.

한편, 언어표상은 의미를 회상하는 것과도 관련이 있다. 대부분 자폐아동은 특정한 일과 사건 그리고 장소와 경험을 기억할 수 있지만, 그러한 사실들을 추억으로 간직하지는 못한다. 추억은 특정 기호와 문자 혹은 특이한 방식으로 떠올리는 것은 아니다. 추억은 오직 표상으로 인식된다. 물론 거기에는 "느낌" "의미" "즐거움" "동기" 등이 정서의 양상으로 동반된다. 그러므로 언어표상에는 인지-정서가 동반된다. 그러나 체험이 표상되지 않으면, "느낌" "의미" "즐거움" "동기"가 형성되지 않는다. 그러한 점에서 자폐아동은 "추억"이 없으며 사실에 관한 기억만이 존재한다.

"추억"은 아동 자신이 그 곳에서 머물렀던 사실 뿐만 아니라, 그와 관련된 다양한 정보들을 연합하는 능력을 가지고 있다. 예를 들어, 시냇가에 소풍을 갔을 때, "흐르는 시냇물" "맑은 물속" "차가운 물" "유속에서 느끼는 물의 흐름" "햇빛에 반짝이는 물빛" 등의 정보들을 연합하는 능력이 있다. 그래서 아동이 시냇가 소풍을 다녀와서 쓰는 글은 매우 다양하고 은유적이다. 뿐만 아니라, 함께 소풍을 갔던 "친구"와 "선생님" 그리고 함께 나누었던 "놀이"와 "대화", 주변의 나무와 햇빛, 구름 등의 다양한 정보들을 관련지어 머리에 떠올릴 수 있다. 이것이 표상이다. 그러기 때문에 소풍에 대한 이야기를 할 때 그와 관련된 다양한 경험과 느낌을 떠올리게 된다. 이에 반해 자폐아동은 소풍을 갔던 "길"과 "장소" 그리고 자신이 관심을 가지고 있던 "사물"에 대해서만 "기억"하고 있는 것이다. 즉, 자폐아동에게 있어 "실체"는 오직 "기억"속에서만 있는 것이다.

언어표상과 관련된 또 다른 예는 이야기의 줄거리를 이해하는 것이다. 일반아동들은 선생님이 동화를 들려주면, 대개의 경우 그 내용의 맥락이나 이미지를 떠올리게 된다. 그 과정에서 아동은 이야기의 사건들이 현실처럼 느낀다. 많은 아동들이 선생님이 들려주는 동화에 심취하는 이유는 언어가 표상되기 때문이다. 하지만 자폐아동은 이야기의 줄거리에 드러나는 내용들을 표상하기가 어렵다. 자폐아동에게 있어서 이 세계는 눈에 보이는 실체만이 존재하는 것이다.

LPDAC는 언어의 표상체계가 개념을 유추하고 연결짓는 데도 관련이 있다고 본다. 자폐아동의 언어개념이 확산되지 않는 것은 언어 의미의 추상적 개념을 만들어가지 못하기 때문이다. 예를 들어, "나무"를 제시하면 "소나무"-"대나무"-"참나무" 등의 새로운 종류의 나무에 관한 지식적인 사실들을 나열한다. LPDAC 학습에서는 언어표상을 매우 구체적으로 이끌어간다. 예를 들어, "나무"를 제시했을 때 "산"을 유추하도록 한다. 그리고 "산"은 또 다시 "새"로 유추되고 "하늘"로 유추될 수 있다. 따라서 언어표상이 "나무"-"산"-"새"-"하늘" 등과 같이 점진적이고 확산적으로 일어난다. 특정한 개념이 무한히 새로운 개념으로 확산되는 것이다. 만약에 언어가 더 높은 수준으로 표상되지 않는다면, "나무"는 항상 새로운 종류의 나무에 관한 이해의 범주를 벗어나지 못한다. 추상적 개념은 언어표상이 가능해야만 형성된다. 언어의 표상체계 형성 없이는 근본적으로 자폐아동 언어의 결손을 해결하지 못한다.

언어이해: 추측 · 예측 · 가정 · 가설

자폐아동은 일반아동과 같이 책을 읽을 때 혹은 영화를 볼 때 흥미진진하게 즐기거나 내용에 관심을 갖거나 감정에 몰입하지 못하는 것일까? 이야기의 줄거리가 끝나고 다음에 어떻게 내용이 전개될 것인지에 관해 궁금하게 생각하지 못하는 것은 무엇 때문일까? 그리고 언어이해는 무엇을 의미하는 것일까?

"언어표상"은 이야기의 전개와 맥락을 이해하는 데도 영향을 미친다는 점을 우리는 잘 안다. 그 이유는 일상적으로 이야기가 전개될 때 그것을 이해할 수 있는 것은 단순히 언어적 정보를 통해서가 아니라, 언어의 표상을 통한 의미를 습득하기 때문이다. 일반적으로 아동은 책을 읽거나 영화를 보면서 이야기 전개가 어떻게 진행되는지에 대해 추측하고 예측하는 것 그리고 앞으로 전개될 것을 바라고 가정한다. 이 과정에서 아동은 이야기 내용을 흥미진진하게 체험하게 된다. 그래서 이야기 전개과정에서 다음 줄거리가 어떻게 진행될 것인지 궁금해 하면서 동기와 관심이 깊어지는 것이다. 그러나 자폐아동은 문장 맥락에 드러나는 의미를 잘 알고 있다고 하더라도 그 의미를 염두에 두거나 깊이 생각하는 경우는 드물다.

자폐아동은 이야기 줄거리의 세부적인 맥락과 의미를 잘 설명하더라도 그에 대한 관심이나 동기가 없다. 예를 들어, 책을 읽고 느끼는 긴장이나 진지함 그리고 이야기가 전개되는 흥미를 느끼지 못한다. 책을 읽거나 영화를 볼 때에도 심지어는 자신의 생활세계에서 일어나는 다양한 이야깃거리에 흥미와 동기가 없다. 흥미를 유발하고 관심을 갖기 위해서는 "가정" "추측" "예측" "기대"와 같은 심적 유추가 가능해야 한다. 책을 흥미진진하게 읽는 자폐아동이나 자폐성인은 없다. 그들은 그 언어맥락 속에 전개되는 가정과 추측, 예측, 기대가 동원하지 않기 때문이다.[75] 인지언어에서의 "가정" "추측" "예측" "기대"는 언어가 단순히 자신이 체험한 사실이나 현재 경험하는 일에 관한 것에 대해 표현하게 하는 것이 아니라, 다른 사람이 말하는 이유와 동기 등을 파악하는 데 영향을 미친다. 예를 들어 다른 사람이 무엇을 말할 것이라는 것을 가정하고 대화를 이끌어 갈 수 있다. 섬세한 대화를 이끌어가기 위해서는 인지언어가 반드시 요구된다. 말하는 사람의 언어맥락을 파악하기 위한 능력 즉, 언어가 주는 의미가 무엇을 뜻하는지를 "추측"하고 그 이후에 의미가 무엇으로 발전되는지에 관한 "예측", 그리고 이야기가 전개될 것에 관한 "가정"과 전체 의미가 주는 전제가 되는 "가설"이 가능해야 한다.

아동이 무엇에 관해 추측하고 앞으로 일어날 일에 대해 예측한다는 것은 무엇을 의미

---

75) 이미 언급했던 것과 같이 언어표상을 위해 반드시 명제적 지식 표상과 도식적 표상 그리고 절차적 지식 표상이 가능해야 한다. 명제적 지식 표상은 어떤 사실에 관해 참인지 아닌지를 가늠할 수 있는 의미의 최소 단위를 표상하는 것(Bransford & Franks, 1971)으로 참인지 거짓인지 알 수 있는 것들에 관한 표상이다. 명제적 지식 표상은 아동의 의미기억뿐만 아니라 일화기억 그리고 절차기억을 설명하고 그에 따른 기억, 추론, 언어이해와 획득의 기저에 있는 인지구조와 처리과정이다. 도식적 표상은 어떤 사실을 검증할 뿐만 아니라 문장, 덩이글, 상황, 사건 등의 이해나 추론하는 능력이다(Rumelhart, 1980). 문장을 이해하기 위해 주어진 외적 정보뿐만 아니라 기존의 내적 지식을 함께 이용한다. 문장의 의미는 문장내 단어의 의미, 그리고 관련된 지식 양자에 의해 파악된다. 가정, 추측, 예측, 기대 등에 관한 의미를 구성하는 능동적 과정이라는 것이다. 또한 문장을 이해하는 데 절차적 지식 표상이 적용된다. 절차적 지식은 흔히 "만약 ~ 그렇다면" 형태의 산출 규칙들로 표상되어 있다고 가정한다(Newell & Simon, 1972). 이 규칙들은 수학 계산의 논리적 이해를 가능하게 한다. 적어도 전문가라면, 자폐아동이 왜 다른 사람의 이야기와 책 내용을 이해하지 못하는지에 관해 설명할 수 있어야 한다. 그러나 대부분의 경우 자폐아동에 대해서 아는 것이라고는 그렇게 많지 않다는 사실을 모른 체 치료교육을 하고 있는 것이다.

하는 것일까? 그리고 상황이 일어나지 않는 미래를 미리 가정하고 행동하는 것, 단정하지 않지만, 가설을 세우고 검증하는 것 등은 어떻게 가능한 것일까? 이러한 인지능력은 단지, 언어의 이해에 관련된 것만은 아니다. "가정" "추측" "예측" "기대"에 관한 인지능력은 사회화와 그에 따른 행동과 태도 그리고 정서발달에도 많은 영향을 미친다.[76]

일반적으로 아동은 사고과정에서 논리와 비논리를 구분할 뿐만 아니라, 환상과 현실을 구분할 수 있으며 주변에서 일어난 사건에 관해 상상할 수도 있다(Greenspan & Stanley, 2006). 일반아동은 다른 사람과의 대화를 통해 상대방의 의도와 요구 그리고 기대를 예측하기 때문에 공동놀이나 활동에 참여할 수 있다. 뿐만 아니라, 또래 관계에 있어서도 풍부한 대화와 활동이 이루어지며, 아동 자신만의 생활세계를 확장해 갈 수 있다. 이에 비해 자폐아동은 논리적이지 못하며 사건에 관한 상상력이 없으며 이러한 결함은 사건과 사물에 의미를 부여하는 놀이에서도 나타난다(Riguet, Taylor, Bemaroya, & Klein, 1981). 공동놀이에서 다른 또래의 의도를 추측하거나 예측하기가 어렵다. 다른 사람과의 관계에서 어떠한 의미도 부여할 수 없다. 단지, 현실적이고 사실적인 것에만 반응할 뿐이다. "가정" "추측" "예측" "기대"에 관한 인지능력이 언어발달 뿐만 아니라, 사회화에도 같은 영향을 미친다는 점을 고려해 볼 때, 언어와 사회발달에 공통적인 요소가 될 수 있다.

LPDAC 치료교육 11단계에 이르게 되면, "문장이해" 학습이 가능해진다. 이 과정의 하위학습에서 교사가 짧은 문장을 들려주고 질문을 했을 경우, 대부분 자폐아동은 쉽게 대답을 할 수 있다. 왜냐하면 이러한 질문들은 이미 아동이 교사가 들려준 내용을 암기하고 있기 때문에 단지, 질문에 맞는 대답만을 하면 된다. 대체적으로 이 단계에서는 자폐아동이 자신의 방법으로 질문에 답을 찾는 방법을 알게 된다. 즉, 자폐아동이 교사가 들려준 이야기를 이해하기보다는 교사의 질문에 답을 찾는 방법을 알게 되며, 이때 자신의 기억력에 의존한다. 예를 들어, 교사가 다음과 같은 문장을 들려준다.

---

76) "가정" "추측" "예측" "기대"하는 능력이 없을 때 언어이해 뿐만 아니라, 행동과 태도에서도 특징적인 문제를 관찰할 수 있다. 예를 들어, 지적장애아동이나 관련 장애아동 중에 유난히 규범 없이 행동하는 경향이 있다. 예를 들어, 만지지 말아야 할 물건들을 만지거나 뒤지는 것 혹은 다른 사람의 행동을 모방하거나 예기치 못한 행동을 하는 것 등이다. 이 경우 대부분 고집이 세며 주위에 통제하는 사람이 없을 경우에 물건을 조작하거나 파괴하는 행동을 한다. 그리고 자신의 행동 뒤에 제재가 따르는 벌을 상관하지 않는다. 그래서 가족이나 주변 사람들이 야단을 치는 것과 상관없이 자신이 하고 싶은 행동을 하게 된다. 이러한 행동은 "지적 호기심"과는 다르다. 지적 호기심이란 아동 자신이 지향하고 있는 사물과 현상에 대해 "가정" "추측" "예측" "기대"를 하며 그에 따라 사물과 현상을 확인하고 검증하는 것이다. 하지만 장애아동의 경우는 "가정"과 "추측" 그리고 "예측"과 "기대"가 없다. 단지, 자신이 직접 만져보고 다루어 봄으로써 확인이 가능해진다. 그 이전에 다양한 경험을 하였다고 하더라도 사물과 현상에 대해 예견하지 못한다. 그래서 매번 같은 경험을 반복한다. 이러한 행동은 좀처럼 통제되지 않으며 고집스럽게 지속된다.

"고양이가 생선을 입에 물고 지붕 위에 올라갔어요. 지붕에는 커다란 달이 떠있어요."

이 문장에서 많은 자폐아동은 교사의 질문에 대답할 수 있다. 고양이가 입에 무엇을 물고 있는지, 그리고 고양이가 어디에 올라갔는지, 지붕 위에 떠 있는 것이 무엇인지를 묻게 될 때, 사실에 대해서 모든 대답을 할 수 있다. 하지만 다음과 같은 물음에는 매우 당혹해 한다.

"고양이가 왜 지붕에 올라갔어요?"

LPDAC 교육과정의 아동은 대체로 이 물음에 대해 다음과 같이 대답한다.

제7단계
대답: "지붕" 혹은 "고양이"
특징: 반복해서 질문을 해도 "지붕" 아니면 "고양이" 두 가지 답을 반복한다.

제8단계
대답: "지붕 위에 올라갔어요."
특징: 반복해서 질문을 해도 역시 같은 말을 되풀이한다.

제9단계
대답: "지붕 위에 올라가려고요." 혹은 "지붕 위에 올라가고 싶어서요."
특징: 반복해서 질문을 하게 되면, 두 가지 대답을 한다.

제10단계
대답: "달을 보려고요."
특징: 반복해서 질문을 하면 똑 같은 대답을 한다.

제11단계
대답: "고양이가 생선을 먹으려고요." "고양이가 혼자 생선을 먹으려고요." "다른 고양이가 빼앗아 먹을까봐요."
특징: 반복해서 질문을 하면, 위의 몇 가지 대안을 가진 대답을 한다.

이와 같이 자폐아동이 추상적 이해를 하지 못한다는 것은 비사실적인 질문에서 명확히 드러난다. 일반아동들은 이야기 내용을 재구성해서 답을 추론할 수 있다. 예를 들어 생선을 먹으려고 지붕 위에 올라갔을 것이며, 고양이가 지붕 위에서 생선을 먹을 것이다. 그리고 밤이 되었기 때문에 달이 떴을 것이고 고양이는 생선을 먹은 후에 집으로 돌아갔거나 아니면, 골목길로 사라졌을 것이다. 이와 같이 적절한 답을 할 수 있는 것은 이야기를 재구성할 수 있는 능력이 있기 때문이다. 이와 달리 장애아동들은 문장에 담겨져 있는 내재적 의미를 분석할 수 없다.[77)]

의사소통: 비언어, 대화

의사소통에 있어서 인지능력은 자폐아동의 비언어발달과 대화에 커다란 영향을 미치기도 한다. 비언어는 몸짓이나 표정 혹은 행동방식으로 자신의 의사를 다른 사람에게 표현하는 것이다. 일반아동은 사람을 반기거나 거부할 때 자신의 의도가 표정이나 태도에서 나타난다. 그리고 아동은 자신의 표정과 태도를 언어로 이용하게 된다. 호의적인 표정이나 적대적인 표정 혹은 몸짓으로 승낙하는 것과 거부하는 것 등의 다양한 신체언어로 자신을 표현한다. 이 과정을 통해 아동은 자신의 의도뿐만 아니라, 정서적 상태를 다른 사람에게 전달한다. 이러한 비언어는 다른 사람과의 사회적 상호작용을 섬세하게 이끌어가게 되는 중요한 의사소통 수단이 된다.

그러나 일상적인 기능언어를 사용하는 자폐아동은 일반아동들에게 나타나는 비언어적 표현이 어렵다. 대체적으로 일반아동들은 의사소통에 필요한 섬세한 몸짓과 표정을 사용할 수 있는 데 비해 자폐아동이 다른 사람과 의사소통 과정에서 사회적 언어를 구사를 하는 데 필요한 몸짓과 표정을 하는 데 어려움이 있다(Charman et al., 2005). 아동은 말이 전달하는 의미를 통해 의사소통을 하기도 하지만, 말하는 사람의 의도와 정서적 태도에 관련된 많은 정보를 전달하는 비언어사용은 섬세하게 의도를 전달하는 의사소통 방식이다. 예를 들어, 일반아동의 경우 또래 친구가 표정이 없고 눈을 흘겨본다면, 그것은 상대방에 대해 불만을 가지고 있거나 배타적이고 감정적인 마음을 가지고 있다는 것을 예측, 추측 및 가정을 통해 감지할 수 있다.

이와 같이 아동이 다른 사람의 비언어적 의미를 파악하기 위해서는 상대방의 표정을 살핀다. 그리고 대화를 시작하고 진행되는 동안 대상에게 눈을 맞추고 상대방의 행동이

---

77) 아무리 기억력이 뛰어나더라도 책을 읽고 책의 내용을 흥미진진하게 느끼는 자폐아동이나 자폐성인은 없다. 또한 다른 사람의 이야기에 재미를 느끼며 흥미롭게 듣는 경우도 없다. 그 이유는 "가정" "추측" "예측" 그리고 "기대"와 같은 인지능력이 없기 때문이다. 이 경우, 공통적으로 다른 사람의 마음을 읽지 못하는 것이다. 자폐증을 극복한 템플 그랜딘(Temple Grandin)은 신화나 연극을 이해하는 데 많은 어려움이 있었다. 그녀는 책의 이야기 줄거리에서 등장하는 로미오와 줄리엣의 이야기를 전혀 이해하지 못했다. 흐름의 줄거리를 모르는 것이 아니라, 거기서 일어나는 등장인물들에 관한 정서를 이해하지 못했다. 왜 우는지, 왜 슬퍼하는지, 왜 그러한 이유에 대해 갈등을 하는지에 관한 내용은 그녀로서는 알 수 없는 것들이었다. 그녀는 분명히 감정이 있으며, 동정심이 있었지만, 사람들의 마음의 상태나 조망에 대해서는 공감할 수 없었다(Sacks, 1993). 책을 읽고 등장인물에게 나타나는 다양한 심리적 상태를 조망할 수 없는 것이 자폐아동이나 자폐성인이 가지고 있는 특징이다.

나 태도에 집중한다. 이때 상대방이 의도하는 "무엇에 관한 생각"을 탐색하게 된다. 따라서 언어는 단순히 "소리"와 "의미"의 조합이 아니라, 거기에는 반드시 "의미"의 실체를 이끌어내는 능력이 있다. 비언어 사용에 결핍될 경우 아동은 적절하게 눈을 응시하는 것, 대화 시작 및 유지를 위해 눈 맞춤 하기, 그리고 사물과 현상에 동시에 주의를 기울이기 등에 어려움을 보이는 경향이 있으며, 자폐아동들에게는 성인이 되어서도 그러한 다른 사람의 비언어적 의미를 발견하는 데 어려움이 있다(Werherby et al., 2004).

몸짓 혹은 표정과 행동으로 다른 또래 아동과 의사소통하기 위해 특별한 방법으로 모방을 시키도록 하면 비언어 사용이 가능하지 않을까? 혹은 다른 또래 아동과 오랫동안 함께 생활하고 경험하도록 교육환경을 조성하면 스스로 자연스럽게 습득하지 않을까? 하지만, 가르쳐 주거나 오랜 기간 동안 언어 경험을 하더라도 비언어는 습득하기가 어렵다. 왜냐하면, 비언어의 사용은 인지능력과 관련이 있기 때문이다. 비언어는 타인의 의도를 파악해야만이 가능하다. 따라서 비언어를 사용하지 못하는 아동은 곧 비언어를 이해하지 못한다. 다른 사람이 왜 그러한 몸짓으로 표현했는지에 대해 알지 못하면 그 대상이 바라고 원하는 것들을 알 수 없다. 즉, 비언어는 대상의 요구와 바람 그리고 정서적 상태를 파악하는 언어수단이 된다. 그렇다면, 비언어를 이해한다는 것은 다른 사람의 마음을 읽을 수 있다는 것을 말한다.

따라서 언어발달이 언어기능이나 지식에 영향을 받기보다는 마음읽기와 관련되어 있다. 다른 사람의 요구, 바람, 정서를 파악하는 행위는 다른 사람의 마음을 읽으려는 과정이다. 그러므로 언어는 고유 언어기능과 마음읽기와 중첩되어 있으며, 이들 간의 상호작용을 통해 언어가 더 세련되게 사용되는 것과 동시에 높은 수준으로 발달하게 된다. 비언어 사용의 많은 부분은 마음읽기와 관련되어 있으며 이것은 자폐아동의 사회 및 언어의 의사소통이 인지능력과 관련되어 있다. 예를 들어 자폐아동이 대화 과정에서 다른 사람의 입장을 고려하지 않는 것이다. 자폐아동이 대화를 나눌 때 다른 사람이 말을 하는 중간에 끼어들어 일방적으로 자신이 말하고자 하는 것들을 표현한다. 다른 사람의 입장을 모른 것뿐만 아니라, 상호간의 대화에서 어떻게 상대방의 이야기를 이어가는지에 대해서도 모른다. 그렇기 때문에 자폐아동의 대화는 종종 그 맥락이 끊기게 되고 상호간의 일관성 있는 주제와 맥락에 따라 대화를 이어가기란 어렵다. 아동기뿐만 아니라 성인이 되어서도 이러한 현상은 똑같이 나타난다.

그렇기 때문에 기존의 언어기술을 습득하는 방식은 언어를 이끌어내는 데에는 한계가 있다. 왜냐하면, 지금까지 자폐아동의 언어학습은 단지 생활기능에 필요한 기능언어(function language)를 증진시키는 데 그쳤기 때문이다. 그래서 자폐아동은 말을 할 줄 안다고 하더라도 자신이 필요할 때에만 말을 하게 된다. 기능언어를 사용하는 이유는 다른 사람에 대한 의식과 정서적 교감 혹은 관계의 동기가 형성되지 않기 때문이다. 일반아동의 경우에는 자신뿐만 아니라, 다른 사람의 감정과 의도에 관한 의식을 가지고 있다. 그래서 다른 사람의 입장에서 생각하고 정서적 교감을 하게 된다. 더 가깝게 관계를 맺으려고 노력하게 되고 친근감을 표현하게 된다. 이때 인지언어(cognitive language)를 사용한다. 인지언어는 자신과 다른 사람과의 관계에서 생각과 마음을 교환하는 언어능력이다. 기능언어는 기본적인 실생활에 필요한 기능언어 능력이지만, 인지언어는 다른 사람의 마음을 추론하는 인지능력이다.

LPDAC는 자폐아동이 다른 사람이 이야기하려고 하는 것들을 추론하고 그에 따라 같은 맥락을 이어서 대화로 이끌어 갈 수 있게 하기 위한 방법이 무엇인지에 대해서 구체적으로 제시한다. 언어치료 교육과정에서 다음의 예를 살펴보면 자폐아동이 어떻게 대화를 할 수 있는지를 알 수 있다. 여기에 네 명의 아동이 있다. 그리고 제목을 "자전거"로 정해주고 순서대로 아동이 제목에 맞게 문장을 만들어 가도록 지도한다.

아동 a. "아빠가 자전거를 사 주셨어요."
아동은 교사의 제시단서를 통해 문장을 어렵게 만들어 낸다.

아동 b. "나는 자전거를 타고 놀이터에 갔어요."
아동은 이전 아동에 비해 쉽게 문장을 만들어 낸다.

아동 c. 아동은 어떤 말을 만들어 내야 할지 모르고 이것저것 떠올리는 말을 만들어 내지만 틀리다. 교사가 "나는 친구와……" 단서를 제시한다. 이때 아동은 "나는 친구와 자전거를 탔어요"라고 문장을 만든다.

아동 d. 마지막 아동은 문장을 만드는 데 머뭇거린다. 교사가 "나는……"이라고 단서를 주고 재촉한다. 아동은 교사와 친구들을 번갈아가며 얼굴을 쳐다보며 당황한다. 교사가 재차 재촉하지만, 이전 아동보다 더 오랫동안 머뭇거린다. 이미 다른 친구들이 "자전거"와 관련된 "문장"을 적절하게 모두 대답했기 때문에 정작 자신이 해야 할 말을 찾기가 어렵다. 교사와 친구들이 지켜본다.

"나는……"

아동은 교사의 제시 단어를 이어 말을 한다. 아동은 전혀 다른 문장을 만들어 낸다.

"참 재미있었어요……."

문장 만들기 전체 결과는 다음과 같다.

제목: "자전거"

아동 a: 아빠가 자전거를 사 주셨어요.
아동 b: 나는 자전거를 타고 놀이터에 갔어요.
아동 c: 나는 친구와 자전거를 탔어요.
아동 d: 참 재미있었어요.

학습 중에 "시나리오 대화" 과정에서 중요한 사실은 교사가 문장을 가르치지 않았음에도 불구하고 아동은 "제목"과 "문장맥락"을 파악하고 적절한 문장으로 대화를 이끌었다는 것이다. 이것은 아동은 정황을 파악하고 그에 따라 적절하게 이야기를 전개시키는 능력이 형성되었다는 것을 의미한다. LPDAC 과정에서 아동들은 어떤 대화에서도 맥락에 맞게 대화를 하는 데 어려움이 없으며, 그에 따라 더 다양하고 풍부한 언어활용이 가능해졌다. 이들 아동들의 언어 특징은 매우 자연스럽게 자신의 생각과 느낌을 전달할 수 있다.

사회발달의 핵심과제

부모들의 가장 큰 바람은 자녀가 건강하게 가정과 사회에서 자신의 문제를 스스로 해결하면서 살아가는 것이다. 치료교육의 궁극적 목적 중의 하나는 사회에서의 역할을 수행할 수 있도록 하는 것이다. 그런데 문제는 자폐아동의 사회화를 어떻게 발달시킬 것인지이다. 자폐증 장애 중에 사회발달 결함은 매우 심각한 장애 중에 하나이다.

다른 또래 아동과 교감하기가 어려울 뿐만 아니라 간단한 지시와 요구 이외의 가족과의 상호작용이 어렵다. 이러한 점을 고려하여 치료교육 전문가들은 자폐아동이 다른 사람과의 관계 형성의 결함을 극복하기 위해서 부모와의 정서적 관계를 개선하려는 노력이 있었으며, 또래 아동과의 사회적 관계를 개선하기 위해 놀이치료를 시도하기도 하였다. 그러나 여전히 자폐아동은 다른 사람을 인식하는 데 결함을 가지고 있었으며, 더 나아가 다른 사람에 관해 알고 있지 않는 것 같다. 예를 들어, 훈련된 모방은 있어도 다른 또래 아동처럼 행동하는 경우가 없다. 대상이 무엇을 하고 있다는 것을 알지만, 왜 그러한 행동을 하는지에 대해서도 모른다. 엄밀히 판단할 때 실제로 자폐아동은 자신이 누구인지도 모르는 것 같다.

자폐아동이 가족과 친구 그리고 다른 사람에 대해 어떻게 인식하고 있는가? 자폐아동이 다른 사람을 안다는 것은 무엇일까? 자폐아동의 특징이 다른 사람과 관계를 갖지 못하는데 그 이유는 무엇일까? 이 질문을 어떻게 설명할 수 있는지에 관해 구체적으로 제시하는 자료는 그렇게 많지 않다. 적어도 사회발달이라고 가정할 때 자폐아동이 다른 사람과 사회적 교류를 가능하게 하는 속성이 무엇인지를 알아야 한다. LPDAC에서는 "대인각성" "동일시"와 "마음읽기" "자아인식"을 사회발달을 위한 과제로 삼고 있다.

대인각성

일상에서 어머니와 어린 자녀의 활동은 매우 자연스럽다. 예를 들어, 어머니가 아이의 이름을 부르면, 아이는 얼른 하던 일을 멈추고 자신의 이름을 부르는 방향으로 고개를 돌린다. 그리고 아이는 어머니를 발견하고 환하게 웃는다. 아이는 자신이 가지고 놀던 장난감을 내려놓고 엉거주춤하며 어머니에게 다가온다. 어머니는 아이를 반갑게 안는다. 이러한 반응은 일상적인 것이다. 아동이 어머니가 이름을 부를 때 어머니를 의식하고 즉각적으로 반응하는 이유는 각성 때문이다. 그러나 자폐아동의 경우는 이름을 불러도 반응이 없다. 다른 사람에 대한 각성 수준이 떨어지는 것이다. 각성 수준이 떨어질 경우 다른 사람에 관한 의식이 일어나지 않는다. 뿐만 아니라 자신의 세계를 인식하는 방식도 달라진다.

자폐아동은 다른 사람에 대해 어떻게 인식하는 것일까? 그리고 자폐아동은 스스로 자신을 의식하고 있는 것일까? 만약에 "다른 사람"에 대해 인식을 하지 못한다면, 그것은 곧 "자신"에 대해서도 의식하지 못한다는 것을 의미한다. 또한 "자신"에 관해 어떤 것도 알 수 없다면, "다른 사람"에 대해서도 인지하지 못할 것이다. 때로 사람들은 종종 자폐아동이 이름을 불러도 반응을 보이지 않거나 혹은 다른 사람에게 관심을 두지 않고 외면하는 것 때문에 자폐아동이 "자기 세계"에 고립되었다고 설명하기도 한다.

대체로 만 2세의 유아기부터 목소리가 들리는 방향으로 움직인다. 그리고 친숙한 사람을 보고 다가간다. 이에 비해 자폐아동은 사람의 목소리에 대해 반응을 하지 않거나 친숙한 감정을 나타내지 않는다(Kuhl, Coffey Corina, Padden, & Dawson, 2005). 그 이유 중에 하나가 자폐아동이 다른 사람의 목소리가 주는 다양한 정보와 언어적 의미를 읽지 못하기 때문이다. 예를 들어 일반아동은 목소리와 관련된 다양한 정보를 인지하게 되는데 "자신과 관계된 대상" "상대방의 의도" "목소리에 담긴 의미" 등의 정보들을 인지함으로써 자신을 불렀을 때 즉각적으로 반응하게 된다. 이에 비해 자폐아동은 목소리가 주는 언어적 의미와 대상의 의도를 인지하기가 어렵다. 이러한 이유 때문에 자폐아동은 다른 사람이 쳐다보는 것에 대해 관심을 두고 함께 쳐다보거나 상대방의 행동에 관심을 두지 않는다(Dawson et al., 2004).

이와 유사한 관찰이 상황을 인식하는 과정에서도 나타났다. 예를 들어, 일반아동은 자신이 컵을 다루다가 바닥에 떨어뜨리거나 깨뜨리면 부모가 이러한 상황을 인지하고 있는지 그리고 화가 났는지를 확인하기 위해 재빨리 부모를 쳐다보지만, 자폐아동의 경우 다른 사람의 관심을 관찰하고 추적하거나 주변 상황을 탐지하지 않는다(Cox et al., 1999). 이와 같이 자폐아동이 다른 사람에게 무관심하고 주변 환경과 관련된 사람들을 의식하지 않는 것은 자폐아동이 자신에게 처해 있는 세계에 대해 즉각적으로 각성이 일어나지 않기 때문이다.

더욱 당혹스러운 것은 자폐아동이 자신의 가족들과 함께 생활하고 교감하지만, 실제로 가족 구성원을 인지하지 못한다는 것이다. 부모들은 대개 자녀가 함께 생활하는 가족 구성원들을 안다고 생각한다. 실제로 자폐아동이 부모를 아는 것일까? 설사 자폐아동이 가족 구성원인 아빠, 엄마, 형 혹은 누나 또는 오빠와 언니, 동생 등의 가족 구성원을 지칭할 수 있다고 하더라도 그 대상이 어떤 가족관계의 대상인지 모를 수 있다. 예를 들어, "엄마가 어디 있어?"라고 물으면, 아동이 손가락으로 엄마를 가리키지만, 손가락으로 가리키는 엄마가 본질적으로 누구인지를 모를 수 있다는 것이다. 더욱이 가족 중에 한 사람을 지칭한다고 해서 자신과 가족 구성원의 관계를 아는 것은 아니다. 예를 들어, "어느 날, 엄마가 계단을 내려가다가 넘어져 비명을 지르고 심하게 고통을 호소했을 때 엄마를 물끄러미 바라보고 웃고 있다. 엄마가 도움을 요청하지만, 자녀는 계속 엄마를 바라보며 때로 신기하듯 쳐다보기도 하고 그러한 상황이 이상하게도 느꼈는지 웃기만 하였다." 자신과 대상과의 관계를 의식하지 못한다는 것을 보여 주는 실례이다. 이러한 예는 얼마든지 찾을 수 있다.

LPDAC는 대인각성을 활성화시키는 여러 가지 방법을 제시하고 있다. 그리고 자폐아동이 다른 사람의 요구에 즉각적으로 반응하고 다른 사람과 주변 환경에 대해 관심을 두도록 하기 위한 방법에 대해 LPDAC는 초기학습을 중요하게 다루고 있다. 자폐아동은 대체로 누구와 함께 있다는 사실을 인식하지 못한다. 이것은 "너"와 "나"를 의식하지 못한다는 의미를 포함한다. "역잡기" 학습은 누구와 함께 달리고 있다는 사실을 인식하는데 영향을 미친다. "역달리기" 학습은 "특정 대상과 함께 있다"는 것을 의식하거나 "특정 대상과 함께 동조한다"는 것을 의식하도록 해 준다. 이 과정에서 타인에 대한 심리적 긴장 상태를 유발하게 함으로써 더 깊고 적극적인 의식이 일어나도록 유도한다.

학습과정에서 대상을 인식할 뿐만 아니라, 대상과 "관계"를 위해 지속적인 "긴장"을 유발하게 된다. 학습이 진행되면서 아동은 다른 사람에 대한 "지향성"이 일어난다. 이것은 "다른 사람에 대한 의식"으로 "너"와 "나"에 대한 관계를 구체적으로 의식하게 한다. 또한 이 과정을 거치게 되면서 아동은 주위 사람에 대한 의식과 더불어 환경에 대한 의식이 점차적으로 확장된다. 이쯤되면, 다른 사람이 무엇을 하는지에 대한 "의식"과 "관심"이 일어난다.

동일시

자폐아동 치료교육의 가장 어려운 난관은 사회성이다. 치료교육을 하더라도 좀처럼 사회화가 형성되지 않는다. 자폐아동이 나이가 들면서 몇 가지 사회적 기술을 익혔거나 가정생활과 사회생활에 잘 적응되었다고 해서 사회화되었다고 볼 수 없다. 왜냐하면, 사회화는 경험을 통해서 얻어지는 사회적 기술의 능력과는 다르다. 사회화는 능동적이고 역동적으로 다른 사람과의 관계를 엮어가려는 것이며 나이가 들어감에 따라 확장된다. 그러나 자폐아동은 다른 또래 아동과 교감하려고 하는 욕구나 활동이 없다. 그들은 늘 항상 이방인의 모습으로 존재한다.

자폐아동의 장애특성과 사회화는 동일시의 결손과 관련이 있다. 동일시는 다른 사람의 생각과 감정을 "내면화(intermaliation)"하고 다른 사람의 가치관을 "자기의 것으로 받아들이는 것(introject)"이다. 예를 들어, 아동이 흉내를 내면서 선생님의 언어, 행동과 태도 그리고 감정, 생각들을 표현하려고 한다. 이러한 행동은 아동의 태도와 생각을 객관화시킨다. 그리고 동일시는 다른 사람의 역할을 시도하고 다른 사람의 입장에서 생각하도록 한다. 따라서 또래 아동의 놀이는 아동이 성숙으로 이끄는 데 중요한 활동이다. 이와 같이 아동은 동일시를 통해서 다른 양상으로 성장하게 된다. 그리고 동일시는 사회화의 중요한 요소이며 생존과 깊은 관련이 있다.

또한 동일시는 자신과 대상에 대해 의미를 부여하는 것이다. 이것은 인격을 내재화하고 마치 그러한 세계가 있는 것처럼 의식하는 것이다. 그러한 점에서 동일시는 상징놀이와 깊은 관련이 있다. 상징적 놀이(symbolic play)를 하지 못하는 것은 자폐아동의 결함 중에 하나이다. 자폐아동은 상징적 놀이를 통해서 대상 혹은 사물에 의미를 부여하지 못한다(Riguet, Taylor, Bemaroya, & Klein, 1981).

자폐아동이 또래 아동과 놀이에 참여하지 못하는 이유는 놀이활동이 단순히 기능적인 활동이 아니라, 복잡한 조건이 따르는 인지활동이기 때문이다. 동일시는 현재 자신의 입장과 처지를 벗어나는 능력이다. 그리고 다른 사람의 입장과 처지에서 생각하고 말하고 행동하는 것이다. 동일시가 형성되지 않으면, 다른 사람의 시각으로 세계를 볼 수도 없으며, 다른 사람의 입장과 처지를 이해할 수도 없다. 놀이에서 동기를 갖지 못하는 이유도 동일시의 결손 때문이다. 일반적으로 아동들은 "~처럼" 생각하고 말하고 행동하며 이 과정을 통해서 사회적 교류와 교감을 형성할 수 있다. 그러나 자폐아동에게는 이러한 동일시의 체계를 찾아볼 수 없다.

자폐아동에게 사회적 경험을 많이 하도록 환경을 조성한다고 해서 사회발달이 높게 나타나지 않는다. 사회화는 사회적 모방 기술에 의해서가 아니라, 인지발달을 통해 형성되는 것이다. 동일시는 모방과 전혀 다른 발달체계이다. 모방은 시각적 모사 능력이지만, 동일시는 인격의 모사 능력이다. 동일시는 다른 사람의 입장에서 혹은 다른 사람의 존재 방식으로 이해하고 행동하는 것을 의미한다. 예를 들어, 엄마처럼 인격을 동일시할 경우, 엄마가 생활에서 보여 주는 태도를 그대로 표현하게 된다. 이것을 통해서 아동은 소꿉놀이가 가능해지고 가상의 사회적 역할을 할 수 있다. 또한 동일시의 형성은 아동이 나이가 들면서 성숙한 모습으로 성장하도록 돕는다.

모방은 동일시와 질적으로 다르다. 모방은 시각적 모사 능력이지만, 동일시는 인격을 모사하는 능력이다. 따라서 모방은 항상 시각적 인식에서만 가능하지만, 동일시는 내면화를 통해서 가능해진다. 그렇다면, 실제로 자폐아동이 다른 사람의 생각과 감정을 "내면화(internalization)"하고 다른 사람의 가치관을 "자기의 것으로 받아들이는 것(introject)"이 가능한 것일까? 인격을 내면화한다는 것은 다른 사람의 입장에서 생각하고 행동하는 것이다. 이것이 동일시이다. 다른 사람의 생각과 감정을 내면화하기 위해서는 다른 사람이 어떤 생각과 감정을 가지고 있는지 알아야 한다. 그리고 다른 사람이 자신의 세계에 관한 가치와 의미를 알아야만 한다. 이 문제에 대해 우리는 동일시라는 인지체계가 단일성을 지니고 있는 것이 아니라, 다른 특별한 인지체계와 연계 가능해야만 된다는 것을 짐작할 수 있다. 그것은 다른 사람에 관한 "마음읽기"이다.

그렇다면, 어떻게 자폐아동이 동일시를 통해서 다른 사람의 생각과 감정 그리고 가치를 내적 표상화할 수 있는가?[78] 동일시는 인지능력과 관련이 있다. 그리고 인지능력이 어느 적정 수준에 이르게 되어야 한다. LPDAC는 치료교육 과정에서 동일시 형성을 위해 "경쟁심"과 "자존감"을 형성시킨다. 학습과정에서 "놀이 모방하기" "손뼉 치기" "다른 사람의 행동 적기" "역할-경쟁하기" 등의 학습과정에서 "경쟁심"과 "자존감"이 자신과 다른 사람이 서로 다른 방식으로 존재한다는 것을 인식하게 된다. 그렇다면, 이것이 어떻게 동일시되는 것일까? 이미 동일시가 "~처럼" 인격화한다는 점에서 모방과 차이가 있다는 것을 설명했다. 따라서 동일시는 다른 사람의 인격을 똑같이 모사한다는 점을

78) 동일시와 관련된 용어를 살펴보면, 가장 포괄적인 용어인 내면화(internalization)는 밖의 세계가 심리적 세계로 이동한다는 의미를 담고 있다. 이에 대해 혹자는 밖에서 안으로 장소만 기계적으로 이동하는 것이 아니라 밖의 것이 내면으로 들어와 주관적인 의미가 부여된 표상체계로 전환된다는 의미에서 내면화 대신에 표상화(representation)라는 용어를 사용한다. 안나 프로이트는 동일시를 대신하여 동화(angleichung)라는 용어를 사용하기도 하였다. 반두라는 처음에 동일시와 내면화라는 용어를 사용하다가 나중에 모방(imitation)과 모델링(modeling)으로 바꾸고, 그 다음에는 심리적 대응(psychological matching)이라는 용어를 사용하였다. 동일시(Identification)에 대한 용어는 "A와 B를 같은 것으로 본다"는 의미로 왜곡될 수 있다며, 밖의 것을 받아들여 자기 것(identity)으로 삼는다는 취지에서 동일시 대신에 "자기화"를 사용하거나 "동일화"라는 용어를 사용한다.

유의해 볼 필요가 있다.

특히, 높은 수준에서의 학습과정은 아동의 태도에서 "~처럼" 닮아가려는 인격화 현상이 일어날 때 이것은 단순히 언행을 모방하는 것이 아니라, 심리적 상태가 닮아가는 현상이 나타난다. "마음읽기"는 대인각성 뿐만 아니라, 다른 사람의 의식을 이해하는 것과 깊이 관련되어 있으며 이것은 반드시 동일시과정을 통해 그들의 의식을 모사함으로써 새로운 세계를 경험하고 탐험해야만 가능해진다.

"경쟁심"과 "자존감"에 의해 형성된 개인의 심리적 상황이 다른 사람의 심리적 상황을 추측하는 과정에서 "마음읽기"가 형성된다. 동시에 "마음읽기"의 능력은 "동일시"를 촉진시키게 되는데 마음읽기와 동일시는 순환적 심리기제가 된다. 따라서 동일시와 마음읽기는 서로 떨어질 수 없는 특별한 발달상의 순환체계가 된다.

마음읽기

마음읽기에 관해 설명하기 위해서는 동일시에 관한 이해를 빠트릴 수 없다. 그 이유는 아동 자신이 다른 친구의 인격을 내재화하기 위해서는 "마치 자신이 친구의 그러한 마음처럼" 의식되어야 하기 때문이다. 그러한 점에서 마음읽기가 가능하기 위해서는 반드시 동일시과정을 거쳐야 한다. 그러나 시간이 지나면서 이 두 가지의 인지체계는 상호 순환적 관계가 되면서 마음읽기 과정이 동일시와 구별할 수 없게 된다.

마음읽기는 본래 다른 사람에 관한 의식과 자신에 관한 의식이 동시에 일어나는 것과 동시에 자신을 다른 사람의 의식으로 전환하는 일련의 인지양식이다. 그렇게 됨으로써 비로소 자폐아동은 다른 사람의 마음을 읽게 되는 것이다. 만약에 "다른 사람을 인식"했다고 가정했을 때 그것은 곧 "자신을 의식"할 때만이 가능한 것이다. 즉, 자신에 관한 인식 없이 다른 사람을 의식하는 현상은 일어나지 않는 것이다.[79]

---

79) "애착(attachment)"이 대상을 감성적 관계로 인식하는 것이다. 하지만 일반아동의 애착행동과 자폐아동의 애착행동은 근본적으로 다르다. 일반아동의 경우는 애착반응이 정서적인 문제이지만, 자폐아동의 경우는 인식의 문제이다. 자폐아동이 사람을 하나의 사물로 인식한다는 것임을 상기해 볼 필요가 있다. 물론, 사물과 사람은 근본적인 특성이 다르지만, 자폐아동은 그러한 점들을 인식하지 않는다는 것이다. 따라서 사람을 마치 사물처럼 다루려고 하는 경향이 있다. 예를 들어, 엄마가 푸른색 블라우스를 입었다면, 항상 엄마는 푸른색 블라우스를 입어야 한다. 만약에 다른 옷을 입었을 경우, 자폐아동은 그러한 변화를 참지 못한다. 이러한 태도는 사물이나 사람을 구별하지 못한다는 것을 보여 준다. 따라서 엄마가 항상 자신 곁에 있었다면, 늘 자신 곁에 있어야 하는 존재이다. 만약에 엄마가 자신의 곁을 떠나면 그러한 변화에 대해 저항을 하게 된다. 그렇기 때문에 관찰자의 입장에서는 자폐아동이 엄마에게 깊은 애정을 느끼고 엄마가 곁에 없게 되었을 때 자폐아동은 심한 정서적 불안을 갖게 된다고 보는 것이다. 그리고 이 모든 상황을 자폐아동과 부모와의 애착 관계로 해석하려고 한다. 우리가 알고 있는 자폐아동의 애착 반응은 일반아동에게 나타나는 정서적 동기에서 나타나는 것이 아니라, 대상 인식에서 시작하며 자폐아동

자폐아동이 자신의 느낌과 생각을 다른 사람과 일치시킬 수 있는가? 마음읽기는 다른 사람의 의식과 통합되는 것 즉, 다른 사람의 의식과 합일치된다는 것을 말한다. 이것은 의식을 공유한다는 의미와도 같은 말이다. 다른 사람의 생각과 일치시키는 과정에서 LPDAC에서 종종 "동일시"라는 개념을 중요시 여기는데 그 이유는 "동일시"는 곧 "자신"을 다른 "대상"으로 변환시키는 능력이기 때문이다. 다른 대상처럼 말을 하고 행동하는 것 그리고 정서적 표현을 일치시키는 것은 사회화 과정에서도 매우 중요하다. 다른 사람을 흉내 내는 것은 단순히 모방 때문은 아니다. 물론, 외현상으로 드러나는 것들에 대해 모방할 수 있어도 대상처럼 그렇게 되려고 하는 것과는 다르다. 언어, 행동, 사회 및 정서적 양식이 다른 대상처럼 되어간다는 것은 곧 닮아가는 것을 의미한다. 그래서 누구를 닮아간다는 것은 동일시된다는 것이다.

마음읽기에서 의식을 다른 사람에게 전환한다는 의미는 다른 사람의 입장에서 사고하는 능력이다. 만약에 생각을 주고받지 않는다면, 다른 사람의 생각을 읽을 수 있을까? 이러한 관점에서 마음읽기란 매우 어려운 인지체계이며 그 과정은 복잡하고 까다롭다. 그러나 중요한 사실은 자신의 생각을 다른 사람에게 전달하고 일치시켜야 한다는 것이다. 뿐만 아니라, 다른 사람의 생각을 받아들이고 자신의 생각과 일치시키는 것이다. 여기서 생각을 일치시킨다는 것은 "아는 것"이며 동시에 "받아들이는 것이다."

따라서 다른 사람의 마음을 읽는다는 것은 다른 사람의 입장으로 돌아가는 것이다. 그러므로 다른 사람의 마음을 읽는다는 것은 다른 사람처럼 생각하고 말한다는 것을 의미한다. 동일시가 마음읽기와 매우 밀접한 관련이 있는 이유도 그 때문이다. 많은 연구자들이 자폐아동이 사람을 마치 물건처럼 다룬다는 것을 발견하였다. 이것은 사람과 물

의 고유한 자폐증적 특징으로서의 강박적 집착일 뿐이다. 애착은 그 대상의 감각적 혹은 신체적 의식과 관련이 깊은 반면에 강박적 집착은 그 대상이 오직 사물적인 사실과 관련시킨다는 점을 알아야 한다.

자폐아동이 사람을 마치 사물을 다루듯이 한다는 것은 이미 연구되어져 온 내용이다. 그리고 자신이 필요할 때 대상이 필요한 것이다. 이러한 관계는 나이가 들어서도 별반 다르지 않다. 대부분 부모들은 자녀가 부모를 인식하고 있다고 하지만, 실제로는 그렇지 않다. 가족 구성원을 구분하고 명명할 수 있지만, 실제로 가족을 안다고 볼 수 없다. 더구나 자신을 양육한 부모를 의식하지 못한다는 것을 도저히 받아들일 수 없을 것이다. 자폐아동이 부모와 주위 사람이 필요로 하는 것은 오르지 아동 자신의 생존에 필요한 존재이기 때문이다. 이러한 자폐아동의 대인지각에 관한 임상적 경험이 부족한 몇몇 전문가들은 종종 애착의 결함으로 보려는 경향이 있다. 뿐만 아니라, 자폐아동 중에는 부모와 특정 대상에게 지나치게 집착하는 경향이 있다. 이것은 애착 때문이 아니라, 강박적 집착에 지나지 않는다. 예를 들어, 자폐아동이 항상 놓여져 있던 물건이 없어졌을 때 심각하게 저항을 하는 경우가 있다. 이때에 물건에 애착을 갖기 때문이 아니라, 그러한 "상태"와 "존재"에 대한 강박적 집착 때문이다. 자폐아동이 사람을 사물과 동등하게 인식한다는 점에서 애착은 강박적 집착에 지나지 않는다. 따라서 자폐아동이 부모와 다른 사람에게 무관심하거나 반대로 지나치게 집착하려는 특징을 애착의 결함으로 보는 것은 잘못이다.

건을 똑같이 취급한다는 것을 의미한다. 자폐아동이 다른 사람의 마음을 읽는 것이 가능한 것일까? 그리고 마음읽기의 방법이 무엇인가?

첫째, 마음읽기를 위해 먼저 다른 사람을 인식하는 것으로부터 시작한다. 그 과정을 위해 짝 그룹과 여러 명의 아동들과 함께 학습할 수 있는 전체 그룹 지도가 반드시 필요하다. "행동 모방하기"는 단지 다른 사람을 인식하는 수준으로서 낮은 단계의 과정이다. 이 과정에서 아동은 구체적으로 다른 사람의 신체 및 활동을 알아간다. 이때 중요한 것은 아동이 자신의 신체를 다른 사람의 신체와 동일시한다는 점이다. "행동 모방하기" 학습은 시각적 모사 능력이지만, 아동 자신이 다른 사람의 신체 및 행동을 통합하며 자신의 입장에서 인식하는 것이다.

둘째, 신체가 의식되도록 이끌어 간다. LPDAC에서의 행동 모방하기는 단지 다른 사람의 신체 및 행동을 시각적 모사하도록 하는 것이 아니라, 다른 사람의 신체 및 행동이 자신의 것으로 의식되도록 이끈다. 그렇기 때문에 일상생활에서 경험하는 행동 모방하기와 LPDAC의 행동 모방하기는 전혀 다른 목적과 과정 그리고 효과를 이끌어낸다. "신체행동 모방하기"와 "행동 모방하기"의 학습과정에서 "신체가 의식된다는 것"은 앞으로 "다른 사람과 의식을 통합"하는 것을 준비하는 것이다. 즉, 다른 사람과 의도와 목적 그리고 의미를 통합하는 것은 동일시에 이르는 과정이다.

셋째, 자신의 의식을 다른 사람의 의식으로 전환하도록 한다. 마음읽기에서 다른 사람과의 의식이 통합되기 위한 과정은 정서적 교감이 반드시 필요하다. 일상생활에서 아동은 또래 친구들과 함께 웃고 즐기지만, 때로 함께 울기도 하고 서로의 감정에 동조하기도 한다. 따라서 의식이 통합되기 위해서는 반드시 정서적 교감이 필요하며 이때 정서적 교감은 타인에 관한 지향성을 갖는다. 이때 지향성은 아동 자신의 의식을 항상 다른 사람의 의식으로 전환시키려고 한다. 즉, 다른 사람의 입장이 되기 위해 본래 자신의 의식을 배제한다.

지향성은 마음읽기의 과정의 양상이다. 그리고 마음읽기는 "다른 사람의 행동을 추측하고 예측"을 가능하게 한다. 만약에 다른 사람의 행동을 예측하지 못한다면, 대상의 의도를 알 수 없을 것이다. 반대로 다른 사람의 의도를 파악하지 못하면, 대상의 행동을 예측하지 못할 것이다. 마음읽기는 동일시과정에서 나타난 의식의 산물이다.

자아인식: 경쟁심과 자존감

부모의 입장에서는 아이가 무언가 적극적이고 능동적인 태도를 갖기를 바라지만, 여전히 일반아동과 비교하면 사회적 동기가 부족하다. 가정에서 함께 생활을 할 때 눈에 띄지 않지만, 다른 또래 집단에서 활동을 할 때 사회적 관심에서 현저하게 떨어진다. 그리고 행동이 활기차지 않고 마치 에너지가 없는 아이처럼 느껴진다.

자폐아동이 다른 사람과 관계를 형성하지 못하고 태도와 생활이 고립되는 이유가 무엇일까? 이 물음에 답을 얻기 위해서는 자폐아동이 자신이 처해 있는 세계를 어떻게 인식하는지를 밝히는 것이다. 그러나 좀처럼 그에 대해 명쾌히 설명하는 근거는 없다. 하지만 다른 사람과의 사회적 관계의 실패와 고립은 적어도 대상과 현상을 인식하지 못할 때 아동 자신에 관한 의식도 없을 가능성이 있다.

일반적으로 다른 사물과 대상 그리고 환경에 대해 인식하고 관계를 갖는다는 것은 동시에 자신을 인식한다는 의미이다. 그러나 자폐아동은 오직 그 대상과 환경을 감각적으로 지각하는 것뿐, 상호관계를 갖지 않는다. 자폐아동에게 있어 세계는 무의미하다. 세계란 단지 감각적으로 존재할 뿐이다. 물론, 자신이 원하는 사물과 대상에게 반응을 보이지만, 이것은 오직 상호관계를 위한 것이 아니라, 감각적 반응일 뿐이다. 그리고 "무엇에 관한 의식"이나 "무엇에 관한 참여"가 결여되어 있는 것 같다. 자아인식(self-awareness)은 "무엇에 대한 지향성" 즉, "세계에 대한 의식"으로부터 시작되며 이것은 다른 사람과의 관계로부터 시작해서 그 대상에 대한 지향성은 동일시이다. 이미 언급했던 대로 동일시는 인격적으로 대상을 닮아가려는 성향이다. 동일시의 전제는 반드시 자아인식이 가능해야 한다. 자신을 인식한다는 것은 스스로 세계와 자신을 구분하고 그 차이를 아는 것이다. 그래야만 다른 입장을 생각할 수 있다. 자아인식은 세계 속에 나를 알아가는 것이다. 아동 자신이 처해 있는 세계는 대상도 포함된다. 따라서 자신의 인식은 반드시 다른 사람에 관해 인식되어야만 한다.[80] 즉, 자아인식은 자신과 다른 사람에 관한 관계를 인식하는 것이다.

그렇다면, 어떻게 자폐아동은 자아인식이 형성될 수 있는 것일까? 자아인식은 동일시와 같은 발달선상에 놓여져 있다. 동일시는 자신의 존재를 잠시 보류하고 다른 사람의 인격으로 전환할 수 있다. 즉, "나"가 아닌 "너"가 되는 것이다. 다른 사람의 인격으로 세상을 바라보고 다른 사람의 인격체로 행동하는 것이다. 일반아동들이 "역할 놀이"를 하는 것도 동일시가 가능하기 때문이다.따라서 치료교육 과정에서 동일시의 형성을 위한 두 가지의 과제는 다음과 같다.

첫째는 다른 사람에 관한 의식이다. 자폐아동은 애초에 다른 사람에 관해 관심을 두

80) 다른 사람을 명시적으로 지칭했다고 해서 그 대상을 인식하는 것은 아니다. 많은 자폐아동이 부모에 대해 각각 명시적으로 지칭을 할 수 있지만, 아빠와 엄마가 누구인지를 모른다는 것은 부모 혹은 가족을 인식하지 못한다는 것이다. 부모는 이러한 사실을 받아들이기 어렵지만, 분명한 사실은 대체적으로 자폐아동은 가족 구성원에 관한 인식과 이해가 없다. 단지, 자신 곁에 그 대상들이 존재하고 그들이 자신을 위해 어떻게 돌보는지에 관해 알고 있는 것뿐이다.

지 않기 때문에 경쟁심은 나타나지 않는다.[81] 일반적인 개념으로 "경쟁심"은 남과 겨루어 이기거나 앞서려는 마음이다. 경쟁심이 형성되기 위해서 우선 다른 사람의 존재를 인식해야 한다. 많은 사람들이 자폐아동이 다른 사람에 대해 알고 있다고 생각하지만, 실제로 자폐아동이 다른 사람의 존재를 인식하지 않을 수 있다. 즉, 아동 자신 앞에 누가 있는지를 알고 있지만, 그가 누구인지를 모른다는 것이다. 자존감은 자아인식의 요소 중에 하나이다. 그리고 자존감은 경쟁심을 통해서 나타난다. 그래서 경쟁심은 동시에 자존감을 유발하게 하고 이때 아동은 경쟁심을 통해서 기쁨과 즐거움을 얻게 된다. 이러한 만족감은 곧바로 다른 행동을 촉진시키는 동기가 되기도 한다. 자존감은 스스로 더 나은 일을 수행하고 경험하게 하기도 한다.

둘째는 다른 사람과의 비교 평가를 통해 얻어지는 자존감이다. 자기에 대한 심적 표상에 수반된 중요한 개념은 자존감(self-esteem)이며, 이것은 자신에 대한 평가다. 사람들은 자신이 어떤 사람인지에 대해서뿐만 아니라 그러한 특성에 스스로 어떤 가치를 부여하느냐에도 관심을 갖는다. 자존감이 중요한 자원인 이유는 사람들로 하여금 심리적 안정을 유지시키고, 자신이 하려고 하는 일에 대해 적절한 목표를 설정하며, 그 과정에서 긍정적 경험을 음미하고, 어려운 난관에 성공적으로 대처하도록 도와주기 때문이다(Creswell et al., 2005; Sommer & Baumeister, 2003; Wood, Heimpel, & Michela, 2003). 그러한 점에서 자존감은 중요한 사회적 요소이다. 만약에 자폐아동이 자존감을 얻기 위해서는 반드시 자기척도와 사회척도를 인식해야만 한다. 왜냐하면, 아동은 본질적으로 사회적 존재이며, 자존감 요구는 부분적으로 타인과 관계를 맺고 인정을 받고자 하는 이러한 욕구에 의해 주도되기 때문에 한 개인의 자존감은 즉 다른 사람들이 볼 때 그가 어떻게 해 나가고 있는지를 알려 주는 보편적 지표로 생각할 수 있다(Leary & Baumeister, 2000).

자폐아동이 다른 또래 친구와의 관계에서 자존감의 의식은 경쟁심의 과정을 통해서 획득될 수 있다. 경쟁심은 아동이 자신의 우월성을 방어하는 과정에서 일어난다. 그러한 점에서 경쟁심과 자존감은 상호 깊은 관련이 있다. 자신의 자존감을 유지하기 위한 방편으로 상대방을 낮추기도 하는데, 이것은 자신의 우월성이 깨지기 쉬워서 계속적인

---

81) 종종 부모들은 자녀가 경쟁심을 가지고 있다고 생각하는 경우가 있다. 예를 들어, 제일 먼저, 어떤 일을 수행하려고 하거나 혹은 자신이 할 일을 다른 친구가 하게 되면, 심하게 울거나 떼를 쓰는 경우이다. 이러한 태도를 매우 긍정적으로 생각하지만, 실제로는 경쟁심도 아니며, 그렇다고 사회적 태도의 변화도 아니다. 그것은 자폐아동 스스로가 "그렇게 하지 않으면 안 되는 강박적 집착"일 수 있다. 달리기를 해도 항상 일등을 해야 하는 이유는 일등이 중요할 뿐, 다른 친구들과 경쟁심을 통해서 얻어지는 사회적 만족감과는 거리가 멀다.

강화가 필요하기 때문이다(Jordan, Spencer, & Zanna, 2005; Kernis, 2003).

LPDAC에서 자존감의 형성은 인지능력 혹은 인지 수준에 결정된다고 본다. LPDAC 과정에서 자폐아동이 다른 사람에 관해 의식하지 못하는 자폐아동으로서는 자신과 다른 사람의 관계를 인지하게 된다. 예를 들어, 다른 사람이 어떻게 불리는지 그리고 어떤 일을 하는지, 무엇을 좋아하고 싫어하는지에 대해서 알 수 있다. 뿐만 아니라, 대상이 자신에게 어떤 태도를 보이며 그것이 우호적인 것인지 아니면 적대적인 것인지에 대해서 안다. 더 나아가 그 대상에 대한 다양한 행동과 태도와 감정에 대해서도 안다. 또한 자폐아동은 다른 사람이 자신에게 어떤 의미를 가지는지에 대해서도 안다.

그러나 자폐아동은 다른 사람에 대한 다양하고 구체적인 정보들을 알고 있더라도 그 대상이 개인으로 어떤 존재적 의미를 지니고 있는지를 알지 못한다면, 다른 사람의 생각과 감정이 독립적이며, 개별적인 인격체임을 의식하지 못할 것이다. LPDAC는 아동 자신이 다른 사람의 생각과 행동을 미리 앞서 탐색하게 한다. 경쟁심을 위해 다른 사람과 자신이 개별적인 존재로서 서로 다른 의식과 감정이 있다는 것을 인식하게 한다. 경쟁심의 사회적 효과는 서로 다른 존재적 의미를 발견하는 것뿐만 아니라, 그 과정에서 사회적 촉진(social facilitation)을 유발한다.[82] 경쟁심을 통해 다른 사람과 자신에 관한 존재의식의 형성은 나중에 "자아인식"의 형성에 영향을 미치게 된다.

82) 사회적 촉진효과들을 설명하기 위해서 두 개의 부가적인 이론들이 제안되어 왔다. 주의분산-갈등 이론(distraction-conflict theory)은 다른 사람들의 존재가 사람을 주의 분리시켜서, 타인들과 수행되게 될 과제 사이에서 주의를 어떻게 할당하는가에 대해서 갈등을 일으킨다고 시사한다. 충동 수준을 증가시키고 사회적 촉진효과들을 일으키는 것은 다른 사람의 존재나 판단능력보다도 바로 이러한 주의의 갈등이다(Sanders & Baron, 1975; Baron, 1986). 자기제시 이론(self-presentation theory)은 다른 사람의 존재가 어떤 호의적 이미지를 제시하려는 개인의 욕망을 증가시킨다고 제안한다. 용이한 과제들에서, 이것은 더 큰 노력과 주의집중을 일으키며 수행의 증가를 일으킨다. 그러나 곤란함 과제들에서, 이러한 욕망은 과제에 의해서 부과된 좌절들을 확대시키고 당황, 위축됨 또는 과도한 불안을 일으키며, 이것들의 모두가 더 나쁜 수행을 일으킨다(Bond, 1982).

제 8 장

LPDAC 치료교육의 시작과 여정

❀ 준비단계: "감각과 지각의 세계"

처음 아동을 만났을 때 교사와 아동 간에 믿음과 신뢰를 갖는 것은 매우 중요하다. 준비단계에서는 아동이 적극적으로 대상과의 관계를 지속하고 상호간에 요구를 수용할 수 있는 능력을 갖게 한다. 그 과정에서 아동은 스스로 감정과 요구를 조절하고 통제할 수 있어야 한다. 만약에 자기–조절과 자기–통제가 어려울 경우 충동적으로 행동하게 된다. 자폐아동 교육에서 가장 어려운 점은 행동지도이다. 자폐아동의 행동은 아동의 언어이며 자신의 의도를 표현하는 것이다. 그러므로 아동의 의도를 이해하지 않고서는 그들의 행동을 지도하기가 어렵다. 만약에 자신의 요구와 욕구를 조절하거나 통제하지 못한다면, 여전히 고집스럽고 충동적인 아동으로 남게 될 것이다. 준비단계에서는 자기–조절과 통제와 더불어 어떻게 대상과 상호작용을 하는지를 배우게 된다.

또한 준비단계에서는 감각이 어떻게 지각화되는지의 여부를 중요시한다. 감각이 지각화되지 못했을 때, 감각은 항상 감각 수준에 머물러 있게 되는데 감각이 지각 수준에 이르지 못했기 때문이다. 만약에 감각이 지각화되지 않을 경우, 아동은 세상을 인식하기가 어렵다. 감각의 지각화하는 데 영향을 주는 것은 각성이다. 각성은 주위로부터 무수히 들어오는 감각정보에 "점화"시키는 역할을 한다. 각성이 떨어지는 경우에는 삼삭의 지각화가 일어나지 않는다.

감각이 지각화되는 결과 중에 하나는 "주의"이다. 주의는 감각정보를 비교, 분류하고 해석하는 인지체계이다. 만약에 주의가 형성되지 않으면, 외부로부터 유입되는 수많은 감각정보들은 의미 없이 떠도는 정보에 지나지 않을 것이다. 주의에는 몇 가지 조건이 성립되어야 한다. 그것은 "주시" "시간" "의도" "긴장"이다.

제1단계: "낯선 만남 그리고 믿음"

친밀감 형성

일반아동들처럼 자폐아동은 고유한 정서를 가지고 있다. 체험을 통해 감정을 느끼고 표현할 수 있다. 단지, 일반아동의 표현방식과 다르고 자신의 정서를 적절하게 표현하지 못할 뿐이다. 그러한 점에서 자폐아동이 다른 사람에 관한 정서적 양식 또한 일반아동과 다르지 않다. 자폐아동은 다른 사람과 친근감을 느끼기도 하고 자신의 감정을 드러내고 상호관계를 통해 다른 사람에 대해 믿음을 가질 수 있다.

다른 사람이 자신에게 무엇을 바라는지 그리고 자신에 대해 어떤 감정을 가지고 있는지를 안다. 그것은 다른 사람과의 관계에서 느낌을 통해 획득된다. 더구나 자폐아동은 다른 사람과의 관계를 자신만의 방식으로 분석하는 경향이 있다. 그것은 어떤 대상인지를 나름대로 파악하는 것이다. 해석과 이해의 과정을 통해서 아동은 대상을 신뢰하게 된다. 만약에 자폐아동이 대상에게 믿음을 갖지 못할 때 심한 불안감을 갖는다.

제1단계에서의 학습은 아동과 교사 간의 정서적 유대감을 촉진시킨다. 새로운 만남과 관계가 형성됨으로써 아동은 교사가 자신을 의지할 대상임을 알게 된다. 이때 아동은 함께 있다는 것을 즐거워하며 자신의 정서를 마음껏 드러낸다. 더 큰 효과는 아동이 교사와의 유대관계를 위해서 교사가 바라고 요구하는 것을 거부감 없이 수행하려고 한다는 점이다. 상호교감을 통해 아동은 교사가 자신에게 무엇을 바라는지를 관찰하고 교사의 요구와 지시에 따르려고 한다. 아동과 교사 간의 친밀성과 신뢰성 회복은 제1단계의 주요 목적이다.

인지

다른 사람을 인식할 수 있다. 그리고 자신을 부르는 것에 반응하고 손을 잡기를 요구하면 아동은 손을 내밀어 잡을 수 있다. 그리고 손을 잡고 있는 대상을 의식하고 함께 동행할 줄 안다. 부모와 떨어져도 불안감을 갖지 않는다. 시간이 지나면서 아동은 대상에 대해 친밀감을 갖게 된다.

언어

중얼거림이 있으며 기분 상태에 따라 나름대로 발성을 하거나 소리내기도 한다. 이전에 들었던 말과 문장을 중얼거리기도 하지만, 자신만이 표현할 수 있는 발성으로 아동의 기분을 파악할 수 있다. 중얼거림은 대부분 자기몰입을 동반한다.

사회

아동은 스스로 충동적인 행동을 조절한다. 교사와 친밀한 관계를 형성할 수 있다. 그리고 아동은 교사가 자신의 동력자임을 알게 된다. 교사와의 친밀성과 더불어 교사와 아동이 상호교감이 높아지며, 교사가 무엇을 원하는지를 인식하고 순응하고 따른다.

제2단계: "만남의 방법과 노력"

기초행동 통제

자폐아동은 스스로 자신의 감정을 조절하는 능력이 떨어진다. 자신이 하고자 하는 것에 대해서는 매우 충동적이고 일방적이다. 자신이 원하는 것에 대한 집착이 고집스럽다. 이러한 행동은 다른 사람과 어떻게 상호작용을 하는지를 알지 못하기 때문이다. 따라서 자폐아동이 다른 사람들과 상호작용하는 방법을 알게 된다면, 스스로 자신의 감정과 행동을 조절하게 된다. 제2단계의 학습은 두 가지의 목적이 있다.

첫째, "자기-조절"과 "자기-통제"이다. 아동은 스스로 자신의 감정과 충동을 조절하는 능력을 이끈다. 타인에 의해 억압적으로 행동이나 감정이 통제되는 것이 아니라, 아동 스스로 자신의 행동과 감정을 통제할 수 있도록 한다. 학습이 가능한 이유는 이미 제1단계에서 아동과 교사 간의 신뢰와 믿음이 형성되었기 때문이다. 만약에 신뢰와 믿음이 없다면, 아동은 스스로 교사의 요구와 지시에 자신의 행동과 감정을 스스로 조절하거나 통제하지 않을 것이다.

둘째, 아동과 교사 간의 상호 의사소통 방법을 습득하는 것이다. 기본적인 지시와 요구를 따르도록 하는 과정에서 교사가 무엇을 원하는지 그리고 교사의 요구에 어떻게 따라야 하는지에 관한 기본적인 의사소통 방법을 배우게 된다. 이때 아동이 교사의 간단한 언어지시를 알게 되며 설사 언어를 이해하지 못한다고 하더라도 교사의 태도와 행동의 의미를 알게 된다. 제2단계를 마쳤을 경우, 대부분 자폐아동은 순응적이고 상호 유대감이 높아진다.

인지

아동은 충동성을 스스로 조절하고 통제할 수 있다. 그리고 행동이 탈중심적으로 변화되며 다른 사람과의 관계 지향적으로 바뀌게 된다. 따라서 지시하면 오랫동안 기다릴 수 있다. 교사의 요구와 지시에 따르며, 교사와 의사소통 방법을 안다. 교사가 무엇을 원하는지를 알며 교사가 아동 자신에게 애정을 주는 대상임을 안다. 아동은 상호 교감하려는 의지를 보여 준다.

언어

학습과정에서 아동은 기본적인 의사소통 방법을 알게 된다. 교사와 상호작용을 위한 간단한 지시 언어를 알게 될 뿐만 아니라, 교사와의 상호작용이 가능해진다. 아동은 언어에서 드러나는 다양한 교사의 행동과 표정이 무엇을 의미하는지를 안다. 손가락으로 가리키는 방향을 인식하는 것과 같은 손으로 표현하는 의미를 안다. 학습과정에서 아동은 교사와 기본적인 상호교류가 가능해진다.

사회

부르면 다가올 수 있다. 지시하는 물건을 가지고 올 수 있고 지시하는 의자를 선택해서 앉을 수 있다. 학습과정에서 아동은 교사와의 관계를 명확히 인식하며 교사의 요구가 지시에 따라 자기-조절 및 자기-통제가 가능해진다. 또한 아동은 학습과정에서 상호간에 어떻게 의사소통을 해야 하는지에 대해서도 알게 된다.

제3단계: "세계를 열어 보기"

신체감각 회복

자폐아동은 대체로 감각자극에 반응이 둔감하다. 다른 사람이 이름을 부르거나 혹은 주위에서 큰 소리가 들려도 좀처럼 반응을 하지 않는다. 반응을 하더라도 매우 느리다. 또한 시각적 자극이나 신체 자극에 대해서도 반응에 둔감하다. 자폐아동은 대체적으로 외부로부터의 자극에 반응하지 못하며 즉각적으로 주의를 두지 못한다. 설사 자극에 반응을 하더라도 자극 범주를 벗어나지 못한다.

감각 범주를 벗어나지 못할 경우, 감각 범주에서 머물게 될 경우, 감각자극이 지각 수준으로 이르지 못하기 때문에 항상 감각자극이 또 다른 감각을 자극하게 된다. 이때 행동은 똑 같은 행동을 반복하거나 상동행동을 하게 된다. 감각을 지각 수준으로 이끌기 위해 반드시 각성 수준을 높여야만 한다.

각성은 감각을 지각 수준으로 이끌어 주는 중요한 인지요소이다. 감각을 지각 수준으로 이끌기 위해서는 각성을 일정한 임계 수준으로 활성화시켜야 한다. 감각이 지각화되었을 때 비로소 "자기몰입"이나 "상동행동"이 감소된다. 감각-지각화는 닫혀 있던 의식의 관문의 틈을 열어가는 단계이다.

인지

몰입으로부터 조금씩 벗어날 수 있고 상동증적 행동의 조절이 가능해진다. 주위를 의식함으로써 다양한 사물에 관심을 갖게 된다. 과거에 비해 감각이 민첩해진다. 움직이는 사물을 인식할 수 있으며, 대상과 공을 주고받을 수 있다. 즉각적으로 반응하며 주의 범위가 확장된다. 물건을 찾을 수 있으며, 움직이는 사물을 추적할 수 있다. 지시에 따라 수행할 때 반응이 지속적이다.

언어

신체를 지각하게 됨으로써 내불기, 내뱉기와 같은 호흡을 조절을 할 수 있다. 아동은 발화에 요구되는 언어의 기능적 구조 관계를 지각하고 다룰 수 있다. 학습과정에서 간단한 입 모양과 호흡조절 방법을 인식할 수 있다. 그리고 아직 말을 따라 하는 데 더디지만, 더 큰 소리로 발성하거나 때로 말소리를 내기도 한다.

사회

다른 사람과 상호작용을 할 수 있다는 것을 알게 된다. 이름을 부르면 이전에 비해 즉각적으로 반응하고 다가온다. 눈을 마주치는 빈도가 많아지며, 다른 사람의 태도를 살핀다. 교사의 요구를 수용하고 점차적으로 자기중심적인 태도에서 탈 중심화된다.

제4단계: "낯선 세계를 향한 한 걸음"

주의 회복

자폐아동은 아동 자신이 필요한 것에는 집중하지만, 대체로 주변 세계에 관심을 두지 않는 이유는 주의결손 때문이다. 이때 나타나는 양상은 다른 사람과 눈을 마주치지 않는 것, 사물의 일부분에 주시하는 것, 사물을 스쳐지나가는 것처럼 보는 것, 사물이나 현상을 의미 있게 바라보지 못하는 것 등이다.

주의가 활성화되지 않을 경우, 아동은 외부로부터 유입되는 다양하고 많은 정보들을 받아들이는 데 한계가 있다. 이러한 경우, 아동은 다양한 환경 자극에도 불구하고 자신의 생활세계를 의식하는 데 어려움이 있다. 종종 자폐아동 자신이 체험한 사물이나 현상이라도 의식하지 못하는 듯한 양상을 보이는 것도 그 때문이다.

제3단계가 감각-지각화 과정이 굳게 닫혀있던 의식의 관문을 열어가는 과정이라면, 제4단계 주의회복 단계는 아동이 감각세계에서 의식세계로 한 발을 내딛는 것으로 비유할 수 있다. 제4단계 학습의 특징은 주의를 회복시키는 기본적인 요소는 "주시" "시간" "의도 혹은 목적" "긴장"이다.

인지

움직이는 사물을 주시할 수 있다. 이전에 비해 주의가 확장된다. 변화와 현상을 의식하게 된다. 따라서 아동은 과거에 비해 외부세계에 더 많이 관심을 둔다. 여러 사물 가운데 요구하는 사물을 찾아 올 수 있다. 특히, 움직이는 사물의 궤적을 추적할 수 있다. 숨겨져 있는 사물을 찾는다. 그리고 여러 사물들을 비교하고 분류할 수 있으며 형태를 구성할 수 있다.

언어

감각-자극에 반응하고 선호하던 양상이 줄어들고 자기-자극을 의식하게 됨으로써 학습과정에서 이전에 비해 중얼거림이 많이 줄어든다. 발음과 발성이 불완전하지만, 발음을 모방한다. 때로 자신이 원하는 것을 단어로 요구한다.

사회

모방과 통찰이 생김으로써 아동은 간단한 구분 동작을 따라하거나 지시물을 찾을 수 있다. 대상과 환경을 인지한다. 다른 사람과 간단한 지시에 따라 수행하고 점차적으로 아동은 자신의 생활세계에 관심을 둔다. 그리고 자신의 생활세계에서 일어나는 일과 사건에 관해 주의를 두기 시작한다.

❁ 기초단계: "의식세계의 경험"

무엇에 주의를 두는 것은 감각정보를 받아들이고 분류하고 해석하는 것이지만, 조망획득은 세계를 의식하는 것이다. 예를 들어 주의는 책상 위에 놓인 여러 가지 물건에 집중하지만, 조망은 책상이 있는 전체 방의 분위기에 관심을 둔다. 따라서 기초단계에서 조망 확장은 자폐아동이 의식 범주를 확장시킨다. 이때 자폐아동은 바깥 세계에서 조금씩 관심을 두기 시작하는데 자신이 늘 경험했던 장소를 벗어나 새롭고 낯선 환경을 경험하려고 한다.

모든 사물과 환경들이 어떻게 구성되어 있는지 그리고 왜 그것이 그렇게 구성되어 있는지에 관한 의식은 자폐아동이 구체적으로 세계를 경험하는 것이다. 기초단계의 형태재인은 사물과 현상의 규칙을 발견하는 것이다. 한편, 형태재인은 의미를 구성한다. 이때 아동은 문자와 문장을 익히거나 그림의 의미를 알고 그리기를 할 줄 안다.

형태구성은 내재적으로 의미를 구성한다. 이 과정에서 아동은 개념을 획득하게 되며 세상에 존재하는 모든 사물에 의미가 있다는 것을 안다. 따라서 의미 구성 단계에서는 자폐아동이 더 많은 지식과 개념을 획득하게 되며, 획득한 지식과 개념을 적용할 줄 알게 된다. 개념의 의미를 분석하고 파악할 수 있다.

제5단계: "생활세계 넓히기"

조망 획득

초기에 자폐아동이 인식하는 생활세계는 자신이 바라보고 체험하는 것들의 범주에 제한되어 있다. 오직 생활세계라는 것은 아동이 직접적으로 체험하고 눈앞에 비추어진 세계뿐이다. 아동은 오직 보이는 것만을 의식한다. 따라서 시선 범주 이외의 세계란 존재하지 않는다. 따라서 자폐아동은 보는 것이 자신의 생활세계의 범주이며 보이는 것만을 믿는다. 만약에 익숙한 세계가 눈에서 사라진다면 심한 불안감과 불쾌감을 느끼게 된다. 익숙한 환경을 벗어나거나 부모가 시야에서 없어질 경우, 심하게 불안감을 느끼는 것도 그 때문이다.

자폐아동의 주의 범주는 일반아동에 비해 축소되어 있다. 그래서 움직이는 사물을 지속해서 바라보기가 어렵다. 또한 자신이 인식하는 세계는 자신이 바라보는 세계의 범주에 해당한다. 아동 자신이 관심을 갖는 것은 시각적 의식세계의 범주 내에서만 가능하다. "찾는 것" "발견하는 것" 등의 활동이 좀처럼 없는 것은 바로 그러한 이유 때문이다. 자폐아동의 의식세계란 시선 범주와 자신이 기억한 정보일 뿐이다.

조망 획득 과정에서 자폐아동의 주의 범주가 확장되고 자신의 생활세계에 드러나는 새로운 대상과 현상을 의식할 수 있다. 이 단계에서 무엇보다도 중요한 변화는 "무엇의 뒤편에 또 다른 그 무엇이 있다."는 것을 안다. 즉, 아동 자신 앞에 놓여진 세계의 범주를 인식하는 것이다. 일상에서 일어나는 규칙과 법칙을 인식하게 됨으로써 아동은 생활세계에서 일어나는 더 많은 것들에 관심을 두게 된다. 따라서 조망 획득 과정의 공통점은 아동 자신의 생활세계에 관심을 두기 시작한다는 점이다. 처음에는 사물과 대상에 대해 관심을 두기 시작하다가 조금씩 "관찰하는 것" "발견하는 것" 등의 양상이 나타난다. 과거에 비해 행동이 자연스러워지며, 다른 사람과의 관계가 보다 적극적이게 된다.

인지

이전보다 주의가 확장된다. 그리고 과거에 부분적인 관심 내용에 주의를 두었던 반면에 전체적인 내용에 관심을 둔다. 또한 통찰과 공간지각이 향상되며 여러 가지 사물을 변별하며 세부적인 형태를 비교하고 구별할 수 있다. 환경과 사물과의 관계를 인지하게 되며 환경을 총체적으로 인식하고 숨겨진 사물을 찾을 수 있다. 또한 사물의 규칙적인 형태와 변화를 감지한다.

언어

입 모양을 따라하거나 호흡을 조절할 수 있으며, 그 이전보다 발음이 또렷해진다. 이름을 부르면 대답을 할 수 있다. 요구하는 대로 말을 따라할 수 있으며, 과거에 비해 발음이 더 또렷해진다. 말을 반복하거나 중얼거림이 줄어든다. 이전에 들었던 말을 문장으로 되풀이한다. 간혹 자신이 원하는 것에 대해 간단한 단어로 표현한다.

사회

다른 사람의 행동을 주시하고 행동을 모방할 수 있으며, 익숙한 환경에서는 생활규칙을 알고 지킬 수 있다. 과거에 비해 환경에 능동적으로 순응하고 다른 사람과의 상호관계에 적극적으로 참여한다. 그리고 오랫동안 교사와 책상에 앉아서 학습을 수행할 수 있다. 과거에 관심이 없었던 사물이나 환경에 관심을 두며 스스로 새로운 환경을 경험하려고 한다. 이때 종종 밖으로 나가려고 하거나 자신이 가고 싶은 곳을 찾기도 한다.

제6단계: "생활세계 만들기"

조망 확장

몇몇 자폐아동이 특별한 기억력을 가질 수 있다. 그래서 어느 정도 무엇에 관한 지식을 얻을 수 있다. 그러나 자폐아동은 이해를 통해서 지식을 획득하는 데에는 한계가 있다. 지식이 확산되지 않기 때문이다. 그래서 자폐아동이 많은 것을 아는 것 같지만, 모르는 것 같은 느낌을 갖는다.

이 경우, 자폐아동은 자신의 생활세계에 관한 이해도 부족하다. 안다는 것과 개념을 획득하는 것은 근본적으로 다른 의미이다. 그러한 점에서 생활세계를 안다는 것과 이해한다는 것도 큰 차이가 있다. 이해 없는 지식은 모른 것이나 다름이 없다. 개념을 획득한다는 것은 사물이나 현상에 관한 속성을 발견하고 범주화하는 일련의 인지능력이다.

조망 확장 단계에서는 이전보다 더 많이 주변 생활에 관심을 갖게 된다. 가족 구성원이나 가정활동 그리고 부모와 함께 하는 다양한 일에 관심을 두고 실행을 하려고 한다. 따라서 아동 자신이 경험했던 것들을 다시 시도하려고 하거나 더 다양한 일과 사건에 관심을 두게 된다. 조망 확장 단계에서는 자폐아동 자신의 생활세계에 대한 이해와 세계에서 일어나는 다양한 현상에 대해 이해를 하게 된다. 그리고 자신의 범주세계를 벗어나 새로운 것들을 시도하려고 한다.

인지

아동 자신의 생활세계에서 일어나는 사물이나 현상에 대해 관련시키려고 한다. 사물이 주변 환경과 어떤 관련이 있는지에 대해 관심을 갖는다. 그리고 서로 관련된 것들에 대해 의미를 부여하기 시작한다. 구체적인 개념을 획득하고 다양한 정보를 받아들이고 다룰 수 있다. 주변에서 일어나는 다양한 현상에 대해 관심을 갖는다.

언어

아동이 언어를 통해서 자신이 요구하는 것을 얻을 수 있다는 것을 알기 시작한다. 자신이 바라는 사물이나 대상에게 손짓과 더불어 간단한 언어요구를 할 수 있게 된다. 아동은 조금씩 자신이 원하는 것을 단어와 간단한 문장으로 요구하게 된다. 언어능력 향상을 위한 다양한 기본적인 지식을 획득할 수 있다.

사회

과거에 비해 다양하고 구체적인 행동을 한다. 예를 들어, 자신이 인상 깊게 경험했던 장소를 찾거나 이전에 경험한 학습내용을 스스로 시도해 보는 경향이 있다. 이 단계에서 아동이 다양한 행동을 시도하기 때문에 마치 문제행동이 더 많아졌다고 판단할 수 있다. 아동은 하고 싶은 것도 많고 도전하고 싶은 것도 많아진다. 단지, 그러한 동기로 인해 생활과 사회적 규범에 따르지 않는 경향이 있다.

제7단계: "세계의 규칙 알아가기"

형태재인

자폐아동은 사물과 현상의 일부분을 선택하여 인식하는 경향이 있다. 그리고 각각의 인식된 정보를 통합하는 데 어려움이 있다. 예를 들어, 자동차의 전체 형태를 인식하기보다는 각각의 특징들의 부분만을 인식하지만, 통합하는 능력이 떨어진다. 자폐아동이 부분적인 특징에 관심을 두거나 집착하는 것도 그 때문이다. 여러 부분의 특징을 인식하지만, 통합하지 못할 경우, 특정적인 것에만 관심을 두거나 집착한다. 대체로 자폐아동은 자신의 생활세계와 사물을 마치 모자이크처럼 편린된 각 부분들을 인식한다.

형태재인은 시각적 형태를 인식하는 것뿐만 아니라, 현상에서 일어나는 특정한 방식을 인식하는 것을 포함한다. 예를 들어, 생활의 규칙과 규범 그리고 상호작용의 방법, 언어의 문법과 의사소통 체계 등이다. 아동은 형태재인을 통해서 세상이 존재하는 방식과 사회적 관계 그리고 언어체계를 인식하게 된다.

행태재인 단계에서는 어느 정도 생활방식을 이해하고 실행할 줄 안다. 또한 다른 사람과 상호작용을 할 줄 알게 되며, 그에 따라 언어로 의사소통하는 방법을 조금씩 획득해 간다. 물론, 모든 것들이 미흡하고 섬세하지 못하지만, "무엇을 어떻게 해야 하는지"를 알게 된다. 유치원이나 학교에서 규칙을 알고 수행할 줄 알게 되며, 집단에서 자신의 역할을 거부감 없이 수행할 수 있다.

인지

이전까지 자폐아동은 사물과 대상들이 항상 부분적인 특징들로 이루어진 무질서한 세계로 인식하던 것을 특정한 형태의 양식으로 존재한다는 것을 알게 된다. 또한 현상들이 범주화되어 있다는 것을 인식한다. 따라서 자신에게 유입되는 모든 정보들은 구체적인 개념들로 이루어져 있다는 것을 알게 된다.

언어

다른 사람과 언어로 상호작용을 할 수 있다는 것을 알게 된다. 즉, 문자와 언어를 인식하고 의사소통 과정에서 문자와 말을 사용하게 된다. 학습과정에서 아동은 문자와 낱말을 "기억체계"로 인식하는 것이 아니라, "표상체계"로 습득하게 된다. 학습과정을 통해 기본적인 의사를 표현할 수 있다.

사회

아동이 다양한 지식과 개념을 획득하고 기본적인 사회적 상호작용을 수행할 수 있다. 또한 생활규범을 익히고 따를 수 있다. 전반적으로 아동은 새로운 생활을 자연스럽게 받아들이고 적극적으로 다른 사람과의 관계를 통해 수행을 하려고 한다. 생활에서도 가족과 다른 사람과의 관계 그리고 활동에서도 특정한 양식이 구성되었다는 것을 인지한다. 가정에서는 심부름이나 일반 생활규칙을 잘 지키게 되며 의사소통에 있어 불편한 점이 없다.

제8단계: "생활세계 의미 찾기"

구성재인

자폐아동은 많은 정보와 지식을 갖는 것에 비해 정보와 지식을 다루는 능력이 떨어진다. 또한 획득한 정보와 지식을 의미 있게 관련짓지 못한다. 자폐아동은 자신에게 주어진 세계에 대해 총체적으로 지각하지 않는 것도 그 때문이다. 따라서 자폐아동의 의식세계란 항상 사물과 대상의 일부이거나 환경과 현상의 일부에 지나지 않는다. 많은 것을 알고 있다고 하더라도 그것은 개별적인 습득한 지식일 뿐 지식을 통합하지 못한다. 자폐아동은 자신의 생활세계에서 일어나는 일과 사건의 일부분에만 관여하며 개개의 일과 사건들을 통합하여 생활세계의 총체적 의미를 새롭게 재구성하지 못한다.

구성재인은 지금까지 개개의 사물에 관심을 갖거나 집착하는 것에서 개개의 사물을 이루고 있는 환경을 보는 것, 즉 “나무를 보는 단계”로 자신의 세계를 총체적으로 인식하게 된다. 따라서 이 세상이 어떻게 구성되었는지를 알게 된다. 시각적 조망뿐만 아니라 내적 조망이 가능하다. 아동은 개개의 사물과 대상에 관심을 갖는 것에서 환경을 지각하기 시작한다. 내적 조망이 가능해지는데 이것은 사물이나 대상을 표상하는 것으로 마음에서 다시 재구성하는 능력이다. 예를 들어, 사물의 형태와 크기를 추측하고 조작할 수 있다. 또한 원리와 규칙을 발견하고 답을 구할 수 있다.

인지

사물과 현상에 대해 전경과 배경을 인식할 수 있게 됨으로써 공간표상이 가능해진다. 모든 사물이 어떻게 구성되어 있는지를 인식하게 됨으로써 각각의 사물형태를 자신이 바라보는 시각뿐 아니라, 다른 위치의 시각에서 의식할 수 있다. 선과 면, 그리고 형태가 어떻게 형성되는지를 알며 특정 형태의 크기를 추측할 수 있다. 모든 사물을 분할하고 종합하는 능력이 형성된다. 그림을 그릴 수 있는 것도 그 때문이다. 그리고 형태가 구성하는 과정을 알게 됨으로써 공작을 할 수 있으며, 어떤 절차에 따라 작업을 해야 하는지를 알게 된다.

언어

낱말의 개념에 따라 문장으로 구성하며, 문장을 이해하고 표상할 수 있다. 그리고 아동은 과거에 비해 많은 말을 이해하고 자신의 요구를 문장으로 표현할 수 있다. 그 이전에 자신이 습득한 지식을 선택하고 언어에 적용하는 능력이 생긴다. 기능언어를 벗어나 인지언어를 사용하게 되며, 이전보다 다양한 언어를 구사하며 언어를 통해 아동 자신의 요구를 강조할 수 있다. 의사소통이 확장됨으로써 언어로 다른 사람과 상호작용을 하려고 하는 빈도가 많아진다.

사회

아동은 이전보다 자신의 행동과 역할 그리고 생활을 인식한다. 그래서 자신이 원한 것을 수행하기 이전에 과정을 인식하며 그 절차에 따라 행동하게 된다. 따라서 유치원 혹은 학교에서 생활규칙을 잘 지킬 수 있다. 다른 또래 아동에게 더 많이 관심을 두기 시작한다. 다른 또래 친구가 활동하는 것을 관찰하며, 흥미를 보인다. 뿐만 아니라, 또래 친구의 활동에 참여하려고 하며 그 과정에서 성공적으로 활동을 수행했을 경우, 만족감과 자존감을 갖게 된다.

❀ 심화단계: "세계를 넘어"

자폐아동 자신이 스스로 누구인지를 알 수 있는 것일까. 자신이 '나'임을 만들어가는 것, 이것은 자신에 대한 도식이다. 만약에 내가 '나'임을 의식하지 못한다면, 자신에 대한 도식은 일어나지 않는다. 심화단계에서는 진정으로 자신이 누구인지를 알게 되는데 초기에는 경쟁심으로 시작해서 자존감을 획득하는 과정에서 자기도식이 형성된다. 자기 도식의 대표적인 형태는 "부끄러워하는 것"이다.

심화단계에서는 어떤 일과 현상에 관해 의미를 부여하고 해석할 수 있다. 자폐아동은 대체로 어떤 일과 현상은 하나의 정보에 지나지 않는다. 그래서 어떤 일과 현상이 "일어났다"는 사실만을 의식할 뿐 그것이 어떤 이유에서 일어났는지에 관해서는 의식하지 못한다. 인지구조화에서는 어떤 일과 사건에 관한 현상에 의미를 부여하고 해석할 수 있다. 이 과정은 인지체계화에서 "가정" "추측" "예측" 그리고 심리적 "기대"와 같은 추론이 가능하게 돕는다.

인지체계화에서는 모든 현상을 총체적으로 바라볼 수 있다. 언어발달에서는 자유롭게 의사소통을 할 뿐만 아니라, 가능한 모든 상황에서 자신의 생각과 뜻을 전달할 수 있다. 그러한 언어능력은 다른 또래와 의사사통이 가능하도록 촉진시킨다. 실제로 인지체계화의 수준에 이른 아동은 같은 또래 아동과 많은 대화를 하는데 특별히 동기를 가지고 있다. 또한 다른 또래 친구와 견주기도 하고 스스로 자신과 구별하는 능력도 형성된다.

제9단계: "자신을 발견하기"

초기도식

자폐아동은 나이가 들어도 다른 친구들에 관해 의식을 하지 못할 뿐만 아니라, 관심을 두지 않는다. 성인이 되어서도 별반 차이가 없다. 그 이유는 다른 사람과 동일시하는 심리적 관계가 형성되지 않기 때문이다. 즉, 아동 스스로 "~처럼" 다른 사람의 행동을 재구성하지 못한다. 누가, 언제, 무엇을 했는지에 대해 관심을 갖지 않는 것은 다른 사람과 동일시하려는 인지능력의 결함 때문이다.

모방과 동일시는 다른 의미이다. 모방은 시각적으로 똑같이 모사하는 것이지만, 동일시는 인격을 똑같이 모사하는 것이다. 그렇기 때문에 자폐아동은 다른 또래 친구의 감정을 공유하거나 추구하지 않는다. 동일시가 형성되지 않을 경우, 또래를 형성하지 못한다. 집단의식이 형성되는 것도 동일시가 영향을 미친다. 동일시가 형성되지 않을 경우, 일반아동과 오랜 시간을 함께 생활한다고 해서 사회화가 일어나지 않는다.

초기도식 단계에서는 또래 친구와의 관계를 의식하고 경쟁한다. 아동 자신도 다른 또래 친구처럼 그 결과를 얻으려는 욕구가 생긴다. 더 나아가 아동 자신이 다른 친구처럼 동일시함으로써 공감하고 집단에 대한 소속감과 안정감을 얻으려고 한다. 또한 점차적으로 자신과 타인에 관해 인식하며 그 과정에서 "자신"이 다른 사람과 동일시하려고 한다.

인지

아동은 자신이 생활하는 환경에는 다양한 사건과 의미가 있다는 것을 알게 된다. 그리고 그 의미가 무엇이 같은 것이고 다른 것인지에 관해서도 안다. 일과 사건의 공통점과 다른 점을 알 뿐만 아니라, 그 이유에 관해서도 알게 된다. 따라서 아동이 일과 사건에 대해서 관심을 갖게 되며 물음을 던질 수 있다. 아동은 자신이 장난감을 가지고 놀면서 의미를 부여하며 다룰 수 있다. 자신의 행동에 대해서도 무엇이 잘못되었는지 그리고 무엇이 옳은지에 대해서도 판단하게 된다.

언어

생활에서 일어나는 일과 사건에 관한 특정 물음에 정확하게 대답할 수 있으며, 스스로 문장을 구성한다. 또한 다른 사람의 이야기를 이해하며 그 맥락을 설명할 수 있다. 다른 사람의 복잡한 지시와 요구에도 수행할 수 있으며, 그 과정에서 자신이 무엇을 해야 하는지에 대해서 되물을 수 있다. 자신이 한 일과 행동에 대해서도 말을 할 수 있다. 뿐만 아니라, 사건과 일에 관해서 설명할 수 있다. 또래와 생활과 일에 관한 대화를 나눌 수 있다. 학습능력이 급속히 향상된다.

사회

다른 사람에게 질문을 던진다. 또한 스스로 또래 친구들이 무엇을 했는지에 관해 설명하려고 한다. 자신의 생활세계에 대해 관심이 많아진다. 예를 들어, 언제 백화점에 갈 것인지 그리고 백화점에서 무엇을 살 것인지에 관해 확답을 알려고 한다. 일상생활에도 관심과 기대를 갖는다. 따라서 어떤 일을 하고 나서 다음에 무엇을 해야 하는지에 관해 알려고 한다. 다른 또래와 경쟁을 하려고 하고 모든 일에 뒤처지거나 지는 것을 싫어한다. 한편, 자신이 좋아하는 또래 친구가 생기며 함께 어울리려고 한다. 자신만의 방식으로 생각하고 행동한다.

제10단계: "의미부여와 해석"

인지구조화

인지구조화 단계에서는 정체성을 회복하는 첫 관문이다. "너와 나"에 대한 인격적 차이를 아는 것이다. 본 과정을 마칠 때쯤 대체적으로 아동은 자신이 다른 또래 친구와 다르다는 것을 알게 된다. 이때 또래 아동과 함께 공부하기를 거부한다. 그 이유에 대해서 물어 보면, 다음과 같이 대답을 한다.

"여기는 공부 못하는 친구들이 와요!"

인지구조화 단계에서의 아동은 자신이 줄곧 함께 교육을 받아온 또래 친구들이 자신과 어떻게 차이가 나는지에 관해 의식한다. 본 단계에서는 다른 사람의 말을 이해하는 능력이 상당히 높은 수준에 이르게 된다. 일상적인 대화를 나누는 데 어려움이 없으며, 가정에서도 가족들은 불편한 점을 느끼지 못한다. 언어표상능력이 높은 수준에 이르기 때문에 다른 사람의 이야기를 듣고 그 맥락을 이해할 뿐만 아니라, 이야기 줄거리 속의 대상을 동일시하는 경향을 보인다. 따라서 이야기를 들려줄 때 흥미를 느끼며 이야기 줄거리를 재미있게 듣는다. 또한 다른 사람의 행동을 보고 어느 정도 그 의미가 무엇인지에 관해 알게 되는데 이것이 곧 비언어 습득으로 마음읽기의 초기과정이다.

인지

다른 사람의 이야기를 이해한다. 이야기 줄거리의 의미를 파악하고 사건의 전후 관계를 추측할 수 있다. 다양한 지적 동기에 따른 질문을 한다. 자신이 좋아하는 일이나 지식에 대해 집중하고 많은 지식을 획득한다. 어려운 학습내용을 이해하고 문제를 해결할 수 있다. 현상이 나타난 이유에 관해 물음을 던지거나 혹은 스스로 전후 관계를 예측하려고 한다.

언어

과거에 비해 언어 활용이 다양하고 정확하다. 아동은 스스로 언어를 재구성 할 수 있다. 또한 사건과 일을 나름의 방식으로 표현하고 설명할 수 있다. 다른 사람의 행동과 일에 대해서 설명할 뿐만 아니라, 자신의 행동과 일에 대해서도 설명할 수 있다. "왜?"라는 구체적인 물음에 그 이유에 대해 대답할 수 있다. 또한 사물이나 현상에 대해서도 상세하게 설명할 수 있다.

사회

자신과 또래 친구들과의 차이를 알게 된다. 초기에는 적극적으로 또래 아동과 상호관계를 갖는 과정에서 자신의 모습과 다르게 다른 또래 아동의 행동과 태도 그리고 언어가 다르다는 것을 알게 된다. 이때 아동은 개인의 정서적 성향에 따라 다른 또래 아동을 선호하며 정서적 성향이 다를 경우 거부한다. 그러나 일단 자신이 선택한 개인이나 집단에서는 보다 적극적으로 활동에 참여한다. 유난히 좋아하는 친구와 싫어하는 친구를 구별하는 경향이 있다.

제11단계: "함께 있는 세계"

인지체계화 1

인지체계화 1 단계에서는 아동이 새로운 세계에 대해 관심을 갖게 되고 또한 도전한다. 새로운 세계에 대한 관심은 부모로부터 시작해서 친구로 향한다. 아동은 친구를 사귀고 함께 활동하기를 원한다. 가족과의 사회 및 정서적 관계로부터 벗어나 점차적으로 또래에 대한 사회와 정서적 관계로 발전한다. 사회영역이 확장되며 정서적으로 민감해진다. 스스로 행동하고 생활을 하려고 하며 다른 사람의 간섭을 싫어한다.

본 과정에서 아동은 자신과 다른 자폐아동과의 차이를 경험하게 된다. 그 예를 들면, 아동이 어느 날, 공부하지 않겠다고 울었다. 교사는 울고 있는 아이를 불렀다. 조용히 다독거리며 그 이유를 묻자 아동이 다음과 같이 말한다.

"여기는 이상한 아이들만 와요!"

인지체계화 1 단계와 인지구조화 단계에서의 태도와는 질적으로 확연히 다르다. 자신과 다른 친구들이 어떻게 차이가 나는지를 분명히 알 뿐만 아니라, 자신이 지금까지 경험해 왔던 것과는 달리 자폐아동 또래 친구들이 다른 또래 친구들과 전혀 다르다는 것을 인지한다. 또한 아동은 자신이 또래 아동에 대해 총체적으로 관조한다. 또래에 대한 "믿음"과 "동조" 그리고 "시기"와 "미움"을 경험한다. 스스로 다른 친구를 평가하고 스스로 자신의 행동에 대해 당위성을 설명할 수 있다. 뿐만 아니라, 사회적 규범에 대해 민감하게 받아들이고 인식한다.

인지

다른 사람의 이야기를 듣거나 혹은 책을 읽고 모든 내용의 줄거리를 이해할 수 있다. 그리고 이야기에서 등장하는 인물들의 주된 특징뿐만 아니라, 그들의 사회와 정서에 동조하고 함께 느낄 수 있다. "슬픈 것" "불쌍한 것" "용감한 것" "즐거운 것" 등의 정서적 교감을 전개되는 이야기 줄거리에서 찾을 수 있다. 이야기와 문장의 핵심적인 요점이 무엇인지를 알 뿐만 아니라, 스스로 왜 그러한 사태와 결과가 생겼는지에 대해서도 구체적으로 알 수 있다. 타인의 마음을 탐색하고 무엇을 좋아하고 싫어하는지 그리고 어떻게 하면 자신을 좋아하게 할 수 있는지를 전략을 세울 수 있다.

언어

아동은 다른 사람이 설명하는 이야기 내용을 구체적으로 이해한다. 이야기를 스스로 정리하는 책략을 가진다. 요점을 정리할 수 있으며, 요점을 길게 문장으로 설명할 수 있다. 다른 사람의 추상적인 질문에 대답할 수 있으며, 또한 아동 자신도 추상적인 문제를 다른 사람에게 물어 볼 수 있다. 아동은 스스로 제목을 설정하고 이야기를 꾸밀 수 있다. 꾸며낸 이야기는 책에서 습득된 내용이 아니라, 스스로 창조된 이야기이다. 자신이 하루 중의 일과를 설명할 수 있으며, 일과 사건에 관한 전후 관계를 논리적으로 설명한다. 다른 사람이나 또래 친구들과 이야기하는 데 어려움이 없다.

사회

다른 사람의 마음을 읽게 됨으로써 아동은 대화를 통해 깊은 교감을 나눌 수 있게 된다. 또한 아동에 비해 미흡하고 미숙하지만, 자신보다 나이가 어린 동생에게 배려하기도 하고 도움을 줄 수 있다. 불쌍하다는 느낌을 갖게 되며, 다른 사람을 도와주려는 태도가 형성된다. 배려하고 아끼는 정서적 감흥을 가지게 된다. 가족들이나 친구들과 함께 놀이를 할 수 있으며, 놀이과정에서 지켜야 할 규범에 따를 수 있다.

제12단계: "세계를 넘어"

인지체계화 2

인지체계화 2 단계는 아동이 자신의 문제를 스스로 파악하고 조절해 가려는 능력을 가진다. 물론, 학습능력은 일반아동에 비해 차이가 없다. 또한 인지체계화 2 단계에서는 아동이 스스로 자신의 문제를 극복하는 능력을 가지게 되며, 모든 일에 노력하고 도전하려고 한다. 스스로 생각하고 말을 하는 것 그리고 자신의 생활세계에서 일어나는 일에 관한 이해와 해석한다.

자폐아동 스스로 "세계를 넘어" 도전하려고 한다. 아동은 스스로 자신보다 어린 동생을 지도하고 가르칠 수 있다. 이 과정에서 자폐아동은 인지, 언어, 사회의 다양한 자신의 역량을 발휘하게 된다. 다른 친구의 입장에서 생각하고 말하고 행동한다. 그리고 자신과 동조하는 또래 집단에 소속하려고 하며, 그들과 경쟁하고 도전한다. 자신보다 약한 친구를 위로하고 보호할 줄 안다.

아동은 스스로 자신을 평가하고 스스로 자존감을 갖거나 또는 열등의식을 갖는다. 또한 자신의 부족한 점을 스스로 극복하려고 하고 자신의 강점을 드러낸다. 집단에서 또래 아동과 공감하고 일에 대해 협조할 수 있다. 자신의 미래에 대해 생각하고 다른 사람과 의논한다. 다른 사람의 생각을 받아들이고 자신의 생각을 전달한다.

인지

일기를 통해 자신의 감정과 생각을 표현한다. 그림에 의미를 부여하고 그 의미를 문장으로 꾸밀 수 있다. 따라서 아동은 자신의 생활 일과에 관한 일상을 그림과 문장으로 표현할 수 있는 것이다. 하루 일과를 일목요연하게 설명할 수 있는 것도 특징이다. 또한 아동은 스스로 이야기를 꾸밀 줄 알며 이야기가 전개되는 과정에서 "가설" "추측" "예측" 그리고 심리적 "기대"를 표현할 수 있다. 마음을 읽는 능력이 이전보다 훨씬 높은 수준에 이른다.

언어

아동은 다양한 질문을 하게 된다. 원리와 원인 그리고 새로운 발견에 관한 호기심에 질문을 한다. 질문과 대답을 통해 자신이 생각하는 것들을 정리하려고 한다. 아동의 언어이해 능력이 무척 뛰어나기 때문에 이야기의 주제를 유추하고 찾을 수 있다. 글짓기를 통해 자신의 생각과 감정을 드러내는 데 어렵지 않다. 자신이 겪은 체험에 관한 느낌을 표현한다.

사회

스스로 다른 사람을 배려하고 양보할 수 있다. 도덕적인 상황과 사회의 질서와 규칙을 잘 이해하고 지킬 수 있다. 행복하다는 것과 불행하다는 것을 안다. 예를 들어, 아동은 약한 친구에게 더 많은 동정심을 갖게 되며, 폭력적인 친구에게 대항을 한다. 집단에 적극적으로 참여하려고 하며 자신의 역할에 대해서 관심을 갖는다. 스스로 다른 사람에게 도움을 청할 수 있으며, 또한 자신의 견해를 표현할 수 있다. 일상에서 해야 할 일과 하지 말아야 할 일에 관해 행동을 준수하려고 한다.

제 9 장

치료교육 그리고 성장한 아이들[83)]

❀ 벌거숭이 아이

치료교육 과정을 거친 아동들은 어떤 모습일까? 우리의 관심은 치료의 결과이다. 지나 온 과거를 되돌아 보면, 치료교육의 성공사례는 불분명하고 때로 과대하게 포장되어 있었다. 몇몇 전문가들이 제시한 성공적인 치료교육의 사례가 석연치 않았다.

우리가 알고 싶은 것은 자폐아동이 무엇을 생각하고 있는지 그리고 아동이 바라는 생활이 무엇인지, 그들의 생활세계가 일반아동의 생활세계와 어떻게 다른지에 관한 것이다. 치료교육의 궁극적인 목적은 자폐아동 스스로가 자신과 세계의 관계를 인식하는 것이다. 자신과 세계에 대한 의식이란, 대상과의 심리적 관계 그리고 자신의 세계에서 일어나는 현상을 해석하는 것이다. 예를 들어, "스스로 다른 또래 친구와 대화를 나눌 수 있는 것" 혹은 "다른 또래 친구들의 생각을 알고 자신의 견해를 말할 수 있는 것" "다른 친구를 논리적으로 설득하는 것", 그리고 상호관계에 있어 "믿음과 시기" 그리고 "동조와 배척" "배려와 애정" 등의 획득 등이다.

그러한 점에서 LPDAC 과정은 치료교육이라는 먼 목적지를 향한 여정이다. 그리고 학습체험들은 여행의 여정에서 일어나는 한편의 드라마이다. 그러나 그 여정 앞에는 여러 가지 해결해야 할 과제들이 놓여져 있다. 희망을 안고 한 걸음씩 옮기지만, 그 과정에서 여러 가지 예기치 못한 난제에 마주치기도 한다. 그러나 분명한 것은 LPDAC의 각 단계

---

83) 여기서 제시된 자폐아동의 치료교육 결과에 관한 내용들은 아동발달심리연구회에서 "교육현상해석학적 이해와 방법"으로 연구 발표되었다. 자폐아동은 개인의 의식과 삶에 관한 이해가 중요하다고 보았기 때문에 양적 연구보다는 질적 연구가 더 적절하다고 판단되었다. 현상해석학적 방법은 매우 까다로운 방법이지만, 아동의 본질 이해에 중요한 방법이다. 모든 내용들이 생소한 것이지만, 여기에 드러난 아동의 언어와 생각들을 이해하는 데 도움이 될 수 있다.

와 학습은 아동과 교사가 함께 동반해야 할 여정의 지표이다. 치료교육의 결과는 매우 희망적이다.

본 치료교육 사례에 나타난 아동은 전형적인 자폐증적 장애를 가지고 있었다. 그리고 이들은 모두가 일선 병원에서 자폐증으로 진단받은 아동들이다. 또한 치료교육 결과가 좋은 아동을 사례로 삼지 않았다. 대부분의 자폐아동들과 마찬가지로 발달상의 수준은 별반 차이가 없다. 여기에 제시된 치료교육 결과들은 LPDAC 과정을 거친 아동들 중에 대표적인 사례이다.

대상 및 초기상태

아동 1.

- 아동 이름: 정민형
- 아동 나이: 13세
- LPDAC 단계: 11단계
- 교육 기간: 2005년 7월부터 2012년 9월 현재
- 교육 센터: J시 치료 센터

처음 교육을 시작할 당시 서울에 있는 S병원 소아정신과에서 ADHD로 진단을 받은 후, 두 개의 병원에서 발달장애와 자폐증으로 진단을 받았다. 아동은 2개의 치료교육 기관에서 언어치료와 행동치료를 받아왔다. 아동이 초기에 프로그램에 참여하기 이전에 다음과 같은 일반적인 특징을 지니고 있었다.

인지발달 영역에서는 사물을 명명할 수 있다. 그리고 문자를 일찍 습득했으나 쓰지 못했으며, 문장을 이해하지 못했다. 다른 사람의 말이나 이야기를 이해하지 못했다. 숫자를 알고 나열할 수 있었다. 간단한 도형을 따라 그렸지만, 그림을 그리지 못했으며 사물에 색상이 있다는 것을 알지 못했다. 그리고 차례 놓기와 같은 구성능력이 떨어졌다.

언어발달 영역에서는 어느 정도 자신이 필요한 것은 언어로 표현하거나 다른 사람의 간단한 언어 지시를 수행하였다. 말을 할 때 억양이 어색하고 자연스럽지 못했으며, 대체로 말소리가 작았다. 가족과 간단한 의사소통이 가능했지만, 다른 사람이나 또래 아동과 의사소통이 되지 않았다. 혼자 중얼거림이 있었으며, 다른 사람이 지시를 할 경우, 말을 따라하는 경향이 있었다.

사회발달영역에서는 가족과 상호작용이 가능했지만, 다른 사람이나 또래 친구와 사회적 상호작용이 어려웠다. 매우 순종적이지만, 수동적이고 무력한 느낌이 있었다. 대

체로 혼자 있기를 좋아하고 다른 또래 친구가 다가오면 피하는 경향이 있었다. 혼자 있을 경우 자기몰입이 심했다. 어머니에 대한 집착이 심했고 떨어질 경우, 울음을 그치지 않고 상당히 오랫동안 울었다. 이러한 태도는 이전부터 지속된 것으로 파악되었다.

기타 특징으로는 다른 사람의 말을 따라 말을 하는 것, 중얼거림이나 자기 몰입, 하수구와 자동차에 집착하는 것, 사물을 볼 때 사물의 일부분만을 보는 것에 집착하는 것 등이다.

아동 2.

- 아동 이름: 김상준
- 아동 나이: 12세
- LPDAC 단계: 11단계
- 교육 기간: 2006년 3월부터 2012년 9월 현재
- 교육 센터: 제주 센터

아동은 제주도 병원에서 발달지연으로 진단을 받은 후에 서울에 있는 병원에서 자폐증으로 진단을 받았다. 연구소 부설 자폐증 치료센터에 상담을 받기 이전까지 언어치료와 수영을 배우고 있었다. 아동이 초기에 프로그램에 참여하기 이전에 다음과 같은 일반적인 특징을 지니고 있었다.

인지발달 영역에서는 문자나 숫자를 이른 시기에 주위의 별다른 도움이 없이 스스로 습득을 했다. 하지만 문자를 아는 반면에 사물을 알지 못하였으며 글을 쓰거나 그림을 그리지 못했다. 가던 길을 잘 기억하고 있었으며, 다른 길로 가는 것을 거부하고 똑같은 길을 가기를 고집했다. 간단한 언어지시를 알아들을 수 있었으나, 긴 문장으로 말을 하거나 이해하지 못했다.

언어발달 영역에서는 단어로 자신이 요구하는 것을 표현할 수 있었으나, 문장으로 표현하지 못했다. 말을 할 때 억양이 어색하고 자연스럽지 못했다. 가족이나 또래 아동과 말로 의사소통이 어려웠다. 혼자 중얼거림이 많았고 무의미하게 다른 사람의 말을 따라 하였다.

사회발달영역에서는 가족과 다른 사람과 상호작용이 되지 않았다. 모든 행동이 일방적이었고 다른 사람의 요구에 개의치 않았다. 다른 사람에게 관심을 갖지 않고 주로 혼자 지내는 일이 많았다. 놀이터에서 또래 친구가 다가오면 피했으며 주로 혼자 있기를 좋아했다.

기타 특징으로는 행동이 느리고 둔감한 것, 대체로 표정이 없는 것, 장소를 가리지 않

고 중얼거림이 심하고 깊이 몰입하는 경향, 책상 위에 놓인 물건들을 가지런히 정리하는 습관이 있었으며, 물건이 제자리에 놓여 있지 않을 경우, 자지러지게 우는 행동 등이 있다.

아동 3.

- 아동 이름: 김동현
- 아동 나이: 15세
- LPDAC 단계: 10단계
- 교육 기간: 2007년 7월부터 2012년 9월 현재
- 교육 센터: J시 치료 센터

처음 교육을 시작할 당시 서울에 있는 S병원 소아정신과에서 자폐증으로 진단을 받았다. 그 이전에 제주도에 위치한 병원 두 곳에서 각각 발달장애와 지적장애로 진단을 받았다. 치료교육을 시작하기 이전에 아동은 언어치료와 미술치료를 받고 있었다. 처음 상담을 받을 당시의 아동은 다음과 같은 일반적인 특징을 지니고 있었다.

인지발달 영역에서는 간단한 지시를 알아들을 수 있었으나, 다른 사람의 말이나 이야기를 이해하지 못했다. 숫자와 문자를 빨리 익혔다. 퍼즐과 같이 형태를 맞추는 놀이에서는 무척 빠르고 뛰어난 능력을 발휘하였다. 기억력이 뛰어난 편이지만, 일반적인 개념들을 획득하는 데 어려움이 있었다.

언어발달 영역에서는 말을 하지 못했다. 간단한 단어로 자신이 원하는 것을 요구했지만, 그 뜻을 가족 이외 다른 사람들은 알아듣지 못했다. 발음이 부정확하고 억양이 느리고 어색했다. 반복적인 문장을 혼자서 되풀이하였다. 자신이 좋아하는 자동차 이름을 반복적으로 홍얼거렸다. 물을 마시고 싶을 경우 "물 줄까?" 혹은 과자가 먹고 싶을 때 "과자 줄까?" 등처럼 자신이 무엇인가를 요구할 경우 다른 사람이 자신에게 말을 하는 듯 했다.

사회발달영역에서는 가족이나 다른 사람에게 관심을 보이지 않았다. 주로 혼자 있기를 좋아하였다. 학습을 할 경우 교사를 바라보며 관심을 갖기도 하였다. 대체로 혼자 있거나 무료할 경우 혼자 중얼거림이 많았다. 다른 사람의 지시나 통제에 대체로 순응하는 편이지만, 자신이 좋아하는 일을 제재할 때 심하게 고집을 부리는 편이다.

아동은 자동차와 관련된 사진이나 실물을 좋아했다. 자동차 번호에 집착하는 경향이 있었으며, 주차장에 주차되어 있는 대부분의 자동차 번호를 알고 있었다. 혼자 중얼거림이나 자기 몰입하는 것, 반복적으로 손가락으로 허공에 대고 휘젓는 듯한 행동을 하

거나 땅에다가 막대기로 특정한 형태의 낙서를 하는 것에 집착하는 것, 소리와 주위환경에 둔감한 것 등이다.

치료교육 과정 및 기간

여기에 참여한 아동들은 대부분 LPDAC 치료교육 전문가와 비교적 협조적이고 적극적으로 교육환경을 조성하였다. 또한 여기에 제시한 치료교육 과정은 LPDAC를 통해 나타난 결과에 관한 사례이다. 치료교육 사례 아동들은 병원에서 "발달장애" 혹은 "자폐증"으로 진단을 받은 아동들이다. 발달장애의 진단은 사회통념상 자폐증을 포함시킨 진단이기 때문에 자폐증이 있는 것으로 보았다. 하지만 진단상 엄격성을 고려하여 치료교육을 시작하기 이전에 개별적인 진단을 하였으며, 모두가 자폐증으로 진단되었다.

LPDAC 치료교육 과정은 모두 12단계도 구성되어 있다. 준비단계(1단계~4단계), 기초단계(5단계~8단계), 심화단계(9단계~12단계)로 구분된다. 프로그램 과정은 만5세 이하에 조기 치료교육을 실시하게 될 경우, 평균 30개월에서 45개월이 소요되며, 치료교육 효과가 월등히 좋다. 만6세 이후에 치료교육을 실시하게 될 경우, 학습이 지연이 되며, 평균 50개월에서 65개월이 소요된다. 치료교육 기간이 빠르거나 늦은 것과 상관없이 체계적으로 치료교육을 받게 될 경우, 대부분 일반학교에 진학하게 되고 또래 아동과 학급생활을 하는 데 아무런 어려움이 없으며 또한 학습능력도 뛰어나다. 특수학급에 배정되더라도 기대 이상의 학교 및 학급생활을 하게 된다.

준비단계의 핵심은 각성을 활성화시키는 것과 감각을 지각화하는 것이다. 치료교육 과정은 개인지도를 하게 되며 주3회 치료교육으로 1회에 50분이 소요된다. 지도과정에서는 아동의 기초 능력 향상에 중점을 둔다. 아동에 따라 개인차가 있지만, 대체로 치료교육 기간은 평균 9개월이며 늦어도 12개월 이전에 마치게 된다.

기초단계의 학습 초점은 "주의 확장"과 "조망 형성"이다. 이 과정을 통해서 모든 정보들을 자료 주도적으로 처리하고 대부분의 정보를 개념화할 수 있다. 치료교육 수행 과정에서는 두 명의 아동이 그룹으로 짝 학습이 진행된다. 주3회 짝 그룹 치료교육이며 2회는 개인지도를 받게 된다. 개인지도와 짝 학습은 각각 1회 50분 치료교육이다. 개인지도는 아동 개인이 지니고 있는 학습능력 간의 차이를 줄인다. 기초단계 학습 기간은 평균 12개월이지만, 아동에 따라 16개월 이상이 경과하기도 한다.

심화단계는 "고등인지 체계"를 형성되도록 이끈다. 추상적인 개념이 가능해지며, "가설" "추측" "예측" "기대" 등의 인지능력이 형성된다. 다른 또래 친구의 마음을 읽을 수 있으며, 또래 관계로 인해 즐거움과 갈등을 경험할 수 있는 단계이다. 주3회 그룹학습과

주2회 개인학습을 하게 된다. 대체로 3~6명의 아동이 그룹으로 학습에 참여하게 되는데 "공동주의"와 "공동의식"을 이끌 수 있다. 심화단계 학습 기간은 평균 12개월이며 아동에 따라 16개월 이상의 기간이 경과하기도 한다. 모든 프로그램 과정을 마치는 기간은 총 36개월에서 60개월이 소요된다.

❁ LPDAC 교육과정에서 드러난 생활세계

부모는 자녀가 무엇을 생각하고 있는지 그리고 함께 생활하고 있는 세계를 어떻게 지각하고 있는지를 알고 싶어 한다. 그러나 자폐아동의 의식에 관해 설명하는 예는 매우 드물다. 또한 자폐아동의 생활세계에서 나타난 의식세계를 알아내기란 더더욱 어려운 일이다.

우리가 자폐아동을 이해하기가 어려운 이유는 그들에게 나타난 행동양식의 난해한 특징 때문이 아니라, 우리가 그들의 행동을 이해하는 방식 때문이다. 일반적으로 우리는 자폐아동이 장애아동 범주에 속한다고 이해했다. 그리고 우리들의 자폐아동 이해는 여전히 "장애"에 관한 지식의 범주에서 벗어나지 못하고 있다. 문제는 우리가 장애아동의 발달과 특징에 관해서 잘 알고 있는 반면에 아동의 본질에 관한 이해는 부족하다는 점이다. 그들을 이해하기 위해서는 "장애"라는 분류로부터 벗어나 오직 "아동"의 관점에서 바라보아야 한다. 즉, 장애아동의 본질은 "장애"가 아닌 "아동"이라는 것이다. 그러나 지금까지 그들의 본질은 늘 "장애"였다. 그로 인해서 "아동"의 순수한 본질 이해는 외면되었다. 자폐아동을 이해하기 위해서는 장애아동 이해에 관한 새로운 의식의 변화가 요구된다.

지금까지 자폐아동에 대한 우리의 판단과 이해는 경험과 지식 그리고 신념에 의해 결정되었다. 어떤 경우에는 우리의 지식과 경험이 세계와 현상을 이해하는 데 도움이 되었지만, 본질을 이해하는 데 오히려 간섭을 하였다. 따라서 장애아동의 본질을 발견하기 위해서 경험, 지식, 신념을 잠시 보류시켜야 할 필요가 있다. 즉, 역사성에 내재되어 있는 경험, 지식, 신념을 벗어나서 남게 되는 오직 순수의식을 통해서 장애아동의 세계를 바라보아야 한다. 그때서야 우리는 자폐아동의 존재의 본질을 발견할 수 있다.

포용과 배타

김동현, 정민형, 김상준 세 명(이들의 이름은 모두 가명임)의 아동은 LPDAC 프로그램 준비단계인 1단계부터 5단계까지 개별적으로 교육을 받은 후에 제6단계부터 다른 아동들과 함께 그룹교육을 받아왔다. 총 다섯 명의 아동 중에 두 명은 사정으로 인해 프로그램을 중단했고 현재 세 명의 아동이 교육을 받고 있다.

이들 세 명의 아동은 함께 교육을 받아오는 동안 친하게 지냈다. 그러나 10단계 후반 프로그램 과정부터 상호간에 갈등을 빚는 경우가 많아졌다. 그 한 예가 이상하게 행동하는 또래보다 나이가 두 살 위인 동현이의 문제에서 일어났다. 동현이는 가끔 혼자 중얼거리거나 손을 허공에 내저으며 그림을 그리는 행동을 하였다. 이러한 행동에 대해 두 아동 민형이와 상준이는 매우 이상하게 생각했으며, 특별난 행동은 눈에 거슬리는 것이었다. 그래서 짜증내거나 하지 말라고 치근대기도 했다. 두 아동이 동현이를 싫어하는 이유가 단지 이상한 손가락 행동 때문만은 아니다.

민형이는 유난히 동현이를 더욱 싫어했는데 그 이유는 동현이가 민형이의 이름을 부를 때 "성"을 의도적으로 바꾸어 불렀기 때문이다. 동현이가 이것을 무척 재미있는 장난으로 생각하는 것 같았다. 성을 바꾸어 부르며 혼자 재미있는 듯이 웃었는데 이것을 동현이가 자신에게 약올린다고 생각하고 성을 바꾸어 이름을 부를 때마다 화를 내며 소리쳤다.

세 아동 중에 유난히 동현이는 학습을 하는 데 어려움을 보였다. 특히, 작문과 이해하기 영역에서 뒤떨어졌는데 이때마다 동현이는 틀린 답을 하였다. 이러한 동현이의 학습능력 부족을 민형이와 상준이는 잘 알고 있었다. 그리고 동현이가 답을 틀릴 때마다 민형이는 동현이를 핀잔을 주거나 놀렸다. 이때 동현이는 약을 올리듯 민형이의 성을 바꾸어 다른 이름을 불렀다. 그 때마다 민형이는 무척 짜증을 내었다. 이들 아동들은 서로 놀려주는 것으로 감정을 표현했다.

이러한 일이 종종 발생되었고 그러한 이유 때문에 나중에는 민형이와 상준이가 점차 동현이와 공부하는 것을 꺼려했다. 이들 두 아동의 행동은 함께 자리를 가까이에 앉지 않고 떨어져 앉는 것, 민형이와 상준이는 함께 가까이 앉는 것, 두 아동이 동현이를 함께 놀려주거나 핀잔을 주는 것 등으로 나타났다. 이때에도 동현이는 민형이와 상준이가 자신을 따돌림하는 것에 아랑곳하지 않았다. 무덤덤한 동현이의 태도에 화가난 민형이는 감정을 참지 못하고 동현이에게 달려가 주먹으로 어깨를 때리고 발로 차기도 했다. 이러한 행동을 하면서 민형이는 점점 민감해지고 스스로 화를 참지 못하게 되었다.

아동의 문제를 해결하기 위해서 교사는 교육을 위해 동현이를 다른 요일에 공부하도록 하였다. 민형이와 상준이는 함께 공부하게 되었고 동현이는 개별적으로 선생님에게 교육을 받게 되었다. 이렇게 해서 약 보름이 지난 어느 날, 상준이는 교사에게 특별한 제의를 하였다.

교사는 다른 아동의 어머니와 상담을 하고 있었다. 일찍 센터에 온 상준이가 문틈으로 기웃거렸다. 얼마 후에 민형이도 기웃거리며 교사를 바라본다. 교사가 밖에서 기다리고 있으라고 지시를 하였다. 그러자 민형이는 문을 닫았다. 상담이 끝나자마자 상준이가 먼저 들어와 상기된 얼굴로 교사에게 말을 건넸다.

"선생님! 오늘 우리 토론을 해요!"
"왜?"
"아니 그냥요. 오늘 꼭 토론을 해야 돼요!"
"그래? 뭐 땜에 토론을 해야지?"
"그게 있잖아요…. 저는 동현이 형하고 공부를 하고 싶은데… 토론해요"

그러자 옆에 앉아 있던 민형이가 말을 했다.

"절대 동현이 형하고 공부하지 말아요! 선생님 알죠? 난 진짜 싫어요!"

이때 상준이가 급하게 민형이의 말을 막으며 교사에게 제의를 했다.

"선생님! 우리 토의를 해요! 난, 동현이 형하고 공부할래요."

두 아동은 서로 감정이 격해 있었다. 교실로 들어오기 이전에 뭔가 서로 간에 약간의 갈등이 있었던 것 같았다. 두 아동은 서로 눈을 째려보며 눈싸움을 하였다. 교사가 학습 준비를 하는 동안 간헐적으로 서로 알 수 없는 투정과 핀잔을 나누고 있었다.

상준이가 말을 했다.

"난, 동현이 형하고 공부할 꺼!"

민형이가 응답했다.

"동현이 형하고 공부하면 죽을 꺼! 다시는 안 볼꺼!"

두 아동은 서로 째려보기도 하고 때로 눈을 마주치지 않았다. 민형이는 의자에 등 돌려 앉았고 상준이는 민형이의 그러한 태도를 보며 피식 비웃기도 했다.

이때 교사는 그 상황을 잘 알고 있었기 때문에 좋은 교육 동기라고 판단하고 공부하기 전에 토론하는 시간을 갖자고 제의를 했고 두 아동은 교사의 제의에 따랐다.

자신과 생각을 드러냄

선생님: 자! 그러면, 여러분 의견대로 토의시간을 갖겠어요! 지금부터 선생님이 사회를 보고 우리 두 친구는 토론을 하는 거예요! 그런데 왜 두 친구는 토론을 하자고 했죠?

민형: 왜냐하면 동현이 형과 함께 공부하느냐 마느냐 하는 갈등이 생겼기 때문입니다.

상준: 나는 동현이 형하고 공부하고 싶다고 했고 민형이 형은 절대 함께 공부하지 말자고 했습니다.

민형: 선생님 절대 동현이 형하고 공부하면 안 돼요!

상준: 그렇지만, 나는 동현이 형이랑 무척 공부하고 싶습니다.

이때 민형이는 상준이에게 주먹을 휘두르며 "그러면 난, 가만히 안 둘꺼!"라고 말을 하자 상준이는 민형이를 째려보며 "왜 그러는데?"라고 응수했다. 그러자 민형이는 다른 곳을 쳐다보며 "날 배신할 꺼!"라고 하며 뭔가 혼자 계속 중얼거렸다. 교사는 아동들이 제의한 토의를 계속 진행하기 위해 주의를 주고 똑바로 앉으라고 했다. 두 아동은 여전히 긴장된 얼굴을 하였다.

선생님: 그러면 왜 민형이는 함께 공부하는 것이 싫어요?

민형: 동현이 형은 공부를 못하니까 동현이 형하고 공부하면 우리에게 별 도움이 없습니다. 그리고 오히려 제가 나쁜 사람이 되잖아요!

선생님: 그러면 상준이는 왜 동현이 형하고 함께 공부를 하고 싶어요?

상준: 저는 동현이 형하고 공부하면 우리에게 많은 도움이 되고 동현이 형이 손가락질해도 그것이 그림을 그리는 것이니까 나는 동현이 형에게 그림을 배우고 싶어요!

민형: 동현이 형은 우리에게 도움을 주는 것이 아니라 더 짜증나게 하고 화나게 하잖아요! 선생님도 잘 알잖아요?

상준: 그것은 방해가 아닙니다. 동현이 형이 웃기는 행동을 해도 양처럼 순합니다. 그리고 동생이 형에게 덤비는 것은 옳지 않습니다.

두 아동은 거의 비슷한 내용으로 자신의 의견을 서로 주고받았다. 심지어는 민형이가 상준이에게 다가가서 때리려고 했다. 그때마다 교사가 민형이에게 주의를 주고 제자리에 가서 앉으라고 지시하였다. 민형이는 자신의 감정을 참지 못하고 화가 나듯이 중얼거리며 반쯤 등을 돌려 다른 곳을 쳐다보고 있었다. 상준이는 두 손을 팔짱을 낀 채 민형이를 째려보았다. 그리고 교사에게 자신은 민형이와 따로 공부하게 해달라고 요구를 했다.

교사는 두 아동에게 다시 되물었다.

선생님: 상준이가 지금까지 말한 것 중에 동현이 형하고 공부해야 하는 가장 중요한 이유가 뭐예요?

상준: 동현이 형이 착하기 때문입니다.

선생님: 그러면 민형이는 동현이 형하고 공부하기 싫은 가장 큰 이유는 뭐예요?

민형: 하나는 상준이가 동현이 형하고 공부하는 것이 질투가 나고…. 그리고 동현이 형이 그냥 싫습니다.

선생님: 오늘은 이만 토론을 마치고 다음 주에 이차 토론을 하자! 알았지? 이제 다른 공부를 해야지?

그러나 토론을 마치고 나서도 서로 계속하면서 무어라 비난을 하면서 투덜대었고 다른 공부를 마칠 때까지도 서로를 비난하며 불만을 표시하였다.

2012년 5월 15일/J시 센터/김상준(12세, 초등학교 5학년), 정민형(13세, 초등학교 6학년)

아동이 자신을 드러낸다는 것은 무엇이며 어떻게 자신의 존재를 드러내는 것일까? 자신을 드러낸다는 것은 단지, 자신이 누구인지를 일상생활을 통해 보여 준다는 의미는 아니다. 존재는 일상의 모습이 아니라, 우리 안에 내재되어 있는 그 무엇이다. 아동 자신의 존재는 곧 그들의 의식 안에 내재되어 있다. 그렇기 때문에 아동 자신의 진정한 모습 즉, 존재를 드러내기 위해서는 자신의 생각이 표현되어야만 한다. 그 방법은 오직 “물음”을 던짐으로써 가능해진다. 아동은 물음을 던짐으로써 자신을 드러낸다.

아동의 본질적 의미를 찾기 이전에 우선 장애와 아동을 분류해야만 한다. 왜냐하면, 장애아동의 개념 이전에 그들은 “아동”이라는 점이다. 통념상 우리는 아동이라는 관점보다는 장애의 범주에서 자폐아동을 이해하려고 하였다. 자폐아동은 본질적 의미로서 혹은 앞선 의미로서 "아동"이다. 자폐아동의 본질이 "아동"임을 전제할 때 자폐아동이 자신이 처해진 세계를 일반아동처럼 인식하기 위해서는 스스로 자신의 문제에 대해 물음을 던진다. 즉, 자신의 존재적 의미를 드러내기 위해 스스로 세계에 대해 물음을 던지며 동시에 자신의 존재성을 인식한다. 여기에 "토론"을 제기한 아동은 실존적 존재로서 자신의 생활세계에서 일어난 일에 대해 물음을 던진다. 그 물음은 항상 아동 자신 앞에 처해 있는 세계로부터 오는 것이다.

상준이는 교사가 다른 부모와 상담을 하는 동안 문틈으로 기웃거리며 교사와 만날 수 있는 기회를 찾으려고 하였다. 잠시 후에 민형이도 문틈으로 교사를 바라보았다. 이전의 태도와 다르게 이들 아동들은 교사에게 용건이 있는 듯한 행동이었다. 교사를 만나야 하는 그 무엇의 의도를 가지고 있는 것이다.

토론을 제기한 것은 상준이다. 상준이는 동현이에 대해서 민형이와 다른 생각을 가지고 있었으며, 이러한 생각의 다름은 서로의 갈등을 초래했다. 상준이는 이전과 다른 자신의 생각을 드러내었고 자신의 생각이 옳다는 것을 밝힘으로써 동현이와의 새로운 관계를 갖기를 원했다. 그리고 자신의 생각을 밝히고자 "토론"을 제기한 것이다. 상준이에게 있어 토론은 곧 "물음을 제기"하는 것이다. 상준이는 토론을 통해서 동현이가 왜 자신의 생활세계에 함께 참여해야 하는지를 밝히고자 한다.

그렇게 아동은 자신 앞에 제기된 과제를 물음을 통해서 직접 존재자를 대면하고 있으며 그 방법은 토론 방식의 제기였다. 하이데거(Heidegger)에 의하면, 우리는 물음에 응답할 존재자에게 다가갈 수 있기 위해서는 올바른 접근 방식을 확보해야 한다고 하였다.

> 물음에 앞서 "제기"에 놓여 있는 과제들을 제시하면서 일차적으로 물음이 걸려 있는 것으로 기능해야 할 그런 존재자를 확정하는 것이 필요할 뿐 아니라, 또한 이 존재자에게로 가는 올바른 접근양식을 분명하게 획득하여 확보하는 것도 요구하고 있다(Heidegger, 1962, p.35).

이전에 상준이와 민형이는 동현이와 함께 말을 나누지 않았고 함께 공부하거나 어울리는 것을 싫어했다. 두 명의 아동은 단짝이 되어 동현이를 놀리거나 집단에서 소외시켰다. 그런데 상준이에게 마음의 변화가 생겼다. 시간이 지나면서 상준이는 자신과 가깝게 지낼 수 있는 형이라는 것을 느끼기 시작했고 때로 보고 싶어 하기도 했다. 알 수 없는 감정에 이끌리어 상준이는 동현이와 함께 공부하는 것을 바라고 있었다. 그러나 곁에 있던 민형이는 상준이가 동현이와 함께 친하게 지내는 것을 경계했다. 조금이라도 동현이를 찾거나 보고 싶다고 말하면, 민형이는 상준이에게 괜스레 화를 내었다. 급기야 동현이와 함께 공부하고 싶다는 상준이와 동현이를 꺼려하는 민형이는 약간의 언쟁이 있었다.

상준이가 토론을 제기한 것은 동현이에게로 다가갈 수 있는 방법이었다. 그렇게 함으로써 자신과 타인의 존재적 의미를 새롭게 받아들이려고 한다. 따라서 상준이는 토론을 통해서 동현이에 관한 새로운 의미를 부여하고 재해석을 요구한 것이다. 상준이는 분명히 동현이에 대한 이해를 가지고 있으며 나름의 존재에 대한 해석을 하고 있다. 그리고 토론의 제기는 그 이전에 몰랐던 동현이의 존재감이 자신과 깊이 관련되어 있음을 의식했기 때문이다. 존재감은 함께 있는 세계로부터 의식되며 그 순간 자신이 동현이와 함께 존재하는 세계에 놓여져 있음을 안다. 이렇게 존재감이 재해석되는 이유에 대해서 하이데거는 다음과 같이 설명하고 있다.

> "현 존재는 그에 속해 있는 존재감에 따라서, 자신의 고유한 존재도 그가 본질적으로 끊임없이 우선 관계 맺고 있는 그 존재자에서부터, 즉, "세계"에서부터 이해하려는 경향을 가지고 있다. 현 존재 자신 안에 그리고 그로써 그의 고유한 존재 이해 안에, 우리가 나중에 세계이해가 현 존재 해석에 존재론적으로 되반영된다고 제시하게 될 그것이 놓여 있다(Heidegger, 1962, p.36).

상준이는 비록 동현이하고 자신과 마주치는 일이 없고 어떤 갈등도 생기지 않는다 하더라도, 자신이 괴롭히고 외면했던 동현이에 대해 늘 마음에 쓰이고 미안한 감이 들었던 것이다. 더구나 이따금씩 동현이가 보고 싶어지는 것이다. 이것은 상준이의 생활세계 안에 동현이의 존재감을 인식하고 있다는 것을 의미한다. 따라서 상준이는 동현이가 그렇게 고유한 존재로 안주하는 이상(존재하고 있음) 새로운 방식의 만남이 필요했다(포용함).

자신의 곁에 없지만, 어떤 방식이든 간에 상준이는 동현이를 만나야 했으며, 그 만남은 스스로의 당위성을 찾아야만 했다. 따라서 상준이는 스스로 자신을 드러내기 위한 방법으로 물음을 통해 그 대상(동현이)을 제기할 필요성이 있었던 것이다. 토의를 통해 서로의 존재를 드러내고 새롭게 해석될 수 있다는 것을 알게 된 것이다. 상준이의 재해석의 행위는 곧 토론이었다.

상준이가 동현이와 다시 본래의 관계를 회복하는 방법은 토론이었다. 그래서 상준이가 먼저 교사에게 토론을 제의를 했다. 처음 교사는 그 제의가 어떤 목적과 의도를 가지고 있는지 몰랐다. 그렇지만, 두 아동의 상반된 의견에 관한 문제들이었다. 그리고 그 제의는 물음을 던질 상황을 만드는 것이며, 매우 합리적인 절차를 통해 물음에 응답을 원하는 것이다. 상준이는 교사가 모르는 그 무엇에 관한 물음에 반드시 답을 얻고 싶었던 것이다. 아동의 제의의 목적과 의도는 이전에 함께 공부하다가 서로의 갈등으로 인해 함께 공부하지 못한 동현이와 함께 공부하는 것이라는 것을 교사는 두 아동의 이야기를 듣고 알았다.

❁ LPDAC 치료교육 과정과 자폐아동의 발달

생각하고 판단하기

인지는 사고와 언어 그리고 사회영역을 총체적으로 다루는 능력이다. 그러므로 인지능력은 능동적이고 역동적이며 발달영역 간의 긴밀한 상보적 관계를 통해 정보를 교환한다. 따라서 발달의 평형을 이루는 것은 발달영역 간의 상호유기적 관계가 얼마나 활성화되었는지의 여부에 따라 결정된다. 치료교육 과정에서 아동은 "무엇에 관한 이해"를 하기 위해서는 정보를 다루고 해석해야 한다. 이때 인지, 언어, 사회영역의 상보적 관계를 통해 경험과 지식 그리고 정서와 언어를 통합적으로 다룰 수 있다. 치료교육의 결과로서 아동은 다음과 같은 능력을 보여 준다.

첫째, 자신과 세계에 대한 이해가 가능하다.

아동은 초기에 자신과 주변에 일어나는 사건이나 현상에 대해 의식하지 못했다. 그러나 치료교육 과정에서 아동은 현재 환경과 생활에서 일어나는 사건들 가운데서 자신과 대상이 누구인지를 인식할 수 있었다. 그리고 서로 어떤 갈등을 경험하였고 갈등의 원인이 무엇인지도 안다. 또한 갈등을 어떻게 해결해야 하는지 방법을 스스로 찾았다. 아동은 전반적으로 자신이 처해 있는 환경과 생활 그리고 사건들에 대해 인식할 수 있었다. 특히, 아동은 자신의 세계에서 일어나는 다양한 현상에 대해 물음을 던짐으로써 지적 호기심을 충족할 뿐만 아니라, 물음을 통해서 더 많은 사실들을 알고자 하였다.

신생님: 지! 그러면, 여러분 의견대로 토의시간을 갖겠어요! 지금부터 선생님이 사회를 보고 우리 두 친구는 토론을 하는 거예요! 그런데 왜 두 친구는 토론을 하자고 했죠?

민형: 왜냐하면 동현이 형과 함께 공부하느냐 마느냐 하는 갈등이 생겼기 때문입니다.

상준: 나는 동현이 형하고 공부하고 싶다고 했고 민형이 형은 절대 함께 공부하지 말자고 했습니다.

둘째, 사건과 현상에 관한 논리적 분석이 가능하다.

아동이 물음을 던진다는 것은 사건과 현상에 대해 분석하고 지적논리로 세계를 해석하려고 하는 것이다. 치료과정에 참여한 아동은 자신의 주변에서 일어나는 여러 가지 현상과 사건에 대해 이해될 때까지 논리적으로 분석하려는 태도를 가졌다.

> 민형: 동현이 형은 우리에게 도움을 주는 것이 아니라 더 짜증나게 하고 화나게 하잖아요! 선생님도 잘 알잖아요?
>
> 상준: 그것은 방해가 아닙니다. 동현이 형이 웃기는 행동을 해도 양처럼 순합니다. 그리고 동생이 형에게 덤비는 것은 옳지 않습니다.

아동은 각자가 겪는 문제에 대해 묻기도 하고 자신이 스스로 물음을 던지고 대답하기도 한다. 또한 자신이 생각하는 것이 왜 타당한지에 대해서도 설명하고 자신의 판단이 맞는지 틀린지에 대해서도 다른 사람에게 되묻기도 한다. 아동은 주변에서 일어나는 현상과 사건에 대해 하나씩 분석하고 생각하려고 한다.

셋째, 다른 또래 아동의 마음을 읽을 수 있다.

아동의 중요한 변화는 다른 사람의 입장에서 생각하고 교감할 수 있는 것이었다. 아동은 서로가 대상에 대한 동정과 배려가 가능하였다.

> 상준: 저는 동현이 형하고 공부하면 우리에게 많은 도움이 되고 동현이 형이 손가락질해도 그것이 그림을 그리는 것이니까 나는 동현이 형에게 그림을 배우고 싶어요!

다른 사람의 입장에서 대상의 입장에서 대변하고 대상과 감정을 교감할 수 있었다. 이러한 변화는 아동들의 대화를 통해서 드러났으며, 그들의 의식이 상호주관적이었다. 무엇보다 대상에 대한 이해에 관해 스스로 논리적으로 설명할 수 있었다. 왜 대상이 그러한 행동과 태도를 보이는지 그리고 그 대상의 마음이 어떤지에 관해 나름의 방식으로 설명할 수 있다.

> 민형: 동현이 형은 우리에게 도움을 주는 것이 아니라 더 짜증나게 하고 화나게 하잖아요! 선생님도 잘 알잖아요?
>
> 상준: 그것은 방해가 아닙니다. 동현이 형이 웃기는 행동을 해도 양처럼 순합니다. 그리고 동생이 형에게 덤비는 것은 옳지 않습니다.

표현하고 대화하기

넷째, 사회적 의사소통이 가능하다.

아동은 사회적 관계 혹은 사회적 상호작용을 위해 의사소통을 한다. 상호관계를 의식하고 자신의 생각과 뜻을 주고받는다. 이때 아동은 자신의 생각을 "토라지는 것" "눈을 마주치지 않는 것" "비웃는 것" "단호한 표정" 등의 다양한 비언어의 방법으로 전달한다. 아동은 의사소통에서 자신의 단호한 생각을 담아낸다. 서로가 사회적 관계를 성립하기 위해 다양한 언어 논리로 설득하기도 하고 이해를 구하기도 한다.

상준이가 말을 했다.
"난, 동현이 형하고 공부할 꺼!"
민형이가 응답했다.
"동현이 형하고 공부하면 죽을 꺼! 다시는 안 볼꺼!"
두 아동은 서로 째려보기도 하고 때로 눈을 마주치지 않았다. 민형이는 의자에 등 돌려 앉았고 상준이는 민형이의 그러한 태도를 보며 피식 비웃기도 했다.

교육의 결과 아동들은 단지 자신이 원하고 바라는 것을 설명할 수 있을 뿐만 아니라, 일어난 사건이나 현상에 대해 설명할 수 있었다. 자신의 생각을 주고받으며 상호이해 관계가 가능해졌다. 의사소통은 다른 사람의 생각을 알고 말하는 것이다. 그래서 다른 사람의 입장을 알고 말의 뜻을 주고받는다. 그 과정에서 아동은 서로가 교감하게 되고 상호간에 관계 형성이 가능해진다.

다섯째, 자신의 생각과 감정을 표현하고 전달할 수 있다.

언어를 기능적 수단이 아니라, 정서표현의 수단으로 사용하고 있다. 아동은 자신의 입장과 생각 그리고 자신이 느끼는 감정을 설명하기도 하면서 대상의 입장과 생각, 느낌을 함께 설명할 수 있다.

선생님: 상준이가 지금까지 말한 것 중에 동현이 형하고 공부해야 하는 가장 중요한 이유가 뭐예요?
상준: 동현이 형이 착하기 때문입니다.
선생님: 그러면 민형이는 동현이 형하고 공부하기 싫은 가장 큰 이유는 뭐예요?
민형: 하나는 상준이가 동현이 형하고 공부하는 것이 질투가 나고…. 그리고 동현이 형이 그냥 싫습니다.

다른 대상의 이해가 가능하게 하는 것은 동일시이다. 교육의 결과 아동은 자신의 입장과 느낌, 감정을 호소하지만, 한편으로 대상의 입장에 서서 자신이 생각과 감정을 표현한다. 그리고 대상에 대한 이해와 배려가 형성되고 그에 따라 적절하게 자신의 감정과 이해를 전달하고 있다.

여섯째, 당면한 문제를 논리적으로 설명할 수 있다.

아동의 언어는 매우 논리적이다. 그리고 주변에서 일어난 사건과 배경을 설명할 수 있다. 또한 자신을 다른 사람과 비교하고 자신의 논리로 판단할 수 있다. 즉, 다른 사람이 왜 그러한 행동과 태도를 보이는지, 왜 자신들과 차이가 있는지, 거기에는 어떤 의미가 있는지에 대해 정연하게 논리적으로 설명할 수 있다. 때로 상식과 규범에 관한 일상적인 지식을 동반하여 그 이유에 관해 논리를 전개시킬 수 있다.

선생님: 그러면 왜 민형이는 함께 공부하는 것이 싫어요?

민형: 동현이 형은 공부를 못하니까 동현이 형하고 공부하면 우리에게 별 도움이 없습니다. 그리고 오히려 제가 나쁜 사람이 되잖아요!

선생님: 그러면 상준이는 왜 동현이 형하고 함께 공부를 하고 싶어요?

상준: 저는 동현이 형하고 공부하면 우리에게 많은 도움이 되고 동현이 형이 손가락질해도 그것이 그림을 그리는 것이니까 나는 동현이 형에게 그림을 배우고 싶어요!

민형: 동현이 형은 우리에게 도움을 주는 것이 아니라 더 짜증나게 하고 화나게 하잖아요! 선생님도 잘 알잖아요?

상준: 그것은 방해가 아닙니다. 동현이 형이 웃기는 행동을 해도 양처럼 순합니다. 그리고 동생이 형에게 덤비는 것은 옳지 않습니다.

상호 대화를 하면서 다른 사람의 입장을 반박하고 자신의 입장을 주장하기도 한다. 뿐만 아니라, 상대의 말을 이해하지 못할 때 또 다시 설명을 구하기도 하고 상대의 말에 모순이 있을 경우에는 물음을 던지고 자신의 당위성을 말한다.

관계짓고 교감하기

일곱째, 사회적 관계를 통해 구체적으로 정서를 표현할 줄 안다.

교육참여 아동은 자신과 다른 대상과의 관계를 지각하고 상호작용을 할 수 있다. 단순한 기능으로서 역할을 하는 것이 아니라, 집단에 참여하고 서로의 생활에 관심을 갖는다. 따라서 아동은 교육에 참여한 또래 아동의 생활세계에 관심을 두고 있으며, 그 세계에 함께 참여하려고 한다.

선생님: 그러면 민형이는 동현이 형하고 공부하기 싫은 가장 큰 이유는 뭐예요?
민형: 하나는 상준이가 동현이 형하고 공부하는 것이 질투가 나고…. 그리고 동현이 형이 그냥 싫습니다.

그 과정에서 아동은 자신의 생각을 드러내고 느낌을 교환할 수 있다. 아동이 사회적으로 소외된 대상을 의식하고 배려할 수 있는 것도 특징이다. 왜 함께 공부해야 하는지를 표현함으로써 아동은 스스로 자신을 사회적 관계에 깊이 관련시킨다.

여덟째, 개인과 집단의 관계를 의식할 수 있다.

교육참여 아동은 단순히 개인간의 사회적 관계 뿐만 아니라, 집단에 관련된 사회적 관계를 의식하고 참여하고 있다. 서로 생각과 정서가 다르고 좋아하고 싫어하는 대상이 있다는 것을 안다. 친한 친구를 선호하고 싫어하는 친구를 배척하면서 자신들만의 또래 집단을 만들어 간다.

선생님: 상준이가 지금까지 말한 것 중에 동현이 형하고 공부해야 하는 가장 중요한 이유가 뭐예요?
상준: 동현이 형이 착하기 때문입니다.
선생님: 그러면 민형이는 동현이 형하고 공부하기 싫은 가장 큰 이유는 뭐예요?
민형: 하나는 상준이가 동현이 형하고 공부하는 것이 질투가 나고…. 그리고 동현이 형이 그냥 싫습니다.

또래 집단은 서로 같은 생각과 다른 생각을 가진 무리이다. 아동은 때로 대상에게 동조하지만, 시기할 때도 있다. 아동의 사회관계에서 개인을 배척하거나 수용하기도 한다.

아홉째, 사회관계를 통해 믿음, 협조, 배려, 도움과 같은 사회적 기능을 드러낼 수 있다.

사회적 상호자용이란 단순히 관계를 맺는 것을 의미하는 것이 아니라. 특별한 방식으로 서로가 사회적 관계를 맺는 방식이다. 아동들은 물건을 주고받을 수 있으며, 자신이 바라는 것을 요구할 수 있는 것같이 외적인 관계를 형성하기 이전에 개인 혹은 집단에 대한 믿음과 바람, 그리고 배려와 도움, 협조와 동정 같은 내적인 관계를 형성함으로써 돈독해진다.

상준: 저는 동현이 형하고 공부하면 우리에게 많은 도움이 되고 동현이 형이 손가락질해도 그것이 그림을 그리는 것이니까 나는 동현이 형에게 그림을 배우고 싶

어요!

상준: 동현이 형이 웃기는 행동을 해도 양처럼 순합니다. 그리고 동생이 형에게 덤비는 것은 옳지 않습니다.

교육참여 아동은 자신보다 능력이 뒤떨어진 대상을 배려할 줄 안다. 오히려 이상한 행동을 문제삼지 않고 배려하기도 한다. 이러한 태도는 대상에 대한 애착과 동정에서 시작되고 배려와 도움 그리고 협조와 같은 상호관계를 통해 관계를 형성하려고 한다. 거기에는 대상에 대한 믿음과 바람이 있으며 그것으로 서로가 공유하는 생각과 마음을 갖는다. 학습과정에서 교육참여 아동은 서로 유기적 관계를 지속할 수 있는 다양한 사회적 기능을 드러내었다.

❀ LPDAC 치료교육 결과가 주는 의미

만약에 자폐아동이 학습을 통해 책을 읽고 이해할 수 있었다면, 학습 방법의 "효과"이전에 이미 아동에게는 내재된 "능력"을 지녔다고 보아야 한다. 전문가들은 자폐아동의 치료교육의 방법에 대한 우수성을 말할지 모른다. 그러나 아동에게 학습하는 능력이 없었다면, 아무리 좋은 치료교육이라고 하더라도 아무런 의미가 없다. 아동은 내재적으로 치료교육을 받고 자신의 역량을 발휘할 수 있는 능력이 있다는 사실에 대해 우리는 소홀히 해 왔다.

LPDAC 치료교육을 통해서 자폐아동들도 스스로 더 나은 능력을 발휘할 수 있다는 것을 보여 주었다. 치료교육은 자폐아동이 자신의 능력을 드러내도록 안내하는 것이다. 그 과정이 어려운 것은 아동의 능력 때문이 아니라, 어떻게 이끌어 주어야 하는지를 모르는 데서 오는 한계 때문이다. 그러한 점에서 LPDAC는 자폐아동 장애로 인해 나타나는 문제들을 명확히 설명하며 자폐아동을 어떻게 이끌 수 있는지를 알려 주고 있다.

분명한 사실은 LPDAC 과정에서 자폐아동은 우리가 알지 못했던 자신의 생활세계를 펼쳐 드러내었다는 것이다. 즉, 자폐아동이 장애아동으로서가 아니라, 실존적 존재로서 세계를 인식한다는 점이다. 실존적 존재로서의 아동은 항상 자신의 세계에 대해 물음을 던질 줄 안다. 치료교육 과정에서 아동은 자신이 처해져 있는 세계 즉, 생활에서 일어나는 일과 사건 그리고 현상에 대해 물음을 던지기도 하고 주위에 있는 또래 친구와 대상들에게도 물음을 던질 줄 안다. 그 물음들은 세계를 해석하는 것이며 동시에 자신의 세계를 구축하는 것이다. 더욱 중요한 것은 자신이 누구인지를 비로소 알게 된다는 것이다.

교육 참여자로서의 아동은 각 단계의 과정을 통해 점진적으로 발달해 간다는 사실을 발견하였다. 그 과정에서 아동은 스스로 자신의 문제를 해결할 뿐만 아니라, 각 단계마다 자신의 능력을 드러내었다. 그러나 LPDAC의 치료교육 과정에서 제한점을 발견하였다. 그것은 잃어버린 시간과 경험이다. 그것은 이미 자폐아동은 일반아동과 달리 어린 유아기부터 스스로 체험하고 쌓아가야 할 지적과정이다. 성장하면서 체득해야 할 모든 체험과 사고는 단지, 치료교육이라는 과정을 통해서 되찾기는 어렵다. 그러한 이유 때문에 문제해결이 서툴고 섬세하지 못하다. 그러나 스스로 자신의 문제를 발견하고 해결할 수 있다는 것만으로도 그들의 미래는 희망적이다.

아동본질로서의 자폐아동 이해

자아를 인식한다는 것은 무엇을 의미하는 것일까? 그것은 비로소 내가 누구인지를 아는 것이다. 아동 자신이 사고, 감정, 의지, 체험, 행위 등의 여러 작용을 주관하는 주체라는 것을 알게 되었을 때, 스스로 사고와 감정 그리고 의지를 조절할 수 있으며, 자신이 어떤 행동을 해야 하며, 무엇에 관해 도전해야 하는지를 결정할 수 있다.

자폐아동이 자신을 안다는 것과 개인의 학습능력은 별개의 문제이다. 아동의 존재의미는 능력에 결정되는 것이 아니다. 존재의미는 아동 개인의 의식에 결정되기 때문이다. 그 의식이란 아주 단순할 수 있지만, 그렇다고 그것을 보잘것없는 능력으로 폄하하는 것은 잘못이다. 왜냐하면, 자폐아동은 학습능력과 상관없이 자신의 생활세계에 의미를 부여하는 존재이기 때문이다. 장애아동이라도 자신이 원하는 것들이 있으며, 그것을 체험하고 느끼려고 하는 원천적인 욕구가 있다. 그들은 자신이 할 수 있는 것만큼 생활세계를 체험하려고 한다.

우리의 의식 속에 무능력한 존재임을 단정하고 장애아동들을 교육시켜 왔다. 치료교육이 생활능력이나 학습능력을 향상시키고 가정과 사회에 적응하도록 돕기보다는 자신의 생활세계를 체험하고 느끼고 사유하도록 해야 한다. 그러기 위해서 아동이 지니고 있는 원천적인 감정과 정서를 드러내도록 해야 한다. 그리고 자신의 생각과 마음 그리고 신체를 주관하는 주체라는 것을 알게 하는 것은 치료교육의 궁극적 목적이 되어야 한다.

그러나 장애아동의 교육목적이 생활과 학습능력을 향상시키고 가정과 사회에 적응하는 것으로 여겼다. 그리고 객관적이라는 방법으로 그들을 평가해 왔다. 아동의 능력을 과학적으로 분석한 결과가 아동 존재의 본질을 모두 보여 주는 것은 아니다. 과학적 통계적 검증을 통해서 "~을 할 수 있다." 혹은 "~의 변화가 있다." 등의 사실을 밝힐 수 있다. 그리고 그 결과 능력이 나타났을 때 우리는 치료교육의 "효과"로 받아들인다. 치료교육 목표를 성취하는 것만으로 자폐아동의 효과를 나타내는 변화과정을 관찰할 수 있을지는 모르지만, 그 변화가 지속되는 것도 아니며, 더 높은 수준으로 이끄는 것은 아니다. 따라서 "~을 할 수 있다." 혹은 "~의 변화가 있다." 등의 사실은 "왜 그러한 행동과 말을 했는지" "왜 그러한 표정을 지었는지"에 관한 내적 요인을 설명하지 못한다.

치료과정에서 일어나는 내적 요인의 발달은 아동의 존재와 삶에 관한 것들이다. 자신이 경험한 것에 대해 느끼고 생각하는 것 그리고 자신에 관한 이해는 바로 아동 자신의 존재의식이다. 아동은 어떤 일에 슬퍼하기도 하고 다른 사람을 동정하기도 한다. 자신과 다른 대상에 대해 애정을 느끼고 함께 공감하기도 한다. 때로 자신뿐만 아니라, 다른 사람의 생각이나 계획에도 관심을 갖고 동조하기도 한다. 이러한 관찰이 아동의 존재에 관한 것들이다. 아동의 능력이 단지 어떤 주어진 과제를 수행하는 것만으로 평가되는 것은 너무 궁색하다. 또한 아동의 능력을 다른 또래 대상과 비교하여 기술하는 것도 적절하지 않다. 아동이 평가대상이 아니라, 이해대상이라는 것을 깊이 숙고해야 한다.

LPDAC 치료교육 사례에서 교육에 참여한 아동들은 자신의 존재의미를 분명히 인식하고 있다. 그들의 물음과 이해를 통해 대인관계에 관한 갈등을 해결하고 있다. 자폐아동은 자신의 생활세계에서 일어나는 다양한 현상에 대해 물음을 던질 수 있다. LPDAC 치료교육에 참여한 아동은 그들 스스로 자신과 다른 사람의 존재에 관해 물음을 던지고 답을 찾으려고 한다. 또한 스스로 사건과 일 그리고 집단에서 일어나는 현상에 대해 의미를 부여하고 있다.

치료과정에서 아동은 자신이 처해 있는 상황을 인식하고 비로소 자신의 존재 의미를 알고 있다. 치료교육에 참여한 아동들은 자신의 생각과 감정을 조절할 수 있고 어떤 목적을 향해 의지를 보여 준다. 그리고 스스로 선택하고 체험할 수 있는 존재라는 것을 알고 있다. 또한 아동들은 자신이 생활세계의 주체라는 것을 알고 있는 것이다.

앞서 제시된 사례는 질적 연구 방법 중에 "현상해석학적 접근"으로 자폐아동의 의식, 생활, 삶의 방식을 이해하는 방법이다. 연구 과정에서 아동이 그들이 어떻게 생각하고 있으며, 어떻게 자신의 생활을 구축하고 세계에 의미를 부여하는지에 관해 기술하였다. 이것을 찾기 위한 자료로서 이들 아동과 주고받은 대화 내용을 텍스트로 삼았다.

자폐아동의 능력

자폐아동의 치료교육의 가능성은 현재 아동이 할 수 있는 능력에 결정되는 것은 아니다. 왜냐하면, 겉으로 나타나는 수행 능력이 높다고 하더라도 자폐증 장애로 인해 한계가 규정되기 때문이다. 즉, 우리가 유의해야 할 것은 치료교육의 문제는 장애가 아니라, 장애가 끼치는 부정적인 영향이다. 자폐아동은 내재적으로 지니고 있는 능력이 장애로 인해 드러나지 못하다는 사실은 자폐아동의 치료교육 중요한 관점이다. 따라서 치료교육의 가능성은 아동 개인의 내재적 능력에 결정될 수 있다.

자폐아동의 치료교육 가능성은 아동에게 잠재된 능력이 항상 존재한다는 것을 전제해야 한다. 하지만 잠재된 능력을 밝혀내기란 어렵다. 자폐아동의 능력이라는 것은 대부분 기억력이나 혹은 자신이 관심을 갖는 특정한 영역이나 부분에서 비춰지는 것일 뿐이다. 그렇기 때문에 단순히, 특정 학습능력만으로 자폐아동의 치료교육 가능성을 예측하는 것은 잘못이다. LPDAC는 자폐아동의 잠재된 능력을 전제로 하고 있다. 또한 이러한 능력은 치료교육 과정을 통해 드러난다고 믿는다.

LPDAC는 모두 12단계로 구성되어 있다. LPDAC 치료교육에 참여한 자폐아동은 대체로 비슷한 수준의 결과를 얻는다. 학습과정에서 대부분의 아동은 각 단계마다 목표수준에 도달한다. 프로그램이 최종적으로 추구하는 것은 병리적 문제를 극복하는 것이다. LPDAC가 추구하는 것은 장애를 지닌 채 다양한 적응능력을 갖도록 하는 것이 아니다.

LPDAC 치료교육 과정을 거친 많은 아동들은 대부분 일반학교에 진학했다. 초기에 학교생활에 적응하거나 학습 진도를 맞추어 가기가 어려웠지만, 이내 스스로 학교생활에 참여하고 학습에서도 우수한 능력을 드러내었다. 물론, 가정과 학교에서 일상적인 문제들이 종종 있었다. 하지만 이것은 능력상의 문제가 아니라, 일반아동처럼 어린 시절부터 다양한 경험과 지식을 얻지 못했기 때문이다. 그러한 잃어버린 시간의 공백을 극복하는 데는 어려움이 있는 것은 사실이다. 그러나 이들 아동들은 스스로 경험을 통해 하나씩 공백을 메워가고 자신의 생활세계를 만들어 갔다. LPDAC 과정을 마친 아동들은 스스로 자신의 문제를 인식하고 자신의 생활세계에 관한 물음을 던질 수 있다. 다른 사람과 자신과의 관계에 대해 고민하기도 하고 협력할 수 있다. 아동들은 자신의 과거에 몰입되어 있는 것이 아니라, 스스로 새로운 세계를 만들어 가려고 한다.

지금까지 LPDAC의 치료교육 과정에서의 교훈은 자폐증은 치료될 수 있는 장애라는 점이다. 그리고 자폐아동은 장애를 극복할 수 있는 잠재적 능력을 가지고 있으며, 그 능력은 아동 자신이 스스로 생활세계를 일구어 갈 수 있는 것을 말한다. 따라서 중요한 사실은 치료교육 프로그램의 우수성 이전에 그들은 잠재적으로 이미 자신의 장애를 극복할 수 있는 능력을 가지고 있는 것이다.

근본적 문제 접근으로서의 치료교육

기존의 치료교육은 나름의 좋은 결과를 가져오는 것은 사실이다. 그래서 치료교육 과정에서 때로 그중에 기대 이상 좋은 결과를 얻는 경우가 종종 있다. 일상적인 생활이나 학교생활에 잘 적응하고 졸업 후에 고등교육을 지속하거나 직장을 다니는 경우도 있다. 개인적으로 사회생활하는 데 큰 불편함이 없이 생활하기도 한다. 그러나 냉정하게 판단하면, 치료교육 과정에서 많은 아동들이 그러한 결과를 얻는 것은 아니다. 좋은 결과라고 하더라도 극히 소수에 지나지 않는다. 그렇다면, 그것은 치료교육의 결과이기보다는 개인의 능력 때문이 아닐까? 만약에 치료교육의 결과라고 한다면, 대부분의 자폐아동이 치료교육을 받은 후 모두 좋은 결과를 유사하게 얻어야 할 것이다. 그런데 우리는 주변에 그런 결과를 얻는 경우를 찾아보기가 어렵다.

앞서 언급한 것처럼 치료교육의 문제는 장애가 아니라, 장애를 초래하는 발달의 병리적 요인이다. 자폐증임을 결정하는 발달상의 병리적 과제를 해결한다면, 자연히 발달상에 나타나는 장애들이 해결될 것이다. 그러한 점에서 병리적인 문제의 해결없이 학습능력이나 생활과 사회적응 능력만으로 더 나은 교육의 효과를 기대할 수 없다.

한편, 치료교육이 가능하다는 것은 이미 자폐아동이 자신의 장애를 극복할 수 있는 능력을 가지고 있다는 의미와 같다. 애초에 그 능력을 가지고 있지 않다면, 아무리 많은 시간을 할애하고 노력한다고 하더라도 기대한 만큼 발달할 수 없을 것이다. 자폐아동 치료교육에 관여하고 있는 전문가들의 문제는 자폐아동이 어떤 능력과 가능성을 찾지 못한다는 점이다. 물론, 특정 영역에서 학습능력이 뛰어나거나 우리가 생각하지도 않는 능력을 발휘할 수도 있다. 그러나 그것이 곧 치료교육과 가능성과 관련이 있다고 볼 수 없다. 왜냐하면, 자폐아동의 치료교육의 가능성은 특정 발달영역의 우수한 능력이 결정하는 것이 아니라 아동이 자신의 세계를 인식하고 있는지의 여부에 따라 예견할 수 있기 때문이다.

치료교육의 많은 노고에도 불구하고 자폐아동에게 아무런 도움을 줄 수 없다면 그리고 내재되어 있는 자폐아동이 능력을 발달로 이끌지 못한다면, 자폐아동의 치료교육이 아닐 가능성이 있다는 점을 깊이 되돌아 보아야 한다. 지금까지 제시된 자폐아동의 치료교육의 결과에서 보여 주는 것은 그들이 LPDAC의 치료교육 여정을 통해서 최종적으로 어디에 도달할 수 있는지이다.

아이러니컬한 것은 현장에서 임상적 경험을 병행하는 자폐아동 치료교육 전문가들 대부분은 치료교육 가능성을 믿지 않는다는 점이다. 그들 전문가들의 치료교육 행위는 치료교육의 가능성과 관련이 없다. 단지, 어느 정도의 변화 혹은 필요할 만큼의 적응할 수 있는 수준으로 이끄는 데 목적을 둔다. 그리고 그저 장애아동으로서 받아야 할 기본적인 교육을 습득하도록 하는 정도에 그친다. 그러기 때문에 장애아동이 교육을 받으면 어느 정도 좋아질 것인지에 대한 예측이나 기대는 매우 낮다.

교육은 분명한 목적과 목표를 가지고 있으며, 그것을 수행할 방향과 과정이 있다. 만약에 치료교육 과정에서 예측을 하지 못한다면, 치료교육 행위를 포기하는 것이 낫다. 그리고 굳이 "자폐증 치료교육"이라는 개념을 사용할 필요가 없다. 분명한 목표와 목적 없이 단지 치료교육 행위만 있는 것은 교육이 아니다. 자녀의 가능성을 예측한 치료교육 프로그램은 없다면, 시간을 낭비하는 것이나 다름이 없다.

물론, 장애아동을 위한 프로그램이 없는 것은 아니다. 엄밀하게 말하자면, 기존에 제시되고 있는 대부분의 치료교육은 "자폐아동을 위한 프로그램"이 아니라는 점이다. 애초부터 자폐아동의 장애를 위해 개발된 프로그램은 극히 드물다는 사실을 다시 한번 상기해야 한다. 설사 자폐아동을 위해 만들어진 프로그램이라고 하더라도 자폐아동의 발달병리를 이해하고 만들어 낸 프로그램이라고 볼 수 없다. 대부분의 자폐아동 치료교육은 자폐아동 발달을 예측없이 그저 가르치는 것일 뿐이다.

치료전문가들은 자폐아동의 치료교육 가능성은 애초에 안중에도 없었다. 지금까지 전문가들의 치료교육은 믿음이 없는 행위였는지 모른다. 처음부터 치료교육 가능성에 대한 믿음을 갖지 않았다는 것은 치료교육이 불성실한 행위에 불과하다는 점을 보여 주는 것이다. 그것은 자폐아동의 미래에 대한 좌절인 것이다.

제10장

자폐아동 치료교육 가능성과 미래

❀ 부모의 자녀에 대한 믿음

90퍼센트의 가능성을 믿는 것보다는 1퍼센트의 가능성을 믿는 부모의 의지가 때로 더 강하다. 자폐아동을 가진 부모는 자녀의 교육 가능성에 대해 확신도 회의적이지도 않다. 부모는 치료교육의 가능성과 한계에 관한 두 가지 양상을 모두 가지고 있다. 치료교육의 믿음으로 시작해서 어느 순간 치료될 수 없다는 절망감을 경험한다. 현실적으로 부모에게 자녀의 미래에 대해 명쾌한 답을 줄 수 있는 사람도 없으며, 현재의 교육 가능성에 대해서도 답을 줄 수 있는 사람이 없다.

만약에 교육이 가능하더라도 현실적으로 모든 자폐아동이 성공적으로 치료교육이 되는 것은 아니다. 물론, 극히 적은 수의 아동들만이 성공적인 치료교육의 사례가 있을 수 있지만, 자폐아동의 현실적 교육상황과 그 결과를 고려해 볼 때 치료교육 가능성이란 한갓 부모의 나약하고 애처로운 기대와 소망에 불과한지도 모른다. 하지만 치료교육 가능성이 낮을수록 한편으로 믿음은 더 큰 법이다. 오히려 부모가 겪는 고통이란 자녀가 자폐증이라는 사실이 아니라, 자폐증이 치료의 불확실성이다.

참담한 치료교육의 실패를 경험했던 선배 부모들은 현실을 직시하고 현실을 받아들이라고 한다. 하지만 그러한 현실을 받아들이고 싶은 부모들은 없을 것이다. 부모들은 아주 낮은 가능성이라도 자녀가 치료될 수 있다는 희망을 갖기를 원한다. 따라서 단지 몇 퍼센트의 가능성만 있다면, 그리고 그 가능성을 위한 특별한 방법이 있다면, 부모로서 할 수 있는 일에 최선을 다할 것이다.

물론 자폐증 치료의 가능성을 말하는 사람은 있다. 그들 중에는 일선의 교사도 있으며, 치료교육기관의 책임자들도 있다. 그러나 그들의 설명은 일반적인 논리가 아니라, 극히 개인적이고 주관적인 논리이며 논리가 비약되어 있다. 그리고 자폐아동의 발달상에 나타나는 문제의 설명들이 궁색하다. 뿐만 아니라 자폐아동들 중에는 마치 성공적으로 치료교육이 된 것처럼 설명하지만 "변화"와 "발달" 그리고 "호전"과 "치료"에 대한 개념을 잘못 이해했을 가능성이 있다.[84)]

설사 한두 명의 성공사례를 주장하더라도 그것은 치료교육을 통해 효과를 얻은 것이 아니라, 아동 개인의 능력이며 동시에 우연적 효과에 지나지 않은 것이다. 왜냐하면, 만약에 성공적으로 치료교육이 되었다면, 교육에 참여한 대부분의 자폐아동이 똑 같은 효과를 얻어야 한다. 그리고 성공적인 치료교육이었다면, 아동기를 거쳐 청소년과 성인이 되어서도 자폐증의 병리적 문제가 나타나지 않아야 한다.

자폐아동을 가진 부모들의 믿음과 전문가들의 믿음은 다른 것 같다. 부모가 자녀의 치료교육의 한계에 직면하게 되고 교육 가능성은 점차 멀어져 가지만, 부모는 모성애적인 본능으로 불가능에 대처한다. 부모는 자녀의 치료교육 한계에 관한 전문가들의 설명에도 불구하고 믿음을 굽히지 않는다. 많은 사람들이 99퍼센트의 불가능을 말하지만, 부모는 1퍼센트의 가능성이라도 믿고 싶은 것이다. 그것이 자폐아동을 가진 부모들은 지푸라기라도 잡고 싶은 심정이다. 절망과 좌절이 뒤따른다고 하더라도 99퍼센트 불가능보다도 1퍼센트의 가능성을 위해 부모는 자신을 희생한다. 때로 90퍼센트를 믿기보다는 1퍼센트를 믿는 부모의 의지가 더 강한다. 다행스럽게도 LPDAC는 자폐아동 치료교육의 가능성에 도전해 왔다. LPDAC 교육프로그램은 임상적 결과에 치료교육의 신념을 가지고 있으며, 자녀 교육의 희망과 믿음을 가진 부모들에게 자녀의 치료교육 가능성을 보여 줄 것이다.

의식 안에 갇힌 아동

모든 교육 과정에 참여하는 교사나 부모들이라면, 아동의 본질에 관한 물음을 던져야 하는 이유가 있다. 지금까지 장애아동에 관한 잘못된 왜곡과 이해 때문이다. 교육과 아동에 관한 우리의 의식은 과거로부터 답습된 지식과 경험의 범주에 머물러 있었다. 실제로 무엇이 특수교육인지 무엇이 장애아동인지에 관한 본질은 항상 이미 정의되어 있는 지식과 과거 경험에 의해 인식되기 때문이다. 일반아동과 다르게 평가하고 범주화시킨 것이 올바른 이해였다고 볼 수 없다. 그들을 분리해서 교육을 하는 것이 진정 장애아

84) 성공적인 치료교육 사례들은 대부분 치료교육 집단의 극히 제한된 아동에 해당된다. 많은 아동들 중에서 한두 명의 아동이 월등히 좋은 결과를 가져왔다면, 치료교육의 결과보다는 본래 개인의 능력 때문일 가능성이 있다. 치료교육 프로그램의 효과가 자폐아동 개인의 인지 특성에 따라 효과가 달라질 수 있다(Eaves & Ho, 2004; Gabriels et al., 2001). 이러한 견해는 수많은 아동들 중에 몇몇의 자폐아동들이 성공적이라고 하더라도 그것은 치료교육 프로그램의 효과가 아닐 수 있다는 점을 말해준다.

동의 생활과 삶에 도움이 되는지는 불확실하다.

오랫 동안 장애아동의 행동은 항상 "장애행동"이라고 인식되었다. 왜냐하면 장애아동들의 행동은 일반적이지도 않으며, 보편적이지도 않기 때문이다. 그들의 행동과 태도 그리고 그들이 드러내는 정서적 양상은 항상 낯설고 익숙하지 못했다. 그래서 우리는 장애아동의 행동을 "특징"에 따라 장애아동의 유형을 분리하기도 한다. 분명히 장애아동들의 행동은 일반아동의 행동과 차이가 있는 것은 사실이다.

하지만, 애초에 그들에게 장애가 있었는지 불분명하다. 그 개념은 다양한 설명으로 만들어진 의식이다. 누가 장애라고 했는지의 여부는 불분명하다. 그리고 장애라고 개념화하고 분리시킨 목적이 실제로 그들을 위한 것일까? 특수교육은 우리가 그들에게 다가가기보다는 그들이 우리에게 다가오도록 하는 노력이 아닐까? 만약에 그들이 우리와 유사한 행동과 태도 그리고 정서적 양상을 갖게 된다면, 더 나아가 우리와 비슷한 능력의 수준을 갖추게 된다면, 제일 먼저 수혜를 받는 것이 누구일까? 엄밀하게 되돌아 보면, 정상적이라고 하는 우리들의 문화와 생활의 편리를 위한 것인지 모른다.

고상한 논리로 장애아동을 평가하고 구분하였지만, 생활과 삶의 현실적 입장에서 실제로 장애행동이 존재하지 않는다. 이것을 이해하기 위해서는 아동의 원천적인 본성을 살펴보아야 한다. 일반아동의 요구만큼이나 장애아동에게도 요구가 있다. "먹는 것" "보는 것" "만져보는 것" "즐거움과 불쾌" 그리고 "평온과 불안" "공격과 수용" 등의 원천적인 욕구를 가지고 있다. 이러한 원천적인 욕구에는 장애가 있을 수 없다. 그것은 단지, 원천적인 본성인 것이다. 장애아동의 본성에 장애가 있지는 않는다.

장애아동의 행동은 그러한 원천적인 본성으로부터 드러나는 것이다. 장애아동이 자신이 원하는 것을 얻게 되었을 때 "즐거움"을 느낄 수 있다. 그리고 그 즐거움의 정서적 표현으로 "손뼉"을 치거나 "환호"할 수 있다. 그러므로 장애아동의 그러한 본성으로부터 드러난 행동은 "장애행동"이 아니다. 동기의 관점에서 본다면, 일반아동의 행동과 차이가 없다. 장애아동의 행동을 특징지으려고 하는 것은 그들의 행동이 낯설고 익숙하지 못하기 때문이다. 우리는 그러한 낯선 행동에 거부감을 느낄 수 있지만, 장애아동의 즐거움에 대한 정서적 태도나 행동은 일반아동의 행동처럼 자연스러운 것일 뿐 "장애행동"이니 "문제행동" "이상행동"이 아닌 것이다.

그렇다면, 지금까지 우리가 알고 있는 장애아동의 개념은 어떠한가? 그들의 "무능력"을 측정하고 평가함으로써 일반아동과 구분시키는 것이 아닌가? "이해하지 못하는 것" "대화를 하지 못하는 것" "다른 사람과 관계를 갖지 못하는 것" "자신만의 특별한 행동을 하는 것" 등이 일반아동에 "비해" 현저한 차이가 있으며, 그 차이의 본질은 "무능력"이다. 무엇이든 일반아동들처럼 잘 수행할 수 있는 능력을 가졌다면, 굳이 "장애"라고 구분하지 않을 것이다. 실제로 장애아동은 자신의 자신과 생활세계를 이해하지 못하거나 다른 사람의 세계를 이해할 만큼 능력이 없는 것인가?

장애아동이 세계를 알아가는 방식

장애아동들은 세계를 어떻게 알아가는 것일까? 그들도 자신의 생활세계를 인식하고 있는 것일까? 그들의 무능력한 상황을 전제한다면, 아무래도 장애아동들은 아무것도 모르는 그저 이 세상을 감각적으로 의식하며 살아가는 존재에 불과하다. 그들이 세상을 알기에는 너무 무력한 존재인 것 같다. 그렇기 때문에 사람들은 그들은 우리와 같은 세계를 체험하거나 느끼고 살아가는 데 한계가 있다고 보는지도 모른다.

우리는 세계를 어떻게 알아가는 것일까? 이 세상의 것들을 어떻게 판단하는 것일까? 우리가 이성으로 판단하는 것들이 옳은 것들인가? 우리가 알고 있는 대부분의 것들이 허상인지도 모른다. 왜냐하면, 순수의식으로부터 사물을 보지 못하기 때문이다. 일반아동들에게 주지시키는 많은 교육들은 세계를 알아가는 지식과 방법을 가르치는 것이다. 그 과정에서 대상과 현상을 판단하는 능력, 즉 이성을 일깨우는 것이다. 하지만 우리에게 이성이라는 것은 진정한 순수 본질로서의 이성이라고 볼 수 없다. 왜냐하면 지금까지 우리가 알고 있는 이성이라는 것은 어른들로부터 학습된 지식과 경험을 통해서 세상을 판단하는 것이기 때문이다.

이성은 오직 순수의식으로서 세상의 본질을 발견하는 것이다. 우리가 옳고 그른 것에 대한 판단은 순수의식으로부터 가능해진다. 그렇기 때문에 기존의 지식이나 경험을 통해서 세계의 본질을 판단하는 것은 이성이 아니다. 그것은 단지 답습된 정보일 뿐이다. 일반아동들이 옳고 그른 것을 판단하거나 자신의 생활세계를 발견할 수 있는 방법이 "이성"이 아닌 것이다. 아동들에게 이성이라는 것은 단지, "정보"에 대한 "비교"일 뿐이다. 그러므로 이성을 통해 세계를 알아간다는 것은 애초에 불완전하다.

장애아동들이 세계를 알아가는 방법은 일반아동과 같다. 장애아동이든 일반아동이든 아동은 자신의 세계를 알아가는 방법이 거의 같다. 장애아동은 제일 먼저 "느낌"으로 세계를 탐색하고 알아간다. 자폐아동은 대상이 자신에게 어떤 존재인지를 "느낌"으로 파악한다. 자신에게 위협적인 대상이나 호의적인 대상인지를 안다. 생존의 "본성"이다.

둘째는 "체험"을 통해서 세계를 안다. 부모와 교사가 누구인지를 "체험"으로 알아간다. 자신의 행동에 대해 어떤 태도를 보였는지의 여부에 따라 자폐아동은 그 대상을 규정짓는다. 자신에게 좋은 것과 나쁜 것에 대한 정보를 체험을 통해 축적해 간다.

셋째는 "믿음"으로 보이지 않는 것들을 안다. 부모가 자신을 사랑한다는 사실을 직관으로 안다. 그것은 동물적인 본성이기도 하다. 장애아동은 부모는 자신에게 어떤 존재인지에 관해 "믿음"으로 인식한다. 그것은 자신을 보호하고 사랑한다는 믿음이다. 더 나아가 다른 사람에 대한 믿음을 가지고 있을 뿐만 아니라, 자신 주변에 일어나는 현상에 대해서도 믿음을 갖는다.

마지막으로 "이성"을 통해서 세계를 알아간다. 장애아동을 아무것도 모르는 무능력한 존재로 생각하는 것은 왜곡이며 오해이다. "이성"은 아동이 자신의 생활세계를 인식하는 것이다. 일반아동 중에서도 "이성"에 따라 행동하는 아동은 그렇게 많지 않다. 일반아동이든 장애아동이든 "이성"으로 세상을 알아가는 방법으로 선택하는 것은 정도에 차이가 있지만 똑같다. 지금까지 아동이 세상을 알아가는 방법과 양상에 관한 관점에서 본다면, 장애아동은 일반아동의 의식과 다르지 않다.

지금도 어디선가 늘 "능력"과 "평가"라는 단서를 만지작거리며, 라벨링하려는 전문가들이 있다. 세계를 의식하는 방식으로 볼 때 일반아동과 장애아동은 차이가 나지 않는다. 장애아동이란 단지, 어른들의 의식 속에 관념적으로 존재하는 "허상"일 수 있다. 장애아동의 생활 속에서 그들을 만나기보다는 우리의 의식과 생활에서 그들을 만나려고 하였다. 그러기 때문에 장애아동을 만날 수 없으며, 더욱이 그들의 본질을 발견하기란 어렵다. 순수 아동의 본질로 그들을 이해하려고 하는 것이 아니라, 장애로 그들을 알아가려고 하기 때문이다. 엄밀히 반성하자면, 애초에 장애아동은 존재하지 않는 것이다. 그들은 "장애"로 존재하는 것이 아니라, "실존"으로 존재하는 것이다.

❁ 치료교육의 예측

"자폐아동 치료교육의 미래" 이것은 부모들이나 교사들에게 주어진 불확실성이다. 부모들은 전문가들이 조언하는 대로 교육시켜 왔고 자녀 교육을 위해 유명세 따라 사람도 찾아보았다. 그러나 많은 시간이 지난 지금 자녀에게 도움을 준 것이라고는 부모의 마음과 정성 이외에 아무것도 없다. 앞으로 어린 자폐아동은 청소년이 되어서 부모를 떠나가게 될 것이다. 생전에 남은 시간은 부모와 헤어지기 이전에 조금이라도 도움을 주기 위해서 함께 살아가는 것뿐이다.[85] 많은 교육을 시키면 아이가 더 나아지리라고 믿음

85) 자폐아동의 미래에 대해 한번쯤 생각해 보지 않는 부모는 없다. 불확실성의 미래를 생각하는 것은 두려움이 되기도 한다. 지금까지 자폐아동 치료교육에 관한 수많은 정보들과 그들이 성장해서 어떤 결과와 상황에 처해 있는지를 어느 정도 감지한 부모들은 자녀의 미래에 대해 낙관적이지 않다. 단지, 어느 정도 생활이 가능하기를 바라거나 혹은 다행스럽게 교육의 결과가 좋아 성인이 되어서 스스로 일을 할 수 있는 터전을 마련해 주는 것으로 더 없이 다행으로 생각한다. 그러나 생각만큼 자폐아동이 스스로 자립하

도 어린 아이가 청소년이 되었을 무렵 부모가 교육현실을 올바로 깨닫게 된다. 부모의 서글픔은 지금까지 자녀에게 희망을 줄 수 있을 것으로 믿어 왔던 교육 전문가와 교육사회에 대한 배신감과 원망으로부터 시작된다. 그렇기 때문에 이미 나이가 들고 다 자란 자폐아동을 가진 부모가 치료교육 전문가를 믿는 경우는 드물다.

교육 전문가들은 치료교육을 하면 "좋아진다"는 말은 했어도 치료의 가능성은 말하지 않는다. 그것은 단지, 부모 개인의 기대이거나 희망일 뿐이다. 자폐아동이 교육전문가가 권하는 교육을 받으면 인지, 언어, 사회발달이 어느 수준에 이르는지에 대해 예측해주는 경우는 더더욱 없었다. 전문가들은 겨우 "해봐야 안다"는 말로 답변할 뿐이다. 그들은 늘 "교육을 안하는 것보다 하는 것이 낫다"는 상투적인 조언을 하기도 한다. 부모는 치료교육을 하게 되면, 인지, 언어, 사회 및 행동에서 어느 수준에 이르는지를 예측하는 전문가가 없었다는 것을 오랜 시간이 지나서야 알게 된다.

아무리 허접한 치료교육이라고 하더라도 모든 교육은 아동의 발달을 예측할 수 있어야 한다. 아동 개인의 미래를 예측하지 않는 교육이 있을 수 없다. 전문가들의 어려움은 자폐아동의 치료교육에서 가장 어려운 점 중에 하나는 현재 치료교육하는 내용이 앞으로 자폐아동의 미래에 어떤 영향을 미치는지에 관한 예측이다. 만약에 특정 치료교육 내용이 아동의 미래에 어떤 영향을 미치는지에 관해 알지 못한다면, 현재 치료교육을 하고 있는 노력은 아무런 의미가 없다.

자폐아동의 치료교육을 예측한다는 것은 웬만한 전문가나 풍부한 임상적 경험이 없이는 어렵다. 더욱이 장기적인 예측을 하기란 더더욱 어렵다. 치료교육 과정에서 한 가지의 기능 향상 혹은 능력의 향상으로 더 나은 발달을 성급하게 판단하는 것은 금물이다. 그리고 과거에 비해 말을 훨씬 잘하기 때문에 앞으로 더 나은 언어발달을 보장할 수 없다. 예를 들어, 과거에 비해 놀라울 정도의 언어구사력을 할 수 있다고 하지만, 실제로 나이가 들어 언어를 유창하게 구사하는 자폐성인은 없는 것이다. 자폐성인의 언어사용은 취학 이전의 언어 수준보다 못하는 경우가 대부분이다.

자폐아동 치료교육을 통해서 "~을 할 수 있을 것이다"와 같이 가정과 추측은 막연한

는 경우가 드물다. 그것은 자폐아동의 능력 부족 때문이 아니라, 어린 시절 애초부터 자폐증 치료교육을 하지 않았기 때문일 가능성이 많다. 단지, 일반적인 장애아동 교육을 시켰을 뿐이다. "효과"와 "호전"이라는 개념으로 어느 정도 "치료"되었다고 자조적인 평가를 해 왔다. 지금까지 자폐아동만을 위한 치료교육이 있었는지 되돌아 보면 자폐아동의 치료교육이 얼마나 취약했는지를 알 수 있다. 이들 대부분의 전문 치료교육자들은 자신의 치료교육 행위가 실제로 자폐아동을 치료할 수 있는지 신념을 갖지 못할 뿐만 아니라, 미래에 어느 수준에 이를 수 있는지를 예측하지 못한다. 그들은 항상 "효과"와 "호전"되었다는 것을 위로 삼는다. 치료교육 과정에서 자폐아동의 미래를 예측할 수 없다면, 치료교육 전문가들의 노력은 아무런 의미가 없다. 자폐아동의 능력 부족이 아니라, 처음부터 잘못된 시작이었다는 반성이 있어야 한다.

기대일 뿐 치료교육의 확신은 아니다. 한편으로 현재 치료교육의 효과에 관한 미래적인 결과에 대해 아무도 모른다는 것을 의미한다. 우연히 좋은 사례를 발견할 수 있다. 즉, "누가 치료교육을 해서 효과가 있었더라" 혹은 "치료교육이 좋더라고 하더라" 등의 간접적인 정보에 의존하지만, 그렇다고 객관적으로 정확한 검증 자료를 제시하지 않은 구체적인 근거 없이 떠도는 풍문일 뿐이다. 그러한 점에서 우리는 자폐아동 치료교육 과정에서 마치 유령선을 타고 아무것도 보이지 않는 바다를 향해 바람 따라 흘러가는 것이 아닌지를 반성해야 할 필요가 있다.

자폐아동의 치료교육은 분명한 "흐름"과 그 과정에서 나타나는 "반응"들을 예측할 수 있어야 한다. 또한 그 과정에서 나타나는 반응들이 어떤 "효과"가 있는지에 관해서 분명히 설명될 수 있어야 한다. 이것은 마치 먼 여행을 하는 지도와 그 과정에서 발견되는 다양한 지형과 사물들에 대한 예측과 같다. 만약에 지도가 없다면, 방향과 과정이 없을 것이며 지도에 없는 것들이 나타났을 때, 방향을 잃게 될 것이다. 따라서 추측으로 그려진 지도를 따라가게 되었을 경우, 겪는 문제와 위험을 겪게 할 수 없다. 정확한 지도는 정확한 목표에 도달하도록 해 준다. 반면에 부정확한 지도는 삶의 방식을 어떻게 좌절시킬지 아무도 모르는 것이다.

물론, 개인차로 인해서 자폐아동마다 그 특성과 성격이 다를 수 있고 개인적으로 가진 개인내 차가 있을 수 있다. 그렇기 때문에 개개인의 특성과 능력 그리고 성향에 따라서 맞춤형식의 치료교육이 가능하다. 그러한 점에서 굳이 특정 치료교육 프로그램에 따르지 않아도 될 수 있을 것이다. 그러나 특정 능력이 향상되었다는 것만으로 아동의 가능성과 미래에 대해 예측되지 않는다. 분명히 치료교육 과정에서 "인지" "언어" "사회" 영역의 발달이 예측되어야 한다. 자폐아동의 치료과정에서 미래의 결과에 대한 예측은 치료교육의 흐름과 그 과정에서 나타나는 효과에 관한 것이다. 그것은 특정 학습이 어떤 과정을 거쳐서 어떤 효과가 있게 되며 그 효과는 다른 발달영역에 어떻게 영향을 미치는지에 관해 명확하게 제시하는 것이다.[86] 부모의 비애는 대부분의 전문가들이 자녀가 치료교육을 통해 얼마나 좋아질 수 있는지를 예측하지 못한다는 것이다. 자폐아동의 치료교육 예측에 대해 태연하게 "치료교육이 가능한지는 해봐야 한다"고 할지 모른다. 하지만 자폐아동은 삶의 목적에 안내되어야 할 대상이지 실험대상이 아니다.

86) 예를 들어, 일반적으로 단순히 "색칠하기" 학습의 기대는 아동이 특정한 색과 모양을 구분하고 색칠을 할 수 있는 것에 지나지 않으며 앞으로 색칠하기 능력이 앞으로 아동에게 어떤 영향을 미칠지에 대해서는 "막연한 기대"일 뿐 확신에 관한 것은 없다. 그러나 LPDAC는 "색칠하기" 학습이 "표상지각" 영향을 미치도록 할 뿐만 아니라, 언어영역에도 영향을 미치며 이 과정에서 아동이 "언어표상"을 통해 "언어이해"가 가능할 수 있게 한다.

❀ 치료교육의 미래

의사가 환자의 병인을 설명하지 못한 채 치료하는 법은 없다. 자폐아동에게 치료교육을 시도하기 이전에 자폐증으로 인해 일어나는 다양한 장애의 원인에 관해 설명할 수 있어야 한다. 자폐아동에게 일어나는 다양하고 복잡한 병리적 현상이 반드시 설명되어야만 치료교육을 할 수 있다. 즉, 자폐아동의 인지, 언어, 사회발달에 관한 병리적 요인들이 설명되었을 때 비로소 치료교육을 할 수 있는 것이다.

예를 들어, 왜 말을 하지 못하는지 그리고 말을 하더라도 다른 사람과 대화를 나누지 못하는지에 관한 요인에 대해 설명할 수 있을 때 원인을 해결하기 위한 치료교육 방법이 생각날 수 있는 것이다. 자폐아동의 발달적 특징을 설명하지 못하는 치료교육 프로그램은 엄격히 말하자면, 자폐아동의 발달병리적 특징과 상관이 없이 진행되는 가상적인 치료교육일 뿐이다. 자폐아동이 "프로그램에 맞추는 것"과 프로그램이 "자폐아동에게 맞추어지는 것"은 근본적으로 다르다. 지금까지 자폐아동을 위한 프로그램과 자폐아동과 상관이 없는 프로그램이 존재해 왔었다. 문제는 현재 상용되고 있는 많은 치료교육 프로그램이 자폐아동을 위해 만들어지지 않았다는 점을 고려해 볼 때 이것은 자폐아동이 치료될 수 없는 것이 아니라, 애초에 자폐아동 치료교육이 없었다는 의미이다.

수많은 방법을 통해 자폐증 치료교육을 시도하지만, 여전히 던지는 물음의 초점은 자폐증의 근원적인 원인을 해결할 수 있는지의 여부이다. 하지만 지금까지 어떤 치료교육 프로그램도 근원적인 문제를 해결하기 위한 것은 없다. 이들 치료교육 프로그램이 나름대로 여러 가지 이론을 배경으로 다양한 치료교육 프로그램이 만들어 왔고 각각의 효과와 타당성에 대해 주장해 왔지만, 자폐증의 근원적인 문제를 해결하지는 않는다. 그러나 과연 그 가능성에 관해 설명하는 이론과 방법은 없는 것일까?

다행스럽게도 LPDAC는 자폐증 발달이라는 이론을 제시함으로써 자폐증의 발달적 메커니즘을 설명하였고 이것은 새로운 치료교육 모델의 준거가 될 수 있었다. 공교롭게도 LPDAC 치료교육의 이론적 바탕은 휘트먼의 주장과 같은 견해를 가지고 있다.[87] 하

87) 휘트먼의 자폐증 발달 이론의 핵심은 발달상의 "인지" "언어" "사회" 영역이 상호작용을 통해서 발달이 진행된다는 것이다. 이것은 LPDAC와 동일한 관점이다. 이것은 이전부터 당연시 되어 온 것이지만, 자폐증 발달을 개념적으로 적용하지는 못했다. 그러나 휘트먼은 발달의 상호작용 그리고 순환적 메커니즘을 설명한 데 반해 LPDAC는 그와 더불어 발달을 분화와 통합의 영속성을 설명한다는 점에서 휘트먼과 차이가 있다. 자폐증 발달의 상호작용과 순환성 그리고 분화와 통합의 영속성은 자폐아동의 발달의 결함을 설명할 수 있을 뿐만 아니라, 장애의 요인과 문제를 해결할 수 있는 근거를 제시해 주고 있다.

지만, LPDAC는 그의 이론을 배경으로 만들어진 것은 아니다. LPDAC는 애초에 인지심리학에 관련하여 독자적으로 개발되었으며, 오랫동안 임상적 과정을 거쳤다. 그리고 LPDAC 자폐아동 치료교육 프로그램의 초점은 자폐아동의 근원적인 문제를 해결하는 데 있다. 외현적 문제에 집중하고 기능을 회복시키는 것이 아니라 문제의 원인에 관해 관심을 둔다.

LPDAC는 자폐증의 원인이 인지발달의 결함 때문이며 이것은 근본적으로 인지발달 장애와 관련이 있다. 이미 언급한 바와 같이 인지발달에 영향을 미치는 요인이 생물학적 관점에서 뇌 발달장애에 기인한다는 여러 연구들이 있지만, 이러한 문제들을 의학적으로 처치했다는 연구는 아직 없다. 그러나 현재 진행되고 있는 많은 연구에서는 뇌 발달장애가 인지발달에 영향을 미치기 때문에 우리는 다른 방식 즉, 인지발달을 유도함으로써 뇌 장애의 문제를 어느 정도 해결할 수 있을 것이라는 가정하고 있다.

인지발달과 관련하여 LPDAC는 휘트먼의 자폐증 발달 이론은 자폐증의 유발과 메커니즘을 설명해 주고 있으며 이것은 자폐증의 근본적인 문제를 해결하는 이론적 초석이 된다. 그리고 LPDAC 치료교육 이론과 휘트먼의 자폐증 발달 이론은 발달이 통합과정을 통해서 이루어진다는 관점에서 서로 부합된다. 그러나 LPDAC는 자폐증 치료교육 과정이 통합적 체계를 통해서 구체적으로 제시되어 있고 프로그램 내용 또한 구체적으로 제시되어 있다는 점에서 휘트먼의 설명과 차이가 있다.

LPDAC는 치료교육은 위험스럽고 때로 거만하게 교육을 받는 모든 자폐아동들을 정상적인 수준으로 이끌 수 있다고 하지 않는다. 하지만 실제로 지금까지 임상적 결과로 보아 적어도 많은 아동들이 병리적인 문제를 벗어날 수 있는 가능성과 그에 따라 교육을 받은 많은 아동들이 일반아동과 함께 동등한 생활을 할 수 있다는 것을 보여 주었다는 점에서 다른 프로그램과 구별된다. LPDAC 치료교육으로 치료교육을 받은 자폐아동들이 일반학교에서 일반아동과 함께 학습을 하고 생활할 수 있게 했다는 사실은 매우 고무적인 일이며 자폐아동의 치료교육의 가능성에 관한 희망을 보여 주는 것이다.

❁ 교육 가능성의 전제

LPDAC만이 유독히 자폐아동이 치료교육 가능성을 언급할 이유는 없다. 적어도 장애아동의 잠재적 능력을 믿는 전문가들은 항상 그들의 교육 가능성에 대한 신념을 피력해야 한다. 안타까운 것은 교사나 부모가 자폐증은 치료가 되지 않는다는 것을 전제하고 교육한다는 것이다.

"모든 교육은 가능성을 전제로 해야 한다."

이것은 모든 교육자가 자녀야 할 기본적 이념이다. 왜냐하면 애초에 교육은 모든 가능성을 전제로 하기 때문이다. 교육 가능성을 배제하는 교육은 무의미하며 교육 한계를 전제하는 것은 곧 죽은 교육이기 때문이다. 교육의 생명력은 어떤 목적으로 이끌어 갈 수 있는 가능성에 있다. 그렇기 때문에 일반 교육이든 혹은 특수교육이든 간에 아동의 가능성을 전제로 해야 하는 것은 교육 내재적 힘이다. 일반교육이든 특수교육이든 모든 교육행위는 항상 가능성을 염두에 두어야 하는 것도 그 때문이다. 만약에 특수교육이 장애아동 교육 가능성을 배제하고 항상 한계에 염두에 둔다면, 차라리 복지 중심의 "특수복지교육"을 하든지 아니면, 교육과 관련 없이 "특수사회복지"에 집중하는 것이 더 나을지도 모른다.

"교육의 가능성은 아동에 대한 믿음으로부터 시작한다."

만약에 아동의 능력을 믿지 않는다면 당연히 교육의 가능성을 기대하지 않게 될 것이다. 교육은 인간만이 갖는 특권이다. 교육은 오직 인간을 대상으로 한다. 그리고 모든 교육행위는 인간의 가능성을 인간의 능력에 근거하고 있다. 그래서 교육은 첫째, 아동의 능력을 발견하는 것이다. 둘째, 아동의 능력을 발휘할 수 있도록 하는 것이다. 이것들은 아동의 능력에 대한 믿음으로부터 오는 것이다. 그 믿음이 없다면, 애초에 교육은 믿음을 상실한 채 도처 없이 떠도는 유령이나 마찬가지이다.

가정에서 혹은 학교에서 교육을 통해서 아동들이 자신의 능력을 발현하고 자신의 삶을 성숙시킨다. 이러한 점에서 교육의 힘은 놀라운 것이다. 무능력한 아동이 교육을 통해 숨겨진 능력을 발견하고 발현시키는 것을 종종 발견하게 된다. 그래서 교사는 아동의 능력을 발견하는 중요한 반려자가 되기도 한다. 모든 교육은 가능성을 전제로 해야 한다는 것은 곧 아동의 능력에 관한 믿음이며 동시에 아동의 삶에 관한 교육이 되는 것이다.

그러나 교육자들의 의식 속에는 일반아동의 무한한 교육 가능성을 기대하지만, 장애아동에 대해서는 그렇지 않다는 것이다. '장애아동' '특수아동' '자폐아동' 등으로 불리는 아동들에게 교육 가능성을 기대하는 교육자들이 드물다는 것은 대부분의 교육자들이 아동의 교육 가능성에 대한 믿음을 애초에 갖고 있지 않다는 것이다. 물론 몇 가지 생활적응을 위한 기초 교육을 시도하고 그에 따른 능력을 향상시키지만, 교육 가능성에 관한 의식 없이 이루어지는 기능교육은 진정 그것이 효과가 있다고 하더라도 삶에 관한 교육은 아닐 것이다.

예전에 일본 특수교육 기관과 자폐성인을 위한 시설 기관을 방문한 적이 있다. 팔순이 넘은 이사장은 50세가 넘은 자폐증을 가진 아들이 있다.[88] 두 번째 방문이었기 때문에 이전에 아들의 자폐적 성향을 잘 알고 있었다. 간단한 목공 조립작업을 하였지만, 여전히 심한 자폐증적 증상을 보였다. 방문한 그 당시에도 자폐증적 특징은 여전했다. 이사장이자 어머니인 그녀는 사람은 평생 발달한다는 것을 눈시울을 적시며 자신의 아들을 통해서 경험한 이야기를 들려주었다.

"엄마가 죽으면 어떡하지?"

나이든 아들은 무덤하게 말을 한다.

"싫어요!"

그리고 이 질문을 한 후에 2년이 지났다. 어머니는 다시 아들에게 물었다.

"엄마가 죽으면 어떡하지?"

질문을 듣고 잠시 밖에 나갔다가 들어 왔다. 아들은 침울한 표정으로 말을 한다.

"엄마가 죽으면 슬플 것 같아요!"

실제로 그녀는 자신의 여생이 얼마 남지 않았다고 여겼고 그 사실을 넌지시 물음으로 알리고자 했던 것이다. 지금은 오십이 넘은 아들을 위해 장애인 양로원을 계획하고 있다. 어린 아이부터 키워온 부모로서 깨달은 것은 장애아동은 평생 발달한다는 것이었다. 개인적으로 생각해 볼 때 일본에서의 경험은 장애인을 위한 평생교육을 해야 할 이유를 알게 된 동기가 되었다.

교육을 통해서 아동의 변화를 기대하는 것은 아동의 능력을 믿기 때문이다. 그런데 문제는 교육의 한계를 아동에게 그 책임을 돌린다는 것이다. 아무리 많은 시간과 노력을 들여 교육을 하더라도 더 이상의 좋은 결과를 얻지 못하기 때문일 것이다. 정말 그럴까. 그렇지 않을 수 있다. 반대로 교육자가 아동을 가능성으로 이끌 수 있는 능력을 갖추고 있지 않을 가능성이 있다. 오히려 그와 반대로 아동의 능력을 이끌어 가지 못하는 교육자의 능력의 한계에 있지 않는지 진지하게 반성해 보아야 할 것이다.

---

88) 일본 동경 근교에 위치한 자폐성인 갱생시설인 "케야키노사토"는 팔순이 넘은 스다하쓰키 이사장이 설립한 기관이다. 그녀는 젊은 시절 자폐증을 가진 자녀를 위해 처음으로 일본자폐아동부모회를 조직하였고, 그 이후에 자폐아동을 위한 유치원과 학교를 세우는 데 많은 역할을 했다. 현재는 자폐성인 갱생시설 이외에 자폐성인을 위한 양로원 설립을 계획하고 있다.

물론 특수교육이 장애아동에 대해 깊은 연구와 노력이 없었던 것은 아니다. 오랜 특수교육의 역사는 장애아동들의 교육에 심혈을 기울여 왔다는 것은 사실이다. 척박한 특수교육 현실에도 불구하고 한국의 특수교육 위상을 높여 왔다. 또한 교육의 한계를 극복하기 위해 장애아동들에 대한 교육환경의 개선을 위해서도 부단히 노력해 왔으며 그 성과는 과거와 비교할 때 큰 변화가 있었다. 하지만 염려하는 것은 장애아동의 능력을 한계짓고 교육을 한다는 점이다. 설사 현실적으로 교육의 한계성을 체험하더라도 인간의 능력에 대해 한계를 짓지 말아야 한다는 점이다. 왜냐하면 아동은 항상 교육 가능성의 존재자이기 때문이다.

그러므로 우리는 현실적 한계를 아동에게 책임을 돌려서는 안 될 것이다. 아동교육의 한계를 교육자의 한계로 보아야 한다. 장애를 극복시킬 수 없는 교육자의 무능력을 반성해야 한다. 교육자는 가능성을 이끌 수 있는 능력을 배양한다. 진정으로 교육을 반성하는 교육자는 스스로 자신의 교육적 자질을 향상시키려고 노력한다. 그러므로 교육자가 아동의 교육에 대해 연구하고 고민하는 것은 교육의 한계를 극복하기 위한 자기반성이며 노력이다. 모든 교육은 가능성을 전제로 두지 않을 경우, 그 순간 교육은 이미 죽은 것이다.

에필로그

❀ 장애아동을 위한 파라다이스

사람들의 생각은 얼굴만큼이나 저마다 다르다. 서로 다른 주장을 하는 것도 생각이 다르기 때문이다. 이러한 생각의 차이를 존중하는 것이 매우 중요한다. 그러나 생각의 차이라고 받아들이지 못하면, 갈등과 반목만을 일으킬 뿐이다. 그리고 장애아동에 관한 잘못된 생각은 결국 그들의 생활에 부정적인 영향을 끼치게 될 것이다. 이와 같이 만약에 우리가 장애아동에 관한 생각들이 저마다 다르고 견해를 존중하지만, 반성 없이 드러내는 의식들은 오히려 장애아동의 이해와 교육에 많은 부정적 결과를 초래할 것이다.

전문가들이라고 하더라도 개인에 따라서 장애아동에 관한 시각과 의식은 많은 차이가 있다. 장애아동의 견해에 대해서 몇 번씩 겪는 문제를 우연히 또 한 번 접하게 되었다. 장애아동의 현실적 문제와 미래에 관해 대화를 나누면서 교육철학이 없는 전문가들의 인식이 장애아동에게 얼마나 큰 잘못을 저지를 수 있는지를 깊이 느꼈다. 특수교육을 전공하였고 자폐아동 치료교육 전문가라고 알려진 그녀는 장애아동의 현실적 문제를 나름대로 진지하게 자신의 의견을 표명하였다. 그 내용은 다음과 같다.

"장애아동에게 능력의 한계가 있는데도 불구하고 굳이 아동이 싫어하는 것을 강요하면서 교육을 시켜야 하는가?"

"아동이 요구하는 대로 자유롭게 생활할 수 있는 환경을 만들어 주고 마음껏 경험하며 살도록 하는 것이 그들을 행복하게 하는 것이다."

언뜻, 이 말에 장애아동을 위한 파라다이스를 생각해 보았다. 아마도 그 교육전문가는 장애아동을 위한 진정한 실천은 장애아동이 아무 걱정 없이 자신의 생존을 행복을 느낄 수 있는 환경을 만드는 것이라고 생각했을 것이다. 어떤 이들이 들어도 공감할 수 있는 질문이며 생각이다. 실제로 교사나 부모는 아동이 능력의 한계에 직면하고 더 이상의 것들을 가르친다는 것은 무의미하게 느낄 때가 종종 있다. 부모의 입장에서는 수많은 노고에도 불구하고 자녀에게 별다른 도움을 줄 수 없다는 것을 일찍이 감지하고 자녀의 미래의 삶을 접을 수 있다.

이런 입장에 처해 있는 부모와 교사는 "아동의 능력을 인정하고 자유로운 생활을 할 수 있도록 환경을 조성하는 것이 우리가 그들의 행복을 위한 것"이라는 말에 쉽게 공감을 할 수 있을지 모른다. 그러나 삶의 본질적인 문제를 생각하면, 이러한 생각은 매우 추상적이고 한 개인의 삶을 무참하게 방치하게 되는 처사임을 알 수 있다. "아동의 능력의 한계를 인정하고 자유를 주는 것이 그들의 행복"이라고 생각하는 당사자들의 견해를 살펴보면 다음과 같다.

첫째, 장애아동 능력의 한계는 교육으로 극복할 수 없다는 것이다. 물론, 장애아동을 지도하면서 교육의 한계를 무수하게 경험한다. 그 과정에서 장애아동 능력에 대해 회의적으로 생각할 수 있다. 정말 그런 것일까? 좀 더 합리적 생각을 한다면, 오히려 아동의 능력을 발견하지 못하는 전문가들이 반성해야 할 것이다. 아무리 노력해도 아동의 능력을 찾지 못하는 것은 그들을 지도하는 전문가들의 한계일 뿐, 아동의 한계가 아니다. 장애아동의 교육은 아동 개인의 삶에 관한 문제이다. 따라서 능력이 평가 기준이 될 수 없으며, 왜냐하면 아동은 평가의 대상이 아니라 이해의 대상이기 때문이다. 무능력한 전문가는 항상 아동의 무능력을 이유 삼는다.

둘째, 장애아동의 한계를 고려하지 않는 교육은 그들을 더욱 고통스럽게 만든다는 것이다. 능력은 한계가 있기 때문에 고통스럽게 하면서까지 교육하는 것이 바람직하지 못하다. 이것은 아동의 본질을 전혀 고려하지 않는 말이다. 아무리 능력이 뒤떨어진다고 하더라도 아동은 세계를 탐색하려는 본성이 있다. 장애아동의 생활세계를 탐색하는 치료교육 전문가라면, 장애아동이 경험을 통해서 자신의 세계를 만들어 간다는 사실과 그들도 배움을 통해서 세계를 인식하려고 한다는 것을 안다. 그들에게 배움을 즐겁게 이끌지 못하고 고통스럽게 했다면, 치료교육 전문가들의 무능력 때문이다. 오히려 그들은 아동의 능력 한계로 돌리는 경향이 있으며, 그들의 유일한 대책은 교육 대신에 장애아동들에게 각종 서비스를 통해 그들이 즐거움을 느끼도록 하는 것이 더 낫다고 여긴다.

셋째, 장애아동은 정상적으로 사회적 공동체 속에 속할 수 없기 때문에 그들을 위한 좋은 사회복지 환경을 조성한 시설에서 생활하도록 해 주어야 한다는 것이다. 장애아동은 그러한 사회적 공동체의 일원으로서 함께 살아가기에는 장애아동 자신이 수행해야 할 능력이 없고 정상적인 사람들과 공통체적인 삶을 살아가기에 역부족하다는 것이다.

우리는 그들의 능력을 평가하기 이전에 그들이 무엇을 원하는가를 발견해야 한다. 장애아동 중에 다른 사람과 함께 관계를 갖거나 생활하기를 싫어하는 경우는 없다. 그들은 우리와 함께 있는 것만으로 즐거움을 느낀다. 장애아동을 위해 그들만의 사회적 공동체를 구성하고 환경을 조성하자고 하는 것은 애초에 장애아동은 함께 공통체적 삶을 나눌 수 없는 대상으로 여기는 것이다. 오히려 장애아동들도 우리와 같이 행복추구권이 있다는 점을 잊어서는 안 된다.

보살핌과 도움 그리고 안락한 환경에서 편하게 살 수 있도록 보장하는 것이 진정 장애아동을 위한 최선의 방법이 될 수 없다. 왜냐하면 장애아동은 자신의 생활세계를 도전하고 탐색하고자 하는 내면의 원천적인 본성과 본능을 지니고 있기 때문이다. 그들도 일반아동들처럼 뛰고 싶고 달리고 싶다. 오감에서 느껴오는 것들을 경험하고 싶어 한다. 아플 때 울고 싶고 기쁠 때 웃고 싶은 것이다. 그들에게도 이 세계에 대한 호기심을 가지고 있다. 때로 만져보고 때로 오랫동안 간직하고 싶다. 그런데 우리는 그들에게 그러한 원천적인 요구들을 찾으려고 하지 않는다. 단지, 장애아동을 무엇을 할 수 없는 능력이 부족한 존재로 인식하기기 때문이다.

장애를 가졌다고 하더라도 자신의 무능력에 도전하는 예가 있다. 선천성 뇌성마비로 태어난 아이, 평생 병원에서 식물인간처럼 살아가는 아이, 뒤틀린 몸을 움직일 수 없고 음성도 표현하지 못하는 아이, 단 왼발을 조금 움직일 수 있는 아이. 그가 화가 크리스티 브라운이다. 처음 그녀를 보았던 사람들은 태어나지 말아야 할 아이였고 그녀 자신과 가족에게 불행을 안겨 준 아이였다. 인생의 대부분을 병원 침실에서 보낸 그는 불가능하다고 여겼던 발성을 아일린 콜을 만나 흐릿하게 발음할 수 있었다.

기자가 그에게 물었다. 세상을 살아가면서 무엇이 가장 행복했냐고. 그는 어린 시절을 회상하며 가족과 함께 유람선을 탔던 때를 기억했지만, 그러나 가장 행복했던 것은 자신이 스스로 걸었을 때였다고 하였다. 자동차 범퍼에 의지하여 세 발자국 걷다가 땅위로 자신의 몸이 나무토막처럼 내동댕이쳐졌다. 그리고 얼굴과 몸에 상처를 남긴 채… 세 발자국! 무엇을 위해 세 발자국을 걸었으며, 그것이 그에게 어떤 의미를 주었을까? 스스로 할 수 있다는 것은 스스로 세계에 존재한다는 것을 의미한다. 그는 장애로서 존재하는 것이 아니라, 스스로 자신을 실존적 존재임을 체험하고 싶었을 것이다.

장애아동을 위한 파라다이스는 없다. 멀쩡한 정상적인 사람들에게도 파라다이스 같은 세계는 애초에 존재하지 않는다. 파라다이스! 그것이 진정 인간이 추구하는 행복의 안식처라고 위안을 삼는다면 무지한 처사이다. 장애아동에게서 진정한 행복의 낙원은 체험을 통해 얻어지는 기쁨 속에서 존재한다. 장애아동 자신의 존재의 기쁨은 어려운 일들을 하나씩 극복해가고 자신이 수행했다는 그 자체에 있다. 그들의 곁에서 오랫동안 지켜보면 사소하고 별수롭지 않는 일에서도 즐거움을 느낀다는 것을 발견할 수 있다. 장애아동의 무능한 존재 이전에 그들은 우리와 함께 체험하고 느끼기를 원한다. 함께 공동체를 이루는 삶은 인간만이 할 수 있는 고귀한 존재감이다. 장애아동을 위한 파라다이스는 존재하지 않다. 단지, 함께 공유하는 삶이 있을 뿐이다.

참고 문헌

구연상 (2001). 공포와 두려움 그리고 불안. 서울: 청계.

김규영 (1998). 인지과정과 지능 및 학업성취의 관계 연구: PASS 모형 중심으로. 연세대학교 대학원 석사학위논문.

김영태 (1994). 구어-언어 진단검사. 대구: 한국언어치료학회.

박대근 (2000). 유아의 기본운동 및 지각-운동 발달에 관한 연구. 중앙대학교 교육대학원 석사학위논문.

신상희 옮김 (2000). 동일성과 차이. 서울: 민음사.

이남인 (2004). 현상학과 해석학. 서울: 서울대학교출판부.

여문환 (2002). 아동기의 발견. 서울: 양지사.

여문환 (2008a). 자폐아동의 이해와 프로그램 적용. 서울: 양서원.

여문환 (2008b). 자폐아동의 생활지도를 위한 등가소거법과 등가증진법. 서울: 양서원.

여문환 (2009). 아동기의 발견: 현상학적 해석학의 이해를 통한 특수아동과 교육본질에 관한 물음. 서울: 양서원.

이상복 (1993). 지각-운동 발달 훈련 프로그램. 서울: 특수교육.

이성은 (2000). 지각-운동훈련이 지적장애유아의 학습준비도에 미치는 영향. 공주대학교 교육대학원 석사학위논문.

이정우 옮김 (1996). 철학사전 인물들과 개념들. 서울: 동녘.

임윤경 (2002). 시각적 스케줄 사용이 초등학교 자폐아동의 장소이동 시간의 문제행동 발생에 미치는 영향. 이화여자대학교 대학원 석사학위논문.

전동진 (2002). 창조적 존재와 초연한 인간. 서울: 서광사.

하이데거 편(1998). 하이데거의 언어사상. 서울: 철학과 현실사.

한덕웅 외 (2008). 인간의 마음과 행동. 서울: 박영사.

홍강의 (1993). 자폐장애: 자폐성 장애의 본질과 개념 변천에 관한 고찰. 소아 청소년 정신의학, 4(1), 3-26.

홍강의 외 (2005). 소아정신의학. 서울: 중앙문화사.

Aarons, M. & Gittens, T. (1992). *The Handbook of Autism: A Guide for Parents and Professionals.* New York: Tavistock/ Routledge.

Abrahamsen, E. P., & Mitchell, J. R. (1990). Communication and Sensorimotor Functioning in

Children with Autism. *Journal of Autism and Developmental disorders, 20*(1). 75–85.

Akshoomoff, N. (2000). Neurological underpinnings of autism. In A. M. Wetherby & B. Prizant (Eds.), *Autism spectrum disorders: A transactional developmental perspective* (pp. 167–190). Baltimore: Brookes.

Akshoomoff, N., Courchesne, E., & Townsend, J. (1997). Attention Coordination and Anticipatory Control. *International Review of Neurobiology, 41*, 575–598.

Akshoomoff, N., Pierce, K., & Courchesne, E. (2002). The neurological basis of autism from a developmental perspective. *Development and Psychopathology, 14*, 613–634.

Aldred, S., Moore, K. M., Fitzgerald, M., Waring, R. H.(2003). Plasma amino acid levels in children with autism and their families. *Journal of Autism & Developmental Disorders, 33*(1), 93–97.

American Psychiatric Association (1994). *Diagnostic and statistical manual of mental disorders.* Washington, DC: American Psychiatric Association.

Autism Society of America (2008). http://www.autism-society.org/site/PageServer?pagename=about_treatment_learning.

Babara, B., Godfrey, C., & Kephart, N. C. (1967). *Moment patterns and motor education.* New York: Appletan Century Crofts Meredith Publishing Company.

Bailey, A., Le Couteur, A., Gottesman, I., Bolton, P., Simonoff, E., Yuzda, E., & Rutter, M. (1995). Autism as a strongly genetic disorder: Evidence from a British Twin study. *Psychological Medicine, 25*, 63–78.

Bailey, A., Phillips, W., & Rutter, M. (1996). Autism: Towards an integration of clinical, genetic, neuropsychological, and neurobiological perspectives. *Journal of Child Psychology and Psychiatry, 37*, 89–126.

Ball, J. (1987). *A pragmatic analysis of autistic children's language with respect to aphasic and normal language development.* Unpublished honors thesis, Melbourne University.

Baltaxe, C. (1977). Pragmatic deficits in the language of autistic adolescents. *Journal of Pediatric Psychology, 2*, 176–180.

Baron-Cohen, S. (1995). *Mindblindness: An Essay on Autism and Theory of Mind.* Boston: MIT Press.

Baron-Cohen, S. (2003). *The essential difference: The truth about the male and female brain.* New York: Basic Books.

Baron-Cohen, S., Cox, A., Baird, G., Swettenham, J., Nightingale, N., Morgan, K., Drew, A., & Charman T. (1996). Psychological markers in the detection of autism in infancy in a large population. *British Journal of Psychiatry, 168*, 158–163.

Barsalou, L. W. (1992). Frames, Concepts, and Conceptual Fields. Frames, Fields, and Contrasts. A. Lehrer and E. F. Kittay. Hillsdale, Lawrence Erlbaum Associates.

Bartak, L., & Rutter, M. (1973). Special educational treatment of autistic children: A comparative study-I. design of study and characteristics of units. *The Journal of Child Psychology and Psychiatry and Allied Disciplines, 14*(3), 161–179.

Barthélémy, C., Roux, S., Adrien, J. L., Hameury, L., Guérin, P., Garreau, B., Fermanian, J., Lelord, G. (1997). Validation of the Revised Behavior Summarized Evaluation Scale. *Journal of autism and developmental disorders. 27*(2), 139-153.

Beck, A. T., Freeman, A., Davis, D. D., & Associates. (2003). *Cognitive Therapy of Personality Disorders*. New York: Guilford Press.

Behrmann, M., Kosslyn, S. M., & Jeannerod, M. (Eds.) (1995). *The neuropsychology of mental imagery*. New York: Pergamon.

Belmonte, M. K., & Yurgelun-Todd, D. A. (2003). Functional Anatomy of Impaired Selective Attention and Compensatory Processing in Autism. *Cognitive Brain Research, 17*, 651-664.

Bettelheim, B. (1967). *The Empty Fortress: Infantile Autism and the Birth of the Self*. New York: The Free Press.

Bettelheim, B. (1974). *A home for the heart*. New York: knopf.

Beversdorg, D. Q., Manning, S. E., Hillier, A., Anderson, S. l., Nordgren, R. E., Walters, S. E. et al. (2005). Timing of prenatal stressors and autism. *Journal of Autism & Developmental Disorders, 35*, 471-478.

Bloom, L., Lifter, K., & Hafitz, J. (1980). Semantics of Verbs and the Development of Verb Inflection in Child Language. *Language, 56*(2), 386-412.

Bransford, J. D., Franks, J. J. (1971). The Abstraction of Linguistic Ideas. *Cognitive Psychology, 2*(4), 331-350.

Bryson, S. E. (1996). Epidemiology of autism. *Journal of Autism and Developmental Disorders, 26*, 165-167.

Bush, G., Luu, P., & Posner, M. I. (2000). Cognitive and emotional influences in the anterior cingulate cortex. *Trends in Cognitive Sciences, 4*, 215-222.

Campbell, M., Overall, J. E., Small, A. M., Sokol, M. S., Spencer, E. K., Adams, P., Foltz, R. I. L., Monti, K. M., Perry, J. R., Nobler, M., & Roberts, E. (1989). Naltrexone in autistic children: an acute open dose range tolerance trial. F. Am. Acad. Child Adolesce. *Psychiatry, 28*, 200-206.

Campbell, N. R. C. & Hasinoff, B. (1989). Ferrous sulfate reduces levodopa bioavailability: Chelation as a possible mechanism. *Clinical Pharmacology and Therapeutics, 45*(3), 220-225

Cansler, D. P., Martin, G. H., & Valand, M. C. (1975). *Working with Families*. Winston-Salem, NC: Kaplan Press.

Cantor, R. M., Kono, N., Duvarez-Retuerto, A., Stone, J, L., Alcarcon, M., et al. (2005). Replication of autism linkage: Fine-mapping peak at 17q21. *American Journal of Human Genetics, 76*(6), 1050-1056.

Cantwell, D. P., Baker, L., & Rutter, M. (1979). Families of autistic and dysphasic children. *Archives of General Psychiatry. 36*. 682-687.

Capon, J. (1975). *Perceptual-Motor Lesson Plans, Level-1*. CA: Front Row Experience

CDC (2007). www.hhs.gov/asl/testify/2007/04.

Chakrabarti S & Fombonne E. (2005). Pervasive developmental disorders in preschool children: confirmation of high prevalence. *American Journal of Psychiatry*, *162*(6), 1133–1141.

Chakrabarti, S & Fombonne E. (2001). Pervasive developmental disorders in preschool children. *JAMA*, *285*(24), 3093–3099.

Charman, T., Taylor, E., Drew, A., Cockerill, H., Brown, J., & Baird, G. (2005). Outcome at 7 years of children diagnosed with autism at age 2: predictive validity of assessments conducted at 2 and 3 years of age and pattern of symptom change over time. *Journal of Child Psychology & Psychiatry*, *46*(5), 500–513.

Chauha, A., Chauhan, V., Brown, W. T., & Cohen, I. (2004). Oxidative stress in autism: increased lipid peroxidation and reduced seum levels of ceruloplasmin and transferrin–the antioxidant porteins. *Life Sciences*, *75*(21), 2539–2549.

Coleman, M. (2005). A neurological framework. In M. Coleman (Eds.), *The neurology of autism* (pp. 40–74). New York: Oxford University Press.

Cook, E. H., Fletcher, K. E., Wainwright, M., Marks, N., Yan, S. Y., Leventhal, B. L. (1994). Primary structure of the human platelet serotonin 5–HT2A receptor: Identity with frontal cortex serotonin 5–HT2A receptor. *Journal of Neurochemistry*, *63*, 465–469

Cooper, L. A., Shepard, R. N. (1973). The time required to prepare for a rotated stimulus. *Memory & Cognition*, *1*(3), 246–250.

Courchesne, E. (1985). *The missing in autism. In Brain and behavioral development: Biosocial dimensions*. Eldridge, MD: Social Science Research Council.

Courchesne, E., Townsend, J P., & Chase, C. (1995). Neurodevelopmental principles guide research on developmental psychopathologies. In D. Cicchetti & D. Cohen (Eds.), *Developmental psychopathology*, *Theories and Methods* (pp. 195–226). New York: Wiley.

Courchesne. E., Kames, C. M., Davis, H. R., Ziccardi, R. Carper, R. A. et al. (2001). Unusual brain growth in early life in patients with autistic disorder: An MRI Study. *Neurology*, *57*, 245–254.

Cox, A., Klein, K., Chaman, T., Baird, G., & Baron–Cohen, S. (1999). Autism spectrum disorders at 20 and 42 months of age: Stability of Clinical and ADI–R diagnosis. *Journal of Child Psychology and Psychiatry*, *40*, 719–732.

Creswell, J. D., Welch, W, T., Taylor, S. E., Sherman, D. K., Gruenewald, T. L., & Mann, T. (2005). Affirmation of personal values buffers neuroendocrine and psychological stress response. *Psychological Science*, *16*, 846–851.

Cuccaro, M. L., Abramson, R. K., Ravan, S. A., Wright, H. H., Shao, Y., Bass, M. P., Wolpert, C. M., Donnelly, S. L., Pericak–Vance, M. A. (2003). Behavioral Comparisons in Autistic Individuals from Multiplex and Singleton Families. *Journal of Autism and Developmental Disorders*, *33*(1). 87–91

Cuccaro, M. L., Wright, H. H., Abramson, R. K., Marsteller, F. A., Valentine, J. (1993). Whole blood serotonin and cognitive functioning in autistic individuals and their first-degree relatives, *Journal of Neuropsychiatry and Clinical Neuroscience*, *5*(1), 94-101.

Dapretto, M., Davies, M. S., Pfeifer, J. H., Scott, A. A., Sigman, M., Bookheimer, S. Y., & Iacoboni, M.(2006). Understanding emotions in others: Mirror neuron dysfunction in children with autism spectrum disorders. *Nature Neuroscience*, *9*, 28-30.

Dawson, G. (1996). Neuropsychology of autism: A report on the state of the science. *Journal of Autism and Developmental Disorders*, *26*(2), 179-184.

Dawson, G. & Lewy, A. (1989). Arousal, Attention, and the Socioemotional Impairments of Individuals with Autism. In G. Dawson. (Ed.), *Autism: Nature, Diagnosis, and Treatment* (pp. 49-74). New York: Guilford Press.

Dawson, G., & Adams, A. (1984). Imitation and Social Responsiveness in Autistic Children, *Journal of Abnormal Child Psychology*, *12*, 209-225.

Dawson, G., Toth, K., Abbott, R., Osterting, J., Munson, J., Estes, A. et al. (2004). Early social attention impairments in autism: Social orienting, *Joint attention, and attention to distress. Developmental Psychology*, *40*, 271-283.

Dennett, D. (1978). Brainstorms: Philosophical Essays on Mind and Psychology. Harvester development of the chick embryonic axis. *Development*, *110*, 1271-1284.

Duncan, J., & Owen, A. M.(2000). Common regions of the human frontal lobe recruited by diverse cognitive demands. *Trends in Neurosciences*, *23*, 475-483.

Dunn, W. (1991). Motivation: Neuroscience foundations of human performance. *AOTA Self Study Series*, *7*, 3-36.

Eisenberg, L., & Kanner, L. (1956). Early infantile autism 1943-1955. *American Journal of Orthopsychiatry*, *26*, 556-566.

Ferster, C. B. (1961). Positive Reinforcement and Behavioral Deficits of Autistic Children. *Child Development*, *32*, 437-456.

Ferster, C. B., & DeMyer, M. K. (1961). The Development of Performance in Autistic Children in an Automatically Controlled Environment. *Journal of Chronic Diseases*, *13*, 312-345.

Filipek, P. A., Accardo, P. J., Ashwal, S., Baranek, G. T., Cook, E. H. Jr., Dawson, G., Gordon, B., Gravel, J. S., Johnson, C. P., Kallen, R. J., Levy, S. E., Minshew, N. J., OZonoff, S., Prizant, B. M., Rapin, I., Rogers, S. J., Stone, W. L., Teplin, S. W., Tuchman, R. F., & Volkmar, F. R. (2000). Practice prameter: screening and diagnosis of autism: report of the Quality Standards Subcommittee of the American Academy of Neurology and the Child Neurology Society. *Neurology*, *55*, 468-479.

Fink, S. L. (1967). Crisis and motivation: a theoretical model. *Archives of Physical Medicine and Rehabilitation*, *Nov.*, 592-597.

Fombonne, E. (2003). Epidemiological surveys of autism and other pervasive developmental disorders: An update. *Journal of Autism and Developmental Disabilities*, *33*, 365-382.

Fombonne, E. (2009). Epidemiology of pervasive developmental disorders. *Pediatr Research*, *65*,

591–598.

Frith, U. (1989). *Autism: explaining the enigma*. Oxford: Basil Blackwell.

Frith, U., & Frith, C. D. (2003). Development and neurophysiology of mentalizing. *Philosophical Transactions of the Royal Society: Biological Sciences*, *358*, 459–473.

Frith, U., & Frith, C. D. (2006). The neural basis of mentalizing. *Neuron*, *50*, 531–534.

Frith, U., & Happé, F. (1995). Autism: Beyond Theory of Mind. In J. Mehler and S. Franck (Eds.), *Cognition on Cognition, Cognition Special Series* (pp. 13–30). Cambridge, Mass: MIT Press.

Frith. U. & Hill. E. (2004). *Autism: mind and brain*. Oxford: Oxford University Press.

Frosting, M., & Maslow, P.(1970). *Movement Education: Theory and Practice*. Chicago, IL: Follett Educational Corporation.

Gabriels, R. L., Hill, D. E., Pierce, R. A., Rogers, S. J., & Wehner, B. (2001). Predictors of treatment outcome in young children with autism. *Autism*, *5*, 407–429.

Gallagher, H. L., & Frith, C. D. (2003). Functional imaging of theory of mind. *Trends in Cognitive Sciences*, *7*, 77–83.

Garfin, D. G., McCallin, D. & Cox, R. (1988). Validity and Reliability of the Childhood Autism Rating Scale with Autistic Adolescents. *Journal of Autism and Developmental Disorders*, *18*, 367–378.

Gillberg, C. (1984). Infantile autism and other childhood psychoses in a Swedish urban region: Epidemiological aspects. *Journal of Child Psychology and Psychiatry*, *25*, 35–43.

Gillberg, C. (1988). The neurobiology of infantile autism. *Journal of Child Psychology and Psychiatry*, *29*, 257–266.

Gillberg, C., Steffenburg, S., & Schaumann, H. (1991). Is autism more common now than ten years ago? *Br J Psychiatry*, *158*, 403–409.

Gillberg, C., Steffenburg, S., & Wahlstrom, J. et al. (1991). Autism associated with marker chromosome. *Journal Am Acad Child Adolesce Psychiatry*, *30*, 489–494.

Goffman, Erving. (1963). *Stigma: Notes on the Management of a Spoiled Identity*. Englewood Cliffs, NJ: Prentice Hall.

Goffman, E. (1974). *Frame Analysic: An Essay on the Organization of Experience*. New York: Haper & Row.

Gottlieb, G., & Halpern, C. T. (2002). A relational view of causality in normal and abnormal development. *Development and Psychopathology*, *14*, 421–435.

Greenspan, S. I. & Wieder, S. (1998). *The Child with Special Needs*. Reading, Mass.: Perseus Books.

Gutstein, S. (2005). Relationship Development Intervention: Developing a treatment program to address the unique social and emotional deficits of autism spectrum disorders. Autism Spectrum Quarterly (Winter).

Happé F. G. E. (1994). Wechsler IQ profile and theory of mind in autism: A research note. *Journal of Child Psychology and Psychiatry*, *35*(8), 1461–1471.

현상 해석학적 이해와 방법을 통한 자연교육 모형 개발에 관한 고찰(2006)

Heidegger, M. (2000). 동일성과 차이 [Identit¨at und differenz]. (신상희 역). 서울: 민음사.

Hertzing, M. E., Snow, M. E., & Sherman, M. (1989). Affect and Cognition in Autism, *Journal of the American Academy of Child and Adolescent Psychiatry*, *28*, 195-199.

Hobbs, T., Westling, D., & Hatoum, R. (1996). Treatment of positive behavioral support concepts in currently used textbooks. *Teacher Education and Special Education*, *19*(1), 71-80.

Hobson, R. P. (1983). The autistic child's recognition of age-related features of people, animals, and thing. *British Journal of Development Psychology*, *1*, 343-352.

Hobson, R. P. (1986). The Autistic Child's Appraisal of Expressions of Emotion. *Journal of Child Psychology and Psychiatry and Allied Desciplines*, *27*, 321-342.

Hockett. P. C. (1960). The origins of speech. *Scientific American*, *203*, 89-96.

Hornig, M., Chian, D., & Lipkin, W. I. (2004). Neurotoxic effects of postnatal thimerosal are mouse strain dependent. *Mol Psychiatry*, *9*, 833-845.

Hoshino, Y., Yamamoto, T., Kaneko, M.. Tachibana, R., Watanabe, M., Ono, Y., Kumashiro, H. (1984). Blood serotonin and free tryptophan concentration in autistic children, *Neurophyschobiology*, 11, 22-27.

Hossain, M. A., Russell, J. C., Miknyoczki, S., Ruggeri, B., Lal, B., & Laterra, J. V. (2004). Endothelial growth factor mediates vasonenic edema in acute lead encephalopathy. *Ann Neurol*, *55*, 660-667.

Humphrey, N. (1984). *Consciousness Regained*. New York: Oxford University Press.

Hutt, S. J., Lee, D. & Ounsted, C. (1964). Arousal and Childhood Autism. *Nature*, *204*, 908-909

Intons-Peterson, M. J. (1992). Components of auditory imagery. In D. Reisberg (Ed.), *Auditory imagery* (pp. 45-71). Hillsdale, NJ: Erlbaum.

James, S. J., Cutler, P., Melnyk, S., Jernigan, S., Janak, L., Gaylor, D. W. et al. (2004). Metabolic biomarders of increased oxidative stress and impaired methylation capacity in children with autism. *Ann Neurol*, *80*, 1611-1617.

James, W. (1890). *The principles of psychology*. New York: Holt.

Just, M. A., Cherkassky, V. L., Keller, T. A., & Minshew, N. J. (2004). Cortical activation and synchronization during sentence comprehension in high-functioning autism: Evidence of underconnectivity. *Brain*, *127*, 1811-1821.

Kahn, M. (1970). Non-verbal communication and marital satisfaction. *Family Process*, 9(4), 449 456.

Kandel, E., Schwartz, J., & Jessell, T. (2000). *Principles of neural science*. New York: McGraw-Hill.

Kanner, L. (1943). Autistic Disturbances of Affective Contact. *Nervous Child*, *2*, 217-250.

Kephart, N. C.(1971). *The Slow learner in classroom*. Columbus, Ohio: Merrill

Kinney, D. K., Miller, A. M., Crowley, D. J., Huang, E., Gerber, E.(2008). Autism prevalence following prenatal exposure to hurricanes and tropical storms in Louisiana. *Journal of Autism and Developmental Disorders, 38*(3), 481–488.

Kinsbourne, M. (1987) Cerebral–Brainstem Relations in Infantile Autism. In E. Schopler, & G. B. Mesibov (Eds.), *Neurobiological Issues in Autism: Current Issues in Autism* (pp. 107–125). New York: Plenum Press.

Klin, A., Jones, W., Schultz, R., Volkmar, E., & Cohen, D. (2002). Visual fixation patterns during viewing of naturalistic social situations as predictors of social competence in individuals with autism. *Archives of General Psychiatry, 59*, 809–816.

Klinger, L. G., & Dawson, G. (1995). A fresh look at categorization abilities in persons with autism. In E. Schopler & G. Mesibov (Eds.), *Learning and cognition in autism* (pp. 119–136). New York: Plenum.

Koh, M. & Shin, S. (2009a). A Comprehensive Cognitive Therapy Approach for Autism: Parents' Perceptions and Perspectives. Focus on Autism and Other Developmental Disabilities. Manuscript ID: Focus–09–47

Koh, M. & Shin, S. (2009b). Boosting Self–Control–Regulation of Children with ASD through Establishing Social–Emotional Relationship. *Teaching Exceptional Children.*

Koh, M. & Shin, S. (2009c). Comprehensive Cognitive Treatment Approach for Children with ASD: Effect on the Levels of Adaptive Behaviors. *Education and Education and Training in Developmental Disabilities.*

Koh, M. & Shin, S. (2008). A Cognitive Approach for Autism: The LPDAC Program(Learning Program for the Development of Autistic Children). *Journal of International Association of Special Education.*

Kosslyn, S. M., Ball, T., & Reiser, B. J. (1978). Visual image preserve metric spatial information: Evidence from studies of image scanning. Journal of Experimental Psychology: *Human Perception and Performance, 4*, 47–60.

Kuhl, P. K., Coffey–Corina, S., Padden, D., & Dawson, G. (2005). Links between social and linguistic processing of speech in preschool children with autism: Behavioral and electrophysiological measures. *Developmental Science, 8*(1), F1–F12.

Leary, M. R., & Baumeister, R. F. (2000). The nature and function of self–esteem: Sociometer theory. In M. P. Zanna (Eds.), *Advances in experimental social psychology* (pp. 1–62). San Diego, CA: Academic Press.

Leekam, S., Lopez, B., & Moore, C. (2000). Attention and joint attention in preschool children with autism. *Developmental Psycholoy, 36*, 261–273.

Leslie, A. M. (2005). Developmental parallels in understanding minds and bodies. *Treds in Cognitive Sciences, 9*, 459–462.

Leslie, A. M., & Roth, D. (1993). What Can Autism Teach Us about Meta representation? In S. Baron–Cohen, H. Tager–Flusberg, and D. Cohen (Eds.), *Understanding Other Minds: Perspectives from Autism* (pp. 83–111). Oxford: Oxford Medical Publications.

Leventhal, B. L., Cook Jr., E. H., Morford, M., Ravitz, A., Freedman, D. X. (1990). Relationships of whole blood serotonin and plasma norepinephrine within families. *J Autism Dev Disord, 20*(4), 499-511.

Lewis, M. D. (2000). The promise of dynamic systems approaches for an integrated account of human development. *Child Development, 71*, 36-43.

Lewis, M. H., & Baumeister, A. A. (1982). Stereotyped manerisms in mentally retarded persons: Animal models and theoritical analysis. *International Review of Research in Mental Retardation, 11*, 123-153.

Lillard, A. S. (2002). Pretend play and cognitive development. In U. Goswami (Eds.), *Handbook of Cognitive Development* (pp. 188-205). London: Blackwell.

Livermore, B. (1991). Water wings: Swimming with dolphins may be the boost special kids need. *Sea Frontiers, 37*(2), 44-52.

Lonsdale, D., Shamberger, R. J., & Audhya, T. (2002). Treatment of autism spectrum children with thiamine tetrahydrofurfuryl disulfide: a pilot study. *Neuro Endocrinol Lett, 23*, 303-308.

Lotter, V. (1967). Epidemiology of autistic conditons in young children: II. Some characteristics of the parents and children. *Social Psychiatry, 1*(4), 163-173.

Lovaas, O. I. (1987). Behavioral treatment and normal educational and intellectual functioning in young autistic children. *Journal of Consulting and Clinical Psychology, 55*, 3-9.

Maher, K. R., Harper, J. F., Macleay, A., King, M. G. (1975). Peculiarities in the endocrine respons to insulin stress in early infantile autism. *J Nerv Ment Dis, 161*, 180-184.

Maslow, A. H. (1970). *Motivation and personality*. New York: Harper & Row.

McAdoo, W. G., & DeMyer, M. K. (1978). Personality characteristics of parents. In M. Rutter & E. Schopler (Eds), *Autism: A reappruisal of concepts and treatment* (pp. 251-269). New York: Plenum.

McTear, M., & Conti-Ramsden, G. (1992). *Pragmatic disability in children*. San Diego, CA: Singular Publishing Group, Inc.

Michelle, Heflin & Alberto. (2004). The Use of Social Story to Promote Independent Behaviors in Novel Event For Children with PDD-NOS. *Focus on Autism and Other Developmental Disabilities, 19*(3), 164-176.

Miltzoff, A., & Gopnik, A. (1993). The Role of Imitation in Understanding Persons and Developing a Theory of Mind. In S. Baron-Cohen, H. Taer-Flusberg, & D. J. Cohen (Eds.), *Understanding Other Minds* (pp. 335-366). Oxford: Oxford University Press.

Minshew, N. J., & Goldstein, G. (1993). Is autism an amnesic disorder?: Evidence from the California Verbal Learning Test. *Neuropsycholog, 7*, 1-8.

Minshew, N. J., Sweeney, J. A., & Bauman, M. L., (1997). Neurological aspects of autism. In D. J. Cohen & F. R. Volkmar (Eds.), *Handbook of autism and pervasive developmental disorders*. New York: John Wiley.

Mundy, P., Signan, M., Ungrer, J., & Sherman, T. (1987). Play and nonverbal communication correlates of language development in autistic children. Journal of Autism and Development in autistic children. *Journal of Autism and Developmental Disabilities*, *17*, 349–36

Newell, A., Simon, H. A. (1972). *Human problem solving*. Englewood Cliffs, NJ: Prentice–Hall.

O'Connor, N & Hermelin, B. (1984). Idiot savant calendrical calculators: Math or Memory? *Psychological Medicine*, *14*(4), 801–806.

Ornitz, E. M., & Ritvo, E. R. (1968a). Perceptual Inconstancy in Early Infantile Autism. *Archives of General Psychiatry*, *18*, 76–98.

Ornitz, E. M., & Ritvo, E. R. (1968b). Neurophysiology mechanisms underlying perceptual inconsistency in autistic and schizophrenic children. *Archives of General Psychiatry*, *19*, 22–27.

Osterling, J., & Dawson, G. (1994). Early recognition of children with autism: A study of first birthday home videotapes. *Journal of Autism and Developmental Disabilites*, *24*, 247–257.

Osterling, J. A., Dawson, G., Munson, J. A. (2002). Early recognition of one year old infants with autism spectrum disorder versus mental retardation: A study of first birthday party home videotapes. *Development and Psychopathology*, *14*, 239–252.

Ozonoff, S., Straye, D. L, McMahon, W. M., & Filloux, F. (1994). Executive Function Abilities in Autism and Tourette Syndrome: An Information Processing Approach. *Journal of Child Psychology and Psychiatry and Allied Disciplines*, *35*, 1015–1032.

Palmer, R. F., Blanchard, S., Stein, Z., Mandell, D., & Miller, C. (2006). Environmental mercury release, special education rates, and autism disorder: an ecological study of texas. *Health Place*, *12*, 203–209.

Perry, James L. (ed.). (1989). *Handbook of Public Administration*. San Francisco, CA: Jossey–Bass Publishers.

Philippi, A., Roschmann, E., Tores, F., Lindenbaum, P., Benajou, A., Germain–Leclerc, L. et al. (2005). Haplotypes in the gene encoding protein kinase c–beta(PRKCB 1) on chromosome 16 are associated with autism. Molecular Psychiatry, 10, 950–960. *Retrieved August, 20,* 2005, from http://www.nature.com/index.html

Pinker, S. (1999). *Words and rules*. New York: Harper Collins.

Poustka, F., Lisch, S., Rühl, D., Sacher, A., Schmötzer, G., Werner, K. (1996) The standardized diagnosis of autism: Autism Diagnostic Interview–Revised: interrater reliability of the German form of the interview. *Psychopathology*, *29*(3), 145–153.

Quill, K. A. (2000). *Do watch listen say: Social communication intervention for children with autism*. Baltimore: Brookes.

Ratey, J., Bemporad, J., & Sorgi, P. (1987). Open trial effects of beta blockers on speech and Social behaviors in 8 autistic adults. *F. Autism Develop. Disord.*, *17*, 439–446.

Raymeker, R., van der Meere, J., & Roeyers, H. (2004). Event–Rate manipulation and Its Eect on Arousal Modulation and Response Inhibition in Adults with High Functioning Autism. *Journal of Clinical and Experimental Neuropsychology*, *26*, 74–82.

Rice, D., & Barone, S. Jr. (2000). Critical periods of vlnerability for the developing nervous system: evidence from humans and animal models. *Environmental Health Perspectives*, *108*(Suppl 3), 511–533.

Richard, G. J. (2000). *The source for treatment methodologies in autism*. East Moline, IL: Lingui System.

Richdale, A. L., Prior, M. R., (1992). Urinary cortisol circadian rhythm in a group of high-functioning children with autism. *Journal of Autism and Developmental Disorders*, *22*(3).

Riguet, C. B., Taylor, N. D., Benaroya, S., & Klein, L. S. (1981). Play in autistic, Down's, and normal children of equivalent mental age. *Journal of Autism and Developmental Disorders*, *11*(4), 439–448.

Rimland, B (1964). *Infantile autism: The syndrome and its implication*. New York: Appleton-Century-Crofts.

Rimland, B (2001). Dr. Bernard Rimland's Survey. *Article reprinted from Pure Facts March*, *25*(2)

Rinehart, N. J., Bradshaw, J. L., Moss, S. A., Brereton, A. V., & Tonge, B. J. (2000). Atypical interference of local detail on global processing in high functioning autism and Asperger disorder. *Journal of Child Psychology and Psychiatry*, *41*, 769–778.

Ritvo, E. R., Freeman, B. J., Pingree, C., Mason-Brothers, A., Jorde, L., Jenson, W. R., McMahon, W. M., Petersen, P. B., Mo, A., & Ritvo, A. (1989). The UCLA-University of Utah epidemiologic survey of autism: Prevalence. *American Journal of Psychiatry*, *146*, 194–199.

Ritvo, E. R., Freeman, B. J., Scheibel, A. B., Duong, T.,

Ritvo, E., Ritvo, R., Yuwiler, A., Brother, A. (1993). Elevated daytime melationin concentrations on children with autism: a pilot study. *Eur Child Adolesc Psychiatry*, *2*, 75–78.

Rizzolatti, G., & Arbib, M. (1998). Language within our grasp. *Trends in Neurosciences*, *21*, 188–194.

Rizzolatti, G., & Craighero, L. (2004). The mirror neuron system. *Annual Review of Neuroscience*, *27*, 169–192.

Rodier, P. M. (2000). The early origins of autism. *Scientific American*, *282*(2), 56–63.

Rogers, S. J., & Penington, B. F. (1991). A Theoretical Approach to the Deficits in Infantile Autism. *Development and Psychopathology*, *3*, 137–162.

Rogers, S. J., Hepburn, S. L., Stackhouse, T., & Wehner, E. (2003). Imitation Performance in Toddlers with Autism and Those with Other Developmental Disorders. *Journal of Child Psychology and Psychiatry*, *44*, 763–781.

Rogers, S., Ozonoff, S., & Maslin-Cole, C. (1993). Developmental aspects of attachment behavior in young children with pervasive developmental disorders. *Journal of the American Academy of Child and Adolescent Psychiary*, *32*(6), 1274–1282.

Rumelhart, D. E. (1980). Schemata: The building blocks of cognition. In Spiro, R. J., Bruce, B. C. & Brewer, W. F. (Eds.), *Theoretical issues in reading comprehension*. Hillsdale, NJ: Erlbaum.

Rutter, M. (1967). Psychotic disorders in early childhood. In A. Coppen & A. Walk (Eds.). *Recent developments in schizophrenia: A symposium* (pp. 133–158). Kent, England: Headley Brothers Ltd.

Rutter. M. (1978). Etiology and treatment: Cause and cure. In M. Rutter & E. Schopler (Eds.). *Autism: A reappraisal of concepts and treatment* (pp. 327–335). New York: Plenum.

Rutter, M. (1983). Cognitive deficits in the pathogenesis of autism. *Journal of Child Psychology and Psychiatry*, *24*, 513–531.

Sacks, O. (1993. December). A neurologist's notebook: An anthropologist on Mars. *New Yorker*, *27*, 106–125.

Sahley, T.L., Panksepp, J. (1987). Brain opioids and autism: an updated analysis of possible linkages. *Journal of Autism and Developmental Disorders*, *17*, 201–216

Sandman, C. A., Datta, P. C., Barron, J., Hoehler, F. K., Williams, C., & Swanson, J. M. (1983). Naloxone attenuates self-abusive behavior in developmentally disabled clients. *Applied Research in Mental Retardation*, *4*(1), 5–11.

Saxe, R., & Kanwisher, N. (2003). People thinking about thinking people: fMRI investigations of theory of mind. *NeuroImage*, *19*, 1835–1842.

Saxe, R., Carey, S., & Kanwisher, N. (2004). Understanding other minds: Linking developmental psychology and functional neuroimaging. *Annual Review of Psychology*, *55*, 87–124.

Scarr, S., & Weinberg, R. A. (1976). IQ test performance of black children adopted by White families. *American Psychologist*, *31*, 726–739

Schopler, E. (1994). Behavioral priorities for autism and related developmental disorders. In E. Schopler & G. B. Mesibov (Eds.), *Behavioral Issues in Autism*. New York: Plenum Press.

Schopler, E. (1987). Specific and nonspecific factors in the effectiveness of a treatment system. *American Psychologist*, *42*, 376–383.

Schopler, E., Mesibov, G. B., & Baker, A. (1982). Evaluation of treatment for autistic children and their parents. *Journal of the American Academy of Child Psychiatry*, *21*, 262–267.

Schumann, C. M., Hamstra, J., Goodlin-Jones, B. L., Lotspeich, L. J., Kwon, H., Buonocore, M. H., Lammers, C. R., Reiss, A. L., Amaral, D. G. (2004). The amygdala is enlarged in children but not adolescents with autism; the hippocampus is enlarged at all ages. J. Neurosci., *24*(28), 6392-6401

Schreibamn, L. (1998). *Autism*. Newbury Park, Calif.: Sage.

Schreibman, L. (2005). *The science and fiction of autism*. Cambridge, MA: Harvard University Press.

Schreibman, L., & Lovaas., O. I. (1973). Overselective Response to Social Stimuli by Autisic Children. *Journal of Abnormal Child Psychology*, *1*, 152–168.

Schuchardt, E. (1985). Warum gerade ich ... ?: Behinderung und Glaube. Offenbach, Gelnhausen: Burckhardthaus-Laetare Verlag.

Scott, J., Clark, C. & Brady, M. (2000). *Students with autism*. San Diego, CA: Singular Publishing

Group.

Siegel. B. (2003). *Helping children with autism learn*. Oxford, U.K: Oxford University press.

Sigman, M., & Ungerer, J. (1994). Cognitive and Language Skills in Autistic, Mentally Retarded, and Normal Children. *Developmental Psychology*, *20*(2), 293–302.

Sloman L. (1991). Use of medication in pervasive developmental disorders. *The Psychiatric Clinics Of North America*, *14*(1), 165–182.

Smith, J. D., Reisberg, D., & Wilson, M. (1992). Subvocalization and auditory imagery: Interactions between the inner ear and inner voice. In D. Reisberg (Ed.), *Auditory imagery* (pp. 95–119). Hillsdale, NJ: Erlbaum.

Sommer, K. L., & Baumeister, R. F. (2002). Self–evaluation. persistence, and performance following implicit rejection: The role of trait self–esteem. *Personality and Social Psychology Bulletin*, *28*, 926–938.

Sommerville, J. A., & Decetty, J. (2006). Weaning the fabric of social interaction: Articulating developmental psychology and cognitive neuroscience in the domain of motor cognition. *Psychonomic Bulletin & Review*, *13*, 179–200.

Stanley. I., Greenspan. M. D. (2006). *Engaging Autism*. Cambridge, MA: Da Capo Press.

Tavormina, J. B., Hampson, R. B., Grieger, R., Tedesco, J. (1977). Examining foster care: A viable solution of placement for handicapped children? *American Journal of Community Psychology*, *5*, 435–446.

Tomasello, M., Striano, T., & Rochat, P. (1999). Do young children use objects as symbols? *British Journal of Developmental Psychology*, *17*(4), 563–584.

Umbreit, J., & Blair, K. (1996). The effects of preference, choice and attention on problem behavior at school. *Education and Training in Mental Retardation and Developmental Disabilities*, *32*, 151–161.

Ungerer, I., Mundy, P., Sigman, M. & Sheman, T. (1988). *Mirror response, self–recognition, and affect in autistic children*. Manuscript in preparation.

Volkmar, F. R., Carter, A., Grossman, J., & Klin, A., (1997). Social Development in Autism. In D. J. Cohen and F. R. Volkmar (Eds.), *Handbook of Autism and Pervasive Developmental Disorders, Second Edition* (pp. 173–194). New York: John Wiley & Sons.

Waly, M., Olteanu, H., Banerjee, R., Choi, S. W., Mason, J. B., Parker, B. S., et al. (2004). Activation of methionine synthase by insulin–like rwth factor–1 and dopamine: a target for neurodevelopmental toxins and thimerosal. *Mol Psychiatry*, *9*, 358–370.

Ward, AJ. (1991). A comparison and analysis of the presence of family problems during pregnancy of mothers of 'autistic' children and mothers of normal children. *Child Psychiatry Hum Dev*, *20*, 279–288.

Waterhouse, L., Fein, D., & Modahl, C. (1996). Neurofunctional mechanisms in autism. *Psychological Review*, *103*, 457–489.

Weeks. S., & Hobsin. R. P. (1987). The Salience of Facial Expression for Autistic Children. *Journal of Child Psychology and Psychiatry and Allied Disciplines*, *28*, 129–342.

Whitman, T. L. (2004). *Autism and its development: A self-regulatory perspective*. London: Jessica Kingsley.

Wicks-Nelson, R., & Israel, A. C. (1984). *Behavior Disorders of Childhood*. Engelwood Cliffs, NJ: Prentice-Hall.

Wimmer, H. & Perner, J., (1983). Beliefs about beliefs: Representation and Constraining Function of Wrong Beliefs in Young Children's Understanding of Deception. *Cognition*, *13*, 103–128.

Wood, J. V., Heimpel, S. A., & Michela, J. L.(2003). Savoring versus dampening: Self-esteem differences in regulating positive affect. *Journal of Personality and Social Psychology*, *85*, 566–580.

Yerkes. R, M., & Dodson, J. D. (1908). The relation of strength of stimulus to rapidity of habit-information. *Journal of Comparative Neurology of Psychology*, *81*, 41–145.

Young, E. C., Diehl, J. J., Morris, D., Hyman, SL., & Bennetto, L. (2005). The use of two language tests to identify pragmatic language problems in children with autism spectrum disorders. *Language, Speech, and Hearing Services in Schools*, *36*, 62–72.

Zoroglu, S. S., Armutcu, F., Ozen, S., Gurel, A., Sivasli, E., Yetkin, O. et al. (2004). Increased oxidative stress and altered of erythrocyte free radical scavenging enzymes in autism. *Eur Arch Psychiatry Clin Neurosci*, *254*, 143–147.

부록

LPDAC 발표 자료

Peer-Reviewed Publications:

- Shin, S. Koh, M., & Yeo, M. (2012) Comparative study of the preliminary effects in the levels of adaptive behaviors: Learning Program for the Development of Children with Autism (LPDCA). *The Journal of International Association of Special Education,*
- Koh, M., Shin, S., & Yeo, M. (2010). The Learning Program for the Development of Autistic Children (LPDAC): The parents' perspectives on the treatment outcome, *Journal of International Association of Special Education,*

National and International Conference Presentation

Proposals were peer-reviewed

- *Michigan Council for Exceptional Children Conference (2011, March 3: Grand Rapids, MI)
  Topic 1: *Intervention to Increase Visual-Spatial Perception and Processing ability for Math*
  Topic 2: *Removing Concerning Problem Behaviors of Children with ASD by Behavior-Chaining*
- *Council for Exceptional Children (2010, April 21-24: Nashville, TN)
  Topic 1: *A Comprehensive Approach to Recover Sustained Attention*
  Topic 2: *Precursors of Difficulties in Math Learning*
  Topic 3: *A Comprehensive Educational Treatment for Autism*

- *2009 American Association on Intellectual and Developmental Disabilities. The Enviable Lives: The Business Plan Conference (2009, June 9: New Orleans, LA)
  A Workshop presentation: A Comprehensive Cognitive Therapy for Autism and Developmental Disabilities: The LPDAC Therapy Program
- *2009 American Association on Intellectual and Developmental Disabilities. The Enviable Lives: The Business Plan Conference (2009, June 9-12: New Orleans, LA)
  Title: Precursors Difficulties in Math Learning
- *2009 Council for Exceptional Children Convention Expo (2009, April 2-4: Seattle, WA)
  Title: The Therapeutic Strategies to Increase the Sustained Attention of Children with ASD
- *The 2nd Annual International Autism Training and Technical Assistance Program (NATTAP) Conference hosted by the Ohio Center for Autism and Low Incidence (OCALI) (2009, Nov. 19 – 21: Columbus, OH)
  Title: Cognitive Therapy for Autism: The Learning Program for Development of Autistic Children
- *2008 Autism Society of America (2008, April: Orlando, FL)
  Title: A Cognitive Approach: The Learning program for the Development of Autistic Children
- *2008 CEC Convention Expo (2008, April: Boston, MA)
  Title: The Learning Program for the Development of Autistic Children.
- Workshop to the Special Education Faculty Members of Oakland University. Title: The LPDAC Program (2007, Oct. 31: Oakland University), invited presentation.
- *Michigan Associate of Teacher Educators (2007, Oc. 27: Bay City, MI)
  Title: Treatment Autism Using the Learning Program for Development of Autistic Children (LPDAC) program

찾아보기

[ㄷ]

[ㄹ]

[ㅁ]

[ㅂ]

[ㅅ]

[ㅇ]

[ㅈ]

[ㅊ]

[ㅋ]

[ㅌ]

[ㅍ]

[ㅎ]

[기타]

저자 약력

여문환

한국인지과학연구소장
한국자폐아동치료교육협회장
한국아동심리치료학회상임이사
한국교육현상해석학회부회장
한국유아특수교육학회이사
한국유아발달심리연구회원

〈저서〉

자폐아동의 이해와 프로그램 적용(1999)
자폐아동 치료교육 프로그램 LPDAC(2001)
장애영유아통합교육(공저, 2001)
자폐아동 치료교육(공저, 2002)
유아발달심리치료(공저, 2003)
자폐아동의 가정지도와 생활이해 I (2003)
자폐아동 가정지도와 부모역할 II (2003)
자폐아동 생활지도를 위한 등가소거법과 등가증진법(2008)
현상학적 해석학의 이해를 통한 특수아동과 교육본질에 관한 물음 "아동기의 발견"(2009)

〈논문〉

자폐아동 치료 및 학습을 위한 프로그램 전략(1999)
통합교육에서의 자폐아동 치료교육(2000)
자폐아동 인지발달치료(2002)
자폐아동의 언어생활세계에 대한 해석학적 이해(2002)
정신병리의 해석학적 이해와 반성-텍스트에서 나타난 정신분열증 환자의 정신병리 분석-(2003)
현상 해석학적 이해와 방법을 통한 자연교육 모형 개발에 관한 고찰(2006)
자폐성 아동 학습프로그램 LPDAC의 교육과정에서 나타난 지능 특성의 변화에 관한 연구(2010)

연구소

○ 주소: 서울시 강남구 논현동 121-3 한국인지과학연구소

○ 전화: 02-549-9915

○ 이메일: yeo135@hanmail.net

자폐증: 교육과 미래

발 행 일 | 2014년 4월 5일 초판 1쇄 발행
저 자 | 여문환
발 행 인 | 구본하
발 행 처 | 도서출판 박학사
주 소 | 서울시 마포구 서교동 460-26 동아빌딩 2층
전 화 | (02)3142-3764~5
팩 스 | (02)3142-3766
웹사이트 | www.pakhaksa.co.kr
등록번호 | 제10-2230호

정가 18,000원 ISBN 978-89-98521-19-6